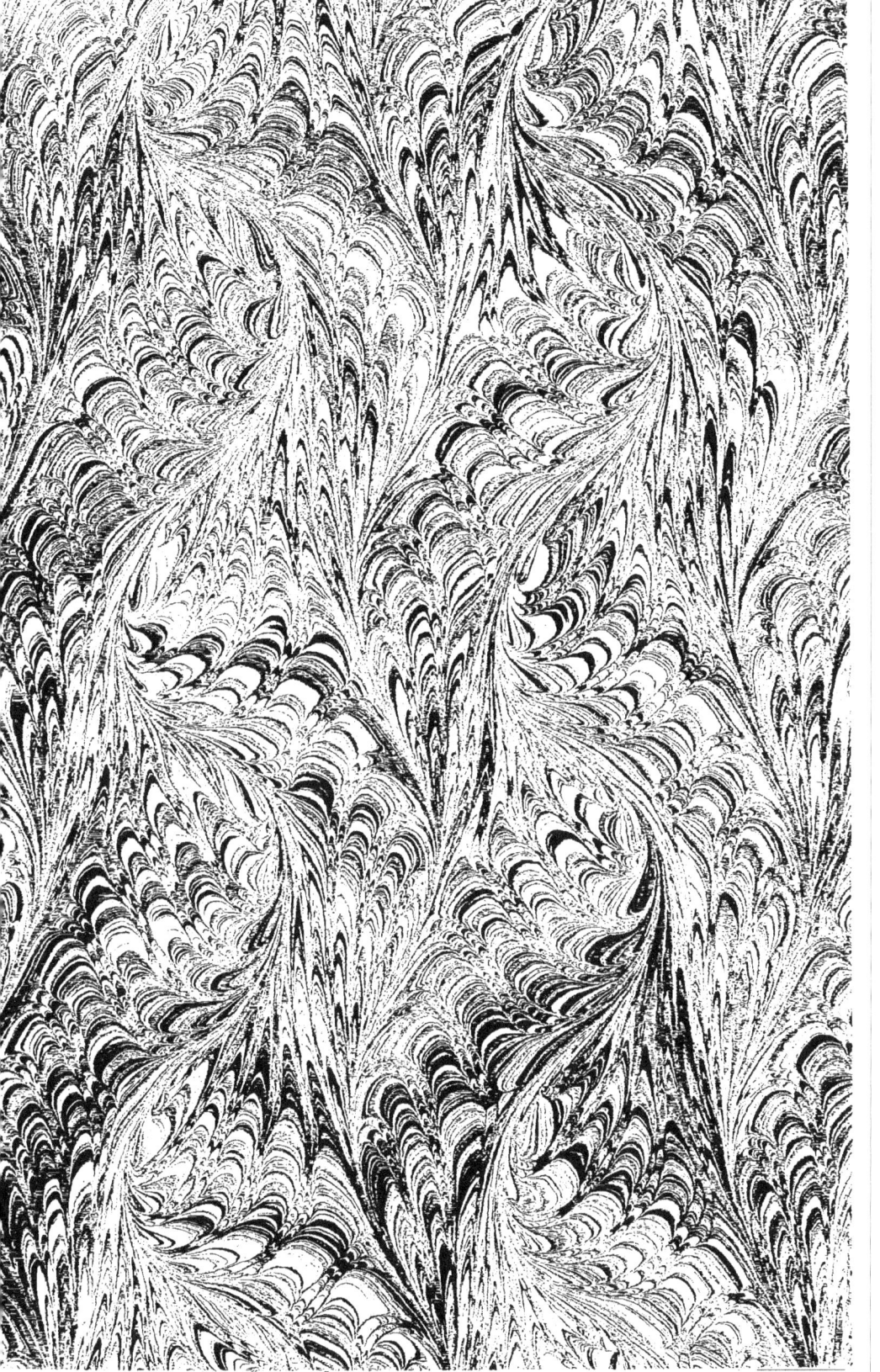

Leca

MINISTÈRE DE L'INSTRUCTION PUBLIQUE ET DES BEAUX-ARTS

INVENTAIRE GÉNÉRAL

DES

RICHESSES D'ART

DE LA FRANCE

PARIS

MONUMENTS CIVILS

TOME DEUXIÈME

PARIS
LIBRAIRIE PLON
E. PLON, NOURRIT et Cie, IMPRIMEURS-ÉDITEURS
RUE GARANCIÈRE, 10

1889
Tous droits réservés

INVENTAIRE GÉNÉRAL

DES

RICHESSES D'ART DE LA FRANCE

PARIS

MONUMENTS CIVILS

TOME DEUXIÈME

Les éditeurs déclarent réserver leurs droits de traduction et de reproduction à l'étranger.

Ce volume a été déposé au ministère de l'intérieur (section de la librairie) en décembre 1889.

MINISTÈRE DE L'INSTRUCTION PUBLIQUE ET DES BEAUX-ARTS

INVENTAIRE GÉNÉRAL
DES
RICHESSES D'ART
DE LA FRANCE

PARIS

MONUMENTS CIVILS
TOME DEUXIÈME

PARIS
LIBRAIRIE PLON
E. PLON, NOURRIT et Cie, IMPRIMEURS-ÉDITEURS
RUE GARANCIÈRE, 10

1889

Tous droits réservés

MAIRIES

MAIRIES

MAIRIE DU Ier ARRONDISSEMENT.

Histoire. — *La mairie du premier arrondissement, construite sous la direction de M. Hittorff, a été commencée en 1857 et terminée en 1859.*

Destinée à faire pendant à l'église Saint-Germain l'Auxerrois, elle affecte, sur la place du Louvre, le même aspect que l'édifice religieux, auquel elle se relie par la tour dont la description a été faite précédemment. (Voy. Paris. — *Monuments civils*, tome Ier, page 297.)

Le style général adopté pour sa construction est celui de la renaissance italienne.

DESCRIPTION.

EXTÉRIEUR.

Le monument se compose d'une façade principale établie sur la place du Louvre, et de deux ailes en retour, dont l'une est élevée sur la rue Perrault et l'autre adossée au presbytère de l'église. Ces trois corps de bâtiment encadrent une cour intérieure, à portique, du côté de la façade, fermée par un mur plein présentant deux étages de fausses baies séparées par des pilastres.

La façade principale comprend un rez-de-chaussée et un premier étage. Dans son axe se détache un porche à jour formant avant-corps, percé de sept arcades, dont deux sur les côtés. L'arcade centrale est celle qui offre la plus grande ouverture. Les deux arcades extrêmes, beaucoup plus petites que les autres, sont surmontées d'une corniche sur laquelle repose un fronton triangulaire; au-dessus, s'ouvre une fenêtre géminée plein cintre, avec corniche à denticules.

Les arcades sont séparées par des colonnes engagées, d'ordre ionique, supportant un entablement ressautant.

Le porche est recouvert d'une toiture formant terrasse et couronné par une balustrade.

Le premier étage est ajouré de cinq petites baies plein cintre, que surmonte une grande rosace encadrée par deux tourelles carrées limitées par des pilastres corinthiens et terminées par une balustrade.

Dans chacune de ces tourelles, entre deux pilastres corinthiens soutenant un fronton triangulaire, est creusée une niche renfermant une statue; dans la niche de droite:

La Justice. — Statue. — Pierre. — H. 1ᵐ,45. — Par M. Millet (Aimé). — 1861.

Drapée, elle tient dans la main droite la main de justice; elle appuie sa main gauche sur les tables de la loi.

Dans la niche de gauche:

La Bienfaisance. — Statue. — Pierre. — H. 1ᵐ,45. — Par Travaux (Pierre). — 1861.

Drapée, la tête ceinte d'un diadème, elle tend la main droite et porte une bourse ouverte dans la main gauche; à ses pieds est posée une corbeille remplie de dons.

Au-dessus de la rosace, entre les deux tourelles, règne une corniche avec balustrade.

Cette partie de l'édifice municipal est terminée par un pignon décoré d'un motif d'architecture composé de deux ordres superposés. Dans la partie inférieure sont pratiquées trois baies plein cintre; dans la partie supérieure, que couronne un fronton triangulaire, se trouve une petite rosace.

Le pignon est dominé par une figure ailée représentant:

La Loi. — Statue. — Pierre. — H. 2ᵐ,50.

— Par Crauk (Gustave-Adolphe-Désiré). 1861.

Elle présente de la main droite les tables de la loi qu'elle indique de la main gauche.

A droite et à gauche du porche et des tourelles s'ouvrent des fenêtres à arcades, avec chambranles sculptés.

Ces fenêtres sont encadrées de pilastres d'ordre ionique au rez-de-chaussée, et d'ordre corinthien au premier étage.

Les ailes possèdent un rez-de-chaussée, un entre-sol, un premier étage et un comble.

Elles sont également percées de fenêtres à arcades avec chambranles sculptés, et ornées de pilastres ioniques au rez-de-chaussée et corinthiens aup remier étage.

Le comble reçoit le jour par des lucarnes en pierre avec frontons.

INTÉRIEUR.

Du porche, on pénètre dans un vestibule dont la décoration présente les deux ordres ionique et corinthien superposés. Une corniche à modillons soutient un plafond à compartiments.

A gauche, un escalier monumental aboutit à un palier sur lequel s'ouvre la porte de la salle des mariages.

Cette salle est de forme rectangulaire. Les portes situées à ses extrémités sont encadrées de colonnes engagées d'ordre ionique et surmontées d'un fronton triangulaire à palmettes, sans base, orné d'une couronne de laurier renfermant les tables de la loi.

Au-dessus de ce fronton se détache un motif à fronton circulaire interrompu par un cartouche.

Ce motif est limité par des pilastres engagés d'ordre ionique; à son centre, dans un cadre entouré de guirlandes de fruits, se trouve un écusson aux armes de la ville.

Du côté opposé aux cinq baies et à la grande rosace de la façade qui éclairent la salle des mariages, s'élève une cheminée monumentale en pierre.

Celle-ci présente un cadran d'horloge; elle est décorée de :

Deux Cariatides. — Statues. — Pierre. — H. 2^m,60. — Par Klagmann (Jean-Baptiste-Jules). — 1861.

L'une représente une femme portant dans sa main droite un fuseau et des épis de blé; dans la gauche, qu'elle ramène sur sa poitrine, elle tient une fleur de lis.

L'autre, sous les traits d'un homme, tient à la main gauche une branche de chêne.

Ces cariatides supportent un fronton triangulaire à palmettes, dominé lui-même par un second motif comprenant des gaines et des pilastres sur lesquels vient s'appuyer un fronton circulaire brisé.

Le tympan de ce fronton est occupé par les armes impériales.

Les murs de la salle des mariages sont ornés de pilastres cannelés d'ordre composite soutenant un entablement dont la frise est décorée de rinceaux. La corniche, à modillons, supporte une voûte d'arêtes à caissons dans lesquels sont sculptés alternativement les armes impériales, des couronnes urbaines et des rinceaux.

Dans le vestibule qui précède la salle du conseil se trouve un buste représentant :

Jean Goujon. — Buste. — Marbre. — H. 0^m,85. — Par M. Iselin (Henri-Frédéric). — 1861.

La salle de la justice de paix est située au premier étage de l'aile donnant sur la rue Perrault. Elle affecte la forme d'un carré dont l'un des côtés se raccorde à une partie polygonale. Le plafond, à faces inclinées, est divisé en caissons.

MAIRIE DU IIe ARRONDISSEMENT.

Histoire. — *Les travaux nécessités par la construction de ce monument furent entrepris en 1846 et durèrent une année.*

Ils furent dirigés par M. Alphonse Girard, *auteur des plans et dessins.*

DESCRIPTION.

EXTÉRIEUR.

La mairie du deuxième arrondissement présente trois corps de bâtiment : une partie principale qui s'étend rue de la Banque, et deux ailes en retour qui s'élèvent perpendiculairement à l'une des faces latérales de l'église Notre-Dame des Victoires. Au centre, se trouve une cour.

La façade, qui rappelle le style grec, surtout dans ses détails, est flanquée de deux petits avant-corps, munis chacun de deux fenêtres rectangulaires très-étroites. Elle comprend neuf travées et présente, dans sa partie centrale, un rez-de-chaussée et un étage; elle est percée, dans ses autres parties, de trois étages de fenêtres. Le rez-de-chaussée et le premier étage sont pourvus de baies à arcades; le deuxième étage est éclairé par des baies rectangulaires. Les tympans des ouvertures du rez-de-chaussée sont occupés par des boucliers; les fenêtres des étages supérieurs sont encadrées de pilastres.

La partie centrale est couronnée par un petit campanile en pierre qui se dresse au-dessus d'un fronton triangulaire sans base, où se trouve un cadran d'horloge. Au centre du campanile est une niche contenant la sonnerie de l'horloge.

INTÉRIEUR.

Par la baie pratiquée au centre du rez-de-chaussée, on pénètre dans un vestibule divisé en trois travées formées d'arcades établies parallèlement à la façade.

Ce vestibule est recouvert d'un plafond à compartiments.

Dans l'axe de la travée centrale, à gauche, se trouve la salle de la justice de paix; en face, le poste de police. A droite, au fond, se développe l'escalier qui aboutit, au premier étage, à un vestibule sur lequel s'ouvrent les différents bureaux, ainsi que la salle des mariages, les cabinets du maire, des adjoints, et la salle de la bibliothèque.

Dans le cabinet du maire, on remarque un buste et une statue.

M. Rousseau, ancien maire de l'arrondissement — Buste.— Bronze.— H. 0^m,60. — Auteur inconnu.

La Charité.— Statue. — Plâtre.— H. 1^m. — Par M. Lequien (Justin-Marie). — 1855.

Elle tient dans le bras gauche un enfant nouveau-né qu'elle contemple avec tendresse, et abrite, avec sa main droite, un autre enfant dans les plis de sa robe.

La salle des mariages, qui date seulement de 1878, est de forme rectangulaire. Elle a été exhaussée et reconstruite sur les dessins de M. Huillard, architecte de l'arrondissement. Elle est éclairée par cinq des baies de la façade, et communique par cinq portes avec le vestibule, le cabinet des adjoints et la salle de la bibliothèque.

Ces portes sont encadrées de chambranles à crossettes et surmontées de corniche.

Les murs, dans leur partie inférieure, sont revêtus de boiseries; leur partie supérieure doit recevoir prochainement les peintures historiques qui ont été commandées à M. Moreau, de Tours.

Entre les deux portes qui s'ouvrent sur la salle de la bibliothèque s'élève une cheminée monumentale en pierre.

Deux gaines à tête de lion soutiennent un fronton interrompu par un petit cadran d'horloge. Au-dessus, deux pilastres cannelés d'ordre composite supportent un entablement avec frise décorée de feuilles d'acanthe et corniche à denticules.

Sur la corniche sont couchés deux génies ailés présentant un cartouche accompagné d'une guirlande de fruits et portant les initiales R. F. De chaque côté sont placés deux vases remplis de fruits.

Au centre de ce motif, dans un cadre à crossettes décoré de feuilles de laurier, se détache, dans un ovale, un buste représentant:

La République. — Buste. — Marbre. — H. 0^m,80. — Par M. Degeorge (Charles-Jean-Marie). — 1879.

Le plafond de la salle des mariages, soutenu par une corniche à modillons, est divisé en compartiments ornés de rinceaux peints et dorés; le compartiment du milieu renferme les armes de la ville de Paris.

M. Huillard a envoyé l'ensemble de la décoration de cette salle à l'Exposition universelle de 1878 (pavillon de la Ville).

MAIRIE DU IIIe ARRONDISSEMENT.

Histoire. — *Cet édifice, dont la construction fut entreprise en 1864, sous la direction de M. Calliat, a été terminé en 1867, sous celle de M. Chat.*

Il est isolé sur un îlot formé par les rues Molay, Perrée, Caffarelli et de Bretagne; sa façade donne sur le square du Temple.

Le terrain sur lequel il s'élève était occupé par un établissement de bains et un lavoir que l'administration municipale y avait fait construire en 1854, pour l'usage des classes ouvrières.

DESCRIPTION.

EXTÉRIEUR.

La mairie du troisième arrondissement présente trois corps de bâtiment principaux. Deux sont placés parallèlement aux rues Perrée et de Bretagne; le troisième est perpendiculaire aux deux précédents qu'il relie de façon à former deux cours d'isolement, dont l'une du côté du square du Temple, et l'autre du côté de la rue Caffarelli.

Cette troisième partie transversale contient la façade.

Le monument, dans son ensemble, offre assez l'aspect d'un H.

Les deux bâtiments latéraux sont flanqués, à leurs angles, d'annexes couronnées par une balustrade, et comprenant seulement un rez-de-chaussée.

Les intervalles compris entre ces annexes sont occupés par de petits jardins, clos par des grilles en fer forgé posées sur bahuts en pierre.

Au centre de la façade, et formant avant-corps sur la cour d'honneur, se détache un pavillon accusant l'entrée principale de l'édifice.

Les trois faces de ce pavillon présentent, au rez-de-chaussée, trois grandes baies plein cintre par lesquelles on pénètre dans un passage à couvert, et, au premier étage, trois fenêtres rectangulaires avec frontons et consoles.

La face principale du vestibule est encadrée de colonnes engagées, d'ordre dorique au rez-de-chaussée, et d'ordre ionique à l'étage supérieur.

Celles-ci supportent une corniche sur laquelle repose une balustrade d'attique aux extrémités de laquelle sont placés deux vases.

Au-dessus se trouve un motif d'architecture composé de deux pilastres soutenant un fronton demi-circulaire interrompu et contenant un cadran d'horloge.

Sur l'extrados du fronton sont assises, de chaque côté d'un écusson aux armes de la ville, deux figures de femme symbolisant :

Le Commerce. — Statue. — Pierre. — H. 1^m. — L. 2^m. — Par M. PASCAL (ERNEST). — 1866.

Elle tient un caducée dans ses mains.

L'Industrie. — Statue. — Pierre. — H. 1^m. — L. 2^m. — Par M. PASCAL (ERNEST). — 1866.

Elle a dans la main droite un marteau sur lequel elle s'appuie; sa main gauche repose sur ses genoux.

Les façades de l'édifice donnant sur la cour d'honneur sont percées, au rez-de-chaussée, de baies plein cintre, au premier étage, de baies rectangulaires encadrées de pilastres d'ordre ionique, et surmontées de frontons triangulaires reposant sur des consoles.

Les ailes perpendiculaires à celle qui contient la façade offrent, en outre, chacune une porte par laquelle on pénètre dans des galeries. Ces portes sont dominées par un fronton circulaire qui vient s'appuyer sur des consoles; dans le tympan est sculpté un cartouche accompagné de rinceaux.

Les fenêtres et les portes qui s'ouvrent sur les autres faces du monument sont de formes diverses; tantôt encadrées de pilastres, tantôt séparées par de simples trumeaux; les fenêtres du premier étage ainsi que les lucarnes des combles sont couronnées de frontons triangulaires.

INTÉRIEUR.

Par le pavillon, on accède à un grand vestibule. Au fond se trouve un escalier monumental; à droite et à gauche existe une galerie qui occupe toute la longueur de la façade, et débouche dans deux autres galeries desservant les services installés au rez-de-chaussée.

L'escalier aboutit, au premier étage, à un vestibule orné de pilastres et de colonnes en pierre polie de l'Échaillon, sur lesquels repose une corniche à consoles. Au-dessus, règne une sorte d'attique supportant une voûte en arc de cloître.

Dans l'attique sont sculptés des écussons portant les armes de la ville.

La voûte est décorée de bas-reliefs représentant des *Attributs du commerce et de l'industrie*, ainsi que des sujets tirés des différents actes de la vie civile :

La Naissance. — Bas-relief. — Pierre. — H. 2^m. — L. 1^m. — Par M. LAGRANGE (JEAN). — 1866.

Une femme, à demi couchée, tend le bras droit vers un enfant nouveau-né que soulève dans ses bras un homme debout au pied du lit.

Le Mariage. — Bas-relief. — Pierre. — H. 2^m. — L. 1^m. — Par M. LAGRANGE (JEAN). — 1866.

Au centre de la composition, un prêtre,

vêtu d'une longue tunique, porte dans les bras les tables de la loi. De chaque côté, un jeune homme et une jeune femme se donnent la main.

Le Vote. — Bas-relief. — Pierre. — H. 2ᵐ. L. 1ᵐ. — Par M. LAGRANGE (JEAN). — 1866.

Un homme assis, vu de profil, tient dans la main gauche une main de justice; devant lui, sur un piédestal, est placée une urne dans laquelle un jeune citoyen vient déposer son vote.

La Mort. — Bas-relief. — Pierre. — H. 2ᵐ. — L. 1ᵐ. — Par M. LAGRANGE (JEAN). — 1866.

Sur un lit est étendu le cadavre d'un homme. A ses côtés se tient debout, dans l'attitude de la douleur, une femme qui cache son visage dans sa main droite et appuie sa main gauche sur la poitrine de celui qu'elle vient de perdre. Au pied du lit, une lampe jette une dernière flamme.

Ces bas-reliefs sont conçus dans le style grec.

Du vestibule on communique, à droite et à gauche, dans une galerie correspondante à celle du rez-de-chaussée.

Dans l'aile gauche se trouvent la salle des mariages, le cabinet du maire et celui des adjoints; dans l'aile droite sont les salons de réception.

La salle des mariages, de forme rectangulaire, est recouverte d'un plafond à trois compartiments, qui vient s'appuyer sur une corniche soutenue par des corbeaux. Ses murs sont revêtus d'une boiserie dans leur partie inférieure et ornés de rinceaux peints dans leur partie supérieure.

Elle possède une cheminée monumentale en pierre, au-dessus de laquelle se trouve un motif d'architecture. Celui-ci se compose de deux colonnes engagées, d'ordre composite, soutenant un entablement que couronne un fronton circulaire. Ce fronton est interrompu par un second petit motif limité par deux gaines et terminé par un fronton circulaire interrompu lui-même par une coquille.

Ce dernier motif contient un cadran d'horloge.

Les tympans des deux frontons sont décorés de guirlandes et de branches de chêne et de laurier.

Au centre du motif principal se détache, dans un cadre rectangulaire à crossettes, un buste en marbre de la République. Au-dessous de la console sur laquelle repose ce buste est sculpté un écusson aux armes de la ville de Paris.

En face de la cheminée, un second motif renferme un tableau représentant :

La Loi. — Toile marouflée. — H. 2ᵐ,10. — L. 1ᵐ,23. — Par M. SIROUY (ACHILLE). — 1873.

Debout, drapée, la tête ceinte d'une couronne de feuilles de chêne, elle porte dans la main droite une main de justice, et dans la gauche les tables de la loi. Derrière elle, se trouve un siège de forme antique; au fond, se déroule un paysage.

Les portes de la salle des mariages sont entourées de chambranles à crossettes et surmontées de motifs à frontons circulaires, dont les tympans sont occupés par des cartouches accompagnés de guirlandes.

La salle des fêtes a la forme d'un rectangle se raccordant, à une de ses extrémités, à un hémicycle. Cette partie de la salle contient une cheminée monumentale que domine un motif d'architecture servant d'encadrement à un tableau symbolique :

La Charité. — Toile marouflée. — H. 2ᵐ,20. — L. 1ᵐ,17. — Par M. BARRIAS (FÉLIX). — 1866.

Au centre de la composition, la Charité, drapée, lève la main droite vers le ciel; elle tient une bourse ouverte dans la main gauche; sur sa tête brille une étoile. A ses côtés se tiennent deux femmes personnifiant :

L'Art lyrique,
La Danse.

Toutes deux prêtent leur aide à la Charité dans son œuvre de bienfaisance. A droite, la personnification de l'Art lyrique, drapée, la tête couronnée de feuilles de lierre, a dans le bras gauche une harpe dont elle accompagne son chant. A gauche, la Danse, la tête ceinte d'une couronne de feuilles de laurier, agite de la main droite un tambour de basque qui sert à régler son pas.

Au-dessus de ces trois figures est peint un phylactère sur lequel on lit :

QUI DONNE AUX PAUVRES PRÊTE A DIEU.

Autour de la salle règne une frise ornée de guirlandes de fleurs peintes sur fond or.

Les portes offrent la même décoration que celles de la salle des mariages; les cartouches qui les dominent sont décorés de fleurs peintes.

MAIRIE DU IVe ARRONDISSEMENT.

HISTOIRE. — *Bâtie sur plan trapézoïdal, la Mairie du quatrième arrondissement est située derrière la caserne Lobau. Elle se compose de quatre corps de bâtiment encadrant une cour intérieure de forme rectangulaire.*

La façade regarde la place Baudoyer. L'aile opposée s'élève sur la rue Vieille-du-Temple; les deux ailes latérales sur les rues de Rivoli et François Miron.

L'édifice, dont la première pierre a été posée en 1862, fut livré en 1867 à l'administration municipale. Il est construit dans le style du dix-neuvième siècle (renaissance grecque).

M. BAILLY, auteur du projet, en dirigea les travaux.

Cette Mairie a été en partie détruite en 1871 par l'incendie. La Salle des Fêtes, qui possédait un remarquable plafond en menuiserie et des boiseries en chêne fort estimées, a été entièrement la proie des flammes. Avec elle a disparu une tapisserie d'Aubusson, qui primitivement devait être placée dans la salle du Trône de l'Hôtel de ville.

Cette tapisserie avait été exécutée par M. Sallandrouze de Lamornaix, d'après les cartons commandés à M. MAZEROLLE.

DESCRIPTION.

EXTÉRIEUR.

La façade principale se divise en trois parties.

La partie centrale possède deux étages percés chacun de trois grandes baies à arcades encadrées de colonnes engagées et accouplées, d'ordre dorique au rez-de-chaussée, et d'ordre composite au premier étage. Les colonnes qui encadrent la baie centrale de ce dernier étage supportent un attique que couronne un fronton circulaire, dont le tympan est décoré des *Armes de la Ville* et de rinceaux.

L'attique contient un cadran d'horloge; il est limité par deux grandes volutes destinées à raccorder la travée centrale avec les deux travées correspondantes.

Les deux autres parties offrent quatre étages ajourés chacun de quatre fenêtres rectangulaires; celles du premier étage sont séparées par des pilastres; toutes sont encadrées de chambranles.

Un comble domine la façade. Il repose sur une corniche à modillons et reçoit le jour par des lucarnes en plomb.

L'aile donnant sur la rue de Rivoli présente trois avant-corps formant pavillons qui s'élèvent, l'un au centre, les deux autres aux extrémités.

Dans le pavillon central, s'ouvre une grande baie à meneaux qui occupe le rez-de-chaussée et l'entre-sol. Cette baie est encadrée par deux motifs de pilastres, décorés chacun d'un bouclier accompagné de branches de laurier : l'un de ces boucliers porte les *Balances de Justice*; l'autre, les *Tables de la Loi.*

Le premier et le deuxième étage possèdent quatre fenêtres de forme rectangulaire.

Ce pavillon est terminé par une corniche dont les extrémités sont ornées de frontons circulaires interrompus par des *Têtes de femme* se détachant dans une palmette, et le centre couronné par un motif d'architecture renfermant un écusson aux *Armes de la Ville*. Ce motif est limité par deux volutes et surmonté d'un fronton.

Les deux pavillons d'angles sont encadrés de pilastres à bossages, entre lesquels est ménagé, à chaque étage, une fenêtre rectangulaire.

Quatre travées composent chacune des parties comprises entre les pavillons.

Sur la rue François-Miron, la façade offre à peu près la même disposition architecturale que celle de la rue de Rivoli; elle possède, comme elle, trois avant-corps formant pavillons. Une porte rectangulaire donne accès au pavillon central.

La quatrième façade comporte onze travées; les deux travées extrêmes sont pleines; les autres sont percées, au rez-de-chaussée et au premier étage, de grandes fenêtres à meneaux. Au centre de cette façade se trouve une porte d'entrée, de forme rectangulaire, dont la clef est ornée de rinceaux et de feuillages.

INTÉRIEUR.

Par la baie centrale à arcade de la façade principale, on pénètre dans un vestibule; les deux autres baies s'ouvrent sur des passages d'où l'on débouche sur la cour.

Les façades donnant sur cette cour sont composées de deux étages ajourés d'arcades éclairant des galeries qui pourtournent l'édifice.

Les baies sont décorées d'archivoltes et encadrées de pilastres.

Le vestibule est orné de pilastres d'ordre dorique et de quatre colonnes d'ordre composite, sur lesquelles reposent les soffites d'un plafond à compartiments. Au fond se développe un escalier monumental à triple révolution, couvert d'un plafond à voussures, dont les quatre angles présentent des écussons aux *Armes de la Ville*. Entre ces écussons, des cartouches portent le nom des quartiers de l'arrondissement.

La Salle des Mariages, située au premier étage, est éclairée par les trois baies centrales de la façade. Les parois sont décorées de pilastres cannelés sur lesquels s'appuie un plafond dont les caissons ont reçu des peintures allégoriques.

Dans le caisson central:

La Naissance, — le Mariage, — la Guerre, — la Mort. — Toile marouflée. — H. 5^m,40. — L. 5^m,40. — Par M. CORMON (FERNAND). — 1877.

La Naissance. — Une femme à moitié nue est couchée sur un lit de fleurs; elle est entourée de petits génies ailés. Près d'elle, debout, une autre femme porte dans ses bras un enfant nouveau-né. Au fond, un homme, les épaules couvertes d'un manteau, une gourde au côté, tend les bras pour recevoir l'enfant.

Le Mariage. — Au fond de la composition, un jeune homme enlace de ses bras une jeune femme qu'il présente à ses vieux parents placés au premier plan. Le père est assis; il tend le bras droit vers le jeune couple qu'il semble inviter à s'approcher; à ses côtés sont des instruments de travail; derrière lui se tient la mère. A gauche, de petits génies ailés se jouent au milieu des fleurs.

La Guerre. — Au centre, un guerrier, à moitié nu, brandit un glaive de la main droite; il étend le bras gauche sur la tête d'une femme en deuil, tenant un enfant dans ses bras et agenouillée près du cadavre d'un soldat tué. Au fond, des décombres fumants; à droite, un génie ailé porte dans sa main droite une trompette guerrière.

La Mort. — Une femme, les seins découverts, dans l'attitude de la douleur, pleure son mari dont la Mort emporte au loin le cadavre; un jeune enfant cherche à la consoler.

Dans le caisson de droite:

La Bienfaisance. — Toile marouflée. — H. 2^m,60. — L. 1^m,60. — Par M. CORMON (FERNAND). — 1877.

Une jeune femme assise, le torse nu, présente de la main gauche un pain à un enfant qui se soutient sur des béquilles; à ses pieds se trouvent deux autres petits enfants qui l'implorent; à sa droite est posée une corbeille remplie de pains, dans laquelle elle puise de la main droite.

Dans le caisson de gauche:

L'Éducation. — Toile marouflée. — H. 2^m,60. — L. 1^m,60. — Par M. CORMON (FERNAND). — 1877.

Une jeune femme assise, la poitrine découverte, tient un livre ouvert dans la main droite; elle enseigne les éléments de la lecture à de petits enfants groupés autour d'elle.

A chacune des extrémités de la Salle des Mariages se trouvent deux cadres ornés de sculptures et surmontés d'un fronton circulaire.

Ces cadres sont destinés à recevoir des peintures. L'un d'eux est placé au-dessus d'une cheminée en pierre de liais que dominent un cadran d'horloge et une *Tête de femme* sculptée en ronde bosse.

La Salle des Fêtes, située également au premier étage, s'étend sur toute la longueur du bâtiment donnant sur la rue Vieille-du-Temple. Elle mesure 38 mètres dans un sens et 10 mètres dans l'autre; elle a 7^m,50 de haut et se termine par un hémicycle. Ses parois, lambrissées en bois de chêne dans leur partie inférieure, sont ornées de pilastres à forte saillie sur lesquels reposent les soffites d'un plafond à caissons. Les portes de cette salle sont surmontées de frontons avec cartouches aux *Armes de la Ville de Paris*.

MAIRIE DU V° ARRONDISSEMENT.

Histoire. — *L'État, lors de la régularisation de la place du Panthéon, entreprise en 1844, céda gratuitement à la ville de Paris un terrain situé à l'angle formé par la place du Panthéon et la rue Clotaire, sous cette double condition : qu'elle se rendrait acquéreur de la maison de la rue des Fossés-Saint-Jacques portant le n° 13 et qu'elle construirait, tant sur le terrain cédé que sur le terrain acquis, la Mairie du douzième arrondissement, qui, depuis l'annexion des communes suburbaines, est devenue la Mairie du cinquième arrondissement.*

Cet édifice fait pendant à l'École de droit, située de l'autre côté de la rue Soufflot. Il forme avec celle-ci, dont il présente extérieurement les mêmes dispositions architecturales, l'encadrement d'une place de grande dimension affectant la forme d'un hémicycle et précédant l'église Sainte-Geneviève.

Les travaux, dirigés par M. Calliat, *furent terminés en 1846.*

DESCRIPTION.

EXTÉRIEUR.

La façade présente trois plans. Au premier plan, un péristyle, élevé de deux étages, accuse l'entrée principale. Quatre colonnes engagées, d'ordre ionique, soutiennent un fronton triangulaire dont le tympan est occupé par un cadran d'horloge.

Dans les entre-colonnements sont percées des fenêtres rectangulaires ; celles du premier étage sont ornées d'une balustrade en pierre soutenue par des consoles ; celles du second étage sont surmontées d'un œil-de-bœuf couronné par un macaron à tête de lion accompagné de guirlandes.

La fenêtre qui s'ouvre au-dessus de la porte d'entrée, de forme plein cintre, est surmontée d'un cartouche aux *Armes de la Ville de Paris*.

Au second plan, s'élève un bâtiment dont le mur circulaire est décoré de refends aux angles.

Le troisième plan comprend un deuxième bâtiment éclairé par des baies rectangulaires ; celles du rez-de-chaussée sont pratiquées dans des arcs plein cintre.

Dans un jardin de peu d'importance, donnant sur la rue Clotaire, est construit un bâtiment annexe qui renferme le service des élections.

INTÉRIEUR.

Du péristyle, on pénètre dans un grand vestibule rectangulaire dont les parois présentent des pilastres ioniques et des consoles sur lesquelles viennent s'appuyer les poutres du plafond.

Au fond, dans l'axe de la porte, est creusée une niche voûtée en cul-de-four contenant une statue qui représente :

La Ville de Paris. — Statue. — Plâtre. — H. 3m,10. — L. 1m. — Par M. Soldi (Émile-Arthur). — 1877.

La tête ceinte d'une couronne urbaine, elle se tient debout sur la proue d'un navire. Drapée, la poitrine découverte, le bras droit levé, elle porte un drapeau dans la main gauche.

A droite, un premier escalier dessert les différents services de la Mairie. A gauche, se trouve un second escalier monumental en pierre à trois rampes. L'une de ces rampes, encadrée à ses extrémités par deux colonnes d'ordre dorique, aboutit à un palier situé à l'entre-sol. Sur ce palier s'ouvrent les portes du secrétariat, du bureau de bienfaisance et du greffe de la justice de paix.

Les deux autres mènent aux étages supérieurs.

La Salle des Mariages, située au premier étage, est entourée d'une galerie avec balustrade que soutiennent des consoles ; elle est recouverte d'un plafond à compartiments et éclairée par trois des fenêtres de la façade. Elle possède une cheminée monumentale en pierre dont la tablette repose sur deux petits pilastres. Au-dessus, est placée une horloge qu'encadrent deux colonnettes d'ordre composite supportant deux consoles formant entablement.

A côté de la Salle des Mariages se trouve la Salle du Conseil. Celle-ci est divisée en trois travées par des pilastres cannelés d'ordre ionique. Dans chacune des travées extrêmes

est pratiquée une porte couronnée d'un fronton triangulaire.
Cinq piédestaux en chêne supportent cinq bustes.

Simonin-Lallemand. — Buste. — Marbre. H. 0ᵐ,60. — Par M. MAINDRON (ÉTIENNE-HIPPOLYTE). — 1852.

Simonin-Lallemand a fondé trente-trois lits aux Incurables pour les indigents des huitième, neuvième et douzième (aujourd'hui cinquième) arrondissements.

Sœur Rosalie, née Rendu. — Buste. — Marbre. — H. 0ᵐ,60. — Par M. MAINDRON (ÉTIENNE-HIPPOLYTE). — 1856.

Rollin. — Buste. — Marbre. — H. 0ᵐ,80. — Par M. MAINDRON (ÉTIENNE-HIPPOLYTE). — 1875.

Cochin, ancien maire. — Buste. — Plâtre. H. 0ᵐ,70. — Par M. ETEX (ANTOINE).

L'Abbé Cochin, fondateur de l'hôpital qui porte son nom. — Buste. — Plâtre. — H. 0ᵐ70. — Auteur inconnu.

MAIRIE DU VIᵉ ARRONDISSEMENT

HISTOIRE. — *Construite sur plan rectangulaire, la Mairie du sixième arrondissement occupe un terrain sur lequel s'élevait autrefois l'hôtel Charrost.*

Ce terrain, acquis par la Ville de Paris, est limité par la place Saint-Sulpice, la rue de Mézières, la rue du Gindre et un jardin dépendant du bureau de bienfaisance.

Les travaux de construction, entrepris en 1848, furent terminés l'année suivante.

DESCRIPTION.

EXTÉRIEUR.

La façade de l'édifice, élevée de deux étages, est établie sur la place Saint-Sulpice. Elle présente trois parties. La partie centrale, légèrement en saillie, est percée, au rez-de-chaussée, de trois baies plein cintre munies de grilles et limitées par des pilastres cannelés d'ordre dorique sur lesquels repose une corniche architravée. Le premier étage est ajouré de trois fenêtres à meneaux encadrées de chambranles à crossettes et couronnées de corniches. Ces fenêtres sont séparées par des colonnes engagées d'ordre corinthien supportant un entablement à modillons.

Au-dessus de la frise qui dissimule le chéneau, se dresse un beffroi portant dans sa partie supérieure un cadran d'horloge placé entre deux colonnettes composites surmontées d'un fronton triangulaire. Au-dessous de ce motif sont sculptées les *Armes de la Ville* accompagnées de feuillage.

Les deux autres parties sont éclairées, au rez-de-chaussée et au premier étage, par trois fenêtres; celles du rez-de-chaussée sont fermées par des grilles.

De chaque côté sont construits deux petits bâtiments composés d'un rez-de-chaussée et d'un entre-sol.

Ces annexes, qui s'étendent, l'une le long de la rue de Mézières, l'autre le long du jardin du bureau de bienfaisance, viennent, avec le pavillon comprenant la façade, encadrer une cour intérieure.

INTÉRIEUR.

Les trois baies de la façade donnent sur un grand vestibule qui aboutit à une voûte profonde par laquelle on pénètre dans la cour de la Mairie. Ce vestibule possède trois arcades établies parallèlement à la façade.

Le pavillon principal est percé, sur la cour, au rez-de-chaussée, de trois arcades et au premier étage de trois grandes fenêtres rectangulaires à meneaux qu'encadrent des chambranles à crossettes et que surmontent des corniches.

A droite de la voûte se développe un escalier monumental en pierre dont la rampe est ornée de balustres.

A gauche, s'ouvre une salle de Commissions. L'escalier aboutit au premier étage sur un vestibule décoré de colonnes d'ordre ionique qui supportent un plafond à compartiments. De ce vestibule, on accède à divers bureaux ainsi qu'à la Salle des Mariages.

Cette salle, de forme rectangulaire, reçoit le jour par les trois fenêtres centrales de la façade; ses murs sont revêtus, dans leur partie inférieure, de peintures imitant la boiserie.

Elle possède une cheminée au-dessus de

laquelle est un motif d'architecture composé de deux pilastres cannelés d'ordre corinthien soutenant un fronton dont le tympan est occupé par un écusson aux *Armes de la Ville de Paris*.

Ce motif renferme un cadran d'horloge. L'administration municipale doit entreprendre prochainement la décoration de cette salle et commander à cet effet plusieurs tableaux historiques.

MAIRIE DU VIIe ARRONDISSEMENT.

HISTOIRE. — *Les différents services de la Mairie du septième arrondissement ont été installés, en 1861, dans l'ancien hôtel de Brissac, en dernier lieu hôtel Forbin-Janson, situé rue de Grenelle-Saint-Germain, 116.*

M. UCHARD, *architecte, a été chargé par l'administration municipale d'approprier cet édifice à sa nouvelle destination.*

DESCRIPTION.

EXTÉRIEUR.

La Mairie du septième arrondissement s'élève entre cour et jardin. La cour est séparée de la rue par un petit bâtiment composé seulement d'un rez-de-chaussée et d'un entre-sol et flanqué de deux grandes baies à arcades par lesquelles on pénètre sous une voûte profonde décorée de caissons.

Chacune de ces baies est encadrée de colonnes d'ordre corinthien; dans leur tympan sont sculptées deux figures représentant :

Renommées. — Bas-reliefs. — Pierre. — H. 1^m. — L. 1^m,50. — Auteur inconnu.

Deux génies ailés figurent ces renommées. L'un d'eux présente de la main gauche une couronne de laurier et de la droite une branche de chêne; l'autre tient dans la main droite une branche de laurier, et dans la gauche une épée. Un long manteau flotte sur leurs épaules.

Les colonnes supportent un entablement dont la frise est ornée de rinceaux et d'arabesques et porte, à son centre, un écusson aux *Armes de la Ville de Paris*, accompagné de branches de chêne et de laurier.

A la hauteur des chapiteaux règne un bandeau sur lequel est gravée l'inscription : MAIRIE DU SEPTIÈME ARRONDISSEMENT.

Le petit bâtiment qui relie les deux portes est divisé en cinq travées percées de fenêtres rectangulaires à chambranles.

La façade principale du monument se compose d'un pavillon central, de deux parties en retrait et de deux pavillons d'angles formant une légère saillie.

Le pavillon central est percé, au rez-de-chaussée, d'une grande porte rectangulaire à laquelle on accède par un petit perron; il est éclairé au premier étage par une fenêtre également rectangulaire avec corniche et consoles et limité par des pilastres accouplés d'ordre dorique.

Ce pavillon est terminé par un motif d'architecture comprenant un cadran d'horloge. Le motif est encadré de deux pilastres soutenant un fronton circulaire dont le tympan est occupé par un écusson aux *Armes de la Ville* avec branches de chêne et de laurier.

Les deux parties en retrait offrent deux étages ajourés chacun de cinq baies rectangulaires encadrées de chambranles. Elles sont couronnées par une balustrade à jour et dominées par un comble.

Deux ailes élevées d'un rez-de-chaussée et d'un entre-sol sont bâties perpendiculairement aux deux pavillons d'angles; ces ailes sont divisées en sept travées.

La façade donnant sur le jardin est précédée de trois perrons conduisant au rez-de-chaussée.

De chaque côté du perron central est sculpté un bas-relief représentant :

Celui de droite :

La Guerre. — Bas-relief. — Pierre. — H. 3^m,50. — L. 1^m,50. — Par M. RAMUS (JOSEPH-MARIUS).

Une femme, la tête ceinte d'une couronne de laurier, la poitrine à moitié découverte, tient dans sa main droite une épée; elle appuie sa main gauche sur un bouclier. Au-dessus, un trophée d'armes.

Celui de gauche :

La Marine. — Bas-relief. — Pierre. — H. 3^m,50. — L. 1^m,50. — Par M. RAMUS (JOSEPH-MARIUS).

Une femme, la tête couronnée de feuilles

de chêne, revêtue d'une robe retenue à la taille par une ceinture, appuie sa main gauche sur un aviron; elle tient un gouvernail dans la main droite. Au-dessus, un trophée composé d'instruments de marine.

INTÉRIEUR.

Par la porte ménagée dans le pavillon central, on accède à un assez grand vestibule dépourvu de toute décoration.

A droite et à gauche s'ouvrent des couloirs desservant différentes salles, entre autres celles des Mariages et du Conseil.

La Salle des Mariages est de forme rectangulaire. Ses murs sont revêtus, dans leur partie inférieure, d'une boiserie peinte en blanc et rehaussée d'or, et dans leur partie supérieure de peintures allégoriques.

A droite de la cheminée :

La Demande en mariage. — Toile marouflée. — H. $3^m,13$. — L. $2^m,94$. — Par M. Levy (Émile). — 1877.

Au milieu de la composition se tient un jeune homme, vu de profil; il a la tête découverte, les jambes nues; vêtu d'une courte tunique bleu pâle, il porte un manteau bleu foncé sur le bras gauche, et sous le bras droit un large chapeau de paille; il présente un bouquet d'œillets rouges et fait sa demande. A droite, est assis un vieillard, tête découverte, bras et jambes nus, sandales aux pieds, tunique brune; il écoute la demande que lui adresse le jeune homme et tient les mains de sa fille, vêtue de blanc, qui est debout à sa gauche. Une jeune femme, costume néo-grec rouge et bleu, embrasse la jeune fiancée. Un tout jeune enfant se cache dans les plis des robes des deux femmes. Ces quatre personnages sont sous un berceau couvert de vigne et de chèvrefeuille. Contre un des montants du berceau s'appuie un second enfant, plus âgé que le premier. Vêtu d'une tunique brune qui lui découvre à moitié la poitrine et les jambes, il a la tête couverte d'un chapeau de paille; il écoute les paroles échangées entre le vieillard et le jeune homme.

A gauche, une femme, costume brun foncé, avance un siège. Le berceau est élevé contre un mur sur lequel grimpe une clématite. Le mur est percé d'une fenêtre à laquelle apparaît la tête d'une jeune fille.

A gauche de la cheminée :

La Famille. — Toile marouflée. — H. $3^m,13$. — L. $2^m,94$. — Par M. Levy (Émile). — 1877.

Au centre se tient la mère; vêtue d'une robe bleue, elle donne le sein à son nouveau-né qu'elle porte dans ses bras. Elle regarde son mari, qui, assis sur un banc de pierre, au pied d'un marronnier, joue avec un jeune enfant qu'il soulève dans ses bras. Entre eux se trouve un troisième enfant, accoudé sur les genoux de son père. Celui-ci est vêtu d'une tunique brun foncé; il a les bras et les jambes nus; à côté de lui est placée une bêche. A droite, une jeune fille assise, costume rouge et gris, contemple ce spectacle; près d'elle, un broc, qu'elle a mis sous une fontaine, se remplit d'eau; derrière elle se dresse un petit bâtiment qui renferme un colombier.

Au fond, les grands parents, vêtus de blanc, sont assis sur le seuil de la porte; entre eux se tient un enfant.

En face, derrière l'estrade où siège l'officier de l'état civil :

La Célébration du mariage. — Toile marouflée. — H. $3^m,13$. — L. $2^m,03$. — Par M. Levy (Émile). — 1877.

Au centre, les jeunes époux. La femme, vêtue de blanc, la tête couronnée de fleurs de lis, s'appuie au bras de son mari; celui-ci porte une tunique lilas ornée d'une large bordure blanche; il tient dans ses mains la main de sa fiancée.

A droite, des jeunes gens, la tête couronnée de feuilles de lierre, jouent de divers instruments. A gauche, deux jeunes enfants dansent: ils ont la tête et les épaules couvertes de guirlandes de lierre. Derrière, des invités et des spectateurs se détachent sur un fond de paysage.

La cheminée de la Salle des Mariages est en marbre vert; elle est ornée de palmettes appliquées en cuivre doré.

Le plafond est divisé en compartiments avec rinceaux et entrelacs peints et dorés. Au centre, un grand cartouche porte les *Armes de la Ville*.

La Salle des Commissions est éclairée par trois des fenêtres de la façade donnant sur le jardin. Elle est recouverte d'un plafond comportant neuf compartiments avec cartouches. L'un d'eux présente un F, initiale de l'ancien propriétaire.

Le plafond repose sur une corniche que soutiennent des pilastres. Ceux-ci sont décorés, dans leur partie inférieure, de *figures allégoriques* tenant des guirlandes de fleurs, et dans leur partie supérieure, de rinceaux et d'arabesques au-dessus desquels sont peints alternativement de *petits génies ailés*, des *animaux chimériques* et des attributs.

Ces peintures sont l'œuvre de M. Vauchelet (Théophile-Auguste), 1834.

Des boiseries peintes en blanc rehaussé d'or décorent le cabinet du maire, dont le plafond, comme celui de la Salle des Mariages, est à compartiments.

Au fond du vestibule se trouve un escalier monumental en pierre, décoré d'une rampe en fer forgé qui conduit au premier étage sur un second vestibule.

Ce dernier vestibule n'offre rien qui mérite d'être signalé. Il donne accès à la Salle de la justice de paix ainsi qu'à différents bureaux.

MAIRIE DU VIIIe ARRONDISSEMENT.

HISTOIRE. — *C'est dans l'hôtel de Contades, acquis par la Ville vers 1831, que furent installés les services de cette Mairie qui était alors celle du premier arrondissement et qui, depuis l'annexion des communes suburbaines, est devenue celle du huitième.*

Situé rue d'Anjou-Saint-Honoré, n° 14, cet édifice n'a aucun caractère architectural.

DESCRIPTION.

EXTÉRIEUR.

Un corps de bâtiment donnant sur la rue présente un portail surmonté d'un fronton triangulaire.

Le portail est orné de refends; le tympan du fronton est occupé par un cadran d'horloge.

INTÉRIEUR.

Par le portail, on pénètre dans une cour, à droite de laquelle se trouve l'aile principale du monument.

La façade, élevée de deux étages, comporte sept travées composées, au rez-de-chaussée, d'arcades décorées alternativement de mascarons et de consoles, et au premier étage, de fenêtres rectangulaires. Elle est flanquée de deux ailes en retour formées chacune d'une seule travée offrant les mêmes dispositions que les précédentes.

La cour est encadrée de petits bâtiments annexes occupés par les bureaux.

La Salle des Mariages est située au rez-de-chaussée; elle est éclairée par des fenêtres s'ouvrant sur un jardin qui s'étend derrière la Mairie.

Cette salle est dépourvue de toute décoration.

MAIRIE DU IXe ARRONDISSEMENT.

HISTOIRE. — *La Mairie du neuvième arrondissement est située rue Drouot.*

Elle occupe un hôtel acheté par la Ville, en 1849, à la Compagnie d'assurances générales sur la vie, qui en avait fait elle-même, dix ans auparavant, l'acquisition à M. Aguado de las Marismas.

DESCRIPTION.

EXTÉRIEUR.

Extérieurement, l'édifice est signalé par un grand portail orné de refends et surmonté d'un fronton triangulaire.

Par ce portail, on pénètre dans une cour assez profonde dans laquelle se trouvent les bâtiments de la Mairie.

La façade principale est divisée en trois parties par un pavillon, construit dans l'axe de la porte d'entrée sur plan trapézoïdal.

Ce pavillon est élevé de deux étages. Ses faces latérales sont percées chacune de deux fenêtres cintrées, dont l'une s'ouvre au rez-de-chaussée et l'autre au premier étage; sa troisième face présente, au rez-de-chaussée, une porte plein cintre à laquelle on accède par cinq degrés, et, à l'étage supérieur, une fenêtre également plein cintre. Cette dernière face est encadrée de deux pilastres qui supportent un fronton demi-circulaire dont le tympan est occupé par un écusson entouré de drapeaux et de branches de laurier. Le fronton est dominé par un cadran d'horloge.

Les deux autres parties, à droite et à gauche du pavillon, comportent également deux étages et sont ajourées de fenêtres cintrées.

Perpendiculairement à la façade s'élèvent deux ailes pourvues au rez-de-chaussée d'une porte plein cintre et au premier étage d'une fenêtre également plein cintre.

L'aile de gauche renferme un vestibule sur lequel donnent divers bureaux ainsi que l'escalier qui conduit à l'étage supérieur. Le rez-de-chaussée de ces trois ailes est orné de refends.

Deux annexes, construites à droite et à gauche de la cour, précèdent ces bâtiments; dans l'une est installé le bureau de bienfaisance; dans l'autre, les services de police et de secours.

INTÉRIEUR.

Le vestibule est recouvert d'une voûte divisée en caissons. L'escalier aboutit à un palier d'où l'on pénètre dans deux petits vestibules : le premier précède la Salle des Mariages; le second, le cabinet du Maire et du chef des bureaux.

Le plafond qui recouvre la cage de l'escalier est orné de caissons; dans les parois sont creusées quatre niches voûtées en cul-de-four surmontées chacune d'une petite niche circulaire avec consoles destinées à recevoir des statues et des bustes.

La Salle des Mariages affecte la forme d'un rectangle se raccordant à ses extrémités à deux hémicycles. Elle est éclairée par trois fenêtres qui s'ouvrent sur le jardin, situé derrière la Mairie. Ses murs sont revêtus de boiseries peintes en blanc rehaussé d'or et tendus en étoffe rouge amarante.

La cheminée, de style Empire, est en marbre rouge décoré de palmettes appliquées en cuivre doré.

Par la porte du pavillon, on accède à une salle circulaire à arcades, dont le plafond est orné d'une moulure blanc et or et présente une rosace avec fleurs et oiseaux peints sur fond blanc.

De cette salle, on pénètre dans le prétoire de la justice de paix.

MAIRIE DU Xe ARRONDISSEMENT.

HISTOIRE. — *Sur une partie de l'emplacement occupé aujourd'hui par la Mairie du dixième arrondissement, existait autrefois une caserne de la garde municipale.*

La caserne a été détruite par un incendie, lors des événements de 1848. La Mairie, bâtie en 1849, s'élève au coin de la rue du Faubourg-Saint-Martin et de la rue du Château-d'Eau.

DESCRIPTION.

EXTÉRIEUR.

D'une architecture très-simple, la Mairie de l'Enclos-Saint-Laurent possède, en façade, quatre étages divisés chacun en neuf travées percées de fenêtres rectangulaires.

La troisième travée, plus large que les autres, présente, au rez-de-chaussée, une grande baie par laquelle on pénètre à l'intérieur du monument. Elle est dominée par un campanile de construction récente.

La partie inférieure de ce campanile, limitée par deux pilastres, renferme un cadran d'horloge surmonté d'un écusson aux *Armes de la Ville de Paris*.

La façade sur la rue du Château-d'Eau comprend trois étages de fenêtres rectangulaires; elle est encadrée de pilastres accouplés et terminée par un motif d'architecture que couronne un fronton triangulaire.

Deux annexes, situées de chaque côté d'une cour intérieure, contiennent le bureau de bienfaisance, la justice de paix et la bibliothèque.

INTÉRIEUR.

Au premier étage se trouvent la Salle des Mariages, le cabinet du maire et celui des adjoints. Au deuxième étage sont installés les divers services de la Mairie.

La Salle des Mariages est dépourvue de toute décoration. De forme rectangulaire, elle est ajourée de quatre fenêtres qui s'ouvrent sur la cour. Ses murs sont couverts d'une tenture imitant la boiserie.

MAIRIE DU XI ARRONDISSEMENT.

Histoire. — *Les plans et dessins de la Mairie du onzième arrondissement sont l'œuvre de M. Gancel.*
Commencés en 1862, les travaux de construction furent terminés en 1865.
L'édifice s'élève sur un terrain de forme trapézoïdale compris entre la place et le boulevard Voltaire, la rue Sedaine et l'avenue Parmentier.

DESCRIPTION.

EXTÉRIEUR.

La façade principale de la Mairie, formée par le côté le plus étroit, regarde la place Voltaire.

Elle se compose d'un rez-de-chaussée et d'un entre-sol ornés de refends et d'un premier étage; elle est limitée par des pilastres d'ordre composite et se divise en trois parties.

La partie centrale, formant avant-corps, est percée, au rez-de-chaussée, de trois portes plein cintre dont les clefs présentent des écussons accompagnés de branches de laurier et décorés : celui du milieu, d'une tête d'homme; les deux autres, d'une tête de femme.

Ces portes sont fermées par des grilles à deux vantaux.

Le premier étage est ajouré de trois baies rectangulaires que surmontent des frontons triangulaires supportés par des consoles et ornés de couronnes et de branches de chêne et de laurier.

Sur l'extrados de chacun de ces frontons sont assis deux petits génies ailés symbolisant :

Ceux du fronton central :

La Justice. — Statues assises. — Pierre. — H. 0^m,50. — L. 1^m. — Par M. Maniglier (Henri-Charles). — 1864.

L'un des génies présente les tables de la loi; l'autre tient dans la main droite un glaive et dans la gauche des balances.

Ceux du fronton de droite :

Le Mariage. — Statues assises. — Pierre. — H. 0^m,50. — L. 1^m. — Par M. Maniglier (Henri-Charles). — 1864.

Ils se donnent la main; l'un porte une torche allumée, l'autre une couronne.

Ceux du fronton de gauche :

L'Étude. — Statues assises. — Pierre. — H. 0^m,50. — L. 1^m. — Par M. Maniglier (Henri-Charles). — 1864.

L'un tient des tablettes dans la main gauche et un style dans la droite; l'autre présente une palme.

Ces baies sont munies de balustrades en pierre; celle du milieu est précédée d'un balcon soutenu par deux consoles décorées de guirlandes.

Elles sont encadrées de colonnes cannelées d'ordre composite sur lesquelles s'appuie un entablement dont l'architrave et la frise sont interrompues par une table portant l'inscription : « MAIRIE DU XIe ARRONDISSEMENT. »

Au-dessus, s'élève une balustrade d'attique que domine un motif d'architecture.

Dans la partie inférieure de ce motif sont sculptées les *Armes de la Ville de Paris* que flanquent :

Deux Cariatides à tête d'enfant. — Statues. — Pierre. — H. 1^m,50. — Par M. Maniglier (Henri-Charles). — 1864.

L'un de ces enfants tient dans la main droite une couronne, et dans la gauche une palme; l'autre porte une guirlande de fruits.

Ces cariatides sont surmontées chacune d'un vase décoratif.

La partie supérieure est composée de deux pilastres supportant un fronton circulaire interrompu par un écusson au chiffre impérial accompagné de feuilles de laurier.

Les deux autres parties de la façade sont ajourées, à chaque étage, d'une fenêtre, cintrée au rez-de-chaussée et rectangulaire à l'étage supérieur.

Les fenêtres de ce dernier étage sont ornées d'une balustrade et couronnées d'un fronton triangulaire interrompu par un écusson qui se détache au milieu de feuilles de laurier.

A la hauteur des chapiteaux, règne une grecque qui se prolonge sur toute la façade.

Les façades latérales se composent d'un rez-de-chaussée, d'un entre-sol, de deux étages et d'un comble; elles présentent chacune quatorze travées et sont limitées par des parties légèrement en saillie formées, l'une de quatre travées, l'autre de trois.

Les fenêtres du rez-de-chaussée et du

MAIRIES.

premier étage sont cintrées; celles de l'étage intermédiaire sont de forme rectangulaire.

Ces dernières sont munies de balustrades et de corniches à consoles; elles sont séparées, dans les parties en saillie, par des pilastres d'ordre composite.

Les lucarnes qui éclairent l'étage de comble sont couronnées de frontons circulaires.

Une porte, pratiquée dans l'une des travées, donne accès à une cour intérieure.

La quatrième façade, qui s'étend sur la rue Sedaine, offre trois parties. La partie centrale comporte cinq travées percées de baies plein cintre au rez-de-chaussée et cintrées à l'étage supérieur. Celles-ci sont surmontées de frontons circulaires dont les tympans sont décorés alternativement d'N et d'E et de couronnes de laurier.

La travée centrale est dominée par un écusson aux *Armes de la Ville de Paris*.

Les baies du premier étage sont encadrées de pilastres d'ordre composite.

Les deux autres parties possèdent chacune trois travées et présentent trois étages de fenêtres, cintrées au rez-de-chaussée et à l'étage supérieur, et rectangulaires à l'étage intermédiaire. Celles-ci sont surmontées de corniches à consoles.

La balustrade d'attique qui couronne la façade principale se prolonge sur les trois autres façades.

INTÉRIEUR.

Par la porte centrale de la façade on pénètre sous un grand porche recouvert d'une voûte en arc de cloître dont les retombées viennent s'appuyer sur des colonnes d'ordre ionique.

De ce porche, on accède à la cour intérieure.

Les façades qui encadrent cette cour sont divisées en sept travées; deux d'entre elles se composent d'un rez-de-chaussée et d'un étage; les deux autres possèdent trois étages. Le rez-de-chaussée est pourvu de baies plein cintre, le premier étage de baies rectangulaires et le deuxième de baies cintrées.

Les baies par lesquelles on débouche dans la cour sont flanquées de colonnes d'ordre composite décorées de vases.

Les fenêtres du premier étage sont à corniches et consoles; celles du troisième sont à chambranles; celles du rez-de-chaussée et du premier étage sont fermées par des balustrades. Sur les parois du vestibule se détachent deux cadres à crossettes renfermant une table de marbre destinée à recevoir une inscription. Ces cadres sont dominés par des frontons circulaires interrompus par un cartouche aux *Armes de la Ville* avec branches de chêne et de laurier.

Dans l'axe de la baie de droite de la façade se développe un escalier monumental qui aboutit au premier étage sur un vestibule décoré de colonnes et de pilastres cannelés d'ordre dorique.

A droite et à gauche s'ouvrent des galeries desservant les quatre ailes du monument.

La Salle des Mariages, située au premier étage, est éclairée par les trois baies centrales de la façade. De forme rectangulaire, elle possède une grande cheminée en marbre et pierre.

Au-dessus se trouve un motif d'architecture limité par deux petites statues de femme en applique et surmonté d'un fronton circulaire interrompu par un écusson portant les *Armes de la Ville*. Au centre, est sculptée une couronne de fruits dans laquelle sont gravés les articles du Code civil relatifs au mariage.

La Salle des Mariages est recouverte d'un plafond à compartiments qui repose sur une corniche à modillons.

Les portes sont encadrées de chambranles à crossettes et terminées par des frontons triangulaires.

A gauche de cette salle se trouve le cabinet du maire, à droite celui du chef des bureaux.

La Salle des Fêtes, flanquée de six petits salons, occupe l'aile postérieure tout entière. De forme rectangulaire, elle est éclairée par sept fenêtres et possède sept portes dont trois s'ouvrent sur la galerie et quatre sur les salons.

La cheminée monumentale en marbre et pierre est dominée par un motif d'architecture servant d'encadrement à une guirlande contenant un médaillon. Ce motif est composé de deux pilastres ioniques supportant un entablement qui soutient un fronton circulaire interrompu par un écusson aux *Armes de la Ville* avec feuilles de laurier.

La Salle des Fêtes est recouverte d'un plafond à compartiments ornés de rosaces qui vient s'appuyer sur une corniche à modillons.

Le premier étage comprend en outre une salle servant de bibliothèque et deux salles de lecture.

Le prétoire de la justice de paix est situé au rez-de-chaussée.

Les différents services sont installés tant au rez-de-chaussée qu'aux étages supérieurs.

MAIRIE DU XIIe ARRONDISSEMENT.

HISTOIRE. — *Les travaux nécessités par la construction de la mairie du douzième arrondissement durèrent trois ans.*

Exécutés sous les ordres de M. Hénard (Antoine-Julien), auteur du projet, ils furent commencés en 1874 et terminés en 1877.

L'édifice est construit sur un plan affectant la forme d'un trapèze ; sa façade donne sur un petit square triangulaire établi à l'intersection de l'avenue Daumesnil et de la rue de Charenton.

DESCRIPTION.

EXTÉRIEUR.

Dans l'axe de la façade principale, formée par le plus petit des quatre côtés du monument, se détache un avant-corps formant pavillon. Celui-ci, élevé de deux étages, est percé, au rez-de-chaussée, de trois baies plein cintre donnant accès sous un porche. Deux de ces baies s'ouvrent sur les faces latérales ; elles correspondent à une chaussée sur plan incliné et permettent de descendre de voiture à couvert.

La baie de la face principale est flanquée de deux baies également plein cintre fermées par une grille dans leur partie inférieure.

Ces trois dernières ouvertures sont encadrées de colonnes d'ordre dorique, ornées de cannelures et de bossages et couronnées par un entablement dont la frise est à triglyphes et la corniche à denticules.

La clef de voûte qui surmonte la baie centrale porte une tête symbolique représentant :

La Ville de Paris. — Bas-relief. — Pierre. — H. 0^m,50. — Par M. OUDINÉ (EUGÈNE-ANDRÉ). — 1877.

La tête, ceinte d'une couronne urbaine, est entourée de branches de chêne et de laurier.

Dans chacune des faces du premier étage est pratiquée une fenêtre à deux meneaux croisés.

De chaque côté de la fenêtre de la face principale est creusée une niche circulaire encadrée de pilastres cannelés d'ordre ionique. La partie inférieure des quatre pilastres est cachée par quatre espèces de gaînes terminées par des stèles sur lesquelles sont gravés les noms des quartiers que comprend le douzième arrondissement (Bel-Air, Picpus, Bercy, Quinze-Vingts) ; au-dessous de ces noms sont sculptés des caducées, des épis de blé et des grappes de raisin.

Les niches doivent recevoir chacune une statue dont la commande a été faite tout récemment par l'administration municipale.

Ces statues représentent :

Un Vigneron. — Statue. — Pierre. — H. 2^m,25. — Par M. LEQUIEN (ALEXANDRE-VICTOR). — 1879.

La chemise ouverte, le tablier relevé, les bras à demi nus, il tient de la main gauche le sommet d'un cep de vigne, qu'il taille à l'aide d'une serpe. Il porte une botte de joncs sous son bras gauche. A ses pieds sont placés un sarcloir, une binette et une hotte remplie de grappes de raisin.

Un Ouvrier ébéniste. — Statue. — Pierre. — H. 2^m,25. — Par M. PLÉ (HENRI-HONORÉ). — 1879.

A sa gauche est placé un établi sur lequel se trouvent un plan et une presse. Il tient dans la main droite un compas, dont il se sert pour prendre des mesures sur le plan ; de sa main gauche il serre la vis de la presse. A ses pieds, un pot à colle, une scie et une varlope.

Au-dessus de chaque niche se trouve un tableau portant les initiales R F.

Sur les pilastres s'appuie une corniche architravée, décorée de corbeaux, au centre de laquelle est scellée une plaque portant l'inscription : XIIe ARRONDISSEMENT.

Cette partie de l'édifice est terminée par un motif d'architecture reposant sur un soubassement et composé de deux pilastres cannelés d'ordre composite qui soutiennent un fronton circulaire interrompu par un écusson aux *Armes de la Ville.*

Ce motif renferme un cadre à crossettes dont le milieu est occupé par un cadran d'horloge.

Le soubassement présente une table de marbre où est gravé le mot : *Mairie.*

Un campanile octogonal domine le monument. Il possède deux étages et renferme la sonnerie de l'horloge. Le premier étage est entouré d'une galerie en fer ouvragé.

Les deux parties de la façade, situées à droite et à gauche du pavillon, comprennent un rez-de-chaussée, un étage très-élevé et un comble.

Elles sont divisées chacune en cinq travées et ajourées de fenêtres rectangulaires à meneaux. Le comble reçoit le jour par des lucarnes en pierre qu'encadrent des pilastres d'ordre dorique et que couronnent des frontons triangulaires.

Aux angles des deux façades latérales s'élèvent deux pavillons comprenant chacun une travée. Les parties situées entre ces pavillons comportent sept travées; dans celle du centre, au rez-de-chaussée, s'ouvre une porte rectangulaire.

Les lucarnes de l'étage de comble affectent la forme d'un œil-de-bœuf; celles qui se trouvent dans l'axe des pavillons sont divisées par des meneaux croisés et terminées par des frontons.

Les fenêtres des deux autres étages sont également à meneaux.

La face des deux pavillons extrêmes donnant sur la rue Bignon offrent chacune une porte rectangulaire dont la clef est décorée d'une tête de femme symbolisant :

L'une :

La Justice. — Bas-relief. — Pierre. — H. 0ᵐ,50. — Par M. MEUNIER (LOUIS). — 1876.

A sa droite sont sculptées les balances de justice; à sa gauche, une branche de laurier.

L'autre :

La Bienfaisance. — Bas-relief. — Pierre. H. 0ᵐ,50. — Par M. MEUNIER (LOUIS). — 1876.

Elle est entourée d'épis de blé.

Au-dessus des portes se détache un motif d'architecture limité par des pilastres d'ordre dorique et couronné par un fronton triangulaire.

Ces motifs servent d'encadrement à des tableaux. Sur l'un d'eux on lit :

JUSTICE DE PAIX. CONCILIATION.

Sur l'autre :

ASSISTANCE PUBLIQUE. MUTUALITÉ.

INTÉRIEUR.

Le vestibule est de forme rectangulaire : il se divise en trois parties : un péristyle auquel on accède par six degrés, une galerie de circulation prolongée de chaque côté du vestibule par des baies plein cintre, et accusée dans le vestibule par quatre colonnes d'ordre ionique, et enfin un escalier monumental en pierre à double révolution. Les colonnes sont en pierre du Jura et monolithe.

A droite et à gauche, près de l'entrée, sont creusées deux niches à fronton encadrant des candélabres en bronze.

L'escalier est éclairé par des baies pratiquées dans les trois faces d'un pavillon faisant saillie sur la cour.

Entre les baies se trouvent de grands tableaux dans lesquels sont inscrits les noms des quartiers de l'arrondissement. Le plafond est entouré d'une bordure de laurier et de fleurs au centre de laquelle sont peints des nuages.

L'escalier conduit au premier étage à une galerie établie parallèlement à la façade. Sur la galerie s'ouvrent les portes de la salle des mariages, de la salle d'attente et celles du cabinet des adjoints.

Deux colonnes d'ordre composite, à fût monolithe, en pierre du Jura, sont élevées en face de la salle des mariages.

Celle-ci, de forme rectangulaire, est éclairée par les trois fenêtres du pavillon. Elle communique par cinq portes à corniches avec la galerie, la salle d'attente et le cabinet des adjoints. Autour, règne une corniche sur laquelle repose un plafond orné d'une bordure de fleurs servant d'encadrement à un ciel.

Le pavillon qui s'élève à l'angle de la rue Bignon et de la rue de Charenton renferme la justice de paix; celui qui est situé à l'angle de la rue Bignon et de l'avenue Daumesnil contient les bureaux de l'assistance publique.

On construit en ce moment dans la cour de la mairie, sur l'alignement de ces deux pavillons, un nouveau corps de bâtiment où seront installés les salons de réception.

L'administration municipale doit entreprendre prochainement la décoration picturale du plafond de l'escalier.

MAIRIE DU XIIIᵉ ARRONDISSEMENT.

HISTOIRE. — *La mairie du treizième arrondissement s'élève sur un plan affectant la forme d'un trapèze; sa façade principale s'étend sur la place d'Italie; ses façades latérales s'élèvent sur l'avenue des Gobelins et le boulevard de l'Hôpital, et sa quatrième face sur la rue Philippe de Champagne.*

Les travaux nécessités par sa construction furent entrepris en 1867, sous la direction de M. BONNET, auteur des plans et dessins. Longtemps interrompus, ils furent repris en 1873, après quelques modifications apportées au projet primitivement adopté, et l'édifice fut livré en 1877 à l'administration municipale.

DESCRIPTION.

EXTÉRIEUR.

La façade principale est limitée par deux avant-corps formant pavillons; elle possède deux étages et se termine par un comble.

Chacun des étages des pavillons est éclairé par deux baies rectangulaires divisées par des appuis en pierre accusant des étages intermédiaires.

La partie comprise entre les pavillons comporte cinq travées. Le rez-de-chaussée présente trois portes plein cintre et deux baies rectangulaires; le premier étage est percé de cinq baies rectangulaires séparées par des pilastres d'ordre corinthien.

La façade est couronnée par une corniche à modillons.

Au-dessus, et dans l'axe de la partie centrale, se profile sur le toit un motif d'architecture renfermant un cadran d'horloge.

Le motif se compose de deux pilastres d'ordre dorique soutenant un fronton interrompu par un tableau portant le Vaisseau de la ville de Paris.

Ce tableau est lui-même surmonté d'un fronton interrompu par une tête de femme.

Sur l'extrados du fronton intérieur sont assis :

Deux Génies ailés. — Statues. — Pierre. — H. 0^m,60. — Par M. MONTAGNE (MARIUS). — 1875.

L'un des génies porte un flambeau; l'autre tient un livre.

Cet ensemble décoratif est dominé par un lanternon qui contient la sonnerie de l'horloge.

De chaque côté, et en retrait de la façade, sont construits deux bâtiments annexes moins élevés. Ceux-ci offrent chacun deux étages et se relient par un mur de clôture à une grande porte plein cintre s'ouvrant sur une cour intérieure.

Ces portes sont encadrées de pilastres d'ordre dorique et surmontées de frontons triangulaires.

La façade postérieure est percée de trois étages de fenêtres et compte neuf travées; elle possède un comble ajouré, comme les autres, de lucarnes limitées par des pilastres doriques et couronnées de frontons triangulaires.

INTÉRIEUR.

Les trois portes de la façade donnent accès dans un vestibule de forme rectangulaire. De chaque côté sont pratiquées deux portes ornées de chambranles à crossettes et de frontons triangulaires. Deux de ces portes s'ouvrent sur des galeries qui desservent les bureaux.

Dans la galerie de droite se trouve la salle de la justice de paix, dont le plafond est divisé en compartiments et dont les murs sont décorés de boiseries et d'ornements peints.

Au fond du vestibule, et correspondant à la porte centrale de la façade, un escalier monumental à double révolution conduit au premier étage et aboutit à un petit vestibule dallé en mosaïque.

Ce vestibule reçoit le jour par trois fenêtres; il est divisé en trois travées composées d'arcades reposant sur des pilastres d'ordre dorique.

Les murs présentent deux grands cadres surmontés d'un écusson aux Armes de la Ville. L'un d'eux renferme une peinture allégorique représentant :

La Famille. — Toile marouflée. — H. 4^m. — L. 4^m,50. — Par M. LEMATTE (JACQUES-FRANÇOIS-FERDINAND). — 1877.

Au centre se tient un homme à la figure bronzée par le soleil. Vêtu d'une tunique courte, il a l'épaule gauche couverte d'un manteau; une gourde pend à son côté. Un bâton à la main droite, il s'appuie sur le mancheron d'une charrue. A ses pieds est assise une jeune femme; celle-ci, la poitrine découverte, contemple avec amour un petit enfant qui repose sur ses genoux; elle a un fuseau dans la main droite et une quenouille dans la main gauche. Près d'elle jouent deux enfants, dont l'un cherche à caresser un chevreau. A droite, au premier plan, un vieillard assis, drapé, tient dans sa main gauche les mains d'une jeune fille placée devant lui. Une vieille femme dévide de la laine, aidée par un adolescent. Derrière ce groupe, deux jeunes fiancés. A gauche de la composition, une femme trait une chèvre que retient une autre femme. Au fond se détache un hangar sur un paysage.

Sur la balustrade de l'escalier, sous l'arcade centrale, on a placé :

Un Vase décoratif.— Bronze.— H. 1ᵐ,60. — Par M. Chédeville (Léon). — 1876.

Le plafond du vestibule est divisé en trois compartiments par des poutres dont les extrémités viennent s'appuyer sur des corbeaux à feuilles d'acanthe.

Du vestibule, on accède à la salle des mariages et à des galeries de circulation sur lesquelles s'ouvrent, outre des bureaux, le cabinet du maire et celui des adjoints.

La salle des mariages, de forme rectangulaire, est éclairée par trois grandes fenêtres que séparent des pilastres d'ordre dorique. Sur ces pilastres repose un plafond à compartiments décoré de caissons peints et dorés, et de cartouches au centre desquels sont les initiales R F et le millésime 1877.

Les murs sont revêtus, dans la partie inférieure, de boiseries de chêne, et dans la partie supérieure, de peintures historiques représentant :

Matrimonium. — Toile marouflée. — H. 2ᵐ. — L. 7ᵐ,25. — Par M. Boulanger (Gustave-Rodolphe). — 1877.

Au centre de la composition, sur un siège de forme antique, sont assis les deux jeunes époux ; ils se tiennent par la main.

A gauche, des femmes et des jeunes filles portent des corbeilles remplies de fleurs. L'une d'elles jonche le sol de roses ; deux autres tiennent des lyres. A droite, un groupe d'hommes : l'un d'eux présente un registre ouvert sur lequel signe un vieillard. Aux extrémités de la composition, sur un fond de verdure, se détachent des curieux.

Les figures d'hommes que comporte cette toile sont, pour la plupart, des portraits de contemporains. C'est ainsi que l'artiste a reproduit les traits de MM. Guillaume, Ballu, Hébert, Cabanel, Gérôme, Alexandre Dumas, Alfred Arago, Bonnet, Raoul Viola et Charles Garnier. Le portrait de M. Boulanger lui-même figure sur cette toile.

Paternitas. — Toile marouflée. — H. 2ᵐ. — L. 2ᵐ,40. — Par M. Boulanger (Gustave-Rodolphe). — 1877.

Une jeune femme est assise sur un siège de forme antique ; devant elle, son mari soulève dans ses bras, pour l'embrasser, un nouveau-né qu'un enfant cherche à attirer à lui ; derrière, accoudée sur le dos du siège, se tient une jeune fille ; à côté est placé un berceau. A gauche de la composition, une jeune femme est occupée à coudre. Au deuxième plan se tiennent les vieux parents ; ils contemplent ce spectacle.

Patria. — Toile marouflée. — H. 2ᵐ. — L. 2ᵐ,60. — Par M. Boulanger (Gustave-Rodolphe). — 1877.

Au centre, un guerrier casqué, cuirassé et recouvert d'un long manteau flottant, serre la main droite d'un vieillard qui, de la main gauche, lui indique l'horizon rougi par les flammes. Il est accompagné de deux autres guerriers également casqués et cuirassés et portant un bouclier et un faisceau. Ce groupe est précédé d'un quatrième soldat qui brandit en l'air une épée. A gauche, au deuxième plan, un jeune homme, avant de partir, embrasse une dernière fois sa vieille mère ; celle-ci a revêtu ses habits de deuil.

A droite, au fond, un guerrier a embouché la trompette guerrière.

Le sol disparaît sous une couche épaisse de neige.

Uxor esto. — Toile marouflée. — H. 2ᵐ. — L. 2ᵐ,60. — Par M. Boulanger (Gustave-Rodolphe). — 1877.

Deux femmes sont assises. L'une d'elles donne le sein à un enfant ; l'autre tient dans la main droite un fuseau, dans la gauche une quenouille. Fond de verdure et de fleurs.

Vir esto. — Toile marouflée. — H. 2ᵐ. — L. 2ᵐ,60. — Par M. Boulanger (Gustave-Rodolphe). — 1877.

Deux hommes sont assis. L'un représente l'Étude, l'autre le Courage. Le premier, à moitié nu, dans l'attitude de la méditation, appuie son bras droit sur une roue à engrenages ; il tient sur ses genoux des tablettes sur lesquelles il trace des figures géométriques avec un compas. Le second, la tête couverte d'un casque, la poitrine protégée par une cuirasse, tient son bras droit replié, le poing sur la hanche ; son bras gauche est appuyé sur ses genoux. Il regarde au loin ; entre ses jambes est placée une épée. Fond de verdure et de fleurs.

Studium. — Toile marouflée. — H. 2ᵐ. — L. 2ᵐ,40. — Par M. Boulanger (Gustave-Rodolphe). — 1877.

A droite, un homme, des manuscrits sous le bras, enseigne la géographie à un enfant debout devant une mappemonde ; à côté est assis un jeune homme qui tient un livre ouvert sur ses genoux. A gauche, au deuxième plan, se trouve une table sur laquelle sont placés des instruments de chimie et d'astronomie ; un jeune homme, assis sur un banc rustique, est courbé sur cette table ; de l'autre côté un second jeune homme debout lit dans un livre.

Labor. — Toile marouflée. — H. 2ᵐ. L. 2ᵐ,40. — Par M. Boulanger (Gustave-Rodolphe). — 1877.

Au centre de la composition se dresse une enclume autour de laquelle se tiennent trois forgerons. L'un d'eux y place une barre de fer rougie par le feu; tous trois sont armés de lourds marteaux. Au fond, au milieu de la verdure et des fleurs, la forge.

Au-dessus de ces peintures règne une frise représentant des cartouches reliés entre eux par des rinceaux.

Dans les cartouches sont peints les titres des diverses toiles qui décorent la salle des mariages.

MAIRIE DU XIVᵉ ARRONDISSEMENT.

Histoire. — *Érigée de 1851 à 1858, la mairie du quatorzième arrondissement s'élève sur un plan offrant la forme d'un parallélogramme.*

Son entrée principale regarde le square de Montrouge.

Elle a été construite sous la direction et d'après les plans de M. Naissant, *architecte du département de la Seine pour l'arrondissement de Sceaux.*

DESCRIPTION.

EXTÉRIEUR.

L'édifice possède deux étages ajourés de baies plein cintre. Les baies du premier étage sont encadrées de pilastres d'ordre corinthien.

La façade principale est divisée en trois parties par un porche élevé sur plan rectangulaire, qui présente, sur chacune de ses faces au rez-de-chaussée, une porte plein cintre à laquelle on accède par un perron composé de cinq degrés.

Au-dessus du premier étage règne un étage d'attique limité par des pilastres d'ordre corinthien et couronné par un campanile.

A la partie inférieure et aux quatre angles de ce campanile sont placées quatre statues représentant :

La Naissance. — Statue. — Pierre. — H. 2ᵐ,20. — Par M. Chevalier (Hyacinthe). — 1867.

Une jeune femme tient dans ses bras un enfant nouveau-né.

La Conscription. — Statue. — Pierre. — H. 2ᵐ,20. — Par M. Chevalier (Hyacinthe). — 1867.

Un conscrit tient dans la main droite un chapeau enrubanné, et dans la gauche le drapeau national. Près de lui, sur un petit piédestal, est placée une urne.

Le Mariage. — Statue. — Pierre. — H. 2ᵐ,20. — Par M. Chevalier (Hyacinthe). — 1867.

Le mariage est symbolisé par une jeune fille vêtue du voile et de la robe de mariée.

La Mort. — Statue. — Pierre. — H. 2ᵐ,20. — Par M. Chevalier (Hyacinthe). — 1867.

Une femme vêtue d'habits de deuil porte dans la main gauche une couronne d'immortelles; elle cache son visage dans sa main droite.

Ces statues soutiennent des frontons demi-circulaires dont les tympans contiennent chacun un cadran d'horloge.

La partie supérieure du campanile est composée d'un petit dôme que supportent des colonnettes d'ordre dorique.

Chacune des parties qui s'étendent à droite et à gauche du porche comprend trois travées; les trois autres façades en comportent chacune quatre.

Le monument est couronné par une frise à modillons décorée de têtes de lion; il est dominé par un étage de combles qui est éclairé par des œils-de-bœuf se détachant sur le toit.

INTÉRIEUR.

Par le porche, on pénètre sous un péristyle décoré de colonnes d'ordre ionique.

Au fond, à droite et à gauche, se développe un escalier monumental en pierre, à double révolution, qui aboutit, au premier étage, à un vestibule rectangulaire.

Sur ce vestibule s'ouvrent les portes des divers bureaux de la mairie, ainsi que celles du cabinet du maire et de la salle des mariages.

Cette salle est éclairé par trois des fenêtres

de la façade principale et par deux de celles qui sont percées sur l'une des façades latérales. Son plafond est en chêne sculpté et divisé en caissons.

Dans l'axe de la porte d'entrée se trouve une grande cheminée en marbre décorée de médaillons en ronde bosse et de rinceaux.

Cette cheminée est surmontée d'une arcade aveugle dans laquelle est scellée une table de marbre où sont gravés les noms des maires placés à la tête de la commune de Montrouge et les noms de ceux qui ont administré le quatorzième arrondissement, depuis l'année 1859.

MAIRIE DU XVe ARRONDISSEMENT.

HISTOIRE. — *C'est sur un terrain limité par les rues Péclet, Blomet et Lecourbe qu'est située la mairie du quinzième arrondissement, construite d'après les plans et sous la direction de M.* DEVREZ.

DESCRIPTION.

EXTÉRIEUR.

L'édifice se compose d'un corps de bâtiment principal et de deux ailes en retour.

De la façade principale, qui s'étend parallèlement à la rue Péclet, se détache un pavillon formant avant-corps.

Ce pavillon possède trois étages. Il est percé, au rez-de-chaussée, de cinq baies à arcades, dont deux s'ouvrent sur les côtés. Les arcades sont décorées de refends et surmontées de clefs très-simples. L'arcade du milieu est celle qui offre la plus grande ouverture; sa clef est ornée de feuillages.

Le premier étage est ajouré de cinq baies, dont deux sont pratiquées sur les côtés. Ces dernières, de forme rectangulaire, sont dominées par des tableaux couronnés de frontons circulaires. Les trois autres baies sont cintrées; elles sont séparées par des pilastres d'ordre ionique.

La fenêtre centrale est munie d'un balcon à balustres qui repose sur deux grandes consoles terminées par des mufles de lion.

Les pilastres supportent un entablement dont la frise et l'architrave sont interrompues par un tableau sur lequel est inscrit :

MAIRIE DU XVe ARRONDISSEMENT.

Le troisième étage offre un motif d'architecture composé de deux pilastres d'ordre composite et d'un fronton triangulaire. Entre les pilastres se trouve un cadran d'horloge; dans le tympan du fronton est sculpté un écusson aux armes de la Ville de Paris accompagné de rinceaux et de branches de chêne et de laurier.

De chaque côté de ce motif est pratiquée une petite fenêtre de forme rectangulaire.

L'édifice est dominé par un campanile élevé sur plan carré et formé d'arcades; le dôme qui recouvre ce campanile est décoré d'écailles imbriquées.

Les deux parties de la façade situées à droite et à gauche du pavillon comportent chacune cinq travées. Les baies du rez-de-chaussée sont en plein cintre; celles du premier étage sont rectangulaires; ces dernières sont surmontées de corniches; toutes sont encadrées de chambranles.

La façade est couronnée par une corniche à modillons; elle possède un comble qu'ajourent des lucarnes et des œils-de-bœuf.

Les ailes en retour présentent deux étages; le rez-de-chaussée est précédé d'une espèce de portique supporté par des piliers et fermé, à hauteur d'appui, par une rampe à balustres carrés. Aux extrémités des portiques sont ménagées des portes plein cintre auxquelles on accède par des perrons assez élevés. Par ces portes, on pénètre dans les galeries desservant les bureaux de la mairie.

Ces portiques, tout le long desquels règne une corniche à denticules, supportent des terrasses fermées par des rampes à balustrades.

Les façades donnant sur les rues Lecourbe et Blomet sont divisées chacune en huit travées percées de fenêtres rectangulaires.

INTÉRIEUR.

Par le pavillon, on entre dans un vestibule de forme rectangulaire dépourvu de toute décoration. A droite et à gauche s'ouvrent les galeries de circulation qui contournent le monument. Au fond se trouve un escalier monumental, à double révolution, avec rampe en fer forgé.

Les parois de cet escalier sont percées de trois baies cintrées encadrées de pilastres d'ordre composite.

Au premier étage, sur une galerie établie

parallèlement à la façade, s'ouvrent la salle des mariages, la salle d'attente, le cabinet du maire et celui des adjoints.

La porte par laquelle on pénètre dans la salle des mariages est de forme rectangulaire ; elle est pratiquée dans une baie cintrée et surmontée d'un fronton triangulaire reposant sur des consoles. Le tympan du fronton est décoré d'un écusson entouré de branches de laurier.

La salle des mariages est éclairée par trois des fenêtres de la façade ; elle possède cinq portes.

Ses murs offrent un soubassement en boiseries peintes en noir et rehaussées de filets d'or ; ils sont revêtus, dans leur partie supérieure, d'un enduit brun rouge.

Cette salle est recouverte par un plafond à compartiments avec rinceaux peints et dorés ; aux quatre angles, se détachent quatre cartouches accompagnés de branches de laurier et portant les *Armes de la Ville de Paris*.

MAIRIE DU XVIᵉ ARRONDISSEMENT.

HISTOIRE. — *Cet édifice s'élève à l'angle de l'avenue du Trocadéro et de la rue de la Pompe.*

Les travaux de construction, entrepris peu d'années avant la guerre franco-allemande, sous la direction de M. GODEBOEUF, *durent être interrompus de 1870 à 1875. Ils ne furent terminés qu'en 1877, époque à laquelle les services municipaux furent définitivement installés dans la nouvelle mairie.*

DESCRIPTION.

EXTÉRIEUR.

La façade principale, établie sur l'avenue du Trocadéro, se divise en cinq parties ; elle présente deux étages et un comble et comprend trois pavillons légèrement en saillie, dont un s'élève au centre et deux aux extrémités.

Le pavillon central, qui est le plus important, est percé au rez-de-chaussée de trois arcades ornées de scipions.

Ces arcades sont fermées par des grilles en fer ; leur tympan est occupé par une guirlande de fruits, sculptée immédiatement au-dessous de l'architrave de l'entablement qui les surmonte.

Le premier étage est encadré par deux antes et ajouré de trois baies cintrées munies de balcons à balustres et séparées par des colonnes engagées d'ordre composite.

Ces colonnes supportent un entablement dont la frise, décorée de triglyphes, est interrompue, ainsi que l'architrave, dans l'axe du pavillon, par un tableau sur lequel est gravé :

MAIRIE DU XVIᵉ ARRONDISSEMENT.

Au-dessus, s'élève un motif architectural se détachant sur le toit et contenant un cadran d'horloge. Il est composé de deux pilastres ioniques que surmonte un fronton circulaire dont le tympan offre un écusson aux armes de la Ville accompagné de rinceaux.

Cette partie de l'édifice est terminée par un campanile qui renferme la sonnerie de l'horloge.

Le campanile, érigé sur plan carré, est formé de quatre arcades s'ouvrant entre des pilastres sur lesquels viennent s'appuyer quatre frontons triangulaires ; il est recouvert d'un petit dôme. Les arcades sont fermées par une balustrade.

Les deux autres pavillons sont percés chacun, au rez-de-chaussée, d'une porte cintrée et, au premier étage, d'une fenêtre rectangulaire munie d'une balustrade et encadrée de deux antes.

Le premier étage est limité par deux pilastres corinthiens.

Chacune des parties comprises entre les pavillons est divisée en cinq travées pourvues de fenêtres cintrées au rez-de-chaussée et rectangulaires au premier étage. Ces dernières sont encadrées de chambranles, surmontées de corniches reposant sur des consoles et séparées par des pilastres d'ordre composite.

La travée centrale du rez-de-chaussée présente une porte à laquelle on accède par deux marches.

Le comble reçoit le jour par six lucarnes rectangulaires en pierre couronnées de frontons triangulaires.

La façade établie sur la rue de la Pompe possède, comme l'autre, un rez-de-chaussée, un étage et un comble. Elle est flanquée de deux pavillons offrant la même décoration que les pavillons d'angles de la façade principale.

La partie comprise entre ces pavillons comporte treize travées.

Dans celle du centre est pratiquée, au rez-de-chaussée, une grande baie plein cintre s'ouvrant sous une voûte par laquelle on pénètre dans la cour d'honneur.

Au centre de cette façade, au-dessus de la corniche architravée qui la couronne, se trouve un fronton circulaire dont le tympan est occupé par un écusson entouré de branches de chêne et de laurier et portant les armes de la Ville de Paris.

Les fenêtres de l'étage inférieur de l'édifice sont divisées par un bandeau qui accuse l'entre-sol; celles de l'étage supérieur sont à meneaux.

INTÉRIEUR.

Par la porte centrale du grand pavillon de la façade principale, on accède à un passage aboutissant à la cour, qui affecte la forme d'un trapèze.

Les façades qui encadrent cette cour sont ajourées de baies à arcades au rez-de-chaussée et rectangulaires au premier étage.

Ces dernières sont à meneaux; elles sont séparées par des pilastres d'ordre composite.

Les deux autres portes correspondent à deux vestibules décorés de colonnes engagées sur lesquelles viennent s'appuyer les retombées des voûtes.

De ces vestibules partent des galeries de circulation qui desservent le rez-de-chaussée, où se trouvent le prétoire de la justice de paix, le bureau de l'officier de paix et divers services publics.

Dans celui de gauche se développe un escalier monumental, à double révolution, qui présente, au rez-de-chaussée, des pilastres d'ordre dorique et, au premier étage, des pilastres sur lesquels repose un plafond à compartiments.

Au sommet de cet escalier s'ouvre un vestibule qui précède la salle des mariages.

Des galeries, semblables à celles du rez-de-chaussée, donnent accès à différents bureaux.

La salle des mariages est éclairée par les trois fenêtres du pavillon central; elle est recouverte par un plafond à compartiments et à caissons peints et dorés que soutiennent des pilastres ioniques. Les portes sont encadrées de chambranles à crossettes et surmontées de corniches à consoles. La cheminée est en pierre; au-dessus se détache un motif composé de deux pilastres ioniques supportant un fronton dont le tympan est occupé par les armes de la Ville de Paris.

La salle des fêtes est située dans l'aile donnant sur la rue de la Pompe.

De forme rectangulaire, elle est divisée en sept travées par des pilastres cannelés d'ordre dorique, peints et rehaussés de filets d'or. Elle est éclairée par sept baies et possède douze portes. Sept de ces portes s'ouvrent sur le vestibule, deux sur un petit salon et trois sur la salle qui contient la bibliothèque. L'une de ces dernières est surmontée d'un fronton triangulaire, dans le tympan duquel est peint, en lettres d'or, le millésime 1878. Les murs sont revêtus, dans leur partie inférieure, d'une boiserie rouge brique foncé. Leur partie supérieure, peinte en rouge brique pâle, est ornée de couronnes civiques en or.

La salle des fêtes présente, à l'une de ses extrémités, trois arcades reposant sur des colonnes cannelées d'ordre ionique.

Dans l'axe de l'arcade centrale, entre les deux portes par lesquelles on accède au petit salon, est représentée :

La République. — Toile. — H. 2^m,20. — L. 2^m. — Par M. Chauvin. — 1878.

La tête, couronnée d'épis de blé, de raisins et de feuilles de vigne, est entourée de branches de laurier; au-dessus brille une étoile.

Autour de la salle règne une corniche à modillons sur laquelle repose une voûte peinte en bleu dont les angles sont décorés de palmes d'or.

Dans la voûte sont inscrits en lettres d'or les noms des personnages illustres qui ont habité Passy.

BOILEAU.	C. DELESSERT.
LA FONTAINE.	BÉRANGER.
MOLIÈRE.	RAYNOUARD.
DAGUESSEAU.	LAMARTINE.
B. FRANKLIN.	CABANIS.
A. CHÉNIER.	ROSSINI.
F. DUBAN.	GAVARNI.
J. JANIN.	PONSARD.

Le petit salon attenant à la salle des fêtes affecte la forme d'un hémicycle; il est éclairé par trois fenêtres du pavillon élevé à l'angle de l'avenue du Trocadéro et de la rue de la Pompe.

Les sculptures d'ornement de la mairie du seizième arrondissement ont été exécutées par MM. Barral et Decée, Perrin et Legrain.

MAIRIE DU XVIIe ARRONDISSEMENT.

Histoire. — *La mairie du dix-septième arrondissement est située dans la rue des Batignolles, dont elle est séparée par une cour que clôt une grille.*

Commencée en 1847, sous la direction et d'après les plans et dessins de M. Lequeux, elle a été terminée en 1849.

DESCRIPTION.

EXTÉRIEUR.

L'édifice s'élève sur plan carré. Il se compose d'un rez-de-chaussée orné de bossages, d'un premier étage et d'un étage d'attique.

La façade est divisée en trois parties par un avant-corps formant péristyle. Celui-ci est percé, au rez-de-chaussée, d'une porte plein cintre flanquée de deux petites baies de même forme. Le premier étage est ajouré de cinq fenêtres, dont deux s'ouvrent sur les flancs. La fenêtre centrale de cet étage est en plein cintre; les autres sont rectangulaires. Les deux baies pratiquées de chaque côté de la baie centrale sont encadrées de pilastres d'ordre composite; au-dessus sont sculptées les tables de la loi entourées de couronnes de chêne.

L'avant-corps est terminé par un étage aveugle limité par des pilastres d'angle au milieu desquels est placé un cadran d'horloge.

Le monument est dominé par un grand campanile pourvu à son sommet de petites baies plein cintre.

Chacune des deux autres parties de la façade comprend trois travées percées de fenêtres rectangulaires. Celles du rez-de-chaussée sont surmontées de corniches reposant sur des consoles; celles du premier étage sont couronnées de frontons triangulaires à consoles; celles de l'étage d'attique sont entourées de chambranles à crossettes.

Aux deux extrémités de la façade s'ouvrent deux arcades voûtées donnant accès : celle de droite, au jardin situé derrière la mairie ; celle de gauche, à la salle de la bibliothèque.

INTÉRIEUR.

Du péristyle, on pénètre dans un vestibule rectangulaire. Au fond, à droite, se trouve la salle de la justice de paix; à gauche se développe un escalier monumental en pierre, à double révolution, qui conduit au premier étage où sont installés les divers bureaux de la mairie, le cabinet du maire et la salle des mariages.

Dans l'escalier, l'administration municipale a fait placer dernièrement une toile représentant :

La République. — Toile. — H. 3m,50. — L. 2m,25. — Par Papety (Dominique-Louis-Ferréol). — 1848.

Debout, la tête couronnée de feuilles de laurier, elle est vêtue d'une tunique rouge et couverte d'un manteau blanc. Elle tient une main de justice dans sa main droite et de son bras gauche semble protéger une ruche autour de laquelle voltigent des abeilles.

Cette toile a été exécutée à la suite d'un concours ouvert par l'État en 1848.

La salle des mariages affecte la forme rectangulaire. Éclairée par les cinq baies de l'avant-corps, elle possède trois portes qu'encadrent des pilastres d'ordre corinthien supportant un entablement dont la corniche est ornée de palmettes et la frise de modillons.

Cette salle est divisée en deux parties inégales par trois arcades s'ouvrant entre des colonnes engagées d'ordre corinthien.

Le siège où se tient l'officier de l'état civil, pendant la célébration du mariage, est placée sous l'arcade centrale.

MAIRIE DU XVIIIe ARRONDISSEMENT.

Histoire. — *C'est en 1836 que fut érigée la mairie destinée à recevoir les services de la municipalité de Montmartre.*

M. Lequeux fut chargé de fournir le projet de cet édifice qui, depuis l'agrandissement de Paris, est devenu la mairie du dix-huitième arrondissement.

DESCRIPTION.

EXTÉRIEUR.

Le monument est construit sur plan rectangulaire. Il se compose de trois étages; le rez-de-chaussée est orné de bossages.

Sa façade comporte sept travées composées de baies plein cintre au rez-de-chaussée, et rectangulaires aux étages supérieurs. Les fenêtres du premier étage sont surmontées de corniches.

La façade est couronnée par une frise à modillons et dominée par un petit campanile renfermant un cadran d'horloge. Ce campanile présente deux pilastres sur lesquels repose un fronton triangulaire.

INTÉRIEUR.

Par la baie centrale de la façade, on pénètre dans un petit vestibule voûté. Au fond et à gauche se trouve l'escalier qui conduit au premier étage, où s'ouvre la salle des mariages.

Celle-ci est de forme rectangulaire. Elle reçoit le jour par trois des fenêtres de la façade et n'offre aucune décoration.

En face de l'estrade où siège l'officier de l'état civil pendant la célébration du mariage, au-dessus de la glace qui surmonte la cheminée, on lit l'inscription suivante :

CET ÉDIFICE COMMUNAL
CONSTRUIT EN MDCCCXXXVI
A ÉTÉ INAUGURÉ
LE 1ᵉʳ MAI MDCCCXXXVII
PAR LE COMTE DE RAMBUTEAU
PRÉFET
DU DÉPARTEMENT DE LA SEINE.

Les bureaux de la mairie sont installés tant au rez-de-chaussée qu'au premier étage.

L'étage supérieur est occupé par des logements mis à la disposition des gens de service.

MAIRIE DU XIXᵉ ARRONDISSEMENT.

HISTOIRE. — *Cette mairie a été construite d'après les plans et dessins de MM. DAVIOUD, aujourd'hui inspecteur général honoraire des travaux d'architecture de la Ville de Paris, et BOURDAIS, architecte. Elle se compose de trois corps de bâtiment : l'un d'eux, élevé sur la place Armand Carrel, comprend la façade principale; les deux autres, en retour, s'élèvent sur la rue du Rhin et l'avenue de Laumière.*

DESCRIPTION.

EXTÉRIEUR.

La façade principale est divisée en trois parties par un pavillon central présentant une assez forte saillie; elle est limitée par deux pavillons d'angle.

Le pavillon central est percé, au rez-de-chaussée, de cinq arcades dont deux s'ouvrent sur les côtés. Quatre de ces arcades sont en plein cintre; la plus importante est en anse de panier; elles reposent toutes les cinq sur des piliers monolithes surmontés d'écussons portant les armes de la Ville.

Le rez-de-chaussée est séparé du premier étage par un entablement complet dont la frise est décorée de triglyphes.

Au premier étage sont pratiquées trois baies qu'entourent des chambranles ornés d'entrelacs et qu'encadrent des pilastres d'ordre corinthien.

Deux de ces baies sont percées sur les faces latérales du pavillon.

La troisième, ménagée sur la face principale, offre une large ouverture; elle est munie d'un balcon à balustres. De chaque côté est creusée une niche reposant sur des consoles et surmontée d'un fronton circulaire.

Deux statues, destinées à être placées dans ces niches, ont été commandées tout récemment par l'administration municipale.

L'une doit symboliser :

L'Approvisionnement en bétail. — Statue. — Pierre. — H. 2ᵐ,25. — Par M. CLÈRE (GEORGES). — 1879.

L'autre :

L'Approvisionnement en eaux. — Statue. — Pierre. — H. 2ᵐ,25. — Par M. CROISY (ARISTIDE). — 1879.

Sur les pilastres du premier étage vient s'appuyer une corniche décorée de corbeaux. Au-dessus règne un attique présentant un tableau sur lequel est gravée l'inscription :

MAIRIE DU XIXᵉ ARRONDISSEMENT.

Le tout est dominé par un motif au centre duquel est placé un cadran d'horloge et par un campanile renfermant la sonnerie de l'horloge.

Le cadran est entouré d'une guirlande de fruits; il est surmonté d'un cartouche portant les initiales R F.

Les deux autres parties de la façade comportent chacune quatre travées percées de fenêtres rectangulaires.

Les fenêtres du rez-de-chaussée et de l'entre-sol sont décorées de bossages; celles du premier étage sont entourées de chambranles à crossettes, surmontées de frontons triangulaires et ornées de mascarons.

Les pavillons d'angle sont encadrés de bossages; ils possèdent deux étages ajourés chacun d'une baie offrant la même décoration que les baies des deux parties précédentes.

Les façades latérales se composent de quatre étages de fenêtres et sont divisées en cinq travées. Elles se développent entre deux pavillons dont le premier étage seul est muni d'une fenêtre. L'étage inférieur est décoré d'un grand cadre en pierre à crossettes surmonté d'une corniche.

La façade postérieure des pavillons extrêmes est ajourée, au rez-de-chaussée, d'une baie plein cintre. La fenêtre du premier étage est semblable à celles que présente cet étage dans les autres parties du monument.

Les façades que nous venons de décrire offrent un ensemble décoratif composé d'un mélange de pierres et de briques.

L'intervalle laissé libre entre les deux ailes en retour forme une cour intérieure. Les fenêtres qui donnent sur cette cour sont à arcades au rez-de-chaussée, et rectangulaires aux étages supérieurs.

La façade, au fond de la cour, est élevée de deux étages ajourés d'arcades; elle présente au centre un pavillon très-saillant dont le premier étage seul est muni de fenêtres.

La corniche décorée de corbeaux qui couronne le pavillon central de la façade principale se prolonge sur toute l'étendue de l'édifice. Cette corniche est dominée par un étage de combles éclairé par des lucarnes de forme rectangulaire.

INTÉRIEUR.

Le vestibule est partagé en trois travées séparées par des arcades reposant sur des pilastres; il est recouvert d'un plafond à compartiments divisé par des arcs doubleaux très-saillants.

A droite et à gauche s'ouvrent des galeries de circulation qui pourtournent le monument.

Au fond se développe un escalier monumental compris dans le pavillon dont nous avons parlé plus haut.

Cet escalier, éclairé sur trois côtés par des baies rectangulaires entourées de chambranles à crossettes et surmontées de frontons triangulaires, aboutit, au premier étage, à un vestibule d'où partent des galeries de circulation établies parallèlement à la façade. Il est limité par une rampe en fer ouvragé.

Le vestibule présente deux colonnes d'ordre dorique sur lesquelles s'appuie un entablement supportant les extrémités d'un arc en anse de panier.

La salle des mariages, dont la porte principale s'ouvre sur le vestibule, est de forme rectangulaire. Elle est éclairée par les trois baies du pavillon central et possède trois portes surmontées d'œils-de-bœuf entourés de guirlandes de fruits. La partie inférieure des murs de cette salle est revêtue d'une boiserie en chêne; la partie supérieure doit recevoir des panneaux décoratifs dont l'exécution a été confiée, à la suite d'un concours, à MM. Gervex et Blanchon.

MAIRIE DU XXe ARRONDISSEMENT.

Histoire. — *Le terrain sur lequel s'élève la mairie du vingtième arrondissement est compris entre la place des Pyrénées, la rue Belgrand, la rue du Japon et l'avenue de la République; il affecte la forme d'un trapèze.*

Les fondements de cet édifice furent jetés en 1868, sous la direction de M. Salleron, *auteur du projet.*

Les travaux, interrompus par suite des événements de 1870-1871, ne furent terminés qu'en 1875.

DESCRIPTION

EXTÉRIEUR.

La façade principale, établie sur la place des Pyrénées, comporte deux étages.

Au rez-de-chaussée s'ouvrent trois arcades dont les clefs sont décorées de têtes sculptées et les tympans occupés par des médaillons accompagnés de branches de chêne et de laurier.

Sur ces écussons sont gravées les dates 1868-1875.

Le premier étage est éclairé par trois baies rectangulaires à meneaux croisés que surmontent des corniches soutenues par des consoles et que séparent des pilastres d'ordre dorique.

Sur ces pilastres repose un entablement dont la corniche est ornée de modillons.

Au-dessus règne un attique portant, au centre, l'inscription :

MAIRIE DU XXe ARRONDISSEMENT

et, aux extrémités, deux écussons aux armes de la Ville de Paris.

La façade est dominée par un campanile dont le soubassement est limité par deux ailerons.

Les façades latérales sont encadrées de pavillons formant pans coupés. Elles sont couronnées d'une corniche à modillons et possèdent deux étages.

Chaque étage est éclairé par neuf fenêtres cintrées au rez-de-chaussée et rectangulaires au premier étage. Ces dernières fenêtres sont surmontées de corniches reposant sur des consoles; toutes sont décorées de clefs.

Les pavillons offrent deux étages ajourés chacun d'une fenêtre présentant la même décoration que les fenêtres des autres parties du monument.

La façade postérieure n'a qu'un étage ; elle se divise en trois parties. La partie centrale, légèrement en saillie, est éclairée par cinq fenêtres cintrées ; elle est adossée à un mur décoré d'encadrements.

Les deux autres parties ont chacune trois baies également cintrées.

Cette façade est, comme les autres, flanquée de deux pavillons offrant les mêmes dispositions que les précédentes.

INTÉRIEUR.

Le vestibule est divisé en trois travées formées d'arcades correspondant à celles de la façade. Au fond se trouve un escalier monumental en pierre, à double révolution ; à droite et à gauche s'étendent des galeries de circulation conduisant à la cour intérieure ainsi qu'aux couloirs, sur lesquels s'ouvrent les bureaux de la mairie.

Les parois du vestibule présentent des colonnes d'ordre ionique accouplées, sur lesquelles repose un entablement interrompu qui soutient un plafond à compartiments.

Une rampe ouvragée ferme l'escalier qu'éclaire une grande fenêtre plein cintre.

A son sommet se trouve un vestibule qui le contourne par deux arcades décorées de balustrades. A la partie supérieure règne une torsade de feuillage.

De ce vestibule on accède à la salle des mariages, à la salle d'attente et aux cabinets du maire et des adjoints.

A droite et à gauche s'ouvrent des galeries de circulation pourtournant la cour.

La salle des mariages, de forme rectangulaire, est recouverte d'un plafond à compartiments divisé par des poutres soutenues par des corbeaux en pierre ; elle reçoit le jour par trois des baies de la façade.

La cheminée est surmontée d'un motif d'architecture renfermant un grand tableau sur lequel sont inscrits les articles du code civil relatifs au mariage.

Ce motif se compose de deux pilastres cannelés d'ordre composite sur lesquels repose un fronton circulaire interrompu par un écusson aux armes de la Ville de Paris accompagné de branches de chêne et de laurier.

Les murs qui encadrent la cour intérieure sont percés de deux étages d'arcades qui éclairent les galeries de circulation.

L. MICHAUX,

MEMBRE DE LA COMMISSION.

Paris, le 31 mai 1880.

TABLE

DES NOMS MENTIONNÉS DANS LA MONOGRAPHIE.

Nota. — L'abréviation *arch.* signifie architecte; *éb.*, ébéniste; *gr.*, graveur; *p.*, peintre; *sc.*, sculpteur.

Aguado de las Marismas (M.), 14.
Anjou-Saint-Honoré (rue d'), 14.
Arago (M. Alfred), 21.
Armand Carrel (place), 27.
Art lyrique (l'), 7.
Aubusson (tapisserie d'), 8.
Avenue Daumesnil, 18, 19.
— des Gobelins, 19.
— Laumière, 27.
— Parmentier, 16.
— de la République, 28.
— du Trocadéro, 24, 25.
Bailly (M.), arch., 8.
Ballu (M.), arch., 21.
Banque (rue de la), 4.
Barral (M.), sc., 25.
Barrias (M. Félix), p., 7.
Batignolles (rue des), 26.
Baudoyer (place), 8.
Bel-Air (quartier du), 18.
Belgrand (rue), 28.
Béranger, 25.
Bienfaisance (la), 3, 9, 19.
Bignon (rue), 19.
Blanchon (M.), p., 28.
Blomet (rue), 23.
Boileau, 25.
Bonnet (M.), arch., 20, 21.
Boulanger (M. Gustave-Rodolphe), p., 21-22.
Boulevard de l'Hôpital, 19.
— Voltaire, 16.
Bourdais (M.), arch., 27.
Bretagne (rue de), 5, 6.
Brissac (hôtel de), 12.
Cabanel (M.), p., 21.
Cabanis, 25.
Caffarelli (rue), 5, 6.
Calliat (M.), arch., 5, 10.
Caserne Lobau, 8.
Charenton (rue de), 18, 19.
Charité (la), 5, 7.
Charrost (hôtel), 11.
Chat (M.), arch., 5.
Clotaire (rue), 10.

Château-d'Eau (rue du), 15.
Chauvin (M.), p., 25.
Chédeville (M. Léon), sc., 21.
Chénier (André), 25.
Chevalier (M. Hyacinthe), sc., 22.
Clère (M. Georges), sc., 7.
Cochin, ancien maire, 11.
Cochin (l'abbé), fondateur de l'hôpital, 11.
Commerce (le), 6.
Contades (hôtel de), 14.
Cormon (M. Fernand), p., 9.
Courage (le), 21.
Crauk (Gustave-Adolphe-Désiré), sc., 4.
Croisy (M. Aristide), sc., 27.
Dagueneau, 25.
Danse (la), 7.
Daumesnil (avenue), 18, 19.
Davioud (M.), arch., 27.
Decée (M.), sc., 25.
Degeorge (M. Charles-Jean-Marie), sc., 5.
Delessert (C.), 25.
Devrez (M.), arch., 23.
Droit (école de), 10.
Drouot (rue), 14.
Duban (F.), arch., 25.
Dumas (M. Alexandre), 21.
École de Droit, 10.
Éducation (l'), 9.
Église Notre-Dame des Victoires, 4.
— Saint-Germain l'Auxerrois, 3.
— Sainte-Geneviève, 10.
Enclos Saint-Laurent (l'), 15.
Étex (M. Antoine), sc., 11.
Étude (l'), 16, 21.
Exposition universelle de 1878, 5.
Famille (la), 13, 20.
Faubourg Saint-Martin (rue du), 15.
Forbin-Janson (hôtel), 12.
Fossés-Saint-Jacques (rue des), 10.
François-Miron (rue), 8.
Franklin (B.), 25.
Gancel (M.), arch., 16.
Garnier (M. Charles), arch., 21.
Gavarni, 25.

GÉROME (M.), p., 21.
GERVEX (M.), p., 28.
Gindre (rue du), 11.
GIRARD (M. Alphonse), arch., 4.
Gobelins (avenue des), 19.
GODEBOEUF (M.), arch., 24.
GOUJON (Jean), sc., 4.
Grenelle-Saint-Germain (rue de), 12.
GUERRE (la), 9, 12.
GUILLAUME (M. Eugène), sc., 21.
HÉBERT (M. Ernest), p., 21.
HÉNARD (M. Antoine-Julien), arch., 18.
HITTORFF, arch., 3.
Hôpital (boulevard de l'), 19.
Hôtel de Brissac, 12.
— Charrost, 11.
— de Contades, 14.
— Forbin-Janson, 12.
Hôtel de ville de Paris, 8.
HUILLARD (M.), arch, 5.
INDUSTRIE (l'), 6.
ISELIN (M. Henri-Frédéric), sc., 4.
Italie (place d'), 19.
JANIN (Jules), 25.
Japon (rue du), 28.
JUSTICE (la), 3, 16, 19.
KLAGMANN (Jean-Baptiste-Jules), sc., 4.
LA FONTAINE, 25.
LAGRANGE (M. Jean), sc., 6, 7.
LA MARTINE, 25.
Laumière (avenue), 27.
Lecourbe (rue), 23.
LEGRAIN (M.), sc., 25.
LEMATTE (M. Jacques-François-Ferdinand), p., 20.
LEQUEUX (M.), arch., 26.
LEQUIEN (M. Alexandre-Victor), sc., 18.
LEQUIEN (M. Justin-Marie), sc., 5.
LÉVY (M. Émile), p., 13.
Lobau (caserne), 8.
LOI (la), 3, 7.
Louvre (place du), 3.
MAINDRON (M. Étienne-Hippolyte), 11.
Mairie du Ier arrondissement, 3-4.
— du IIe arrondissement, 4-5.
— du IIIe arrondissement, 5-7.
— du IVe arrondissement, 8-9.
— du Ve arrondissement, 10-11.
— du VIe arrondissement, 11-12.
— du VIIe arrondissement, 12-14.
— du VIIIe arrondissement, 14.
— du IXe arrondissement, 14-15.
— du Xe arrondissement, 15.
— du XIe arrondissement, 16-17.
— du XIIe arrondissement, 18-19.
— du XIIIe arrondissement, 19-22.
— du XIVe arrondissement, 22-23.
— du XVe arrondissement, 23-24.
— du XVIe arrondissement, 24-25.

Mairie du XVIIe arrondissement, 26.
— du XVIIIe arrondissement, 26-27.
— du XIXe arrondissement, 27-28.
— du XXe arrondissement, 28-29.
MANIGLIER (M. Henri-Charles), sc., 16.
MARIAGE (le), 6, 9, 16.
MARINE (la), 12.
MAZEROLLE (M.), p., 8.
MEUNIER (M. Louis), sc., 18.
Mézières (rue de), 11.
MILLET (M. Aimé), sc., 3.
Molay (rue), 5.
MOLIÈRE, 25.
MONTAGNE (M. Marius), sc., 20.
Montrouge (square de), 22.
MOREAU (M.), de Tours, p., 5.
MORT (la), 7, 9.
NAISSANCE (la), 6, 9.
NAISSANT (M.), arch., 22.
Notre-Dame des Victoires (église), 4.
OUDINÉ (M. Eugène-André), sc., 18.
Panthéon (place du), 10.
PAPETY (Dominique-Louis-Ferréol), p., 26.
Parmentier (avenue), 16.
PASCAL (M. Ernest), sc., 6.
Péclet (rue), 23.
Perrault (rue), 3, 4.
Perrée (rue), 5, 6.
PERRIN (M.), sc., 25.
Philippe-de-Champagne (rue), 19.
Picpus (quartier de), 18.
Place Armaud Carrel, 27.
— Baudoyer, 8.
— d'Italie, 19.
— du Louvre, 3.
— du Panthéon, 10.
— des Pyrénées, 28, 29.
— Saint-Sulpice, 11.
— Voltaire, 16.
PLÉ (M. Henri-Honoré), sc., 18.
Pompe (rue de la), 24, 25.
PONSARD, 25.
Pyrénées (place des), 28, 29.
RAMBUTEAU (M. le comte DE), 27.
RAMUS (M. Joseph-Marius), sc., 12.
RAYNOUARD, 25.
RÉPUBLIQUE (la), 5, 7, 25, 26.
République (avenue de la), 28.
Rhin (rue du), 27.
Rivoli (rue de), 8.
ROLLIN, 11.
ROSALIE (Sœur), née Rendu, 11.
ROSSINI, 25.
ROUSSEAU (M.), ancien maire, 5.
Rue d'Anjou-Saint-Honoré, 14.
— de la Banque, 4.
— des Batignolles, 26.
— Belgrand, 28.

INVENTAIRE DES RICHESSES D'ART DE LA FRANCE.

— *Rue* Bignon, 19.
— Blomet, 23.
— de Bretagne, 5, 6.
— Caffarelli, 5, 6.
— de Charenton, 18, 19.
— du Château-d'Eau, 15.
— Clotaire, 10.
— Drouot, 14.
— du Faubourg-Saint-Martin, 15.
— des Fossés-Saint-Jacques, 10.
— François-Miron, 8.
— du Gindre, 11.
— de Grenelle-Saint-Germain, 12.
— du Japon, 28.
— Lecourbe, 23.
— de Mézières, 11.
— Molay, 5.
— Péclet, 23.
— Perrault, 3, 4.
— Perrée, 5, 6.
— Philippe-de-Champagne, 19.
— de la Pompe, 24, 25.
— du Rhin, 27.
— de Rivoli, 8.
— Sedaine, 16, 17.

Rue Soufflot, 10.
— Vieille-du-Temple, 9.
Saint-Germain l'Auxerrois (église), 3.
Saint-Sulpice (place), 11.
Sainte-Geneviève (église), 10.
SALLANDROUZE DE LAMORNAIX (M.), 8.
SALLERON (M.), arch., 28.
Sedaine (rue), 16, 17.
SIMONIN-LALLEMAND, 11.
SIROUY (M. Achille), p., 7.
SOLDI (M. Émile-Arthur), sc., 10.
Soufflot (rue), 10.
Square de Montrouge, 22.
— du Temple, 5, 6.
Temple (square du), 5, 6.
TRAVAUX (Pierre), sc., 3.
Trocadéro (avenue de), 24, 25.
UCHARD (M.), arch., 12.
VAUCHELET (M. Théophile-Auguste), p., 13.
Vieille-du-Temple (rue), 9.
VILLE DE PARIS (la), 10, 18.
VIOLA (M. Raoul), 21.
Voltaire (boulevard), 16.
Voltaire (place), 16.
VOTE (le), 7.

PLACES

SQUARES, AVENUES

PLACES, SQUARES, AVENUES

I

SQUARE DES ARTS ET METIERS.

Histoire. — *C'est en 1863 que ce square a été créé. Il occupe un terrain de forme rectangulaire compris entre le boulevard Sébastopol, les rue Denis-Papin, Saint-Martin et Salomon de Caus.*

DESCRIPTION.

Ce jardin public présente diverses allées de marronniers plantés en quinconces.

Une de ces allées s'ouvre dans l'axe de la façade du Conservatoire des Arts et Métiers ; une autre a sa direction dans l'axe de la façade du théâtre de la Gaîté.

Dans la première sont installés six kiosques munis de marquises, dont la location est faite par la Ville de Paris à des marchands de jouets d'enfants.

Au milieu de l'allée s'élève, sur une colonne de marbre polychrome, une statue :

La Victoire. — Statue. — Bronze. — H. 2ᵐ. — Par M. Crauk (Gustave-Adolphe-Désiré). — 1855.

Les ailes déployées, drapée et tête nue, elle tient dans la main gauche un drapeau que sa main droite couronne de laurier.

Cette statue a été érigée pour perpétuer le souvenir des victoires remportées par l'armée française en Crimée.

Le socle et la colonne ont été exécutés sur les dessins de M. Davioud.

Chacune des faces est encadrée de pilastres ; entre ces pilastres sont sculptés des boucliers portant les inscriptions suivantes :

1854
ALMA
20 SEPTEMBRE.

1854
INKERMANN
5 NOVEMBRE.

1855
TCHERNAÏA
16 AOUT.

1855
SÉBASTOPOL
5 SEPTEMBRE.

De chaque côté de la colonne se trouvent les fontaines ornées de figures allégoriques dont nous avons donné la description. (Voy. *Inventaire des Richesses d'Art de la France.* Paris. — Monuments civils, tome I, *Fontaines*, p. 228.)

Le square est fermé par une balustrade ajourée en pierre de Saint-Ylié soutenue par des pilastres que surmontent des vases décoratifs en bronze et des candélabres.

II

PLACE DE CLICHY.

Histoire. — *Située sur le boulevard des Batignolles, la place de Clichy a été créée sur l'emplacement même où s'élevait autrefois la barrière de ce nom. C'est là que la* garde nationale, commandée par le maréchal Moncey, chercha à s'opposer, en 1814, à l'entrée dans la capitale des armées coalisées.

Pour perpétuer le souvenir de cette lutte, le conseil municipal décida, dans sa séance du 30 octobre 1863, qu'il serait érigé sur la place de l'ancienne barrière Clichy un monument en l'honneur du maréchal Moncey et des citoyens qui combattirent sous ses ordres, en ce même lieu, pour la défense de Paris.

Un concours fut ouvert à cet effet entre un nombre restreint d'artistes choisis par l'administration.

Le projet présenté par M. DOUBLEMARD fut accepté.

Cet artiste s'adjoignit M. E. GUILLAUME, actuellement architecte des palais de Versailles et de Trianon, pour la partie architecturale.

DESCRIPTION

Le monument se dresse dans l'axe de la rue de Clichy et de l'avenue du même nom.

Il se compose d'un piédestal en pierre très-élevé que surmonte un groupe représentant :

La Défense de la barrière Clichy. — Groupe. — Bronze. — H. 4^m,50. — L. 2^m,50. — Par M. DOUBLEMARD (AMÉDÉE-DONATIEN). — 1866.

Au centre se tient debout la Ville de Paris; drapée, la tête ceinte de la couronne urbaine, elle porte dans les mains le drapeau national, dans les plis duquel elle s'enveloppe. A sa droite, le maréchal Moncey, tête nue, l'épée à la main; il étend son bras gauche devant la figure de la Ville de Paris qu'il semble protéger. A sa gauche et derrière elle, un élève de l'École polytechnique, blessé, est étendu sur un canon sans affût qu'entourent des branches de laurier ; une épée brisée s'échappe de sa main gauche.

Le piédestal est cylindrique ; il présente du côté de la rue de Clichy un bas-relief représentant :

Le Combat de la barrière de Clichy. — Bas-relief. — Pierre. — H. 1^m,75. — L. 4^m,90. — Par M. DOUBLEMARD (AMÉDÉE-DONATIEN). — 1870.

Ce bas-relief est la reproduction du tableau dû au pinceau d'HORACE VERNET et qui est trop connu pour que nous ayons besoin d'en faire la description.

Du côté de l'avenue de Clichy, soutenu par un aigle aux ailes déployées, se détache un cartouche portant l'inscription commémorative suivante :

SOUS LE RÈGNE DE NAPOLÉON III
EN MÉMOIRE DE LA DÉFENSE DE PARIS
PAR LE MARÉCHAL MONCEY

MAJOR GÉNÉRAL DE LA GARDE NATIONALE
LE XXV MARS MDCCCXIV
A LA BARRIÈRE DE CLICHY
LA VILLE DE PARIS
A ÉRIGÉ CE MONUMENT
MDCCCLXIX.

Au-dessus de cette inscription est sculpté un écusson aux armes de la Ville accompagné de branches de laurier.

De chaque côté se trouvent deux figures allégoriques.

La première, à gauche, symbolise :

La Patrie en deuil. — Bas-relief. — Pierre. — H. 1^m,75. — L. 1^m,35. — Par M. DOUBLEMARD (AMÉDÉE-DONATIEN). — 1870.

Une femme, entièrement drapée, tient dans sa main gauche une épée brisée; de sa main droite, elle inscrit sur le fût d'une colonne la date du combat de la barrière de Clichy. A ses pieds est placé un bouclier entouré de branches de laurier.

La deuxième, à droite :

Le Patriotisme. — Bas-relief. — Pierre. — H. 1^m,75. — L. 1^m,35. — Par M. DOUBLEMARD (AMÉDÉE-DONATIEN). — 1870.

Une femme, drapée, la tête couronnée de laurier, tient dans la main droite une épée. Elle porte dans la main gauche un drapeau dont la hampe repose sur un socle. Sur ce socle sont gravés les mots : Honneur-Patrie. A gauche de la composition se dresse un piédestal qui supporte une statuette représentant « la Patrie », sous la forme du Palladium des Troyens.

La frise du piédestal sur lequel s'élève le groupe est décorée de créneaux.

III

PLACE DE LA CONCORDE.

HISTOIRE. — *Cette place, la plus vaste que renferme la capitale, a été créée de 1754 à 1763, d'après les plans de l'architecte Gabriel.*

Le terrain qu'elle couvre est compris entre la Seine, l'avenue des Champs-Élysées, les bâtiments du Garde-Meuble et du ministère de la marine et le jardin des Tuileries.

Il a été donné à la Ville par Louis XV, sur la demande du prévôt et des échevins, pour recevoir une statue équestre du roi, qui relevait alors d'une grave maladie.

La place prit le nom de place Louis XV.

Au centre, fut érigée la statue due au ciseau de BOUCHARDON (EDME). *Aux quatre angles du piédestal furent placées plus tard quatre figures représentant :* la Paix, la Prudence, la Force et la Justice.

Ces statues avaient été exécutées par PIGALLE (JEAN-BAPTISTE).

En 1790, la statue fut enlevée, et la place prit le nom de place de la Révolution.

C'est là qu'on dressa l'échafaud sur lequel monta Louis XVI.

Enfin, en 1795, la place de la Révolution échangea son nom contre celui qu'elle porte encore aujourd'hui.

Une statue colossale en plâtre de la Liberté, commandée à DUMONT, *remplaça en 1799 la statue de Louis XV.*

L'obélisque de Louqsor a été érigé en 1836, sur l'emplacement de la statue du roi.

Ce monument a été donné à la France par le vice-roi d'Égypte, Méhémet-Ali. Il était placé à Louqsor, résidence des rois de Thèbes, à l'entrée du palais de Rhamsès III.

Il compte 23^m,39 de haut sur 1^m,70 de large à la base, et pèse 250,000 kilogrammes. Formé d'un seul bloc de granit rose, l'obélisque présente sur ses quatre faces des hiéroglyphes qui racontent les règnes de Rhamsès II et de Rhamsès III.

Il a été transporté en France sous la direction de LEBAS (JEAN-BAPTISTE-APOLLINAIRE), *ingénieur de la marine, qui dut inventer, pour cette circonstance, des appareils spéciaux. Le socle sur lequel il repose mesure 4 mètres de haut et 1^m,70 de large; sur ses faces sont gravées les figures des diverses opérations auxquelles ont donné lieu l'enlèvement, le transport et l'érection du monolithe.*

La place fut alors remaniée et reçut la décoration qu'elle présente actuellement, sous la direction de M. HITTORFF.

DESCRIPTION.

La place de la Concorde est entourée d'une balustrade en pierre interrompue, à intervalles réguliers, par des colonnes rostrales portant des candélabres et par huit pavillons sur lesquels reposent huit statues assises représentant les principales villes de France.

Au sud, du côté du jardin des Tuileries :

La Ville de Marseille. — Statue assise. — Pierre. — H. 2^m,50. — L. 2^m. — Par PETITOT (LOUIS-MESSIDOR-LEBON). — 1836.

Drapée, la tête couronnée d'épis de blé et d'olives, elle est assise sur un navire. Elle tient une branche d'olivier dans la main droite et un aviron dans la main gauche.

La Ville de Lyon. — Statue assise. — Pierre. — H. 2^m,50. — L. 2^m. — Par PETITOT (LOUIS-MESSIDOR-LEBON). — 1836.

Drapée, elle est assise sur un quartier de rocher entouré de roseaux. Elle appuie le bras droit sur une corbeille remplie d'écheveaux de soie et tient un caducée dans la main gauche.

De chaque côté de cette statue sont placées

deux urnes renversées d'où l'eau s'échappe; l'une de ces urnes symbolise le Rhône, l'autre la Saône.

Au nord, du côté du jardin des Tuileries :

La Ville de Strasbourg. — Statue assise. — Pierre. — H. 2ᵐ,50. — L. 2ᵐ. — Par Pradier (James). — 1836.

Drapée, assise sur un rocher où grimpe un pied de vigne, elle tient une épée dans la main gauche et des clefs dans la droite. A ses pieds se trouve un canon; à sa gauche, un écusson aux armes de la Ville de Strasbourg.

La Ville de Lille. — Statue assise. — Pierre. — H. 2ᵐ,50. — L. 2ᵐ. — Par Pradier (James). — 1836.

Drapée, assise sur un quartier de rocher, elle tient dans la main droite une épée qu'elle appuie sur son épaule. A sa gauche est placé un écusson aux armes de la Ville de Lille; ses pieds reposent sur un canon. — Très-endommagée lors de la prise de la barricade que les partisans de la Commune avaient élevée à l'entrée de la rue Saint-Florentin, cette statue fut restaurée par M. Lequesne, élève de Pradier.

Au nord, du côté des Champs-Élysées :

La Ville de Rouen. — Statue assise. — Pierre. — H. 2ᵐ,50. — L. 2ᵐ. — Par Cortot (Jean-Pierre). — 1836.

Elle est assise sur des ballots de marchandises; sa tête est couronnée de pommes et de feuilles de pommier. Un caducée dans la main gauche, elle repose sa main droite sur un écusson portant les armes de la Ville de Rouen.

La Ville de Brest. — Statue assise. — Pierre. — H. 2ᵐ,50. — L. 2ᵐ. — Par Cortot (Jean-Pierre). — 1836.

La tête ceinte d'une couronne de laurier, elle est assise sur un canon et porte un aviron dans la main droite.

Au sud, du côté des Champs-Élysées :

La Ville de Nantes. — Statue assise. — Pierre. — H. 2ᵐ,50. — L. 2ᵐ. — Par Caillouette (Louis-Denis). — 1836.

Une couronne de chêne sur la tête, elle est assise sur un navire. Un caducée dans la main droite, elle présente de la main gauche un écusson aux armes de la Ville de Nantes. Derrière le navire sont placés des paquets de cordage.

La Ville de Bordeaux. — Statue assise. — Pierre. — H. 2ᵐ,50. — L. 2ᵐ. — Par Caillouette (Louis-Denis). — 1836.

Assise sur un quartier de rocher où grimpe un cep de vigne, elle a la tête ceinte d'une couronne de feuilles de vigne et de raisin. Une corne d'abondance dans la main gauche, elle appuie sa main droite sur un écusson aux armes de la Ville de Bordeaux.

Toutes ces statues portent la couronne urbaine.

Les pavillons sur lesquels elles s'élèvent sont formés de quatre avant-corps surmontés chacun d'un fronton circulaire reposant sur des consoles.

Dans la face donnant sur la place est pratiquée une porte rectangulaire; dans chacun des autres est sculpté un cadre ovale entouré d'une guirlande de laurier.

Les sculptures d'ornement des pavillons situés du côté du quai ont été exécutées par Romagnesi (Louis-Alexandre), 1836; les sculptures d'ornement des autres pavillons sont l'œuvre d'Aubin, 1836.

Les deux fontaines, dont nous avons donné la description (voy. *Inventaire des Richesses d'Art de la France,* Paris, monuments civils, tome Iᵉʳ, *Fontaines,* page 215), et qui sont placées de chaque côté de l'obélisque, complètent la décoration de cette place, avec les deux groupes érigés à l'entrée de l'avenue des Champs-Élysées.

Chevaux se cabrant, connus sous le nom de *Chevaux de Marly.* — Groupes. — Marbre. — H. 4ᵐ. — L. 3ᵐ. — Par Coustou (Guillaume). — 1745.

Un homme nu tient les rênes d'un cheval emporté qu'il cherche à maîtriser.

Ces chevaux avaient été primitivement commandés pour la décoration de l'abreuvoir du château de Marly; ils ont été transportés à Paris pendant la Révolution.

Comme pendant de ces deux groupes, on a placé, à droite et à gauche de la grille des Tuileries, deux autres groupes représentant :

L'un :

Mercure. — Groupe. — Marbre. — H. 3ᵐ,20. — L. 2ᵐ,50. — Par Coysevox (Antoine). — 1702.

Monté sur un cheval ailé, Mercure, des ailes aux talons, a la tête couverte d'un casque. Il porte un caducée dans la main droite et tient de la main gauche les rênes du cheval. Un manteau, retenu par une courroie, flotte derrière son dos. Au pied du groupe se trouvent des casques, des cuirasses, des boucliers, etc.

L'autre :

La Renommée. — Groupe. — Marbre. — H. 3ᵐ,20. — L. 2ᵐ,50. — Par COYSEVOX (ANTOINE). — 1702.

Montée sur un cheval ailé, la Renommée porte, sur la tête, une couronne de laurier. Drapée, la poitrine découverte, elle tient de la main droite une trompette à sa bouche et présente de la main gauche une branche de laurier. — Au pied du groupe sont sculptés des boucliers, des casques, des cuirasses.

IV

PLACE DENFERT-ROCHEREAU.

HISTOIRE. — *La Ville de Paris, voulant honorer la mémoire de l'héroïque défenseur de Belfort, le colonel Denfert-Rochereau, donna, en 1879, son nom à la place d'Enfer.*

Cette place est située dans le quatorzième arrondissement; elle sépare l'avenue d'Orléans de la rue Denfert-Rochereau et le boulevard d'Enfer de l'avenue de Montsouris.

En outre, le conseil municipal, dans sa séance du 1ᵉʳ juillet 1879, décida qu'on placerait au centre de la place un exemplaire en cuivre repoussé du Lion exécuté par M. BARTHOLDI pour la Ville de Belfort.

DESCRIPTION.

Sur un piédestal de granit s'élève :

Un Lion. — Cuivre repoussé. — H. 4ᵐ. L. 7ᵐ. — Par M. BARTHOLDI (FRÉDÉRIC-AUGUSTE).

Le lion, à moitié couché, tient sous ses pattes de devant une flèche brisée; il relève fièrement la tête. — L'inauguration de ce *Lion* a eu lieu le 21 septembre 1880.

Le piédestal mesure 3 mètres de haut; il est entouré d'un dallage en granit que limitent des bornes en fonte bronzée reliées par des chaînes de fer.

V

PLACE DE L'INSTITUT.

HISTOIRE. — *L'État offrit, en avril 1879, à la Ville de Paris, la statue de la République exécutée par M. SOITOUX, à la suite d'un concours ouvert en 1848.*

Le Conseil municipal, dans sa séance du 13 mai, décida que cette œuvre serait érigée sur la place qui est au devant du Palais de l'Institut, et vota les fonds nécessaires pour son installation.

DESCRIPTION.

Cette place, limitée par la Seine et la façade du palais, affecte la forme d'un hémicycle.

Dans l'axe du pont des Arts s'élève la statue :

La République. — Statue. — Marbre. — H. 2ᵐ,30. — Par M. SOITOUX (JEAN-FRANÇOIS). — 1848.

Drapée à l'antique, elle porte sur la tête une couronne de feuilles de chêne que surmonte une étoile dorée. Elle appuie sa main gauche sur un faisceau sous lequel se trouve une couronne brisée.

Elle tient dans la main droite un glaive dont la pointe est abaissée et semble protéger une urne, symbole du suffrage universel, une ruche et un triangle placés à sa droite.

Cette statue, qui avait obtenu le premier prix au concours ouvert par le Gouvernement en 1848, repose sur un piédestal en pierre d'Euville de 3ᵐ,25 de haut; elle a été découverte le 24 février 1880.

Sur la face principale du piédestal sont gravées les initiales R. F.

M. Brouch (Jean-Jules), sous-inspecteur attaché au service d'architecture de la Ville de Paris, a été chargé de la construction du piédestal et de la mise en place de la statue.

VI

SQUARE DES MÉNAGES.

Histoire. — *Le square des Ménages occupe une partie du terrain qui était affecté au jardin de l'ancien hospice de ce nom.*

Sa création remonte à l'année 1870. Pendant l'investissement de Paris par les armées allemandes, on l'utilisa pour faire parquer des animaux destinés à l'alimentation; ceux-ci rongèrent l'écorce des arbres qui l'ombrageaient. Ces arbres étant morts, on remania et régularisa le jardin en 1873.

DESCRIPTION.

Le square affecte la forme d'un triangle limité par les rues de Sèvres, de Babylone et Velpeau.

Il comprend, au centre, une pelouse de gazon et il est entouré de plates-bandes.

Au milieu de la pelouse, sur un piédestal rectangulaire, est placé :

Le Sommeil. — Groupe. — Marbre. — H. 1ᵐ,50. — L. 1ᵐ,25. — Par M. Moreau (Mathurin). — 1874.

Une jeune femme, endormie sur un siège de forme antique, tient sur ses genoux un enfant qu'elle enlace de son bras droit. La tête et les épaules couvertes d'un long voile, elle laisse pendre son bras gauche.

Aux trois angles :

Trois Vases décoratifs. — Bronze. — H. 1ᵐ,70. — Par M. Villeminot (Louis). — 1875.

Ces vases sont décorés d'écussons aux *Armes de la Ville de Paris* et de rinceaux.

VII

PARC MONCEAU.

Histoire. — *Sur l'emplacement où s'étend aujourd'hui le parc Monceau, s'élevait autrefois le village de Mousseaux ou Monceau.*

Le duc de Chartres, Philippe-Égalité, fit construire en 1778, à Monceau, une maison de plaisance, autour de laquelle Carmontel traça un parc immense qu'il décora de temples, de pagodes, de grottes, d'obélisques et d'une naumachie qui existe encore.

En 1794, le parc fut déclaré par la Convention propriété nationale et fut ouvert au public.

*Napoléon I*ᵉʳ *en fit don à l'archichancelier Cambacérès, qui le rendit à l'État à cause des frais énormes auxquels l'entraînait son entretien.*

Louis XVIII le restitua à la famille d'Orléans, qui le conserva jusqu'en 1852, époque à laquelle il redevint propriété de l'État.

L'administration municipale fit, en 1860, acquisition de cet immeuble et le disposa tel qu'il est aujourd'hui.

DESCRIPTION.

Le parc Monceau, de forme polygonale, est divisé en quatre parties principales par deux voies transversales.

La première de ces voies réunit l'avenue Van-Dyck à l'avenue Velazquez; la seconde prend à l'avenue Ruysdaël pour aboutir au pavillon qui s'élève sur le boulevard de Courcelles.

Dans l'île située au milieu de la naumachie est placée une statue représentant :

Hylas. — Statue. — Bronze. — H. $1^m,05$. — L. $1^m,25$. — Par M. MORICE (LÉOPOLD). — 1875

Le genou gauche sur un quartier de rocher d'où s'échappe une source, la jambe droite allongée, il emplit d'eau une amphore.

Sur la pelouse, en avant de la naumachie :

Le Joueur de billes. — Statue. — Marbre. — H. $1^m,60$. — Par M. LENOIR (CHARLES). — 1876.

La jambe droite ramenée derrière la gauche, il appuie sur le genou droit sa main dans laquelle il tient une bille qu'il s'apprête à lancer ; sa main gauche repose sur sa jambe.

En face :

Le Charmeur. — Statue. — Bronze. — H. $1^m,75$. — Par M. BAYARD DE LA VINGTRIE (PAUL-ARMAND). — 1876.

Il joue de la double flûte. Autour de la branche gauche de cette flûte s'enroule un serpent.

Sur la grande pelouse, à droite, du côté de l'avenue Van-Dyck :

Le Faucheur. — Statue. — Bronze. — H. $1^m,70$. — Par GUMERY (CHARLES-ALPHONSE).

Nu, la tête couverte d'un chapeau rond, il tient dans la main gauche une faux qu'il aiguise. Une courroie passée sur l'épaule droite retient une peau de chèvre qui pend derrière son dos.

En face :

Le Semeur. — Statue. — Bronze. — H. $1^m,70$. — Par M. CHAPU (HENRI-MICHEL-ANTOINE).

Nu, il porte dans la main gauche un sac rempli de grains qu'il sème de la main droite.

Ces deux dernières statues ont été prêtées par l'État à la Ville de Paris pour l'ornementation du parc Monceau.

VIII

SQUARE MONGE.

HISTOIRE. — *De forme rectangulaire, ce square est circonscrit par la rue des Écoles, la rue Monge et la terrasse de l'École polytechnique.*

Il a été ouvert au public en 1868.

DESCRIPTION.

Il comprend trois pelouses de gazon et des plates-bandes qui l'encadrent.

Sur la pelouse centrale, en face l'entrée donnant sur la rue des Écoles, on a placé :

Voltaire. — Statue. — Bronze. — H. 2^m. — D'après le modèle de HOUDON (JEAN-ANTOINE). — 1867.

Le grand écrivain, drapé, dans l'attitude de la méditation, tourne légèrement la tête à droite ; il appuie ses mains sur les bras d'un fauteuil dans lequel il est assis.

Cette statue avait été substituée, en 1870, à celle du prince Eugène, devant la mairie du onzième arrondissement ; elle a été payée avec le produit d'une souscription dont l'initiative a été prise par le journal *le Siècle*.

Le piédestal sur lequel elle repose a la forme d'un prisme rectangulaire. Sa frise est décorée de rinceaux ; chacune de ses faces est encadrée de pilastres d'ordre composite.

Sur la face principale se détache un cadre à crossettes surmonté d'une couronne de laurier accompagnée de palmes. Au centre du cadre est gravée l'inscription suivante :

A
VOLTAIRE
SOUSCRIPTION
POPULAIRE.

Sur les autres faces, on lit les titres des principaux ouvrages que Voltaire a composés.

Contre le mur de soutènement de l'École polytechnique est adossée une fontaine dite de *Childebert* déjà décrite. (Voyez *Inventaire général des Richesses d'Art de la France*, Paris, Monuments civils, tome Ier, *Fontaines*, page 199.)

IX

SQUARE MONTHOLON.

Histoire. — *Ce square a été établi en 1863, lors du percement de la rue Lafayette. Il est situé en retrait de cette grande voie, sur une partie du terrain occupé par la rue Montholon.*

DESCRIPTION.

De forme rectangulaire, il se compose de six pelouses et est encadré de plates-bandes.

Sur l'une des pelouses, dans l'axe de la porte d'entrée, s'élève un groupe :

Gloria Victis. — Groupe. — Bronze. — H. 2^m,20. — Par M. Mercié (Marius-Jean-Antoine). — 1873.

Un génie, sous les traits d'une jeune femme, ailes déployées, cuirassé, vêtu d'une longue tunique flottante, emporte dans ses bras un jeune guerrier blessé. Celui-ci, nu, la tête ceinte d'un bandage, serre dans la main droite une épée brisée. Au pied du groupe, une branche de laurier près de laquelle se tient un hibou.

Trois des autres pelouses sont décorées chacune d'un groupe.

A droite :

Enfants. — Groupe. — Marbre. — H. 0^m,90. — L. 0^m,50. — Par madame Claude Vignon. — 1865.

Un jeune enfant présente de la main droite une rose à une petite fille dont il enlace le cou du bras gauche.

Enfants. — Groupe. — Marbre. — H. 0^m,90. — L. 0^m,50. — Par madame Claude Vignon. — 1867.

Un jeune enfant élève de la main droite une grappe de raisin ; il tient par la taille une petite fille qui cherche à s'emparer de cette grappe.

A gauche :

Enfants. — Groupe. — Marbre. — H. 0^m,90. — L. 0^m,50. — Par madame Claude Vignon. — 1867.

Un jeune enfant présente un nid d'oiseaux à une petite fille. Les deux enfants se tiennent entrelacés.

Le square Montholon est clos, à hauteur d'appui, par une grille ouvragée en fonte.

X

SQUARE DE MONTROUGE.

Histoire. — *Ouvert au public en 1862, le square de Montrouge a été installé sur la place qui précède la mairie du quatorzième arrondissement.*

DESCRIPTION.

De forme rectangulaire, il comporte trois pelouses décorées de massifs et des plates-bandes qui l'encadrent.

Sur la pelouse centrale, dans l'axe de la porte d'entrée de la mairie, s'élève une statue représentant :

La Liberté. — Statue. — Plâtre. — H. 2ᵐ. — Par M. Bogino (Frédéric-Louis-Désiré). — 1861.

Cette statue, qui avait figuré au salon de 1861 sous le titre de « l'Italie délivrée », a été placée dans le square par son auteur, en 1879.

Vêtue d'une longue tunique, la poitrine à moitié découverte, elle a le bras droit levé et tient un drapeau dans la main gauche ; sa tête est ceinte d'une couronne urbaine ; ses cheveux flottent sur son dos.

Au centre de la pelouse de droite se trouve un groupe :

Lion attaquant un cheval. — Groupe. — Bronze. — H. 2ᵐ. — L. 1ᵐ,50. — Par M. Fratin (Christophe). — 1865.

Un lion terrasse un cheval dont il laboure les flancs de ses griffes.

XI
AVENUE DE L'OBSERVATOIRE.

Histoire. — *C'est en 1867 que l'administration municipale fit transformer et disposer telle qu'elle existe aujourd'hui l'avenue de l'Observatoire, composée primitivement d'une simple allée bordée de marronniers.*

Une partie du terrain sur lequel elle s'étend était occupée par la Pépinière.

DESCRIPTION.

L'avenue est encadrée par deux grandes voies. Elle offre, dans son axe, une succession de pelouses dont les côtés sont en ligne droite ; elle est entourée de plates-bandes.

Entre les pelouses et les plates-bandes s'ouvrent deux allées de marronniers.

Quatre groupes, représentant les quatre principaux moments de la journée, décorent cette avenue.

L'Aurore. — Groupe. — Marbre. — H. 2ᵐ,50. — Par M. Jouffroy (François). — 1867.

L'Aurore, sous les traits d'une jeune femme, les cheveux flottant sur le cou, les bras levés, semble prendre son essor vers les cieux ; une étoile brille sur sa tête. De la main gauche elle soulève le voile qui la recouvre ; elle porte un bouquet de roses dans la main droite. A ses pieds, un jeune paysan à demi levé est encore à moitié endormi. Près de lui se trouvent des gerbes de blé et une faucille.

Le Jour. — Groupe. — Marbre. — H. 2ᵐ,50. — Par M. Perraud (Jean-Joseph). — 1867.

Le livret du Salon de 1875, auquel cette œuvre a figuré, porte : « Un des compagnons d'Hercule se désaltère à la source, après de rudes travaux et des combats héroïques contre les brigands et les monstres qui épouvantaient la terre. »

La source est figurée par une jeune femme, nue jusqu'à la ceinture, soulevant une amphore à laquelle vient se désaltérer un jeune homme. Celui-ci, complètement nu, tient une corne à bouquin dans sa main droite qu'il appuie sur la hanche de la jeune femme ; une fronde est enroulée autour de son bras ; à ses pieds est une hache.

Le Crépuscule. — Groupe. — Marbre. — H. 2ᵐ,50. — Par M. Crauk (Gustave-Adolphe-Désiré). — 1867.

Un homme au torse nu est accoudé sur le mancheron d'une charrue de forme antique. A sa droite est assise une femme endormie. Celle-ci tient une faucille dans la main droite ; près d'elle sont placées des gerbes de blé.

La Nuit. — Groupe. — Marbre. — H. 2ᵐ,50. — Par M. Gumery (Charles-Alphonse). — 1867.

Ce groupe rappelle la fable de Diane venant la nuit, sous les traits de Phœbé, visiter le jeune berger Endymion.

La déesse drapée, la poitrine découverte, relève de sa main droite le voile qui recouvre son visage ; de son bras gauche, elle enlace le cou de son amant. Endymion, vêtu d'une peau de chèvre ajustée sur l'épaule gauche, tient en laisse un chien assis derrière le groupe.

L'œuvre de Gumery, restée inachevée, fut terminée par M. Jules Thomas, qui en surveilla l'exécution en marbre.

Quatre colonnes surmontées de vases décoratifs complètent la décoration de l'avenue. A l'extrémité est située la fontaine dont nous avons donné la description (*Inventaire général des Richesses d'Art de la France*, Paris, monuments civils, tome I, p. 233-234).

XII
PLACE DU PALAIS-BOURBON.

Histoire. — *Cette place est située derrière la Chambre des députés, en retrait de la rue de l'Université.*

DESCRIPTION.

Au centre, dans l'axe de la rue de Bourgogne, est érigée une statue symbolisant :

La Loi. — Statue assise. — Marbre. — H. 2ᵐ. — Par M. Feuchères (Jean-Jacques). — 1852.

Drapée, assise sur un siége de forme antique, la tête couronnée de laurier, elle tient dans la main droite une main de justice et appuie sa main gauche sur les tables de la loi.

Le piédestal sur lequel cette statue repose est rectangulaire ; il est décoré sur sa face principale d'un cadre destiné à recevoir une inscription, et sur ses autres faces d'un médaillon présentant les attributs de la justice.

En 1826, l'administration municipale avait conçu le projet de décorer la place du Palais-Bourbon ; elle commanda à cet effet une statue du roi Louis XVIII à Bosio (François-Joseph).

Ce projet dut être abandonné en 1830.

XIII
LE RANELAGH.

Histoire. — *Cette promenade tire son nom du bal célèbre que l'expropriation fit disparaître en 1854.*

Elle dépend du bois de Boulogne et s'étend entre le chemin de fer de ceinture, les fortifications et le parc du château de la Muette.

DESCRIPTION.

Le Ranelagh présente d'immenses pelouses décorées de massifs et de corbeilles de fleurs ; il est traversé en tous sens par de grandes allées plantées d'arbres.

L'administration municipale y a fait placer tout récemment une statue et un groupe.

La statue est érigée sur la pelouse qui longe l'allée principale ; elle représente :

Caïn. — Statue. — Marbre. — H. 1ᵐ,70. — Par M. Caillé (Joseph-Michel). — 1876.

Assis sur un quartier de rocher, le fratricide, sous le poids du remords, s'arrache les cheveux de la main gauche et cache sa tête derrière son bras droit. Près de lui sont posés une peau de chèvre et le bâton avec lequel il a consommé son crime.

Le groupe s'élève sur la pelouse la plus rapprochée du parc de la Muette ; il est intitulé :

« *Fugit amor*. » — Groupe. — Bronze. — H. 2ᵐ,20. — Par M. Damé (Ernest). — 1878.

Une jeune fille nue cherche à retenir l'Amour qui s'enfuit. Celui-ci, représenté sous les traits d'un adolescent, déploie ses ailes ; dans ses cheveux se jouent deux papillons ; il s'efforce de dégager son bras de l'étreinte de la jeune fille, qu'il repousse de la main gauche. Il tient dans la main droite un arc détendu. Au pied du groupe se trouve un petit piédestal triangulaire entouré de fleurs, contre lequel est appuyé un carquois rempli de flèches ; autour gisent des papillons et des roses.

XIV
PLACE DE RIVOLI.

Histoire. — *L'État confia, en 1873, à M. Frémiet l'exécution d'une statue équestre de Jeanne d'Arc destinée à être érigée sur l'un des points les plus rapprochés du lieu où l'héroïne fut blessée, en 1429, lors du siége de Paris.*

Il demanda, en conséquence, à l'administration municipale de mettre à sa disposition la place de Rivoli ou des Pyramides comme étant l'endroit le plus propre à recevoir cette statue.

Cette proposition fut acceptée par le Conseil municipal (délibération du 6 décembre 1873).

DESCRIPTION.

La place est de forme rectangulaire. Au centre, dans l'axe de la rue des Pyramides et de la nouvelle voie ouverte le long des Tuileries, s'élève un socle sur lequel est placée la statue équestre de la Pucelle.

Jeanne d'Arc. — Statue équestre. — Bronze. — H. 3^m. — L. 2^m. — Par M. FREMIET (EMMANUEL). — 1873.

Armée de toutes pièces, l'épée au côté, elle porte son étendard dans la main droite; de sa main gauche, elle tient les rênes de son cheval; ses cheveux flottent sur son cou; elle a la tête ceinte d'une couronne de laurier.

Sur le socle en pierre et marbre rouge d'Algérie est gravée l'inscription :

A JEANNE D'ARC.

Le monument est entouré d'une grille à hauteur d'appui.

XV

SQUARE SAINTE-CLOTILDE.

HISTOIRE. — *Créé en 1859, ce square, qui se trouve devant la façade de l'église, affecte la forme d'un rectangle limité par les rues Saint-Dominique, Casimir-Périer, Las-Cases et de Martignac.*

DESCRIPTION.

Le square se compose d'une pelouse et de massifs.

Entre les deux massifs placés le long de la rue Saint-Dominique s'élève un groupe représentant :

L'Éducation maternelle. — Groupe. — Marbre. — H. 1^m,60. — L. 1^m. — Par M. DELAPLANCHE (EUGÈNE). — 1875.

Une jeune mère assise tient de la main gauche un livre ouvert sur ses genoux; de la main droite, elle indique les lettres de l'alphabet à sa jeune fille, qu'elle enlace de son bras.

XVI

SQUARE DU TEMPLE.

HISTOIRE. — *Le square du Temple, situé devant la mairie du troisième arrondissement, est limité par les rues du Temple, de Bretagne, Perrée et Molay.*

Le terrain sur lequel il a été établi, en 1857, faisait partie d'un immense enclos qui devint la propriété de l'ordre du Temple au douzième siècle, après la chute du royaume de Jérusalem.

En 1212, les chevaliers y firent construire cinq tours, dont la plus importante était connue sous le nom de Grosse Tour carrée *de l'Hôtel.*

Après l'arrestation des Templiers, ordonnée en 1307 par Philippe le Bel et la suppression de leur ordre, prononcée par Clément V en 1312, le Temple passa aux mains des chevaliers de Saint-Jean de Jérusalem.

En 1790, l'enclos fut déclaré propriété nationale. Louis XVI fut enfermé le 11 août 1792 avec sa famille au deuxième étage de la Grosse Tour, *et n'en sortit que le 21 janvier 1793, pour monter sur l'échafaud.*

*En 1809, le terrain fut vendu. Trois ans plus tard, Napoléon I*er *ordonna la démolition des tours du Temple et fit élever sur leur emplacement un édifice destiné à renfermer différents services du ministère des cultes. La Restauration transforma cet édifice en couvent de femmes.*

Le couvent fit place à un marché où se vendaient de vieux habits et du vieux linge, et qui prit le nom de Marché du Temple. *Ce marché fut lui-même rasé en 1862 pour être remplacé par le bâtiment actuel.*

C'est sur l'un des flancs de ce bâtiment que fut établi le square.

DESCRIPTION.

Le square du Temple est composé de deux pelouses de gazon et encadré de plates-bandes. Les pelouses sont abritées par des ormes, des platanes, des pins et des marronniers; elles présentent en été des massifs de fleurs à larges feuilles.

Sur la pelouse la plus rapprochée de la mairie, on a creusé un bassin où se déverse l'eau d'un petit rocher que domine un saule pleureur, dont l'origine remonte, paraît-il, au seizième siècle.

Près de là se trouve un gros tilleul sous lequel Louis XVI allait s'asseoir pendant sa captivité.

Au centre de la grande pelouse se dresse une statue représentant :

Le Rétiaire. — Statue. — Bronze. — H. 1m,10. — Par M. Noel (Paul-Antony). — 1874.

Nu, la taille serrée par une ceinture, il est replié sur lui-même, la jambe droite ployée, la gauche tendue en arrière; il s'apprête à lancer son filet contre le myrmillon. A ses pieds se trouve un trident brisé.

Le square est entouré, à hauteur d'appui, par une grille garnie de fer, dans laquelle sont ménagées trois entrées.

XVII

PLACE DU TRONE.

Histoire. — *En août 1660, lorsque Louis XIV revint à Paris accompagné de Marie-Thérèse, l'édilité parisienne, pour recevoir le roi et la jeune reine, fit dresser un trône sur cette place, qui prit dès lors le nom qu'elle a conservé jusqu'en 1880. Elle s'appelle aujourd'hui place de la Nation.*

Dix ans plus tard, on posa les premières assises de deux hautes colonnes en pierre qui devaient servir d'encadrement à un arc de triomphe.

Perrault *fournit le dessin de cet arc, dont on érigea un modèle en plâtre, que la Régence fit démolir en 1716.*

Louis XVI ordonna, en 1788, l'achèvement des colonnes; mais c'est seulement sous Louis-Philippe qu'elles furent définitivement terminées.

Sous le règne de Napoléon III, il fut de nouveau question de décorer la place du Trône, et un projet conçu par Victor Baltard *fut essayé lors de l'inauguration du boulevard du Prince-Eugène.*

Cette décoration, bientôt abandonnée, devait comprendre un portique circulaire et une fontaine centrale; elle était destinée à perpétuer le souvenir des victoires remportées par les armées françaises de 1852 à 1862.

La place dont il s'agit est située à l'extrémité de la rue du Faubourg-Saint-Antoine et marque le commencement du cours de Vincennes.

DESCRIPTION.

Les colonnes érigées sur cette place sont d'ordre dorique ; elles font face à la porte de Vincennes, mesurent 30m,50 de haut et sont décorées de statues.

Au sommet de la colonne de gauche :

Saint Louis. — Statue. — Bronze. — H. 4m. — Par M. Dumont (Augustin-Alexandre). — 1843.

La tête ceinte de la couronne royale, il porte une épée dans la main droite.

A la partie inférieure de la même colonne :

La Victoire. — Statue. — Pierre. — H. 3m. — Par Desboeufs (Antoine). — 1843.

Drapée, les ailes déployées, la tête couronnée de laurier, elle tient dans chaque main une couronne de feuilles de chêne et des palmes.

L'Abondance — Statue. — Pierre. — H. 3m. — Par Simart (Pierre-Charles). — 1843.

Drapée, les ailes déployées, la tête ceinte d'une couronne de feuilles de vigne, de raisins et de fruits, elle porte dans ses mains des épis de blé.

Au sommet de la colonne de droite :

Philippe-Auguste. — Statue. — Bronze. — H. 4m. — Par M. Etex (Antoine). — 1843.

La tête ceinte de la couronne royale, il appuie sa main droite sur la garde d'une épée et tient un étendard dans la main gauche.

A la partie inférieure de la même colonne :

La Justice. — Statue. — Pierre. — H. 3m. — Par Simart (Pierre-Charles). — 1843.

Drapée, les ailes déployées, elle tient un glaive dans la main droite et un flambeau dans la main gauche.

La Paix. — Statue. — Pierre. — H. 3m. — Par Desboeufs (Antoine). — 1843.

La tête drapée, les ailes déployées, elle porte dans chaque main des branches de fruits ; sa tête est ceinte d'un diadème.

Chacune de ces colonnes s'élève sur un petit bâtiment composé de quatre avant-corps percés de portes rectangulaires et surmontés de frontons triangulaires.

Les tympans des frontons sont occupés alternativement par des écussons aux armes de la Ville de Paris et par des proues de navires accompagnées de branches de chêne et de laurier.

Les sculptures d'ornement des colonnes ont été exécutées par M. Marneuf.

L. MICHAUX,
MEMBRE DE LA COMMISSION.

Paris, 10 *juillet* 1880.

TABLE
DES NOMS MENTIONNÉS DANS LA MONOGRAPHIE.

Nota. — L'abréviation *arch.* signifie architecte; *éb.*, ébéniste; *gr.*, graveur; *p.*, peintre; *sc*, sculpteur.

Abondance (l'), 15.
Algérie (marbre rouge d'), 13.
Arts et Métiers (Conservatoire des), 3.
— (square des), 3.
Aubin, sc., 6.
Aurore (l'), 11.
Avenue des Champs-Élysées, 5.
— de Montsouris, 7.
— de l'Observatoire, 11.
— d'Orléans, 7.
— Ruysdaël, 9.
— Van-Dyck, 9.
— Velazquez, 9.
Babylone (rue de), 8.
Baltard (Victor), arch., 14.
Barrière de Clichy, 3, 4.
Bartholdi (M. Frédéric-Auguste), sc., 7.
Batignolles (boulevard des), 3.
Bayard de la Vingtrie (M. Paul-Armand), sc., 9.
Bogino (M. Frédéric-Louis-Désiré), sc., 11.
Bois de Boulogne, 12.
Bordeaux (la ville de), 6.
Bosio (François-Joseph), sc., 12.
Bouchardon (Edme), sc., 5.
Boulevard des Batignolles, 3.
— de Courcelles, 9.
— d'Enfer, 7.
— du Prince-Eugène, 14.
— Sébastopol, 3.
Boulogne (bois de), 12.
Bourgogne (rue de), 12.
Brest (la ville de), 6.
Bretagne (rue de), 13.
Brouch (M. Jean-Jules), arch., 8.
Caillé (Joseph-Michel), sc., 12.
Caillouette (Louis-Denis), sc., 6.
Caïn, 12.
Cambacérès (l'archichancelier), 8.
Carmontel, 8.
Casimir-Périer (rue), 13.
Chambre des Députés, 12.
Champs-Élysées (les), 6.
— (avenue des), 5.

Chapu (M. Henri-Michel-Antoine), sc., 9.
Chartres (Philippe-Égalité, duc de), 8.
Childebert (fontaine de), 10.
Clément V, 13.
Clichy (barrière de), 3, 4.
— (place), 3, 4.
— (rue de), 4.
Commune (la), 6.
Concorde (place de la), 5-7.
Conservatoire des Arts et Métiers, 3.
Cortot (Jean-Pierre), sc., 6.
Courcelles (boulevard de), 9.
Cours de Vincennes, 14.
Coustou (Guillaume), sc., 6.
Coysevox (Antoine), sc., 6, 7.
Crauk (M. Gustave-Adolphe-Désiré), sc., 3, 11.
Crépuscule (le), 11.
Damé (M. Ernest), sc., 12.
Davioud, arch., 3.
Delaplanche (M. Eugène), sc., 13.
Denfert-Rochereau (le colonel), 7.
Denfert-Rochereau (place), 7.
— (rue), 7.
Denis-Papin (rue), 3.
Desboeufs (Antoine), sc., 15.
Diane, 11.
Doublemard (M. Amédée-Donatien), sc., 4.
Dumont (M. Augustin-Alexandre), sc., 5, 15.
École polytechnique, 9, 10.
Écoles (rue des), 9.
Endymion, 11.
Enfer (boulevard d'), 7.
Etex (M. Antoine), sc., 15.
Eugène (le prince), 9.
Faubourg Saint-Antoine, 14.
Fruchères (M. Jean-Jacques), sc., 12.
Fontaine de Childebert, 10.
Force (la), 5.
Fratin (M. Christophe), sc., 11.
Fremiet (M. Emmanuel), sc., 12-13.
Gabriel, arch., 5.
Gaîté (théâtre de la), 3.
Garde-Meuble (le), 5.

PLACES, SQUARES, AVENUES.

GUILLAUME (M. E.), arch., 4.
GUMERY (Charles-Alphonse), sc., 9, 11.
HITTORFF, arch., 5.
HOUDON (Jean-Antoine), sc., 9.
HYLAS, 9.
Institut (place de), 7-8.
Jardin des Tuileries, 5, 6, 13.
JEANNE D'ARC, 12, 13.
JOUFFROY (M. François), sc., 11.
JOUR (le), 11.
JUSTICE (la), 5, 15.
Lafayette (rue), 10.
Las-Cases (rue), 13.
LEBAS (Jean-Baptiste-Apollinaire), ingénieur, 5.
LENOIR (M. Charles), sc., 9.
LEQUESNE (M.), sc., 6.
LIBERTÉ (la), 5, 11.
LILLE (la ville de), 6.
LION (le) de Belfort, 7.
LOI (la), 12.
LOUIS XIV, 14.
LOUIS XV, 5.
LOUIS XVI, 5, 14.
LOUIS XVIII, 9, 12.
LOUIS-PHILIPPE Ier, 14.
Louqsor (obélisque de), 5.
LYON (la ville de), 5.
Marché du Temple, 14.
MARIE-THÉRÈSE, 14.
MARNEUF, sc., 15.
MARSEILLE (la ville de), 5.
Marly (chevaux de), 6.
Martignac (rue), 13.
MÉHÉMET-ALI, 5.
Ménages (square des), 8.
MERCIÉ (M. Marius-Jean-Antoine), sc., 10.
MERCURE, 6.
Ministère de la marine, 5.
Molay (rue), 13.
Monceau (parc), 8-9.
MONCEY (le maréchal), 4.
Monge (rue), 9.
— (square), 9-10.
Montholon (rue), 10.
— (square), 10.
Montrouge (square de), 10-11.
Montsouris (avenue de), 7.
MOREAU (M. Mathurin), sc., 8.
MORICE (M. Léopold), sc., 9.
Muette (la), 12.
NANTES (la ville de), 6.
NAPOLÉON Ier, 8, 14.
NAPOLÉON III, 4, 14.
NOEL (M. Paul-Antony), sc., 14.
NUIT (la), 11.
Observatoire (avenue de l'), 11.
Orléans (avenue d'), 7.
PAIX (la), 5, 15.

Palais-Bourbon (place du), 12.
Parc Monceau, 8-9.
PARIS (la ville de), 4.
PATRIE (la), 4.
PATRIOTISME (le), 4.
Pépinière (la), 11.
PERRAUD (M. Jean-Joseph), sc., 11.
PERRAULT, arch., 14.
Perrée (rue), 13.
PETITOT (Louis-Messidor-Lebon), sc., 5.
PHILIPPE-AUGUSTE, 13.
PHILIPPE LE BEL, 13.
PHOEBÉ, 11.
PIGALLE (Jean-Baptiste), sc. 5.
Place Clichy, 3-4.
— de la Concorde, 5-7.
— Denfert-Rochereau, 7.
— de l'Institut, 7-8.
— du Palais-Bourbon, 12.
— de la Révolution, 5.
— de Rivoli, 12-13.
— du Trône, 14-15.
PRADIER (James), sc., 6.
Prince-Eugène (boulevard du), 14.
PRUDENCE (la), 5.
Pyramides (rue des), 13.
Ranelagh (le), 12.
RENOMMÉE (la), 7.
RÉPUBLIQUE (la), 7-8.
Révolution (place de la), 5.
RHAMSÈS II, 5.
RHAMSÈS III, 5.
RHÔNE (le), 6.
Rivoli (place de), 12-13.
ROMAGNÉSI (Louis-Alexandre), sc., 6.
ROUEN (la ville de), 6.
Rue de Babylone, 8.
— de Bourgogne, 12.
— de Bretagne, 13.
— Casimir-Périer, 13.
— de Clichy, 4.
— Denfert-Rochereau, 7.
— Denis-Papin, 3.
— des Écoles, 9.
— Lafayette, 10.
— Las-Cases, 13.
— Martignac, 13.
— Molay, 13.
— Monge, 9.
— Montholon, 10.
— Perrée, 13.
— des Pyramides, 13.
— Saint-Dominique, 13.
— Saint-Florentin, 6.
— Saint-Martin, 3.
— Salomon-de-Caus, 3.
— Sèvres, 8.
— du Temple, 13.
— de l'Université, 12.

Rue Velpeau, 8.
Ruysdaël (avenue), 9.
Saint-Antoine (faubourg), 14.
Saint-Dominique (rue), 13.
Saint-Florentin (rue), 6.
SAINT LOUIS, 15.
Saint-Martin (rue), 3.
Saint-Ylié (pierre de), 3.
Sainte-Clotilde (square), 13.
Salomon-de-Caus (rue), 3.
Salon de 1861, 11.
— de 1875, 11.
SAÔNE (la), 6.
Sébastopol (boulevard), 3.
Sèvres (rue de), 8.
Siècle (le journal *Le*), 9.
SIMART (Pierre-Charles), sc., 15.
SOITOUX (M. Jean-François), sc., 7.
SOMMEIL (le), 8.
Square des Arts et Métiers, 3.
— des Ménages, 8.
— Monge, 9-10.
— Montholon, 10.

Square de Montrouge, 10-11.
— Sainte-Clotilde, 13.
— du Temple, 13-14.
STRASBOURG (la ville de), 6.
Temple (marché du), 14.
— (rue du), 13.
— (square du), 13-14.
Théâtre de la GRÊLÉ, 3.
Thèbes, 5.
THOMAS (M. Jules), sc., 11.
Trône (place du), 14-15.
Tuileries (jardin des), 5, 6, 13
Université (rue de l'), 12.
Van-Dyck (avenue), 9.
Velazquez (avenue), 9.
Velpeau (rue), 8.
VERNET (Horace), p., 4.
VICTOIRE (la), 3, 15.
VIGNON (madame Claude), sc., 10.
VILLEMINOT (M. Louis), sc., 8.
Vincennes (cours de), 14.
VOLTAIRE, 9, 10.

PALAIS

DE

LA BOURSE

PALAIS DE LA BOURSE

Histoire. — *Bien que la Bourse de Paris existât en fait depuis longtemps déjà, son établissement légal ne date que de l'année 1724.*

Elle se tint successivement à l'hôtel de Soissons, rue Vivienne, à l'hôtel de Nevers, aujourd'hui Bibliothèque nationale, dans l'église des Petits-Pères, au Palais-Royal et rue Feydeau.

Un décret impérial du 16 mars 1808 fit cession à la ville de Paris d'une partie du terrain occupé jusqu'en 1790 par le couvent des Filles de Saint-Thomas d'Aquin, à la condition qu'elle y ferait construire un palais où seraient installés la Bourse et le Tribunal de Commerce, relégué avant la Révolution près de l'église de Saint-Merri.

Brongniart fut chargé de fournir le plan du nouvel édifice. Il en commença les travaux, qu'il dirigea jusqu'à sa mort, survenue en 1813.

C'est à Lalanne que fut alors confié le soin de continuer l'œuvre entreprise.

Le monument ne fut complétement achevé qu'en 1827 ; mais l'inauguration en avait déjà eu lieu dès l'année précédente. Sa construction a occasionné une dépense de 8,149,192 francs, à laquelle ont contribué l'État, la Ville et le commerce de Paris. L'édifice actuel s'élève sur un plan rectangulaire dont les deux plus grands côtés mesurent 69 mètres et les deux plus petits 41. Il occupe une superficie de 3,456 mètres et est entouré d'allées plantées d'arbres, que des grilles séparent de la voie publique.

Le premier étage fut, dès l'origine, affecté au Tribunal de Commerce, qui l'occupa jusqu'en 1865, date de son installation dans un édifice spécial, bâti en face du Palais de Justice.

Cette affectation primitive explique le choix des sujets adoptés pour la décoration picturale et sculpturale des salles de l'étage supérieur.

DESCRIPTION.

EXTÉRIEUR.

Le palais de la Bourse est construit sur un soubassement de 2^m,60 de haut, qui présente sur chacun de ses petits côtés un perron composé de seize degrés.

Ces perrons sont limités à droite et à gauche par des piédestaux sur lesquels sont placées des statues allégoriques assises représentant :

Celle de gauche du perron de la façade principale :

La Justice. — Statue. — Pierre. — H. 3^m. — Par Duret (Francisque-Joseph). — 1851.

Drapée, la tête ceinte d'un diadème, elle appuie son bras droit sur les tables de la Loi et présente une main de Justice. Dans sa main gauche, qui repose sur ses genoux, elle tient le fléau d'une balance dont les plateaux pendent à son côté.

Celle de droite :

Le Commerce. — Statue. — Pierre. — H. 3^m. — Par M. Dumont (Augustin-Alexandre). — 1851.

Le Commerce est personnifié par une femme. Celle-ci, assise sur un ballot, a la tête couverte d'une couronne de laurier ; drapée à l'antique, elle ramène sa jambe gauche sur sa jambe droite et porte dans sa main un caducée.

A ses pieds est placé un coffret rempli de pièces de monnaie.

Celle de gauche du perron de la façade postérieure :

L'Industrie. — Statue. — Pierre. — H. 3^m. — Par PRADIER (JAMES). — 1851.

Assise sur une enclume, elle a la tête couronnée d'un diadème. Drapée, l'épaule droite découverte, elle appuie sa main droite sur des roues à engrenage ; son pied gauche repose sur une sphère. Elle porte sur l'épaule gauche un marteau dont elle tient le manche. A ses côtés se trouvent une ruche et une coupe pleine de colliers de perles et de pierres fines ; derrière elle un coq.

Celle de droite :

L'Agriculture. — Statue. — Pierre. — H. 3^m. — Par SEURRE (CHARLES-MARIE-ÉMILE). — 1851.

Assise sur un bloc de pierre, drapée, l'épaule droite découverte, la tête couronnée de feuilles de vigne et de grappes de raisin, elle tient dans le bras droit une gerbe de blé, auquel se mêlent des bluets et des coquelicots. Sa main gauche repose sur ses genoux. A sa gauche est placée une corbeille remplie de fruits ; à ses pieds se trouvent une faucille, des branches d'olivier et un soc de charrue.

Dès 1825, des statues en marbre avaient été commandées pour ces quatre piédestaux. Plusieurs modèles en plâtre ont même été exposés en 1827 ; mais ces commandes paraissent avoir été annulées à la suite de la révolution de 1830.

Les statues devaient alors représenter l'*Abondance*, la *Justice*, la *Prudence* et la *Fortune publique*. Elles avaient été confiées à MM. PETITOT, CORTOT, ROMAN et PRADIER.

Au sommet des deux perrons s'étendent deux péristyles, comprenant chacun deux travées dans le sens de la largeur et treize dans le sens de la longueur.

Ces péristyles sont réunis par deux portiques de circulation composant les façades latérales et présentant chacun vingt travées.

Les travées sont formées par des colonnes d'ordre corinthien qui supportent un entablement complet dont la frise est décorée de rinceaux et la corniche de modillons.

Le monument est terminé par un acrotère.

La façade principale est percée de onze baies plein cintre ; onze de ces baies s'ouvrent sur la salle des pas perdus ; la deuxième à gauche correspond à un escalier droit qui aboutit au premier étage.

La façade postérieure offre la même disposition. Les deux baies extrêmes donnent accès à des vestibules qui précèdent la salle des agents de change.

Les façades latérales comportent deux étages éclairés par des baies plein cintre. Ces deux étages sont séparés par un bandeau décoré de triglyphes dont les métopes sont occupées par de petits médaillons dans lesquels sont sculptés alternativement des culots et des caducées.

INTÉRIEUR.

De la salle des pas perdus on pénètre dans une grande salle, dite *Salle de la Corbeille*, qui rappelle l'atrium antique.

Celle-ci, de forme rectangulaire, est entourée de portiques plein cintre à deux étages composés de neuf travées dans un sens et cinq dans l'autre. Les pilastres carrés qui supportent le portique inférieur sont décorés de boucliers.

Au-dessus du bandeau qui sépare les deux étages règne une guirlande de fruits et de fleurs.

Le portique du premier étage forme loge au-dessus de la salle de la Corbeille.

Les tympans laissés libres entre les archivoltes de ce portique sont occupés également par des boucliers au centre desquels sont gravés les noms des principales villes de France et de l'étranger. Ces boucliers sont surmontés d'une couronne urbaine.

La frise supérieure est ornée de caducées et de :

Vingt-huit petits Génies soutenant des guirlandes de fruits et de fleurs. — Haut relief. — Pierre. — Par PETITOT (LOUIS-MESSIDOR-LEBON). — 1826.

Une corniche à denticules et modillons pourtourne cette salle ; elle est couronnée par un attique muni de petites fenêtres cintrées.

La salle est recouverte d'un plafond lumineux encadré d'une torsade de laurier et reposant sur des voussures circulaires qui raccordent cette partie supérieure à la corniche.

Cette voussure est divisée en compartiments décorés d'entrelacs, de rosaces et de grands panneaux, qui renferment des peintures allégoriques en grisaille représentant :

La Ville de Paris recevant de la Seine et du Canal de l'Ourcq l'abondance et la prospérité. — Peinture murale. — Grisaille. — H. 3^m,30. — L. 4^m,50. — Par MEYNIER (CHARLES). — 1826.

Au centre est placée une urne dans laquelle un petit Génie, personnifiant le Canal de l'Ourcq, verse l'eau que contient une seconde urne qu'il soulève dans ses bras. A gauche, la Ville de Paris, drapée dans une tunique qu'une ceinture retient à la taille, la tête ceinte d'une couronne urbaine, le bras gauche tendu, porte un caducée dans la main droite qu'elle appuie sur un écusson aux armes de la Cité. A droite, une femme, personnifiant la Seine, tient un gouvernail dans sa main droite ; à moitié nue, elle a la tête couronnée de joncs. Près d'elle est représenté un jeune homme, l'épaule droite couverte d'un manteau. Au fond, on aperçoit la poupe d'un navire.

La Ville de Strasbourg. — Peinture d'angle. — Grisaille. — H. 3^m,30. — L. 3^m,40. — Par MEYNIER (CHARLES). — 1826.

Vue de trois quarts, assise, elle présente des clefs de la main droite et appuie sa main gauche sur un écusson aux armes de la Ville. Drapée, un long voile flottant sur ses épaules, elle porte sur la tête une couronne urbaine. Un casque est renversé à ses pieds.

La Ville de Lyon. — Peinture d'angle. — Grisaille. — H. 3^m,30. — L. 3^m,40. — Par MEYNIER (CHARLES). — 1826.

Assise, vue de trois quarts, la tête ceinte d'une couronne urbaine, elle tient des fuseaux dans la main droite. A ses pieds se trouve un écusson aux armes de la Ville.

L'Amérique. — Peinture murale. — Grisaille. — H. 3^m,30. — H. 3^m,50. — Par MEYNIER (CHARLES). — 1826.

Au centre de la composition est assise sur une caisse une jeune femme personnifiant l'Amérique. La poitrine découverte, un carquois sur l'épaule, elle porte sur la tête un diadème orné de plumes et tient un arc dans la main gauche. A droite, un jeune homme à moitié nu vient déposer devant elle un panier rempli de fruits. Un enfant nu s'appuyant contre un socle, autour duquel grimpe un lézard, occupe sa gauche.

Au premier plan, une tortue ; au fond, des joncs et des branches de palmier.

L'Union du Commerce, des Sciences et des Arts faisant naître la prospérité de l'État. — Peinture murale. — Grisaille. — H. 3^m,30. — L. 4^m,50. — Par MEYNIER (CHARLES). — 1826.

Au centre, Mercure debout, coiffé du pétase ailé, un manteau jeté sur l'épaule gauche, porte un caducée dans l'une de ses mains et tend l'autre vers deux figures de femme personnifiant le Commerce et la Science. Un petit Génie ailé, au-dessus de la tête duquel brille une flamme, est à sa gauche. A droite, la Science, drapée, présente une sphère de la main gauche ; elle a un sceptre dans la main droite. A côté d'elle, la personnification du Commerce, également drapée, la tête couverte d'un voile flottant, tient une corne d'abondance dans la main droite, et dans la gauche une roue qu'elle appuie sur un socle sur lequel sont inscrits en lettres d'or les trois mots : Commerce, Science, Arts.

Une troisième figure de femme représentant les Arts occupe la droite de la composition. Vue de profil, l'épaule droite découverte, elle a dans le bras gauche une lyre dont elle effleure les cordes de la main droite.

Au premier plan sont épars des pinceaux, une palette, des volumes et des manuscrits.

L'Afrique. — Peinture murale. — Grisaille. — H. 3^m,30. — L. 4^m,50. — Par MEYNIER (CHARLES). — 1826.

Au centre de la composition, une femme, personnifiant l'Afrique, est assise sur une caisse. La poitrine nue, elle a les oreilles ornées de pendants, les bras de bracelets, et porte au cou un collier de perles. Elle saisit de la main gauche la crinière d'un lion aux pieds duquel se déroule un serpent.

A gauche, au deuxième plan, une jeune femme, dont les épaules sont couvertes d'un manteau flottant, tient dans la main gauche un parasol, et dans la droite la trompe d'un éléphant qui est debout à ses côtés.

Un enfant placé à droite entasse des gerbes de blé.

La Ville de Bayonne. — Peinture d'angle. — Grisaille. — H. 3^m,30. — L. 3^m,40. — Par MEYNIER (CHARLES). — 1826.

Vue de face et drapée, elle est assise et porte sur la tête une couronne urbaine. Elle a dans le bras droit une corne d'abondance, dans le bras gauche un gouvernail.

La Ville de Bordeaux. — Peinture d'angle. — Grisaille. — H. 3^m,30. — L. 3^m,40. — Par ABEL DE PUJOL. — 1826.

Assise sur un tonneau couché à terre, elle a la tête ceinte d'une couronne urbaine, et appuie sa main gauche sur une ancre.

La Ville de Paris présentant les clefs de la Bourse à la Justice et à Mercure. — Peinture murale. — Grisaille. — H. 3^m,30 — L. 4^m,50. — Par ABEL DE PUJOL. — 1831.

Au centre est placée la ville de Paris. Assise sur un siége de forme antique, drapée, la tête ceinte d'une couronne urbaine, elle présente de la main droite les clefs du palais de la Bourse à Mercure, et semble inviter de la main gauche la Justice à s'approcher d'elle.

Mercure, coiffé du pétase, un manteau sur l'épaule, prend les clefs de la main droite et porte un caducée de la main gauche.

La Justice, drapée, tient une balance dans la main droite, et dans la gauche la main de justice.

Avant 1830, l'artiste avait été chargé de représenter le roi Charles X remettant à la Ville de Paris les clefs du palais de la Bourse, et y appelant la Justice et le Commerce.

La Ville de Lille. — Peinture d'angle. — Grisaille. — H. 3ᵐ,30. — L. 3ᵐ,40. — Par Abel de Pujol. — 1826.

Assise, drapée, le sein droit découvert, elle porte sur la tête une couronne urbaine. Sa main gauche repose sur la garde d'une épée, sa droite sur ses genoux. A ses pieds, des fruits.

La Ville de Nantes. — Peinture d'angle. — Grisaille. — H. 3ᵐ,30. — L. 3ᵐ,40. — Par Abel de Pujol. — 1826.

Vue de profil, drapée, elle est assise sur un siége de forme antique et ramène de la main gauche un voile sur sa tête.

L'Asie. — Peinture murale. — Grisaille. — H. 3ᵐ,30. — L. 4ᵐ,50. — Par Abel de Pujol. — 1826.

A moitié couchée sur un lit de repos, vue de profil, la poitrine découverte, elle a la tête ceinte d'un turban enrichi de diamants; ses bras sont ornés de bracelets. Elle tient un éventail dans la main gauche, et de la droite cherche à ramener sur ses épaules un long manteau flottant. A ses pieds est placé un vase dans lequel trois petits Génies versent des parfums. Au fond s'élève un palmier.

La France accueillant les produits des quatre parties du monde. — Peinture murale. — Grisaille. — H. 3ᵐ,30. — L. 4ᵐ,50. — Par Abel de Pujol. — 1826.

Au centre, la France drapée, debout devant un siége antique, la tête ceinte d'une couronne, invite les quatre parties du monde à s'approcher. A sa droite se tiennent deux femmes personnifiant l'Europe et l'Asie, à sa gauche deux hommes représentant l'Afrique et l'Amérique. L'Europe enlace de son bras droit le cou d'un enfant qui porte un style dans la main droite et une lyre sous le bras gauche. Aux pieds de la France se trouvent des sacs d'où s'échappent des pièces de monnaie.

L'Europe. — Peinture murale. — Grisaille. — H. 3ᵐ,30. — L. 4ᵐ,50. — Par Abel de Pujol. — 1826.

Drapée, la tête couronnée de rayons, elle appuie son bras droit sur le dos du siége sur lequel elle est assise, et tient un sceptre; derrière elle s'élève une colonne. A sa gauche sont épars un buste, une palette, des pinceaux, un casque, une lyre et un glaive. A droite, au second plan, deux enfants portent et empilent des livres. Au fond, on aperçoit la proue d'un navire.

La Ville de Rouen. — Peinture d'angle. — Grisaille. — H. 3ᵐ,30. — L. 3ᵐ,40. — Par Abel de Pujol. — 1826.

Drapée, vue de profil, elle est assise et tient une rame dans la main droite. Elle appuie la main gauche sur son siége.

La Ville de Marseille. — Peinture d'angle. — Grisaille. — H. 3ᵐ,30. — L. 3ᵐ,40. — Par Meynier (Charles). — 1826.

Vue de profil, elle est drapée et assise. La tête ceinte d'une couronne urbaine, la main droite appuyée sur la proue d'un navire, elle tient un aviron dans le bras gauche. A ses pieds est placée une ancre.

Derrière la salle de la corbeille, au rez-de-chaussée, se trouve la salle des agents de change.

De forme rectangulaire, elle est éclairée par cinq baies à arcades pratiquées dans la façade postérieure. Cinq autres baies, correspondant aux précédentes, s'ouvrent sur la salle de la corbeille.

Les parois sont revêtues d'une boiserie de chêne; les espaces laissés vide entre les arcades sont recouverts d'une peinture rouge brique, et décorés d'épis de blé, de caducées, de branches de laurier et des lettres A C, avec la devise:

ET SERVAT ET AUGET.

Le plafond est encadré d'une grecque.

Cette salle a été complètement restaurée en 1873.

L'escalier droit dont nous avons parlé, et qui conduit au premier étage, est décoré d'un bas-relief représentant :

Thémis et Mercure. — Bas-relief. — H. 2ᵐ. — L. 2ᵐ,50. — Par Laitié (Charles-René). — 1826.

Mercure, coiffé du pétase ailé, chaussé des talonnières, un caducée dans la main gauche, enlace de son bras droit la taille de Thémis.

Celle-ci, drapée, un diadème sur la tête,

porte des balances dans la main droite, et dans la gauche la main de la justice.

Ce bas-relief est encadré d'une guirlande de fruits.

Au sommet de l'escalier s'étend un portique à deux rangs, composé de colonnes doriques qui soutiennent un plafond divisé en caissons. Ces caissons sont décorés de rosaces et de gouttes.

Le portique possède onze travées; il aboutit, à son extrémité, à trois salles occupées aujourd'hui par le service télégraphique.

La première de ces salles, de forme carrée, est éclairée par trois baies plein cintre. Elle communique avec la deuxième salle par une baie centrale plein cintre et deux baies latérales rectangulaires. Elle est couronnée par une frise décorée des attributs de la Justice, du Commerce et de l'Industrie.

La seconde salle, de forme rectangulaire, est divisée dans le sens de la longueur en cinq travées séparées par des pilastres d'ordre corinthien. Elle est éclairée par cinq fenêtres. Les travées de la face opposée servent d'encadrement à des portes rectangulaires surmontées de bas-reliefs représentant :

L'Amérique. — Bas-relief. — Pierre. — H. 1^m,20. — L. 2^m. — Par DE BAY (JEAN-BAPTISTE-JOSEPH). — 1826.

A demi nue, elle est assise sur un bœuf couché à terre ; un long manteau flotte sur ses épaules ; elle porte un carquois garni de flèches, et tient un arc dans la main gauche.

A droite de la composition est posée une corbeille remplie de fruits sur lesquels perche un perroquet.

A gauche se dresse un petit socle sur lequel sont placés des fruits.

L'Europe. — Bas-relief. — Pierre. — H. 1^m,20. — L. 2^m. — Par CAILLOUETTE (LOUIS-DENIS). — 1826.

Assise et drapée, une couronne sur la tête, elle tient un sceptre dans la main droite, et dans la gauche une corne d'abondance d'où s'échappent des fruits divers. Un long voile flotte sur son cou.

Derrière elle est couché un cheval dont on n'aperçoit que la tête.

A sa droite se dresse un socle sur lequel est posée une mappemonde.

Aux pieds de la figure, des étendards, des livres, une palette, des pinceaux, une lyre.

La Justice. — Bas-relief. — Pierre. — H. 1^m,20. — L. 2^m. — Par CAILLOUETTE (LOUIS-DENIS). — 1826.

Assise sur un siège de forme antique, drapée, le front ceint d'une couronne de laurier, elle présente un glaive de la main droite et les tables de la loi de la main gauche.

A ses côtés se tiennent deux petits Génies ailés, dont l'un porte la main de justice et l'autre les balances.

L'Asie. — Bas-relief. — Pierre. — H. 1^m,20. — L. 2^m. — Par CAILLOUETTE (LOUIS-DENIS). — 1828.

Assise sur un léopard, drapée, les seins à demi nus, elle porte une branche de palmier dans la main droite, et de la gauche cherche à retenir le voile dont sa tête est couverte.

A sa droite est posé un coffret rempli de perles.

L'Afrique. — Bas-relief. — Pierre. — Par DE BAY (JEAN-BAPTISTE-JOSEPH). — 1826.

Assise sur un lion, à demi nue, la jambe gauche repliée sur la droite, elle tient une corne d'abondance dans une de ses mains, et dans l'autre une dent d'éléphant.

A sa droite se trouve un fragment de pyramide contre lequel monte un serpent ; à sa gauche un ibis ; au fond un palmier.

Cette salle est couronnée par un entablement dont la corniche est décorée de denticules et la frise de rinceaux.

Elle est recouverte par une voûte divisée en caissons par des torsades de feuilles de chêne.

Ces caissons, au nombre de dix-neuf, renferment des peintures représentant :

La Justice protégeant le Commerce. — Peinture murale. — H. 2^m,50. — L. 2^m,80. — Par BLONDEL (MERRY-JOSEPH). — 1826.

La Justice, vêtue d'une tunique blanche et d'un manteau rouge, a la tête couronnée de fleurs. Elle tient dans la main gauche les tables de la loi, les balances et la main de justice. Le bras droit étendu, elle prend sous sa protection le Commerce personnifié par Mercure. Celui-ci, coiffé du pétase, un manteau flottant dans le dos, sa main gauche sur l'épaule de la Justice ; il porte dans la main droite un caducée et une bourse.

L'Abondance récompensant l'Industrie. — Peinture murale. — H. 2^m,50. — L. 2^m,80. — Par VINCHON (AUGUSTE-JEAN-BAPTISTE). — 1826.

L'Abondance, tunique blanche, manteau rouge, le front couronné d'épis de blé, porte dans la main droite une couronne de laurier qu'elle tient au-dessus de la tête de l'Industrie.

Celle-ci, vêtue d'une tunique jaune et d'un manteau bleu flottant, présente un fuseau de la main droite. De sa main gauche elle ramène les plis de son manteau, dans lequel l'Abondance verse des pièces de monnaie contenues dans une corne d'abondance qu'elle soulève de sa main gauche.

La Vérité dévoilant la Fraude. — Peinture murale. — H. 2^m,50. — L. 2^m,80. — Par Vinchon (Auguste-Jean-Baptiste). — 1826.

La Vérité est nue. Vue de face, elle tient un miroir dans la main gauche, et de la droite découvre le Mensonge représenté à ses pieds par une figure d'homme drapée dans un large manteau rouge et bleu. Cette dernière dissimule son visage derrière un masque. Autour d'elle s'enroule un serpent.

La Figure de la Ville de Paris. — Peinture murale. — Grisaille. — H. 2^m,50. — L. 2^m. — Par Vinchon (Auguste-Jean-Baptiste). — 1826.

Assise sur un siége de forme antique, drapée, la tête ceinte d'une couronne urbaine, elle a dans la main gauche un caducée, et dans la droite un aviron sur lequel sont représentées les armes de la Cité. De chaque côté est placée une urne renversée personnifiant, l'une la Seine, l'autre la Marne. A ses pieds, des couronnes, des branches de laurier, un chapiteau, une tête sculptée, une lyre, une palette, des pinceaux.

La Prudence. — Peinture d'angle. — Grisaille. — H. 2^m,50. — L. 2^m. — Par Blondel (Merry-Joseph). — 1826.

Assise sur un siége de forme antique, drapée, elle a dans la main gauche un miroir autour duquel s'enroule un serpent, et dans la droite un sablier placé sur ses genoux. Sur le dos du siége est perché un hibou. A ses pieds, des livres et les tables de la loi.

L'Étude. — Peinture d'angle. — Grisaille. — H. 2^m,50. — L. 2^m. — Par Blondel (Merry-Joseph). — 1826.

L'Étude est personnifiée par un jeune homme.

Assis, à moitié nu, dans l'attitude de la méditation, il a la jambe droite allongée, la gauche repliée, le pied sur une pile de livres. Le coude gauche placé sur son genou, il appuie son front dans sa main. Il tient un style dans la main droite. Derrière lui se trouve une lampe de forme antique. A ses pieds, des manuscrits et un coq.

L'Industrie métallurgique. — Peinture ronde. — Grisaille. — Diam. 2^m. — Par Blondel (Merry-Joseph). — 1826.

Une femme assise, drapée, la tête couronnée de laurier, tient de la main gauche une ancre posée entre ses genoux. Elle appuie la main droite sur l'épaule d'un enfant qui tire la chaîne d'un soufflet de forge.

A sa gauche, un second enfant, les épaules couvertes d'un manteau flottant, soulève de la main droite un marteau dont il frappe un boyau qu'il maintient de la main gauche avec des tenailles sur une enclume placée devant lui.

L'Agriculture. — Peinture ronde. — Grisaille. — Diam. 2^m. — Par Vinchon (Auguste-Jean-Baptiste). — 1826.

Assise, les épaules découvertes, la tête couronnée d'épis de blé, l'Agriculture appuie sa main gauche sur une corne d'abondance; elle enlace de son bras droit un petit enfant qui présente une pomme de la main droite, et de la gauche une cerise qu'il tient à hauteur de sa bouche. A gauche, sur un pressoir, est assis un second enfant qui soulève de ses mains une grappe de raisin au-dessus de sa tête. Au fond, on aperçoit des têtes de bœufs.

La composition est entourée des signes du zodiaque.

La Mécanique. — Peinture ronde. — Grisaille. — Diam. 2^m. — Par Blondel (Merry-Joseph). — 1826.

Assise, drapée, le coude droit placé sur une roue à engrenages qu'elle soutient de la main gauche, elle appuie sa tête sur sa main droite, dans laquelle elle tient un compas et semble chercher la solution d'un problème. A sa droite se trouve un enfant; le pied gauche sur une poulie, il en porte une seconde sur son dos. A sa gauche, un autre enfant, les épaules couvertes d'un manteau flottant, manœuvre un cric.

Le Travail. — Peinture d'angle. — Grisaille. — H. 2^m,50. — L. 2^m. — Par Vinchon (Auguste-Jean-Baptiste). — 1826.

Un homme assis, à moitié nu, soulève de la main droite un lourd marteau dont il s'apprête à frapper une bêche qu'il maintient de la main gauche avec des tenailles sur une enclume. Du pied droit il met en mouvement la pédale d'un soufflet de forge. A sa droite est placée une roue à engrenages; derrière lui brûle une lampe de forme antique.

La Vigilance. — Peinture d'angle. — Grisaille. — H. 2ᵐ,50. — L. 2ᵐ. — Par VINCHON (AUGUSTE-JEAN-BAPTISTE). — 1826.

Assise, drapée, le bras gauche replié, elle élève l'index, attentive à un bruit qu'elle semble percevoir au loin. De la main gauche elle pose une veilleuse sur un socle, au pied duquel se tiennent un coq et un serpent.

Figure allégorique de la Seine. — Peinture murale. — Grisaille. — H. 2ᵐ,50. — L. 2ᵐ. — Par BLONDEL (MERRY-JOSEPH). — 1826.

La Seine est personnifiée par une femme. Celle-ci, nue, est assise sur une urne d'où l'eau s'échappe. Elle tient un gouvernail dans la main gauche, et de la droite caresse un cygne. Au fond, on aperçoit une proue de navire et un caducée.

L'Économie. — Peinture d'angle. — Grisaille. — H. 2ᵐ,50. — L. 2ᵐ. — Par DEGEORGE (CHRISTOPHE-THOMAS). — 1826.

Assise, drapée, elle porte une corne d'abondance. Derrière elle, sur un piédestal, un hibou.

L'Ordre. — Peinture d'angle. — Grisaille. — H. 2ᵐ,50. — L. 2ᵐ. — Par DEGEORGE (CHRISTOPHE-THOMAS). — 1826.

Un jeune homme assis, vu de profil, la poitrine nue, tient dans la main droite un livre qu'il se dispose à remettre en place sur des rayons placés derrière lui. Il appuie la main gauche sur une pile de livres. A ses pieds sont divers manuscrits.

La Verrerie. — Peinture ronde. — Grisaille. — Diam. 2ᵐ. — Par BLONDEL (MERRY-JOSEPH). 1826.

Une jeune femme, assise, soulève dans ses mains un globe de verre qu'un enfant cherche à atteindre. Un second enfant alimente le feu sur lequel est placé un creuset.

La Monnaie. — Peinture ronde. — Grisaille. — Diam. 2ᵐ. — Par VINCHON (AUGUSTE-JEAN-BAPTISTE). — 1826.

La Monnaie est personnifiée par une femme. Celle-ci, assise, tient un caducée dans la main droite, et de la gauche secoue les plis de son manteau d'où tombent des pièces de monnaie. A sa gauche, un enfant s'occupe du tirage; à sa droite, un autre enfant lit dans un livre ouvert sur ses genoux.

Les Tissus. — Peinture ronde. — Grisaille. — Diam. 2ᵐ. — Par VINCHON (AUGUSTE-JEAN-BAPTISTE). — 1826.

Une femme, vue de profil, assise, présente une quenouille de la main droite et un fuseau de la gauche. A sa droite, un enfant retient un mouton dont il s'apprête à faire tomber la laine à l'aide de ciseaux qu'il porte dans la main droite. A sa gauche, un second enfant est assis près de divers ballots.

Le Calcul. — Peinture d'angle. — Grisaille. — H. 2ᵐ,50. — L. 2ᵐ. — Par DEGEORGE (CHRISTOPHE-THOMAS). — 1826.

Un jeune homme, assis, la poitrine découverte, dans l'attitude de la méditation, appuie sa tête dans sa main gauche, dans laquelle il tient un compas. A ses pieds sont des livres. Derrière lui se dresse une lampe de forme antique.

La Fidélité. — Peinture d'angle. — Grisaille. — H. 2ᵐ,50. — L. 2ᵐ. — Par DEGEORGE (CHRISTOPHE-THOMAS). — 1826.

Une femme assise, drapée, les épaules nues, caresse de la main droite un chien couché à ses pieds. Elle tient une clef dans la main gauche.

La troisième salle, qui sert de magasin, ne mérite aucune description.

L. MICHAUX,

MEMBRE DE LA COMMISSION.

Paris, 15 *juillet* 1880.

TABLE

DES NOMS MENTIONNÉS DANS LA MONOGRAPHIE

Nota. — L'abréviation *arch.* signifie architecte; *éb.*, ébéniste; *gr.*, graveur; *p.*, peintre; *sc.*, sculpteur.

ABEL DE PUJOL, p., 5, 6.
ABONDANCE (l'), 4.
ABONDANCE (l') RÉCOMPENSANT L'INDUSTRIE, 7.
AFRIQUE (l'), 5, 7.
AGRICULTURE (l'), 4, 8.
AMÉRIQUE (l'), 5, 7.
ASIE (l'), 6, 7.
BAY (Jean-Baptiste-Joseph DE), sc., 7.
BAYONNE (la ville de), 5.
Bibliothèque nationale, 3.
BLONDEL (Merry-Joseph), p., 7, 8, 9.
BORDEAUX (la ville de), 5.
BRONGNIART, arch., 3.
CAILLOUETTE (Louis-Denis), sc., 7.
CALCUL (le), 9.
CHARLES X, 6.
COMMERCE (le), 3.
Corbeille (salle de la), 4.
CORTOT, sc., 4.
Couvent des Filles de Saint-Thomas, 3.
DEGEORGE (Christophe-Thomas), p. 9.
DUMONT (M. Augustin-Alexandre), sc., 3.
DURET (Francisque-Joseph), sc., 3.
ÉCONOMIE (l'), 9.
Église de Saint-Merri, 3.
— des Petits-Pères, 3.
ÉTUDE (l'), 8.
EUROPE (l'), 6, 7.
Feydeau (rue), 3.
FIDÉLITÉ (la), 9.
Filles de Saint-Thomas (couvent des), 3.
FORTUNE PUBLIQUE (la), 4.
FRANCE (la) ACCUEILLANT LES PRODUITS DES QUATRE PARTIES DU MONDE, 6.
GÉNIES SOUTENANT DES GUIRLANDES, 4.
Hôtel de Nevers, 3.
— de Soissons, 3.
INDUSTRIE (l'), 4.
INDUSTRIE MÉTALLURGIQUE (l'), 8.
JUSTICE (la), 3, 4, 7.
JUSTICE (la) PROTÉGEANT LE COMMERCE, 7.
Justice (palais de), 3.

LAITIÉ (Charles-René), sc., 6.
LALANNE, arch., 3.
LILLE (la ville de), 6.
LYON (la ville de), 5.
MARSEILLE (la ville de), 6.
MÉCANIQUE (la), 8.
MEYNIER (Charles), p., 4, 5, 6.
MONNAIE (la), 9.
NANTES (la ville de), 6.
Nevers (hôtel de), 3.
Palais de Justice (le), 3.
PARIS (la Figure de la Ville de), 8.
PARIS (VILLE DE) PRÉSENTANT LES CLEFS DE LA BOURSE A LA JUSTICE ET A MERCURE, 5, 6.
PARIS (LA VILLE DE) RECEVANT DE LA SEINE ET DU CANAL DE L'OURCQ L'ABONDANCE ET LA PROSPÉRITÉ, 4.
PETITOT (Louis-Messidor-Lebon), sc., 4.
Petits-Pères (église des), 3.
PRADIER (James), sc., 4.
PRUDENCE (la), 4, 8.
ROUEN (la ville de), 6.
ROMAN, sc., 4.
Rue Feydeau, 3.
— Vivienne, 3.
Saint-Merri (église de), 3.
Salle de la Corbeille, 4.
SEINE (figure allégorique de la), 9.
SEURRE (Charles-Marie-Émile), sc., 4.
Soissons (hôtel de), 3.
STRASBOURG (la ville de), 5.
THÉMIS ET MERCURE, 6.
TISSUS (les), 9.
TRAVAIL (le), 8.
Tribunal de Commerce (le), 3.
UNION (l') DU COMMERCE, DES SCIENCES ET DES ARTS FAISANT NAITRE LA PROSPÉRITÉ DE L'ÉTAT, 5.
VÉRITÉ (la) DÉVOILANT LA FRAUDE, 8.
VERRERIE (la), 9.
VIGILANCE (la), 9.
VINCHON (Auguste-Jean-Baptiste), p., 7, 8, 9.
Vivienne (rue), 3.

HOPITAL MILITAIRE

DU

VAL-DE-GRACE

(ANCIENNEMENT ÉGLISE ET MONASTÈRE)

HOPITAL MILITAIRE

DU VAL-DE-GRACE

(ANCIENNEMENT ÉGLISE ET MONASTÈRE).

HISTOIRE. — *Après vingt années de mariage, en 1638, Anne d'Autriche, femme du roi Louis XIII, mit au monde un fils qui monta sur le trône cinq ans plus tard, sous le nom de Louis XIV. Afin de réaliser la promesse qu'elle avait faite d'élever un temple à Dieu s'il lui accordait un fils, la Reine, le 21 février 1645, faisait commencer les fouilles pour les fondations de la nouvelle église; elle avait choisi l'emplacement de l'hôtel du Petit-Bourbon, ancien fief de Valois, qu'elle avait acheté en 1621, et où elle avait déjà établi les religieuses de l'ordre de Saint-Benoît, venues de l'abbaye du* Val-de-Grâce *de Notre-Dame de la Crèche, situé au Val-Profond, à trois lieues de Paris, et ainsi désigné, depuis 1515, par lettres patentes de François Ier. De là vint le nom de Val-de-Grâce, donné au nouveau monastère.*

La première pierre de l'église fut posée le 1er avril 1645, par le Roi, alors âgé de moins de six ans et demi, qui était accompagné de sa mère et de son jeune frère, Philippe de France, duc d'Orléans.

Une médaille d'or, du poids d'un marc trois onces, fut déposée dans les fondations. Il en existe un second exemplaire au Cabinet des Médailles, et un troisième, en cuivre, à la Monnaie.

FRANÇOIS MANSART *avait été chargé de dresser les plans de l'édifice. Il construisit rapidement la vaste crypte placée au-dessous, et fut bientôt arrivé à la hauteur du pavé du péristyle, au-dessus duquel il éleva les premières assises à environ trois mètres de hauteur. Mais les dépenses faites jusqu'alors parurent considérables (ce que justifiait cependant l'état du sol profondément bouleversé par d'anciennes carrières), et* MANSART, *pénétré de son sujet, ne voulant d'ailleurs rien changer à l'importance du projet adopté, fut obligé d'abandonner la direction des travaux.*

JACQUES LE MERCIER *continua l'œuvre commencée, en respectant les dispositions primitives, à l'exception de celle de la chapelle du chevet à laquelle il donna un peu plus d'étendue. Il éleva les murs de l'édifice jusqu'à la hauteur de la corniche intérieure de la nef; il y était arrivé en 1651, époque où les guerres civiles jetèrent le trouble dans les finances et amenèrent dans les travaux une suspension d'environ trois années.*

LE MERCIER *mourut en 1654, précisément à l'époque où les travaux allaient être repris.*

PIERRE LE MUET, *qui, depuis le commencement de l'entreprise, avait surveillé les travaux en qualité de second de* MANSART *et de* LE MERCIER, *devint alors l'architecte en chef du monument; mais ce fut pour peu de temps; il n'avait encore dessiné que le péristyle de la façade principale lorsqu'on lui adjoignit* Gabriel. Le Duc, *qui resta bientôt seul chargé de mener à fin ce gigantesque travail.*

Le Duc *reprit la construction à partir de la naissance des voûtes de la nef; il peut être par conséquent considéré comme l'auteur principal de l'église du Val-de-Grâce, qu'il achevait en* 1665, *en conservant, ainsi que l'avait fait* Le Mercier, *les dispositions générales du projet de* Mansart.

Les constructions complémentaires, le cloître, les cuisines, le réfectoire, la salle capitulaire et l'appartement de la Reine, ont été élevés de 1655 *à* 1665.

Pendant ces mêmes années, on décorait l'église de magnifiques peintures : Pierre Mignard *avait peint la grande coupole, en treize mois, dit-on. Il avait eu l'intention d'y représenter la Sainte Trinité et les principaux mystères de la Rédemption, et l'avait retouchée lui-même au pastel.* Philippe de Champaigne, *de son côté, peignait à l'huile la voûte au-dessus de l'autel de la chapelle du Saint-Sacrement.*

Le monastère a possédé jusqu'en 1793 *de nombreux ouvrages d'orfèvrerie, d'une valeur considérable, dus à la générosité de la fondatrice. Parmi ces objets, on remarquait un ostensoir, dit* grand soleil, *d'or, émaillé de couleurs de feu, et garni de diamants; il avait coûté sept années de travail et quinze mille francs de façon. On peut avoir quelque idée de l'importance de ces richesses par le testament d'Anne d'Autriche accompagné de la liste des ornements légués par elle au monastère, et par la* Déclaration des biens mobiliers du 27 février 1790, *de Jean-Louis le Couteux de la Norray, lieutenant du maire au département du Domaine de la Ville de Paris. Ces deux pièce sont conservées aux Archives nationales.*

L'usage avait été, du vivant de la Reine mère, de déposer dans le caveau situé sous la chapelle Sainte-Anne le cœur des princes et princesses de la famille royale, et dans la communauté leur première chaussure; il y eut jusqu'à quarante-cinq cœurs réunis dans ce caveau; en 1792 *ils furent détruits, et les boîtes en vermeil qui les contenaient envoyées à la Monnaie pour y être fondues.*

La bibliothèque contenait 2850 *volumes.*

*La grande révolution du siècle dernier supprima complètement l'administration du Val-de-Grâce. L'hospice de la Maternité y fut installé et y resta peu de temps. Le 3 juillet 1793, la Convention nationale transformait les bâtiments du monastère en hôpital militaire, et l'église en magasin central des hôpitaux. C'est à cette époque qu'*Alexandre Lenoir *fit transporter au musée des Petits-Augustins divers objets d'art, parmi lesquels le groupe en marbre de la* Nativité, *de* Michel Anguier, *qui était placé sur le maître-autel, et le bas-relief en bronze doré qui en décorait la partie inférieure; ce groupe est aujourd'hui placé sur l'autel de la Sainte Vierge de l'église Saint-Roch, à Paris, à laquelle il a été donné par Napoléon I*er*. Le bas-relief a disparu.*

Les soldats malades furent reçus au Val-de-Grâce seulement en 1814. *Des bâtiments nouveaux furent élevés dans les jardins, et en* 1827 *l'église fut rendue au culte.*

De 1862 *à* 1865, *la coupole, en bois recouvert de plomb doré par parties, a été reconstruite en fer par le génie militaire.*

Le maître-autel, détruit en 1793, *fut rétabli en* 1869 *et* 1870, *dans sa forme primitive et aux frais de la Liste civile. Il a coûté environ* 30,000 *francs. Le groupe de la* Nativité, *copié d'après celui de* Michel Anguier, *a été payé le même prix par l'administration des Beaux-Arts.*

D'anciens plans du Val-de-Grâce sont conservés aux Archives nationales. Le plus intéressant d'entre eux, à l'échelle d'environ deux millimètres pour mètre, sans date, indique les dispositions générales du monastère avec la destination des pièces et les jardins. Il paraît remonter au règne de Louis XV. On l'a attribué à tort à F. Mansart.

BIBLIOGRAPHIE. — *Les Antiquités de la ville de Paris*, par Claude Malingre, 1640. 1 vol. in-fol.
Déclaration des biens mobiliers et immobiliers du 27 février 1790, par-devant Jean-Louis Le Conteulx de la Norray. Carton 1038. — Archives nationales.
Discours prononcé en 1843 à l'hôpital militaire du Val-de-Grâce par M. le docteur Baudens, broch. in-8°.
Description archéologique des monuments de Paris, par Ferdinand de Guilhermy, 1856. 1 vol. in-12.
Notice sur l'ancien monastère du Val-de-Grâce, par M. l'abbé de Bertrand de Beltbon, 1873, broch. in-12.
L'Église et le Monastère du Val-de-Grâce, 1645-1665, par M. V. Ruprich-Robert, 1865, in-4°.

DESCRIPTION.

EXTÉRIEUR.

COURS.

COUR D'HONNEUR.

Dans la cour d'entrée, à gauche, sur un piédestal de granit :

Dominique-Jean baron Larrey (1766-1842), *chirurgien militaire*. — Statue. — Bronze. — H. 3ᵐ,23. — Par DAVID D'ANGERS (PIERRE-JEAN). — Fondeurs : ECK et DURAND.

Cette statue, érigée par souscription nationale, a été fondue en 1846, et inaugurée le 8 août 1850.

Nous ne jugeons pas utile de décrire ici la statue de Larrey, le modèle en plâtre de cette œuvre d'art ayant été l'objet d'une description dans l'*Inventaire des Richesses d'art*. (Voyez PROVINCE, tome III, *Maine-et-Loire*, musée David, p. 115.)

Sur le piédestal :

Bérésina. — Bas-relief. — Bronze. — H. 0ᵐ,75. — L. 1ᵐ. — Par DAVID D'ANGERS (PIERRE-JEAN).

Pyramides. — Bas-relief. — Bronze. — H. 0ᵐ,75. — L. 1ᵐ. — Par DAVID D'ANGERS (PIERRE-JEAN).

Somo-Sierra. — Bas-relief. — Bronze. — H. 0ᵐ,75. — L. 1ᵐ. — Par DAVID D'ANGERS (PIERRE-JEAN).

Austerlitz. — Bas-relief. — Bronze. — H. 0ᵐ,75. — L. 1ᵐ. — Par DAVID D'ANGERS (PIERRE-JEAN).

Les modèles des quatre bas-reliefs qui décorent le piédestal de la statue de Larrey se trouvent également décrits dans l'inventaire du musée David. *Loco citato*, p. 115-116.

DEUXIÈME COUR.

Dans la deuxième cour, à droite, on voit, dans une niche :

François-Joseph-Victor Broussais (1772-1838), *médecin en chef du Val-de-Grâce*.—Statue.—Bronze.—H.1ᵐ,55.
— Par BRA (EUSTACHE-MARIE-JOSEPH), 1840.

Broussais, en costume moderne, drapé dans un large manteau, est assis ; le pied gauche posé sur trois volumes placés à plat sur le socle. La main gauche appuie sur le bras du fauteuil ; la tête est nue et tournée vers l'épaule gauche. Le visage exprime la réflexion.

Le piédestal de la statue porte les inscriptions suivantes sur trois de ses faces.

Face antérieure :

A
F. J. V. BROUSSAIS
FONDATEUR
DE LA MÉDECINE PHYSIOLOGIQUE
MÉDECIN EN CHEF — PREMIER PROFESSEUR
DE L'HOPITAL MILITAIRE DU VAL-DE-GRACE
MEMBRE DU CONSEIL DE SANTÉ DES ARMÉES
PROFESSEUR
DE LA FACULTÉ DE MÉDECINE DE PARIS
MEMBRE DE L'INSTITUT DE FRANCE
COMMANDEUR DE LA LÉGION D'HONNEUR
NÉ A SAINT-MALO LE 17 DÉCEMBRE 1772
DÉCÉDÉ A PARIS LE 17 NOVEMBRE 1838
SES AMIS, SES ÉLÈVES
ET LES ADMIRATEURS DE SON GÉNIE.

Face de gauche :

HISTOIRE
DES PHLEGMASIES CHRONIQUES
EXAMEN
DES DOCTRINES MÉDICALES
ANNALES
DE LA MÉDECINE PHYSIOLOGIQUE
TRAITÉ
DE PHYSIOLOGIE
DE PATHOLOGIE ET DE THÉRAPEUTIQUE
DE L'IRRITATION ET DE LA FOLIE
COURS
DE PHRÉNOLOGIE.

Façade de droite :

« Formez un tableau aussi vrai qu'animé du malheureux livré aux angoisses de la douleur; débrouillez-moi, par une savante analyse, les cris souvent confus des organes souffrants; faites-moi connaître leurs influences réciproques; dirigez habilement mon attention vers le douloureux mobile du désordre universel qui frappe mes sens, afin que j'aille y porter avec sécurité le baume consolateur qui doit terminer cette scène déchirante ; alors j'avouerai que vous êtes un homme de génie. »

(*Examen*, préface, 1816, page 8.)

La statue est signée, à gauche sur le socle : T. Bra. 1840.

Ce monument a été inauguré le 21 août 1841.

FAÇADES.

FAÇADE PRINCIPALE.
(Cour d'honneur.)

De chaque côté du péristyle sont placées dans deux niches deux figures.

A gauche :

Sainte Scholastique. — Statue. — Pierre. — H. 2^m,45. — Par Devaulx (François-Théodore).

En costume de religieuse; long voile tombant sur les épaules; elle tient une crosse d'abbesse dans la main droite, une croix dans la main gauche qui est appuyée sur la poitrine.

Signé à gauche, sur le socle : Devaulx 1866.

A droite :

Saint Benoît. — Statue. — Pierre. — H. 2^m,53. — Par Devaulx (François-Théodore).

Debout, tête nue, tournée vers l'épaule droite; en costume de son ordre; il tient une crosse d'abbé de la main gauche, et de la droite il presse sur sa poitrine un livre fermé.

Signé à droite, sur le socle : Devaulx 1866.

Ces deux statues remplacent deux figures en marbre, primitivement exécutées par Anguier (François), qui ont été détruites.

Dans le fronton au-dessus du péristyle, étaient sculptées, dans l'origine, à la place du cadran actuel, les armes de France et d'Espagne. Il existe encore dans les angles deux figures qui leur servaient de support.

Anges couchés. — Statues. — Pierre. — Longueur des figures, environ 2^m,50.

— Par Anguier (François) ou Regnaudin (Thomas).

Germain Brice, dans sa *Description de la Ville de Paris* (Paris, 1706, 2 vol. in-12, t. II, p. 168), s'exprime ainsi : « Un second ordre s'élève avec de grandes consoles aux deux extrémités, dans le fronton duquel on a placé les armes de France et d'Espagne sur un cœur soutenu par des Anges, le tout exécuté par Renaudin. » Mais, d'autre part, Guillet de Saint-Georges, dont l'autorité est assurément supérieure à celle de Germain Brice, écrit dans son *Mémoire historique sur les ouvrages de M. Buyster*, lu à l'Académie le 7 octobre 1690 : « Dans la façade au-dessus de la porte, M. Buyster a fait deux petites figures d'Anges... Les deux autres figures d'Anges qui tiennent les armes de la Reine dans le fronton du second ordre qui est composite, sont de M. Anguier l'aîné, frère de l'académicien. » (*Mémoires inédits sur la vie et les ouvrages des membres de l'Académie royale de Peinture et de Sculpture*, Paris, 1854, t. I, p. 286.)

FAÇADE POSTÉRIEURE.
(Côté des jardins.)

Les deux angles extérieurs de la chapelle du Saint-Sacrement sont couronnés par deux groupes :

Anges adultes. — Groupes. — Pierre. — H. 2^m,15. — L. environ 2^m. — Par Anguier (François).

Chacun de ces groupes comporte quatre figures dans des attitudes diverses. Ces sculptures ont été restaurées.

DOME.

Au bas de la coupole sont placées seize figures :

Anges enfants. — Statues. — Pierre. — H. 3^m. — Par Anguier (François).

Debout, ces anges supportent des pots à feu.

INTÉRIEUR.

Il se compose d'une nef, accompagnée de chapelles latérales, au nombre de trois de chaque côté; d'une partie centrale surmontée d'une vaste coupole, et de trois chapelles, l'une, à gauche, dédiée à *Sainte Anne*, la seconde, à droite, dédiée à *Saint Louis*, et la troisième, au fond, au delà de la coupole, dite chapelle du *Saint-Sacrement*, à laquelle on n'accède que par de petites galeries adossées au monument qu'elles enveloppent. La nef et ces trois chapelles forment une croix latine. Quatre petites salles de forme ovale existent entre les bras de la croix. L'une d'elles, servant de chapelle, a conservé le nom d'*Oratoire de la Reine*.

NEF.

Les arcades de la nef ouvrant sur les chapelles sont décorées, chacune, de deux figures placées dans les tympans.

COTÉ GAUCHE.

Première arcade :

La Tempérance, la Force. — Bas-relief. — Pierre. — H. 5^m. — L. environ 3^m,50. — Par ANGUIER (MICHEL).

La Tempérance, ayant une bride dans la main droite, tient horizontalement un vase plein dans la main gauche.

La Force, coiffée d'un casque, la main droite appuyée sur une massue, a devant elle un fût de colonne, surmonté d'une peau de lion.

A la clef de l'arc, une branche de chêne et une branche d'olivier.

Deuxième arcade :

La Religion, la Dévotion. — Bas-relief. — Pierre. — H. 5^m. — L. environ 3^m,50. — Par ANGUIER (MICHEL).

La Religion, la main gauche appuyée sur l'Évangile, tient une palme de la main droite. Au fond, un temple avec frontispice orné de quatre colonnes.

La Dévotion est représentée sous la forme d'une figure ailée, en prière, les mains jointes; elle a sur les genoux un livre ouvert, avec un cœur enflammé.

A la clef de l'arc, deux branches de laurier.

Troisième arcade :

La Foi, la Charité. — Bas-relief. — Pierre. — H. 5^a. — L. environ 3^m,50. — Par ANGUIER (MICHEL).

Couronnée de roses, la main droite appuyée sur les Tables de la Loi, la main gauche sur un livre, la Foi porte un flambeau et foule aux pieds une tête de monstre symbolisant l'Erreur.

La Charité donne le sein à un enfant nu, et tient un cœur dans la main gauche. Un autre enfant, debout, s'approche d'elle.

A la clef de l'arc, une branche de chêne et une branche d'olivier.

COTÉ DROIT.

Première arcade :

La Prudence, la Justice. — Bas-relief. — Pierre. — H. 5^a. — L. environ 3^m,50. — Par ANGUIER (MICHEL).

La Prudence, la tête enveloppée de draperies, tient une tête de mort dans la main droite levée à la hauteur de l'épaule. Un miroir posé dans sa main gauche réfléchit les deux têtes.

La Justice, couronnée d'un diadème, tient des balances dans la main gauche, et un cœur dans la main droite.

A la clef de l'arc, une branche de chêne et une branche d'olivier.

Deuxième arcade :

La Bonté, la Bénignité. — Bas-relief. — Pierre. — H. 5^m. — L. environ 3^m,50. — Par ANGUIER (MICHEL).

La Bonté a les deux bras ouverts; sur ses genoux pose un pélican se déchirant les entrailles pour nourrir ses petits.

La Bénignité se presse le sein de la main droite, et tient une étoile dans la main gauche. De grandes draperies flottent au-dessus de l'épaule gauche. Devant elle un trépied enflammé, surmonté d'étoiles.

Sur la clef de l'arc, deux branches de laurier.

Troisième arcade :

L'Humilité, la Virginité. — Bas-relief. — Pierre. — H. 5^m. — L. environ 3^m,50. — Par ANGUIER (MICHEL).

L'Humilité repousse un ange lui présentant des couronnes. Elle foule aux pieds un diadème et un sceptre renoué de bandelettes.

La Virginité tient un bouquet de lys dans la main droite. Devant elle est un trépied enflammé, surmonté d'étoiles. A ses pieds est un agneau.

Sur la clef de l'arc, une branche de chêne et une branche d'olivier.

VOUTE.

La voûte en berceau est divisée en trois travées, séparées par des arcs doubleaux.

Dans chaque travée est un grand panneau rectangulaire qui occupe le milieu ; de chaque côté sont deux médaillons circulaires accostés, chacun, de deux petits panneaux rectangulaires.

Première travée :

PANNEAU CENTRAL.

Ange adulte. — Bas-relief. — Pierre. — H. 2^m,20. — L. 1^m,30. — Par ANGUIER (MICHEL).

En pied, debout, le torse nu, les jambes enveloppées d'une draperie, il regarde vers sa gauche. La main droite est relevée au-dessus de la tête ; la main gauche retient une banderole sur laquelle est une inscription en langue hébraïque.

MÉDAILLONS CIRCULAIRES.

A gauche du panneau central :

Sainte Anne. — Bas-relief. — Pierre. — Diam. 1^m,70. — Par Anguier (Michel).

En buste, de profil, la tête tournée vers l'autel. Indication de vêtement.

A droite du panneau central :

Saint Joachim. — Bas-relief. — Pierre. — Diam. 1^m,70. — Par Anguier (Michel).

En buste, regardant l'autel, la tête enveloppée d'une ample draperie qui retombe sur la poitrine. Grande barbe.

PETITS PANNEAUX.

Anges portant des candélabres. — Bas-relief. — Pierre. — H. 2^m,18. — L. 0^m,82. — Par Anguier (Michel).

Dans les deux panneaux dont le médaillon de sainte Anne est accosté, les Anges sont représentés un genou en terre, et sont drapés.

Dans les deux panneaux correspondants, autour de saint Joachim, les anges sont demi-nus et debout.

Aux quatre angles ménagés dans la voussure autour des médaillons de sainte Anne et de saint Joachim, est une tête d'ange ailée.

PÉNÉTRATIONS DES FENÊTRES.

Anges volant. — Bas-relief. — Pierre. — H. 3^m. — L. 1^m. — Par Anguier (Michel).

A gauche, petit ange volant vers l'autel, le corps entièrement nu ; il est vu de profil et tient une couronne. Une draperie flottante, enroulée autour du bras gauche, passe sur la partie inférieure du corps.

A droite, petit ange nu volant vers l'autel. Il est vu de profil, et tient dans ses mains une couronne et une palme.

Deuxième travée :

PANNEAU CENTRAL.

Ange adulte. — Bas-relief. — Pierre. — H. 2^m,20. — L. 1^m,30. — Par Anguier (Michel).

En pied, debout, la partie droite du corps découverte, il tient de ses deux mains une banderole sur laquelle est gravée une inscription en langue hébraïque.

MÉDAILLONS CIRCULAIRES.

A gauche du panneau central :

Saint Joseph. — Bas-relief. — Pierre. — Diam. 1^m,70. — Par Anguier (Michel).

En buste, la tête découverte, tournée vers l'autel. Indication de vêtement.

A droite du panneau central :

La Sainte Vierge. — Bas-relief. — Pierre. — Diam. 1^m,70. — Par Anguier (Michel).

En buste, un léger voile sur les cheveux ; corsage montant.

PETITS PANNEAUX.

Anges portant des candélabres. — Bas-relief. — Pierre. — H. 2^m,18. — L. 0^m,82. — Par Anguier (Michel).

Dans les deux panneaux sculptés de chaque côté du médaillon de saint Joseph, les Anges sont debout et nus.

Dans les deux panneaux correspondants, de chaque côté de la Sainte Vierge, les Anges, drapés, ont le genou en terre.

Aux quatre angles ménagés dans la voussure, autour des médaillons, des têtes d'anges ailées.

PÉNÉTRATIONS DES FENÊTRES.

Anges volant. — Bas-relief. — Pierre. — H. 3^m. — L. 1^m. — Par Anguier (Michel).

A gauche, petit ange, nu, vu de profil, volant vers la porte de l'église ; il tient sur son épaule droite un sceptre, et dans sa main gauche une couronne.

A droite, petit ange, nu, vu de face, volant vers l'autel, et portant dans ses mains des fleurs et une couronne.

Troisième travée :

PANNEAU CENTRAL.

Ange adulte. — Bas-relief. — Pierre. — H. 2^m,20. — L. 1^m,30. — Par Anguier (Michel).

En pied, debout, volant ; le haut du corps nu ; la main droite levée au-dessus de la tête fait flotter une banderole sur laquelle est une inscription en langue hébraïque.

MÉDAILLONS CIRCULAIRES.

A gauche du panneau central :

Sainte Élisabeth. — Bas-relief. — Pierre. — Diam. 1^m,70. — Par Anguier (Michel).

En buste, vue de profil, le visage vieilli, le front enveloppé d'un voile dont les extrémités couvrent la gorge et le haut de la poitrine.

A droite du panneau central :

Saint Zacharie. — Bas-relief. — Pierre. — Diam. 1^m,70. — Par Anguier (Michel).

En buste, la tête nue ; front chauve ; longs cheveux sur les tempes ; grande barbe ; les épaules drapées.

Tous les personnages représentés dans les médaillons ont la tête dirigée vers l'autel, à l'exception de sainte Élisabeth et de saint Zacharie, dont le regard est tourné vers la porte de l'église.

PETITS PANNEAUX.

Anges portant des candélabres. — Pierre. — H. 2ᵐ,18. — L. 0ᵐ,82. — Par Anguier (Michel).

Dans les deux panneaux dont le médaillon de sainte Élisabeth est accosté, les anges sont représentés un genou en terre et drapés.

Dans les deux panneaux correspondants, de chaque côté de saint Zacharie, les anges sont debout et nus.

Aux quatre angles ménagés dans la voussure, têtes d'anges ailées.

PÉNÉTRATIONS DES FENÊTRES.

Anges volant. — Bas-relief. — Pierre. — H.3ᵐ. — L.1ᵐ. — Par Anguier (Michel).

A gauche, petit ange, nu, volant vers la porte de l'église, le corps vu de profil; dans la main droite, il tient une couronne; de l'autre, une palme.

A droite, petit ange, volant également vers la porte; il tient des deux mains une grande couronne, et tourne la tête sur l'épaule droite.

CHŒUR.

En entrant dans le chœur, qui est élevé de quelques degrés au-dessus de la nef, on trouve à gauche la chaire, travail moderne.

Sur le pilier de droite :

La France, appuyée par la Religion, consacrant à Notre-Dame de Gloire des drapeaux pris sur l'ennemi. — Toile. — H. 2ᵐ,50. — L. 1ᵐ,43. — Par Perrin (Jean-Charles-Nicaise).

La France, sous les traits d'une jeune femme, la tête couronnée, drapée d'hermine et vêtue d'un manteau de velours bleu semé d'abeilles, s'agenouille en inclinant un drapeau étranger devant la Vierge, qui est portée sur des nuages et entourée d'anges. A la droite de la France, la Religion, debout, enveloppée de longs voiles et soutenant une croix de la main gauche, baisse la tête avec respect. Les anges placés dans les airs agitent des palmes. Au fond, à gauche, dans un demi-jour, le panorama de Notre-Dame de Paris et de la Cité.

Ce tableau, non signé, a été commandé par Napoléon Iᵉʳ pour décorer le maître-autel de la chapelle de l'Empereur aux Tuileries. A une date que nous ignorons, il a pris place dans la chapelle de l'École militaire, et lors de l'abandon de cette chapelle, transformée en bibliothèque, cette peinture a été placée au Val-de-Grâce.

Salon de 1806 (n° 415).

Le chœur est surmonté d'une coupole supportée par quatre pendentifs.

Dans chacun d'eux un grand médaillon circulaire.

Premier pendentif, à la gauche du spectateur regardant l'autel :

Saint Marc. — Bas-relief. — Pierre. — Diam. 3ᵐ,50. — Par Anguier (Michel).

Il est assis, largement drapé; la tête est dirigée vers l'épaule droite; il trace les caractères de l'Évangile; ses pieds sont appuyés sur le Lion.

Deuxième pendentif, à gauche :

Saint Jean. — Bas-relief. — Pierre. — Diam. 3ᵐ,50. — Par Anguier (Michel).

Assis, il ouvre de la main gauche le livre placé sur un lutrin au bas duquel est l'Aigle symbolique. L'évangéliste tient la plume dans la main droite. La jambe gauche est relevée sur le genou droit.

Troisième pendentif, à droite :

Saint Luc. — Bas-relief. — Pierre. — Diam. 3ᵐ,50. — Par Anguier (Michel).

Assis devant un chevalet, le haut du corps demi-nu, la tête tournée vers l'épaule gauche, il dessine le portrait de la Sainte Vierge. Il porte une longue chevelure et une forte barbe.

Quatrième pendentif, à droite :

Saint Matthieu. — Bas-relief. — Pierre. — Diam. 3ᵐ,50. — Par Anguier (Michel).

Saint Matthieu, assis, est appuyé du bras gauche sur des textes, et il écrit sur un livre ouvert devant lui.

Au-dessus de chacune de ces médailles sont sculptées deux têtes d'anges en bas-relief.

Au-dessous des médaillons sont représentées alternativement :

Les Armoiries de la Reine et les Armoiries d'Espagne, supportées par deux Génies ailés et surmontées de la couronne royale. — Bas-relief. — Pierre de Tonnerre, rapportée. — H. 2ᵐ,30. — L. 2ᵐ,50. — Par Anguier (Michel).

Sur les côtés de chacun des médaillons, vers le haut :

Anges portant des phylactères et des trompettes. — Bas-relief. — Pierre. — H. 2ᵐ,20. — L. 2ᵐ,50. — Par Anguier (Michel).

Il y a deux figures d'anges sur chacun des côtés.

COUPOLE.

L'Ancien et le Nouveau Testament. — Peinture murale. — Diam. 16ᵐ,40. — Par Mignard (Pierre).

Une description assez exacte du sujet qu'elle contient ayant été faite par Hurtaut, dans son *Dictionnaire historique de la ville de Paris*, 1779, tome I, page 121, nous la reproduisons ici :

« L'Agneau immolé, environné d'anges
« prosternés, et le chandelier à sept branches
« attirent les premiers regards des specta-
« teurs. On lit au-dessous de l'Agneau ces pa-
« roles du premier chapitre de l'Apocalypse :

« FUI MORTUUS, ECCE SUM VIVENS.

« Plus haut est un ange qui porte le Livre
« scellé des sept sceaux, dont il est parlé dans
« l'Apocalypse. La Croix, le mystère et le
« signe de notre Salut, est vue dans les airs,
« portée et soutenue par cinq anges. Dans
« le centre, est un trône de nuées, sur le-
« quel sont les trois personnes de la Trinité.
« On voit dans le Père son éternité, sa puis-
« sance infinie et sa majesté. Sa main droite
« est étendue, et, de la gauche, il tient le globe
« du monde. Le Fils, toujours occupé du salut
« des hommes, présente à son Père les élus
« qu'il lui a donnés, et fait parler pour eux le
« sang qu'il a répandu. Le Saint-Esprit, sous
« la figure d'une colombe, est au-dessus du
« Père et du Fils. Un cercle de lumière les
« environne et éclaire tout ce tableau. Les
« chœurs des anges, groupés dans cette lu-
« mière, composent le premier ordre de la
« Cour céleste. Une infinité de chérubins
« entoure la Divinité; mais les plus proches
« du trône, n'en pouvant supporter l'éclat, se
« couvrent de leurs ailes; d'autres, plus éloi-
« gnés, forment des concerts.

« La Sainte Vierge est à genoux, auprès
« de la croix; elle est accompagnée de la
« Madeleine et des autres saintes femmes qui
« assistèrent à la mort et à la sépulture de
« Jésus-Christ. Saint Jean-Baptiste, tenant la
« croix qui le désigne ordinairement, est de
« l'autre côté.

« A droite de l'Agneau, sont saint Jérôme
« et saint Ambroise; à gauche, saint Augustin
« et le pape saint Grégoire. A droite, on voit
« aussi saint Louis et sainte Anne, conduisant
« la reine Anne d'Autriche, qui dépose sa
« couronne aux pieds du Roi des rois, et lui
« présente le temple qu'elle vient d'élever à
« sa gloire.

« L'inscription en lettres de bronze doré,
« qui est à la frise du dedans de ce dôme, fait
« allusion à cette action; elle est conçue en
« ces termes :

« ANNA AUSTRIACA D. G. FRANCORUM REGINA,
« REGNIQUE RECTRIX, CUI SUBJECIT DEUS OMNES
« HOSTES UT CONDERET DOMUM IN NOMINE SUO.

« Un groupe de nuées sépare saint Augustin
« et saint Grégoire des apôtres et des saints
« que l'Eglise honore comme confesseurs.
« Saint Benoît, Père des moines d'Occident,
« et dont les religieuses de cette abbaye sui-
« vent la règle, occupe ici une place distin-
« guée. Un nombre infini de martyrs se pré-
« sente ensuite. Plus bas sont les fondateurs
« d'ordres; sous les martyrs, on lit ces mots :

« LAVERUNT STOLAS SUAS IN SANGUINE AGNI.
« (*Apoc.*, VII, 14.)

« Moïse, Aaron, David, Abraham, Josué,
« Jonas et quelques autres saints de l'Ancien
« Testament, occupent le bas du tableau. Les
« Anges qui emportent l'Arche d'alliance,
« nous apprennent par cette action que l'an-
« cienne Loi a fait place à la Loi de grâce, et
« qu'on ne peut plus mériter le ciel que par
« le sang de l'Agneau. *Salus Deo nostro et
« Agno.* (*Apoc.*, VII, 10.)

« Les Vierges viennent ensuite et rem-
« plissent ce qui reste de place. Ce passage
« de l'Apocalypse nous fait connaître qu'elles
« sont occupées à suivre partout l'Agneau.
« *Sequuntur Agnum quocumque ierit.* (*Apoc.*,
« XIV, 4.)

« Une foule d'Esprits célestes, répandus
« dans différents endroits, sont occupés, ou
« à présenter des palmes aux Vierges ou aux
« Martyrs, ou à faire fumer l'encens en l'hon-
« neur du Très-Haut. Enfin, au bas est une
« inscription qui convient à tout le tableau et
« qui est tirée du Psaume 149.

« *Sic exultant Sancti in gloria. Sic lætan-
« tur in cubilibus suis.* »

BALDAQUIN.

Un riche baldaquin, supporté par six colonnes torses, domine le maître-autel. Ces colonnes, d'ordre composite, sont en marbre de Barbançon, noir, veiné de blanc, et Germain Brice, en les signalant au lecteur, ajoutait : « Ce sont les seules qu'il y ait en France de cette sorte ; la dépense a monté à dix mille francs la pièce. » Posées sur des piédestaux en marbre, les colonnes du baldaquin sont décorées de palmes et de rinceaux en bronze doré. Les piédestaux portent sur un empattement elliptique d'une hauteur d'un mètre environ. La calotte du baldaquin est formée de six grandes courbes reliées entre elles par un plafond que surmonte un amortissement de six consoles servant de support à une croix posée sur un globe. Chaque courbe prend son point d'appui sur l'entablement d'une colonne avec des soubassements en marbre sur lesquels se trouvent des anges encenseurs. Des festons de palmes sont également fixés à ces entablements et servent de support aux petits anges qui tiennent dans leurs mains des phylactères. Les figures d'anges et le baldaquin proprement dit sont dorés d'or bruni ; les parties métalliques des piédestaux, les bases des chapiteaux, les modillons, les ornements du soffite et du plafond de la corniche sont dorés d'or mat.

Germain Brice nous apprend que « l'autel et tous ses accompagnements sont du dessin de Gabriel Le Duc, architecte. Anguier a donné les dessins de tous les ornements et les a modelés lui-même avec un extrême soin. » Le renseignement ne laisse pas que d'être précieux ; cependant nous n'inscrirons sous le nom d'Anguier (Michel) dans les lignes qui vont suivre que les seuls ouvrages qui nous sont indiqués par Guillet de Saint-Georges ou Caylus comme ayant été sculptés par cet artiste.

Au-dessus des colonnes du baldaquin :

Quatre Figures d'anges adultes encenseurs. — Ronde bosse. — Bois doré. — H. 2^m,50. — Par Anguier (Michel).

Guillet de Saint-Georges est très-explicite au sujet de ces figures d'anges encenseurs. « M. Anguier, dit-il, a fait au même autel (celui de l'église du Val-de-Grâce) quatre figures d'anges dorés, qui ont chacune sept pieds de haut et qui tiennent à la main des encensoirs pour jeter des parfums..... Ces figures sont posées au-dessus des quatre colonnes torses élevées de part et d'autre de la crèche. » (*Mémoires inédits*, etc., t. I, p. 443.) Caylus (même volume, p. 459), dans sa notice sur Michel Anguier et Thomas Regnaudin, confirme le témoignage de Guillet de Saint-Georges.

A la couronne, ou faisceau de roseaux, en bronze, posée sur les entablements de l'ordre, sont suspendues :

Huit Figures d'anges, enfants, tenant des phylactères. — Ronde bosse. — Bois doré. — H. 1^m,30. — Auteur inconnu.

Sur les phylactères est inscrit le *Gloria in excelsis Deo.*

MAÎTRE-AUTEL.

Sur le maître-autel :

La Nativité. — Groupe. — Marbre. — H. 1^m,40. — L. 3^m,60. — Par MM. Lequien (Justin-Marie), Desprey (Louis) et Denis (Clément), 1869-1871. — D'après Anguier (Michel).

A gauche, la Vierge, entièrement drapée, un voile sur les cheveux, les mains croisées sur la poitrine, s'est agenouillée devant l'Enfant Jésus, nu, couché, les bras ouverts. Il repose sur une draperie de marbre dont les plis débordent sur la face antérieure du tabernacle placé au-dessous de cette figure. A droite, saint Joseph, debout, faisant un geste de surprise, semble s'approcher de l'Enfant avec respect et paraît prêt à fléchir le genou. Le saint porte une barbe abondante, de longs cheveux, et il est drapé avec ampleur.

La figure de la Sainte Vierge est de M. Lequien, celle de saint Joseph de M. Desprey, et celle de l'Enfant Jésus de M. Clément Denis ; elles ont été copiées d'après le groupe de Michel Anguier, actuellement dans l'église de Saint-Roch, à Paris.

Le groupe original est parfois attribué à François Anguier. C'est un tort. Guillet de Saint-Georges (*loc. cit.*, p. 443), Caylus (p. 449), Germain Brice (édition de 1706, t. II, p. 171) disent formellement que ce groupe est de Michel Anguier. Germain Brice ajoute que les trois personnages de cette composition « sont des plus beaux ouvrages d'Anguier le jeune ».

L'arrêté de commande du groupe du Val-de-Grâce porte la date du 25 décembre 1869. Une somme de 11,000 francs fut allouée à M. Lequien, qui termina ce travail en 1871. Pareille somme fut attribuée à M. Desprey, et M. Denis reçut 2,200 francs. Le travail fut livré en 1870.

Ajoutons que ce groupe dut être commandé parce que la fabrique de Saint-Roch, qui avait reçu de Napoléon Ier l'œuvre originale d'Anguier, s'est refusée à la restituer au Val-de-Grâce.

Sur le devant de l'autel :

La Mise au tombeau. — Bas-relief. — Bronze doré. — H. 1^m,97. — L. 0^m,72. — Surmoulé sur celui du maître-autel de la cathédrale de Séez, par M. Poussielgue, orfèvre, et fondu en 1868.

La composition comporte six figures : le Christ soutenu par Simon, saint Jean, les saintes femmes.

Ce travail remplace un bas-relief représentant le même sujet qui avait été fondu au dix-huitième siècle, d'après un modèle en terre de Michel Anguier. (Caylus, *loc. cit.*, p. 459.) Transporté au musée des Petits-Augustins par les soins d'Alexandre Lenoir, le 24 brumaire an II (14 novembre 1793), ce bas-relief a reçu une destination qui ne nous est pas connue. (Voy. *Archives du Musée des Monuments français*, première partie, p. 13.)

Au-dessus de l'édicule formant l'exposition :

Deux Figurines d'anges. — Bronze doré. — H. 0m,45. — Par M. CAMBOS (JULES), fondues par M. POUSSIELGUE.

Elles sont demi-couchées sur l'archivolte de la calotte et supportent la couronne royale.

Trois chapelles rayonnantes placées autour du chœur donnent à l'église du Val-de-Grâce la forme d'une croix latine. Ce sont, à gauche, la chapelle Sainte-Anne ; à droite, la chapelle Saint-Louis ; au fond, la chapelle du Saint-Sacrement.

CHAPELLE DE SAINTE-ANNE.

Tympan de l'entrée de la chapelle :

La Miséricorde, l'Obéissance. — Bas-relief. — Pierre. — H. 3m. — L. 3m. — Par ANGUIER (MICHEL).

La Miséricorde, les bras étendus, semble implorer l'assistance divine.

L'Obéissance tient un faisceau de lances sur l'épaule gauche, des épis dans la main droite.

Quatre grandes archivoltes divisées en neuf caissons décorent les arcs qui supportent la voûte. Au centre, un grand médaillon.

Archivolte de l'arc d'entrée :

Allégorie. — Pierre. — Hauteur de chaque caisson : environ 0m,70. — L., environ 0m,75. — Par ANGUIER (MICHEL).

Dans le soffite, le Cœur brûlant sur un brûle-parfums ; les Vases vides et les Vases pleins ; l'Autel, au milieu du pain et du vin ; la Cassolette ; le Saint-Esprit ; l'Encensoir, le Calice et l'Hostie ; le Livre et les Chandeliers ; les Vases vides et les Vases pleins ; le Cœur brûlant sur un brûle-parfums.

Archivolte de gauche (ou côté ouest) :

Allégorie. — Pierre. — Hauteur de chaque caisson : environ 0m,70. — L., environ 0m,70. — Par ANGUIER (MICHEL).

Le Cube, le Voile blanc sur deux mains croisées ; deux Cœurs joints ensemble ; le Mûrier ; deux Cornes d'abondance ; le Joug avec le mot *suave* ; l'Hysope ; le Pin ; le Saule.

Archivolte du fond (côté nord) :

Allégorie. — Pierre. — Hauteur de chaque caisson : environ 0m,70. — L., environ 0m,75. — Par ANGUIER (MICHEL).

Le Livre ouvert avec une flamme dessus, entouré de branches de chêne ; la Vigne ; une Couronne enfermant deux branches d'olivier ; deux Couronnes de myrte ; le Pélican qui se déchire les entrailles ; deux Couronnes de roses ; un Trousseau de clefs ; l'Enclume et le Marteau entourés d'une chaîne ; l'Anneau enfermant deux palmes.

Archivolte à droite (ou côté est) :

Allégorie. — Pierre. — Hauteur de chaque caisson : environ 0m,70. — L., environ 0m,70. — Par ANGUIER (MICHEL).

La Corne d'abondance ; le Figuier ; le Grenadier et la Myrrhe ; les Tourterelles ; deux Mains jointes ; le Pêcher ; l'Amandier ; le Cyprès ; le Peuplier. Ces symboles se rattachent à la vie de sainte Anne et de saint Joachim.

Dans le grand médaillon du centre de la voûte ovale :

Ange. — Bas-relief. — Pierre. — H. 5m,20. — L. 4m,50. — Par ANGUIER (MICHEL).

Il porte les ailes éployées ; il est enveloppé de draperies, une grande palme est dans la main gauche ; de la droite il tient le portrait de sainte Anne, au-dessus duquel un ange, enfant, tient une couronne et une palme.

Au fond de la chapelle, sur l'autel :

Glorification de saint Vincent de Paul. — Toile cintrée par le haut. — H. 3m,50. — L. 2m,56. — Par LAMOTHE (LOUIS).

Saint Vincent de Paul, en pied, debout sur des nuages, en soutane et en surplis, est entouré de deux anges agenouillés. A ses pieds, quatre enfants nus, les mains tendues vers lui.

Signé à droite, au bas de la composition : L. LAMOTHE.

CHAPELLE DE SAINT-LOUIS.

Tympan de la chapelle Saint-Louis :

La Simplicité, l'Innocence. — Bas-relief. — Pierre. — H. 3m. — L. 3m. — Par ANGUIER (MICHEL).

La Simplicité, drapée de voiles très-amples, présente une colombe de la main gauche.

L'Innocence, un coussin sur les genoux, les mains posées au-dessus, reçoit l'eau que lui verse un ange pour la purifier des souillures de la terre. Derrière elle, un agneau.

Soffite de l'arcade d'entrée :

Allégorie. — Pierre. — Hauteur de chaque caisson, environ 0m,70. — L., environ 0m,75. — Par ANGUIER (MICHEL).

Le Coq ; l'Olivier ; le Pêcher ; les Trompettes ; l'Agneau ; une Trompette et une selle avec ses houppes ; les Tourterelles et le Lys ; la Cigogne et les Agneaux.

La voûte est sans ornement, et cette chapelle ne renferme aucune œuvre d'art.

CHAPELLE DU SAINT-SACREMENT.

Tympan de la chapelle du Saint-Sacrement :
La Pauvreté, la Patience. — Bas-relief. — Pierre. — H. 3ᵐ. — L. 3ᵐ. — Par ANGUIER (MICHEL).

La Pauvreté, une besace sur l'épaule gauche, repousse de la main droite un vase de prix et des monnaies.

La Patience, les deux mains jointes, appuyées sur une branche d'olivier, jette les regards sur des rayons lumineux qui lui rappellent les récompenses éternelles.

Dans les pendentifs de la coupole sont représentés :

Les Quatre grands Docteurs de l'Église. — Bas-reliefs. — Pierre. — Hauteur de chaque figure : H. 2ᵐ,30. — L. 2ᵐ. — Auteur inconnu.

Nous savons par Guillet de Saint-Georges (*Mémoires*, t. I, p. 286) que BUYSTER fut employé à une partie de la sculpture de l'église du Val-de-Grâce. Convient-il de lui attribuer ces figures de Docteurs, qui ne paraissent pas être de la main de MICHEL ANGUIER?

Saint Augustin, revêtu d'une chape, est assis dans un fauteuil très-orné à dossier élevé; il s'appuie sur une table-pupitre, et est penché sur le livre où il écrit. Au-dessus de lui, une tablette chargée de livres et un sablier.

Saint Grégoire, assis, portant une chape, une plume dans la main droite, est occupé à écrire; il se retourne pour consulter des manuscrits accumulés en désordre sur une table. Les bras du fauteuil dans lequel le saint est assis sont terminés par des têtes de lion.

Saint Jérôme, assis dans une grotte, la tête nue, renversée sur l'épaule gauche; une main posée sur le cœur, l'autre appuie sur un livre ouvert. Il porte une longue barbe et est vêtu d'une tunique aux larges plis. Il se retourne vers les rayons qui pénètrent dans la grotte. A ses pieds, un lion.

Saint Ambroise, en costume épiscopal, assis, les bras étendus, ouvre les Livres saints, qu'il paraît consulter. La main droite tient une plume, et le saint se dispose à écrire.

Ils sont accompagnés d'intéressants objets mobiliers, tels que tables, pupitres, sièges, etc.

Sur la voûte en calotte de la niche absidale :

Le Christ présentant la sainte Hostie à l'adoration des Anges qui l'entourent. — Peinture murale à l'huile. — Diam. 4ᵐ,80. — Par CHAMPAIGNE (PHILIPPE DE), qui aurait été aidé dans ce travail par CHAMPAIGNE (JEAN-BAPTISTE DE).

Au centre, le Christ, drapé de bleu, porte aux mains les stigmates. Il est entouré de neuf figures d'anges, de grandeur naturelle, et de vingt-cinq têtes d'anges ailées.

ORATOIRE DE LA REINE.

Il existe dans cette petite chapelle, située à droite du maître-autel, entre la chapelle Saint-Louis et la chapelle du Saint-Sacrement, six peintures murales représentant des *Fabriques* et des *Paysages*, sans signature; elles pourraient être attribuées à l'ami intime de MIGNARD, DU FRESNOY, qui, on le sait, ne le quitta guère pendant l'exécution de son travail au Val-de-Grâce et l'aida de ses conseils. Ces peintures sont détériorées.

SACRISTIE.

On y conserve un calice en or du temps de Louis XVI, dans lequel ont été ajustées des parties plus anciennes qui doivent dater du siècle de Louis XIV. — H. 0ᵐ,34. — Diam. du pied : 0ᵐ,175.

PAVILLON D'ANNE D'AUTRICHE.

A l'angle nord-est du cloître est situé le pavillon qu'habitait Anne d'Autriche, pendant ses fréquentes visites à l'abbaye. La première pierre en fut posée le 27 avril 1655, par Philippe de France, duc d'Orléans, frère du Roi. Au rez-de-chaussée de ce pavillon se trouve une grande pièce dite *Salon de la Reine*, qui n'a été, sans doute, qu'un salon-vestibule, l'habitation proprement dite ayant dû être au premier étage. Elle a été restaurée, en 1868, par le génie militaire, et meublée par le mobilier de la couronne, sur les dessins de M. V. RUPRICH-ROBERT.

Il s'y trouve un portrait :

La Reine mère. — Toile. — H. 1ᵐ,14. — L. 1ᵐ,12. — Par madame ROUSSEL, d'après l'un des portraits de la Reine mère placés au Musée de Versailles.

La tête nue, le corsage couvert de pierreries, la main droite appuyée sur le genou, elle relève le manteau royal de la main gauche. Des gants sur la table.

CABINET DU MÉDECIN EN CHEF.

Le cabinet du médecin en chef est situé dans la partie des bâtiments où se trouve le Pavillon des Officiers.

Ce cabinet renferme :

Nicolas-René Dufriche, baron Desgenettes (1762-1837), médecin en chef du Val-de-Grâce. — Buste. — Plâtre. — H.0ᵐ,58. — Par David d'Angers (Pierre-Jean).

Ce buste, dont le modèle original est au musée David, est décrit dans l'*Inventaire*, Province, *Monuments civils*, t. III, p. 122.

François-Joseph-Victor Broussais (1772-1838), médecin en chef du Val-de-Grâce. — Buste. — Plâtre. — H. 0ᵐ,60. — Par Bra (Eustache-Marie-Joseph).

Tête nue, tournée vers l'épaule gauche; barbe. Sans indication de vêtement.

Signé à la section de l'épaule gauche :
Bra 1838.

Sur la face antérieure du socle est gravé :
broussais.

Dominique-Jean baron Larrey (1766-1842), chirurgien militaire. — Buste. — Plâtre. — H. 0ᵐ,60. — Par Elshoect (Jean-Jacques-Marie Carle Vital).

Tête nue, de face; longs cheveux bouclés sur la nuque. Sans indication de vêtement.

Signé à gauche, sur le socle : Carle Elshoect sculp. 1842.

Sur la face antérieure du socle est gravé :
Bᵒⁿ Larrey.

Une réplique de ce buste, donnée par l'auteur, appartient à M. Hippolyte, baron Larrey.

Jean-Baptiste-Louis Baudens (1804-1857), chirurgien en chef du Val-de-Grâce. — Buste. — Marbre. — H.0ᵐ,65. — Par Poitevin (Philippe).

Tête nue, de face; cheveux relevés sur le front. Sans indication de vêtement.

Signé à gauche : Philippe Poitevin.

Louis-Jacques Begin (1793-1859), professeur d'anatomie pathologique au Val-de-Grâce. — Buste. — Plâtre. — H. 0ᵐ,52. — Par Barre (Jean-Auguste).

Tête nue, de face; barbe sur les joues; cheveux abondants ramenés sur les tempes.

A la section de l'épaule gauche est écrit à l'ébauchoir en caractères romains :
a monsieur begin, auguste barre, 1835.

Sur la face antérieure du socle est gravé :
begin.

Michel Lévy (1809-1872), chirurgien militaire), médecin principal du Val-de-Grâce. — Buste. — Plâtre. — H.0ᵐ,55. — Par M. Francès (.....).

Tête nue, tournée vers l'épaule droite; front chauve; barbe sur les joues; cravate; habit ouvert; décoration.

Signé à la section de l'épaule gauche :
Francès.

Le marbre original de ce buste est l'œuvre d'Adam-Salomon. Il appartient à madame Michel Lévy.

BIBLIOTHÈQUE
DE L'ÉCOLE DE MÉDECINE DU VAL-DE-GRACE.

La bibliothèque est située dans le corps de bâtiment qui longe la rue Saint-Jacques, à droite de l'entrée principale.

Dans la bibliothèque est conservé le tableau qui suit :

Nicolas-René Dufriche, baron Desgenettes. — Toile. — H. 0ᵐ,72. — L. 0ᵐ,58. — Par Vernet (Émile-Jean-Horace).

A mi-corps, de trois quarts, à droite, tête nue, cheveux blancs en désordre; barbe sur les joues; costume de médecin militaire : frac bleu, col orné de passementeries d'or; croix de commandeur de la Légion d'honneur et décoration étrangère. Sous le bras de Desgenettes est un portefeuille sur lequel on lit :
.....n en chef. Au fond, à gauche, derrière le personnage, des tentes d'ambulance.

Signé au bas de la toile, vers le milieu :
H. Vernet.

———

On peut consulter : *État des tableaux et statues concédés en jouissance depuis le 30 mars 1814, à diverses églises*, d'après le manuscrit du Louvre, par M. L. Courajod (*Nouvelles Archives de l'art français*, 1878, p. 371 et suiv.). A la page 373, on lit :

Le Thière. — *La Résurrection de Jésus-Christ.* — Au Val-de-Grâce.

Gaillot. — *Saint Martin donne son manteau.* — Idem.

Franque. — *La Conversion de saint Paul.* — Idem.

Ces tableaux ne se trouvent plus à l'hôpital.

V. RUPRICH-ROBERT,
INSPECTEUR GÉNÉRAL DES MONUMENTS HISTORIQUES.

Paris, le 1ᵉʳ octobre 1883.

TABLE

DES NOMS MENTIONNÉS DANS LA MONOGRAPHIE.

Nota. — L'abréviation *arch.* signifie architecte; *éb.*, ébéniste; *fond.*, fondeur; *gr.*, graveur; *lith.*, lithographe; *orf.*, orfèvre; *p.*, peintre; *p. verr.*, peintre verrier; *sc.*, sculpteur.

Aaron, 10.
Abraham, 10.
Adam-Salomon, sc., 14.
Ambroise (saint), 10, 13.
Anguier (François), sc., 6, 11.
Anguier (Michel), sc., 4, 7, 8, 9, 11, 12, 13.
Anne d'Autriche, 3, 4, 10, 13.
Anne (sainte), 6, 8, 10, 12.
Archives nationales, 4.
Augustin (saint), 10, 13.
Austerlitz, 5.
Barbançon (marbre de), 10.
Barre (Jean-Auguste) sc., 14.
Baudens (Jean-Baptiste), 5, 14.
Begin (Louis-Jacques), 14.
Benoît (saint), 6, 10.
Bertrand de Beuvron (l'abbé de), 5.
Bra (Eustache-Marie-Joseph), sc., 5, 6, 14.
Brice (Germain), 6, 10, 11.
Broussais (François-Joseph-Victor), 5, 14.
Buyster, sc., 6, 13.
Cabinet des médailles, 3.
Cambos (Jules), sc., 12.
Caylus (comte de), 11.
Champaigne (Jean-Baptiste), p., 13.
Champaigne (Philippe de), p., 13.
Clément (Denis), sc., 11.
Courajod (L.), 14.
David, 10.
David d'Angers (Pierre-Jean), sc., 5, 14.
Desgenettes (Nicolas-René Dufriche, baron), 13, 14.
Desprey (Louis), sc., 11.
Devaulx (François-Théodore), sc., 6.
Durand, fond., 5.
Eck, fond., 5.
Élisabeth (sainte), 8, 9.
Elschoect (Jean-Jacques-Marie-Carle-Vital), sc., 14.
Francès (...), sc., 14.
François Iᵉʳ, 3.
Franque, p., 14.
Fresnoy (du), p., 13.

Gaillot, p., 14.
Grégoire (saint), 10, 13.
Guilhermy (baron de), 5.
Hurtaut, 10.
Jean (saint), 9, 11.
Jean-Baptiste (saint), 10.
Jérôme (saint), 10, 13.
Joachim (saint), 8, 12.
Jonas, 10.
Joseph (saint), 8, 11.
Josué, 10.
Lamothe (Louis), p., 12.
Larrey (Dominique-Jean, baron), 5, 14.
Larrey (Hippolyte, baron), 14.
Le Couteulx de la Norray (Jean-Louis), 4, 5.
Le Duc (Gabriel), arch., 4, 11.
Le Mercier (Jacques), arch., 3, 4.
Le Muet (Pierre), arch., 3.
Lenoir (Alexandre), 4, 11.
Lequien (Justin-Marie), sc., 11.
Le Tinère, p., 14.
Lévy (Michel), 14.
Lévy (madame Michel), 14.
Louis XIII, 3.
Louis XIV, 3.
Louis XV, 5.
Louis (saint), 6, 10.
Luc (saint), 9.
Madeleine (sainte), 10.
Malingre (Claude), 5.
Mansart (François), arch., 3, 4, 5.
Marc (saint), 9.
Martin (saint), 14.
Maternité (hospice de la), 4.
Matthieu (saint), 9.
Mignard (Pierre), p., 4, 10.
Moïse, 10.
Monnaie (la), 3, 4.
Napoléon Iᵉʳ, 4, 9, 11.
Notre-Dame de Crèche (Val de), 3.
Notre-Dame de Paris (église de), 9.
Orléans (Philippe de France, duc d'), 3, 13.

Paris, 3, 4, 5, 6, 10, 11.
PAUL (saint), 14.
PERRIN (Jean-Charles-Nicaise), p., 9.
Petit-Bourbon (hôtel du), 3.
Petits-Augustins (musée des), 4.
POITEVIN (Philippe), sc., 14.
POUSSIELGUE, orf., 11, 12.
REGNAULDIN (Thomas), sc., 6, 11.
ROUSSEL (madame), p., 13.
RUPRICH-ROBERT (V.), arch., 5, 13, 14.
SAINT-BENOÎT (Religieuses de l'Ordre de), 3.
SAINT-GEORGES (Guillet DE), 6, 11, 13.

Saint-Malo, 5.
Saint-Roch (église), 4, 11.
SCHOLASTIQUE (sainte), 6.
Séez (cathédrale de), 11.
SIMON, apôtre, 11.
Somo-Sierra, 5.
Tuileries (les), 9.
Val-Profond, 3.
VALOIS, 3.
VERNET (Émile-Jean-Horace), p., 14.
VINCENT DE PAUL (saint), 12.
ZACHARIE (saint), 8, 9.

PALAIS

DU

TRIBUNAL DE COMMERCE

PALAIS
DU TRIBUNAL DE COMMERCE.

Histoire. — *L'institution d'une juridiction particulière chargée de connaître des affaires commerciales remonte au seizième siècle.*

A la suite du désir exprimé par le Tiers État aux États généraux de 1550, le chancelier Michel de l'Hospital soumit, en 1563, à la signature de Charles IX, un édit créant un tribunal consulaire dans la Ville de Paris.

Établi avant la Révolution dans le cloître de Saint-Merri, derrière le chevet de l'église, le Tribunal des Juges Consuls fut transféré, en 1826, dans les salles du premier étage du palais de la Bourse.

Le développement du commerce parisien, le nombre chaque jour croissant des transactions rendirent bientôt ce local insuffisant. On dut songer alors à construire un monument spécialement affecté à la juridiction commerciale.

Le terrain choisi pour son érection fut celui qu'occupait alors le marché aux fleurs, non loin de celui où s'élevaient autrefois les églises Saint-Barthélemy et Saint-Pierre des Arcis, et, plus récemment, le théâtre des Variétés amusantes et le bal du Prado.

M. Bailly (Antoine-Nicolas), architecte, fut chargé de diriger les travaux nécessités par la construction du nouvel édifice, dont les plans, présentés par M. le baron Haussmann, préfet de la Seine, furent approuvés par l'empereur Napoléon III le 29 octobre 1858.

D'après le programme, l'architecte devait élever une coupole qui fît point de vue dans l'axe du boulevard de Sébastopol. Cette obligation lui créait une difficulté sérieuse. Il lui fallait, en effet, non-seulement tenir compte de l'irrégularité de la ligne suivant laquelle cet axe coupait le terrain désigné, mais encore donner à la coupole sa raison d'être.

Cette difficulté fut surmontée en plaçant la coupole dans l'axe de la façade qui regarde le Palais de justice, et qui est, dans le monument, la façade principale, et en faisant de cette coupole le couronnement d'un escalier monumental autour duquel viennent se grouper les différents services.

Le Tribunal de commerce, inauguré en 1865, est situé entre le boulevard du Palais, le quai de la Cité, la rue Aubé et la rue de Lutèce; il occupe un espace de 4,125 mètres.

DESCRIPTION.

EXTÉRIEUR.

On pénètre dans le monument par le boulevard du Palais, le quai et la rue Aubé.

FAÇADE PRINCIPALE.

La façade principale s'étend sur le boulevard. Elle se compose de quatre étages et se divise en cinq parties limitées par des pilastres d'ordre composite, cannelés au rez-de-chaussée et ornés d'arabesques sculptées, au premier étage.

Au rez-de-chaussée, la première de ces parties comprend cinq baies plein cintre ; les trois baies du milieu s'ouvrent sur un vestibule d'entrée. Les deux parties extrêmes sont munies chacune d'une fenêtre de forme rectangulaire qu'encadre un chambranle mouluré et que surmonte une corniche supportée par des consoles.

Chacune des parties comprises entre les avant-corps comporte trois baies cintrées qui éclairent des magasins destinés à la location et indépendants du Palais. Les portes et les baies du rez-de-chaussée sont séparées par des pilastres d'ordre composite sur lesquels vient s'appuyer un entablement complet. Les pilastres des trois parties disposées en avant-corps sont décorés de cannelures.

Le premier étage est percé de fenêtres rectangulaires encadrées de pilastres cannelés d'ordre composite et surmontées d'une corniche que domine, soit un fronton interrompu de forme triangulaire ou circulaire, soit un cartouche flanqué de lions couchés ou d'enfants ailés dont le corps se termine en rinceaux.

Chaque cartouche porte le monogramme impérial.

Toutes les fenêtres sont séparées par des pilastres d'ordre composite avec arabesques sculptées.

Au-dessus, règne un étage d'attique, éclairé par des fenêtres rectangulaires ouvertes entre deux consoles.

Les consoles supportent la corniche du couronnement en pierre découpée qu'interrompent des vases décoratifs.

Cette façade est terminée par un étage de combles ajouré de lucarnes en pierre décorées de pilastres et de consoles latérales couronnées par un fronton. Les lucarnes s'appuient sur la corniche et se détachent sur la toiture de l'édifice.

La partie centrale est dominée par un motif architectural divisé en trois parties par des pilastres cannelés. Dans la partie centrale est scellée une table de marbre blanc portant l'inscription suivante :

TRIBUNAL DU COMMERCE.

Chacune des deux autres parties présente un écusson accompagné de branches de chêne et de laurier. Au centre de chaque écusson sont sculptés un caducée et des balances.

FAÇADE DU QUAI.

La façade élevée sur le quai de la Cité a dix travées et comporte deux parties très-distinctes.

La partie la plus rapprochée du boulevard du Palais a été l'objet d'une décoration spéciale.

Celle-ci devait, en effet, comme on l'a dit plus haut, d'après les instructions données à l'architecte, former point de vue dans l'axe du boulevard de Sébastopol.

Limitée par deux avant-corps semblables à ceux qui encadrent la façade principale, elle présente, au rez-de-chaussée, trois baies à arcades précédées de quatre degrés donnant accès à un grand vestibule.

Ces arcades s'ouvrent entre quatre colonnes monolithes cannelées dont les chapiteaux composites soutiennent un entablement en ressaut sur lequel sont placées quatre statues représentant :

La Fermeté. — Statue. — Pierre. — H. 2^m,30. — Par M. EUDE (LOUIS-ADOLPHE). 1863.

Drapée, le bras droit pendant, elle serre un poignard dans la main ; elle tient le bras gauche replié, le poing fermé.

Signé à gauche : EUDE.

La Loi. — Statue. — Pierre. — H. 2^m,30. — Par ROBERT (ELIAS-LOUIS-VALENTIN). 1863.

Drapée, le sein droit découvert, elle porte dans la main gauche les tables de la Loi qu'elle appuie contre son bras et pose sur ces tables une main de justice qu'elle tient dans la main droite.

La Justice. — Statue. — Pierre. — H. 2^m,30. — Par M. CHEVALIER (JACQUES-MARIE-HYACINTHE). 1864.

Drapée, la tête ceinte d'un diadème, elle porte dans la main droite le fléau et les cordes d'une balance dont les plateaux pendent de chaque côté de son bras.

Elle présente de la main gauche des manuscrits déroulés sur lesquels on lit : *Suum cuique.*

Signé à gauche : CHEVALIER 1864.

La Prudence. — Statue. — Pierre. — H. 2^m,30. — Par M. SALMSON (JULES-JEAN).

Entièrement drapée, la tête à demi couverte par un voile qui retombe sur ses épaules, elle appuie son menton sur sa main droite, le bras gauche replié et soutenant le bras droit.

Dans l'attitude de la réflexion, elle serre dans sa main gauche un miroir autour duquel s'enroule un serpent.

Signé à gauche : J. SALMSON 1864.

Cette façade est couronnée par un motif architectural divisé en trois parties par quatre gaines terminées par des figures représentant :

Deux Vieillards. — Pierre. — H. 2^m,50.

— Par M. Carrier-Belleuse (Albert-Ernest).

Entièrement drapés, la tête couronnée de laurier et recouverte d'un voile, ils appuient leur menton sur l'une de leurs mains et tiennent un de leurs bras replié sur la poitrine : ils semblent réfléchir.

Deux Adolescents. — Pierre. — H. 2^m,50.
— Par M. Carrier-Belleuse (Albert-Ernest).

Une courroie passée sur leur épaule retient un manteau qui laisse la poitrine découverte. Un de leurs bras est pendant; l'autre, replié sur leur tête, supporte les chapiteaux.

La partie centrale renferme une table de marbre; elle est surmontée d'un fronton circulaire interrompu par un écusson portant l'aigle impérial.

Des écussons occupent les deux autres parties. Au centre sont sculptés un caducée et des balances qu'accompagnent des branches de chêne et de laurier.

La seconde partie de cette façade est composée de cinq travées, percées chacune d'une baie cintrée ouverte sur des magasins loués à l'industrie privée.

Le premier étage, l'attique et les combles offrent une décoration identique avec celle de la façade du boulevard.

FAÇADE DE LA RUE AUBÉ.

Cette façade est limitée par deux avant-corps composés de deux travées. Le rez-de-chaussée, muni de deux baies cintrées, renferme des magasins occupés par des commerçants. La décoration des étages supérieurs est, en tous points, semblable à celle que présentent les étages correspondants de la deuxième partie de la façade du quai.

La partie centrale comprend quinze travées et cinq étages. Les fenêtres qui éclairent le rez-de-chaussée et le premier étage, de forme rectangulaire, sont encadrées de chambranles moulurés; les fenêtres du premier étage sont dominées chacune par une corniche; celles de l'entre-sol sont cintrées avec chambranles à crossettes.

Dans l'axe de cette façade se trouve un motif qui occupe trois travées du rez-de-chaussée et de l'entre-sol.

Ce motif, qui accuse l'entrée du Conseil des Prud'hommes, se compose de quatre pilastres soutenant un entablement avec ressaut.

Entre les pilastres du milieu est pratiquée une porte plein cintre que surmonte une table saillante sur laquelle est gravée l'inscription suivante :

CONSEILS DES PRUD'HOMMES.

Cette table est scellée dans le tympan d'un fronton circulaire sans base, interrompu par un écusson aux armes de la Ville de Paris qu'accompagnent des branches de chêne et de laurier.

Au-dessus des pilastres extrêmes sont sculptés deux médaillons contenant les attributs de la justice.

Dans celui de droite se détachent une balance et un caducée, et dans celui de gauche une équerre encadrée par une couronne de laurier.

Le premier porte en exergue ;

SERVAT ET CONCILIAT.

Le second :

ÉQUITÉ.

Dans les entre-pilastres, à l'entre-sol, s'ouvre de chaque côté un œil-de-bœuf entouré de fruits et surmonté d'une petite table saillante ornée d'un mufle de lion et de branches de laurier.

Au centre de l'une de ces tables est gravé le millésime 1860 ; l'autre table porte le millésime de 1864.

FAÇADE DE LA RUE DE LUTÈCE.

La quatrième façade se divise en deux parties. Celle qui se trouve le plus rapprochée de la rue Aubé est tout à fait semblable à la deuxième partie de la façade qui s'étend sur le quai.

Dans l'axe de l'autre partie s'ouvrent trois fenêtres rectangulaires juxtaposées et séparées seulement par des pilastres composites enrichis de sculptures dans le goût de la Renaissance française. Ce groupe de trois fenêtres se reproduit au rez-de-chaussée et au premier étage.

De chaque côté, se détachent deux avant-corps formant une légère saillie qu'encadrent des pilastres composites. Les pilastres du rez-de-chaussée sont cannelés, ceux du premier étage sont rehaussés d'arabesques.

Un attique termine cette partie de la façade, au-dessus de la corniche ; ce motif architectural est limité par deux piédestaux décorés de cartouches portant le caducée et les balances ; ces piédestaux sont surmontés de :

Génies. — Groupe. — Pierre. — H. 1^m,50.
— Par M. Eude (Louis-Adolphe).

Ces Génies portent sur leurs épaules un manteau flottant et soutiennent un écusson au chiffre impérial.

Dans la partie centrale est scellée une table de marbre blanc portant l'inscription :

TRIBUNAL DE COMMERCE.
CONSEILS DES PRUD'HOMMES.

COUPOLE.

La coupole repose sur un tambour de forme octogonale dont les pans sont limités par des contre-forts surmontés de vases décoratifs et épaulés par des pilastres composites.

Dans les axes des côtés de l'octogone s'ouvrent des œils-de-bœuf couronnés de corniches circulaires sur lesquelles sont couchés de petits Génies portant alternativement des écussons aux armes impériales et le Vaisseau de la Ville de Paris.

La coupole proprement dite est divisée en huit fuseaux correspondant aux pans de l'octogone par des couvre-joints en plomb, décorés de torsades de fleurs et de fruits qui viennent s'amortir sur le socle du lanternon supérieur.

INTÉRIEUR.

REZ-DE-CHAUSSÉE.

VESTIBULE PRÉCÉDANT LE GRAND ESCALIER.

Ce vestibule, de forme rectangulaire, est partagé dans le sens le plus large en cinq travées séparées par des pilastres entre lesquels sont inscrites des arcades.

Nous avons déjà parlé, dans la description de la façade extérieure, des cinq baies qui s'ouvrent directement sur le boulevard.

Les parois latérales présentent chacune un motif servant d'encadrement à une arcade aveugle sur le fond de laquelle se détache une table de marbre blanc.

Ce motif se compose de deux pilastres composites soutenant un entablement à ressaut, sur lequel s'appuie un fronton triangulaire sans base.

Chacune des tables porte une inscription gravée en lettres d'or, ainsi conçue :

Celle de droite :

L'AN MIL HUIT CENT SOIXANTE
SOUS LE RÈGNE DE
NAPOLÉON III, EMPEREUR DES FRANÇAIS
LA COMMISSION DÉPARTEMENTALE DE LA SEINE
VOTE L'ÉRECTION DE CET ÉDIFICE
LE Bon HAUSSMANN, SÉNATEUR
PRÉFET DU DÉPARTEMENT DE LA SEINE
M. DUMAS, SÉNATEUR, PRÉSIDENT
DE LA COMMISSION DÉPARTEMENTALE
M. DENIÈRE, PRÉSIDENT DU TRIBUNAL
DE COMMERCE.

Celle de gauche :

L'AN MIL HUIT CENT SOIXANTE-CINQ
LE VINGT-SIX DÉCEMBRE
LEURS MAJESTÉS NAPOLÉON III
EMPEREUR DES FRANÇAIS
ET L'IMPÉRATRICE EUGÉNIE
VISITENT CET ÉDIFICE, REMIS LE MÊME JOUR
AU TRIBUNAL DE COMMERCE
ET AUX CONSEILS DES PRUD'HOMMES,
LE Bon HAUSSMANN, SÉNATEUR
PRÉFET DU DÉPARTEMENT DE LA SEINE,
M. CHARLES BERTHIER, PRÉSIDENT
DU TRIBUNAL DE COMMERCE,
MM. BIETRY, BRIQUET, DELICOURT, THUNOT
PRÉSIDENTS DES QUATRE CONSEILS DE PRUD'HOMMES
A. N. BAILLY, ARCHITECTE.

Deux des arcades de la quatrième paroi sont aveugles ; les trois autres s'ouvrent : celle du centre sur le grand escalier, celle de droite sur le vestibule qui précède la salle d'audience du Conseil de Préfecture ; celle de gauche sur le vestibule qui s'étend parallèlement au quai. Les deux arcades extrêmes sont précédées chacune de sept degrés ; l'arcade centrale, de quinze.

Ces derniers sont limités par deux piédestaux sur lesquels sont couchés :

Deux Lions. — Bronze. — H. 1^{m},10. — L. 1^{m},80. — Par M. ROUILLARD (PIERRE-LOUIS).

Signé : ROUILLARD.

Sur les pilastres vient s'appuyer la corniche qui soutient un plafond à compartiments décorés de rosaces.

VESTIBULE DE LA SALLE D'AUDIENCE DU CONSEIL DE PRÉFECTURE.

De forme rectangulaire, ce vestibule comporte, dans le sens de la longueur, trois arcades séparées par des pilastres d'ordre composite.

Dans l'arcade centrale de la paroi de droite est pratiquée une porte par laquelle on accède à la salle d'audience du Conseil de Préfecture.

L'arcade opposée à cette porte s'ouvre sur le grand escalier ; elle est précédée de sept marches. Les autres arcades sont aveugles.

Dans le sens de la largeur, le vestibule présente de chaque côté deux baies plein cintre, séparées par un pilastre.

Par l'une de ces baies, on descend dans le vestibule d'entrée que nous avons décrit ci-dessus ; par la baie ouverte à droite de celle-ci on pénètre dans le greffe du Conseil de Préfecture ; par les deux autres baies, pratiquées dans la paroi opposée, on débouche sur les galeries qui contournent la cour vitrée.

Les pilastres des parois de droite et de gauche supportent les soffites sur lesquels reposent les poutres apparentes d'un plafond muni de trois châssis.

Ce vestibule est pavé en mosaïque.

SALLE D'AUDIENCE DU CONSEIL DE PRÉFECTURE.

Divisée dans le sens le plus long en quatre travées séparées par des pilastres d'ordre dorique, la salle d'audience du Conseil de Préfecture est éclairée par trois des fenêtres de la façade qui s'étend sur la rue de Lutèce. La partie inférieure des murs est revêtue d'une boiserie en chêne, et la partie supérieure est rehaussée de peintures murales couleur de bronze vert.

Cette salle est surmontée d'un plafond dont les poutres apparentes forment des compartiments. Ces poutres reposent sur des soffites qui s'appuient sur des pilastres adossés aux murs latéraux.

VESTIBULE DONNANT SUR LE QUAI.

Ce vestibule se compose de trois travées dans le sens de la largeur et de cinq dans celui de la longueur. Il est décoré de colonnes cannelées et de pilastres d'ordre composite.

La première travée de la paroi de droite est percée d'une porte avec chambranles et fronton triangulaire reposant sur des consoles. La deuxième et la troisième comportent des arcades aveugles ; la travée centrale offre un motif composé d'un entablement taillé en pleine pierre et d'une corniche supportée par des consoles. La cinquième est percée d'une porte plein cintre par laquelle on descend dans le vestibule qui s'étend parallèlement au boulevard.

Dans la première travée de la paroi de gauche est pratiquée une porte semblable à celle qui lui fait face. La deuxième travée comporte une arcade d'où part un escalier qui conduit au premier étage. La travée centrale est percée d'une porte triangulaire encadrée de chambranles et dominée par une console. Les quatrième et cinquième travées présentent chacune une partie plein cintre qui s'ouvre sur la galerie de la cour vitrée.

Les deux autres parois comportent chacune trois arcades.

Celles de la paroi élevée sur le quai donnent accès au vestibule. L'arcade centrale de la paroi opposée conduit par sept degrés au grand escalier. Celles de droite et de gauche sont aveugles.

COUR VITRÉE.

Cette cour, dont la disposition rappelle l'*atrium* antique, est située derrière l'escalier monumental.

Composée de sept travées dans un sens et de cinq dans l'autre, elle éclaire la partie intérieure de l'édifice et sert de salle des Pas perdus. On l'utilise aussi chaque fois qu'une élection à faire nécessite une réunion nombreuse.

Elle est encadrée de deux étages de portiques formés de colonnes cannelées à chapiteaux d'ordre composite, dans le style de la Renaissance. Une balustrade en pierre court autour du premier étage.

Au-dessus de ces portiques, se trouve une ordonnance de :

Cariatides. — Pierre. — H. 3^m. — Par M. CARRIER-BELLEUSE (ALBERT-ERNEST).

Ces cariatides sont au nombre de vingt-quatre.

Drapées, la poitrine à demi nue, les bras repliés au-dessus de leur tête, elles se terminent en gaine.

Celles qui sont placées aux quatre angles portent chacune un phylactère sur lequel est gravée une date. Les quatre dates dont il s'agit rappellent l'institution des Juges-consuls, l'ordonnance du commerce, la promulgation du Code de commerce et l'installation du tribunal dans le monument actuel : ce sont celles des années 1563, 1673, 1807 et 1865.

Ces cariatides encadrent des fenêtres cintrées et supportent chacune un chapiteau servant de point d'appui aux fermes en fer et tôle qui soutiennent un vaste toit vitré.

Ces fermes sont enrichies d'arabesques imitant une damasquinure sur fer.

Au rez-de-chaussée, le côté du portique adossé à l'escalier monumental comporte une série d'arcades plein cintre. La partie supérieure de l'arcade centrale s'ouvre sur l'escalier ; dans la partie inférieure de cette arcade se détache une table de marbre blanc sans inscription.

Par les quatre arcades extrêmes, on pénètre : d'un côté, dans le vestibule de la salle du Conseil de Préfecture, et de l'autre, dans le vestibule donnant sur le quai.

Les arcades intermédiaires sont aveugles. Toutes, à l'exception de celle du centre, sont surmontées d'un motif composé d'un fronton demi-circulaire sans base reposant sur des consoles décorées de triglyphes. Ce motif sert d'encadrement à une petite table saillante.

Dans la hauteur des trois autres côtés du portique sont percés deux étages de fenêtres éclairant le rez-de-chaussée proprement dit et l'entre-sol. Ces fenêtres, de forme rectangulaire, sont encadrées de chambranles ; celles de l'étage supérieur sont surmontées d'un fronton demi-circulaire reposant sur des consoles.

Une porte est pratiquée dans l'axe ainsi qu'à chacune des extrémités de ces trois côtés.

Au premier étage, les fenêtres, également de forme rectangulaire, sont encadrées de chambranles à crossettes et dominées par une corniche.

Arcades et baies sont séparées par des pilastres. Les plafonds sont divisés en caissons.

Le dallage de la cour est en mosaïque.

ESCALIER MONUMENTAL

L'escalier, à double révolution, est construit en tour ronde et repose sur une trompe conique. Il est disposé dans une cage circulaire au rez-de-chaussée et octogonale à partir du premier étage. La rampe est ornée de balustres interrompus à la hauteur de chaque palier par deux pilastres servant d'encadrement à un découpage à jour.

Entre les pilastres qui accusent le palier supérieur s'entrelacent les initiales de l'empereur Napoléon III et de l'impératrice Eugénie ; ces initiales sont surmontées de la couronne impériale.

Au départ de la rampe se trouvent des dés circulaires ornés de cannelures et de feuilles d'acanthe, et terminés par des amortissements de forme conique.

Marches, balustres et pilastres sont en pierre de l'Echaillon.

L'intrados de la voûte est divisé en caissons taillés en pleine masse.

Les trois baies plein cintre qui s'ouvrent sur les trois vestibules décrits ci-dessus viennent faire pénétration dans cette voûte dans les grands axes de la cage.

Au-dessus de ces baies sont sculptés des écussons.

Celui de la baie par laquelle on accède au vestibule d'entrée est accompagné de branches de chêne et de laurier, et présente un glaive et des balances.

Au centre des autres est gravée au milieu du rinceau cette maxime de droit :

SUUM CUIQUE.

Au premier étage, les huit pans présentent chacun une arcade plein cintre dont la partie supérieure est occupée par des écussons et dont la partie inférieure est alternativement percée d'une baie rectangulaire ou creusée d'une niche en cul-de-four.

L'une des baies s'ouvre sur la salle des Pas perdus ; deux autres sur les vestibules qui précèdent la salle d'audience et la salle des faillites ; la quatrième, sur la galerie de la cour vitrée.

Ces trois dernières sont closes par une balustrade établie à hauteur d'appui.

Les huit pans sont séparés par des pilastres d'ordre composite. Les baies et les niches sont encadrées également de pilastres cannelés supportant un entablement complet au-dessus duquel se développe le tympan.

Les quatre niches renferment quatre statues représentant :

L'Art industriel. — Statue. — Pierre. — H. 2^m,10. — Par Michel-Pascal (François).

Une femme assise et drapée, le pied gauche sur un tabouret, porte sur la tête un voile retenu par un diadème. De sa main gauche, elle tient sur son genou un vase décoratif qu'elle examine attentivement et qu'elle s'apprête à retoucher à l'aide d'un burin qu'elle a dans la main droite. A gauche, près de son siège, sont placées une corbeille remplie de manuscrits et les différentes pièces qu'un tour.

A droite se trouve un écusson aux armes de la Ville de Paris.

Au-dessus, dans le tympan ;

Un écusson, au centre duquel sont gravés ces mots :

ART
INDUSTRIEL.

Cet écusson est entouré de divers attributs tels que : chapiteau, mappemonde, vases, aiguière, plats, etc.

Le Commerce terrestre. — Statue. — Pierre. — H. 2^m,10. — Par Maindron (Étienne-Hippolyte).

Il est représenté sous les traits d'une femme. Celle-ci, revêtue d'une tunique, est assise sur un ballot de marchandises. Un manteau jeté sur son épaule est retenu par une courroie passée sous le sein gauche. Elle tient un caducée dans la main droite qu'elle appuie sur son genou gauche et présente de la main gauche un sac rempli d'argent.

A ses pieds sont placés : à droite, des balances ; à gauche, des sacs d'argent.

Signé à gauche : H. Maindron.

L'écusson qui se détache au centre du tympan au-dessus de la statue porte :

COMMERCE
TERRESTRE.

Il est accompagné de divers attributs se rapportant au sujet.

Le Commerce maritime. — Statue. — Pierre. — H. 2^m,10. — Par Cabet (Jules-Paul).

La tête ailée, la poitrine à demi découverte,

la jambe gauche nue, une femme est assise sur la proue d'un navire. Son pied droit repose sur une balle de marchandises; de la main droite elle découvre une corne d'abondance à moitié cachée sous des draperies; elle tient un caducée dans la main gauche. Ses pieds sont chaussés de sandales ailées.

Signé à droite : P. CABET. 1865.

Au-dessus, dans le tympan :

Écusson au centre duquel sont gravés ces mots :

COMMERCE
MARITIME.

De chaque côté sont sculptés, au milieu de roseaux, des proues de navires, des tridents, un aviron, des cordages, etc.

L'Art mécanique. — Statue. — Pierre. — H. 2m,10. — Par M. CHAPU (HENRI-MICHEL-ANTOINE).

Drapée, assise sur une enclume, le bras droit replié, le coude sur le genou, cette figure est représentée dans l'attitude de la méditation. Sur ses genoux est placé un levier sur lequel repose sa main gauche.

A ses pieds, se trouve une roue à engrenages.

Signé à gauche : H. CHAPU. 1865.

Au-dessus, dans le tympan :

Écusson au centre duquel sont gravés ces mots :

ART
MÉCANIQUE.

Le reste du tympan est occupé par une locomotive.

Un mufle de lion surmonte chacun des quatre écussons qui contiennent les inscriptions.

Dans les tympans placés au-dessus des baies sont sculptées les armes de la Ville de Paris accompagnées de cornes d'abondance et de feuilles d'acanthe.

Au-dessus de l'entablement qui surmonte le premier étage règne une espèce d'attique percé de fenêtres.

Ces fenêtres sont flanquées de :

Cariatides. — Statues. — Pierre. — H. 1m,80. — Par M. DEBUT (DIDIER).

Ces figures, drapées, soutiennent l'entablement sur lequel vient s'appuyer la coupole de l'escalier.

Les sculptures exécutées par M. Debut ont été commandées en 1863.

Les fuseaux de cette coupole sont divisés par des torsades de fruits en compartiments décorés de peintures représentant :

La Ville de Paris. — Toile marouflée. — H. 2m,80. — L. 1m,10. — Par M. JOBBÉ-DUVAL (FÉLIX).

Couchée et vue de face, elle est revêtue d'une tunique blanche que serre à la taille une ceinture d'or et qui laisse à découvert ses bras et sa jambe droite. Un long manteau rouge jeté sur ses épaules vient recouvrir sa jambe gauche. La tête ceinte d'une couronne murale, le bras gauche tendu, elle appuie le bras droit sur une urne symbolisant la Seine et porte un sceptre dans la main.

En haut et à droite de la toile est représenté un écusson portant les armes de la Ville de Paris.

Les Arts. — Toile marouflée. — Camaïeu. — H. 2m,80. — L. 1m,10. — Par M. JOBBÉ-DUVAL (FÉLIX).

La composition est occupée par de petits Génies. L'un d'eux, placé au centre, les épaules couvertes d'un manteau, achève un buste posé devant lui sur un socle.

A droite, un autre Génie, assis, tient de la main gauche sur son genou droit un plat qu'il décore d'une tête de femme. A ses pieds, se trouvent des vases.

A gauche, un troisième Génie est assis devant une table à laquelle est fixé un étau. Il examine un collier de perles qu'il tient dans ses mains.

Sur la table sont divers outils.

La Ville de Marseille. — Toile marouflée. — H. 2m,80. — L. 1m,10. — Par M. JOBBÉ-DUVAL (FÉLIX).

Couchée sur un manteau vert, et vue de profil, elle est vêtue d'une tunique rose qui laisse découvertes les épaules, ainsi que les bras et la jambe droite. Elle s'appuie sur le bras droit et tient un gouvernail à la main.

Son bras gauche tendu repose sur sa jambe droite qu'elle replie sur sa gauche.

En haut, et à gauche de la toile, est peint un écusson aux armes de la Ville de Marseille.

La Moisson. — Toile marouflée. — Camaïeu. — H. 2m,80. — L. 1m,10. — Par M. JOBBÉ-DUVAL (FÉLIX).

Au centre, un enfant à moitié nu porte une gerbe de blé dans ses bras ; à sa gauche, deux autres roulent un ballot ; à sa droite, un quatrième enfant, les épaules couvertes par un manteau que retient une courroie, présente une pomme qu'il tient dans la main droite.

Des proues de navire encadrent la toile.

La Ville de Lyon. — Toile marouflée. — H. 2ᵐ,80. — L. 1ᵐ,10. — Par M. Jobbé-Duval (Félix).

Couchée et vue de face, elle est vêtue d'une tunique blanche serrée à la taille par une ceinture. Un manteau rouge drapé sur ses épaules la recouvre à demi. Elle appuie son bras droit sur une urne ; elle en soutient une seconde de la main gauche. L'une de ces urnes symbolise le Rhône ; l'autre, la Saône.

A droite, et en haut de la composition se trouve un écusson aux armes de la Ville de Lyon.

L'Industrie. — Toile marouflée. — Camaïeu. — H. 2ᵐ,80. — L. 1ᵐ,10. — Par M. Jobbé-Duval (Félix).

Deux enfants sont occupés à dévider de la soie ; l'un d'eux met le dévidoir en mouvement ; l'autre dispose les écheveaux.

A gauche, un troisième enfant, assis devant un métier, travaille à la fabrication d'une pièce.

Un quatrième, à genoux devant une cuve, trempe des écheveaux dans la teinture.

La Ville de Bordeaux. — Toile marouflée. — H. 2ᵐ,80. — L. 1ᵐ,10. — Par M. Jobbé-Duval (Félix).

Couchée sur un manteau vert, le corps vu de dos et la tête de profil, les cheveux flottants, elle est vêtue d'une tunique blanche. Les épaules, le bras et la jambe droite découverts, elle est accoudée sur une urne et tient un sceptre dans la main.

La toile porte un écusson aux armes de la Ville de Bordeaux.

La Vendange. — Toile marouflée. — Camaïeu. — H. 2ᵐ,80. — L. 1ᵐ,10. — Par M. Jobbé-Duval (Félix).

Quatre enfants font la vendange.

Au centre de la composition, deux enfants récoltent le raisin que reçoit un troisième enfant placé à gauche devant une cuve qu'il emplit.

A droite, un quatrième transporte le raisin dans une hotte.

Les quatre figures représentant quatre des principales villes de France sont peintes sur fond or.

Les huit toiles sont surmontées alternativement d'aigles aux ailes éployées et d'écussons aux armes de la Ville de Paris.

Écussons et aigles sont accompagnés de branches de chêne et de laurier ; ils semblent supporter les œils-de-bœuf qui éclairent la voûte.

Les peintures que nous venons de décrire ont été commandées à M. Jobbé-Duval en 1874.

PREMIER ÉTAGE.
SALLE DES PAS PERDUS.

Du palier supérieur de l'escalier, on pénètre dans une salle de Pas perdus, de forme rectangulaire, qui s'étend parallèlement à la façade principale.

Divisée dans le sens le plus long en cinq travées formées d'arcades que séparent des pilastres cannelés d'ordre composite, cette salle est éclairée par cinq des fenêtres de la façade.

De chaque côté de la fenêtre centrale est établi un piédestal assez élevé sur lequel est placé un buste représentant :

Celui de gauche :

Michel de l'Hospital (1507-1573). — Buste. — Bronze. — H. 0ᵐ,80. — Par Richard (Louis-Marie-Joseph). 1837.

Sur le piédestal est écrite, en lettres d'or, l'inscription suivante :

L'HOSPITAL
CHANCELIER DE FRANCE
CRÉATION DES JUGES ET CONSULS
1563

Celui de droite :

Jean-Baptiste Colbert (1619-1683). — Buste. — Bronze. — H. 0ᵐ,80. — Par Richard (Louis-Marie-Joseph). 1837.

On lit sur le piédestal l'inscription suivante, écrite en lettres d'or :

COLBERT
MINISTRE D'ÉTAT
ORDONNANCE DU COMMERCE
1673.

Ces bustes avaient été exécutés pour la décoration de l'ancien Tribunal de commerce, au palais de la Bourse.

Trois des arcades opposées aux fenêtres sont percées chacune d'une porte conduisant : celle du centre sur le palier de l'escalier, celles des extrémités dans les vestibules qui précèdent la salle des faillites et la salle d'audience.

Les arcades intermédiaires sont aveugles ; elles présentent chacune une table de marbre encadrée d'une moulure taillée en pleine masse.

Dans le sens de la largeur, la salle des Pas perdus comporte de chaque côté trois arcades percées chacune d'une porte. La porte centrale est plein cintre ; les autres sont rectangulaires.

Au-dessus de chacune de ces dernières se détache un cadre renfermant une date.

Ces dates sont celles des années

1563
1673
1807
1865

Les tympans des arcades sont occupés par des médaillons dans lesquels sont sculptés alternativement le Vaisseau héraldique de la Ville de Paris, la tête de la Justice et les attributs des Arts, du Commerce et de l'Industrie.

Sur les pilastres viennent s'appuyer de grandes consoles qui supportent les poutres apparentes d'un plafond décoré de caissons avec rosaces.

Ces consoles se terminent par des têtes d'hommes et de femmes.

VESTIBULE PRÉCÉDANT LA SALLE DES FAILLITES.

Ce vestibule comporte trois arcades dans le sens le plus long et deux dans l'autre. Ces arcades sont séparées par des pilastres composites.

Dans l'arcade centrale, du côté gauche, est pratiquée une porte qui donne accès à la salle des faillites.

Cette porte est surmontée d'une corniche reposant sur des consoles.

L'arcade centrale du côté droit est percée d'une grande baie qui s'ouvre sur l'escalier monumental. Les autres arcades sont aveugles ; chacune d'elles présente une table de marbre.

Les deux arcades inscrites dans le sens de la largeur renferment chacune une porte.

Par deux de ces portes on débouche sur la galerie décrite plus haut.

La corniche supporte une voussure qui vient se raccorder à un plafond lumineux décoré de caissons.

Les tympans des arcades offrent la même décoration que ceux des arcades de la salle des Pas perdus.

SALLE DES FAILLITES.

De forme rectangulaire, cette salle est éclairée par trois des fenêtres de la façade élevée sur le quai.

La partie inférieure des murs est protégée par un soubassement en chêne divisé en caissons ; la partie supérieure est recouverte d'un ton vert uni.

La paroi opposée à celle dans laquelle sont percées les fenêtres présente une porte rectangulaire ; les deux autres parois possèdent chacune deux portes également rectangulaires.

La corniche supporte une voussure décorée de rinceaux et de quatre cartouches flanqués de sphinx. Au centre de chaque cartouche est inscrite une date. Ces dates sont celles, déjà citées plus haut, des années 1563, 1673, 1807, 1865. Le plafond est divisé en caissons ornés de rinceaux ; il est muni d'un châssis.

La décoration d'ensemble de cette salle a été exécutée par M. Charles Chauvin.

VESTIBULE PRÉCÉDANT LA SALLE D'AUDIENCE.

La décoration de ce vestibule est, en tous points, semblable à celle du vestibule qui précède la salle des faillites.

SALLE D'AUDIENCE.

La salle d'audience, de forme rectangulaire, mesure dix-huit mètres de long sur quatorze de large. Elle possède trois fenêtres que recouvre une immense draperie ; elle est éclairée par un grand châssis placé au milieu du plafond.

La partie inférieure de ses murs est décorée d'un revêtement en chêne divisé par de petits pilastres rehaussés de filets d'or. La partie supérieure est revêtue de peintures d'un ton grenat avec litre en haut et en bas.

Ce ton régulier est interrompu par quatre grands panneaux de chêne avec encadrement doré.

Ces quatre panneaux renferment chacun une composition rappelant un fait saillant se rattachant à l'histoire de la juridiction consulaire. Ces quatre compositions représentent :

Celle qui est placée à gauche de la porte d'entrée :

Institution des Juges-consuls par le chancelier de l'Hospital (1563). — Toile. — H. 3ᵐ,92. — L. 3ᵐ,87. — Par M. Robert-Fleury (Joseph-Nicolas), 1864.

Le chancelier Michel de l'Hospital, entouré de divers personnages, est assis à droite ; il écoute la lecture que donne son secrétaire de l'édit instituant les juges-consuls. A sa gauche se tient le prévôt des marchands, devant lui sont groupés des hommes d'armes et des représentants des diverses corporations.

A droite de la porte :

Présentation par Colbert à la signature de Louis XIV, de l'ordonnance du commerce en 1673. — Toile. — H, 3ᵐ,92. — L. 3ᵐ,87. — Par M. Robert-Fleury (Joseph-Nicolas), 1864.

Louis XIV est assis à gauche de la composition devant une table autour de laquelle se tiennent divers personnages ; à sa droite se trouve le duc d'Orléans. Colbert, debout devant lui, donne lecture de l'ordonnance qu'il soumet à son approbation.

Dans le fond est représentée la tapisserie des Gobelins, exécutée d'après les dessins de LE BRUN : « *Entrée d'Alexandre à Babylone.* »

A droite :

Promulgation du Code de commerce par Napoléon Ier ((1807). — Toile. — H. 3ᵐ,92. — L. 6ᵐ,10. — Par M. ROBERT-FLEURY (JOSEPH-NICOLAS).

Napoléon Ier se tient dans la grande galerie du palais de Saint-Cloud. Vêtu de l'habit vert traditionnel, il est représenté debout, à droite de la composition, la main gauche derrière le dos, la droite dans son gilet entr'ouvert ; derrière lui est placé un fauteuil doré recouvert de drap rouge. A gauche de ce fauteuil sont groupés le ministre Maret, le cardinal Fesch, Chaptal et le général Berthier.

Le président Vignon lui présente une députation du corps consulaire.

Au fond de la composition, deux hautes fenêtres cintrées avec rideaux rouges. A droite est reproduit le tableau de DAVID, représentant *Napoléon Ier passant le Saint-Bernard.* Entre les deux fenêtres est placé le buste de Jules César.

A gauche, en face de la précédente :

Installation du nouveau Tribunal de commerce en 1865. — Toile. — H. 3ᵐ,92. — L. 6ᵐ,10. — Par M. ROBERT-FLEURY (JOSEPH-NICOLAS).

Au centre de la composition, l'empereur Napoléon III, en costume de général, est reçu au bas des degrés de la façade donnant sur le boulevard du Palais par M. le baron Haussmann, préfet de la Seine, en habit officiel. Il donne le bras à l'Impératrice, suivie de ses dames d'honneur : mesdames de Saulcy et de Lourmel. A sa droite se trouve le ministre des Travaux publics, M. Béhic, et l'un des aides de camp de l'Empereur, le prince de la Moskowa.

Sur le vaste palier, qu'encadrent les lions de M. ROUILLARD, sont groupés MM. BALTARD, directeur du service d'architecture ; Dumas, président de la Commission départementale ; Devinck, Denière, anciens présidents du Tribunal de commerce ; Chaix - d'Est-Ange et Ferdinand Barrot, vice-présidents de la Commission départementale ; comte DE NIEUWERKERKE ; à gauche, MM. Alfred Blanche, secrétaire général de la Préfecture de la Seine ; BAILLY, architecte du monument, et Berthier, ancien président du Tribunal de commerce ; un groupe de juges, parmi lesquels on distingue M. Drouin, président au moment de l'inauguration.

Dans l'encadrement des grandes portes ouvertes, on aperçoit les arbres du boulevard et la façade du Palais de Justice.

En vertu d'une délibération du Conseil municipal, en date du 26 novembre 1883, ces deux derniers tableaux ont été enlevés en mars 1884, et, sur la demande de M. ROBERT-FLEURY, transportés au Musée de Versailles.

La corniche est portée sur des consoles reliées entre elles par des mufles de lion soutenant des guirlandes. Aux quatre angles se détachent des proues de vaisseaux accompagnées de Génies tenant des attributs du Commerce et de la Justice.

La voussure qui encadre le plafond lumineux est divisée en caissons et panneaux relevés de peintures en camaïeu sur fond mosaïque.

A gauche :

Les Arts. — Toile marouflée. — Camaïeu. — H. 1ᵐ,80. — L. 2ᵐ. — Par M. JOBBÉ-DUVAL (FÉLIX), 1865.

Un homme assis, à demi drapé, la tête ceinte d'une couronne de laurier, appuie sa tête dans la main gauche dans l'attitude de la méditation. Devant lui se trouve un fragment de la Vénus de Milo.

La Science. — Toile marouflée. — Camaïeu. — H. 1ᵐ,80. — L. 2ᵐ. — Par M. JOBBÉ-DUVAL (FÉLIX), 1865.

La Science est personnifiée par une jeune femme ; celle-ci est vue de profil et à demi couchée ; près d'elle se trouve une machine à vapeur.

A droite :

L'Agriculture. — Toile marouflée. — Camaïeu. — H. 1ᵐ,80. — L. 2ᵐ. — Par M. JOBBÉ-DUVAL (FÉLIX), 1865.

Une femme assise, la tête couronnée de feuilles de vigne, tient dans la main gauche une gerbe de blé ; sa main droite serre le manche d'une charrue derrière laquelle croît un cep de vigne. Au pied de cette figure, sont accumulés des fruits.

Le Commerce. — Toile marouflée. — Camaïeu. — H. 1ᵐ,80. — L. 2ᵐ. — Par M. JOBBÉ-DUVAL (FÉLIX), 1865.

Le Commerce est représenté sous les traits de Mercure. Celui-ci est assis et vu de profil ; il a un caducée dans la main droite.

Entre ces camaïeux, dans des caissons de plus petites dimensions, se trouvent les armes de la Ville de Paris.

Dans les caissons placés au-dessus du prétoire et au-dessus de la porte d'entrée :

Deux Génies tenant un cartouche. — Toile marouflée. — Camaïeu. — H. 1ᵐ,80. — L. 1ᵐ,60. — Par M. Jobbé-Duval (Félix).

Les peintures décoratives de cette salle sont l'œuvre d'Alexandre-Dominique Denuelle; elles représentent les attributs du Commerce et de l'Industrie, et occupent des caissons situés entre ceux qu'a décorés M. Jobbé-Duval.

SALLE DU CONSEIL.

De forme rectangulaire, cette salle est revêtue d'un soubassement en chêne dans sa partie inférieure et d'une étoffe verte dans sa partie supérieure. Elle est éclairée par trois grandes baies ouvrant sur la galerie intérieure. Une cheminée en marbre rouge antique occupe la partie opposée à ces fenêtres.

Le plafond a été décoré, en 1863, par M. Ennemond Collignon.

Il est encadré d'une balustrade peinte sur laquelle sont jetées des draperies et des fleurs. Sur la balustrade se tient un aigle aux ailes éployées. Au quatre coins sont représentées la Justice, la Force, la Loi et la Vérité.

Cette peinture mesure 5 mètres sur 9.

La salle du Conseil renferme quatre portraits d'anciens présidents du Tribunal.

Vignon (Pierre). — Toile. — H. 1ᵐ,40. — L. 1ᵐ. — Auteur inconnu. — Commencement du dix-neuvième siècle.

Assis dans un fauteuil doré, il appuie sa main droite sur un livre posé sur un meuble. Sa toge est serrée à la taille par une ceinture bleue.

Au bas de cette toile est écrit :

« A M. Pʳᵉ VIGNON, OFFICIER DE LA LÉGION D'HONNEUR, PRÉSIDENT DU TRIBUNAL DE COMMERCE, MM. LES NOTABLES COMMERÇANTS DE PARIS (1810) POUR LES SERVICES RENDUS PENDANT SEIZE ANS DANS CES FONCTIONS. »

Aubé (Ambroise-Guillaume) (1773-1849). — Toile. — H. 1ᵐ,45. — L.1ᵐ,15. — Par Delaroche (Paul).

Il est assis dans un fauteuil sur les bras duquel il appuie ses coudes. Il porte la croix d'officier de la Légion d'honneur.

Ganneron. — Toile. — H. 1ᵐ,30. — L. 1. — Par Scheffer (Henri). 1847.

Vêtu de la robe consulaire, il est debout les bras pendants, sa toque dans la main gauche. A son cou est passé l'insigne de commandeur ; il porte sur la poitrine la décoration des combattants de Juillet. A sa droite se trouve un meuble sur lequel est posé un manuscrit déplié portant cette inscription : *Jugement du 28 juillet 1830*. Ce manuscrit est retenu par la poignée d'une épée ornée d'une dragonne d'officier supérieur de la garde nationale.

Devinck (François-Jules) (1802-1878). — Toile. — H. 1ᵐ,30. — L. 1. — Par M. Robert-Fleury (Joseph-Nicolas). 1865.

Assis et vêtu de la robe du magistrat consulaire, il appuie le bras droit sur un livre ouvert placé sur un meuble. Il porte au cou la décoration de commandeur.

Commande du Tribunal de commerce. — Salon de 1865 (nᵒ 1844).

Au-dessus de la cheminée de la salle du conseil, était autrefois placé le portrait de *Napoléon III* peint par Hippolyte Flandrin. Ce portrait, donné par l'Empereur, en 1865, à l'occasion de l'inauguration du Palais, a été déposé, à la suite des événements de 1870, dans les magasins de la Ville, au boulevard Morland. L'État vient d'en faire la demande à la Ville de Paris, qui le lui a accordé, et son transport au musée de Versailles sera prochainement effectué.

Dans la salle des délibérés, qui précède celle du Conseil, se trouve :

Guyot de Villeneuve, ancien juge-consul. — Toile. — H. 0ᵐ,85. — L. 0ᵐ,65. — École française du dix-huitième siècle.

En robe noire et manteau bleu, il porte un ruban noir en sautoir.

Ce portrait a été offert au Tribunal par le petit-fils de ce magistrat.

Cette salle renferme en outre :

Aubé (Ambroise-Guillaume). — Buste. — Bronze. — H. 1ᵐ. — Par M. Thomas (Émile).

Il est représenté avec indication de la robe, à laquelle est attachée la croix d'officier de la Légion d'honneur.

Copie du buste en marbre conservé au Musée de Versailles (nᵒ 1665 du catal. d'Eud. Soulié, édition de 1859). Le marbre a été exposé au Salon de 1852 (nᵒ 1540) et offert au Musée de Versailles par le Tribunal de commerce. Le bronze que nous décrivons ici est dû à la générosité de la famille Aubé.

L. MICHAUX,
MEMBRE DE LA COMMISSION.

Paris, 1ᵉʳ mai 1884.

TABLE

DES NOMS MENTIONNÉS DANS LA MONOGRAPHIE

NOTA. — L'abréviation *arch.* signifie architecte ; *éb.*, ébéniste ; *gr.*, graveur ; *lith.*, lithographe ; *orf.*, orfévre ; *p.*, peintre ; *p. verr.*, peintre verrier ; *sc.*, sculpteur.

Adolescents (Deux), 5.
Agriculture (l'), 12.
Alexandre à Babylone (entrée d'), 12.
Art industriel (l'), 8.
Art mécanique (l'), 9.
Arts (les), 9, 12.
AUBÉ (Ambroise-Guillaume), 13.
Babylone, 12.
BAILLY (Antoine-Nicolas), arch., 3, 6, 12.
BALTARD (Victor), arch., 12.
BARROT (Ferdinand), 12.
BÉHIC, 12.
BERTHIER (le général), 12.
BERTHIER (Charles), président du tribunal de Commerce, 6, 12.
BIÉTRY, 6.
BLANCHE (Alfred), 12.
Bordeaux (la ville de), 10.
BRIQUET, 6.
CABET (Jules-Paul), sc., 8, 9.
Cariatides, 7, 9.
CARRIER-BELLEUSE (Albert-Ernest), sc., 5, 7.
CÉSAR (Jules), 12.
CHAIX-D'EST-ANGE, 12.
CHAPTAL, 12.
CHAPU (Henri-Michel-Antoine), sc., 9.
CHARLES IX, 3.
CHAUVIN (Charles), p., 11.
CHEVALIER (Jacques-Marie-Hyacinthe), sc., 4.
COLBERT, 10, 11.
COLLIGNON (Ennemond), p., 13.
Commerce (le), 12.
Commerce maritime (le), 8, 9.
Commerce terrestre (le), 8.
DAVID (Jacques-Louis), p., 12.
DEBUT (Didier), sc., 9.
DELAROCHE (Paul), p., 13.
DELICOURT, 6.
DENIÈRE, 6, 12.

DENUELLE (Alexandre-Dominique), p., 12.
DEVINCK (François-Jules), 12, 13.
DROUIN, 12.
DUMAS, président de la Commission départementale, 6, 12.
EUDE (Louis-Adolphe), sc., 4, 5.
EUGÉNIE (l'Impératrice) 6, 8, 12.
Fermeté (la), 4.
FESCH (le cardinal), 12.
FLANDRIN (Hippolyte), p., 13.
Force (la), 13.
GANNERON, 13.
Génies, 5.
Génies tenant un cartouche (Deux), 12.
GUYOT DE VILLENEUVE, 13.
HOSPITAL (Michel DE L'), chancelier, 3,10,11.
HAUSSMANN (baron), 3, 6, 12.
Industrie (l'), 10.
Installation du nouveau Tribunal de commerce en 1865, 12.
Institution des juges-consuls par le chancelier de l'Hospital, 11.
JOBBÉ-DUVAL (Félix), p., 9, 10, 12.
Justice (la), 4, 13.
LE BRUN, p., 12.
Lions (deux), 6.
Loi (la), 4, 13.
LOUIS XIV, 11.
LOURMEL (madame DE), 12.
Lyon (la ville de), 10.
MAINDRON (Étienne-Hippolyte), sc., 8.
MARET, 12.
Marseille (la ville de), 9.
MERCURE, 12.
MICHAUX (L.), 13.
MICHEL-PASCAL (François), sc., 8.
Moisson (la), 9.
MOSKOWA (le prince DE LA), 12.
NAPOLÉON Ier, 12.

*Napoléon I*ᵉʳ *passant le Saint-Bernard*, 12.
NAPOLÉON III, 6, 8, 12, 13.
NIEUWERKERKE (comte DE), 12.
ORLÉANS (duc D'), 11.
Paris. Saint-Merri (cloître), 3.
— Saint-Barthélemy (église), 3.
— Saint-Pierre des Arcis (église), 3.
— Bourse, 3.
Paris (la ville de), 9.
Présentation par Colbert à la signature de Louis XIV, de l'ordonnance du Commerce en 1673, 11.
*Promulgation du Code de Commerce par Napoléon I*ᵉʳ, 12.
PRUDENCE (la), 4.
RICHARD (Louis-Marie-Joseph), sc., 10.
ROBERT (Ellias-Louis-Valentin), sc., 4.

ROBERT-FLEURY (Joseph-Nicolas), p., 11, 12, 13.
ROUILLARD (Pierre-Louis), sc., 6, 12.
SALMSON (Jules-Jean), sc., 4.
SAULCY (madame DE), 12.
SCHEFFER (Henri), p., 13.
Science (la), 12.
SOULIÉ (Eud.), 13.
THOMAS (Émile), sc., 13.
THUNOT, 6.
Vendange (la), 10.
Vénus de Milo, 12.
Vérité (la), 13.
Versailles (musée de), 13.
Vieillards (deux), 4.
VIGNON (Pierre), 12, 13.
VILLENEUVE. Voyez : GUYOT DE VILLENEUVE.

LE JARDIN DES PLANTES

ET

LE MUSÉUM D'HISTOIRE NATURELLE.

JARDIN DES PLANTES ET MU

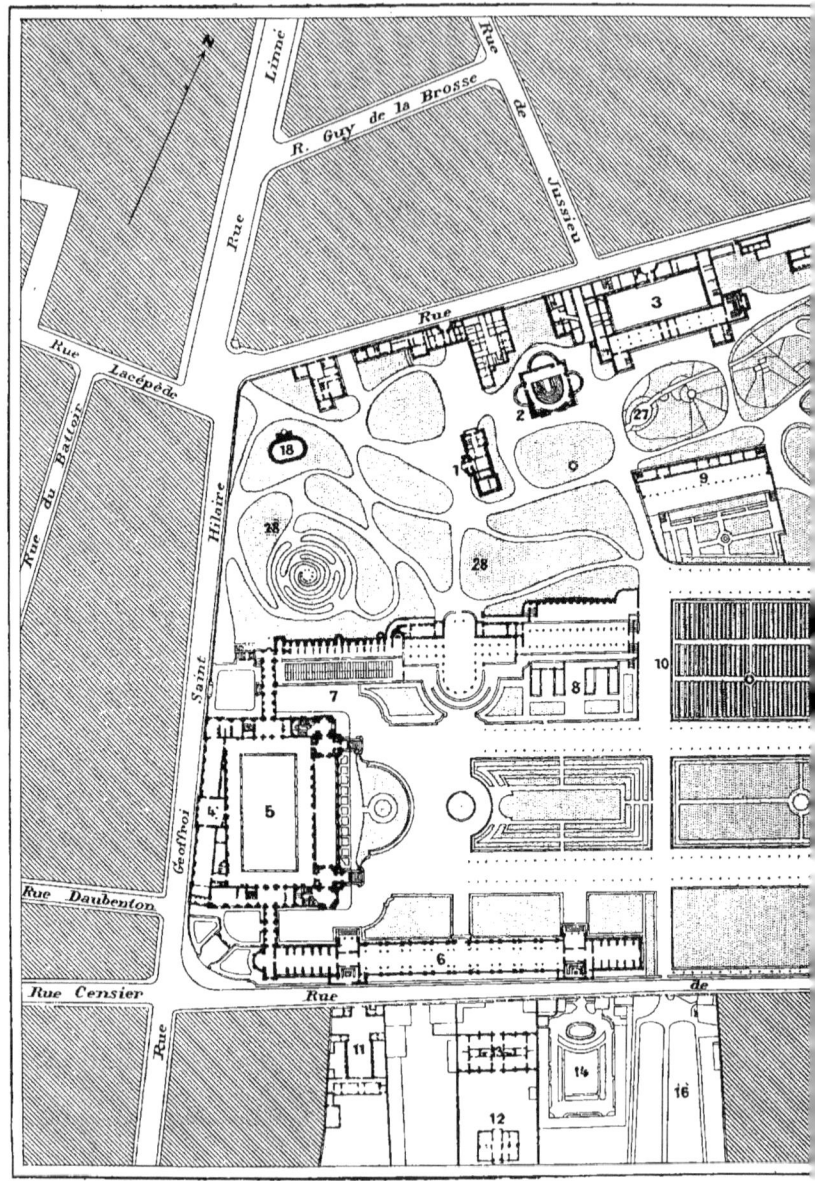

1 Administration, 1867.
2 Grand amphithéâtre, 1795.
3 Galeries d'anatomie comparée et d'anthropologie, commencées en 1795, ouvertes en 1806, terminées en 1817.
4 Anciennes galeries de zoologie. (Un premier étage existait de 1735 à 1794. Le deuxième étage a été construit en 1801.)
5 Nouvelles galeries de zoologie, commencées en 1877.

6 Galeries de minéralogie, de géologie, de botan bibliothèque, commencées en 1833, terminées
7 Anciennes serres, construites de 1834 à 1836.
8 Nouvelles serres, commencées en 1882.
9 Orangerie, commencée en 1795, finie en 1800.
10 École de botanique.
11 Laboratoires de chimie et de botanique, 1872.
12 Laboratoire d'anatomie comparée, 1860.
13 Laboratoires de zoologie, 1875.

RE NATURELLE DE PARIS.

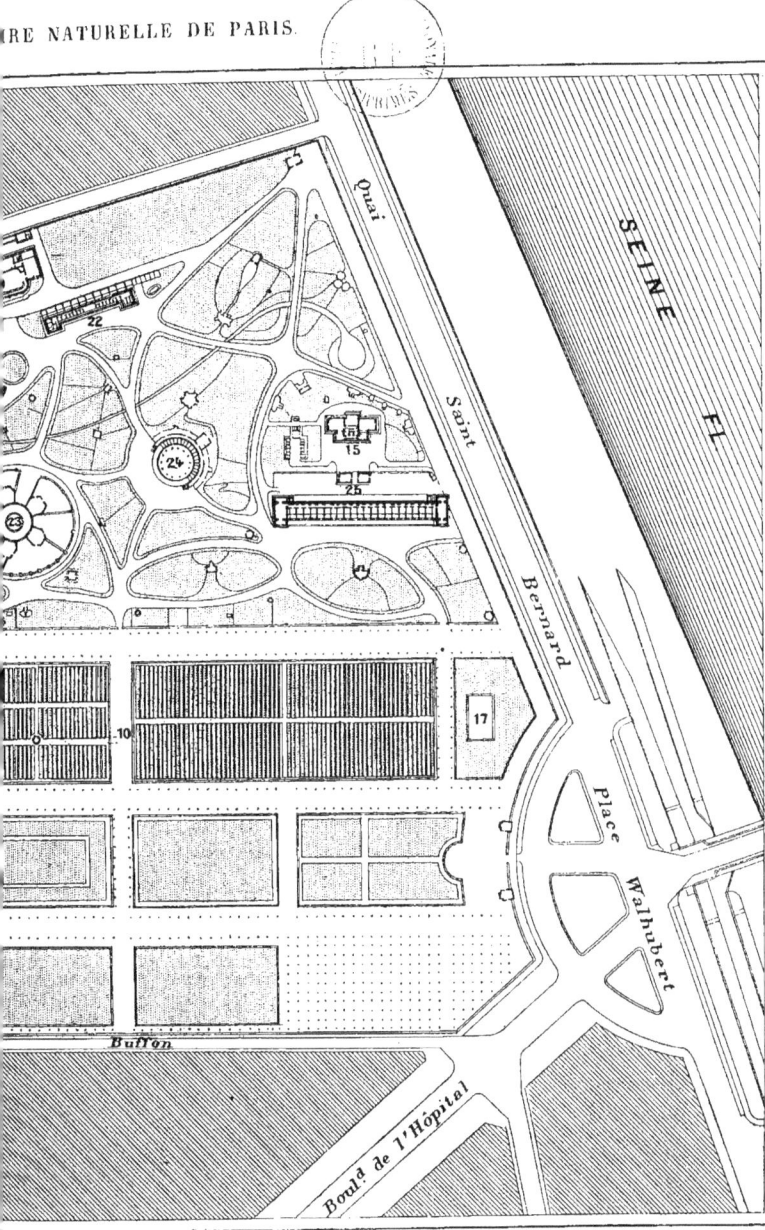

oire de physique végétale, 1858.
oire de physiologie générale, 1846.
res.
eau, 1847.
réservoir, 1834.
erie des reptiles et laboratoire d'erpétologie, commencés en 1870, finis en 1874.
le faisanderie, 1881.
ne faisanderie, 1827

22 Volière des oiseaux de proie, vers 1825.
23 Rotonde des animaux herbivores, commencée en 1804, terminée en 1812.
24 Singerie, commencée en 1835, finie en 1837.
25 Loges des animaux féroces, commencées en 1817, terminées en 1821.
26 Fosses aux ours, 1805.
27 Bassin des otaries, 1882.
28 Labyrinthes, 1635.

LE JARDIN DES PLANTES

ET

LE MUSÉUM D'HISTOIRE NATURELLE.

Histoire. — *La publication de l'Inventaire des Richesses d'art ne comporte pas une notice développée sur le Muséum d'Histoire Naturelle et le Jardin des Plantes. Le caractère scientifique de cet établissement nous interdit d'en décrire les principales collections ; toutefois, des œuvres d'art déjà nombreuses décorent l'intérieur des galeries, les cours et les jardins. Il y a lieu de les signaler. En outre, le plan de la publication nous impose de relater ici brièvement l'histoire du Muséum, bien que, par leur nature, ses richesses échappent à notre examen.*

Germain Brice se plaît à reporter l'honneur de la fondation du Jardin des Plantes au botaniste Jean Robin, qui reçut de Henri IV la conduite d'un « Jardin pour des simples », établi sur l'emplacement que devait occuper plus tard le Muséum, mais n'ayant alors d'autre « étendue — c'est Germain Brice qui parle — que l'espace appellé aujourdhuy le Jardin des fleurs ». Piganiol combat cette opinion et se refuse à voir aucune relation entre l'œuvre de Jean Robin et celle de Guy de Labrosse qui est considéré comme le véritable fondateur du « Jardin royal des plantes médicinales », institué par lettres patentes de Louis XIII, datées du mois de février 1626. Guy de Labrosse était médecin du Roi, ainsi que son confrère Héroard, qui ne fut pas non plus étranger à la création du Jardin. A l'origine, l'établissement avait une destination différente de celle que nous lui connaissons. Sa dénomination première en serait une preuve suffisante si nous ne relevions, en outre, dans des lettres patentes datées de Saint-Quentin, en 1635, et revêtues de la signature du Roi, cette phrase qui ne laisse aucun doute sur le caractère de l'institution nouvelle : « Attendu qu'on n'enseigne point, ès école de médecine, à faire des opérations de pharmacie... voulons que dans ledit jardin il soit gardé un échantillon de toutes les drogues tant simples que composées. » En ce temps-là, le Jardin des Plantes n'était donc autre chose qu'une école à l'usage des droguistes ou pharmaciens.

Le premier soin des fondateurs du Jardin fut de songer aux plantations. Le terrain qui leur était concédé, d'une étendue de quatorze arpents, renfermait dans son enceinte la butte des Copeaux, « amas successif de gravois et d'immondices de la ville ». C'est peu après 1635 que les premiers bâtiments du Muséum furent construits, ainsi que les salles destinées au cours de botanique, de chimie et d'histoire naturelle. Des chantiers et des jardins potagers appelés Marais bornaient le Jardin des Plantes du côté de la Seine. La majeure partie de ces terrains fut acquise au cours des deux derniers siècles, et, après de nouveaux agrandissements faits pendant la Révolution, le Jardin des Plantes mesura une superficie totale cinq fois plus grande qu'elle ne l'avait été à l'origine.

Nommons rapidement les hommes qui ont le plus contribué au développement du Jardin des Plantes.

Guy de Labrosse déploya dès l'origine une grande activité dans l'aménagement du Muséum. Secondé par le cardinal de Richelieu, le chancelier Séguier, M. de Bullion, surintendant des Finances, qu'il sut intéresser à la prospérité du Jardin, Labrosse se procura de nombreuses plantes, en dressa le catalogue qu'il publia, et, en 1640, il ouvrit son cours au public. A cette époque, le Jardin possédait plus de deux mille plantes.

C'est à titre de premier médecin du Roi que Labrosse avait été investi de la surintendance du Jardin des Plantes. Lorsqu'il mourut, en 1641, ce fut Vautier, le premier médecin, qui fut chargé de la direction du Jardin, et, au mois de juin 1642, un édit établit que « la qualité de surintendant des démonstrations et opérations médicinales » appartiendrait à l'avenir, d'une façon régulière, au premier médecin. Mais ce fut vainement que des lettres patentes de septembre 1646 réglèrent avec une autorité décisive l'administration du Jardin. Vautier s'en occupait fort peu. L'œuvre périclita et faillit disparaître. En 1653, un édit supprimant la charge de surintendant mit en grand péril le Muséum. Par bonheur, Vallot remplaça Vautier près du Roi, et, en 1658, à l'occasion de la maladie de Louis XIV, ce médecin acquit une réputation de savoir exceptionnel. Mettant à profit sa popularité, Vallot eut aussitôt l'idée de se faire nommer surintendant du Jardin des Plantes (1658). Il s'associa Fagon, et, sous l'impulsion de ces deux hommes, les collections prirent de rapides développements. Vallot publia en 1665 le catalogue des plantes, dont le nombre dépassait alors quatre mille. Son livre a pour titre Hortus regius ; il est précédé d'un petit poëme latin composé par Fagon.

Mais la mort d'Henriette de France enleva bientôt tout crédit à Vallot, qui avait soigné cette princesse sans la guérir (1669). Colbert, voulant sauver le Jardin des Plantes de la défaveur qui s'attachait à l'homme chargé de sa direction, rattacha la surintendance du Jardin à celle des Bâtiments dont il était titulaire. « Il ne resta, dit Piganiol, au premier médecin que le titre de surintendant des exercices qui se font à ce Jardin, sans qu'il eût même la nomination de ceux qui en remplissaient les places. » Louvois et Colbert de Villacerf s'attribuèrent, à l'exemple de leur devancier, la surintendance du Jardin. Cet état de choses dura jusqu'en 1698. A cette date, Fagon, investi des fonctions de premier médecin, obtint du Roi d'être réintégré dans la charge de Vallot. En conséquence, le 7 janvier 1699, Louis XIV rendit un règlement par lequel « l'entière surintendance de la culture des plantes et direction dudit Jardin royal » appartiendraient au premier médecin et à ses successeurs. Ce règlement fut confirmé par lettres patentes du 9 mai 1708. Louis XV le ratifia par sa déclaration du 10 septembre 1715, et Fagon, bien qu'il n'exerçât plus les fonctions de premier médecin, se vit accorder la surintendance pour sa vie durant. Il se retira donc au Jardin royal, où il mourut le 11 mars 1718. Le même mois, Poirier, premier médecin en exercice, décéda. Le Roi mit à profit la double vacance qui venait de se produire pour distraire de nouveau la surintendance du Jardin de la charge de premier médecin. (Déclaration du 31 mars 1718.) En conséquence, Pierre Chirac, premier médecin du duc d'Orléans, Régent du Royaume, fut nommé au Jardin des Plantes. Il vécut jusqu'au 1er mars 1732. Le 6 août de la même année, le Roi pourvut à la succession de Chirac, qui s'était montré fort indifférent à la prospérité des collections. Ce fut Du Fay, de l'Académie des sciences, qui reçut non pas le titre de surintendant, jugé sans doute trop prétentieux, mais celui d'intendant. Du Fay donna tous ses soins au Jardin des Plantes jusqu'en 1739, époque à laquelle il mourut.

Son successeur est connu. C'est Buffon. La célébrité du savant, ses relations dans toutes les parties du monde, lui ont permis de transformer le Cabinet d'histoire naturelle. Si Guy de Labrosse fut le fondateur du Jardin, Buffon en a été le créateur. C'est lui qui a fait construire le grand amphithéâtre, les laboratoires de chimie, et agrandir, aux dépens de son propre logement, qu'il finit par abandonner, les galeries d'histoire naturelle. Du vivant de Buffon, le Roi commanda sa statue qui fut sculptée par Pajou. Elle était placée, nous dit Thiéry, « sur le premier palier de l'escalier qui conduit aux salles du Cabinet d'histoire naturelle ». Elle est aujourd'hui dans la salle des Poissons.

Buffon mourut, on le sait, le 16 avril 1788. Bernardin de Saint-Pierre, devenu célèbre par ses Études de la Nature publiées en 1784, fut choisi par Louis XVI, en 1792, pour succéder à Buffon. Il ne jouit pas longtemps de sa charge, qui fut supprimée en 1793. Mais c'est à lui que revient l'honneur d'avoir établi la Ménagerie, formée tout d'abord des animaux qui composaient celle de Versailles que l'on transporta au Jardin des Plantes.

Sur un rapport de Lakanal (10 juin 1793), la Convention réorganisa le Jardin du Roi, dont elle changea le nom en celui de Muséum d'histoire naturelle. Douze chaires étaient fondées par le même décret, et Étienne Geoffroy Saint-Hilaire reçut le titre d'administrateur des collections. Cuvier, dont les travaux ont jeté tant d'éclat sur le Muséum, y fut professeur d'anatomie sous la direction de Geoffroy Saint-Hilaire. De nos jours, M. Eugène Chevreul a occupé de longues années le poste de directeur du Muséum, que remplit, depuis 1879, M. Edmond Frémy, membre de l'Académie des sciences.

Depuis le dix-septième siècle, des peintres et des dessinateurs n'ont cessé de travailler pour le Jardin des Plantes. De nombreuses miniatures sur vélin de Nicolas Robert, de Jean Joubert, d'Aubriet et de leurs successeurs sont conservées à la Bibliothèque du Muséum, ainsi qu'on le verra plus loin.

Le Jardin des Plantes est actuellement limité par les rues Cuvier, Geoffroy Saint-Hilaire, Buffon et le quai Saint-Bernard.

Le premier corps de bâtiment, élevé dans l'axe de la porte ouvrant sur la rue Cuvier, comprend le cabinet du Directeur, la salle d'assemblée des Professeurs et les bureaux de l'Administration. Ce bâtiment a été construit en 1867. Derrière l'Administration, en se dirigeant vers le nord, est le Grand Amphithéâtre, dont la construction remonte à 1795. Les galeries d'Anatomie comparée et d'Anthropologie (1795-1817) longent le mur de clôture sur la rue Cuvier. Un peu plus loin, dans la même direction, se trouvent la Ménagerie des reptiles et le Laboratoire d'Erpétologie (1870-1874). Un peu en avant de cette Ménagerie, sont disposées l'ancienne Faisanderie (1827), la nouvelle Faisanderie (1881) et la Volière des oiseaux de proie (1820-1825). Non loin de l'ancienne Faisanderie est la Rotonde des animaux herbivores (1804-1812), derrière laquelle se trouvent les Fosses aux ours (1805). Près du quai Saint-Bernard sont le laboratoire de Physiologie générale (1846) et les Loges des animaux féroces (1817-1821). Entre ces Loges et la Rotonde des animaux herbivores se trouve la Singerie (1835-1837).

A droite de l'entrée du jardin ouvrant sur la place Walhubert est une pièce d'eau (1847), et dans l'axe de cette pièce d'eau se déploie, en ligne droite, sur une longue étendue, l'École de Botanique. A l'extrémité de cette École sont les nouvelles Serres

(1882), et un peu plus loin, les anciennes Serres (1834-1836) qui atteignent la rue Geoffroy Saint-Hilaire. Devant l'entrée des anciennes Serres est une allée qui conduit à l'Orangerie (1795-1800), près de laquelle est le Bassin des otaries (1882). Dans l'angle formé par les rues Geoffroy Saint-Hilaire et Cuvier a été creusé, en 1834, le Grand Réservoir. Les anciennes galeries de Zoologie, dont le premier étage existait dès 1735 et dont le second étage date de 1801, longent la rue Geoffroy Saint-Hilaire. La seule entrée de ces galeries est actuellement placée en dehors du Jardin des Plantes sur la rue Geoffroy Saint-Hilaire pendant l'achèvement des nouvelles galeries de Zoologie dont la construction, commencée en 1877, se poursuit sous la direction de M. ANDRÉ (Louis-Jules). Enfin les galeries de Minéralogie, de Géologie, de Botanique et la Bibliothèque forment un corps de bâtiment en bordure sur la rue de Buffon. Cette construction, commencée en 1833, a été terminée en 1841.

De l'autre côté de la rue de Buffon, dans des annexes du Jardin des Plantes, se trouvent les Laboratoires de Physique végétale (1858), d'Anatomie comparée (1860), de Chimie et de Botanique (1872), de Zoologie (1875) et les Pépinières.

BIBLIOGRAPHIE. — *Dessein du Jardin royal des Plantes*, par GUY DE LABROSSE. Paris, 1626, in-8°.
Avis pour le Jardin royal des Plantes, Paris, 1631, in-4°, réimprimé en 1636, sous le titre : *Avis défensif du Jardin royal des Plantes médicinales*, par GUY DE LABROSSE.
Description du Jardin royal des Plantes, par GUY DE LABROSSE, Paris, 1636, 1641 et 1665, in-4°.
Ouverture du Jardin royal des Plantes, par GUY DE LABROSSE. Paris, 1640, in-fol.
Mémoire sur la nécessité de joindre une ménagerie au Jardin national des Plantes, par BERNARDIN DE SAINT-PIERRE. Paris, 1792, in-12.
Histoire et description du Muséum royal d'histoire naturelle, par DELEUZE. Paris, 1823, 2 vol, in-8°.
Muséum d'histoire naturelle, par Ch. ROHAULT DE FLEURY. Paris, 1844, in-fol. avec planches.
Histoire du Muséum, par CAP. Paris, Curmer, grand in-8°, 1854.
Description nouvelle de la ville de Paris, par GERMAIN BRICE, édition de 1706, t. II, p. 16 à 21.
Description historique de la ville de Paris, par PIGANIOL DE LA FORCE, édition de 1765, tomes I, p. 28, V, 249-257.
Guide des amateurs et des étrangers voyageurs à Paris, par THIÉRY, édition de 1787, t. II, p. 172 à 184.
Paris-Guide, Paris, 1867, 2 vol. in-12, t. 1, p. 145 à 172, étude par le docteur POUCHET.

DESCRIPTION.

BATIMENT DE L'ADMINISTRATION.

PREMIER VESTIBULE
DE LA SALLE D'ASSEMBLÉE DES PROFESSEURS.

SCULPTURE.

Antoine-Laurent de Jussieu (1748-1836), professeur de botanique[1]. — Buste. — Plâtre. — H. 0m,65. — Par DAVID D'ANGERS (PIERRE-JEAN).

Tête nue, de face; sans indication de vêtement.

Signé sur le socle, à la gauche du personnage : P. J. DAVID, 1838.

Sur la face antérieure est gravé :

A. L. DE JUSSIEU.

Ce buste est une épreuve d'après la terre cuite placée dans le cabinet du directeur dont nous parlerons plus loin.

Sébastien Vaillant (1669-1722), démonstrateur de botanique. — Buste. — Plâtre. — H. 0m,70. — Par M. HÉBERT (ÉMILE).

Tête nue, de face; perruque; cravate à bouts flottants, habit ouvert.

Signé à la section de l'épaule gauche : ÉMILE HÉBERT 1849.

Salon de 1849 (2240), acquis par le ministère de l'Intérieur (arrêté du 22 juin 1852) au prix de 400 francs, et attribué au Cabinet d'Histoire naturelle.

DEUXIÈME VESTIBULE.
1° PEINTURE.

Casoar, Grue couronnée et Faisan. — Toile. — H. 1m,05. — L. 1m,40. — Par DESPORTES (ALEXANDRE-FRANÇOIS).

Fond de paysage.

---
[1] Nous ne faisons suivre le nom des personnages représentés au Jardin des Plantes que de la seule mention des titres qui les rattachent à cet établissement.

Ce tableau n'est pas signé, mais il est absolument de même style et de même facture que le suivant qui porte la signature de l'artiste.

Casoar, Cigogne et Canard. — Toile. — H. 1ᵐ,05. — L. 1ᵐ,40. — Par Desportes (Alexandre-François).

Fond de paysage.

Signé dans l'angle inférieur à droite : Desportes.

Grues, Pintades, Spatule. — Toile, de forme ovale. — H. 1ᵐ. — L. 0ᵐ,75. — École française. — Dix-huitième siècle. Fond de paysage.

2° SCULPTURE.

Bernard de Jussieu (1699-1777), *botaniste.* — Buste. — Terre cuite. — H. 0ᵐ,65. — Par Levieux ou Le Vieux (Lucien).

Tête nue, de face, coiffée d'une perruque; indication de costume universitaire; manteau bordé d'hermine.

Signé sur la face postérieure du socle : Lᶜⁱᵉʳ Le Vieux F. anno 1780.

Au-dessus de la signature, à la hauteur des épaules, est gravé :

BERNARD DE JUSSIEU NÉ EN 1699, mort en 1777.

Ce buste est peint en blanc.

Un exemplaire en plâtre de ce buste est au Musée de Versailles (n° 487, catal. d'Eud. Soulié, édition de 1859). Les dimensions de cet exemplaire sont de 0ᵐ,58; elles diffèrent donc de celles de l'original, mais la différence provient de l'importance du socle de la terre cuite.

Isidore Geoffroy Saint-Hilaire (1805-1861), *professeur de zoologie.* — Buste. — Marbre. — H. 0ᵐ,77. — Par Barre (Jean-Auguste).

Tête nue, de face; sans indication de vêtement; barbe en collier.

Signé sur le socle, à la gauche du personnage : Barre Iⁱʳ 1858.

Le marbre original de ce buste, exposé au Salon de 1861 (n° 3164), appartient à M. d'Audecy, à Paris.

Bernard-Germain-Étienne de La Ville, comte de Lacépède (1756-1825), *naturaliste.* — Buste. — Plâtre. — H. 0ᵐ,52. — Par David d'Angers (Pierre-Jean).

Tête nue, légèrement tournée vers l'épaule gauche; sans indication de vêtement.

Signé sur le socle, à la gauche du personnage : P. J. David 1824.

Voyez sur ce buste *Inventaire des Richesses d'art de la France*, Province, Monuments civils, tome III, p. 121. Il est parlé à cette page d'un marbre commandé par le ministre de l'Intérieur à David d'Angers en 1826 pour le Muséum. Nous avons eu la preuve de cette commande. Elle est en conséquence signalée dans la biographie de l'artiste (*David d'Angers*, etc., t. II, p. 461), mais le marbre du buste de Lacépède n'est pas au Jardin des Plantes. Il se trouve actuellement au Musée d'Agen. L'État en a fait don en 1838, sur la demande de M. S. Dumon, ministre des Finances, à la Société d'agriculture, sciences et arts d'Agen. (Voy. *Catalogue du Musée d'Agen*, édition de 1880, p. 87.) Le plâtre qui nous occupe est le modèle ou une épreuve du marbre de 1824, offert par l'artiste au naturaliste qui lui avait fait passer cinq cents francs lorsqu'il entrait en loge pour le prix de Rome (1811).

Sur le calorifère du vestibule :

Famille de Chats. — Groupe. — Bronze. — Diamètre de la base qui est légèrement ovoïde : 0ᵐ,55. — Par M. Fremiet (Emmanuel).

Une chatte, couchée, est environnée de ses petits, également couchés.

Signé sur la draperie où repose la chatte : Fremiet.

Plus bas, sur la partie antérieure du socle, est gravé :

A MESSIEURS LES PROFESSEURS DU MUSÉUM
E. FREMIET.

Le plâtre de ce groupe a été exposé au Salon de 1849 (n° 2211), et le marbre à l'Exposition universelle de 1855 (n° 4395). Acquis par l'État, le marbre est déposé au Musée de Grenoble.

Le bronze placé au Jardin des Plantes est un don de l'auteur à MM. les professeurs du Muséum.

Joseph-Louis Gay-Lussac (1778-1850), *professeur de chimie générale.* — Buste. — Plâtre. — H. 0ᵐ,70. — Par M. Millet (Aimé).

Tête nue, de face; sans indication de vêtement.

Signé à la gauche du personnage : Aimé Millet sculp^t.

7.

Sur la face antérieure du socle est gravé :

GAY-LUSSAC.

Le bronze a été exposé au Salon de 1850-1851 (n° 3525).

Georges-Chrétien-Léopold-Dagobert Cuvier (1769-1832), *professeur d'anatomie comparée*. — Buste. — Plâtre. — H. 0m,77. — Par Pradier (James).

Tête nue, légèrement tournée vers l'épaule droite; costume universitaire, habit brodé de palmes, manteau, décorations. Indication du bras droit.

Signé à la section de l'épaule gauche :
J. Pradier 1833.

Le marbre, commandé par la Maison du Roi, a figuré au Salon de 1834 (n° 2123). Un plâtre mesurant 0m,70, en raison de la différence d'élévation du socle, est conservé au Musée de Versailles (n° 1657, catal. d'Eud. Soulié, édition de 1859).

SALLE D'ASSEMBLÉE DES PROFESSEURS.

SCULPTURE.

L'abbé Pierre-André Latreille (1762-1833), *naturaliste, chargé de la classification des insectes au Muséum*. — Buste. — Plâtre. — H. 0m,48. — Par Merlieux (Louis-Parfait).

Tête nue, de face; sans indication de vêtement.

Signé à gauche : P. Merlieux, 1833.

Sur la face antérieure du socle est gravé :

LATREILLE.

A droite est gravé un insecte autour duquel est la légende :

NECROBIA RUFICOLLIS ANNO 1792.

A gauche de l'insecte, on lit :

DECIES

A droite :

AUCTA

(Dix fois plus grand que nature.)

Il n'est pas sans intérêt de rappeler ici que l'abbé Latreille, arrêté à Brives, sa ville natale, pendant la période révolutionnaire, venait d'être dirigé sur Bordeaux, enfermé au fort du Hâ et condamné à la déportation avec soixante-treize autres proscrits, lorsque la découverte d'un insecte qu'il nomma *necrobia ruficollis* lui valut la connaissance et la protection de Dargelas et, dit-on, de Bory de Saint-Vincent, naturalistes de Bordeaux, qui obtinrent sa mise en liberté.

Le bronze de ce buste est au cimetière du Père-Lachaise. Un plâtre est à l'Institut. (Voy. *Inventaire des Richesses d'art*, Paris, *Monuments civils*, t. 1, p. 22. (L'inscription latine gravée sur ce plâtre diffère par son texte et la date qui l'accompagne. En voici les termes : *Necrobia Ruficollis Latrellei salus anno* 1794.

Le marbre a été exposé au Salon de 1835 (n° 2302).

Antoine-François, comte Fourcroy (1755-1809), *professeur de chimie au Jardin du Roi*. — Buste. — Plâtre. — H. 0m,50. — Par Chaudet (Antoine-Denis).

Tête nue, de face; sans indication de vêtement.

Sur la face antérieure est gravé :

A. F. FOURCROY.

A gauche est inscrite la liste des principaux ouvrages du chimiste. A droite est modelée en bas-relief une cornue autour de laquelle s'enroule un serpent.

L'original en marbre a figuré au Salon de 1804 (n° 617).

Un plâtre d'après ce buste est conservé au musée de Versailles (n° 493, catal. d'Eud. Soulié, édition de 1859).

André-Marie-Constant Duméril (1774-1860), *professeur d'erpétologie et d'ichthyologie*. — Buste. — Plâtre. — H. 0m,62. — Par Legendre-Héral (Jean-François).

Tête nue, de face; sans indication de vêtement.

Signé à droite : Legendre-Héral, 1837.

Sur la face antérieure du socle est gravé :

A. M. C. DUMÉRIL.

Salon de 1838 (n° 1892). Le catalogue porte « Buste de Dumesnil », mais ce ne peut être qu'une erreur typographique.

Étienne Geoffroy Saint-Hilaire (1772-1844), *professeur d'histoire naturelle des mammifères et des oiseaux*. — Buste. — Plâtre. — H. 0m,52. — Par Legendre-Héral (Jean-François).

Tête nue, tournée vers l'épaule gauche; sans indication de vêtement.

Signé au-dessous de l'épaule droite :
Legendre-Héral, 1837.

Salon de 1838 (n° 1893).

Jean-Louis Leclerc, comte de Buffon (1707-1788), *intendant du Jardin du*

Roi. — Buste. — Plâtre. — H. 0m 53. Par HOUDON (JEAN-ANTOINE).

Tête nue, tournée vers l'épaule gauche; grande perruque ; sans indication de vêtement.

Signé à droite : HOUDON F.

Sur la face antérieure du socle est gravé :

BUFFON.

Ce buste a figuré au Salon de 1783 (n° 248), et le livret nous apprend qu'il « a été exécuté en marbre aux frais de Sa Majesté l'Impératrice de toutes les Russies ».

Georges-Chrétien-Léopold-Dagobert Cuvier (1769-1832), *professeur d'anatomie comparée.* — Buste. — Plâtre. — H. 0m,57. — Par LAVY (A.).

Tête nue, de face, légèrement inclinée sur l'épaule gauche; sans indication de vêtement.

Signé derrière le buste : A. LAVY 1812.

Sur la face antérieure du socle est gravé :

G. CUVIER.

Henry-Marie Ducrotay de Blainville (1777-1850), *professeur d'anatomie comparée.* — Buste. — Plâtre. — H. 0m,53. — Par MERLIEUX (LOUIS-PARFAIT).

Tête nue, de face; sans indication de vêtement.

Signé à gauche : P. MERLIEUX 1850.

Sur la face antérieure du socle est gravé :

DE BLAINVILLE.

André Laugier (1770-1832), *professeur de chimie.* — Buste. — Plâtre. — H. 0m,56 — Par MANSION.

Tête nue, de face; sans indication de vêtement.

Signé à gauche : MANSION, 1821.

Sur la face antérieure du socle est gravé :

ANDRÉ LAUGIER.

A droite sont modelés en bas-relief des instruments de chimie.

Ce buste a figuré au Salon de 1822 (n° 1452). Nous n'avons pu découvrir le prénom de ce sculpteur.

André Thouin (1747-1824), *botaniste, jardinier en chef.* — Buste. — Plâtre. — H. 0m,70. — École française. — Dix-neuvième siècle.

Tête nue, légèrement tournée vers l'épaule droite; perruque, jabot, vêtement ouvert ; indication des épaules.

Derrière le buste est gravé :

A. THOUIN.

Louis-Jean-Marie Daubenton (1716-1800), *garde et démonstrateur du Cabinet d'histoire naturelle.* — Buste. — Plâtre. — H. 0m,66. — Par BOIZOT (LOUIS-SIMON).

Tête nue, de face; cravate; indication de manteau jeté sur le vêtement.

Deux bustes de Daubenton furent exposés aux Salons de la fin du dix-huitième siècle, l'un en marbre « imitant la terre cuite », envoyé par LECOMTE au Salon de 1783 (n° 239) ; l'autre exposé par BOIZOT, en 1798 (n° 504), représentait le modèle âgé de quatre-vingt-trois ans. « Ce buste, ajoutait le catalogue, fait partie d'une collection des portraits des fameux naturalistes. » Nous pensons que c'est bien l'ouvrage de BOIZOT que nous venons de décrire. Daubenton paraît plus qu'octogénaire dans ce buste.

Joseph Pitton de Tournefort (1656-1708), *professeur de botanique du Jardin du Roi.* — Buste. — Plâtre. — H. 0m,70. — École française. — Dix-huitième siècle.

Tête de face, penchée en avant, coiffée d'une calotte; moustaches, barbiche; indication d'hermine; décoration.

Derrière le buste est gravé :

TOURNEFORT.

Antoine Petit (1718-1794), *Régent de la Faculté de Médecine.* — Buste. — Terre cuite peinte. — H. 0m,65. — Par LUCAS (FRANÇOIS).

Tête nue, légèrement tournée vers l'épaule droite; perruque; indication d'hermine sur le costume.

Derrière le buste est gravé :

AN[TOINE PETIT] 1787.

Un buste d'Antoine Petit, par LUCAS, en terre cuite, a figuré au Salon de 1795 (n° 1054). Ne serait-il pas possible que le buste eût été exécuté dès 1787, pour être exposé seulement après la mort du modèle ?

Pierre-Joseph Macquer (1718-1784), *professeur de chimie au Jardin du Roi.* — Buste. — Terre cuite peinte. — H. 0m,63. — École française. — Dix-huitième siècle.

Tête nue, tournée vers l'épaule droite; perruque, rabat; indication de manteau bordé d'hermine.

CABINET DU DIRECTEUR.

(1° PEINTURE.)

Cerfs du Bengale, dits *Cerfs axis*. — Toile, de forme ovale. — H. 0m,90. — L. 0m,64. — Par Oudry (Jean-Baptiste).

Deux cerfs, mâle et femelle. Fond de paysage.

Signé dans l'angle inférieur de la toile, à gauche : J. B. Oudry... 29... ou 39.

Un Serpentaire, un Héron, un Coq, deux Canards. — Toile. — H. 1m,10. — L. 1m,40. — Par Oudry (Jean-Baptiste).

Fond de paysage.

Non signé.

Chien et Perdrix. — Toile. — H. 1m,10. — L. 1m,40. — Par Oudry (Jean-Baptiste).

Chien couchant en arrêt devant une perdrix rouge au milieu de hautes herbes.

Signé dans l'angle inférieur de la toile, à gauche : J. B. Oudry. 1742.

Il y a lieu de supposer que ces trois tableaux d'Oudry ont été commandés à l'artiste par le Roi qui « lui envoyait à copier, écrit Villot, tous les animaux rares qu'il recevait, avant de les faire porter au cabinet d'histoire naturelle ». (Notice des tableaux exposés dans les galeries du Louvre. École française. Édit. de 1874, p. 243.)

Peut-être convient-il de voir dans le dernier de ces tableaux soit le n° 48, soit le n° 49 du Salon de 1743, ainsi décrits au livret : « *Portrait de chien couchant, fait pour le Roy et posé dans la salle à manger du château de Choisy.* — *Autre portrait de chien couchant, aussi fait pour le Roy et posé dans la même salle.* »

Perroquet, Ibis, Vautour, Toucan. — Toile, de forme ovale. — H. 1m,30. — L. 1m,10. — École française. — Dix-neuvième siècle.

Ces oiseaux sont placés au milieu d'un paysage exotique.

Un Vautour et un Flamant. — Toile. — H. 1m,10. — L. 1m,40. — Par Oudry (Jean-Baptiste).

Fond de paysage.

2° SCULPTURE.

Antoine-Laurent de Jussieu (1748-1836), *professeur et démonstrateur de botanique.* — Buste. — Terre cuite. — H. 0m,65.
— Par David d'Angers (Pierre-Jean).

Tête nue, de face, sans indication de vêtement.

Un plâtre est conservé au Musée de Versailles (n° 492, catal. d'Eud. Soulié, édition de 1859). — Voy. *Inventaire des Richesses d'art*. Province. *Monuments civils*, t. III, p. 163. Voy. ci-dessus, page 6, la répétition en plâtre de ce buste.

Claude-Louis, comte Berthollet (1748-1822), chimiste. — Buste. — Marbre. — H. 0m,60. — Par Gayrard (Raymond).

De face, tête nue ; sans indication de vêtement.

Signé à gauche : Gayrard St MDCCCXXIII.

Sur la face antérieure du socle est gravé :

Cᵈᵉ Lˢ Berthollet.

Le marbre original, commandé par le ministre de l'Intérieur, pour la bibliothèque de l'Institut, a été exposé au Salon de 1824 (n° 1850). Voyez : *Inventaire des Richesses d'art*. Paris, *Monuments civils*, t. I, p. 13.

CURIOSITÉS.

Meuble à parfums. — H. 0m,95. — L. 0m,80. — Fabrique orientale. — Dix-septième siècle.

Il est en forme de huche, monté sur quatre pieds et couvert d'incrustations de nacre sur toutes ses faces. Il renferme de nombreux flacons, en verre doré, bouchés à l'émeri et ayant contenu des eaux de senteur. Il n'y a guère moins de cent flacons disposés dans autant de petits casiers.

Fauteuil ayant appartenu à Buffon. — Style Louis XIV.

ANCIENNES GALERIES DE ZOOLOGIE.

REZ-DE-CHAUSSÉE.

SALLE DES NIDS.

SCULPTURE.

Vénus animant l'univers. — Statue. — Marbre. — H. 1m,90. — Par Dupaty (Charles).

Nue, debout, la main gauche posée sur le sein, le bras droit tombant le long du corps, elle tient de la main droite un flambeau renversé. Auprès de la déesse, deux colombes placées sur une sphère se becquettent.

Sur la face antérieure du socle est gravé :

ALMA PARENS RERUM.

Signé sur le socle, derrière la statue : C. Dupaty Romae 1810.

Ce marbre a été exposé en 1812 (n° 1067) sous le titre que nous lui donnons ici. On désigne plus fréquemment cette statue sous le nom de *Venus genitrix*.

SALLE DES POISSONS.
SCULPTURE.

Jean-Louis Leclerc, comte de Buffon (1707-1788), *intendant du Jardin du Roi*. — Statue. — Marbre. — H. 2ᵐ,90. — Par Pajou (Augustin).

Debout, le torse nu et drapé, perruque tombant sur les épaules, il tient un style de la main droite et, de l'autre main, une tablette posée verticalement sur une mappemonde. Aux pieds du personnage, un lion, un chien, un serpent, des madrépores, etc.

Sur le revers de la tablette que soutient Buffon est gravé : Pajou 1776.

Sur la face antérieure du socle se lit l'inscription :

MAJESTATI NATURAE PAR INGENIUM.

Une seconde inscription gravée sur un morceau de marbre de forme rectangulaire a été fixée sur le devant du piédestal. Elle porte :

LE CERVELET DE BUFFON, OFFERT AU MUSÉUM PAR MM. FAUJAS DE SAINT-FOND ET NADAUD (sic) DE BUFFON, A ÉTÉ DÉPOSÉ DANS CE PIÉDESTAL LE 17 OCTᵉ. 1870.

L'inauguration de la statue de Buffon eut lieu avant l'ouverture du Salon de 1777, car nous lisons au livret de cette exposition (p. 41) : « On voit du même artiste (Pajou) au Cabinet d'Histoire naturelle, au Jardin du Roi, la statue de M. de Buffon, exécutée en marbre, aux dépens de Sa Majesté. »

On lit au sujet de cette statue dans les *Mémoires secrets* du continuateur de Bachaumont, sous la date du 29 mars 1777 : « On commence à voir au Jardin du Roi une statue de M. le comte de Buffon, dont l'anecdote est curieuse à conserver. M. le comte d'Angiviller, longtemps avant d'être nommé à la dignité qu'il occupe et de présider aux arts, juste admirateur du premier (le comte de Buffon), et son ami, avait, à son insu, demandé au feu Roi la permission d'ériger une statue à ce grand homme. Sa Majesté voulut s'en réserver la gloire, et elle fut sur-le-champ commandée à ses frais. Mais, en même temps, il fut convenu avec l'artiste de garder à cet égard le plus grand secret. Le mystère n'a point été trahi, et le monument a été placé au lieu de sa destination en l'absence de M. de Buffon. » (*Mémoires secrets*, édition de 1784, tome X, p. 80-81.) Le continuateur de Bachaumont n'est pas suffisamment explicite dans la première partie de son récit. L'hommage rendu à Buffon, s'il faut en croire l'un de ses plus récents biographes, n'aurait pas été, de la part de M. d'Angiviller, absolument désintéressé. « Au mois de février 1771, lisons-nous dans une notice sur le naturaliste, pendant une longue et douloureuse maladie qui alarma l'Europe savante, on disposa, à son insu, en faveur du comte d'Angiviller, déjà comblé de places et de pensions, de sa survivance, qu'il destinait à son fils. Le comte d'Angiviller n'avait aucun titre scientifique qui lui permît de prétendre à l'honneur de succéder à Buffon. La faveur seule avait inspiré ce choix. Louis XV, voulant du moins donner une compensation à Buffon et apaiser son juste mécontentement, érigea ses terres en comté (juillet 1772), et commanda sa statue en pied au sculpteur Pajou. » (*Grand Dictionnaire universel du dix-neuvième siècle*, tome Iᵉʳ, p. 1391, 3ᵉ col.) La statue fut terminée vers la fin de 1776, car Buffon, le 13 janvier 1777, remercie le président de Ruffey des compliments que celui-ci a jugé convenable de lui adresser au sujet de l'œuvre de Pajou. Buffon se montre, au surplus, assez peu flatté de l'honneur qui lui est fait. « Je vous remercie, écrit-il à son correspondant, de la part que vous avez la bonté de prendre à cette statue, que je n'ai, en effet, ni mendiée ni sollicitée, et qu'on m'aurait fait plus de plaisir de ne placer qu'après mon décès. J'ai toujours pensé qu'un homme sage doit plus craindre l'envie que faire cas de la gloire ; et tout cela s'est fait sans qu'on m'ait consulté. » (*Même source*.) Ajoutons, comme dernier renseignement, qu'à la suite du mouvement d'opinion déterminé par la statue de Pajou, l'Académie royale de peinture et de sculpture de Toulouse voulut avoir le portrait de Buffon qui fut dessiné d'après nature, écrit le continuateur de Bachaumont, par M. Pujos, peintre en miniature, associé honoraire de cette compagnie, et gravé par M. Vangelisty. (Même édition, t. X, p. 148.)

PREMIER ÉTAGE.
SALLE DES OISEAUX
OU DE L'HORLOGE.
SCULPTURE.

Au milieu de la salle :

Guy de La Brosse (1584-1641), *médecin de Louis XIII, fondateur du Jardin des Plantes*. — Buste. — Marbre. — H. 0ᵐ,80. — Par Matte (Nicolas-Auguste).

Tête nue, tournée vers l'épaule droite ;

moustaches, barbiche; indication de manteau, jeté sur l'épaule gauche.

Signé à gauche : Matte f. 1831.

Sur la face antérieure du socle est gravé :

GUI DE LA BROSSE.

Ce buste, commandé par le ministère des Travaux publics a été exposé au Salon de 1831 (n° 2250).

Tous les bustes que nous décrivons dans cette salle, — celui de Gui de Labrosse excepté, — sont posés sur les hautes vitrines appliquées le long des murs.

Étienne Geoffroy Saint-Hilaire (1772-1844), *professeur d'histoire naturelle des mammifères et des oiseaux.* — Buste. — Plâtre bronzé. — H. 0^m,52.
— Par Legendre-Héral (Jean-François).

Ce buste est une répétition de celui que renferme la salle d'assemblée des professeurs.

Isidore Geoffroy Saint-Hilaire (1805-1861), *professeur d'histoire naturelle des mammifères et des oiseaux.* — Buste. — Plâtre bronzé. — H. 0^m,55. — Par Barre (Jean-Auguste).

Tête nue, de face; barbe en collier; sans indication de vêtement.

Signé à gauche : Barre f. 1862.

Le marbre a été exposé au Salon de 1861 (n° 3164). L'artiste a donc intentionnellement daté de 1862 l'épreuve que nous décrivons ici et qui a été faite d'après le marbre.

Bernard-Germain-Étienne de La Ville, comte de Lacépède (1756-1825), *naturaliste.* — Buste. — Plâtre bronzé. — H. 0^m,52. — Par David d'Angers (Pierre-Jean).

Ce buste est une réplique de celui qui se trouve placé dans le second vestibule de la salle d'assemblée des professeurs, et que nous décrivons plus haut.

Jacques Winsloev, dit Winslow (1669-1760), *anatomiste danois.* — Buste. — Plâtre bronzé. — H. 0^m,65. — École française. — Dix-huitième siècle.

Tête nue, tournée à droite; grande perruque; indication de manteau largement drapé.

Michel Adanson (1727-1806), *voyageur et botaniste.* — Buste. — Plâtre bronzé. — H. 0^m,65. — Par Boulliet (Jacques-Antoine).

Tête nue, de face; indication de draperie.

Signé à gauche : Boulliet. 1798, an vi.

Exposé au Salon de 1798 (n° 507) avec la mention : « Plâtre couleur terre cuite. Ce buste, faisant partie d'une collection de portraits, doit être exécuté en marbre. »

Joseph-Louis Gay-Lussac (1778-1850), *professeur de chimie générale.* — Buste. — Plâtre bronzé. — H. 0^m,70. — Par M. Millet (Aimé).

Réplique du buste placé dans le vestibule de la salle d'assemblée des professeurs, et décrit plus haut.

René-Antoine Ferchault de Réaumur (1683-1757), *physicien et naturaliste.* — Buste. — Terre cuite — H. 0^m,55. — Par Lemoyne (Jean-Baptiste).

Tête nue, tournée vers l'épaule droite; perruque; indication de manteau bordé d'hermine.

Signé à la section de l'épaule gauche : J. B. Lemoyne 1751.

A la section de l'épaule droite est gravé :

M. DE RÉAUMUR.

Un plâtre, d'après ce buste, est conservé au Musée de Versailles (n° 1835, catal. d'Eud. Soulié, édition de 1859).

Henri-Louis Duhamel du Monceau (1700-1782), *botaniste et agronome.* — Buste. — Terre cuite. — H. 0^m,70. — École française. — Dix-huitième siècle.

Tête nue, tournée vers la droite du personnage; indication d'épaules; draperie sur la poitrine.

GALERIES DE MINÉRALOGIE, DE GÉOLOGIE ET DE BOTANIQUE.

PREMIÈRE SALLE,

dite SALLE DE HAÜY.

A gauche de la porte d'entrée :

Paysage dans les mers du Nord. — Toile marouflée couvrant deux pans de murs à angle droit. — H. 10^m. — L. 4^m,40. — Par Biard (Auguste-François).

Un voyageur examine, à l'aide d'une loupe, diverses plantes marines. Fond de montagnes de glace.

Mur faisant face à cette scène :

Pêche aux morses. — Toile marouflée couvrant deux pans de mur à angle droit. — H. 10^m. — L. 4^m,40. — Par Biard (Auguste-François).

Cinq pêcheurs sont montés dans une barque et s'apprêtent à lancer le harpon. Un sixième pêcheur se tient sur un rocher.

A droite de la porte d'entrée :
Chasse à l'ours. — Toile marouflée couvrant deux pans de mur à angle droit. — H. 10ᵐ. — L. 4ᵐ,40. — Par BIARD (AUGUSTE-FRANÇOIS).

Au centre du panneau le plus voisin de la porte, un ours vient de terrasser un chasseur; quatre autres s'apprêtent à frapper l'animal. Mur faisant face à cette scène :

Chasse aux rennes. — Toile marouflée couvrant deux pans de murs à angle droit. — H. 10ᵐ. — L. 4ᵐ,40. — Par BIARD (AUGUSTE-FRANÇOIS).

Un groupe de chasseurs sont occupés à lancer le lasso.

BIARD ayant exposé en 1841, 1842 et 1843 des scènes marines qui avaient pour théâtre la mer Glaciale, nous ignorons si quelques-uns des panneaux de la salle de Haüy n'ont pas figuré au Salon.

DEUXIÈME SALLE,
dite GALERIE DE MINÉRALOGIE.

1° PEINTURE.

Sur le mur de gauche, près de la porte d'entrée :

Roches calcaires du Fletschberg et cascades du Staubbach (canton de Berne). — Toile marouflée. — H. 2ᵐ,80. — L. 1ᵐ,20. — Par RÉMOND (CHARLES).

Vue prise du chemin conduisant d'Interlaken à la Jungfrau. Au premier plan, un torrent; à gauche, un paysan assis sur l'herbe tient une faux à la main et cause avec une femme debout devant lui; à droite, un troupeau et une bergère assise. Fond de rochers.

Signé à gauche, dans l'angle inférieur, sur le terrain : RÉMOND.

Volcan de l'Hécla (Islande). — Toile marouflée. — H. 2ᵐ,80. — L. 2ᵐ,20. — Par M. GIRAUD (SÉBASTIEN-CHARLES).

Vue prise de la vallée de l'Hévita. Au premier plan, rochers, troupeaux, voyageurs à cheval. Fond de montagnes.

Signé dans l'angle inférieur, à droite, sur le terrain : CH. GIRAUD 1855.

Sur le mur faisant retour, à angle droit :

Soufrière de la Guadeloupe. — Toile marouflée. — H. 2ᵐ,80. — L. 2ᵐ,20. — BÉRARD (ÉVREMOND DE).

Gorges de rochers, torrents. Fond de montagnes.

Sur le mur de droite, près de la porte d'entrée :

Terrain d'alluvion de la vallée de l'Aar (canton de Berne). — Toile marouflée. — H. 2ᵐ,80. — L. 1ᵐ,20. — Par RÉMOND (CHARLES).

Au centre, une femme, vue de dos, un panier au bras gauche, un bâton dans la main droite, gravit un sentier tortueux.

Signé dans l'angle inférieur, à droite, sur le terrain : RÉMOND 1842.

Vue du Geyser, en Islande, pendant l'une de ses éruptions. — Toile marouflée. — H. 2ᵐ,80. — L. 1ᵐ,20. — Par M. GIRAUD (SÉBASTIEN-CHARLES).

Une tente au milieu d'un terrain couvert de végétation. Trois personnages occupent le premier plan : ce sont le prince Jérôme Napoléon, le voyageur Louis Rousseau, ancien garde de galeries au Muséum, mort en 1874, et le peintre, M. Charles GIRAUD. Fond de montagnes.

Sur le mur faisant retour, à angle droit :

Peter Botte (île Maurice). — Toile marouflée. — H. 2ᵐ,80. — L. 1ᵐ,20. — Par BÉRARD (ÉVREMOND DE).

Au premier plan, un torrent, roches couvertes de verdure, troupeaux. Fond de montagnes.

A l'extrémité de la salle, sur le mur de gauche, près de la porte de sortie :

Cimes calcaires de la Wetterhorn et glacier de Rosenlaui (canton de Berne). — Toile marouflée. — H. 2ᵐ,80. — L. 1ᵐ,20. — Par RÉMOND (CHARLES).

Vue prise de la grande Schedeick ; un troupeau est disséminé au premier plan sur un terrain couvert d'herbe; cours d'eau ; fond de montagnes.

Signé à gauche, dans l'angle inférieur, sur l'herbe : RÉMOND 1842.

Volcan de l'île Stromboli, entre Naples et la Sicile (nuit du 30 août 1840). — Toile marouflée. — H. 2ᵐ,80. — L. 1ᵐ,20. — Par RÉMOND (CHARLES).

Vue prise au nord de l'île; le volcan est en éruption, et ses flammes se réfléchissent dans la mer que traversent un navire à voile et un paquebot à vapeur.

Signé à gauche, dans l'angle inférieur : RÉMOND 1843.

Sur le mur faisant retour, à angle droit :

Puy-de-Dôme, volcans éteints. — Toile

maroufiée. — H. 2^m,80. — L. 2^m,20. — Par Bérard (Évremond de).

Vue d'une chaîne de montagnes.
Ce tableau a été peint en 1872.
Sur le mur de droite, près de la porte de sortie :

Éruption du Vésuve (22 octobre 1822). — Toile maroufiée. — H. 2^m,80. — L. 1^m,20. — Par Rémond (Charles).

Vue prise la nuit de la base orientale du petit cône. La lave incandescente roule sur les flancs de la montagne. A droite, au premier plan, trois personnages s'entretiennent ensemble.
Signé à gauche, dans l'angle inférieur : Rémond 1842.

L'Escarpement de lave basaltique du haut duquel tombe la cascade de Quereil. — Toile maroufiée. — H. 2^m,80 — L. 1^m,20. — Par Rémond (Charles).

Vue prise de la vallée du Mont-Dore. Au premier plan, une femme, assise sur un tronc d'arbre, a devant elle un jeune garçon debout et une jeune fille à genoux ; chute d'eau, rochers.
Signé vers le milieu de la toile, sur le terrain : Rémond 1842.

Sur le mur faisant retour, à angle droit :

Pic de Sancy et vallée du Mont-Dore. — Toile maroufiée. — H. 2^m,80. — L. 2^m,20. — Par Bérard (Évremond de).

Au premier plan, roche couverte de végétations, gorges de montagnes, cours d'eau, prairies ; au fond, le pic de Sancy.
Ce tableau a été peint en 1872.

2° SCULPTURE.

Georges-Chrétien-Léopold-Dagobert Cuvier (1769-1832), *professeur d'anatomie comparée.* — Statue. — Marbre. — H. 2^m,38. — Par David d'Angers (Pierre-Jean).

Le modèle de cette œuvre étant au Musée David à Angers, voyez pour la description *Inventaire des Richesses d'art.* Province. Monuments civils, tome III, p. 108.
La liste des ouvrages du naturaliste, gravée sur le marbre, à gauche de la statue, occupe quatorze lignes. Cette inscription ne figure pas sur le modèle en plâtre à Angers.

L'abbé René-Just Haüy (1743-1822), *professeur de minéralogie.* — Statue. — Marbre. — H. 2^m. — Par Brion (Isidore-Hippolyte).

Assis et légèrement renversé dans son fauteuil, Haüy porte le costume ecclésiastique ; dans la main droite il tient un minéral, et dans l'autre main une pierre de touche.
Signé sur le socle, à droite : Brion 1863.
Sur la face antérieure du socle est gravé :

HAÜY.

Ce marbre, commandé par le ministère d'État, a figuré au Salon de 1863 (n° 2258). Le plâtre avait paru au Salon de 1857 (n° 2757).
Voyez au sujet de cette statue le journal *l'Artiste*, 5° série, t. VIII, p. 16.

3° DESSIN.

Environs d'Alicante. — Dessin. — H. 0^m,50. — L. 2^m,50. — Par Regnault (Alexandre-Georges-Henri).

Rochers, gorges de montagnes, plaines, études de personnages.

4° CURIOSITÉS.

Tête de femme. — Mosaïque. — H. 0^m,52. — L. 0^m,42. — Par Ciuli (Clément).

Elle est vue de trois quarts à droite ; un voile tombe sur les épaules ; un ruban bleu passe dans la chevelure ; indication de draperie sur la poitrine.
Signé dans l'angle inférieur, à gauche : C. Ciuli F. a. 1828.

Cette mosaïque, exécutée à Rome, est exclusivement composée de pierres naturelles : jaspes, calcaires compactes et calcaires marbres.

Table. — Mosaïque. — Long. 2^m,55. — L. 1^m,35. — Fabrique italienne. — Dix-septième siècle.

Cette table, richement décorée, est ornée d'oriflammes sur lesquelles sont des croissants et de nombreux oiseaux ; des fleurs et des arabesques complètent l'ensemble décoratif. Une bordure de cuivre, avec gorge, entoure la mosaïque. — La table porte sur deux pieds, massifs, décorés de dauphins sculptés.

Table. — Mosaïque. — Long. 1^m,50. — L. 0^m,93. — Fabrique italienne. — Dix-huitième siècle.

La décoration de cette table, moins riche que la précédente, comporte des fruits, des fleurs, des papillons et des oiseaux. — La table porte sur quatre pieds.

Table. — Mosaïque. — Long. 1m,44. — L. 0m,98. — Fabrique italienne. — Dix-huitième siècle.

Cette table, de même caractère que la précédente, comprend dans sa décoration des coquilles, des fleurs, un perroquet, un martin-pêcheur. — La table porte sur quatre pieds.

Table. — Mosaïque. — Long. 1m,25. — L. 0m,70. — Fabrique italienne. — Dix-huitième siècle.

La mosaïque ne consiste guère ici que dans la réunion de très-nombreux échantillons de marbre affectant les formes les plus diverses. — Une bordure en cuivre entoure la table qui est supportée par quatre pieds.

Table. — Mosaïque. — Long. 1m. — L. 0m,67. — Fabrique espagnole. — Dix-huitième siècle.

Ici encore nous nous trouvons en face d'échantillons. Ils sont taillés en carrés très réguliers et au nombre de cent huit. Une riche bordure en cuivre entoure la table, et sur cette bordure est gravé :

COLLECTION DES MARBRES D'ESPAGNE ENVOYÉS
. . . . . PAR LE ROY D'ESPAGNE.

(L'espace ponctué ici a été laissé vide dans l'inscription, sans doute pour graver le nom du destinataire [1].)

TROISIÈME SALLE,

dite SALLE DE BOTANIQUE.

1° PEINTURE.

Fleurs et fruits du Brésil. — Toile. — H. 1m,50. — L. 1m. — Par GONAZ (FRANCISQUE).

Autour d'une corbeille, en peau de vache, pleine de mangues de Bahia, au pied d'un palmier en gerbes, sont placés un magnolia, des épis de fleurs du coco vulgaire, l'alpinie à fleurs pendantes, un cactus à grandes fleurs, l'euphorbe à bouquets et l'euphorbe à feuilles rouges, des passiflores, des lys, des liserons, etc., etc. Au fond, on voit la baie de Rio de Janeiro bordée par le rivage de Saint-Domingue, et de nombreuses îles derrière lesquelles se dessinent les pics de la chaîne des Orgues.

Signé dans l'angle à droite : GONAZ.

Acquisition du ministère d'État, Direction des Beaux-Arts (Arrêté du 16 septembre 1863). Salon de 1863 (n° 810).

2° SCULPTURE.

Antoine-Laurent de Jussieu (1748-1836), *professeur de botanique*. — Statue. — Marbre. — H. 2m,30. — Par LEGENDRE-HÉRAL (JEAN-FRANÇOIS).

Debout, tête nue, en costume universitaire, il tient de la main gauche une plante ; dans la main droite, baissée, est une loupe.

Signé sur la face antérieure du socle, vers la droite du personnage : LEGENDRE-HÉRAL, PARIS, 1842.

Sur la face antérieure est gravé :

A. L. DE JUSSIEU.

Le plâtre a été exposé au Salon de 1840 (n° 1721) ; le marbre, au Salon de 1842 (n° 1972).

Voyez au sujet de cette statue le journal *l'Artiste*, IIIe série, t. II, p. 11.

Commande du Ministère de l'Intérieur. Déposé par l'État au Jardin des Plantes en 1842.

GALERIES D'ANATOMIE ET D'ANTHROPOLOGIE COMPARÉES.

SCULPTURE.

REZ-DE-CHAUSSÉE.

SALLE N° 2.

Georges-Chrétien-Léopold-Dagobert Cuvier (1769-1832), *naturaliste*.—Buste. — Marbre. — H. 0m,75. — Par DAVID D'ANGERS (PIERRE-JEAN).

Tête nue, de face, sans indication de vêtement.

A gauche est gravé : P. J. DAVID D'ANGERS 1834.

Sur la face antérieure du socle est gravé :

CUVIER.

Ce marbre est une répétition de celui que sculpta DAVID en 1833 pour l'offrir à la famille de Cuvier. Le modèle en plâtre, exécuté du vivant du naturaliste, et d'après lequel le marbre du Muséum de Paris et un second marbre envoyé à Londres par DAVID, furent sculptés, est conservé au Musée David à Angers. (Voy. *Inventaire des Richesses d'art*. PROVINCE. *Monuments civils*, t. III, p. 145.)

PREMIER ÉTAGE.

(GALERIE D'ANATOMIE.)

SALLE N° 2.

Antoine-Étienne-Renaud-Augustin Serres

---

[1] Nous ne croyons pas devoir décrire ici la célèbre tabatière d'Alexandre Ier, donnée par ce souverain à Serres (Antoine-Étienne-Renaud-Augustin), médecin, professeur d'anatomie au Muséum. Cet objet se trouve placé dans la alerie de Minéralogie ; mais il fait partie des collections dont nous n'avons pas à nous occuper.

(1787-1868), *professeur d'anatomie comparée*. — Buste. — Marbre. — H. 0m,55. — Par ADAM-SALOMON (ANTONY-SAMUEL).

Tête nue, de face, sans indication de vêtement.

Signé à droite diagonalement : ADAM-SALOMON. 1870.

Bien que daté de 1870, ce marbre est porté au catalogue du Salon de 1869, sous le n° 3212.

SALLE N° 10.

Tigre. — Bas-relief. — Bronze. — H.0m,45. — L. 0m,55. — Par ROUILLARD (PIERRE-LOUIS).

Il est vu de profil, et en marche vers la droite.

Dans la partie supérieure, à gauche, est modelé en relief très-méplat un squelette de lion.

Signé dans l'angle inférieur, à droite : 1872. P. ROUILLARD.

Le modèle en plâtre de ce bas-relief a été exposé au Salon de 1872 (n° 1836), acquis par l'État et déposé au Jardin des Plantes en vertu de l'arrêté du 30 novembre 1874.

Cheval arabe (squelette). — Bas-relief. — Bronze. — H. 0m,45. — L. 0m,55. — Par ROUILLARD (PIERRE-LOUIS).

Vu de profil, en marche vers la gauche.

Le nom de chaque partie du squelette est gravé sur le champ du bas-relief.

Signé dans l'angle inférieur, à gauche : P. ROUILLARD.

Acquis par l'État et déposé au Jardin des Plantes en vertu de l'arrêté du 30 novembre 1874.

(GALERIE D'ANTHROPOLOGIE)

SALLE N° 1.

Femme hydriote. — Buste. — Marbre. — H. 0m,72. — Par M. CORDIER (CHARLES-HENRI-JOSEPH).

Ce buste, exécuté en marbre de diverses couleurs, représente une Grecque vue de face, la tête enveloppée d'un voile, le corsage ouvert avec de pendeloques.

Signé à la section du bras droit : CORDIER 1859.

Déposé au Jardin des Plantes en vertu d'un arrêté du 27 septembre 1869

Kabyle de Badjara. — Buste. — Bronze. — H. 0m,65. — Par M. CORDIER (CHARLES-HENRI-JOSEPH)

Tête nue, penchée sur l'épaule droite, barbe rare ; burnous jeté sur la poitrine, retenu par une légère courroie.

Sur la courroie est gravé : BADJARA 1856.

Signé sur la draperie, à la hauteur du pectoral droit : CORDIER.

Déposé au Jardin des Plantes en vertu d'un arrêté du 16 septembre 1863.

Mauresque d'Alger. — Buste. — Marbre. — H. 0m,70. — Par M. CORDIER (CHARLES-HENRI-JOSEPH).

Tête nue, rejetée en arrière et légèrement penchée sur l'épaule gauche ; écharpe ; corsage ouvert avec liséré d'or ; pendants d'oreilles.

Signé à la section du bras droit : C. CORDIER 1858.

Déposé au Jardin des Plantes en vertu d'un arrêté du 27 septembre 1869.

SALLE N° 2.

Coulouglis. — Buste. — Bronze. — H. 0m,40. — Par M. CORDIER (CHARLES-HENRI-JOSEPH).

De face ; moustaches ; une petite calotte sur la tête ; indication de vêtement ouvert.

Signé à droite : CORDIER C. ALGER. 1856.

Salon de 1857 (n° 2810).

Déposé au Jardin des Plantes en vertu d'un arrêté du 16 septembre 1863.

Maltais, pêcheur de corail. — Buste. — Bronze. — H. 0m,55. — Par M. CORDIER (CHARLES-HENRI-JOSEPH).

Tête nue, de face, barbe abondante ; sans indication de vêtement.

Signé à la section de l'épaule droite : C. CORDIER. ALGER. 1856.

Salon de 1857 (n° 2814).

Déposé au Jardin des Plantes en vertu d'un arrêté du 16 septembre 1863.

Arabe de Bishara. — Buste. — Bronze. — H. 0m,40. — Par M. CORDIER (CHARLES-HENRI-JOSEPH).

Tête nue, de face ; barbe rare ; avec indication de vêtement.

Signé à la section de l'épaule droite C. CORDIER. ALGER. 1856.

Salon de 1857 (n° 2811).

Déposé au Jardin des Plantes en vertu d'un arrêté du 16 septembre 1863.

Arabe de El-Aghouat.—Buste.—Bronze. —H.0ᵐ,55.— Par M. Cordier (Charles-Henri-Joseph).

De face; barbe frisée; une calotte sur la tête; indication de burnous.

Signé à la section de l'épaule droite : C. Cordier. Alger. 1856.

Salon de 1857 (n° 2812).

Déposé au Jardin des Plantes en vertu d'un arrêté du 16 septembre 1863.

SALLE N° 4.

Nubien.—Buste. — Plâtre. — H. 0ᵐ,60. — Par M. Cordier (Louis-Henri).

De face, touffes de cheveux sur la tête; indication de draperie sur la poitrine, sabre suspendu à l'épaule.

Salon de 1880 (n° 6215).

Acquis par l'État et déposé au Jardin des Plantes en vertu d'un arrêté du 24 juin 1880.

Nubienne.—Buste. — Plâtre. —H. 0ᵐ,50. — Par M. Cordier (Louis-Henri).

De face, tête nue; indication de vêtement drapé sur la poitrine.

Salon de 1880 (n° 6216).

Acquis par l'État et déposé au Jardin des Plantes en vertu d'un arrêté du 24 juin 1880.

SALLE N° 5.

Homme, type mongol.—Buste.—Bronze. — H. 0ᵐ,70. — Par M. Cordier (Charles-Henri-Joseph).

Ce buste, muni de bras, représente un Chinois tenant dans la main droite une pipe à opium et de l'autre main une mèche de sa chevelure. Le bras gauche est appuyé sur une balustrade de forme elliptique.

Signé à gauche : Cordier scpt 1853.

Exposé au Salon de 1853 (n° 1279) avec la mention : « Essai de sculpture polychrome. »

Femme, type mongol. — Buste. — Bronze. — H. 0ᵐ,85. — Par M. Cordier (Charles-Henri-Joseph).

La tête, surmontée d'une coiffure abondante, penche sur l'épaule gauche; vêtement orné de broderies. Le personnage, muni de bras, a la main droite relevée sur la poitrine pendant que la main gauche, qui tient un éventail, pose sur un bout de balustrade de fenêtre.

Sur la balustrade, à gauche, est gravé : Cordier scul. et pinx. 1853.

Exposé au Salon de 1853 (n° 1280) avec la mention : « Essai de sculpture polychrome. »

SALLE N° 6.

GUILLEMIN (Nicolas).

Le Dernier des Mohicans. — Groupe. — Plâtre. — H. 1ᵐ,10.

Deux personnages nus, à mi-corps; la partie postérieure et les jambes sont couvertes de peaux de bêtes, ornées de coquillages; la figure, le torse et les bras sont tatoués, et leur tête est ornée de plumes. Celui de droite est debout, ayant une peau qui lui couvre le dos. La main droite est appuyée sur une hachette passée dans la ceinture; un coutelas et une sorte de gibecière pendent à sa droite; la main gauche est posée sur l'épaule du second personnage assis sur une roche. Ce dernier tient un arc dans la main gauche; la main droite, fermée, appuie sur la jambe; deux flèches dans un carquois sont jetées à terre sous ses pieds.

Signé à gauche, sur la pierre : N. Guillemin, 1855.

Sur la face antérieure du socle est gravé : *Le Dernier des Mohicans.*

Sur une plinthe est écrit : Exécuté et donné par Guillemin (1856). Cette date se rapporte exclusivement à l'offre, puisque l'œuvre est datée 1855.

Indien.— Buste. — Marbre. —H. 0ᵐ,72. — Par Vincenti (F.).

De face, tête nue, longues nattes de cheveux tombants; vêtement drapé sur les épaules; poitrine découverte; cravate autour du cou.

Signé derrière le buste, sous la draperie : F. Vincenti 1854.

Acquis par l'État (arrêté du 8 novembre 1860).

Déposé au Jardin des Plantes en vertu d'un arrêté du 27 décembre 1868.

SALLE N° 8.

Mulâtresse, prêtresse à la fête des fèves. — Buste. — Marbre noir. — H. 0ᵐ,70. — Par M. Cordier (Charles-Henri-Joseph).

Tête de face, enveloppée de voiles tombants; collier de pierreries à huit rangs.

Signé sur le socle, à droite : C. Cordier.

Salon de 1857 (n° 2815).

Déposé au Jardin des Plantes en vertu d'un arrêté du 27 septembre 1869.

Henry-Marie Ducrotay de Blainville (1777-1850), *professeur d'anatomie comparée*. — Buste. — Plâtre. — H. 0m,53. — Par MERLIEUX (LOUIS-PARFAIT).

Réplique du buste placé dans la salle d'assemblée des professeurs que nous décrivons plus haut.

Mauresque noire. — Buste. — Bronze. — H. 0m,70. — Par M. CORDIER (CHARLES-HENRI-JOSEPH).

Tête nue, légèrement tournée vers l'épaule droite; fleurs dans les cheveux; longue tresse tombant sur le dos; corsage entr'ouvert; indication des bras.

Signé à la section du bras gauche : ALGER, 1856, CH. CORDIER.

Salon de 1857 (n° 2809).

SALLES N° 9, 10.

GUILLEMIN (NICOLAS).

Jeune Négresse. — Statue plâtre colorié. — H. 1m,10.

Assise sur un tronc d'arbre, la jambe droite repliée, la tête nue et tournée vers l'épaule gauche, la négresse est vêtue d'une jupe bleue; une peau de bête, ramenée sur l'épaule gauche, couvre le dos; triple collier autour du cou; pendants d'oreilles en corail, bracelets; un arc et un carquois avec ses flèches sont suspendus à l'épaule droite; elle tient dans ses mains un polichinelle qu'elle fait danser.

Signé à gauche, sur le tronc d'arbre, en diagonale, de bas en haut : N. GUILLEMIN.

Acquis par l'État le 21 décembre 1866. Déposé au Jardin des Plantes en vertu d'un arrêté du 21 janvier 1867.

Cafre. — Buste. — Bronze. — H. 0m,58. — Par ROCHET (LOUIS).

Tête nue, de face; barbe; sans indication de vêtement.

Signé à gauche : L^s ROCHET, RIO DE JANEIRO. 1856.

Nous ignorons s'il convient de voir dans ce buste le bronze exposé au Salon de 1857 (n° 3086) sous le titre *Portrait d'homme*.

Saïd Abdallah, de la tribu de Mayac, royaume du Darfour. — Buste. — Bronze. — H. 0m,80. — Par M. CORDIER (CHARLES-HENRI-JOSEPH).

Tête tournée vers l'épaule gauche; barbe frisée; toque à large touffe sur les cheveux; draperie jetée sur l'épaule gauche et enveloppant le buste; trois glands, attachés à la draperie, pendent sur la poitrine.

Signé sur la draperie, au-dessous de l'épaule droite : CH. CORDIER 1848.

Le plâtre a été exposé au Salon de 1848 (n° 4676).

Nègre du Soudan. — Buste. — Bronze. — H. 0m,57. — Par M. CORDIER (CHARLES-HENRI-JOSEPH).

Tête nue, tournée vers l'épaule gauche; barbe rare; indication de draperie.

Signé à la section du bras droit : C. CORDIER. ALGER. 1856.

Salon de 1857 (n° 2813).

Déposé au Jardin des Plantes en vertu d'un arrêté du 16 septembre 1863.

Négresse. — Buste. — Bronze. — H. 0m,80. — Par M. CORDIER (CHARLES-HENRI-JOSEPH).

Représentée presque à mi-corps, cette négresse a la tête nue, tournée vers l'épaule droite, la poitrine couverte d'une draperie, un collier de perles autour du cou.

Signé à la section du bras gauche : 1851. CORDIER.

SALLE N° 11.

Wouraddy, chef de l'île de Bruni, près le canal d'Entrecasteaux, côte de Van-Diémen (Australie). — Buste. — Plâtre. — H. 0m,75. — Par LAW (B. L.).

Tête nue, tournée vers l'épaule gauche; barbe entière et frisée; triple collier en torsade; une peau de kanguroo passe sur l'épaule droite et couvre en partie la poitrine; indication des bras.

Derrière le buste sur le piédouche est gravé :

WOURADDY AN ABORIGINAL CHIEF
OF V. D. L.
B. L. LAW SCULP.
HOBART TOWN.

Provient de la collection Dumoutier.

Trucaninny, femme de Wouraddy. — Buste. — Plâtre. — H. 0m,67. — Par LAW (B. L.).

Tête nue de face; cheveux crépus; triple collier de coquillages; peau de kanguroo passant sur l'épaule droite et couvrant en partie la poitrine; indication des bras.

Derrière le buste, sur le piédouche, est gravé :

TRUCANINNY
WIFE OF WOURADDY
B. LAW SCULP.
HOBART TOWN
A. D. 1836.

Sur un cartouche attenant au buste est écrit : « *La dernière des Tasmaniennes.* » Provient de la collection Dumoutier.

AU FOND DES GALERIES.

Jean-Louis Leclerc, comte de Buffon (1707-1788), *intendant du Jardin du Roi.* — Buste. — Plâtre. — H. 0m,60. — Par PAJOU (AUGUSTIN).

Ce buste est une reproduction de la tête de la statue placée dans les galeries de Zoologie, et que nous décrivons plus haut.

LABORATOIRE D'ANTHROPOLOGIE.

Jules-Sébastien-César Dumont-d'Urville (1790-1842), *navigateur, botaniste.* — Buste. — Plâtre teinté. — H. 0m,85. — Par M. OLIVA (ALEXANDRE-JOSEPH).

Tête nue, de face; légère indication de barbe; costume d'amiral; décorations.

Sur la face antérieure du socle est gravé :

DUMONT DURVILLE
1790-1842

A droite :

TROIS DERNIERS VOYAGES DE DÉCOUVERTES
TERRE ADÉLIE
VÉNUS DE MILO DUE A SON RAPPORT
BOTANISTE DISTINGUÉ

A gauche :

HOMMAGE ET DON DE SON ANCIEN ASPIRANT
L'AMIRAL PARIS 1878

Le marbre, exposé au Salon de 1882 (n° 4711), est au Musée de marine.

GRAND AMPHITHÉATRE.

Au-dessus de la porte principale, à l'extérieur, formant fronton :

L'Histoire naturelle. — Haut relief. — Marbre. — H. 2m. — L. 3m,50. — École française. — Fin du dix-huitième siècle.

Une jeune femme, en pied, assise à terre et vue de droite à gauche, est drapée; elle s'accoude du bras gauche sur une sphère; dans sa main gauche est une plante; sur ses genoux est un livre ouvert qu'elle soutient de la main droite. Sur le feuillet de ce livre est gravé :

« *Histoire naturelle.* » Aux pieds de la jeune femme sont un lion et un aigle; derrière elle, urnes, plantes et coquillages.

NOUVELLES GALERIES DE ZOOLOGIE.

Ce bâtiment, commencé, comme on l'a vu plus haut, en 1877, n'est pas encore complètement achevé en 1884. Seule la décoration extérieure de la façade est terminée. Elle comprend :

Au milieu de la façade, adossé à la fenêtre centrale du premier étage, aveuglée en partie par une niche :

L'Histoire naturelle. — Statue. — Pierre de Chauvigny. — H. 4m,50. — Par M. GUILLAUME (CLAUDE-JEAN-BAPTISTE-EUGÈNE).

Elle est représentée sous les traits d'une jeune femme, assise, le corps largement drapé, les bras nus, la tête tournée vers l'épaule droite. Un voile, posé sur les cheveux, tombe sur la nuque. De ses deux mains, *l'Histoire naturelle* tient un livre ouvert sur ses genoux. A sa gauche est une sphère demi-couverte par une draperie.

Signé sur la sphère : EUG. GUILLAUME 1882.

A droite et à gauche de cette statue sont sculptés des médaillons formant une sorte de frise. Les personnages représentés, sont en partant de l'extrémité à gauche :

Guy de Labrosse (1584-1641), *médecin de Louis XIII, fondateur du Jardin des Plantes.* — Médaillon. — Pierre de Chauvigny. — Diam. 1m. — Par M. GUILLAUME (CLAUDE-JEAN-BAPTISTE-EUGÈNE).

En buste, de profil à droite; la moustache relevée, barbiche; cheveux tombant sur le front.

En exergue est écrit : GUY DE LA BROSSE — 1584-1641.

Guy-Crescence Fagon (1638-1718), *surintendant du Jardin du Roi* (1698). — Médaillon. — Pierre de Chauvigny. — Diam. 1m. — Par GUILLAUME (CLAUDE-JEAN-BAPTISTE-EUGÈNE).

En buste, de profil à droite; grande perruque flottante.

En exergue est écrit : FAGON — 1638-1718.

Jean-Louis Leclerc, comte de Buffon (1707-1788), *intendant du Jardin du Roi.* — Médaillon. — Pierre de Chauvigny. — Diam. 1ᵐ. — Par M. Guillaume (Claude-Jean-Baptiste-Eugène).

Vu en buste, de profil à droite; la tête légèrement rejetée en arrière, perruque, cheveux saillants sur les tempes.

En exergue est écrit : Buffon — 1707-1788.

Georges-Chrétien-Léopold-Dagobert Cuvier (1769-1832), *professeur d'anatomie comparée.* — Médaillon. — Pierre de Chauvigny. — Diam. 1ᵐ. — Par M. Guillaume (Claude-Jean-Baptiste-Eugène).

En buste, vu de profil à droite; cheveux en désordre sur le front.

En exergue est écrit : Georges Cuvier — 1769-1832.

Étienne Geoffroy Saint-Hilaire (1772-1844), *professeur d'histoire naturelle des mammifères et des oiseaux.* — Médaillon. — Pierre de Chauvigny. — Diam. 1ᵐ. — Par M. Guillaume (Claude-Jean-Baptiste-Eugène).

Tête de profil à droite; front chauve.

En exergue est écrit : Geoffroy Saint-Hilaire — 1772-1844.

Jean-Baptiste-Pierre-Antoine de Monet, de Lamarck (1744-1829), *adjoint à la garde du cabinet et du Jardin du Roi (1788), professeur de zoologie (1793).* — Médaillon. — Pierre de Chauvigny. — Diam. 1ᵐ. — Par M. Guillaume (Claude-Jean-Baptiste-Eugène).

Tête de profil à gauche; cheveux plats, barbe sur la joue.

En exergue est écrit : de Lamarck — 1744-1829.

Alexandre Brongniart (1770-1847), *professeur de minéralogie au Muséum (1815).* Médaillon. — Pierre de Chauvigny. — Diam. 1ᵐ. — Par M. Guillaume (Claude-Jean-Baptiste-Eugène).

De profil à gauche, cheveux tombant sur l'oreille.

En exergue est écrit : Al. Brongniart — 1770-1847.

Antoine-Laurent de Jussieu (1748-1836), *professeur de botanique au Muséum.* — Médaillon. — Pierre de Chauvigny. — Diam. 1ᵐ. — Par M. Guillaume (Claude-Jean-Baptiste-Eugène).

Il est vu de profil à gauche; cheveux relevés sur le front; perruque.

En exergue est écrit : A. L. de Jussieu — 1748-1836.

L'abbé René-Just Haüy (1743-1822), *professeur de minéralogie au Muséum.* — Médaillon. — Pierre de Chauvigny. — Diam. 1ᵐ. — Par M. Guillaume (Claude-Jean-Baptiste-Eugène).

De profil à gauche; front chauve, cheveux longs sur les tempes couvrant l'oreille et tombant sur le cou.

En exergue est écrit : René-Ivst Havy — 1743-1822.

Joseph-Louis Gay-Lussac (1778-1850), *professeur de chimie générale au Muséum.* — Médaillon. — Pierre de Chauvigny. — Diam. 1ᵐ. — Par M. Guillaume (Jean-Baptiste-Eugène).

Tête de profil à gauche; cheveux abondants, indication de barbe sur la joue.

En exergue est écrit : Gay-Lvssac — 1778-1850.

Au-dessus de la porte de gauche donnant accès au balcon du premier étage :

Lion passant. — Bas-relief. — Pierre de Chauvigny. — H. 1ᵐ,50. — L. 2ᵐ. — Dessin de M. André (Louis-Jules). — Sculpture de M. Hayon.

Il est représenté en marche, de gauche à droite.

Au-dessus de la porte de droite :

Un aigle et un serpent. — Bas-relief. — Pierre de Chauvigny. — H. 1ᵐ,50. — L. 2ᵐ. — Dessin de M. André (Louis-Jules). — Sculpture de M. Hayon.

L'aigle, les ailes ouvertes, se dispose à déchirer de son bec un serpent enroulé à gauche.

A la date du 13 juin 1884, une seule statue est placée dans l'intérieur des Nouvelles Galeries de Zoologie :

Homme de l'âge de pierre. — Statue. — Bronze. — H. 2ᵐ,10. — Par M. Fremiet (Emmanuel).

Un homme nu, à la barbe inculte, des amulettes au cou, est debout, et pose sur la jambe droite; il porte sur le bras droit, rapproché de la poitrine, une tête de fauve; la main gauche est appuyée sur la hanche, et la jambe, relevée, est projetée en avant; une ceinture à laquelle sont suspendues des griffes d'animal sauvage et une hache de pierre entoure les reins.

Signé sur la partie antérieure du socle: E. FRÉMIET.

Autour du socle est gravé :

AGE DE LA PIERRE, MOULAGES ET COPIES SUR DES OBJETS DE L'ÉPOQUE.

Le plâtre a été exposé au Salon de 1872 (n° 1693); le bronze au Salon de 1875 (n° 3084).

Déposé par l'État au Jardin des Plantes en janvier 1878.

Sept bustes en marbre, d'une hauteur uniforme de 0m,80, ont été commandés pour la décoration intérieure de ce bâtiment. Nous en relevons la désignation sur une lettre de M. ANDRÉ (Louis-Jules), architecte du Muséum. Ce sont les bustes de :

1° *Georges-Chrétien-Léopold-Dagobert Cuvier*, commandé à M. AMY (JEAN-BARNABÉ).

2° *Adrien de Jussieu*, commandé à M. CHAMBARD (LOUIS-LÉOPOLD).

3° *Jean-Baptiste-Pierre-Antoine de Monet de Lamarck*, commandé à M. BOGINO fils (ÉMILE-LOUIS).

4° *L'abbé Pierre-André Latreille*, commandé à M. CABUCHET (ÉMILIEN).

5° *Achille Valenciennes*, commandé à M. STEUER (BERNARD-ADRIEN).

6° *Jean-Louis Leclerc, comte de Buffon*, commandé à M. LEQUIEN (ALEXANDRE-VICTOR).

7° *Isidore Geoffroy Saint-Hilaire*, commandé à M. CROS (HENRI).

Une statue a été commandée pour la même destination :

Le Japon. — Statue. — Marbre. — H. 2m,30. — Par M. AIZELIN (EUGÈNE).

Debout, drapée dans une robe à ramages, serrée à la taille par une riche ceinture brodée, une jeune Japonaise, la tête légèrement tournée vers l'épaule gauche, tient une fleur dans sa main gauche, pendant que l'autre main pose sur un bouclier de forme ovoïde, placé verticalement à côté du personnage. Un vase colossal, oblong, très-orné et muni de son couvercle, est posé à gauche sur la plinthe. Des têtes d'éléphants forment les deux anses. Un éventail fermé est glissé dans le corsage de la jeune femme.

Signé à droite, sur la face antérieure du socle : EUGne AIZELIN.
1886.

Le modèle en plâtre de cette statue a figuré à l'Exposition universelle de 1878. Il était placé sur la terrasse du Champ de Mars, à la droite de la porte d'honneur de l'Exposition, et faisait partie de la décoration de la façade principale ornée de vingt-deux figures allégoriques rappelant les Puissances qui avaient pris part à l'Exposition. (Voy. notre ouvrage *la Sculpture en Europe*, p. 66-67.) — Le marbre a été exposé au Salon de 1886 (n° 3421).

NOUVELLES SERRES.

SERRE TEMPÉRÉE.

Victor Jacquemont (1801-1832), *naturaliste, mort à Bombay au cours d'un voyage scientifique entrepris pour le compte de l'Administration du Jardin des Plantes.* — Buste. — Marbre. — H. 1m. — Par M. TALUET (FERDINAND).

Tête nue, de trois quarts, légèrement tournée vers l'épaule gauche; habit fermé.

Signé sur le socle, au-dessous de l'épaule gauche : FND TALUET 1855.

Sur la face antérieure du socle est gravé :

VICTOR JACQUEMONT.

Commandé par le Ministère d'État. (Arrêté du 3 février 1853, pour la somme de 2,400 francs.)

Le modèle en plâtre de ce buste est au Musée de Sculpture d'Angers. (Voyez *Inventaire des Richesses d'art.* PROVINCE. Monuments civils, t. III, p. 89.)

Le plâtre a été exposé au Salon de 1852 (n° 1536); le marbre, à l'Exposition universelle de 1855 (n° 4578).

ANCIENNES SERRES.

GRANDE SERRE CHAUDE.

Enfants et Chèvre. — Groupe. — Marbre. — H. 2m,10. — L. 1m. — Prof. 0m,90. — Par SARAZIN (JACQUES) et THÉODON (JEAN-BAPTISTE).

Un enfant nu, couronné de feuilles de pampres, est à cheval sur une chèvre; une légère draperie passe sur le bras gauche, et la main tient une coupe; à sa droite, un second enfant, également nu, accroupi à terre, veut forcer la chèvre, qui résiste, à mordre dans une grappe de raisin; une branche de cep retombe le long de l'épaule gauche de cet enfant. Sur le socle sont épars des pampres touffus.

Ce groupe est supporté par une table de marbre, dont les quatre pieds, en forme de volutes, sont sculptés. La table fait corps avec le socle proprement dit. Au-dessous, une plaque aussi en marbre, dont les extrémités se rattachent aux pieds de la table, est parsemée de ceps et de raisins.

Signé sur la base du groupe, face postérieure : JACOBUS SARAZIN FACIEBAT. 1640.

On connaît le Mémoire historique de Guillet de Saint-Georges sur JACQUES SARAZIN, publié dans le tome I*er* des *Mémoires sur la vie et les ouvrages des membres de l'Académie royale de peinture et de sculpture* (p. 115 à 126), Il y est dit : SARAZIN « travailla aussi à un groupe de deux enfants et d'une chèvre qu'on a mis en réserve dans le magasin de Versailles ». (*Mémoires*, p. 118.) Guillet ayant lu son mémoire devant l'Académie le 3 décembre 1689, c'est donc à cette date que l'œuvre de SARAZIN se trouvait en réserve dans le magasin de Versailles. Elle en sortit plus tard, car le comte de Caylus ayant composé à son tour un mémoire sur Jacques SARAZIN, dont il donna lecture devant l'Académie le 1er mars 1749 (*Procès-verbaux de l'Académie*), nous relevons dans ce travail le renseignement qui suit : « Le groupe de SARAZIN est élevé sur un pied de marbre fort riche, qui a été fait après coup par THÉODON, dans le temps que Louis XIV fit placer ce beau morceau de sculpture dans les Jardins de Marly. » (*Mémoires*, t. I, p. 118, en note.) Piganiol n'a pas omis de signaler cet ouvrage dans la *Description des châteaux et parcs de Versailles et de Marly*. « Dans une Salle verte, dit-il, on voit un groupe de marbre qui est d'un grand prix. Il représente deux enfants qui jouent avec un bouc. Ce groupe fut sculpté par SARAZIN en 1640. » (Tome II, p. 289, édition de 1751.) Vers quelle époque THÉODON a-t-il exécuté le riche support du groupe de SARAZIN? On sait que THÉODON séjourna longtemps en Italie et ne rentra en France que postérieurement au 28 septembre 1700. (Voyez l'*Académie de France à Rome*, par M. Lecoy de la Marche, p. 118.) Ce fut donc vers la fin du règne de Louis XIV que l'œuvre de SARAZIN, complétée par THÉODON, prit place à Marly, où elle demeura pendant la majeure partie du dix-huitième siècle.

Elle était encore à Marly en 1762. (Voy. Dargenville, *Voyage pittoresque des environs de Paris*, 1762, p. 155.) Mais un texte bizarre de Dulaure nous apprend qu'elle n'y était plus en 1786 :

« Bosquet de Marly... Sur la gauche est un petit Faune, et dans une salle au-dessus sont les statues de Sémélé, de Milon et deux Termes antiques. Il y avait autrefois *deux* groupes d'enfants sculptés par SARAZIN qui n'y sont plus. » (*Nouvelle Description des environs de Paris*, 1786, t. II, p. 43.)

Ajoutons qu'il doit exister une copie de ce groupe par VINACHE (Jean-Baptiste). Nous relevons ces lignes dans les Comptes des Bâtiments du Roi conservés aux Archives nationales (registre inédit O¹ 2250) : « 26 décembre 1752, à VINACHE, à-compte sur la copie du groupe de marbre d'après le SARAZIN du jardin de Marly qu'il fait pour le service du Roi, 1,200 liv. » — « Le SARAZIN » du jardin de Marly, en 1752, devait être le groupe actuellement au Jardin des Plantes.

Ce groupe a figuré à l'Exposition universelle de 1878, dans les galeries du Trocadéro. (Voy. *Gazette des Beaux-Arts*, année 1878, t. XVIII, p. 822.)

Les sculptures dispersées dans les jardins étant peu nombreuses, nous croyons devoir les décrire avant qu'il soit parlé des œuvres d'art de la Bibliothèque.

JARDINS.

DEVANT LA MÉNAGERIE DES REPTILES.

A gauche :

Charmeur de serpents. — Statue. — Bronze. — H. 2m. — Par BOURGEOIS (CHARLES-ARTHUR, baron).

Nu, debout, portant sur la jambe gauche, la jambe droite levée, une flûte dans la main droite, il charme un serpent qui, enroulé à ses pieds, dresse la tête.

Signé à gauche, sur le socle, de forme circulaire : BOURGEOIS 1862.

A droite est gravé :

L. MARCHAND F*t* PARIS 1864.

Le modèle en plâtre a été exposé au Salon de 1863 (n° 2253); le bronze au Salon de 1864 (n° 2516).

Acquis par l'État (arrêté du 17 juillet 1863). Déposé au Jardin des Plantes en vertu d'un arrêté du 27 décembre 1868.

A droite :

Un Chasseur de crocodiles. — Statue. — Bronze. — H. 1m,90. — Par BOURGEOIS (CHARLES-ARTHUR, baron).

Nu, debout, une ceinture autour des reins, le pied gauche posé sur un caïman, il s'apprête à le frapper d'une lance qu'il tient dans la main droite. De l'autre main, il tient un bout de corde ou de lasso.

Signé à gauche, sur le socle : B. A. BOURGEOIS.

A droite est gravé :
CRUET J^{ne} FONDEUR. PARIS.
Le plâtre a figuré au Salon de 1883 (n° 3379).

PRÈS DU BASSIN DES CROCODILES.

Ève. — Statue. — Bronze. — H. 1^m,80. — Par M. GUITTON (GASTON-VICTOR-ÉDOUARD).

Nue, debout, elle tourne la tête vers l'épaule gauche et cherche à cacher son visage à l'aide de son bras relevé; la main droite posée le long du corps tient une pomme. Aux pieds d'Ève est un serpent.

Signé sur le socle, à gauche : GASTON GUITTON.

A droite est gravé :
P. THIÉBAULT ET FILS.

Le plâtre a été exposé au Salon de 1875 (n° 3143); le bronze au Salon de 1876 (n° 3341).
Voyez au sujet de cette statue *Gazette des Beaux-Arts*, année 1876, t. XIV, p. 135.
Le modèle en plâtre est au Musée de Falaise.
Déposé au Jardin des Plantes à la date du 2 février 1877.

PRÈS DES GALERIES D'ANATOMIE COMPARÉE
MAISON DE CUVIER.

Une niche pratiquée à l'extérieur de la maison dans laquelle habita Georges Cuvier renferme :

Georges - Chrétien - Léopold - Dagobert Cuvier (1769-1832), *naturaliste.* — Buste. — Plâtre. — H. 0^m,60. — Par MERLIEUX (LOUIS-PARFAIT).

Tête nue, de face, sans indication de vêtement.

Signé à gauche, sur le socle : P. MERLIEUX 1832.

A droite, sur le socle, est sculpté un sphinx.
Ce plâtre a été exposé au Salon de 1833 (n° 2632).

BASSIN DES OTARIES.

Nymphe tourmentant un dauphin. — Groupe. — Bronze. — H. 1^m,80. — Par M. FÉLON (JOSEPH).

Nue, à califourchon sur l'animal, elle tient de la main gauche les narines du dauphin et un faisceau de verges de la main droite.

Signé à droite, sur le socle : JOSEPH FÉLON SCULP. 1863.

Le plâtre a été exposé au Salon de 1863 (n° 2361); le bronze au Salon de 1864 (n° 2603).
Acquisition de l'État (arrêté du 21 juin 1864).
Déposé au Jardin des Plantes en vertu d'un arrêté du 27 décembre 1868.

PARTIE HAUTE DES JARDINS.

Dans le carré longeant les galeries de minéralogie :

L'Amour captif. — Groupe. — Marbre. H. 2^m,40. — Par M. SANZEL (FÉLIX).

Nu, debout, ailé, l'Amour, les bras attachés à un Terme que surmonte une tête de faune grimaçant, couronné de pampres, se retourne et croise le regard avec le Faune. L'Amour porte son carquois suspendu à ses épaules.

Signé à gauche, sur le Terme : FÉLIX SANZEL 1868.

(Salon de 1868, n° 3848.)
Commandé par l'État (arrêté du 2 avril 1867).
Déposé au Jardin des Plantes en vertu d'un arrêté du 27 décembre 1868.

BIBLIOTHÈQUE.
REZ-DE-CHAUSSÉE.

Michel Adanson (1727-1806), *botaniste.* — Statue. — Marbre. — H. 2^m,20. — Par M. ETEX (ANTOINE).

Debout, la tête nue, en habit et en culotte courte, il porte un long manteau dont les plis retombent sur le socle. Le bras droit est accoudé sur un tronc d'arbre, la main, relevée à la hauteur de la joue, tient un style; dans la main gauche pendante est une tablette.

Signé à la droite du personnage, sur le tronc d'arbre : ETEX, 1856.

Sur la face antérieure du socle est gravé :
MICHEL ADANSON.

On sait que les manuscrits de Michel Adanson, ainsi que ses collections, étaient passés entre les mains de son neveu Alexandre Adanson, mort en 1855, qui légua la somme nécessaire pour que deux statues pussent être élevées au botaniste. L'une de ces deux statues est celle qui nous occupe; la seconde est érigée à Aix, ville natale de Michel Adanson.

Jean-Louis Leclerc, comte de Buffon (1707-1788), *intendant du Jardin du Roi.* — Buste. — Marbre. — H. 0^m,50. — Par PAJOU (AUGUSTIN).

Ce buste est une réplique de la tête de la statue que nous décrivons plus haut. Peut-être convient-il d'y voir une première étude faite devant le modèle et d'après laquelle Pajou aurait ensuite travaillé.

Le marbre dont nous parlons ici diffère essentiellement, par le caractère et les accessoires, du buste conservé au Musée du Louvre, daté de 1773 et exposé au Salon de la même année.

Antoine-François, comte Fourcroy (1755-1809), *chimiste*. — Buste. — Marbre. — H. 0m,50. — Par Chaudet (Antoine-Denis).

Tête nue, de face, sans indication de vêtement.

A gauche est gravé : Chaudet f. 1804.

Donné au Muséum par madame la comtesse Fourcroy en 1840.

Le plâtre placé dans la Salle d'Assemblée des professeurs ne diffère pas de ce marbre, mais ce doit être le modèle et non un moulage.

Un plâtre pris sur ce marbre est au Musée de Versailles (n° 493, catal. d'Eud. Soulié, édition de 1859).

Paris, le 17 octobre 1886.

HENRY JOUIN,
ARCHIVISTE DE LA COMMISSION.

VÉLINS

CONSERVÉS A LA BIBLIOTHÈQUE DU JARDIN DES PLANTES

La Bibliothèque du Jardin des Plantes, qui compte environ cent vingt mille volumes, renferme une collection célèbre de dessins originaux, ou plutôt de peintures de plantes et d'animaux dont le nombre dépasse cinq mille. De telles richesses méritaient d'être inventoriées ici, d'autant qu'il n'y en a jamais eu de catalogue, même manuscrit. Un inventaire sommaire des six volumes contenant les poissons a été dressé en 1808 et tenu régulièrement à jour depuis cette époque ; mais ce petit cahier et deux ou trois autres de moindre valeur ne peuvent constituer un catalogue détaillé et complet. Il n'y avait pas lieu de se fier davantage au registre des entrées de vélins, qui semblait un guide précieux et pouvait être considéré comme un inventaire chronologique de cette magnifique collection : en effet, les lacunes y sont nombreuses et les omissions graves. Un seul exemple : mademoiselle Alberti, qui figure dans le présent travail avec quatre-vingt-deux miniatures, ne se trouve portée sur le registre des entrées qu'avec deux vélins seulement. Une différence très-appréciable et presque aussi forte existe pour Bocourt, Oudart, Prêtre, et d'autres encore.

Dans l'impossibilité de nous servir des travaux antérieurs, nous nous sommes mis résolument à l'œuvre, et nous avons voulu profiter de l'occasion qui s'offrait pour la première fois et qui ne se représentera peut-être pas de longtemps, de donner un catalogue aussi complet que possible, bien que succinct, de cette réunion à laquelle des artistes de grande valeur ont consacré leur existence entière.

La collection a été commencée à Blois, dans la première moitié du dix-septième siècle, par les ordres et aux frais de Gaston, duc d'Orléans, frère de Louis XIII, pour l'illustration du jardin botanique et de la ménagerie que ce prince avait fondés en sa résidence de Blois. Les vélins les plus anciens qui portent une date sont de 1631. (Voy. plus loin, p. 119.) Telle est l'origine de cette collection qui, après bien des vicissitudes diverses, après avoir fait longtemps partie de la Bibliothèque du Roi (1718-1793), est venue se réfugier au Muséum d'Histoire naturelle, où elle est peu connue et difficilement consultable.

D'autres épaves du premier fonds du Jardin botanique de Blois sont conservées à la Bibliothèque nationale, au Cabinet des Estampes. Le lien entre ces deux parties d'un même tout, ainsi éloignées l'une de l'autre, nous a paru tellement indissoluble, que nous nous proposons de donner, en appendice à ce premier inventaire, un catalogue des vélins conservés à la Bibliothèque nationale qui appartiennent aux mêmes artistes et qui nous fourniront le complément indispensable de leur œuvre.

La série de ces artistes connus s'ouvre avec Nicolas Robert, né à Langres, où il fut baptisé (paroisse Saint-Martin) le 19 avril 1614 (*Arch. comm. de Langres*, GG, 1450). Il reçut, vers 1664, le titre de « peintre ordinaire de Sa Majesté pour la miniature ». C'est ce qui ressort du chapitre consacré à N. Robert par M. Chabouillet dans ses *Recherches sur les origines du Cabinet des Médailles* (*Nouvelles Archives de l'Art français*, année 1874).

Nicolas Robert eut pour successeur dans ces fonctions, en 1685, Jean Joubert, dont les dessins sont nombreux, mais inférieurs à ceux de Robert.

Claude Aubriet, né à Châlons-sur-Marne en 1665, fut pourvu, le 23 janvier 1700, du brevet de « peintre du Roy, de son cabinet et du Jardin du Roy », que Jean Joubert lui céda à condition de survivance. Aubriet ne fut pas seulement un miniaturiste habile; il était aussi un botaniste distingué, et avait puisé dans les conseils de Vaillant et dans les relations de Tournefort une précision qui lui permettait de joindre l'exactitude du naturaliste à la perfection du dessinateur.

Aubriet mourut le 3 décembre 1742; mais il avait été déjà remplacé au Jardin du Roi, depuis le 30 avril 1735, par Madeleine-Françoise Basseporte. Cette artiste, qui vécut dans un âge avancé, et travailla jusqu'à quatre-vingts ans avec intrépidité, a laissé une réputation qui dépasse de beaucoup son mérite; mais elle jouissait de la haute protection de Bernard de Jussieu et avait su se faire admettre par Louis XV comme maîtresse de dessin de ses enfants.

Lorsque Madeleine Basseporte mourut, la célébrité de Gérard Van Spaendonck le fit nommer professeur de peinture de fleurs au Muséum, en même temps qu'il ne cessa d'enrichir par de très-belles aquarelles la collection des dessins originaux qui datait déjà d'un siècle et demi.

A côté des élèves de Van Spaendonck, Pierre-Joseph Redouté et Nicolas Maréchal, qui devinrent ses continuateurs après avoir été ses collaborateurs, héritiers de son talent, il importe de citer le nom de Gombaud, qui, au plus fort de la tempête révolutionnaire, augmenta de quelques vélins nouveaux l'ancienne collection royale.

Telle est, jusqu'à la fin de l'ancien régime, la liste des miniaturistes attachés en titre au Jardin d'Histoire naturelle et de Botanique. Dans l'inventaire que nous publions, on trouvera successivement le détail de leur œuvre suivant l'ordre chronologique. A partir de Pierre-Joseph Redouté, et jusqu'à l'époque actuelle, nous avons cru pouvoir préféré nous conformer à l'usage ordinairement adopté dans la publication de l'*Inventaire des Richesses d'Art*, et, pour cette partie qui n'a plus un caractère historique aussi rigoureux, nous avons suivi l'ordre alphabétique. Cette seconde série débute par les travaux de mademoiselle Juliette Alberti.

Depuis un demi-siècle environ, le fonds des vélins s'accroît de la manière suivante. Un professeur demande que telle pièce de botanique ou de zoologie soit l'objet d'une miniature; il désigne en même temps l'artiste qu'il juge capable d'exécuter ce travail. L'assemblée des professeurs délibère et vote sur la proposition. Si le vote est favorable, l'artiste est invité à prendre connaissance, à la Bibliothèque du Jardin des Plantes, des dimensions adoptées d'une manière générale pour les vélins. Cela fait, la miniature est exécutée sous la responsabilité du professeur qui en a pris l'initiative, et elle est payée environ cent francs. Depuis peu de temps, on emploie de préférence, et sans doute par mesure d'économie, le papier bristol au lieu de vélin : outre que cette modification nuit à l'unité de l'ensemble, la nature chimique du bristol devrait s'opposer à son usage pour un semblable travail. La moyenne des commandes faites par l'administration depuis 1830 est de dix à quinze par année.

Les miniatures du Jardin des Plantes ont été presque toutes exécutées en vue d'être gravées; mais il s'en est fallu de beaucoup que le travail de gravure ait suivi la même progression que la peinture. Aussi est-il bon nombre de vélins qui soient restés jusqu'à ce jour inédits.

A part quelques rares exceptions, qui sont des dessins à la plume, des dessins à la sanguine ou des peintures à la gouache, la Bibliothèque du Muséum d'Histoire naturelle ne renferme que des miniatures à l'aquarelle. C'est donc à tort que Jal (*Dictionnaire critique*, p. 124) a écrit : « Mademoiselle Basseporte a peint à la gouache les plantes et les fleurs que l'on conserve en grand nombre au Jardin des Plantes. » Cette artiste n'a nullement dérogé à la tradition établie par ses devanciers. M. Harduin s'est mépris également lorsqu'il dit dans sa biographie de Redouté (*Nouvelle Biographie générale*, XLI, col. 830) : « Il fut chargé de peindre, sous la direction de Van Spaendonck, plusieurs feuilles du recueil des vélins du Muséum d'Histoire naturelle. Jusqu'alors ces peintures avaient été faites à la gouache; le premier il remplaça cette manière par le genre de l'aquarelle. » Ce qui est vrai au contraire, c'est que les plus anciennes miniatures, celles qui portent la date de 1631, sont de véritables aquarelles, du meilleur ton, et admirablement conservées.

La collection — ou du moins ce que nous en connaissons, car nous ne saurions affirmer que notre catalogue soit absolument complet et que tout nous ait été communiqué — se répartit entre plus de 80 artistes; elle est renfermée dans 104 volumes sous forme d'albums, la plupart reliés avec soin, qui se divisent de la manière suivante :

Vol. I à LXIV : recueil de Plantes.
Vol. LXV à LXVII : peintures d'Anatomie comparée.
Vol. LXVIII : vélins de Zoologie, supplément.
Vol. LXIX à LXXIV : vélins de Zoologie, mammifères.
Vol. LXXV : choix de dessins originaux d'Histoire naturelle.
Vol. LXXVI (7 cahiers) : vélins de Zoologie, supplément.
Vol. LXXVII à LXXXIV : vélins de Zoologie, oiseaux.
Vol. LXXXV à LXXXVI : vélins de Zoologie, insectes.
Vol. LXXXVII à LXXXVIII : vélins de Zoologie, reptiles.
Vol. LXXXIX à XCIV : recueil de Poissons.
Vol. XCIV à XCVI : recueil de Plantes dessinées par N. Robert.
Vol. XCVII à XCVIII : vélins de Zoologie, mollusques.
Vol. XCIX : vélins de Zoologie, zoophytes.
Vol. C : vélins de Zoologie, annélides et crustacés.
Vol. CI : Paléontologie, animaux fossiles.
Vol. CII à CIV : cartons supplémentaires non classés.

L'ordre méthodique n'a pas présidé absolument au classement de ces vélins, mais il ne nous appartient pas de changer la méthode suivie. Au surplus, voici comment nous avons procédé.

Notre inventaire indique par son nom scientifique le titre des plantes, des fleurs, des oiseaux, des poissons, des mammifères, tel qu'il a été transcrit sur le vélin même par les professeurs du Muséum d'Histoire naturelle, et, à la suite, lorsqu'il s'y trouve, le nom du naturaliste, du botaniste qui a fait universellement adopter sa classification. Il fait savoir également si la miniature est sur vélin ou sur papier, combien elle contient de figures, et les particularités qui peuvent se rencontrer à propos de tel ou tel objet reproduit. Il mentionne exactement la signature de l'artiste, la date d'enregistrement à l'entrée lorsqu'elle s'y trouve, et l'époque à laquelle le vélin a été exposé aux Salons annuels, s'il y a lieu [1].

Les dimensions pour chaque vélin depuis l'origine de la collection jusqu'à ce jour sont :

Hauteur, 0^m,46; — *Largeur*, 0^m,33,

marges comprises. La marge est environ de 0^m,04 sur tout le pourtour du vélin. Quelques dessins ont été accidentellement produits dans un format plus petit : dans ces cas, très-rares d'ailleurs, nous avons indiqué les dimensions exactes.

Il eût été bien facile d'augmenter de beaucoup notre catalogue en ajoutant aux vélins signés les vélins attribuables à tel ou tel artiste, mais c'était entrer du même coup dans le domaine de l'hypothèse où, seule, l'appréciation du talent eût pu servir de guide. A part quelques exceptions très-peu nombreuses, où le doute ne nous a pas paru possible, nous avons préféré nous abstenir. Nous n'avons pas même rangé, sous une même rubrique *Inconnus*, tous les vélins vierges de date ou de signature : il nous a semblé qu'une pareille liste, longue et fastidieuse, n'ajouterait rien à l'intérêt d'une collection qui n'a son égale dans aucun pays, et dont le Muséum d'Histoire naturelle s'enorgueillit à bon droit.

[1] Les abréviations que nous avons habituellement adoptées sont les suivantes :

Andr. — Andrews.	*G. St-. H.* — Geoffroy St-Hilaire.	*Lac.* — Lacépède.
Bot. Magaz. — Botanical Magazine.	*H.* — Hauteur.	*Lam.* — Lamarck.
Cav. — Cavanilles.	*Her.* — L'Héritier.	*Lin.* — Linné.
Cuv. — Cuvier.	*Hort. Kew.* — Jardin d'Horticulture de Kew.	*Mich.* — Michaux.
Dec. — De Candolle.	*Hort. Paris.* — Jardin d'Horticulture de Paris.	*Pap.* — Papier.
Desf. — Desfontaines.	*Humb.* — De Humboldt.	*Ram.* — Ramond.
Dum. — Duméril et Bibron.	*Jac.* — Jacquin.	*Red.* — Redi.
	Juss. — Jussieu.	*Sav.* — Savigny.
	L. — Largeur.	*Thunb.* — Thunberg.
		Vél. — Vélin.
		Vent. — Ventenat.
		Wild. —

VÉLINS ANONYMES.

VÉLINS ANTÉRIEURS A NICOLAS ROBERT.

Ces vélins sont parfaitement authentiques, et les inscriptions qui y ont été mises remontent, à n'en pas douter, aux années 1631 et suivantes. Ils sont au nombre de sept. Bien qu'une main plus moderne ait voulu, pour l'un d'entre eux, en rendre николаs Robert responsable, il semble établi sans conteste que ce miniaturiste n'a pu en être l'auteur [1]; ce qui ne doit pas nous empêcher d'admirer ces dessins, restés anonymes, qui sont de main de maître.

— *Prunus padus rubra* (Wild.), des Alpes — *Le cerisier à grappe.* — Vél.
Daté à droite : 1631.
Vol. LIII, n° 45.

— *Prunus cerasus multiplex* (Lin.), de France. — *Le cerisier double.* — Vél.
Daté à droite : 1632.
Vol. LIII, n° 46.

— *Prunus avium multiplex* (Lin.), de France. — *Le merisier double.* — Vél.
On lit à droite, en dehors du cadre, les initiales N. R. — Ces deux lettres ont dû être ajoutées après coup : le caractère du dessin, de même que la désignation du sujet représenté, permettent d'attribuer ce vélin à l'auteur anonyme des deux précédents.
Vol. LIII, n° 47.

— *Cytisus nigricans* (Lin.), d'Allemagne. — Vél.
Daté à droite : 1631.
Vol. LV, n° 36.

— *Portrait de Gaston d'Orléans.* — Vél.
Le duc est représenté au milieu d'un cartouche orné de fleurs et de branches de laurier passées dans la couronne ducale fleurdelysée. Il est jeune, avec une armure parsemée de fleurs de lys d'or en relief. A gauche, sont reproduits les principaux attributs de la guerre; à droite, ceux de l'art et de la science; au bas, les armoiries de la maison d'Orléans.
Vol. LXXV, n° 2.

— *Tulipe panachée flamboyante et colombine de Chartres.* — Vél.
Daté à droite : 1631.
Vol. LXXV, n° 6.

[1] Voir le Mémoire de M. Chabouillet, déjà cité. Nicolas Robert, né en 1614, n'avait que dix-sept ans en 1631.

— *Paleteaux printaniers de Chartres.* — Vél.
Daté à droite : 1631.
Vol. LXXV, n° 7.

VÉLINS SIGNÉS DES PEINTRES EN TITRE.

DIX-SEPTIÈME ET DIX-HUITIÈME SIÈCLE.

(Ordre chronologique)

ROBERT (Nicolas).

— *Phyllitis maxima undulata; asplenium scolopendrium* (Lin.). — Variété. — Vél. — 2 fig.
Signé à droite : N. Rob. p.
Vol. IV, n° 39.

— *Asplenium scolopendrium; phyllitis folio serrato, phyllitis insolens.* — Vél. — 3 fig.
Signé à gauche : N. Rob. p.
Vol. IV, n° 40.

Asplenium scolopendrium, phyllitis trifido caule, phyllitis minor folio undulato, phyllitis folio brevi extremum diviso. — Vél. — 4 fig.
Signé à droite : N. Rob. p.
Vol. IV, n° 41.

— *Asplenium scolopendrium; phyllitis folio laciniato; phyllitis folio contorto.* — Vél. — 3 fig.
Signé à gauche : N. Rob. p.
Vol. IV, n° 42.

— *Asplenium ceterach officinarum* (Lin.); *asplenium scolopendrium vel phyllitis ramusculo bifurco* (Lin.); *asplenium trichomanes sive polytrichum foliis serratis* (Lin.). — Vél. — 3 fig.
Signé au bas, le long de la bordure : N. Rob. p.
Vol. IV, n° 43.

— *Asplenium trichomanes* (Lin.), de France; *polypodium fragile* (Lin.), de France; *asplenium adianthum nigrum* (Lin.). — Vél. — 3 fig.
Signé à gauche : N. Rob. p.
Vol. IV, n° 47.

— *Arum dracunculus* (Lin.), de France,

Robert (Nicolas).
dracunculus polyphyllus, serpentaria colubrina. — Vél. — 3 fig.
Signé à droite : N. Rob. p.
Vol. V, n° 2.

— *Arum triphyllum* (Lam.), variété du Brésil; *serpentaria triphylla brasiliana.* — Vél. — 3 fig. Signé à droite : N. Rob. p.
Vol. V, n° 6.

— *Arum vulgare* (Lam.), variété; *arum majus non maculatum.* — Vél. — 2 fig.
Signé en bas, le long de la bordure : N. Rob. p.
Vol. V, n° 9.

— *Calla æthiopica* (Lin.), d'Afrique; *arum peregrinum.* — Vél. — 2 fig.
Signé à droite : N. Rob. pin.
Vol. V, n° 26.

— *Sparganium erectum* (Lin.), *vel ramosum*, de France.
Signé à gauche : N. Rob. p.
Vol. V, n° 46.

— *Carex præcox* (Jacq.), *cyperoïdes spicatum; agrostis minima* (Lin.), *gramen minimum; poa annua* (Lin.), *gramen pratense minus album; juncus pilosus* (Lin.), *gramen hirsutum latifolium*, de France. — Vél. — 4 fig.
Signé à droite : N. Rob. p.
Vol. V, n° 63.

— *Arundo donax variegata* (Lin.), de la France méridionale; *canne royale.* — Vél. — 2 fig.
Signé à droite : N. Rob. p.
Vol. V, n° 67.

— *Ruscus Dod. aculeatus* (Lin.), de France. — Vél.
Signé à droite : N. Rob. p.
Vol. VI, n° 33.

— *Ruscus racemosus* (Lin.), d'Italie; *laurus alexandrina fructu pediculo insidente.* — Vél. — 2 fig.
Signé à droite : N. Rob. p.
Vol. VI, n° 34.

— *Veratrum album*, variété; *elleborus albus flore herbaceo horti cyst.* — Vél. — 2 fig.
Signé à droite : N. Rob. pin.
Vol. VII, n° 2.

Robert (Nicolas).
— *Veratrum nigrum* (Lin.), de Sibérie; *elleborus albus flore atrorubente.* — Vél. — 2 fig.
Signé à droite : N. Rob. pin.
Vol. VII, n° 3.

— *Colchicum variegatum* (Lin.), de Corfou; *colchicum autumnale* (Lin.); *amaryllis lutea* (Lin.); *crocus sativus* (Lin.), de France. — Vél. — 4 fig.
Signé à droite : N. Rob. p.
Vol. VII, n° 9.

— *Colchicum variegatum* (Lin.); *colchicum autumnale* (Lin.). — Vél. — 2 fig.
Signé à droite : N. Rob. pin.
Vol. VII, n° 10.

— *Tulipa gesneriana* (Lin.), d'Orient. — Vél.
Signé à droite : N. Rob. p.
Vol. VII, n°s 20 à 24.

— *Tulipæ variæ.* — Vél. — 7 fig.
Signé à gauche : N. Rob. p.
Vol. VII, n° 26.

— *Tulipa serotina flore pleno.* — Vél.
Signé à droite : N. Rob. p.
Vol. VII, n° 27.

— *Tulipæ variæ flore pleno.* — Vél. — 4 fig.
Signé à droite : N. Rob. p.
Vol. VII, n° 28.

— *Tulipa monstruosa.* — Vél.
Signé à droite : N. Rob. p.
Vol. VII, n°s 31 et 32.

— *Uvularia perfoliata* (Lin.), de l'Amérique septentrionale; *smilacina stellata* (Desf.), du Canada. — Vél. — 2 fig.
Signé à droite : N. Rob. p.
Vol. VII, n° 36.

— *Fritillaria imperialis* (Lin.), d'Asie. — Vél.
Signé à droite : N. Rob. p.
Vol. VII, n° 38.

— *Fritillaria vel corona imperialis* (Lin.), d'Asie. — Vél.
Signé à gauche : N. Rob.
Vol. VII, n° 40.

— *Fritillaria imperialis*, variété. — Vél.
Signé à droite : N. Rob. p.
Vol. VII, n° 41.

ROBERT (Nicolas).

— *Lilium persicum præcox flore majore*, d'Asie. — Vél.
Signé à droite : N. Rob.
Vol. VII, n° 44.

— *Martagon Pomponii Clusii sive lilium brevi et gramineo folio* (Lin.), de la France méridionale. — Vél.
Signé à droite : N. Rob. p.
Vol. VII, n° 67.

— *Yucca aloïfolia* (Lin.), de l'Amérique septentrionale. — Pap.
Signé à droite : N. Rob. p.
Vol. VIII, n° 13.

— *Aloe vulgaris* (Hort. Paris), d'Afrique. — Vél.
Signé à droite : N. Rob. p.
Vol. VIII, n° 32.

— *Asphodelus luteus; asphodelus ramosus* (Lin.), de la France méridionale. — Vél. — 2 fig.
Signé au bas, le long de la bordure : N. Rob. p.
Vol. IX, n° 10.

— *Allium aphærocephalum* (Lin.); *allium angulosum* (Lin.), de France. — Vél. — 2 fig.
Signé au bas, le long de la bordure : N. Rob. p.
Vol. IX, n° 62.

— *Allium nigrum* (Lin.), de la France méridionale. — Vél.
Signé à droite : N. Rob. p.
Vol. IX, n° 68.

— *Allium subhirsutum* (Lin.), d'Orient. — Vél.
Signé à droite : N. Rob. p.
Vol. IX, n° 69.

— *Hemerocallis fulva* (Lin.), de Chine. — Vél.
Signé à droite : N. Rob. p.
Vol. X, n° 7.

— *Agave americana vel aloe* (Lin.), du Brésil. — Vél.
Signé à droite : N. Rob. p.
Vol. X, n° 14.

— *Agave communis*. — Vél.
Signé à droite ; N. Rob. p.
Vol. X, n° 16.

ROBERT (Nicolas).

— *Amaryllis belladona* (Her.) ; *hemanthus coccineus* (Lin.), du Cap. — Vél. — 2 fig.
Signé à droite : N. Rob. p.
Vol. X, n° 43.

— *Narcissus indicus flore liliaceo sphæricus* (Lin.), du Cap. — Vél.
Signé à droite : N. Rob. p.
Vol. X, n° 52.

— *Iris susiana* (Lin.), d'Orient; *iris xiphium* (Lin.), de la France méridionale. — Vél. — 2 fig.
Signé au bas, le long de la bordure : N. Rob. p.
Vol. XI, n° 49.

— *Irides variæ; iris squalens; iris xiphium* (Lin.); de France. — Vél. — 4 fig.
Vol. XI, n° 50.

— *Iris bulbosa xiphium* (Lin.), de la France méridionale. — Vél.
Signé à droite : N. Rob. p.
Vol. XI, n° 66.

— *Iris scorpioides* (Desf.), de Barbarie. — Vél.
Signé à droite : N. Rob. p.
Vol. XI, n° 75.

— *Gladiolus communis flore carneo* (Lin.), de la France méridionale. — Vél.
Signé à droite : N. Rob. p.
Vol. XII, n° 44.

— *Antholyza æthiopica* (Lin.), du Cap. — Vél.
Signé à droite : N. Rob. p.
Vol. XII, n° 82.

— *Canna indica* (Lin.). — Vél.
Signé à gauche : N. Rob. p.
Vol. XIII, n°s 23 et 24.

— *Orchis militaris* (Lin.), de France. — Vél.
Signé à droite : N. Rob. p.
Vol. XIII, n° 55.

— *Daphne Cneorum* (Lin.), de France. — Vél.
Signé à droite : N. Rob.
Vol. XV, n° 3.

Robert (Nicolas).
— *Daphne gnidium* (Lin.), de France.
— Vél.
Signé à droite : N. Rob. p.
Vol. XV, n° 4.

— *Laurus nobilis tenuifolia* (Lin.), d'Orient. — Vél.
Signé à droite : N. Rob. p.
Vol. XV, n° 34.

— *Phytolacca decandra* (Lin.), de l'Amérique septentrionale. — Vél.
Signé à droite : N. Rob. p.
Vol. XV, n° 69.

— *Beta vulgaris* (Lin.), de France. — Vél.
Signé à gauche : N. Rob.
Vol. XVI, n° 5.

— *Blitum capitatum* (Lin.), de France. — Vél.
Signé à gauche : N. Rob. pin.
Vol. XVI, n° 13.

— *Amaranthus sanguineus* (Lin.). — Vél.
Signé à droite : N. Rob. pin.
Vol. XVI, n° 19.

— *Amaranthus caudatus spica rubra pendulæ* (Lin.), du Pérou. — Vél.
Signé à gauche : N. Rob. pin.
Vol. XVI, n° 22.

— *Amaranthus spicis viridibus*. — Vél.
Signé à droite : N. Rob. pin.
Vol. XVI, n° 23.

— *Celosia cristata* (Lin.), de l'Inde. — Vél.
Signé à droite : N. Rob. p.
Vol. XVI, n° 33.

— *Celosia cristata holosericea* (Lin.), de l'Inde. — Vél.
Signé à droite : N. Rob. p.
Vol. XVI, n° 34.

— *Celosia castrensis spica dilute purpurea* (Lin.). — Vél.
Signé à droite : N. Rob.
Vol. XVI, n° 37.

— *Amaranthus panicula lutea*. — Vél.
Signé à gauche : N. Rob. pin.
Vol XVI, n° 38.

Robert (Nicolas).
— *Plantago angustifolia lanceolata* (Lin.), de France. — Vél. Signé à droite : N. Rob. p.
Vol. XVI, n° 52.

— *Plumbago europæa* (Lin.), de la France méridionale. — Vél.
Signé à droite : N. Rob. p.
Vol. XVI, n° 68.

— *Statice limonium* (Lin.), de France. — Vél.
Signé à droite : N. Rob. p.
Vol. XVI, n° 74.

— *Statice sinuata* (Lin.), de la France méridionale. — Vél.
Signé à droite : N. Rob. p.
Vol. XVI, n° 80.

— *Anagallis arvensis cærulea* (Lin.), de France. — Vél.
Signé à droite : N. Rob. p.
Vol. XVII, n° 1.

— *Anagallis lutea monelli* (Lin.), d'Espagne. — Vél.
Signé à droite : N. Rob. p.
Vol. XVII, n° 2.

— *Primula veris acaulis* (Lam.). — Vél.
Signé à droite : N. Rob. p.
Vol. XVII, n° 22.

— *Primula veris acaulis* (Lam.), variété. — Vél.
Signé à droite : N. R. L. P.
Vol. XVII, n° 23.

— *Primula auricula* (Lin.), des Alpes. — Vél.
Signé à droite : N. Rob. p.
Vol. XVII, n° 25.

— *Cyclamen europæum* (Lin.), de la France méridionale. — Vél.
Signé à droite : N. Rob. p.
Vol. XVII, n° 35.

— *Cyclamen europæum hæredæfolium*, variété du mont Liban. — Vél.
Signé à gauche : N. Rob. p.
Vol. XVII, n°s 37 et 38.

— *Veronica longifolia* (Lin.), de Suisse. — Vél.
Signé à droite : N. Rob. p.
Vol. XVII, n° 61.

Robert (Nicolas).

— *Veronica spicata*, variété (Lin.). — Vél.
Signé à droite : N. Rob. p.
Vol. XVII, n° 62.

— *Pedicularis palustris rubra elatior* (Lin.), de France. — Vél.
Signé à gauche : N. Rob. p.
Vol. XVIII, n° 4.

— *Melampyrum arvense purpurascente* (Lin.), de France. — Vél.
Signé à droite : N. Rob. p.
Vol. XVIII, n° 7.

— *Lathræa clandestina* (Lin.), de France. — Vél.
Signé à droite : N. Rob. p.
Vol. XVIII, n° 9.

— *Acanthus mollis* (Lin.), d'Italie. — Vél.
Signé à droite : N. Rob. p.
Vol. XVIII, n° 14.

— *Acanthus spinosissimus* (Hort. Paris), d'Italie. — Vél.
Signé à droite : N. Rob. p.
Vol. XVIII, n° 17.

— *Vitex sive agnus minor albidus*, variété. — Vél.
Signé à droite : N. Rob.
Vol. XVIII, n° 18.

— *Syringa vulgaris alba*, variété. — Vél.
Signé à droite : N. Rob. p.
Vol. XVIII, n° 36.

— *Phyllyrea latifolia* (Lin.), variété. — Vél.
Signé à droite : N. Rob. p.
Vol. XVIII, n° 43.

— *Jasminum odoratissimum indicum*. — Vél.
Signé à droite : N. Rob.
Vol. XVIII, n° 49.

— *Anthericum liliastrum* (Lin.), des Alpes. — Vél.
Signé à droite : N. Rob. p.
Vol. XIX, n° 20.

— *Monarda fistulosa* (Lin.), du Canada. — Vél.
Signé à gauche : N. Rob. pin.
Vol. XIX, n° 27.

Robert (Nicolas).

— *Salvia officinalis tricolor elegantissima*. — Vél.
Signé à droite : N. Rob. p.
Vol. XIX, n° 30.

— *Salvia latifolia crispa*, d'Orient. — Vél.
Signé à droite : N. Rob. p.
Vol. XIX, n° 31.

— *Salvia glutinosa* (Lin.), des Alpes. — Vél.
Signé à droite : N. Rob. p.
Vol. XIX, n° 36.

— *Salvia sclarea* (Lin.), de France. — Vél.
Signé à droite : N. Rob. pin.
Vol. XIX, n° 37.

— *Salvia bicolor bætica* (Desf.), de Barbarie. — Vél.
Signé à droite : N. Rob. pin.
Vol. XIX, n° 40.

— *Salvia verticillata* (Lin.), de France. — Vél.
Signé à gauche : N. Rob. pin.
Vol. XIX, n° 44.

— *Salvia horminum* (Lin.), de la France méridionale. — Vél.
Signé à gauche : N. Rob.
Vol. XIX, n° 45.

— *Teucrium marum* (Lin.), d'Espagne. — Vél.
Signé à gauche : N. Rob.
Vol. XX, n° 3.

— *Hyssopus officinalis vulgaris* (Lin.), de France. — Vél.
Signé à droite : N. Rob. p.
Vol. XX, n° 21.

— *Lavandula stœchas* (Lin.), de la France méridionale. — Vél.
Signé à gauche : N. Rob. pin.
Vol. XX, n° 28.

— *Lavandula multifida* (Lin.), de Barbarie. — Vél.
Signé à gauche : N. Rob. pin.
Vol. XX, n° 30.

— *Mentha rotundifolia crispa spicata* (Lin.), de France. — Vél.
Signé à droite : N. Rob. p.
Vol. XX, n° 43.

Robert (Nicolas).
— *Mentha pulegium* (Lin.), de France. — Vél.
Signé au bas, le long de la bordure : N. Rob. pin.
Vol. XX, n° 44.

— *Lamium orvala* (Lin.), d'Italie. — Vél.
Signé à gauche : N. Rob. p.
Vol. XX, n° 48.

— *Lamium album; lamium purpureum; galeopsis galeobdolon* (Lin.), de France. — Vél.
Signé à droite : N. Rob. p.
Vol. XX, n° 55.

— *Lamium molle* (Hort. Kew). — Vél.
Signé à droite : N. Rob. p.
Vol. XX, n° 56.

— *Betonica purpurea hirsuta* (Lin.), des Alpes. — Vél.
Signé droite : N. Rob. p.
Vol. XX, n° 60.

— *Stachys cretica longissimo folio*, variété. — Vél.
Signé à gauche : N. Rob.
Vol. XX, n° 68.

— *Phlomis herba-venti; longifolium marrubium* (Lin.), de France. — Vél. — 2 fig.
Signé à droite : N. Rob. p.
Vol. XXI, n° 12.

— *Dracocephallum moldavica* (Lin.), de Sibérie; *molucella levis* (Lin.), de Syrie. — Vél. — 2 fig.
Signé à droite : N. Rob. p.
Vol. XXI, n° 18.

— *Molucella spinosa* (Lin.), d'Orient. — Vél.
Signé à droite : N. Rob. p.
Vol. XXI, n° 19.

— *Melissa nepeta odore pulegii* (Lin.), de France. — Vél.
Signé à gauche : N. Rob.
Vol. XXI, n° 36.

— *Mellytis melissophyllum* (Lin.), de France. — Vél.
Signé à gauche : N. Rob. p.
Vol. XXI, n° 46.

Robert (Nicolas).
— *Prunella grandiflora; prunella hyssopifolia* (Lin.), de France. — Vél. — 2 fig.
Signé à droite : N. Rob. pin.
Vol. XXI, n° 61.

— *Prunella vulgaris flore albo non dissecto* (Lin.), de France. — Vél.
Signé à droite : N. Rob. pin.
Vol. XXI, n° 62.

— *Cleonia lusitanica odorata* (Lin.). — Vél.
Signé à droite : N. Rob. pin.
Vol. XXI, n° 63.

— *Scrophularia vernalis* (Lin.), de France. — Vél.
Signé à droite : N. Rob. pin.
Vol. XXI, n° 73.

— *Linaria cymbalaria* (Hort. Paris), de France. — Vél.
Signé à droite : N. Rob.
Vol. XXII, n° 1.

— *Linaria dalmatica latissimo folio*. — Vél.
Signé à droite : N. Rob.
Vol. XXII, n° 8.

— *Digitalis purpurea* (Lin.), de France. — Vél.
Signé à droite : N. Rob. p.
Vol. XXII, n° 31.

— *Digitalis ferruginea* (Lin.), d'Italie. — Vél.
Signé à droite : N. Rob.
Vol. XXII, n° 35.

— *Digitalis obscura ferruginea* (Lin.). — Vél.
Signé à droite : N. Rob. p.
Vol. XXII, n° 38.

— *Verbascum ferrugineum* (Lin.), d'Europe. — Vél.
Signé à droite : N. Rob. pin.
Vol. XXII, n° 61.

— *Verbascum ferrugineum*, d'Europe, variété. — Vél.
Signé à droite : N. Rob. p.
Vol. XXII, n° 63.

— *Verbascum undulatum* (Lam.), d'Orient. — Vél.
Signé à droite : N. Rob. pin.
Vol. XXII, n° 64.

Robert (Nicolas).
— *Verbascum phœniceum* (Lin.), de la Caroline. — Vél.
Signé au bas, le long de la bordure : N. Rob. pin.
Vol. XXII, n° 65.

— *Blettaria myconi* (Lin.), des Pyrénées. — Vél.
Signé à gauche : N. Rob. pin.
Vol. XXII, n° 71.

— *Datura ferox* (Lin.), de la Chine. — Vél.
Signé à droite : N. Rob. p.
Vol. XXIII, n° 10.

— *Datura fastuosa* (Lin.), d'Égypte. — Vél.
Signé à droite : N. Rob.
Vol. XXIII, n° 11.

— *Datura metel pomo spinosa rotundo*, d'Asie. — Vél.
Signé à droite : N. Rob. pin.
Vol. XXIII, n° 15.

— *Atropa mandragora* (Lin.), de la France méridionale. — Vél.
Signé à droite : N. Rob. p.
Vol. XXIII, n°ˢ 25 et 26.

— *Atropa belladona* (Lin.), de France. — Vél.
Signé à gauche : N. Rob. p.
Vol. XXIII, n° 29.

— *Solanum vel physalis somnifera* (Lin.), d'Espagne. — Vél.
Signé à gauche : N. Rob. pin.
Vol. XXIII, n° 31.

— *Physalis pubescens* (Lin.), de l'Inde. — Vél.
Signé à droite : N. Rob.
Vol. XXIII, n° 34.

— *Physalis pubescens* (Lin.), variété. — Vél.
Signé à gauche : N. Rob.
Vol. XXIII, n° 35.

— *Solanum scandens sive dulcamara* (Lin.), de France. — Vél.
Signé à droite : N. Rob. pin.
Vol. XXIII, n° 41.

Robert (Nicolas).
— *Solanum lignosum canadense flore albo*. — Vél.
Signé à droite : N. Rob.
Vol. XXIII, n° 43.

— *Solanum nigrum, hortense fuchsii* (Lin.), de France. — Vél.
Signé à droite : N. Rob. p.
Vol. XXIII, n° 48.

— *Solanum tuberosum* (Lin.), du Pérou. — Vél.
Signé à droite : N. Rob. pin.
Vol. XXIII, n° 51.

— *Solanum tuberosum* (Lin.), variété. — Vél.
Signé à droite : N. Rob. p.
Vol. XXIII, n° 52.

— *Solanum macrocarpon* (Lin.), du Pérou. — Vél.
Signé à droite : N. Rob. p.
Vol. XXIII, n° 53.

— *Solanum æthiopicum* (Lin.). — Vél.
Signé à gauche : N. Rob.
Vol. XXIII, n° 54.

— *Solanum pomiferum melongena* (Lin.), de l'Amérique méridionale. — Vél.
Signé à droite : N. Rob. p.
Vol. XXIV, n° 2.

— *Solanum indicum* (Lin.). — Vél.
Signé à droite : N. Rob. p.
Vol. XXIV, n° 21.

— *Cerinthe major aspera* (Lin.), de la France méridionale. — Vél.
Signé à droite : N. Rob. pin.
Vol. XXV, n°ˢ 20 et 21.

— *Lithospermum fruticosum* (Lin.), de la France méridionale. — Vél.
Signé à droite : N. Rob. p.
Vol. XXV, n° 42.

— *Anchusa italica* (Ret.), de France. — Vél.
Signé à droite : N. Rob. p.
Vol. XXV, n° 59.

— *Anchusa angustifolia purpurans* (Lin.), d'Orient. — Vél.
Signé à droite : N. Rob.
Vol. XXV, n° 60.

Robert (Nicolas).

— *Buglossum foliis bullatis.* — Vél.
Signé à gauche : N. Rob.
Vol. XXV, n° 61.

— *Anchusa sempervirens* (Lin.), d'Espagne. — Vél.
Signé à droite : N. Rob. p.
Vol. XXVI, n° 2.

— *Borrago officinalis* (Lin.), de France. — Vél.
Signé à gauche : N. Rob. pin.
Vol. XXVI, n° 6.

— *Cynoglossum linifolium umbilicato semine* (Lin.), d'Espagne. — Vél.
Signé à droite : N. Rob. p.
Vol. XXVI, n° 16.

— *Cynoglossum omphalodes repens* (Lin.), de France. — Vél.
Signé à droite : N. Rob. p.
Vol. XXVI, n° 17.

— *Convolvulus althæoïdes* (Lin.), de la France méridionale. — Vél.
Signé à droite : N. Rob. p.
Vol. XXVI, n° 28.

— *Convolvulus cantabrica minimus* (Lin.), de la France méridionale. — Vél.
Signé à droite : N. Rob. p.
Vol. XXVI, n° 33.

— *Ipomæa purpurea; ipomæa alba*, variétés (Hort. Paris). — Vél. — 2 fig.
Signé à droite : N. Rob. p.
Vol. XXVI, n° 48.

— *Polemonium cœruleum vel valeriana græca* (Lin.), d'Europe. — Vél.
Signé à droite : N. Rob. p.
Vol. XXVI, n° 54.

— *Sesamum orientale* (Lin.). — Vél.
Signé à gauche : N. Rob. pin.
Vol. XXVII, n° 6.

— *Bignonia capreolata* (Lin.), de l'Amérique méridionale. — Vél.
Signé à droite : N. Rob. p.
Vol. XXVII, n° 11.

— *Bignonia radicans* (Lin.), de la Virginie. — Vél.
Signé à droite : N. Rob. pin.
Vol. XXVII, n° 13.

Robert (Nicolas).

— *Gentiana major lutea* (Lin.), des Alpes. — Vél.
Signé à droite : N. Rob. pin.
Vol. XXVII, n°s 23 et 24.

— *Apocynum androsæmifolium* (Lin.), de l'Amérique du Nord. — Vél.
Signé à droite : N. Rob. p.
Vol. XXVIII, n° 1.

— *Asclepias incarnata* (Lin.), de l'Amérique septentrionale. — Vél.
Signé à droite : N. Rob. pin.
Vol. XXVIII, n° 16.

— *Asclepias tuberosa floribus croceis* (Lin.), de l'Amérique septentrionale. — Vél.
Signé à gauche : N. Rob. pin.
Vol. XXVIII, n° 17.

— *Asclepias syriaca recta* (Lin.), de l'Amérique septentrionale. — Vél.
Signé à droite : N. Rob. pin.
Vol. XXVIII, n° 19.

— *Styrax officinale* (Lin.), de Provence. — Vél.
Signé à droite : N. Rob. p.
Vol. XXVIII, n° 45.

— *Erica vulgaris cinerea* (Lin.), de France. — Vél.
Signé à droite : N. Rob. p.
Vol. XXIX, n° 5.

— *Arbutus unedo* (Lin.), de la France méridionale. — Vél.
Signé à gauche : N. Rob. pin.
Vol. XXIX, n° 39.

— *Campanula rotundifolia* (Lin.), de France. — Vél.
Signé à droite : N. Rob. p.
Vol. XXIX, n° 57.

— *Campanula pyramidalis; libiscus syriacus* (Lin.), de France. — Vél. — 2 fig.
Signé à droite : N. Rob. p.
Vol. XXIX, n° 61.

— *Campanula trachelium foliis urticæ* (Lin.), de France. — Vél.
Signé à droite : N. Rob. p.
Vol. XXX, n° 4.

Robert (Nicolas).
— *Campanula thyrsoïdea* (Lin.), des Alpes. — Vél.
Signé à droite : N. Rob. p.
Vol. XXX, n° 6.

— *Campanula mariana medium* (Lin.), de la France méridionale. — Vél.
Signé à gauche : N. Rob. p.
Vol. XXX, n° 8.

— *Trachelium illyricum*. — Vél.
Signé à droite : N. Rob. p.
Vol. XXX, n° 11.

— *Campanula speculum* (Lin.), de France. — Vél.
Signé à droite : N. Rob. p.
Vol. XXX, n° 27.

— *Trachelium cœruleum* (Lin.), de l'Afrique septentrionale. — Vél.
Signé à droite : N. Rob. p.
Vol. XXX, n° 31.

— *Phyteuma pinnata* (Lin.), d'Orient. — Vél.
Signé à droite : N. Rob. p.
Vol. XXX, n° 37.

— *Lobelia siphilicata* (Lin.), de l'Amérique septentrionale. — Vél.
Signé à droite : N. Rob. p.
Vol. XXX, n° 45.

— *Hieracium sabaudum* (Lin.), de France. — Vél.
Signé à droite : N. Rob. p.
Vol. XXXI, n° 8.

— *Hieracium aurantiacum* (Lin.), des Alpes. — Vél.
Signé à droite : N. Rob. pin.
Vol. XXXI, n° 10.

— *Crepis rubra* (Lin.), de France. — Vél.
Signé à droite : N. Rob. pin.
Vol. XXXI, n° 14.

— *Helminthia echioïdes* (Hort. Paris), de France. — Vél.
Signé droite : N. Rob. p.
Vol. XXXI, n° 37.

— *Andryala integrifolia* (Lin.), de France. — Vél.
Signé à gauche: N. Rob. p.
Vol. XXXI, n° 54.

Robert (Nicoals).
— *Andryana integrifolia* (Lin.), de France, variété. — Vél.
Signé à droite : N. Rob. p.
Vol. XXXI, n° 55.

— *Cichorium intybus* (Lin.), de France. — Vél.
Signé à gauche : N. Rob. p.
Vol. XXXII, n° 1.

— *Scolymus hispanicus* (Lin.), de la France méridionale. — Vél.
Signé à droite : N. Rob. p.
Vol. XXXII, n° 5.

— *Carduus lanceolatus* (Lin.), de France. — Vél.
Signé à droite : N. Rob. p.
Vol. XXXII, n° 10.

— *Carduus nutans* (Lin.), de France. — Vél.
Signé à gauche : N. Rob. p.
Vol. XXXII, n° 11.

— *Carduus nutans* (Lin.), de France, variété. — Vél.
Signé à droite : N. Rob. p.
Vol. XXXII, n° 12.

— *Carduus eryophorus* (Lin.), de France. — Vél.
Signé à gauche : N. Rob. pin.
Vol. XXXII, n° 19.

— *Carlina acaulis* (Lin.), des Alpes. — Vél.
Signé à gauche : N. Rob. p.
Vol. XXXII, n° 34.

— *Carlina acantifolia magna*, des Alpes. — Vél.
Signé à droite : N. Rob. p.
Vol. XXXII, n° 35.

— *Carlina lanata purpurorubens* (Lin.), de la France méridionale. — Vél.
Signé à droite : N. Rob. p.
Vol. XXXII, n° 36.

— *Carthamus tinctorius* (Lin.), d'Égypte. — Vél.
Signé à droite : N. Rob. p.
Vol. XXXII, n° 43.

— *Carthamus lanatus atractylis* (Lin.), de France. — Vél.
Signé à droite : N. Rob. pin.
Vol. XXXII, n° 45.

Robert (Nicolas).
— *Carthamus cœruleus* (Lin.), d'Espagne. — Vél.
Signé à droite : N. Rob. pin.
Vol. XXXII, n° 46.
— *Arctium lappa tomentosa* (Lin.), variété. — Vél.
Signé à droite : N. Rob. p.
Vol. XXXII, n° 52.
— *Centaurea centaurium* (Lin.), d'Italie. — Vél.
Signé à droite : N. Rob. p.
Vol. XXXIII, n° 11.
— *Centaurea rhapontica* (Lin.), des Alpes; *centaurea africana* (Lam.), de Barbarie. — Vél. — 2 fig.
Signé à droite : N. Rob. p.
Vol. XXXIII, n° 12.
— *Centaurea pullata* (Lin.), de la France méridionale. — Vél.
Signé à droite : N. Rob. p.
Vol. XXXIII, n° 14.
— *Centaurea montana* (Lin.), des Alpes. — Vél.
Signé à droite : N. Rob. p.
Vol. XXXIII, n° 15.
— *Centaurea cyanus* (Lin.). — Vél.
Signé à droite : N. Rob. p.
Vol. XXXIII, n° 16.
— *Centaurea sempervirens* (Lin.), du Portugal. — Vél.
Signé à gauche : N. Rob. p.
Vol. XXXIII, n° 19.
— *Centaurea flore purpurascente* (Hort. Paris). — Vél.
Signé à droite : N. Rob. p.
Vol. XXXIII, n° 20.
— *Centaurea babilonica maxima* (Lin.), d'Orient. — Vél.
Signé à droite : N. Rob. p.
Vol. XXXIII, n° 22.
— *Centaurea conifera incana* (Lin.), des Alpes. — Vél.
Signé à droite : N. Rob. p.
Vol. XXXIII, n° 23.
— *Centaurea sonchifolia* (Lin.), de la France méridionale. — Vél.
Signé à droite : N. Rob. p.
Vol. XXXIII, n° 29.

Robert (Nicolas).
— *Centaurea napifolia* (Lin.), d'Orient. — Vél.
Signé à droite : N. Rob. p.
Vol. XXXIII, n° 30.
— *Centaurea calcitrapa* (Lin.), de France. — Vél.
Signé à gauche : N. Rob. p.
Vol. XXXIII, n° 34.
— *Centaurea collina lutea* (Lin.), d'Italie. — Vél.
Signé à droite : N. Rob. p.
Vol. XXXIII, n° 35.
— *Centaurea solstitialis* (Lin.), de France. — Vél.
Signé à gauche : N. Rob. p.
Vol. XXXIII, n° 36.
— *Centaurea galactites* (Lin.), de la France méridionale. — Vél.
Signé à droite : N. Rob. p.
Vol. XXXIII, n° 40.
— *Echinops sphærocephalus* (Lin.), de France. — Vél.
Signé à droite : N. Rob. p.
Vol. XXXIII, n° 47.
— *Echinops ritro* (Lin.), de la France méridionale. — Vél.
Signé à gauche : N. Rob. p.
Vol. XXXIII, n° 48.
— *Echinops ritro*, variété (Lin.), de France. — Vél.
Signé à droite : N. Rob. p.
Vol. XXXIII, n° 49.
— *Chrysanthemum flosculosum spinosum* (Lin.), de l'île de Crète. — Vél.
Signé à droite : N. Rob. p.
Vol. XXXIII, n° 54.
— *Balmamita annua* (Desf.); *tanacetum annuum* (Lin.), d'Espagne. — Vél. — 3 fig.
Signé à droite : N. Rob.
Vol. XXXIII, n°s 56 à 58.
— *Tanacetum vulgare* (Lin.), de France. — Vél.
Signé à gauche : N. Rob. p.
Vol. XXXIII, n° 63.
— *Tanacetum vulgare crispum* (Lin.), variété. — Vél.
Signé à gauche : N. Rob. p.
Vol. XXXIII, n° 64.

Robert (Nicolas).
— *Artemisia austriaca* (Jacq.). — Vél.
Signé à droite : N. Rob. pin.
Vol. XXXIII, n° 68.

— *Artemisia absinthium* (Lin.), de France. — Vél.
Signé à droite : N. Rob. pin.
Vol. XXXIII, n° 69.

— *Artemisia abrotanum* (Lin.), de la France méridionale. — Vél.
Signé à droite : N. Rob. pin.
Vol. XXXIII, n° 70.

— *Tussilago alba* (Lin.), de France. — Vél.
Signé à droite : N. Rob. pin.
Vol. XXXIV, n° 1.

— *Tussilago petasites* (Lin.), de France. — Vél.
Signé à droite : N. Rob. pin.
Vol. XXXIV, n° 2.

— *Eupatorium vulgare cannabinum* (Lin.), de France. — Vél.
Signé à droite : N. Rob. p.
Vol. XXXIV, n° 21.

— *Eupatorium verticillatum* (Lam.), de l'Amérique septentrionale. — Vél.
Signé à droite : N. Rob. p.
Vol. XXXIV, n° 23.

— *Santolina chamæcyparissus* (Lin.), de France. — Vél.
Signé à droite : N. Rob. pin.
Vol. XXXIV, n° 44.

— *Matricaria parthenium flosculosum* (Lin.), de France. — Vél.
Signé à droite : N. Rob. p.
Vol. XXXIV, n° 60.

— *Matricaria parthenium*, variété (Lin.), de France. — Vél.
Signé à droite : N. Rob. p.
Vol. XXXIV, n° 61.

— *Achillea purpurea tenacetifolia* (Will.), des Alpes. — Vél.
Signé à droite : N. Rob. p.
Vol. XXXIV, n° 63.

— *Chrysanthemum serotinum* (Lin.), de l'Amérique septentrionale. — Vél.
Signé à droite : N. Rob. p.
Vol. XXXIV, n°s 65 et 66.

Robert (Nicolas).
— *Chrysanthemum myconis; chrysanthemum segetum* (Lin.), de France. — Vél.
Signé à droite : N. Rob. p.
Vol. XXXIV, n° 78.

— *Helenium autumnale* (Lin.), de l'Amérique septentrionale. — Vél.
Signé à droite : N. Rob. p.
Vol. XXXIV, n° 100.

— *Tagetes erecta* (Lin.), du Mexique. — Vél.
Signé à droite : N. Rob. pin.
Vol. XXXV, n° 1.

— *Doronicum plantagineum* (Lin.), de France. — Vél.
Signé à droite : N. Rob. p.
Vol. XXXV, n°s 8 et 9.

— *Inula britannica* (Lin.), de France. — Vél.
Signé à droite : N. Rob. p.
Vol. XXXV, n° 17.

— *Inula squarrosa odorata* (Lin.), de France. — Vél.
Signé à gauche : N. Rob. p.
Vol. XXXV, n° 19.

— *Inula salicina* (Lin.); *erigeron canadense* (Lin.), de France. — Vél. — 2 fig.
Signé à gauche : N. Rob. p.
Vol. XXXV, n° 20.

— *Inula montana hirsuta* (Lin.), de France. — Vél.
Signé à droite : N. Rob. p.
Vol. XXXV, n° 21.

— *Inula montana hirsuta*, variété, de la France méridionale. — Vél.
Signé à gauche : N. Rob.
Vol. XXXV, n° 22.

— *Inula viscosa* (Hort. Paris), de la France méridionale. — Vél.
Signé à gauche : N. Rob. pin.
Vol. XXXV, n° 23.

— *Erigeron annuum umbelliferum* (Hort. Paris), de l'Amérique du Nord. — Vél.
Signé à droite : N. Rob. pin.
Vol. XXXV, n° 27.

Robert (Nicolas).
— *Aster pyraneus precox* (Hort. Paris), de France. — Vél.
Signé à gauche : N. Rob. pin.
Vol. XXXV, n° 36.
— *Aster amellus* (Lin.), de la France méridionale. — Vél.
Signé à gauche : N. Rob. p.
Vol. XXXV, n° 37.
— *Aster amellus Virgilii*, d'Italie. — Vél.
Signé à droite : N. Rob. p
Vol. XXXV, n° 38.
— *Aster acris Narbonensium* (Lin.), de la France méridionale. — Vél.
Signé à gauche : N. Rob. p.
Vol. XXXV, n° 39.
— *Aster trinervis latifolius* (Hort. Paris). — Vél.
Signé à droite : N. Rob. p.
Vol. XXXV, n° 40.
— *Aster cordifolius autumnalis* (Lin.), de l'Amérique septentrionale. — Vél.
Signé à gauche : N. Rob. p.
Vol. XXXV, n° 42.
— *Aster lævigatus virginianus* (Lam.), de l'Amérique septentrionale. — Vél.
Signé à gauche : N. Rob. pin.
Vol. XXXV, n° 43.
— *Aster paniculatus* (Lam.). — Vél.
Signé à droite : N. Rob.
Vol. XXXV, n° 44.
— *Aster serotinus tradescanthi* (Lin.), de l'Amérique septentrionale. — Vél.
Signé à gauche : N. Rob. p.
Vol. XXXV, n° 46.
— *Solidago integrifolia* (Hort. Paris), de l'Amérique septentrionale. — Vél.
Signé à gauche : N. Rob. pin.
Vol. XXXV, n° 53.
— *Cineraria maritima* (Lin.), de France. — Vél.
Signé à droite : N. Rob. p.
Vol. XXXV, n°s 62 et 63.
— *Senecio abrotanifolius* (Lin.), des Alpes. — Vél.
Signé à droite : N. Rob. p.
Vol. XXXV, n° 75.

Robert (Nicolas).
— *Senecio tenuifolius* (Jacq.). — Vél.
Signé à gauche : N. Rob. p.
Vol. XXXV, n° 78.
— *Senecio linifolius* (Lin.), d'Italie. — Vél.
Signé à gauche : N. Rob. pin.
Vol. XXXV, n° 79.
— *Senecio doria* (Lin.), de la France méridionale. — Vél.
Signé au bas, le long de la bordure : N. Rob. p.
Vol. XXXV, n° 84.
— *Anthemis nobilis multiplex* (Lin.), de France. — Vél.
Signé à gauche : N. Rob. p.
Vol. XXXV, n° 96.
— *Anthemis tinctoria* (Lin.), des Alpes. — Vél.
Signé à droite : N. Rob.
Vol. XXXV, n° 97.
— *Ageratum purpureum floribus albis* (Lin.), de France. — Vél.
Signé à gauche : N. Rob. p.
Vol. XXXVI, n° 1.
— *Parthenium integrifolium* (Lin.), de l'Amérique septentrionale. — Vél.
Signé à droite : N. Rob. pin.
Vol. XXXVI, n° 13.
— *Buphthalmum aquaticum* (Lin.), de France. — Vél.
Signé à droite : N. Rob. pin.
Vol. XXXVI, n° 16.
— *Buphthalmum maritimum* (Lin.), de France. — Vél.
Signé à droite : N. Rob. p.
Vol. XXXVI, n° 17.
— *Buphthalmum spinosum* (Lin.), de France. — Vél.
Signé à droite : N. Rob. p.
Vol. XXXVI, n° 18.
— *Corcopsis alternifolia* (Lin.), de l'Amérique septentrionale. — Vél.
Signé à gauche : N. Rob. p.
Vol. XXXVI, n° 58.
— *Rudbeckia laciniata* (Lin.), de l'Amérique septentrionale. — Vél.
Signé à droite : N. Rob. p.
Vol. XXXVI, n° 65.

Robert (Nicolas).
— *Helianthus annuus* (Lin.), du Pérou.
— Vél.
Signé à droite : N. Rob. p.
Vol. XXXVI, n° 71.
— *Helianthus indicus; corona solis.* — Vél.
Signé à droite : N. Rob.
Vol. XXXVI, n° 72.
— *Helianthus virgatus* (Lam.). — Vél.
Signé à gauche : N. Rob. pin.
Vol. XXXVI, n° 73.
— *Helianthus corona solis americana latifolia parvo flore.* — Vél.
Signé à gauche : N. Rob. pin.
Vol. XXXVI, n° 76.
— *Scabiosa ochloleuca* (Jacq.), d'Allemagne. — Vél.
Signé à droite : N. Rob. p.
Vol. XXXVII, n° 21.
— *Scabiosa stellata* (Lin.), de la France méridionale. — Vél.
Signé à droite : N. Rob. p.
Vol. XXXVII, n° 28.
— *Scabiosa graminifolia* (Lin.), des Alpes. — Vél.
Signé à droite : N. Rob. p.
Vol. XXXVII, n° 32.
— *Valeriana rubra* (Lin.), de France. — Vél.
Signé à droite : N. Rob. p.
Vol. XXXVII, n° 45.
— *Valeriana angustifolia* (All.), des Alpes. — Vél.
Signé à gauche : N. Rob. pin.
Vol. XXXVII, n° 46.
— *Valeriana cornucopiæ peregrina purpurea* (Lin.), de Barbarie. — Vél.
Signé à droite : N. Rob.
Vol. XXXVII, n° 52.
— *Viburnum tinus* (Lin.), d'Espagne. — Vél.
Signé à droite : N. Rob. p.
Vol. XXXVIII, n° 25.
— *Viburnum lantana* (Lin.), de France. — Vél.
Signé à droite : N. Rob. p.
Vol. XXXVIII, n° 28.

Robert (Nicolas).
— *Viburnum opulus aquaticum* (Lin.), de France. — Vél.
Signé à droite : N. Rob. p.
Vol. XXXVIII, n° 29.
— *Sambucus laciniata* (Lin), de France. — Vél.
Signé à droite : N. Rob. p.
Vol. XXXVIII, n° 37.
— *Aralia racemosa* (Lin.), du Canada. — Vél.
Signé à droite : N. Rob. p.
Vol. XXXVIII, n° 51.
— *Smyrnium perfoliatum* (Lin.), d'Orient. — Vél.
Signé à droite : N. Rob. p.
Vol. XXXVIII, n° 65.
— *Buplevrum perfoliatum* (Lin.), de France. — Vél.
Signé à gauche : N. Rob. p.
Vol. XXXIX, n° 23.
— *Echinophora spinosa* (Lin.), de la France méridionale. — Vél.
Signé à droite : N. Rob. p.
Vol. XXXIX, n° 28.
— *Astrantia major* (Lin.), des Alpes. — Vél.
Signé à droite : N. Rob. p.
Vol. XXXIX, n° 31.
— *Eryngium alpinum* (Lin.), de France. — Vél.
Signé à droite : N. Rob. p.
Vol. XXXIX, n° 37.
— *Eryngium campestre* (Lin.), de France. — Vél.
Signé à droite : N. Rob. pin.
Vol. XXXIX, n° 38.
— *Eryngium maritimum* (Lin.), de France. — Vél.
Signé à droite : N. Rob. p.
Vol. XXXIX, n° 39.
— *Eryngium oliverianum* (Delaroche). — Vél.
Signé à droite : N. Rob. p.
Vol. XXXIX, n° 41.
— *Clematis erecta* (Lin.), de la France méridionale. — Vél.
Signé à droite : N. Rob. p.
Vol. XXXIX, n° 59.

9.

Robert (Nicolas).
— *Anemone pulsatilla* (Lin.), de France.
— Vél.
Signé à gauche : N. Rob. pin.
Vol. XXXIX, n° 79.
— *Anemone coronaria* (Lin.), d'Orient.
— Vél.
Signé à droite : N. Rob. p.
Vol. XXXIX, n°s 81 à 84.
— *Anemone coronaria* (Lin.), variété.
— Vél.
Signé à gauche : N. Rob. p.
Vol. XXXIX, n° 88.
— *Anemone nemorosa moschatellina* (Lin.), de France. — Vél.
Signé à droite : N. Rob. pin.
Vol. XXXIX, n° 102.
— *Anemone ranunculoïdes* (Lin.), de France. — Vél.
Signé à gauche : Rob. pin.
Vol. XL, n° 1.
— *Adonis vernalis vel elleborus niger* (Lin.). — Vél.
Signé à droite : N. Rob. pin.
Vol. XL, n° 12.
— *Ranunculus flammula* (Lin.), de France. — Vél.
Signé à droite : N. Rob. pin.
Vol. XL, n° 17.
— *Ranunculus illyricus gramineus* (Lin.), de France. — Vél.
Signé à droite : N. Rob. pin.
Vol. XL, n° 21.
— *Ranunculus bullatus* (Lin.), du Portugal. — Vél.
Signé à droite : N. Rob. p.
Vol. XL, n° 22.
— *Ranunculus creticus latifolius* (Lin.). — Vél.
Signé à droite : N. Rob. p.
Vol. XL, n° 23.
— *Ranunculus asiaticus* (Lin.). — Vél.
Signé à droite : N. Rob. p.
Vol. XL, n° 40.
— *Trollius bulbosus europæus* (Lin.), des Alpes. — Vél.
Signé à droite : N. Rob. p.
Vol. XL, n° 52.

Robert (Nicolas).
— *Helleborus hyemalis* (Lin.), des Alpes.
— Vél.
Signé à droite : N. Rob. pin.
Vol. XL, n° 57.
— *Helleborus niger flore albo* (Lin.), d'Orient. — Vél.
Signé à droite : N. Rob. pin.
Vol. XL, n° 58.
— *Helleborus viridis adulterinus* (Lin.), de France. — Vél.
Signé à droite : N. Rob. pin.
Vol. XL, n° 60.
— *Helleborus fœtidus* (Lin.), de France.
— Vél.
Signé à droite : N. Rob. pin.
Vol. XL, n° 61.
— *Helleborus lividus trifoliatus* (Hort. Kew), de Corse. — Vél.
Signé à gauche : N. Rob. p.
Vol. XL, n° 63.
— *Aquilegia vulgaris* (Lin.), de France.
— Vél.
Signé à droite : N. Rob. p.
Vol. XL, n°s 74 et 75.
— *Aquilegia vulgaris* (Lin.), variété. — Vél.
Signé à droite : N. Rob. pin.
Vol. XL, n°s 77 à 79.
— *Aquilegia pumila præcox canadensis* (Lin.). — Vél.
Signé à droite : N. Rob. p.
Vol. XL, n° 80.
— *Delphinium angustifolium* (Dec.), de Sibérie. — Vél.
Signé à droite : N. Rob. p.
Vol. XL, n° 87.
— *Delphinium staphysagria* (Lin.), de la France méridionale. — Vél.
Signé à gauche : N. Rob. p.
Vol. XL, n° 90.
— *Aconitum lycoctomum* (Lin.), des Alpes. — Vél.
Signé à droite : N. Rob. pin.
Vol. XL, n°s 94 à 96.
— *Aconitum napellus* (Lin.), des Alpes.
— Vél.
Signé à droite : N. Rob. p.
Vol. XL, n°s 98 à 100.

Robert (Nicolas).
— *Aconitum neomontanum* (Wild.), des Alpes. — Vél.
Signé à gauche : N. Rob. pin.
Vol. XL, n° 101.

— *Aconitum tauricum* (Jacq.); *aconitum violaceum*. — Vél. — 2 fig.
Signé à droite : N. Rob. p.
Vol. XL, n° 102.

— *Aconitum uncinatum* (Lam.), des Alpes. — Vél.
Signé à droite : N. Rob. p.
Vol. XLI, n° 2.

— *Caltha palustris* (Lin.), de France. — Vél.
Signé à droite : N. Rob. p.
Vol. XLI, n° 6.

— *Pæonia mascula vel corallina* (Lin.), de Suisse. — Vél.
Signé à droite : N. Rob. p.
Vol. XLI, nos 9 et 11.

— *Pæonia femina; pæonia officinalis*, variété des Alpes. — Vél. — 3 fig.
Signé à droite : N. Rob. p.
Vol. XLI, nos 17 à 20.

— *Pæonia villosa; pæonia humilis*, d'Espagne. — Vél. — 2 fig.
Signé à droite : N. Rob. p.
Vol. XLI, n° 21.

— *Podophyllum peltatum* (Lin.), du Canada. — Vél.
Signé à gauche : N. Rob. p.
Vol. XLI, n° 35.

— *Argemone mexicana* (Lin.). — Vél.
Signé à gauche : N. Rob. p.
Vol. XLI, n° 41.

— *Papaver somniferum* (Lin.), variété, de France. — Vél.
Signé à droite : N. Rob. p.
Vol. XLI, nos 48 à 50.

— *Chelidonium glaucium* (Lin.), de France. — Vél.
Signé à gauche : N. Rob. p.
Vol. XLI, n° 56.

— *Chelidonium corniculatum* (Lin.), de la France méridionale. — Vél.
Signé à droite : N. Rob. p.
Vol. XLI, n° 57.

Robert (Nicolas).
— *Chelidonium majus* (Lin.), de France. — Vél.
Signé à droite : N. Rob. p.
Vol. XLI, n° 59.

— *Chelidonium majusquercifolium* (Lin.). — Vél.
Signé à droite : N. Rob. p.
Vol. XLI, n° 60.

— *Fumaria bulbosa* (Lin.), de France. — Vél.
Signé à droite : N. Rob. pin.
Vol. XLI, n° 71.

— *Fumaria sempervirens* (Lin.), du Canada. — Vél.
Signé à gauche : N. Rob. pin.
Vol. XLI, n° 72.

— *Fumaria spicata tenuifolia* (Lin.), de la France méridionale. — Vél.
Signé à droite : N. Rob.
Vol. XLI, n° 74.

— *Brassica oleracea sabellica* (Lin.), d'Angleterre. — Vél.
Signé à droite : N. Rob. p.
Vol. XLI, n° 90.

— *Brassica silvestris orientalis* (Lin.), de la France méridionale. — Vél.
Signé à droite : N. Rob. p.
Vol. XLI, n° 93.

— *Hesperis tristis odoratissima* (Lin.), d'Autriche. — Vél.
Signé à gauche : N. Rob. p.
Vol. XLII, n° 2.

— *Hesperis maritima parva* (Hort. Paris), de la France méridionale. — Vél.
Signé à droite : N. Rob. p.
Vol. XLII, n° 3.

— *Cheiranthus cheiri* (Lin.), de France. — Vél.
Signé à droite : N. Rob. p.
Vol. XLII, n° 8.

— *Cheiranthus littoreus* (Lin.), de la France méridionale. — Vél.
Signé à gauche : N. Rob. pin.
Vol. XLII, n° 16.

— *Erysimum alliaria* (Lin.), de France. — Vél.
Signé à gauche : N. Rob. p.
Vol. XLII, n° 23.

Robert (Nicolas).
— *Cardamine pratensis trifolia* (Lin.), de France. — Vél.
Signé à droite : N. Rob. p.
Vol. XLII, n° 32.

— *Dentaria pinnata* (Lam.), des Alpes. — Vél.
Signé à droite : N. Rob. pin.
Vol. XLII, n° 36.

— *Rosa punicea cornuti*. — Vél.
Signé à droite : N. Rob. p.
Vol. XLII, n° 41 bis.

— *Clypeola maritima* (Lin.), de France. — Vél.
Signé à droite : N. Rob. p.
Vol. XLII, n° 48.

— *Clypeola sinuatum* (Lin.), d'Espagne. — Vél.
Signé à gauche : N. Rob. pin.
Vol. XLII, n° 59.

— *Thlaspi montanum sempervirens* (Lin.), des Alpes. — Vél.
Signé à gauche : N. Rob. p.
Vol. XLII, n° 74.

— *Crambe maritima* (Lin.), de France. — Vél.
Signé à droite : N. Rob. p.
Vol. XLII, n° 91.

— *Isatis tinctoria* (Lin.), de France. — Vél.
Signé à droite : N. Rob. pin.
Vol. XLII, n° 98.

— *Cleome pentaphylla* (Lin.), de France. — Vél.
Signé à droite : N. Rob. p.
Vol. XLIII, n° 2.

— *Capparis spinosa* (Lin.), de la France méridionale. — Vél.
Signé à droite : N. Rob. p.
Vol. XLIII, n° 8.

— *Cardiospermum halicacabum* (Lin.), de l'Amérique méridionale. — Vél.
Signé à droite : N. Rob. p.
Vol. XLIII, n° 22.

— *Hypericum hircinum fœtidum* (Lin.), d'Orient. — Vél.
Signé à droite : N. Rob. pin.
Vol. XLIII, n° 65.

Robert (Nicolas).
— *Melia azedarach* (Lin.), de l'Inde. — Vél.
Signé à droite : N. Rob. p.
Vol. XLIV, n° 4.

— *Pelargonium triste* (Wild.), du Cap; *geranium roseum* (Hort. Paris), des Alpes. — Vél. — 2 fig.
Signé à droite : N. Rob. p.
Vol. XLIV, n° 78.

— *Geranium pratense* (Lin.), de France. — Vél.
Signé à droite : N. Rob. pin.
Vol. XLV, n° 5.

— *Tropæolum minus* (Lin.), du Pérou. — Vél.
Signé à droite : N. Rob. pin.
Vol. XLV, n° 13.

— *Impatiens balsamina* (Lin.), de l'Inde. — Vél.
Signé à droite : N. Rob. p.
Vol. XLV, n° 17.

— *Lavatera triloba* (Lin.), de la France méridionale. — Vél.
Signé à droite : N. Rob. p.
Vol. XLV, n° 50.

— *Lavatera trimestris* (Lin.), de la France méridionale. — Vél.
Signé à droite : N. Rob.
Vol. XLV, n° 51.

— *Lavatera trimestris* (Lin.), variété. — Vél.
Signé à droite : N. Rob. p.
Vol. XLV, n° 54.

— *Lavatera ficifolia* (Lin.), de Sibérie. — Vél.
Signé à droite : N. Rob.
Vol. XLV, n° 60.

— *Althœa cannabina* (Lin.), de la France méridionale. — Vél.
Signé à droite : N. Rob. p.
Vol. XLV, n° 61.

— *Sida abutilon* (Lin.), de l'Inde. — Vél.
Signé à gauche : N. Rob. pin.
Vol. XLV, n° 76.

— *Gossypium herbaceum* (Lin.), d'Orient. — Vél.
Signé à gauche : N. Rob. p.
Vol. XLVI, n° 10.

Robert (Nicolas).
— *Leontice leontopedalon* (Lin.), d'Orient. — Vél.
Signé à droite : N. Rob. pin.
Vol. XLVI, n° 78.
— *Cistus hirsutus* (Lam.), d'Espagne. — Vél.
Signé à droite : N. Rob. p.
Vol. XLVII, n° 10.
— *Viola tricolor hortensis* (Lin.), de France. — Vél.
Signé à droite : N. Rob. p.
Vol. XLVII, n° 22.
— *Viola grandiflora lutea* (Lin.), des Pyrénées. — Vél.
Signé à droite : N. Rob. p.
Vol. XLVII, n° 23.
— *Zygophyllum fatago* (Lin.), d'Orient. — Vél.
Signé à droite : N. Rob. p.
Vol. XLVII, n° 34.
— *Ruta sativa graveolens* (Lin.), de la France méridionale. — Vél.
Signé à droite : N. Rob. p.
Vol. XLVII, n° 50.
— *Dictamnus albus* (Lin.), de la France méridionale. — Vél.
Signé à gauche : N. Rob. p.
Vol. XLVII, n° 57.
— *Saponaria officinalis* (Lin.), de France. — Vél.
Signé à droite : N. Rob. p.
Vol. XLVII, n° 86.
— *Saponaria officinalis hybrida* (Lin.), d'Europe. — Vél.
Signé à droite : N. Rob. pin.
Vol. XLVII, n° 87.
— *Saponaria ocymoïdes* (Lin.), de France. — Vél.
Signé à droite : N. Rob. p.
Vol. XLVII, n° 88.
— OEillets : *dyanthus cariophyllus* (Lin.), de France. — Vél. — 3 fig.
Signé à gauche : N. Rob. p.
Vol. XLVII, n° 95.
— *Dyanthus arboreus* (Lin.), de Candie. — Vél.
Signé à gauche : N. Rob. pin.
Vol. XLVIII, n° 7.

Robert (Nicolas).
— *Silene amœna* (Lin.). — Vél.
Signé à droite : N. Rob. p.
Vol. XLVIII, n° 17.
— *Lychnis dioïca purpurea* (Lin.), variété, de France. — Vél.
Signé à droite : N. Rob. pin.
Vol. XLVIII, n° 47.
— *Linum sylvestre angustifolium* (Lin.), de la France méridionale. — Vél.
Vol. XLVIII, n° 59.
— *Sedum anacampseros* (Lin.), de France. — Vél.
Signé à droite : N. Rob. p.
Vol. XLIX, n° 10.
— *Sedum sempervivum arboreum* (Lin.), du Portugal. — Vél.
Signé à droite : N. Rob. p.
Vol. XLIX, n° 18.
— *Saxifraga pyramidalis* (Lapeir), des Alpes. — Vél.
Signé à droite : N. Rob. p.
Vol. XLIX, n° 28.
— *Chrysosplenium alternifolium* (Lin.), de France. — Vél.
Signé à droite : N. Rob. p.
Vol. XLIX, n° 43.
— *Tamarix gallica narbonensis* (Lin.). — Vél.
Signé à droite : N. Rob. p.
Vol. L, n° 14.
— *Epilobium angustifolium* (Lam.), de France. — Vél.
Signé à droite : N. Rob. p.
Vol. LI, n° 26.
— *Epilobium spicatum* (Lam.), de France. — Vél.
Signé à droite : N. Rob. p.
Vol. LI, n° 27.
— *Myrtus communis bœtica*, variété. — Vél.
Signé à droite : N. Rob. p.
Vol. LI, n° 53.
— *Myrtus communis* (Lin.), de la France méridionale. — Vél.
Signé à droite : N. Rob. p.
Vol. LI, n° 54.

Robert (Nicolas).
— *Philadelphus coronarius* (Lin.), de l'Europe australe. — Vél.
Signé à droite : N. Rob. p.
Vol. LI, n° 71.
— *Lythrum salicaria* (Lin.); *lythrum purpureum*, de France. — Vél. — 2 fig.
Signé à droite : N. Rob. p.
Vol. LI, n° 89.
— *Cragætus aria longifolia* (Hort. Paris), de France. — Vél.
Signé à gauche : N. Rob. p.
Vol. LII, n° 26.
— *Rosa gallica; rosa gallica versicolor; rosa gallica incarnata.* — Vél. — 3 fig.
Signé à droite : N. Rob. p.
Vol. LII, n° 42.
— *Alchimilla vulgaris* (Lin.), de France. — Vél.
Signé à gauche : N. Rob. p.
Vol. LII, n° 77.
— *Alchimilla vulgaris minor; alchimilla arvensis* (Lin.), de France. — Vél. — 2 fig.
Signé à droite : N. Rob. p.
Vol. LII, n° 78.
— *Rubus odoratus* (Lin.), de l'Amérique septentrionale. — Vél.
Signé à droite : N. Rob. p.
Vol. LIII, n° 32.
— *Spiræa ulmaria; spiræa aruncus* (Lin.), de France. — Vél. — 2 fig.
Signé à droite : N. Rob. p.
Vol. LIII, n° 36.
— *Prunus laurocerasus* (Lin.), d'Asie. — Vél.
Signé à droite : N. Rob. p.
Vol. LIII, n° 44.
— *Acacia sensibilis magnifolia.* — Vél.
Signé à droite : N. Rob. p.
Vol. LIV, n° 17.
— *Desmanthus virgatus* (Wild.), de l'Amérique méridionale. — Vél.
Signé à gauche : N. Rob. pin.
Vol. LIV, n° 30.
— *Cassia sofera* (Lin.), d'Égypte. — Vél.
Signé à droite : N. Rob. p.
Vol. LIV, n° 63.

Robert (Nicolas).
— *Cassia senna* (Lin.), d'Orient. — Vél.
Signé à droite : N. Rob. p.
Vol. LIV, n° 64.
— *Cassia marylandica* (Lin.), de l'Amérique septentrionale. — Vél.
Signé à droite : N. Rob. p.
Vol. LIV, n° 68.
— *Cytisus sessilifolius* (Lin.), d'Espagne. — Vél.
Signé à droite : N. Rob. pin.
Vol. LV, n° 33.
— *Cytisus biflorus* (Her.), de Hongrie. — Vél.
Signé à droite : N. Rob. p.
Vol. LV, n° 40.
— *Lupinus luteus* (Lin.), de Barbarie. — Vél.
Signé à droite : N. Rob. pin.
Vol. LV, n° 55.
— *Lupinus semiverticillatus* (Lam.), variété. — Vél.
Signé à droite : N. Rob. p.
Vol. LV, n° 58.
— *Ononis arvensis* (Lin.), de France. — Vél.
Signé au bas, le long de la bordure : N. Rob. pin.
Vol. LVI, n° 5.
— *Ononis pinguis* (Lam.). — Vél.
Signé à droite : N. Rob. p.
Vol. LVI, n° 12.
— *Ononis natrix* (Lin.), variété. — Vél.
Signé à gauche : N. Rob. pin.
Vol. LVI, n° 13.
— *Ebenus cretica* (Lin.). — Vél.
Signé à droite : N. Rob. p.
Vol. LVI, n° 20.
— *Anthyllis montana villosa* (Lin.), de France. — Vél.
Signé à droite : N. Rob. p.
Vol. LVI, n° 25.
— *Psoralea bituminosa* (Lin.), de la France méridionale. — Vél.
Signé à droite : N. Rob. pin.
Vol. LVI, n° 35.
— *Trifolium pratense* (Lin.); *trifolium agrarium* (Wild.). — Vél. — 2 fig.
Signé à droite : N. Rob. p.
Vol. LVI, n° 41.

Robert (Nicolas).
— *Trifolium alpestre* (Lin.); *trifolium rubens* (Lin.), de France. — Vél. — 2 fig.
Signé à droite : N. Rob. p.
Vol. LVI, n° 42.
— *Dolichos lablab* (Lin.), d'Égypte. — Vél.
Signé à droite : N. Rob. p.
Vol. LVII, n° 12.
— *Phaseolus coccineus* (Lam.), de l'Amérique méridionale. — Vél.
Signé à droite : N. Rob. p.
Vol. LVII, n° 20.
— *Glycine apios* (Lin.), de l'Amérique septentrionale. — Vél.
Signé à gauche : N. Rob. p.
Vol. LVII, n° 39.
— *Robinia pseudoacaccia* (Lin.), de l'Amérique septentrionale. — Vél.
Signé à droite : N. Rob. p.
Vol. LVII, n° 49.
— *Colutea arborescens* (Lin.), de la France méridionale. — Vél.
Signé à droite : N. Rob.
Vol. LVII, n° 53.
— *Astragalus vel phaca bætica* (Lin.). — Vél.
Signé à droite : N. Rob. pin.
Vol. LVIII, n° 1.
— *Glycyrrhiza echinata* (Lin.), de Tartarie. — Vél.
Signé à droite : N. Rob. p.
Vol. LVIII, n° 22.
— *Cneorum tricoccum* (Lin.), de la France méridionale. — Vél.
Signé à droite : N. Rob. p.
Vol. LIX, n° 9.
— *Pistacia vera* (Lin.), d'Orient. — Vél.
Signé à droite : N. Rob.
Vol. LIX, n° 16.
— *Pistacia terebinthus* (Lin.), de la France méridionale. — Vél.
Signé à droite : N. Rob. p.
Vol. LIX, n° 19.
— *Evonymus europæus* (Lin.), de France. — Vél.
Signé à droite : N. Rob. p.
Vol. LIX, n° 42.

Robert (Nicolas).
— *Ilex aquifolium* (Lin.), de France. — Vél.
Signé à droite : N. Rob. p.
Vol. LIX, n°ˢ 55 et 56.
— *Zizyphus sativa*, de l'Orient. — Vél.
Signé à droite : N. Rob. p.
Vol. LIX, n° 66.
— *Euphorbia capitata* (Lam.), de l'Amérique méridionale. — Vél.
On lit à gauche : N. Rob.
Vol. LX, n° 5.
— *Euphorbia chamæsyce* (Lin.), de France. — Vél.
On lit à gauche : N. Rob. p.
Vol. LX, n° 7.
— *Euphorbia characias* (Lin.), de la France méridionale. — Vél.
Signé à droite : N. Rob. pin.
Vol. LX, n° 12.
— *Brixus sempervirens* (Lin.), de France. — Vél.
Signé à droite : N. Rob. p.
Vol. LX, n° 40.
— *Brixus angustifolia* (Hort. Paris), de France. — Vél.
Signé à droite : N. Rob. p.
Vol. LX, n° 41.
— *Ricinus communis* (Lin.), variété. — Vél.
Signé à droite : N. Rob. p.
Vol. LX, n° 45.
— *Momordica balsamica* (Lin.), de l'Inde. — Vél.
Signé à gauche : N. Rob. pin.
Vol. LXI, n° 13.
— *Momordica elaterium* (Lin.), de la France méridionale. — Vél.
Signé à droite : N. Rob. p.
Vol. LXI, n° 15.
— *Cucumis melo* (Lin.), d'Asie. — Vél.
Signé à droite : N. Rob.
Vol. LXI, n° 19.
— *Cucumis colocynthus fructu rotundo variegato*. — Vél.
Signé à droite : N. Rob. p.
Vol. LXI, n° 25.

Robert (Nicolas).
— *Cucurbita citrullus* (Lin.), d'Orient. — Vél.
Signé à droite : N. Rob.
Vol. LXI, n° 43.

— *Tricosanthes anguina* (Lin.), de Chine. — Vél.
On lit à droite : N. Rob.
Vol. LXI, n° 61.

— *Passiflora incarnata* (Lin.), de l'Amérique méridionale. — Vél.
Signé au bas, le long de la bordure : N. Rob. p.
Vol. LXI, n° 88.

— *Ambrosia maritima* (Lin.), de France. — Vél.
Signé à droite : N. Rob. p.
Vol. LXII, n° 41.

— *Ambrosia maritima* (Lin.), de France, variété. — Vél.
Signé à droite : N. Rob.
Vol. LXII, n° 42.

— *Quercus ilex* (Lin.), de la France méridionale. — Vél.
Signé à droite : N. Rob. p.
Vol. LXIII, n°s 7 à 11.

— *Juniperus sabina fœmina* (C. B.), de France. — Vél.
Signé à droite : N. Rob.
Vol. LXIII, n° 40.

— *Cupressus expansa* (Hort. Paris). — Vél.
Signé à droite : N. Rob. p.
Vol. LXIII, n° 44.

— *Pinus sylvestris* (Lin.), de France. — Vél.
Signé à droite : N. Rob. p.
Vol. LXIII, n° 51.

— *Dauphin vulgaire, de vingt-cinq pieds de long, pêché à Dieppe*. — Vél.
On lit au bas : N. Robert.
Vol. LXXIII, n° 94.

— *Portrait de Louis XIV*. — Vél.
Bien que non signé, ce portrait peut être attribué avec quelque vraisemblance à Nicolas Robert.
Vol. LXXV, n° 3.

Robert (Nicolas).
— *Portrait de Colbert*. — Vél.
Signé à gauche : Robert ; à droite on lit les initiales : R. B. D. B. Et plus bas :
« Ce morceau précieux devoit servir de deuxième frontispice au recueil d'histoire naturelle peint en miniatures, commencé par Gaston, duc d'Orléans, en 1650, et continué par Louis XIV, Louis XV et Louis XVI. Comme ce morceau devoit faire partie de la superbe et unique collection d'histoire naturelle que Colbert avoit fait commencer de graver par ordre de Louis XIV, on croit que trois mains habiles se sont empressées à former ce portrait, savoir Nanteuil pour la ressemblance, Nicolas Robert et la célèbre demoiselle Boullongne pour les oyseaulx et les fleurs. Il a été donné comme un morceau qui manquoit au Roy par M. de Saint-Aubin, dessinateur du cabinet du Roy pour les broderies, en 1780. »

— *Onopordium illyricum*, de l'Europe australe. — Vél.
Signé à gauche : N. Rob. pin.
Vol. LXXV, n° 10.

— *Rosa semperflorens, gallica, cinnamomea*, des Alpes. — Vél.
Signé à gauche : N. Rob. p.
Vol. LXXV, n° 11.

— *Anagallis tenuifolia monelli* (Lin.), d'Espagne ; *lysimachia nemorum* (Lin.), de France. — Vél. — 2 fig.
Signé à gauche : N. Rob. p.
Vol. LXXV, n° 12.

— *Rosa gallica versicolor* (Lin.). — Vél.
Signé à droite : N. Rob. p.
Vol. LXXV, n° 13.

— *Urubre vultur : pélican*. — Vél.
Signé à droite : N. Rob. p.
Vol. LXXVII, n° 19.

— *Gypaète vultur*. — Vél.
Signé à droite : N. Robert p.
Vol. LXXVII, n° 22.

— *Faucon commun mâle*. — Vél.
Signé à droite : N. Rob. p.
Vol. LXXVII, n° 23.

— *Faucon commun femelle*. — Vél.
Signé à droite : N. Rob. p.
Vol. LXXVII, n° 24.

— *Faucon hobereau gris*, d'Europe. — Vél.
Signé à droite : N. Rob. p.
Vol. LXXVII, n° 25.

Robert (Nicolas).
— *Faucon émerillon.* — Vél.
Signé à droite : N. Rob. p.
Vol. LXXVII, n° 26.
— *Aleph cresserelle mâle.* — Vél.
Signé à droite : N. Rob. p.
Vol. LXXVII, n° 27.
— *Aleph cresserelle femelle.* — Vél.
Signé à droite : N. Rob. p.
Vol. LXXVII, n° 28.
— *Faucon gerfault blanc.* — Vél.
Signé à droite : N. Rob. p.
Vol. LXXVII, n° 31.
— *Orfraie* (Lin.). — Vél.
Signé à gauche : N. Robert p.
Vol. LXXVII, n° 43.
— *Autour jeune laneret.* — Vél.
Signé à droite : N. Rob. p.
Vol. LXXVII, n° 56.
— *Autour jeune,* variété. — Vél.
Signé à gauche : N. Rob. p.
Vol. LXXVII, n° 57.
— *Épervier femelle.* — Vél.
Signé à droite : N. Rob. p.
Vol. LXXVII, n°s 60 et 61.
— *Milan royal à queue fourchue* (Lin.).
— Vél.
Signé à droite : N. Rob. p.
Vol. LXXVII, n° 65.
— *Buse commune.* — Vél.
Signé à droite : N. Rob. p.
Vol. LXXVII, n°s 70 et 71.
— *Milan à panache varié.* — Vél.
Signé à droite : N. Rob. p.
Vol. LXXVII, n° 72.
— *Soubuse, Jean le blanc ou oiseau Saint-Martin.* — Vél.
Signé à droite : N. Rob. p.
Vol. LXXVII, n° 76.
— *Faucon exotique bleu.* — Vél.
Signé à droite : N. Rob. p.
Vol. LXXVII, n° 77.
— *Buzard d'Europe.* — Vél.
Signé à gauche : N. Rob. p.
Vol. LXXVII, n°s 78 et 79.
— *Chouette à œil de grand-duc.* — Vél.
Signé à droite : N. Rob. p.
Vol. LXXVII, n° 85.

Robert (Nicolas).
— *Hibou de campagne ou effraye.* — Vél.
Signé à droite : N. Rob. p.
Vol. LXXVII, n° 87.
— *Chat-huant.* — Vél.
Signé à droite : N. Rob. p.
Vol. LXXVII, n° 90.
— *Grand-duc.* — Vél.
Signé à droite : N. Rob. p.
Vol. LXXVII, n° 93.
— *Chevêche nocturne.* — Vél.
Signé à droite : N. Rob. p.
Vol. LXXVII, n° 96.
— *Pie-grièche l'écorcheur.* — Vél.
Signé à gauche : N. Rob. p.
Vol. LXXVIII, n° 4.
— *Pie-grièche rousse.* — Vél.
Signé à droite : N. Robert p.
Vol. LXXVIII, n° 5.
— *Cotinga pacapac,* de Cayenne. — Vél.
Signé à droite : N. Rob. p.
Vol. LXXVIII, n°s 28 et 29.
— *Cordon bleu,* du Brésil. — Vél. — 2 fig.
Signé à droite : N. Rob. p.
Vol. LXXVIII, n° 30.
— *Rouge-gorge bleu,* du Brésil. — Vél. — 2 fig.
Signé à droite : N. Rob. p.
Vol. LXXVIII, n° 31.
— *Tangara rouge ou merle du Brésil.* — Vél.
Signé à droite : N. Rob. p.
Vol. LXXVIII, n°s 47 et 48.
— *Grimpereau de muraille,* d'Europe. — Vél.
Signé à droite : N. Rob. p.
Vol. LXXVIII, n° 49.
— *Merle noir, mâle et femelle.* — Vél. — 2 fig.
Signé à droite : N. Rob. p.
Vol. LXXVIII, n° 53.
— *Merle à plastron, mâle et femelle.* — Vél. — 2 fig.
Signé à gauche : N. Rob. p.
Vol. LXXVIII, n° 54.
— *Merle pie.* — Vél. — 2 fig.
Signé à droite : N. Rob. p.
Vol. LXXVIII, n° 55.

ROBERT (Nicolas).
— *Grive commune*, d'Europe. — Vél. — 2 fig.
Signé à droite : N. Rob. p.
Vol. LXXVIII, n° 60.

— *Mauris et drenne*, d'Europe. — Vél. — 2 fig.
Signé à droite : N. Rob. p.
Vol. LXXVIII, n° 62.

— *Choquard rouge*, de France. — Vél.
Signé à droite : N. Rob. p.
Vol. LXXVIII, n° 73.

— *Loriot, mâle et femelle*, d'Europe. — Vél. — 2 fig.
Signé à droite : N. Rob. p.
Vol. LXXVIII, n° 75.

— *Roitelet et fauvette traîne-buisson*. — Vél. — 3 fig.
Signé à droite : N. Rob. p.
Vol. LXXVIII, n° 79.

— *Lavandière funèbre ; lavandière blanche*, d'Europe. — Vél. — 3 fig.
Signé à droite : N. Rob. p.
Vol. LXXVIII, n° 94.

— *Grimpereau guitguit, jaseur, et manakin rouge*. — Vél. — 3 fig.
Signé à droite : N. Rob. p.
Vol. LXXVIII, n° 98.

— *Hirondelle de rivage et martinet*. — Vél. — 2 fig.
Signé à droite : N. Rob. p.
Vol. LXXIX, n° 1.

— *Hirondelle de fenêtre et de cheminée*. — Vél. — 2 fig.
Signé à droite : N. Rob. p.
Vol. LXXIX, n° 2.

— *Engoulevent d'Europe*. — Vél.
Signé à droite : N. Rob. p.
Vol. LXXIX, n° 5.

— *Mésanges diverses*. — Vél. — 4 fig.
Signé à droite : N. Rob. p.
Vol. LXXIX, n° 15.

— *Mésange huppée ; sitelle d'Europe*. — Vél. — 3 fig.
Signé à droite : N. Rob. p.
Vol. LXXIX, n° 18.

— *Bruant d'Europe ou verdier mâle et femelle*. — Vél. — 2 fig.
Signé à droite : N. Rob. p.
Vol. LXXIX, n° 20.

ROBERT (Nicolas).
— *Bruant ou verdier des haies, mâle et femelle*. — Vél. — 2 fig.
Signé à gauche : N. Rob. p.
Vol. LXXIX, n° 21.

— *Bruant des roseaux ou bénarie, mâle et femelle*. — Vél. — 2 fig.
Signé à droite : N. Rob. p.
Vol. LXXIX, n° 22.

— *Moineau domestique, mâle et femelle*. — Vél. — 3 fig.
Signé à droite : N. Rob. p.
Vol. LXXIX, n° 26.

— *Friquet et soulcie*, genre moineau. — Vél. — 3 fig.
Signé à droite : N. Rob. p.
Vol. LXXIX, n° 27.

— *Pinson, mâle et femelle*. — Vél. — 2 fig.
Signé à droite : N. Rob. p.
Vol. LXXIX, n° 29.

— *Pinson de montagne ou d'Ardenne*. — Vél. — 2 fig.
Signé à droite : N. Rob. p.
Vol. LXXIX, n° 30.

— *Pinson gavoue ; fringillarius*. — Vél. — 2 fig.
Signé à droite : N. Rob. p.
Vol. LXXIX, n° 31.

— *Chardonneret d'Europe*. — Vél. — 2 fig.
Signé à droite : N. Rob. p.
Vol. LXXIX, n° 33.

— *Fringilla canaria ; serin, mâle et femelle*. — Vél. — 4 fig.
Signé à droite : N. Rob. p.
Vol. LXXIX, n° 38.

— *Bengali piqueté mâle*, des Indes. — Vél. — 5 fig.
Signé à droite : N. Rob. p.
Vol. LXXIX, n° 42.

— *Loxia coccothraustes ; gros-bec royal*, d'Europe. — Vél. — 2 fig.
Signé à droite : N. Rob. p.
Vol. LXXIX, n° 45.

— *Loxia chloris ; verdier d'Europe, mâle et femelle*. — Vél. — 2 fig.
Signé à droite : N. Rob. p.
Vol. LXXIX, n° 47.

ROBERT (Nicolas).
— *Loxia pyrrhula; bouvreuil d'Europe, mâle et femelle.* — Vél. — 2 fig.
Signé à droite : N. ROB. P.
Vol. LXXIX, n° 49.
— *Loxia cardinalis; cardinal mâle,* de l'Amérique septentrionale, *et venturon femelle,* d'Europe. — Vél. — 2 fig.
Signé à droite : N. ROB. P.
Vol. LXXIX, n° 53.
— *Bec-croisé,* d'Europe; *loxia curvirostra.* — Vél. — 2 fig.
Signé à droite : N. ROB. P.
Vol. LXXIX, n° 54.
— *Jacamacii ou pic du Brésil.* — Vél. — 2 fig.
Signé à droite : N. ROB. P.
Vol. LXXIX, n° 62.
— *Freux, genre de la corneille,* d'Europe. — Vél.
Signé à droite : N. ROB. P.
Vol. LXXIX, n° 69.
— *Corneille mantelée,* d'Europe. — Vél.
Signé à gauche : N. ROB. P.
Vol. LXXIX, n° 73.
— *Choucas ou petite chouette,* d'Europe. — Vél.
Signé à droite : N. ROB. P.
Vol. LXXIX, n° 74.
— *Pic commune.* — Vél.
Signé à droite : N. ROB. P.
Vol. LXXIX, n° 78.
— *Geai glandier,* d'Europe. — Vél.
Signé à droite : N. ROB. P.
Vol. LXXIX, n° 86.
— *Casse-noix,* d'Europe. — Vél.
On lit au bas : N. ROBERT.
Vol. LXXIX, n° 95.
— *Rollier d'Europe ou geai de passage.* — Vél.
Signé à droite : N. ROB. P.
Vol. LXXIX, n° 97.
— *Manucode,* de la Nouvelle-Guinée. — Vél. — 2 fig.
Signé à droite : N. ROB. P.
Vol. LXXIX, n° 107.
— *Grimpereau de muraille,* d'Europe. — Vél. — 2 fig.
Signé à droite : N. ROB. P.
Vol. LXXX, n° 6.

ROBERT (Nicolas).
— *Grimpereau quitguit,* de l'Amérique méridionale. — Vél. — 3 fig.
Signé à droite : N. ROB. P.
Vol. LXXX, n° 7.
— *Tangara ou merle rouge,* du Brésil. — Vél. — 3 fig.
Signé à gauche : N. ROB. P.
Vol. LXXX, n° 8.
— *Piochets de l'Inde,* grandes espèces. — Vél.
Signé à droite : N. ROB. P.
Vol. LXXX, n° 12.
— *Piochets de l'Inde,* petites espèces, *ou colibris.* — Vél.
Signé à gauche : N. ROB. P.
Vol. LXXX, n° 13.
— *Piochets de l'Inde,* petites espèces. — Vél. — 4 fig.
Signé à droite : N. ROB. P.
Vol. LXXX, n° 14.
— *Guêpier commun,* d'Europe. — Vél. — 2 fig.
Signé à droite : N. ROB. P.
Vol. LXXX, n° 31.
— *Pie d'Inde.* — Vél.
Signé à droite : N. ROB. P.
L'artiste a complété son dessin par un paysage emprunté à la flore française.
Vol. LXXX, n° 33.
— *Pie d'Inde,* variété. — Vél.
Signé à gauche : N. ROB. P.
Vol. LXXX, n°s 34 et 35.
— *Martin pêcheur,* d'Europe. — Vél.
Signé à gauche : N. ROB. P.
Vol. LXXX, n° 38.
— *Grimpereau noir et bleu,* de Cayenne. — Vél.
Signé à gauche : N. ROB. P.
Vol. LXXX, n° 39.
— *Jacamaralcyon,* du Brésil. — Vél. — 2 fig.
Signé à droite : N. ROB. P.
Vol. LXXX, n° 42.
— *Pic noir morant,* d'Europe. — Vél.
Signé à gauche : N. ROB. P.
Vol. LXXX, n° 43.
— *Pivert mâle.* — Vél.
Signé à droite : N. ROB. P.
Vol. LXXX, n° 44.

ROBERT (Nicolas).
— *Epeiche, mâle et femelle*, d'Europe. — Vél. — 2 fig.
Signé à droite : N. ROB. P.
Vol. LXXX, n° 45.

— *Rossignol de muraille mâle ; torcol* d'Europe. — Vél. — 2 fig.
Signé à droite : N. ROB. P.
Vol. LXXX, n° 47.

— *Coucou*, d'Europe. — Vél.
Signé à droite : N. ROB. P.
Vol. LXXX, n°s 48 et 49.

— *Ara rouge*, de l'Amérique méridionale. — Vél.
Signé à droite : N. ROB. P.
Vol. LXXX, n° 63.

— *Ara bleu*, de l'Amérique méridionale. — Vél.
Signé à droite : N. ROB. P.
Vol. LXXX, n° 64.

— *Perruche à collier rose et à longue queue*, des Indes. — Vél.
Signé à gauche : N. ROB. P.
Vol. LXXX, n° 71.

— *Perruche à tête bleue*, des Moluques. — Vél.
Signé à droite : N. ROB. P.
Vol. LXXX, n° 72.

— *Perroquet vert à tête rouge*, d'Asie. — Vél.
Signé à droite : N. ROB. P.
Vol. LXXX, n° 76.

— *Perroquet vert commun*. — Vél.
Signé à droite : N. ROB. P.
Vol. LXXX, n° 77.

— *Perroquet gris cendré*, du Sénégal. — Vél.
Signé à droite : N. ROB. P.
Vol. LXXX, n° 78.

— *Perroquet encapuchonné à tête grise*, du Sénégal. — Vél.
Signé à droite : N. ROB. P.
Vol. LXXX, n° 79.

— *Perroquet à front blanc*, de l'Amérique méridionale. — Vél.
Signé à droite : N. ROB. P.
Vol. LXXX, n° 81.

— *Perroquet vaza noir*, de Madagascar. — Vél.
Signé à droite : N. ROB. P.
Vol. LXXX, n° 88.

ROBERT (Nicolas).
— *Kakatoès à huppe jaune*, des Philippines. — Vél.
Signé à droite : N. ROB. P.
Vol. LXXX, n° 93.

— *Kakatoès à huppe rouge*, des Moluques. — Vél.
Signé à droite : N. ROB. P.
Vol. LXXX, n° 94.

— *Avis persica, pavoni congener ; lophophore*. — Vél. — 2 fig.
Signé à droite : N. ROB. P.
Vol. LXXXI, n° 9.

— *Meleagris gallopavo ; coq d'Inde ou dindon commun*. — Vél.
Signé à gauche : N. ROB. P.
Vol. LXXXI, n° 10.

— *Coq d'Inde huppé*. — Vél.
Signé à droite : N. ROB. P.
Vol. LXXXI, n° 11.

— *Meleagris gallopavo ; coq d'Inde huppé*. — Vél.
Signé à gauche : N. ROB. P.
Vol. LXXXI, n° 12.

— *Dindon ; poule d'Inde*. — Vél. — 2 fig.
Signé à droite : N. ROB. P.
Vol. LXXXI, n° 13.

— *Numida mitrata ; pintade à casque*, de Guinée. — Vél.
Signé à gauche : N. ROB. P.
Vol. LXXXI, n° 18.

— *Phasianus gallus : coq* (Lin.). — Vél.
Signé à droite : N. ROB. P.
Vol. LXXXI, n° 21.

— *Phasianus gallus : poule huppée de Padoue*. — Vél.
Signé à droite : N. ROB. P.
Vol. LXXXI, n° 31.

— *Phasianus gallus : poule commune huppée*. — Vél.
Signé à droite : N. ROB. P.
Vol. LXXXI, n° 32.

— *Phasianus colchicus : faisan privé mâle*, variété. — Vél.
Signé à droite : N. ROB. P.
Vol. LXXXI, n° 35.

— *Poule faisande*. — Vél.
Signé à gauche : N. ROB. P.
Vol. LXXXI, n° 36.

Robert (Nicolas).
— *Phasianus torquatus : faisan à collier.*
— Vél.
Signé à gauche : N. Rob. p.
Vol. LXXXI, n° 41.
— *Phasianus colchicus; faisan blanc.* —
Vél.
Signé à droite : N. Rob. p.
Vol. LXXXI, n° 42.
— *Phasianus nothus : coquard ou métis de faisan ou de coq.* — Vél.
Signé à droite : N. Rob. p.
Vol. LXXXI, n° 43.
— *Tetrao urogallus* (Lin.) *: coq de bruyère* (Buff.). — Vél.
Signé à gauche : N. Rob. p.
Vol. LXXXI, n° 50.
— *Tetrao urogallus : gélinotte des bois d'Europe* (Lin.). — Vél.
Signé à droite : N. Rob. p.
Vol. LXXXI, n° 51.
— *Tetrao urogallus* (Lin.) *: coq de bruyère d'Europe.* — Vél.
Signé à droite : N. Rob. p.
Vol. LXXXI, n° 52.
— *Tetrao tetrix : coq de bruyère à queue fourchue.* — Vél.
Signé à droite : N. Rob. p.
Vol. LXXXI, n° 53.
— *Tetrao bonasia* (Lin.) *: gélinotte d'Europe* (Buff.). — Vél.
Signé à droite : N. Rob. p.
Vol. LXXXI, n° 56.
— *Tetrao bonasia : gélinotte d'Europe femelle.* — Vél.
Signé à droite : N. Rob. p.
Vol. LXXXI, n° 57.
— *Tetrao lagopus : lagopède ou perdrix blanche de Savoie.* — Vél.
Signé à gauche : N. Rob. p.
Vol. LXXXI, n° 61.
— *Tetrao alchata* (Lin.), *des Pyrénées : francolin et ganga, petite espèce de cane pétière.* — Vél. — 2 fig.
Signé à droite : N. Rob. p.
Vol. LXXXI, n° 64.
— *Tetrao cinereus* (Lin.) *: perdrix grise, variété de montagne.* — Vél.
Signé à droite : N. Rob. p.
Vol. LXXXI, n° 71.

Robert (Nicolas).
— *Perdrix grise,* variété d'Europe. — Vél.
Signé à droite : N. Rob. p.
Vol. LXXXI, n° 72.
— *Tetrao rufus : perdrix rouge* (Lin.).
— Vél.
Signé à droite : N. Rob. p.
Vol. LXXXI, n° 73.
— *Tetrao coturnix* (Lin.) *: caille d'Europe.* — Vél.
Signé à droite : N. Rob. p.
Vol. LXXXI, n° 77.
— *Colomba livia : pigeon biset de volière,* d'Europe. — Vél. — 3 fig.
Signé à droite : N. Rob. p.
Vol. LXXXI, n°s 84 à 86.
— *Palumbus columba :* pigeon ramier d'Europe. — Vél.
Signé à droite : N. Rob. p.
Vol. LXXXI, n° 87.
— *Columba turtur : tourterelle d'Europe.* — Vél.
Signé à droite : N. Rob. p.
Vol. LXXXI, n° 95.
— *Struthiocamelus mas : autruche mâle.*
— Vél.
Signé à droite : N. Rob. p.
Vol. LXXXII, n° 1.
— *Otis tarda* (Lin.) *: outarde d'Europe.*
— Vél.
Signé à droite : N. Rob. p.
Vol. LXXXII, n° 16.
— *Otis tetrax* (Lin.) *: outarde canepetière mâle,* d'Europe. — Vél.
Signé à droite : N. Rob. p.
Vol. LXXXII, n°s 17 et 18.
— *Œdicnum : corlis de terre.* — Vél.
Signé à gauche : N. Rob. p.
Vol. LXXXII, n° 26.
— *Pluvier.* — Vél.
Signé à droite : N. Rob. p.
Vol. LXXXII, n° 27.
— *Pluvier gris.* — Vél.
Signé à droite : N. Rob. p.
Vol. LXXXII, n° 28.
— *Pluvier pie.* — Vél.
Signé à droite : N. Rob. p.
Vol. LXXXII, n° 29.

Robert (Nicolas).
— *Capella seu vanellus* : vaneau. — Vél.
Signé à gauche : N. Rob. p.
Vol. LXXXV, n° 31.
— *Huitrier ordinaire ou pie de mer.* — Vél.
Signé à droite : N. Rob. p.
Vol. LXXXII, n° 34.
— *Demoiselle.* — Vél.
Signé à droite : N. Rob. p.
Vol. LXXXII, n° 50.
— *Grue.* — Vél.
Signé à droite : N. Rob. p.
Vol. LXXXII, n° 53.
— *Ardea major : héron gris*, d'Europe. — Vél.
Signé à droite : N. Rob. p.
Vol. LXXXII, n° 58.
— *Ardea minuta : blongios ou butor de petite espèce.* — Vél.
Signé à gauche : N. Rob. p.
Vol. LXXXII, n° 62.
— *Albicula gazæ* (Andr.) : *aigrette.* — Vél.
Signé à droite : N. Rob. p.
L'artiste a dessiné un paysage pour servir de fond à sa miniature.
Vol. LXXXII, n° 64.
— *Ardea stellaris : butor*, d'Europe (Lin.). — Vél.
Signé à droite : N. Rob. p.
Vol. LXXXII, n° 72.
— *Butor mâle*, petite espèce. — Vél.
Signé à droite : N. Rob. p.
Vol. LXXXII, n° 74.
— *Ardea nycticovax : bihoreau mâle*, d'Europe. — Vél.
Signé à droite : N. Rob. p.
Vol. LXXXII, n° 81.
— *Cicogne blanche.* — Vél.
Signé à gauche : N. Rob. p.
Vol. LXXXII, n° 87.
— *Cicogne noire.* — Vél.
Signé à droite : N. Rob. p.
Vol. LXXXII, n° 89.
— *Posche-cuiller.* — Vél.
Signé à gauche : N. Rob. p.
Un paysage remplit le fond du dessin.
Vol. LXXXII, n° 95.

Robert (Nicolas).
— *Arquata seu numenius* (Aldr.) ; *courlis d'Europe.* — Vél.
Signé à droite : N. Rob. p.
Vol. LXXXIII, n° 5.
— *Scopolax arquata* (Lin.) ; *courlis d'Europe.* — Vél.
Signé à droite : N. Rob. p.
Vol. LXXXIII, n° 6.
— *Scopolax rusticola* (H.) ; *bécasse commune.* — Vél.
Signé à gauche : N. Rob. p.
Vol. LXXXIII, n° 8.
— *Scopolax rusticola* (H.) ; *bécasse blanche.* — Vél.
Signé à droite : N. Rob. p.
Vol. LXXXIII, n° 9.
— *Species tringæ* ; *petites bécassines.* — Vél. — 2 fig.
Signé à droite : N. Rob. p.
Vol. LXXXIII, n° 15.
— *Species tringæ* ; *bécassines de mer.* — Vél. — 2 fig.
Signé à droite : N. Rob. p.
Vol. LXXXIII, n° 16.
— *Species leucophæa* (Lat.) ; *bécassine ou barge à queue rayée.* — Vél.
Signé à droite : N. Rob. p.
Vol. LXXXIII, n° 17.
— *Species ægocephola* ; *bécassine ou barge à queue noire.* — Vél.
Signé à droite : N. Rob. p.
Vol. LXXXIII, n° 18.
— *Machetes pugnax* (Cuv.). — Vél.
Signé à droite : N. Rob. p.
Vol. LXXXIII, n°s 21, 22, 24.
— *Machetes pugnax* ; *combattant à pieds jaunes.* — Vél.
Signé à droite : N. Rob. p.
Vol. LXXXIII, n° 23.
— *Tringa interpres* (L.) ; *tournepierres.* — Vél.
Signé à gauche : N. Rob. p.
Vol. LXXXIII, n° 30.
— *Totanus vel calidris* ; *chevalier.* — Vél.
Signé à droite : N. Rob. p.
Vol. LXXXIII, n° 34.
— *Calidris ocropus* ; *chevalier à pieds oranges.* — Vél.
Signé à droite : N. Rob. p.
Vol. LXXXIII, n° 35.

Robert (Nicolas).
— *Calidris nigra; chevalier brun.*— Vél.
Signé à droite : N. Rob. p.
Vol. LXXXIII, n° 36.
— *Calidris*, variété. — Vél. — 3 fig.
Signé à droite : N. Rob. p.
Vol. LXXXIII, n° 37.
— *Grand chevalier aux pieds rouges.* — Vél.
Signé à droite : N. Rob. p.
Vol. LXXXIII, n° 38.
— *Avocette, espèce de mouette.* — Vél.
Signé à droite : N. Rob. p.
Vol. LXXXIII, n° 42.
— *Ortygometra genisticola; rasle de genêt.* — Vél.
Signé à droite : N. Rob. p.
Vol. LXXXIII, n° 48.
— *Ortygometra aquatica; rasle d'eau.* — Vél.
Signé à droite : N. Rob. p.
Vol. LXXXIII, n° 49.
— *Foulque; poule d'eau.* — Vél.
Signé à droite : N. Rob. p.
Vol. LXXXIII, n° 59.
— *Phœnicopterus ruber; flamant ordinaire.* — Vél.
Signé à droite : N. Rob. p.
Vol. LXXXIII, n° 62.
— *Grèbe cornu d'Europe, mâle, ou grand plongeon de rivière.* — Vél.
Signé à droite : N. Rob. p.
Vol. LXXXIII, n° 71.
— *Grèbe cornu d'Europe, femelle.*— Vél.
Signé à gauche : N. Rob. p.
Vol. LXXXIII, n° 72.
— *Colymbus glacialis* (Lin.); *plongeon imbrim de mer échiqueté.* — Vél.
Signé à droite : N. Rob. p.
Vol. LXXXIII, n° 77.
— *Colymbus glacialis* (Lin.); *plongeon d'Europe.* — Vél.
Signé à droite : N. Rob. p.
Vol. LXXXIII, n° 78.
— *Colymbus minor* (Lin.); *lastagneux ou petit plongeon.* — Vél.
Signé à droite : N. Rob. p.
Vol. LXXXIII, n° 79.

Robert (Nicolas).
— *Mergus marinus; guillemot commun de l'Europe septentrionale.* — Vél.
Signé à droite : N. Rob. p.
Vol. LXXXIII, n° 81.
— *Alca arctica* (Lin.); *maraceux*, du nord de l'Europe. — Vél.
Signé à droite : N. Rob. p.
Vol. LXXXIII, n° 83.
— *Alca torda; pingouin ou plongeon d'Amérique.* — (Lin.). — Vél.
Signé à gauche : N. Rob. p.
Vol. LXXXIII, n° 84.
— *Sphénisque du Cap : astenodytes demo* (Lin.). — Vél.
Signé à droite : N. Rob. p.
Vol. LXXXIII, n° 87.
— *Gavia leucophœa : mouette ardoisée.* — Vél.
Signé à gauche : N. Rob. p.
Vol. LXXXIII, n° 91.
— *Goëland à manteau noir ou mouette de mer.* — Vél.
Signé à droite : N. Rob. p.
Vol. LXXXIII, n° 91 *bis*.
— *Goëland à manteau gris perlé.* — Vél.
Signé à droite : N. Rob. p.
Vol. LXXXIII, n°s 92, 94.
— *Goëland à manteau cendré.* — Vél.
Signé à droite : N. Rob. p.
Vol. LXXXIII, n° 94 *bis*.
— *Goëlands et mouettes*, variétés. — Vél.
Signé à droite : N. Rob. p.
Vol. LXXXIII, n°s 95-98.
— *Mouettes d'étang.* — Vél. — 2 fig.
Signé à droite : N. Rob. p.
Vol. LXXXIII, n° 99.
— *Onocrotus pelecanus; pélican*, d'Europe. — Vél.
Signé à droite : N. Rob. p.
Vol. LXXXIV, n° 1.
— *Pelecanus carbo; cormoran* (Lin.), d'Europe. — Vél.
Signé à droite : N. Rob. p.
Vol. LXXXIV, n° 6.
— *Pelecanus bassanus* (Lin.), d'Europe; *fou ou espèce de cormoran.* — Vél.
Signé à droite : N. Rob. p.
Vol. LXXXIV, n° 8.

Robert (Nicolas).
— *Cygne*. — Vél.
Signé à droite : N. Rob. p.
Vol. LXXXIV, n° 11.
— *Oie : vulpanser Bellonii*. — Vél.
Signé à droite : N. Rob. p.
Vol. LXXXIV, n° 13.
— *Oie sauvage*. — Vél.
Signé à droite : N. Rob. p.
Vol. LXXXIV, n° 18.
— *Oie de mer : bernache*. — Vél.
Signé à droite : N. Rob. p.
Vol. LXXXIV, n° 22.
— *Canard*. — Vél.
Signé à droite : N. Rob. p.
Vol. LXXXIV, n° 25.
— *Millouin*. — Vél.
Signé à droite : N. Rob. p.
Vol. LXXXIV, n° 26.
— *Cane sauvage*. — Vél.
Signé à droite : N. Rob. p.
Vol. LXXXIV, n° 27.
— *Canard sauvage ou morillon*. — Vél.
Signé à droite : N. Rob. p.
Vol. LXXXIV, n° 31.
— *Petit morillon*. — Vél.
Signé à droite : N. Rob. p.
Vol. LXXXIV, n° 32.
— *Morillon brun*. — Vél.
Signé à gauche : N. Rob. p.
Vol. LXXXIV, n° 33.
— *Canard*. — Vél.
Signé à droite : N. Rob. p.
Vol. LXXXIV, n°s 34 à 36.
— *Canard commun mâle*. — Vél.
Signé à droite : N. Rob. p.
Vol. LXXXIV, n° 42.
— *Cane commune*. — Vél.
Signé à droite : N. Rob. p.
Vol. LXXXIV, n° 43.
— *Canard*, variété. — Vél.
Signé à droite : N. Rob. p.
Vol. LXXXIV, n° 44.
— *Canard*, variété de Hollande. — Vél.
Signé à droite : N. Rob. p.
Vol. LXXXIV, n°s 45 et 46.
— *Canard blanc*. — Vél.
Signé à droite : N. Rob. p.
Vol. LXXXIV, n° 47.

Robert (Nicolas).
— *Canard blanc*, variétés. — Vél.
Signé à droite : N. Rob. p.
Vol. LXXXIV, n°s 48 à 50.
— *Bâtard de cane musquée*. — Vél.
Signé à droite : N. Rob. p.
Vol. LXXXIV, n° 55.
— *Canard de Guinée*. — Vél.
Signé à gauche : N. Rob. p.
Vol. LXXXIV, n° 56.
— *Canard tadorne*. — Vél.
Signé à droite : N. Rob. p.
Vol. LXXXIV, n°s 58 et 59.
— *Canard tadorne*, variété. — Vél.
Signé à droite : N. Rob. p.
Vol. LXXXIV, n° 60.
— *Cane sauvage*. — Vél.
Signé à droite : N. Rob. p.
Vol. LXXXIV, n° 61.
— *Cane sauvage*, variétés. — Vél.
Signé à droite : N. Rob. p.
Vol. LXXXIV, n°s 63 à 65.
— *Garault, espèce de piette*. — Vél.
Signé à droite : N. Rob. p.
Vol. LXXXIV, n° 67.
— *Espèce de sarcelle*. — Vél.
Signé à gauche : N. Rob. p.
Vol. LXXXIV, n° 69.
— *Sarcelle commune*, variété. — Vél.
Signé à droite : N. Rob. p.
Vol. LXXXIV, n° 70.
— *Canard souchet mâle*. — Vél.
Signé à droite : N. Rob. p.
Vol. LXXXIV, n°s 71 et 72.
— *Sarcelle femelle*. — Vél.
Signé à droite : N. Rob. p.
Vol. LXXXIV, n° 75.
— *Sarcelle d'été* (Buff.). — Vél.
Signé à droite : N. Rob. p.
Vol. LXXXIV, n°s 76 et 77.
— *Harle commun mâle* (Lin.), d'Europe. — Vél.
Signé à droite : N. Rob. p.
Vol. LXXXIV, n° 81.
— *Harle huppé* (Lin.), d'Europe. — Vél.
Signé à gauche : N. Rob. p.
Vol. LXXXIV, n° 83.

ROBERT (Nicolas).
— *Harle huppé jeune*. — Vél.
Signé à gauche : N. ROB. P.
Vol. LXXXIV, n° 84.
— *Piette mâle* (Lin.), d'Europe. — Vél.
Signé à droite : N. ROB. P.
Vol. LXXXIV, n° 91.
— *Piette femelle* (Lin.), d'Europe. —
Signé à droite : N. ROB. P.
Vol. LXXXIV, n° 94.
— *Callionyme lyre* (Lac.). — Vél.
Signé à droite : N. ROBERT.
Vol. XCI, n° 58.

JOUBERT (JEAN).
— *Tripsacum dactyloïdes* (Lin.), de l'Amérique septentrionale. — Vél.
Signé à gauche : J. JOUBERT P.
Vol. V, n° 61.
— *Trillium rhomboïdeum* (Mich.), du Canada. — Vél.
Signé à droite : J. J.
Vol. VI, n° 21.
— *Smilacina racemosa* (Desf.); *convallaria racemosa* (Lin.), de l'Amérique septentrionale. — Vél. — 2 fig.
Signé à droite : J. JOUBERT P.
Vol. VI, n° 31.
— *Narthecium vel anthericum caliculatum* (Lin.); *pseudoasphodelus*, des Alpes. — Vél. — 2 fig.
Signé à droite : J. JOUBERT P.
Vol. VI, n° 62.
— *Lilium candidum foliis ex luteo eleganter variegatis*, variété, d'Asie. — Vél.
Signé à droite : J. J.
Vol. VII, n° 57.
— *Lilium flore erecto, lineis purpureis striato*, variété. — Vél.
Signé à droite : J. J.
Vol. VII, n° 58.
— *Lilium croceum* (Lin.), variété. — Vél.
Signé à droite : J. JOUBERT P.
Vol. VII, n° 61.
— *Lilium penduliflorum* (Lin.), de l'Amérique septentrionale. — Vél.
Signé à droite : J. JOUBERT.
Vol. VII, n° 64.
— *Aloe vulgaris* (Hort. Paris), d'Afrique. — Vél.
Signé à droite : J. JOUBERT P.
Vol. VIII, n° 31.

JOUBERT (Jean).
— *Aloe cymbiformis* (Desf.). — Vél.
Signé à droite : J. JOUBERT.
Vol. VIII, n° 53.
— *Aloe opuntia* (Desf.). — Vél.
Signé à droite : J. JOUBERT.
Vol. VIII, n° 54.
— *Phalangium magno flore liliastrum* (Lin.), des Alpes. — Vél.
Signé à droite : J. JOUBERT P.
Vol. IX, n° 3.
— *Hyacinthus serotinus* (Lin.), d'Espagne. — Vél.
Signé à droite : J. JOUBERT P.
Vol. IX, n° 23.
— *Agave fœtida* (Lin.), de l'Amérique méridionale. — Vél.
Signé à droite : J. J.
Vol. X, n° 15.
— *Hœmanthus coccineus africanus* (Lin.), du cap de Bonne-Espérance. — Vél.
Signé à droite : J. JOUBERT P.
Vol. X, n° 24.
— *Amaryllis Atamasco lilionarcissus* (Lin.), de l'Amérique septentrionale. — Vél.
Signé à droite : J. JOUBERT P.
Vol. X, n° 33.
— *Amaryllis longifolia* (Jacquin), du cap de Bonne-Espérance. — Vél.
Signé à droite : J. JOUBERT P.
Vol. X, n° 50.
— *Amaryllis orientalis* (Lin.). — Vél.
Signé à droite : J. JOUBERT.
Vol. X, n° 53.
— *Pancratium flagrans : narcissus zeylanicus*, de l'île Barbade. — Vél.
Signé à droite : J. JOUBERT P.
Vol. X, n° 61.
— *Pancratium zeylanicum flore albo hexagono*. — Vél.
Signé à droite : J. JOUBERT P.
Vol. X, n° 68.
— *Bromelia ananas* (Lin.), de l'Amérique méridionale. — Vél.
Signé à droite : J. JOUBERT.
Vol. XI, n° 31.
— *Iris variegata* (Lin.), de Hongrie. — Vél.
Signé à gauche : I. I.
Vol. XI, n° 51.

JOUBERT (Jean).
— *Iris lutea sativa.* — Vél.
Signé à gauche : I. I.
Vol. XI, n° 52.
— *Iris pumila*, variétés, de France. — Vél.
Signé à gauche : I. I.
Vol. XI, n°s 54 à 57.
— *Iris lutescens flore pallidè luteo* (Lam.), de France. — Vél.
Signé à gauche : I. I.
Vol. XI, n° 58.
— *Iris spathulata angustifolia flore purpurascente*, de France. — Vél.
Signé à gauche : I. I.
Vol. XI, n° 60.
— *Iris spathulata angustifolia flore dilutè janthino* (Lam.), de France. — Vél.
Signé à gauche : I. I.
Vol. XI, n° 61.
— *Iris bulbosa xyphium* (Lin.), de la France méridionale. — Vél.
Signé à gauche : I. I.
Vol. XI, n° 63.
— *Iris juncea* (Desf.), de Barbarie. — Vél.
Signé à gauche : I. I.
Vol. XI, n° 70.
— *Iris sisyrinchium* (Lin.), de Barbarie. — Vél.
Signé à gauche : I. I.
Vol. XI, n° 73.
— *Canna indica* (Lin.), variétés. — Vél.
Signé à gauche : J. J.
Vol. XII, n°s 25 et 26.
— *Canna glauca* (Lin.), de l'Amérique septentrionale. — Vél.
Signé à droite : J. JOUBERT P.
Vol. XII, n° 28.
— *Aristolochia rotunda* (Lin.), de la France méridionale. — Vél.
Signé à droite : J. JOUBERT P.
Vol. XIV, n° 47.
— *Daphne lanuginosa* (Lam.), d'Espagne. — Vél.
Signé à droite : J. JOUBERT P.
Vol. XV, n° 5.
— *Gomphrena globosa* (Lin.), de l'Inde. — Vél.
Signé à droite : J. JOUBERT P.
Vol. XVI, n° 43.

JOUBERT (Jean).
— *Anthyllis maritima portulæ folio.* — Vél.
Signé à gauche : J. J.
Vol. XVI, n° 47.
— *Coris monspeliensis* (Lin.), de la France méridionale. — Vél.
Signé à gauche : J. JOUBERT P.
Vol. XVII, n° 10.
— *Primula officinalis* (Wild.), variété. — Vél.
Signé à gauche : J. J.
Vol. XVII, n° 15.
— *Primula farinosa* (Lin.), des Alpes. — Vél.
Signé à droite : J. JOUBERT P.
Vol. XVII, n° 29.
— *Erinus alpinus* (Lin.), de France; *ageratum serratum alpinum, glabrum flore purpurascente.* — Vél. — 2 fig.
Signé à droite : J. JOUBERT P.
Vol. XVII, n° 70.
— *Justitia adhatoda* (Lin.), de Ceylan. — Vél.
Signé à droite : J. JOUBERT P.
Vol. XVIII, n° 28.
— *Mogorium sambac* (Hort. Paris), de l'Inde. — Vél.
Signé à droite : J. JOUBERT P.
Vol. XVIII, n° 45.
— *Salvia indica flore variegato.* — Vél.
Signé à droite : J. JOUBERT P.
Vol. XIX, n° 38.
— *Satureia thymbra* (Lin.), d'Orient. — Vél.
Signé à droite : J. JOUBERT P.
Vol. XX, n° 19.
— *Betonica alopecuros* (Lin.), des Alpes. — Vél.
Signé à droite : J. JOUBERT P.
Vol. XX, n° 62.
— *Phlomis leonurus* (Lin.), du cap de Bonne-Espérance. — Vél.
Signé à droite : J. JOUBERT P.
Vol. XXI, n° 13.
— *Phlomis purpurea* (Smith). — Vél.
Signé à droite : J. J.
Vol. XXI, n° 15.

JOUBERT (Jean).
— *Origanum humile* (Hort. Paris). — Vél.
Signé à droite : J. JOUBERT.
Vol. XXI, n° 24.
— *Origanum sipyleum* (Lin.), d'Orient. — Vél.
Signé à droite : J. JOUBERT.
Vol. XXI, n° 26.
— *Brachystemum virginicum* (Mich.). — Vél.
Signé à droite : J. J.
Vol. XXI, n° 33.
— *Dracocephalum ruischiana*. — Vél.
Signé à droite : J. JOUBERT.
Vol. XXI, n° 40.
— *Horminum pyrenaïcum* (Lin.), de France. — Vél.
Signé à droite : J. JOUBERT P.
Vol. XXI, n° 47.
— *Scutellaria alpina astragaloïdes* (Lin.). — Vél.
Signé à droite : J. JOUBERT P.
Vol. XXI, n° 57.
— *Scrophularia sambucifolia* (Lin.), d'Orient. — Vél.
Signé à droite : J. J.
Vol. XXI, n° 71.
— *Scrophularia mellifera* (Vahl.), de Barbarie. — Vél.
Signé à droite : J. J.
Vol. XXI, n° 72.
— *Linaria triphylla valentina*. — Vél.
Signé à droite : J. JOUBERT P.
Vol. XXII, n° 4.
— *Linaria triornithophora americana purpureo flore*. — Vél.
Signé à droite : J. JOUBERT P.
Vol. XXII, n° 7.
— *Antirrhinum asarina* (Lin.), de France. — Vél.
Signé à gauche : J. J.
Vol. XXII, n° 28.
— *Digitalis nervosa* (Desf.), d'Espagne. — Vél.
Signé à droite : J. J.
Vol. XXII, n° 34.

JOUBERT (Jean).
— *Digitalis obscura* (Lin.), d'Espagne. — Vél.
Signé à droite : J. JOUBERT P.
Vol. XXII, n° 37.
— *Verbascum phœniceum* (Lin.), de la Caroline. — Vél.
Signé à droite : J. JOUBERT P.
Vol. XXII, n° 66.
— *Hyoscianus pusillus* (Lin.), d'Orient. — Vél.
Signé à gauche : J. J.
Vol. XXII, n° 74.
— *Solanum sodomœum, spinosum, indicum* (Lin.), du cap de Bonne-Espérance. — Vél.
Signé à droite : J. JOUBERT P.
Vol. XXIV, n° 18.
— *Pulmonaria maritima* (Lin.), de France. — Vél.
Signé à gauche : J. J.
Vol. XXV, n° 49.
— *Anchusa tinctoria puniceis floribus* (Lin.), de la France méridionale. — Vél.
Signé à droite : J. JOUBERT P.
Vol. XXVI, n° 1.
— *Gentiana asclepiadea* (Lin.), des Alpes. — Vél.
Signé à gauche : J. JOUBERT.
Vol. XXVII, n° 25.
— *Swertia perennis* (Lin.), des Alpes. — Vél.
Signé à droite : J. JOUBERT P.
Vol. XXVII, n° 30.
— *Chironia spicata purpurea*, de la France méridionale. — Vél.
Signé à droite : J. JOUBERT P.
Vol. XXVII, n° 32.
— *Nerium odorum angustifolium* (Hort. Kew.), de l'Inde. — Vél.
Signé à droite : J. JOUBERT.
Vol. XXVII, n° 50.
— *Stapelia variegata aizoides siliquis erectis* (Lin.), du cap de Bonne-Espérance. — Vél.
Signé à gauche : J. J.
Vol. XXVII, n° 56.

JOUBERT (Jean).
— *Apocynum cannabinum salicis folio* (Lin.), de l'Amérique septentrionale. — Vél.
Signé à droite : J. JOUBERT P.
Vol. XXVIII, n° 2.
— *Asclepius lutea myrtifolia* (Desf.), de l'Inde. — Vél.
Signé à droite : J. JOUBERT.
Vol. XXVIII, n° 20.
— *Campanula persicifolia* (Lin.), de France. — Vél.
Signé à gauche : J. J.
Vol. XXIX, n° 59.
— *Campanula longa*, des Pyrénées. — Vél.
Signé à droite : J. JOUBERT P.
Vol. XXX, n°s 10 et 14.
— *Phyteuma orbicularis* (Lin.), de France. — Vél.
Signé à droite : J. JOUBERT P.
Vol. XXX, n° 36.
— *Hieracium aurantiacum* (Lin.), des Alpes. — Vél.
Signé à droite : J. JOUBERT P.
Vol. XXXI, n° 11.
— *Scorzonera tingitana* (Lin.), de Barbarie. — Vél.
Signé à gauche : J. J.
Vol. XXXI, n° 46.
— *Andryala lanata* (Lin.), des Alpes.
Signé à droite : J. JOUBERT.
Vol. XXXI, n° 52.
— *Carduus leucographus* (Lin.), de la France méridionale. — Vél.
Signé à gauche : J. J.
Vol. XXXII, n° 17.
— *Carthamus tingitanus* (Lin.), d'Europe. — Vél.
Signé à droite : J. JOUBERT P.
Vol. XXXII, n° 44.
— *Centaurea napifolia* (Lin.), d'Orient. — Vél.
Vol. XXXIII, n° 31.
— *Centaurea eriophora capite lanuginoso* (Lin.), de Barbarie. — Vél.
Signé à droite : J. J.
Vol. XXXIII, n° 33.

JOUBERT (Jean).
— *Filago leontopodion* (Lin.), des Alpes. — Vél.
Signé à droite : J. JOUBERT P.
Vol. XXXIII, n° 78.
— *Gnaphalium helichrysum foliis oblongis*. — Vél.
Signé à gauche : J. J.
Vol. XXXIII, n° 87.
— *Conyza squarrosa* (Lin.), de France. — Vél.
Signé à gauche : J. J.
Vol. XXXIII, n° 91.
— *Tarchonanthus camphoratus* (Lin.), du cap de Bonne-Espérance. — Vél.
Signé à droite : J. JOUBERT.
Vol. XXXIV, n° 38.
— *Athanasia annua* (Lin.), de la France méridionale. — Vél.
Signé à droite : J. JOUBERT.
Vol. XXXIV, n° 40.
— *Chrysanthemum serotinum* (Lin.), de l'Amérique septentrionale. — Vél.
Vol. XXXIV, n° 67.
— *Chrysanthemum grandiflorum* (Hort. Paris), des Pyrénées. — Vél.
Signé à droite : J. JOUBERT.
Vol. XXXIV, n° 69.
— *Doronicum pardalianches* (Lin.), des Alpes. — Vél.
Signé à droite : J. JOUBERT P.
Vol. XXXV, n° 6.
— *Aster alpinus minor violaceus*. — Vél.
Signé à droite : J. JOUBERT P.
Vol. XXXV, n° 35.
— *Aster novæ Angliæ* (Lin.), de l'Amérique septentrionale. — Vél.
Signé à droite : J. JOUBERT P.
Vol. XXXV, n° 41.
— *Solidago rigida* (Lin.), de l'Amérique septentrionale. — Vél.
Signé à gauche : J. J.
Vol. XXXV, n° 55.
— *Solidago aurea latifolia*. — Vél.
Signé à droite : J. JOUBERT P.
Vol. XXXV, n° 56.
— *Senecio jacobæa foliis amplioribus incanis*. — Vél.
Signé à droite : J. J.
Vol. XXXV, n° 73.

Joubert (Jean).
— *Senecio baldensis alpina foliis rotundis.* — Vél.
Signé à droite : J. Joubert p.
Vol. XXXV, n° 83.

— *Achillea macrophylla* (Lin.), des Alpes. — Vél.
Signé à droite : J. Joubert p.
Vol. XXXVI, n° 4.

— *Buphthalmum grandiflorum* (Lin.), des Alpes. — Vél.
Signé à droite : J. J.
Vol. XXXVI, n° 20.

— *Dipsacus sylvestris* (Jacq.), de France. — Vél.
Signé à droite : J. Joubert.
Vol. XXXVII, n° 17.

— *Scabiosa tenuifolia hispanica maritima flore candido.* — Vél.
Signé à gauche : J. J.
Vol. XXXVII, n° 27.

— *Scabiosa cretica* (Lin.), variété. — Vél.
Signé à droite : J. Joubert p.
Vol. XXXVII, n° 31.

— *Scabiosa graminifolia* (Lin.), des Alpes. — Vél.
Signé à droite : J. Joubert p.
Vol. XXXVII, n°s 33 à 35.

— *Valeriana angustifolia rubra*, des Alpes. — Vél.
Signé à droite : J. Joubert p.
Vol. XXXVII, n° 47.

— *Valeriana pyrenaïca* (Lin.), de France. — Vél.
Signé à gauche : J. J.
Vol. XXXVII, n° 51.

— *Ranunculus minor vel thalictrum tuberosum* (Lin.), des Pyrénées. — Vél.
Signé à gauche : J. J.
Vol. XXXIX, n° 68.

— *Anemone alpina magno flore albo* (Lin.), des Pyrénées. — Vél.
Signé à gauche : J. J.
Vol. XXXIX, n° 80.

— *Ranunculus montanus latissimo folio.* — Vél.
Signé à gauche : J. J
Vol. XL, n° 27.

Joubert (Jean).
— *Ranunculus aconitifolius* (Lin.), variété. — Vél.
Signé à droite : J. Joubert p.
Vol. XL, n° 29.

— *Trollius globosus europæus* (Lin.), des Alpes. — Vél.
Signé à gauche : J. J.
Vol. XL, n° 53.

— *Aconitum cammarum* (Lin.), des Alpes. — Vél.
Signé à droite : J. Joubert p.
Vol. XLI, n° 3.

— *Aconitum paniculatum* (Lam.). — Vél.
Signé à droite : J. Joubert p.
Vol. XLI, n° 4.

— *Papaver cambricum pyrenaïcum* (Lin.), de France. — Vél.
Signé à gauche : J. J.
Vol. XLI, n° 46.

— *Sisymbrium tanacetifolium* (Lin.), des Alpes. — Vél.
Signé à droite : J. Joubert p.
Vol. XLII, n° 27.

— *Cardamine latifolia* (Vahl.), des Pyrénées. — Vél.
Signé à droite : J. J.
Vol. XLII, n° 33.

— *Lunaria latifolia rediviva* (Lin.), de France. — Vél.
Signé à droite : J. Joubert p.
Vol. XLII, n° 42.

— *Biscutella levigata* (Desf.), de France. — Vél.
Signé à droite : J. Joubert p.
Vol. XLII, n° 45.

— *Capparis spinosa* (Lin.), variété. —
Signé à droite : J. Joubert p.
Vol. XLIII, n° 9.

— *Hypericum alpinum Richeri* (Villars), des Alpes. — Vél.
Signé à droite : J. Joubert.
Vol. XLIII, n° 66.

— *Pelargonium cucullatum* (Wild.), du cap de Bonne-Espérance. — Vél.
Signé à droite : J. Joubert p.
Vol. XLIV, n° 61.

— *Geranium æthiopicum.* — Vél.
Signé à droite : J. Joubert pin.
Vol. XLIV, n° 63.

JOUBERT (Jean).
— *Pelargonium coriandrifolium* (Wild.), du cap de Bonne-Espérance. — Vél.
Signé à droite : J. JOUBERT P.
Vol. XLIV, n° 75.

— *Pelargonium bifolium*, du cap de Bonne-Espérance. — Vél.
Signé à droite : J. JOUBERT.
Vol. XLIV, n° 82.

— *Erodium ciconium* (Wild.), de France. — Vél.
Signé à droite : J. J.
Vol. XLIV, n° 92.

— *Geranium striatum* (Lin.), d'Italie. — Vél.
Signé à droite : J. JOUBERT P.
Vol. XLV, n° 4.

— *Tropæolum majus* (Lin.), du Pérou. — Vél.
Signé à droite : J. JOUBERT P.
Vol. XLV, n° 12.

— *Impatiens balsamina* (Lin.), de l'Inde. — Vél.
Signé à droite : J. JOUBERT P.
Vol. XLV, n° 19.

— *Malva tournefortiana* (Lin.), d'Espagne. — Vél.
Signé à gauche : J. JOUBERT P.
Vol. XLV, n° 43.

— *Liriodendron tulipifera* (Lin.), de la Virginie. — Vél.
Signé à droite : J. JOUBERT P.
Vol. XLVI, n° 52.

— *Menispermum perenne canadense* (Lin.), de la Virginie. — Vél.
Signé à droite : J. JOUBERT.
Vol. XLVI, n° 72.

— *Cistus laurifolius* (Lin.), de la France méridionale. — Vél.
Signé à gauche : J. J.
Vol. XLVII, n° 5.

— *Cistus lanadiferus* (Lin.), d'Espagne. — Vél.
Signé à gauche : J. J.
Vol. XLVII, n° 6.

— *Cistus villosus* (Lin.), d'Espagne. — Vél.
Signé à droite : J. JOUBERT P.
Vol. XLVII, n° 8.

JOUBERT (Jean).
— *Helianthemum halimifolium* (Hort. Paris), variété. — Vél.
Signé à gauche : J. J.
Vol. XLVII, n° 15.

— *Helianthemum halimifolium* (Hort. Paris), variété. — Vél.
Signé à droite : J. JOUBERT P.
Vol. XLVII, n° 17.

— *Melianthus major* (Lin.), du Cap. — Vél.
Signé à droite : J. JOUBERT P.
Vol. XLVII, n° 67.

— *Gypsophila repens* (Lin.), des Alpes. — Vél.
Signé à gauche : J. J.
Vol. XLVII, n° 81.

— *Agrostemma flos-Jovis* (Lin.), des Alpes. — Vél.
Signé à droite : J. JOUBERT P.
Vol. XLVIII, n° 54.

— *Linum sylvestre narbonense* (Lin.). — Vél.
Signé à droite : J. JOUBERT P.
Vol. XLVIII, n° 58.

— *Linum campanulatum luteum* (Lin.), de la France méridionale. — Vél.
Signé à droite : J. JOUBERT P.
Vol. XLVIII, n° 61.

— *Cotyledon orbiculata* (Lin.), du cap de Bonne-Espérance. — Vél.
Signé à droite : J. JOUBERT.
Vol. XLVIII, n° 79.

— *Sedum arachnoïdeum* (Lin.), des Alpes. — Vél.
Signé à gauche : J. J.
Vol. XLIX, n° 21.

— *Saxifraga recta*, des Pyrénées. — Vél.
Signé à droite : J. JOUBERT.
Vol. XLIX, n° 27.

— *Saxifraga umbrosa* (Lin.), des Alpes. — Vél.
Signé à droite : J. JOUBERT P.
Vol. XLIX, n° 31.

— *Saxifraga hirsuta* (Lin.), des Alpes. — Vél.
Signé à droite : J. JOUBERT P.
Vol. XLIX, n° 32.

JOUBERT (Jean).
— *Cactus opuntia* (Dec.), de la Barbarie.
— Vél.
Signé à droite : J. JOUBERT.
Vol. XLIX, n° 55.
— *Mesembryanthemum pomeridianum* (Lin.). — Vél.
Signé à droite : J. JOUBERT P.
Vol. L, n° 36.
— *Potentilla fruticosa* (Lin.), de Sibérie.
— Vél.
Signé à droite : J. JOUBERT P.
Vol. LIII, n° 1.
— *Potentilla grandiflora* (Lin.), des Alpes. — Vél.
Signé à droite : J. JOUBERT P.
Vol. LIII, n° 5.
— *Geum montanum* (Lin.), des Alpes.
— Vél.
Signé à gauche : J. JOUBERT P.
Vol. LIII, n° 24.
— *Geum reptans* (Lin.), des Alpes. — Vél.
Signé à gauche : J. J.
Vol. LIII, n° 25.
— *Spiræa opulifolia* (Lin.), de la Virginie. — Vél.
Signé à droite : J. JOUBERT P.
Vol. LIII, n° 39.
— *Mimosa sensitiva* (Lin.), du Brésil.
— Vél.
Signé à droite : J. J.
Vol. LIV, n° 37.
— *Cassia occidentalis* (Lin.), de l'Amérique septentrionale. — Vél.
Signé à droite : J. JOUBERT.
Vol. LIV, n° 62.
— *Spartium parviflorum* (Lin.), d'Orient. — Vél.
Signé à gauche : J. J.
Vol. LV, n° 28.
— *Spartium scorpius* (Lin.), de la France méridionale. — Vél.
Signé à gauche : J. J.
Vol. LV, n° 30.
— *Lupinus luteus* (Lin.), de la Barbarie. — Vél.
Signé à droite : J. JOUBERT P.
Vol. LV, n° 56.

JOUBERT (Jean).
— *Lupinus semiverticillatus* (Lam.), variété. — Vél.
Signé à droite : J. JOUBERT.
Vol. LV, n° 60.
— *Ononis aragonensis* (Lam.), d'Espagne.
— Vél.
Signé à gauche : J. J.
Vol. LVI, n° 8.
— *Ononis fruticosa* (Lin.), des Alpes.
— Vél.
Signé à droite : J. JOUBERT P.
Vol. LVI, n° 10.
— *Medicago radiata* (Lin.), de France.
— Vél.
Signé à droite : J. J.
Vol. LVI, n° 50.
— *Medicago marina* (Lin.), de la France méridionale. — Vél.
Signé à droite : J. JOUBERT P.
Vol. LVI, n° 51.
— *Phaseolus Caracalla* (Lin.), de l'Inde.
— Vél.
Signé à droite : J. JOUBERT.
Vol. LVII, n° 21.
— *Clitoria ternutea alba* (Lin.), variété.
— Vél.
Signé à droite : J. JOUBERT.
Vol. LVII, n° 33.
— *Colutea frutescens* (Lin.), du cap de Bonne-Espérance. — Vél.
Signé à droite : J. JOUBERT.
Vol. LVII, n° 54.
— *Colutea frutescens* (Lin.), variété, du Cap. — Vél.
Signé à droite : J. JOUBERT P.
Vol. LVII, n° 55.
— *Oxytropis montana* (Dec.), des Alpes.
— Vél.
Signé à droite : J. JOUBERT P.
Vol. LVIII, n° 1.
— *Astragalus vesicarius* (Lin.), des Alpes.
— Vél.
Signé à droite : J. JOUBERT P.
Vol. LVIII, n° 7.
— *Astragalus alopecuroïdes* (Lin.), de Sibérie. — Vél.
Signé à droite : J. JOUBERT P.
Vol. LVIII, n° 9.

JOUBERT (Jean).
— *Ornithopus persupillus* (Lin.), de France. — Vél.
Signé à gauche : J. J.
Vol. LVIII, n° 63.
— *Hedysarum alpinum* (Will.), de France. — Vél.
Signé à droite : J. J.
Vol. LVIII, n° 86.
— *Hedysarum flexuosum* (Lin.), d'Orient. — Vél.
Signé à droite : J. JOUBERT P.
Vol. LVIII, n° 88.
— *Æschinomene picta* (Cav.), de Zélande. — Vél.
Signé à droite : J. JOUBERT P.
Vol. LVIII, n° 94.
— *Cneorum tricoccum* (Lin.), de la France méridionale. — Vél.
Signé à droite : J. JOUBERT P.
Vol. LIX, n° 10.
— *Elæodendron argan*, de l'Inde. — Vél.
Signé à droite : J. JOUBERT.
Vol. LIX, n° 75.
— *Euphorbia loricata* (Lam.), du cap de Bonne-Espérance. — Vél.
Signé à droite : J. J.
Vol. LX, n° 27.
— *Ricinus americanus vel atrophia multifida* (Ljn.), de l'Amérique méridionale. — Vél.
Signé à gauche : J. J.
Vol. LX, n° 47.
— *Bryonia laciniosa* (Lin.), de Ceylan. — Vél.
Signé à droite : J. JOUBERT.
Vol. LXI, n° 2.
— *Passiflora laurifolia* (Lin.), de l'Amérique méridionale. — Vél.
Signé à droite : J. J.
Vol. LXI, n° 71.
— *Passiflora pallida* (Lin.), des Antilles. — Vél.
Signé à droite : J. J.
Vol. LXI, n° 75.
— *Passiflora rubra* (Lin.), de l'Amérique méridionale. — Vél.
Signé à droite : J. J.
Vol. LXI, n° 77.

JOUBERT (Jean).
— *Passiflora lutea* (Lin.), de la Virginie. — Vél.
Signé à gauche : J. J.
Vol. LXI, n° 81.
— *Passiflora fœtida* (Lin.), de l'Amérique méridionale. — Vél.
Signé à droite : J. JOUBERT P.
Vol. LXI, n° 86.
— *Passiflora incarnata*, de l'Amérique méridionale. — Vél.
Signé à gauche : J. J.
Vol. LXI, n° 89.
— *Passiflora digitata* (Lin.), des Antilles. — Vél.
Signé à droite : J. JOUBERT.
Vol. LXI, n° 92.
— *Iva frutescens* (Lin.), de la Virginie. — Vél.
Signé à gauche : J. J.
Vol. LXII, n° 36.
— *Xanthium spinosum* (Lin.), de la France méridionale. — Vél.
Signé à droite : J. J.
Vol. LXII, n° 47.
— *Sida napœa* (Cav.), de la Virginie. — Vél.
Signé à droite : J. JOUBERT P.
Vol. LXXV, n° 14.
— *Pelargonium gibbosum* (Wild.), du cap de Bonne-Espérance. — Vél.
Signé à droite : J. JOUBERT P.
Vol. LXXV, n° 15.
— *Geranium varium* (Her.), des Pyrénées. — Vél.
Signé à droite : J. JOUBERT P.
Vol. LXXV, n° 16.
— *Caméléon*, du cap de Bonne-Espérance. — Vél.
Signé à droite : J. JOUBERT.
Vol. LXXXVII, n° 65.
— *Tockaie, gécko.* — Vél.
Signé à droite : J. Joub^t.
Vol. LXXXVII, n° 69.
— *Stellion ou grand lézard*, du cap de Bonne-Espérance. — Vél.
Signé à droite : J. JOUBERT.
Une mention inscrite sur le vélin fait savoir

que l'artiste a reproduit là une figure imaginaire.
Vol. LXXXVII, n° 78.

JOUBERT (Jean).
— *Scinque ou petit lézard*, du cap de Bonne-Espérance. — Vél.
Signé à droite : J. JOUBERT.
Même observation que pour le vélin précédent.
Vol. LXXXVII, n° 79.

— *Vipère céraste ou serpent cornu.* — Vél.
Signé à droite : J. JOUBERT.
Vol. LXXXVIII, n° 39.

AUBRIET (CLAUDE).
— *Fungus nostras, rufescens, coviaceus et concavus.* — Vél.
On lit à droite : AUBRIET.
Vol. II, n° 76.

— *Agaricus nostras, superne undulatus, inferne reticulatus.* — Vél.
On lit à droite : AUBRIET.
Vol. II, n° 81.

— *Fungus acaulos, pileolo amplo albido, varie inciso.* — Vél.
On lit à droite : AUBRIET.
Vol. II, n° 111.

— *Agaricus.* — Pap.
Signé à droite : AUBRIET PINXIT.
Vol. III, n° 169.

— *Scaururus cernuus* (Lin.), de l'Amérique du Nord. — Pap.
Signé à droite : AUBRIET FECIT.
Vol. IV, n° 71.

— *Arum maculatum* (Lin.), variété d'Orient ; *arum angustifolium, acoulon fermi, flore purpurascente.* — Vél. — 2 fig.
Signé à gauche : AUBRIET PINX.
Vol. V, n° 8.

— *Arum amplissimo sagittæ folio, flore magno exviridi pallescente.* — Vél.
Signé à droite : AUBRIET.
Vol. V, n° 11.

— *Calla æthiopica* (Lin.); *ejusdem flos et folium.* — Pap. — 3 fig.
Signé à droite : AUBRIET FECIT.
Vol. V, n° 27.

AUBRIET (Claude).
— *Calla æthiopica, flore albo, odoro* (Hort. Amst.). — Pap.
Signé à droite : AUBRIET FECIT.
Vol. V, n° 28.

— *Polygomatum bistorum* (Desf.). — Pap.
Signé à droite : AUBRIET FECIT.
Vol. VI, n° 24.

— *Polygomatum orientale* (Desf.). — Vél.
Signé à droite : AUBRIET PINX.
Vol. VI, n° 29.

— *Smilacina ciliata* (Desf.), du Canada. — Pap.
Signé à droite : AUBRIET FECIT.
Vol. VI, n° 32.

— *Veratrum album* (Lin.), de France. — Vél.
Signé à droite : C. AUBRIET P.
Vol. VII, n° 1.

— *Bulbocodium, foliis porraceis, fructu rubescente.* — Vél.
Signé à droite : AUBRIET PINXIT.
Vol. VII, n° 12.

— *Yucca gloriosa caulescens, flore copioso, majore folio angustiore* (Lin.), de l'Amérique du Nord. — Pap.
Signé à gauche : AUBRIET FECIT.
Vol. VIII, n° 9.

— *Yucca gloriosa; ejus flos et folium.* — Pap. — 3 fig.
Signé à droite : AUBRIET FECIT.
Vol. VIII, n° 10.

— *Yucca aloïfolia, flore copioso minore,* de l'Amérique du Nord. — Pap.
Signé à droite : AUBRIET FECIT.
Vol. VIII, n° 11.

— *Yucca aloïfolia, ejus flos et folium.* — Pap. — 3 fig.
Signé à droite : AUBRIET FECIT.
Vol. VIII, n° 12.

— *Yucca filamentosa* (Lin.), de l'Amérique du Nord. — Pap.
Signé à droite : AUBRIET PINXIT.
Vol. VIII, n° 14.

— *Yucca filamentosa.* — Pap. [Inachevé.]
Signé à droite : AUBRIET PINXIT.
Vol. VIII, n° 15.

AUBRIET (Claude).
— *Aloe sanseviera* (Wild), de la Guinée. — Pap.
Signé à gauche : AUBRIET FECIT.
Vol. VIII, n° 17.
— *Aletris vel veltheimia uvaria* (Wild.), du cap de Bonne-Espérance. — Vél.
Signé à droite : AUBRIET PINXIT.
Vol. VIII, n° 21.
— *Veltheimia uvaria, folio triangulo longissimo*. — Vél.
Signé à droite : AUBRIET PINXIT.
Vol. VIII, n° 22.
— *Veltheimia uvaria*. — Pap.
Signé à droite : AUBRIET FECIT.
Vol. VIII, n° 23.
— *Aloe fruticosa* (Lam.), du cap de Bonne-Espérance. — Vél. — 2 fig.
Signé à gauche : AUBRIET PINX.
Vol. VIII, nos 36 et 37.
— *Aloe ferox, caulescens* (Hort. Kew), du cap de Bonne-Espérance. — Pap. — 2 fig.
Signé à droite : AUBRIET PINX.
Vol. VIII, nos 38 et 39.
— *Aloe ferox, caulescens*. — Pap. — 2 fig.
Signé à gauche : AUBRIET PINX.
Vol. VIII, nos 40 et 41.
— *Aloe mitræformis* (Lam.). — Vél.
Signé à droite : AUBRIET PINXIT.
Vol. VIII, n° 42.
— *Aloe mitræformis*, d'Afrique. — Pap.
Signé au bas, le long de la bordure :
— AUBRIET FECIT.
Vol. VIII, n° 43.
— *Aloe rhodacantha, foliis glaucis, margine et dorsi parte superiori spinosis, flore rubro* (Dec.), du cap de Bonne-Espérance. — Vél.
Signé à gauche : AUBRIET PIN.
Vol. VIII, n° 44.
— *Aloe perfoliata* (Lin.), du cap de Bonne-Espérance. — Vél.
Signé à droite : AUBRIET.
Vol. VIII, n° 45.
— *Aloe brevifolia* (Dec.), du cap de Bonne-Espérance. — Pap.
Signé à droite : AUBRIET FECIT.
Vol. VIII, n° 46.

AUBRIET (Claude).
— *Aloe humilis* (Lin.), du cap de Bonne-Espérance. — Vél.
Signé à gauche : AUBRIET PIN.
Vol. VIII, n° 47.
— *Aloe maculata vel picta* (Dec.). — Vél.
Signé à droite : AUBRIET P.
Vol. VIII, n° 51.
— *Aloe variegata* (Lin.), de l'Afrique du Sud. — Vél.
Signé à gauche : C. AUBRIET P.
Vol. VIII, n° 52.
— *Aloe linguiformis* (Dec.), de l'Afrique du Sud. — Vél.
On lit à droite : AUBRIET.
Vol. VIII, n° 55.
— *Aloe linguiformis*. — Pap.
Signé à droite : AUBRIET FECIT.
Vol. VIII, n° 56.
— *Aloe linguiformis*. — Pap.
Signé à droite : AUBRIET PINXIT.
Vol. VIII, n° 57.
— *Aloe carinata* (Dec.), du cap de Bonne-Espérance, variété. — Vél.
Signé à gauche : AUBRIET PINX.
Vol. VIII, n° 58.
— *Aloe plicatilis* (Lin.), du cap de Bonne-Espérance. — Pap. — 2 fig.
Signé à droite : AUBRIET PINXIT.
Vol. VIII, nos 59 et 60.
— *Aloe spiralis folio parvo et in acumen rigidissimum exeunte* (Lin.), du cap de Bonne-Espérance. — Vél.
Signé à droite : AUBRIET P.
Vol. VIII, n° 61.
— *Aloe viscosa* (Lin.), du cap de Bonne-Espérance. — Vél.
Signé à droite : AUBRIET PINX.
Vol. VIII, n° 62.
— *Aloe retusa* (Lin.), d'Afrique. — Vél.
Signé à droite : AUBRIET P.
Vol. VIII, n° 63.
— *Aloe margaritifera* (Lin.), du cap de Bonne-Espérance. — Vél.
Signé à droite : AUBRIET P.
Vol. VIII, n° 64.
— *Aloe atrovirens* (Dec.), du cap de Bonne-Espérance. — Vél.
Signé à droite : AUBRIET PINX.
Vol. VIII, n° 67.

AUBRIET (Claude).
— *Anthericum aloïdes* (Lin.), du cap de Bonne-Espérance. — Vél.
Signé à droite : AUBRIET PINXIT.
Vol. VIII, n° 72.
— *Phalangium vel anthericum revolutum* (Hort. Paris). — Vél.
On lit à droite : AUBRIET.
Vol. IX, n° 1.
— *Asphodelus creticus* (Lam.). — Vél.
Signé à droite : AUBRIET.
Vol. IX, n° 9.
— *Lachenalia monophylla* (Desf.), du cap de Bonne-Espérance. — Vél.
Signé à droite : AUBRIET PINXIT.
Vol. IX, n° 34.
— *Scilla maritima, radice rubro* (Lin.), de la France méridionale. — Vél.
On lit au bas, le long de la bordure : C. AUBRIET P.
Vol. IX, n° 43.
— *Scilla Peruviana* (Lin.), variété. — Pap.
Signé à droite : AUBRIET FECIT.
Vol. IX, n° 45.
— *Allium subhirsutum* (Lin.), variété d'Orient. — Vél.
Signé à droite : AUBRIET.
Vol. IX, n° 70.
— *Agapanthus umbellatus* (Her.), du cap de Bonne-Espérance. — Pap.
Signé à droite : AUBRIET PINX.
Vol. X, n° 12.
— *Amaryllis formosissima* (Lin.), de l'Amérique méridionale. — Pap. — 2 fig.
Signé à droite : AUBRIET PINXIT.
Vol. X, n°s 36 et 38.
— *Amaryllis sarniensis* (Lin.), du Pérou. — Pap.
Signé à droite : AUBRIET PINXIT.
Vol. X, n° 47.
— *Bromelia ananas* (Lin.), de l'Amérique méridionale. — Pap.
Signé à droite : AUBRIET PINXIT.
Vol. XI, n° 27.
— *Bromelia ananas* (Lin.), variétés. — Pap. — 2 fig.
Signé à gauche : AUBRIET PINXIT.
Vol. XI, n°s 28 et 29.

AUBRIET (Claude).
— *Cannacorus glaucophyllos* (Lin.), de l'Amérique septentrionale. — Pap.
Signé à droite : AUBRIET PINX.
Vol. XIII, n° 29.
— *Orchis pyramidalis* (Lin.), de France. — Vél.
Signé à droite : AUBRIET P.
Vol. XIII, n° 49.
— *Ophrys densiflora* (Desf.); *orchis orientalis, anthropophora, flore minimo, albo umbilico suaverubente.* — Vél. — 3 fig.
Signé à droite : AUBRIET.
Vol. XIV, n° 9.
— *Ophrys umbilicata; ophrys villosa* (Desf.). — Vél.
Signé à droite : AUBRIET.
Vol. XIV, n° 10.
— *Ophrys mammosa orientalis, fucum referens* (Desf.). — Vél.
Signé à droite : AUBRIET.
Vol. XIV, n° 11.
— *Ophrys iricolor orientalis* (Desf.). — Vél.
Signé à droite : AUBRIET.
Vol. XIV, n° 12.
— *Ophrys palliiforma, maxima* (Desf.), d'Orient. — Vél.
Signé à droite : AUBRIET.
Vol. XIV, n° 13.
— *Aristolochia hirta* (Lin.). — Vél.
Signé à droite : AUBRIET PINXIT.
Vol. XIV, n° 46.
— *Aristolochia lutea* (Desf.). — Vél.
Signé à droite : AUBRIET PINX.
Vol. XIV, n° 19.
— *Rumex tingitanus, minor, folio lacero, acetosa.* — Vél.
Signé à droite : AUBRIET PINXIT.
Vol. XV, n° 60.
— *Laurus indica* (Lin.), des Canaries. — Vél.
Signé à gauche : AUBRIET PIN.
Vol. XV, n° 36.
— *Basella rubra* (Lin.), de l'Inde. — Pap.
Signé à droite : AUBRIET FECIT.
Vol. XV, n° 79.

Aubriet (Claude).
— *Basella rubra* (Lin.), variété. — Pap.
Signé à droite : Aubriet pinxit.
Vol. XV, n° 80.
— *Amaranthus græcus, sylvestris, angustifolius* (Lam.). — Vél.
Signé à droite : Aubriet.
Vol. XVI, n° 24.
— *Plumbago scandens* (Lin.), des Antilles. — Vél.
Signé à gauche : Aubriet pin.
Vol. XVI, n° 69.
— *Primula veris auriculata orientalis, lactucæ folio*. — Vél.
Signé à droite : Aubriet p.
Vol. XVII, n° 31.
— *Veronica gentianoides* (Vahl.) — Vél.
Signé à droite : Aubriet.
Vol. XVII, n° 66.
— *Phelypea Tournefortii orientalis, flore coccineo*. — Vél.
Signé à droite : Aubriet p.
Vol. XVIII, n° 11.
— *Justitia*. — Pap.
Signé à droite : Aubriet pinxit.
Vol. XVIII, n° 31.
— *Callicarpa americana, baccifera, verticillata, folio molli et incano*. — Vél.
Signé à droite : Aubriet pinxit.
Vol. XIX, n° 1.
— *Salvia viridis orientalis, sativo similis, coma carens*. — Vél.
Signé à droite : Aubriet pinx.
Vol. XIX, n° 46.
— *Salvia ægyptiaci horminoides* (Lin.). — Vél.
Signé à droite : Aubriet.
Vol. XIX, n° 51.
— *Teucrium ramosissimum* (Desf.). — Vél.
Signé à droite : Aubriet.
Vol. XX, n° 13.
— *Teucrium microphyllum* (Desf.). — Vél.
Signé à droite : Aubriet.
Vol. XX, n° 14.
— *Nepeta melissæfolia, asphodeli radice* (Lam.). — Vél.
Signé à droite : Aubriet.
Vol. XX, n° 26.

Aubriet (Claude).
— *Sideritis canariensis, frutescens flore albo* (Lin.). — Vél.
Signé à droite : Aubriet.
Vol. XX, n° 34.
— *Sideritis olympi montis incano*. — Vél.
Signé à droite : Aubriet.
Vol. XX, n° 36.
— *Lamium hirsutum; lamium garganicum* (Lin.), variétés. — Vél. — 3 fig.
Signé à gauche : Aubriet pin.
Vol. XX, n° 50.
— *Lamium garganicum* (Lin.), d'Italie. — Vél.
Signé à gauche : Aubriet.
Vol. XX, n° 51.
— *Lamium garganicum* (Lin.), variété. — Vél.
Signé à droite : Aubriet.
Vol. XX, n° 52.
— *Lamium multifidum* (Lin.), d'Orient. — Vél.
Signé à droite : Aubriet pinx.
Vol. XX, n° 54.
— *Stachys betonæfolia orientalis, flore maximo albido* (Desf.). — Vél.
Signé à droite : Aubriet.
Vol. XX, n° 66.
— *Stachys cretica* (Lin.), variété. — Vél.
Signé à droite : Aubriet.
Vol. XX, n° 67.
— *Stachys palestina* (Lin.), variété. — Vél.
Signé à droite : Aubriet.
Vol. XX, n° 69.
— *Majorana tenuifolia*. — Vél.
Signé à droite : C. Aubriet p.
Vol. XXI, n° 25.
— *Origanum majoranæfolium* (Desf.). — Vél.
Signé à droite : Aubriet.
Vol. XXI, n° 27.
— *Origanum repens* (Desf.); *origanum orientale, folio brunellæ*. — Vél. — 2 fig.
Signé à droite : Aubriet.
Vol. XXI, n° 28.
— *Dracocephalum canescens* (Lin.), d'Orient. — Vél.
Signé à droite : Aubriet.
Vol. XXI, n° 42.

Aubriet (Claude).
— *Dracocephalum lamiifolium* (Desf.).
— Vél.
Signé à droite : Aubriet.
Vol. XXI, n° 44.
— *Linaria grandiflora orientalis* (Desf.).
— Vél.
Signé à droite : Aubriet pinx.
Vol. XXII, n° 9.
— *Linaria ferruginea* (Hort. Paris). —
Vél.
Signé à droite : Aubriet pinx.
Vol. XXII, n° 16.
— *Linaria antirrhinum majus* (Lin.), de France. — Vél.
Signé à droite : Aubriet p.
Vol. XXII, n° 25.
— *Linaria anthirrinum majus* (Lin.), variété. — Vél.
Signé à droite : Aubriet.
Vol. XXII, n° 27.
— *Mimulus ringens* (Lin.), du Canada. — Vél.
Signé à droite : Aubriet.
Vol. XXII, n° 46.
— *Blettaria betonicæfolium* (Desf.), d'Orient. — Vél.
Signé à droite : Aubriet pinx.
Vol. XXII, n° 69.
— *Datura fastuosa* (Lin.), d'Égypte. — Vél.
Signé à droite : Aubriet.
Vol. XXIII, n° 14.
— *Solanum anacanthon, fructu phœniceo, striato.* — Vél.
Signé à gauche : Aubriet pinx.
Vol. XXIII, n° 55.
— *Solanum indicum, laurinis angustioribus foliis.* — Vél.
Signé à gauche : Aubriet pinx.
Vol. XXIII, n° 59.
— *Solanum melongena* (Lin.), variété. — Vél.
Signé à droite : Aubriet.
Vol. XXIV, n° 4.
— *Solanum melongena*, variété d'Amérique. — Vél.
Signé à droite : Aubriet p.
Vol. XXIV, n° 6.

Aubriet (Claude).
— *Solanum zeylanicum, spinosum, folio amplo.* — Vél.
Signé à droite : Aubriet pinxit.
Vol. XXIV, n° 14.
— *Solanum arborescens, spinosum.* — Vél.
Signé à droite : Aubriet pinx.
Vol. XXIV, n° 16.
— *Solanum acanthifolium, spinis horridum, flore albo.* — Vél.
Signé à gauche : Aubriet pinx.
Vol. XXIV, n° 17.
— *Solanum virginianum* (Jacq.); *solanum nigricans.* — Vél. — 2 fig.
Signé à gauche : Aubriet pinx.
Vol. XXIV, n° 19.
— *Lycium europæum* (Lin.), de la France méridionale. — Pap.
Signé à droite : Aubriet pinxit.
Vol. XXIV, n° 42.
— *Cestrum laurifolium* (Her.), de l'Amérique méridionale. — Vél.
Signé à droite : Aubriet p.
Vol. XXIV, n° 46.
— *Heliotropium parviflorum* (Lin.), de l'Inde.
Signé à droite : Aubriet pinx.
Vol. XXV, n° 28.
— *Echium angustifolium, villosum* (Lam.), de Sicile. — Vél.
Signé à gauche : Aubriet pin.
Vol. XXV, n° 35.
— *Pulmonaria angustifolia* (Lin.), variété. — Vél.
Signé à droite : Aubriet.
Vol. XXV, n° 48.
— *Anchusa verrucosa, flore pallido* (Lam.), d'Égypte.
Signé à droite : Aubriet pinxit.
Vol. XXVI, n° 3.
— *Anchusa erecta, foliis undulatis* (Lin.), d'Orient. — Vél.
Signé à droite : Aubriet p.
Vol. XXVI, n° 4.
— *Borrago ægyptiaca, floribus cœruleis* (Desf.). — Vél.
Signé à droite : Aubriet pinxit.
Vol. XXVI, n° 7.

Aubriet (Claude).
— *Borrago constantinopolitana, flore reflexo, cœruleo* (Lin.). — Vél.
Signé à droite : Aubriet pinx.
Vol. XXVI, n° 8.

— *Cynoglossum lanatum, orientale, profundè laciniato flore* (Lam.). — Vél.
Signé à droite : Aubriet pinx.
Vol. XXVI, n° 13.

— *Cynoglossum glastifolium, orientale, flore atro-cœruleo* (Wild.). — Vél.
Signé à droite : Aubriet pinx.
Vol. XXVI, n° 14.

— *Cynoglossum stamineum, vulgari et minimo flore* (Desf.), d'Orient. — Vél.
Signé à droite : Aubriet pinx.
Vol. XXVI, n° 15.

— *Convolvulus farinosus vulgaris, flore minimo* (Lin.), de l'île Madère. — Vél.
Signé à droite : Aubriet pin.
Vol. XXVI, n° 21.

— *Convolvulus folio cordiformi, villoso, flore albo*. — Vél.
Signé à gauche : Aubriet pin.
Vol. XXVI, n° 29.

— *Stapelia aizoites hirsuta* (Lin.), du cap de Bonne-Espérance. — Vél.
Signé à droite : Aubriet p.
Vol. XXVII, n° 54.

— *Royena hirsuta peregrina* (Lin.), d'Afrique. — Vél.
Signé à droite : Aubriet p.
Vol. XXVIII, n° 42.

— *Vaccinium oxycoccos macrocarpon* (Mich.), de l'Amérique septentrionale. Pap. — H. 0m,29. — L. 0m,23.
Signé à droite : Aubriet pinx.
Vol. XXIX, n° 34.

— *Vitis idœa canadensis myrtifolio*. — Pap.
Signé à droite : Aubriet pinx.
Vol. XXIX, n° 35.

— *Arbutus uva-ursi* (Lin.), des Alpes. — Pap.
Signé à droite : Aubriet fecit.
Vol. XXIX, n° 38.

— *Canarina campanulata uberosa radice* (Lin.), de l'île Madère. — Pap.
Signé à droite : Aubriet pinxit.
Vol. XXIX, n° 56.

Aubriet (Claude).
— *Campanula ptarmicœfolia* (Lam.), d'Orient. — Vél.
Signé à droite : Aubriet pinx.
Vol. XXX, n° 16.

— *Campanula tubulosa caulibus supinis oblonga* (Lam.), de l'île de Crète. — Vél.
Signé à droite : Aubriet.
Vol. XXX, n° 18.

— *Campanula stricta* (Lin.), d'Orient. Vél.
Signé à gauche : Aubriet pinx.
Vol. XXX, n° 21.

— *Campanula parviflora* (Lam.), d'Orient. — Vél.
Signé à droite : Aubriet p.
Vol. XXX, n° 22.

— *Campanula calamenthifolia* (Lam.), d'Orient. — Vél.
Signé à droite : C. Aubriet p.
Vol. XXX, n° 23.

— *Campanula corymbosa flore magno* (Desf.), de l'île de Crète. — Vél.
Signé à droite : Aubriet.
Vol. XXX, n° 24.

— *Campanula pauciflora, flore parvo* (Desf.), de l'île de Crète. — Vél.
Signé à droite : Aubriet.
Vol. XXX, n° 25.

— *Campanula pentagonia* (Lin.), de l'île de Crète. — Vél.
Signé à droite : Aubriet.
Vol. XXX, n° 26.

— *Phyteuma longifolia* (Wild.). — Vél.
Signé à droite : Aubriet pinx.
Vol. XXX, n° 39.

— *Lactuca cretica* (Desf.), de l'île de Crète. — Vél.
Signé à droite : Aubriet.
Vol. XXX, n° 60.

— *Sonchus tenerrimus divisus* (Lin.), de France. — Vél.
Signé à droite : Aubriet p.
Vol. XXXI, n° 1.

— *Andryala ragusina* (Lin.), de France. — Vél.
Signé à droite : Aubriet.
Vol. XXXI, n° 57.

AUBRIET (Claude).
— *Carthamus corymbosus* (Lin.), de Barbarie. — Vél.
Signé à droite : C. AUBRIET P.
Vol. XXXII, n° 49.
— *Echinops spinosus* (Lin.), variété de Tunis. — Vél.
Signé à droite : AUBRIET.
Vol. XXXIII, n° 50.
— *Tanacetum incanum tenuifolium.* — Vél.
Signé à droite : AUBRIET.
Vol. XXXIII, n° 65.
— *Cacalia Kleinia* (Lin.), du Cap de Bonne-Espérance. — Pap.
Signé à droite : AUBRIET PINXIT.
Vol. XXXIV, n° 8.
— *Chrysocoma ciliata ericæfolio* (Lin.), du Cap de Bonne-Espérance. — Vél.
Signé à droite : AUBRIET PINX.
Vol. XXXIV, n° 19.
— *Calea aspera foliis triangularibus* (Jacq.), de l'Amérique méridionale. — Pap.
Signé à droite : AUBRIET PINXIT.
Vol. XXXIV, n° 36.
— *Calendula hybrida* (Lin.), du Cap de Bonne-Espérance. — Vél.
Signé à droite : AUBRIET P.
Vol. XXXIV, n° 85.
— *Osteospermum spinosum* (Lin.), du Cap de Bonne-Espérance. — Vél.
Signé à droite : AUBRIET.
Vol. XXXIV, n° 91.
— *Milleria contrayerva magellanica* (Lam.), du Chili. — Vél.
Signé à droite : AUBRIET P.
Vol. XXXIV, n° 93.
— *Inula conyzoïdes* (Desf.), de l'île de Crète. — Vél.
Signé à droite : AUBRIET.
Vol. XXXV, n° 18.
— *Inula crispa* (Hort. Paris), d'Égypte. — Vél.
Signé à droite : AUBRIET PINXIT.
Vol. XXXV, n° 24.
— *Senecio hastatus perennis* (Lin.), du Cap de Bonne-Espérance. — Vél.
Signé à droite : AUBRIET P.
Vol. XXXV n° 74.

AUBRIET (Claude).
— *Senecio multiflora ægyptiaca.* — Vél.
Signé à droite : AUBRIET PINXIT.
Vol. XXXV, n° 87.
— *Senecio rigidus et hirsutus* (Lin.), du Cap de Bonne-Espérance. — Vél.
Signé à droite : AUBRIET PINXIT.
Vol. XXXV, n° 88.
— *Othonna cheirifolia* (Lin.), de Tunis — Pap.
Signé à droite : AUBRIET FECIT.
Vol. XXXV, n° 93.
— *Anthemis arabica* (Lin.), d'Alger. — Pap.
Signé à droite : AUBRIET PINXIT.
Vol. XXXV, n° 99.
— *Achillea ægyptiaca* (Lin.), d'Orient. — Vél.
Signé à droite : C. AUBRIET P.
Vol. XXXVI, n° 3.
— *Buphthalmum pratense* (Wahl.). — Vél.
Signé à droite : AUBRIET P.
Vol. XXXVI, n° 23.
— *Polymnia uvedalia* (Lin.), de l'Amérique septentrionale. — Pap.
Signé à droite : AUBRIET FECIT.
Vol. XXXVI, n° 44.
— *Uvedalia vel chrysanthemoides* (Lin.), de l'Amérique septentrionale. — Pap. [dessin à la plume].
Signé à droite : AUBRIET FECIT.
Vol. XXXVI, n° 45.
— *Coreopsis lanceolata* (Lin.), de la Caroline. — Pap.
Signé à droite : AUBRIET FECIT.
Vol. XXXVI, n° 57.
— *Arctotis aspera* (Lin.), du Cap de Bonne-Espérance. — Vél.
Signé à droite : AUBRIET P.
Vol. XXXVII, n° 7.
— *Scabiosa palestina* (Lin.). — Vél.
Signé à droite : AUBRIET.
Vol. XXXVII, n° 23.
— *Scabiosa argentea* (Lin.), d'Orient. — Vél.
Signé à droite : AUBRIET.
Vol. XXXVII, n° 24.

AUBRIET (Claude).
— *Knautia orientalis* (Lin.). — Vél.
Signé à droite : AUBRIET P.
Vol. XXXVII, n° 40.
— *Valeriana sisymbriifolia* (Vahl.). — Vél.
Signé à droite : AUBRIET PINX.
Vol. XXXVII, n° 50.
— *Coffea arabica* (Lin.), d'Asie. — Vél.
Signé à droite : AUBRIET P.
Vol. XXXVII, n° 98.
— *Symphoricarpos parviflora* (Hort. Paris), de l'Amérique septentrionale. — Pap.
Signé à droite : AUBRIET FECIT.
Vol. XXXVIII, n° 16.
— *Thapsia villosa* (Lin.), de la France méridionale. — Vél.
Signé à droite : C. AUBRIET P.
Vol. XXXVIII, n° 71.
— *Thapsia garganica* (Lin.), de la France méridionale. — Vél. — 2 fig.
Signé à droite : C. AUBRIET P.
Vol. XXXVIII, n°s 72 et 73.
— *Cachrys cretica* (Lin.). — Vél.
Signé à droite : AUBRIET.
Vol. XXXIX, n° 11.
— *Bunium ferulæfolium* (Desf.). — Vél.
Signé à droite : AUBRIET.
Vol. XXXIX, n° 15.
— *Artedia squamata* (Lin.), d'Orient. — Vél.
Signé à gauche : AUBRIET PIN.
Vol. XXXIX, n° 19.
— *Ranunculus ophioglossoïdes* (Vill.). — Vél.
Signé à droite : AUBRIET P.
Vol. XL, n° 20.
— *Ranunculus grandiflorus* (Lin.), d'Orient. — Vél.
Signé à droite : AUBRIET P.
Vol. XL, n° 25.
— *Ranunculus macrophyllus creticus* (Desf.). — Vél.
Signé à droite : AUBRIET.
Vol. XL, n° 26.
— *Helleborus orientalis* (Lam.). — Vél.
Signé à droite : AUBRIET.
Vol. XL, n° 62.

AUBRIET (Claude).
— *Delphinium pentagynum* (Desf.), de la Barbarie. — Vél.
Signé à droite : AUBRIET PINXIT.
Vol. XL, n° 88.
— *Delphinium peregrinum græcum* (Lin.). — Vél.
Signé à droite : AUBRIET.
Vol. XL, n° 89.
— *Papaver floribundum* (Desf.). — Vél.
Signé à droite : AUBRIET.
Vol. XLI, n° 53.
— *Raphanus uncinatus* (Desf.), de l'Égypte. — Vél.
Signé à droite : AUBRIET PINXIT.
Vol. XLI, n° 82.
— *Brassica folio rotundiore, vulgo colsa*. — Vél.
Signé à droite : AUBRIET.
Vol. XLI, n° 89.
— *Hesperis pinnatifida* (Desf.). — Vél.
Signé à droite : AUBRIET.
Vol. XLII, n° 4.
— *Alyssum samolifolium* (Desf.). — Vél.
Signé à droite : AUBRIET.
Vol. XLII, n° 37.
— *Alyssum paniculatum* (Desf.). — Vél.
Signé à droite : AUBRIET.
Vol. XLII, n° 60.
— *Thlaspi cordatum* (Desf.). — Vél.
Signé à droite : AUBRIET PINXIT.
Vol. XLII, n° 75.
— *Cakile græca striata* (Her.), de l'Inde. Vél.
Signé à droite : AUBRIET PINXIT.
Vol. XLII, n° 88.
— *Cakile maritima ægyptiaca* (Wild.) — Vél.
Signé à droite : AUBRIET PINXIT.
Vol. XLII, n° 89.
— *Reseda glauca pyrenaïca* (Lin.), de la France méridionale. — Vél.
Signé à droite : AUBRIET.
Vol. XLIII, n° 17.
— *Æsculus pavia* (Lin.), de l'Amérique septentrionale. — Pap. — 2 fig.
Signé à droite : AUBRIET FECIT.
Vol. XLIII, n°s 35 et 36.

AUBRIET (Claude).
— *Malpighia urens* (Lin.), de l'Amérique méridionale. — Pap.
Signé à droite : AUBRIET PINXIT.
Vol. XLIII, n° 55.
— *Melia azedarach* (Lin.), variété. — Vél.
Signé à droite : AUBR.
Vol. XLIV, n° 5.
— *Pelargonium inquinans* (Wild.). — Vél.
Signé à gauche : AUBRIET PIN.
Vol. XLIV, n° 50.
— *Pelargonium zonale variegatum* (Wild), du Cap de Bonne-Espérance. — Vél.
Signé à gauche : AUBRIET PIN.
Vol. XLIV, n° 52.
— *Pelargonium peltatum* (Wild), du Cap de Bonne-Espérance. — Vél.
Signé à droite : AUBRIET.
Vol. XLIV, n° 54.
— *Pelargonium myrrhifolium* (Wild), du Cap de Bonne-Espérance. — Vél.
Signé à droite : AUBRIET PINXIT.
Vol. XLIV, n° 77.
— *Erodium glaucophyllum* (Wild), d'Égypte. — Vél.
Signé à droite : AUBRIET P.
Vol. XLIV, n° 91.
— *Impatiens balsamica* (Lin.), de l'Inde. — Vél.
Signé à droite : C. AUBRIET P.
Vol. XLV, n° 18.
— *Impatiens balsamica noli-tangere* (Lin.), des Alpes. — Vél.
Signé à droite : C. AUBRIET.
Vol. XLV, n° 21.
— *Impatiens balsamica noli-tangere* (Lin.), des Alpes, variété. — Vél.
Signé à droite : C. AUBRIET.
Vol. XLV, n° 22.
— *Urena lobata* (Lin.), de la Chine. — Pap.
Signé à droite : AUBRIET FECIT.
Vol. XLV, n° 71.
— *Sida hastata americana* (Lin.), variété. — Pap.
Signé à droite : AUBRIET PINXIT.
Vol. XLV, n° 80.

AUBRIET (Claude).
— *Hibiscus manihot* (Lin.), de l'Inde. — Vél. — 2 fig.
Signé au bas : AUBRIET PIN.
Vol. XLV, n°s 88 et 89.
— *Leontice chrysogorum* (Lin.), d'Orient. — Vél.
Signé : C. AUBRIET P.
Vol. XLVI, n° 79.
— *Walteria arborescens* (Cav.), de l'Amérique méridionale. — Vél.
Signé à gauche : AUBRIET PINXIT.
Vol. XLVI, n° 83.
— *Hermannia hyssopifolia* (Lin.). — Vél.
Signé à gauche : AUBRIET PIN.
Vol. XLVI, n° 87.
— *Grewia occidentalis* (Lin.), du Cap de Bonne-Espérance. — Pap.
Signé à droite : AUBRIET FECIT.
Vol. XLVI, n° 99.
— *Cistus creticus flore purpureo* (Lin.) — Vél.
On lit à droite : AUBRIET.
Vol. XLVII, n° 9.
— *Zygophyllum portulacoïdes læte virens* (Forskal), de l'Égypte. — Vél.
On lit à droite : AUBRIET.
Vol. XLVII, n° 38.
— *Saponaria orientalis* (Lin.). — Vél.
Signé à droite : C. AUBRIET P.
Vol. XLVII, n° 89.
— *Dyanthus chinensis; dyanthus supinus* (Lin.). — Vél. — 2 fig.
Signé à droite : C. AUBRIET P
Vol. XLVIII, n° 4.
— *Silene buplevroïdes* (Lin.), d'Orient. — Vél.
Signé à droite : AUBRIET.
Vol. XLVIII, n° 20.
— *Cucubalus viscosus* (Lin.), d'Orient. — Vél.
Signé à droite : AUBRIET.
Vol. XLVIII, n° 35.
— *Lychnis variegata* (Desf.). — Vél.
Signé à droite : AUBRIET P.
Vol. XLVIII, n° 48.
— *Ruta parviflora* (Desf.), d'Orient. — Vél.
Signé à droite : AUBRIET.
Vol. XLVIII, n° 51.

AUBRIET (Claude).
— *Linum suffruticosum* (Lin.), d'Espagne. — Vél.
Signé à droite : AUBRIET PINX.
Vol. XLVIII, n° 60.
— *Crassula orbicularis* (Lin.), du Cap de Bonne-Espérance. — Vél.
Signé à droite : AUBRIET PINXIT.
Vol. XLVIII, n° 67.
— *Crassula perfoliata* (Lin.), du Cap de Bonne-Espérance. — Pap.
Signé à droite : AUBRIET FECIT.
Vol. XLVIII, n° 68.
— *Crassula nudicaulis* (Lin.), du Cap de Bonne-Espérance. — Vél.
Signé à droite : AUBRIET PINXIT.
Vol. XLVIII, n° 73.
— *Crassula crenata* (Desf.), d'Orient. — Vél.
Signé à droite : AUBRIET.
Vol. XLVIII, n° 74.
— *Cotyledon ungulata* (Lam.), du Cap de Bonne-Espérance. — Pap.
Signé à droite : AUBRIET FECIT.
Vol. XLVIII, n° 82.
— *Cotyledon parviflora* (Desf.); *cotyledon cretica*. — Vél. — 2 fig.
Signé à droite : AUBRIET.
Vol. XLVIII, n° 87.
— *Cotyledon kalankoe laciniata* (Dec.), de l'Ile-de-France. — Vél.
Signé à droite : AUBRIET PINXIT.
Vol. XLVIII, n° 92.
— *Sedum telephium latifolium* (Lin.), de France. — Vél.
Signé à droite : AUBRIET.
Vol. XLIX, n° 4.
— *Sedum reflexum* (Lin.), de France. — Vél.
Signé à droite : AUBRIET PINX.
Vol. XLIX, n° 12.
— *Sedum altissimum sempervivum*, d'Europe. — Vél.
Signé à droite : AUBRIET PINX.
Vol. XLIX, n° 13.
— *Saxifraga granulata* (Lin.), de France. — Pap.
Signé à droite : AUBRIET FECIT.
Vol. XLIX, n° 36.

AUBRIET (Claude).
— *Cactus opuntia minima*, de l'Amérique méridionale. — Vél.
Signé à gauche : AUBRIET PINX.
Vol. XLIX, n° 57.
— *Cactus mamillaris* (Lin.), de l'Amérique méridionale. — Vél.
Signé à droite : AUBRIET P.
Vol. XLIX, n° 59.
— *Cactus nexagonus* (Lin.), de Surinam. Pap. [dessin].
Signé à droite : AUBRIET PINXIT.
Vol. XLIX, n° 61.
— *Cactus peruvianus* (Lin.). — Pap.
Signé à droite : AUBRIET PINXIT.
Vol. XLIX, n° 62.
— *Cactus grandiflorus* (Lin.), de l'Amérique méridionale. — Pap. — 2 fig.
Signé à droite : AUBRIET PINXIT.
Vol. XLIX, n°s 64 et 66.
— *Cactus grandiflorus* (Lin.), du Brésil. — Vél.
Signé à droite : AUBRIET PINX.
Vol. XLIX, n° 65.
— *Cactus flagelliformis* (Lin.), des Antilles. — Pap.
Signé à gauche : AUBRIET PINXIT.
Vol. XLIX, n° 71.
— *Talinum telephiastrum anacampseros* (Wild.), du Cap de Bonne-Espérance. — Vél.
Signé à droite : AUBRIET PIN.
Vol. L, n° 4.
— *Talinum trichotomum* (Dec.), du Cap de Bonne-Espérance. — Vél.
Signé à droite : AUBRIET P.
Vol. L, n° 6.
— *Clayionia sibirica flore albido* (Lin.). — Vél.
Signé à droite : AUBRIET PINXIT.
Vol. L, n° 20.
— *Mesembryanthemum crystallinum* (Lin.), de l'île Madère.
Signé à droite : AUBRIET.
Vol. L, n° 30.
— *Mesembryanthemum linguiforme* (Lin.), du Cap de Bonne-Espérance. — Pap. — H. 0m,22. — L. 0m,17.
Signé à droite : AUBRIET PINXIT.
Vol. L, n° 32.

AUBRIET (Claude).
— *Mesembryanthemum linguiforme latum* (Dec.), du Cap de Bonne-Espérance. — Vél. — 2 fig.
Signé à droite : AUBRIET PINXIT.
Vol. L, nos 34 et 35.

— *Mesembryanthemum geniculiflorum* (Lin.), du Cap de Bonne-Espérance. — Vél.
Signé à droite : AUBRIET PINXIT.
Vol. L, n° 40.

— *Mesembryanthemum geniculiflorum* — Pap.
Signé à droite : AUBRIET PINXIT.
Vol. L, n° 41.

— *Mesembryanthemum noctiflorum* (Lin.), du Cap de Bonne-Espérance. — Vél.
Signé à droite : AUBRIET PINXIT.
Vol L, n° 43.

— *Mesembryanthemum noctiflorum* (Lin.). — Pap.
Signé à droite : AUBRIET PINXIT.
Vol. L, n° 44.

— *Mesembryanthemum coccineum* (Haw.), du Cap de Bonne-Espérance. — Vél. — 2 fig.
Signé à droite : AUBRIET PINXIT.
Vol. L, nos 45 et 46.

— *Mesembryanthemum violaceum* (Dec.), du Cap de Bonne-Espérance. — Vél.
Signé à droite : AUBRIET PINXIT.
Vol. L, n° 48.

— *Mesembryanthemum felinum* (Haw.), du Cap de Bonne-Espérance. — Vél.
Signé à droite : AUBRIET PIN.
Vol. L, n° 57.

— *Mesembryanthemum barbatum humile* (Lin.), du Cap de Bonne-Espérance. — Vél.
Signé à droite : AUBRIET PINXIT.
Vol. L, n° 62.

— *Mesembryanthemum reptans læte virens* (Hort. Kew), du Cap de Bonne-Espérance. — Vél.
Signé à droite : C. AUBRIET P.
Vol. L, n° 64.

— *Mesembryanthemum crassifolium* (Lin.), du Cap de Bonne-Espérance. — Vél.
Signé à gauche : AUBRIET PINXIT.
Vol. L, n° 69.

AUBRIET (Claude).
— *Mesembryanthemum pugioniforme* (Lin.), du Cap de Bonne-Espérance. — Vél.
Signé à droite : AUBRIET P.
Vol. L, n° 72.

— *Tetragonia fruticosa* (Lin.), de l'Afrique du Sud. — Vél.
Signé à droite : AUBRIET PINXIT.
Vol. L, n° 87.

— *Psidium pyriferum* (Lin.), de l'Inde. — Vél.
Signé à droite : AUBRIET P.
Vol. LI, n° 50.

— *Pyrus parviflora silvestris* (Desf.). — Vél.
Signé à droite : AUBRIET.
Vol. LII, n° 12.

— *Cragœtus aria* (Lin.), variété. — Vél.
Signé à droite : AUBRIET.
Vol. LII, n° 25.

— *Neurada prostrata* (Lin.), de Barbarie. — Vél.
Signé à droite : AUBRIET PINXIT.
Vol. LII, n° 69.

— *Cliffortia ilicifolia* (Lin.), du Cap de Bonne-Espérance. — Vél.
Signé à droite : AUBRIET.
Vol. LII, n° 73.

— *Rubus saxatilis humilis* (Lin.), des Alpes. — Vél.
Signé à droite : C. AUBRIET P.
Vol. LIII, n° 31.

— *Acacia frutescens americana*. — Vél.
Signé à droite : AUBRIET.
Vol. LIV, n° 16.

— *Desmanthus virgatus* (Wild), de l'Amérique méridionale. — Vél.
Signé à droite : C. AUBRIET.
Vol. LIV, n° 31.

— *Gleditsia triacanthos* (Lin.), de l'Amérique septentrionale. — Pap.
Signé à droite : AUBRIET PINXIT.
Vol. LIV, n° 42.

— *Gymnocladus canadensis* (Lam.). — Vél.
Signé à droite : AUBRIET PIN.
Vol. LIV, n° 45.

AUBRIET (Claude).
— *Cassia fistula* (Lin.), de l'Inde. — Vél.
Signé à gauche : AUBRIET PIN.
Vol. LIV, n° 56.
— *Cassia occidentalis* (Lin.), des Antilles. — Vél.
Signé à droite : C. AUBRIET.
Vol. LIV, n° 58.
— *Cassia occidentalis* (Lin.), variété. — Vél.
Signé à droite : AUBRIET.
Vol. LIV, n° 59.
— *Cassia occidentalis* (Lin.), variété. — Vél.
Signé à droite : C. AUBRIET P.
Vol. LIV, n° 60.
— *Cassia chamæ-crista* (Lin.), de l'Amérique septentrionale. — Vél.
Signé à droite : AUBRIET PINXIT.
Vol. LIV, n° 66.
— *Spartium monospermum* (Lin.), de la France méridionale. — Vél.
Signé à droite : AUBRIET.
Vol. LV, n° 26.
— *Spartium sphærocarpon* (Lin.), de la Barbarie. — Vél.
Signé à droite : AUBRIET.
Vol. LV, n° 27.
— *Crotalaria bengalensis* (Lam.). — Pap.
Signé à droite : AUBRIET FECIT.
Vol. LV, n° 45.
— *Lupinus villosus* (Wild). — Vél.
Signé à droite : AUBRIET PINXIT.
Vol. LV, n° 57.
— *Psoralea pinnata* (Lin.), du Cap de Bonne-Espérance. — Vél.
Signé à gauche : AUBRIET PIN.
Vol. LVI, n° 33.
— *Lotus jacobæus angustifolius* (Lin.), d'Afrique. — Vél.
Signé à droite : AUBRIET.
Vol. LVII, n° 4.
— *Dolichos unguiculatus* (Lin.), de l'Amérique méridionale. — Vél.
Signé à gauche : AUBRIET PIN.
Vol. LVII, n° 14.

AUBRIET (Claude).
— *Phaseolus semi-erectus* (Lin.), de l'Amérique méridionale. — Vél.
Signé à gauche : AUBRIET PINX.
Vol. LVII, n° 22.
— *Clitoria ternatea* (Lin.). — Vél.
Signé à droite : AUBRIET PIN.
Vol. LVII, n° 32.
— *Amorpha fruticosa* (Lin.), de l'Amérique septentrionale. — Pap.
Signé à droite : AUBRIET PINXIT.
Vol. LVII, n° 45.
— *Astragalus angustifolius* (Lam.), d'Orient. — Vél.
Signé à droite : AUBRIET PINX.
Vol. LVIII, n° 10.
— *Astragalus caprinus* (Lin.), de Barbarie. — Vél.
Signé à droite : C. AUBRIET P.
Vol. LVIII, n° 11.
— *Lathyrus purpureus* (Desf.). — Vél.
Signé à droite : AUBRIET.
Vol. LVIII, n° 45.
— *Orobus laxiflorus* (Desf.). — Vél.
Signé à droite : AUBRIET.
Vol. LVIII, n° 52.
— *Orobus croceus orientalis* (Desf.). — Vél.
Signé à droite : AUBRIET P.
Vol. LVIII, n° 54.
— *Vicia variegata* (Wild); *vicia multiflora*, d'Orient. — Vél. — 2 fig.
Signé à droite : AUBRIET P.
Vol. LVIII, n° 58.
— *Hedysarum radiatum* (Desf.), d'Orient. — Vél.
Signé à droite : AUBRIET.
Vol. LVIII, n° 90.
— *Hedysarum caput-galli* (Lin.), de la France méridionale. — Vél.
Signé à droite : AUBRIET PINXIT.
Vol. LVIII, n° 91.
— *Celastrus scandens* (Lin.), de l'Amérique septentrionale. — Vél.
Signé à droite : AUBRIET PINX.
Vol. LIX, n° 46.
— *Celastrus pyracanthus* (Lin.), du Cap de Bonne-Espérance. — Vél.
Signé à droite : AUBRIET PINXIT.
Vol. LIX, n° 47.

Aubriet (Claude).
— *Rhamnus afer folio serrato*, de l'Inde.
— Vél.
Signé à gauche : Aubriet pinxit.
Vol. LIX, n° 48.
— *Ceanothus africanus* (Lin.), du Cap de Bonne-Espérance. — Pap.
Signé à droite : Aubriet fecit.
Vol. LIX, n° 78.
— *Euphorbia valerianæfolia* (Lam.), d'Orient. — Vél.
Signé à droite : Aubriet pinxit.
Vol. LX, n° 11.
— *Euphorbia biglandulosa* (Desf.). —Vél.
Signé à droite : Aubriet.
Vol. LX, n° 13.
— *Euphorbia denticulata* (Lam.), d'Orient. — Vél.
Signé à droite : Aubriet pinx.
Vol. LX, n° 15.
— *Euphorbia mauritanica* (Lin.). — Pap.
Signé à droite : Aubriet pinxit.
Vol. LX, n° 16.
— *Euphorbia tridentata* (Lam.), du Cap de Bonne-Espérance. — Vél.
Signé à gauche : Aubriet pinx.
Vol. LX, n° 22.
— *Euphorbia officinarum* (Lin.), du Cap de Bonne-Espérance. — Vél.
Signé à droite : Aubriet p.
Vol. LX, n° 24.
— *Euphorbia neriifolia* (Lin.), de l'Inde. — Vél.
Signé à droite : Aubriet p. — Un paysage remplit le fond de l'aquarelle.
Vol. LX, n° 28.
— *Euphorbia mamillaris* (Lin.), d'Afrique. — Pap.
Signé au bas, le long de la bordure : Aubriet fecit.
Vol. LX, n° 29.
— *Momordica balsamica minor*, variété de l'Inde. — Vél.
On lit à droite : C. Aubriet p.
Vol. LXI, n° 12.
— *Momordica indica*. — Vél.
Signé à droite : Aubriet.
Vol. LXI, n° 14.

Aubriet (Claude).
— *Cucumis melo indicus, carne albidâ*.
— Vél. — 3 fig.
Signé à droite : Aubriet.
Vol. LXI, n°s 28 à 30.
— *Melo rotundus parvus*. — Vél.
Signé à droite : Aubriet pinxit.
Vol. LXI, n° 32.
— *Passiflora serratifolia* (Lin.), de l'Amérique méridionale. — Pap.
Signé à droite : Aubriet pinxit.
Vol. LXI, n° 74.
— *Passiflora biflora* (Lam.), de l'Amérique méridionale. — Vél.
Signé à droite : Aubriet pinxit.
Vol. LXI, n° 79.
— *Passiflora minima* (Lin.), de l'Amérique méridionale. — Vél.
Signé à droite : Aubriet pinxit.
Vol. LXI, n° 82.
— *Passiflora minima*, variété. — Pap.
Signé à droite : Aubriet pinxit.
Vol. LXI, n° 83.
— *Carica papaya* (Lin.), de l'Amérique méridionale. — Vél. — 2 fig.
Signé à gauche : Aubriet pin. — Le premier dessin a un fond de paysage.
Vol. LXI, n°s 96 et 97.
— *Pinus americana foliis prælongis*. — Vél.
Signé à droite : Aubriet pinxit.
Vol. LXIII, n° 52.
— *Cucubalus viscosus vel lychnis orientalis maxima* (Lin.), d'Orient. — Vél.
Signé à droite : Aubriet.
Vol. LXXV, n° 17.
— *Carduus cynaroides* (Lam.), de l'île de Crète. — Vél.
Signé à droite : Aubriet.
Vol. LXXV, n° 18.
— *Alyssum densiflorum* (Desf.). — Vél.
Signé à droite : Aubriet.
Vol. LXXV, n° 19.
— *Malva sylvestris* (Lin.), de France. — Vél.
Signé à droite : Aubriet.
Vol. LXXV, n° 20.

AUBRIET (Claude).
— *Geranium palustre* (Lin.), de France. — Vél.
Signé à droite : AUBRIET P.
Vol. LXXV, n° 21.

— *Pelargonium zonale* (Wild), du Cap de Bonne-Espérance. — Vél.
Signé à droite : AUBRIET.
Vol. LXXV, n° 22.

— *Harpaye d'Europe*, des montagnes du Nord, rare. — Vél.
Signé à droite : AUBRIET PINXIT.
Vol. LXXVII, n° 80.

— *Gobe-mouche d'Europe*. — Vél.
Signé à droite, en haut : AUBRIET PINXIT. Un paysage remplit le fond du dessin.
Vol. LXXVIII, n° 23.

— *Geai glandier d'Europe*. — Vél.
Signé en bas, le long de la bordure : AUBRIET PINXIT.
Vol. LXXIX, n° 87.

— *Hocco de la Guyane*. — Vél.
Signé à droite : AUBRIET PENXIT.
Vol. LXXXI, n° 1.

— *Méléagre ou poule d'Afrique*. — Vél.
Signé à droite : AUBRIET PINXIT.
Vol. LXXXI, n° 17.

— *Faisan*. — Vél.
Signé à gauche : AUBRIET PINXIT.
Vol. LXXXI, n° 37.

— *Francolin femelle*, d'Europe. — Vél.
Signé à droite, en haut : AUBRIET.
Vol. LXXXI, n° 67.

— *Grue pennée ou demoiselle*. — Vél.
Signé à droite : AUBRIET PINXIT.
Vol. LXXII, n° 49.

— *Palette blanche à bec rouge*. — Vél.
Signé à droite : AUBRIET PINXIT. — Un paysage forme le fond de l'aquarelle.
Vol. LXXXII, n° 98.

— *Fulica : foulque ou petite poule d'eau tachetée*. — Vél.
Signé à droite : AUBRIET PINXIT.
Vol. LXXXIII, n° 50.

— *Phœnicoptarus : flamand rouge*. — Vél.
Signé à droite : AUBRIET PINXIT.
Vol. LXXXIII, n° 63.

AUBRIET (Claude).
— *Phaëton à brins rouges ou oiseau du Tropique*. — Vél.
Signé à droite : AUBRIET P.
Vol. LXXXIV, n° 9.

— *Oie commune*. — Pap.
Signé à droite : AUBRIET PINXIT. — Le fond de l'aquarelle représente un paysage.
Vol. LXXXIV, n° 16.

— *Oie de mer ou canne d'Égypte*. — Vél.
Signé à droite : AUBRIET PINXIT.
Vol. LXXXIV, n° 57.

— *Locusta maxima, crurum tibiarumque inferna parte rubra ; libella nigricans quadris flavescentibus, alis dilute rufis, maculis obscurioribus distinctis ; pediculus marinus ; libella dilute fusca brevioribus alis ; papilio Gœdartii ; scarabœus niger, dorso candido, maculis nigerrimus distincto*. — Vél. — 6 fig.
On lit au bas : AUBRIET.
Vol. LXXXV, n° 1.

— *Alveus crabronis*. — Vél. — 2 fig.
On lit au bas : AUBRIET. — L'artiste a représenté une ruche à miel que les abeilles viennent alimenter.
Vol. LXXXV, n°ˢ 2 et 3.

— *Chenille ; métamorphoses de la chrysalide devenant papillon. OEufs et représentations diverses.* — Vél. — 11 fig.
[Partie séparée d'un grand recueil d'ouvrages sur les insectes et leurs métamorphoses, commencée en 1710 par CLAUDE AUBRIET, peintre ordinaire du Roy en mignature.]
Vol. LXXXVI, n° 2.

— *Papillon mâle et femelle du Mississipi*. — Vél. — 3 fig.
On lit à droite : Peint par AUBRIET, peintre ordinaire du Roy en mignature.
Vol. LXXXVI, n° 3.

— *Papillon d'Amérique*. — Vél. — 3 fig.
On lit à droite : Peint par AUBRIET, peintre ordinaire du Roy en mignature.
Vol. LXXXVI, n° 5.

— *Papillon des Indes*. — Vél. — 4 fig.
On lit à droite : Peint par AUBRIET, peintre ordinaire du Roy en mignature.
Vol. LXXXVI, n°ˢ 6 et 7.

AUBRIET (Claude).
— *Chenille*, ses métamorphoses successives. — Vél. — 10 fig.
[*Partie séparée d'un grand recueil. . . . . commencée en* 1710 *par* CLAUDE AUBRIET, *peintre ordinaire du Roy en mignature.*]
Vol. LXXXVI, n°ˢ 8 et 9.
— *Papillon.* — Vél. — 14 fig.
Signé à droite : AUBRIET PINX.
Vol. LXXXVI, n°ˢ 11 et 12.
— *Chenilles*, variétés diverses. — Vél. — 56 fig.
[*Partie séparée d'un grand recueil. . . . . commencée en* 1710 *par* CLAUDE AUBRIET, *peintre ordinaire du Roy en mignature.*]
Vol. LXXXVI, n°ˢ 14 à 21.
— *Phalènes*, variétés diverses. — Vél. — 7 fig.
[*Partie séparée d'un grand recueil. . . . . commencée en* 1710 *par* CLAUDE AUBRIET, *peintre ordinaire du Roy en mignature.*]
Vol. LXXXVI, n° 22.
— *Phalène*, ses métamorphoses. — Vél. — 7 fig.
On lit à droite : *Peint par* AUBRIET, *peintre ordinaire du Roy en mignature.*
Vol. LXXXVI, n°ˢ 23 et 24.
— *Phalènes*, variétés diverses. — Vél. 11 fig.
Signé à droite : AUBRIET PINX.
Vol. LXXXVI, n° 25.
— *Chenilles*, variétés. — Vél. — 54 fig.
[*Partie séparée d'un grand recueil. . . . . commencée en* 1710 *par* CLAUDE AUBRIET, *peintre ordinaire du Roy en mignature.*]
Vol. LXXXVI, n°ˢ 26 à 33.
— *Phalène ou papillon de nuit.* — Vél. — 11 fig.
On lit à droite : *Peint par* AUBRIET, *peintre ordinaire du Roy en mignature.*
Vol. LXXXVI, n°ˢ 34 et 35.
— *Tortue des Indes*, de 2 pieds et 8 pouces de longueur (très-agrandie). — Vél.
Signé à droite : AUBRIET PINXIT. — L'auteur a complété son dessin par un fond de paysage.
[PERRAULT, *Mémoires de l'Académie des Sciences de Paris*, III, 395.]
Vol. LXXXVII, n° 5.

AUBRIET (Claude).
— *Alligator principalis* : anolis large droit, de la Caroline. (Dum., IV, p. 120, n° 11.)
Signé à droite : AUBRIET P. — Un paysage remplit le fond de l'aquarelle.
Vol. LXXXVII, n° 85.
— *Trachine vide*, du Levant. — Vél.
On lit au bas : AUBRIET.
Copie d'un dessin fait par AUBRIET *lors de son voyage avec Tournefort et qui est dans le cabinet de M. de Jussieu.*
Vol. LXXXIX, n° 66.
— *Scorpœna scrofa* (Lin.). — Vél.
On lit au bas : AUBRIET.
Copie d'un dessin fait par AUBRIET *lors de son voyage avec Tournefort et qui est dans le cabinet de M. de Jussieu.*
Vol. LXXXIX, n° 86.
— *Lophius marmoratus.* — Vél.
On lit au bas : AUBRIET.
Copie d'un dessin fait par AUBRIET *lors de son voyage avec Tournefort et qui est dans le cabinet de M. de Jussieu.*
Vol. XCI, n° 59.
— *Baudroie marbrée.* — Vél.
On lit au bas : AUBRIET.
Vol. XCI, n° 60.
— *Labrus turdus.* — Vél.
On lit au bas : *Copie d'un dessin fait par* AUBRIET *lors de son voyage avec Tournefort et qui est dans le cabinet de M. de Jussieu.*
Vol. XCII, n° 3.
— *Torpedo vulgaris maculata.* — Vél. — 2 fig.
On lit au bas : *Copie d'un dessin fait par* AUBRIET *pendant son voyage avec Tournefort.*
Vol. XCIV, n°ˢ 69 et 71.
— *Torpille tachetée.* — Pap. — 2 fig. — H. 0ᵐ,24. — L. 0ᵐ,22.
On lit au bas : *Dessiné par* AUBRIET *pendant son voyage avec Tournefort.*
Vol. XCIV, n°ˢ 70 et 72.
— *Lamproie de mer.* — Vél.
On lit à gauche : AUBRIET, mars 1712.
*Copie d'un dessin d'*AUBRIET *fait pendant son voyage avec Tournefort et qui est dans le cabinet de M. de Jussieu.*
Vol. XCIV, n° 96.

AUBRIET (Claude).

— *Petromyzon ruber* (Lac.); *ammocoste rouge; petromyzon gros-œil.* — Vél. — 7 fig.
On lit au bas : AUBRIET.
Vol. XCIV, n° 97.

— *Alcyonum durum presbiterorum pileolum prorsus effingens.* — Pap.
Signé à droite : AUBRIET PINXIT.
Vol. XCIX, n° 76.

BASSEPORTE (M^{ll} GABRIELLE-FRANÇOISE-MADELEINE), élève d'Aubriet.

— *Fucus parvus, atrofilens, unifolium, lubricus saxo forma capitis adhærens; fucus viridis, teres, exiguus, referens clavum; fucus spongiosus, viridis, erectus, ramosior, exilissimus; fucus virens, pumilus, ampullæ similis; fucus parvus, hederacens, folio fere quadrangulo, spongiosa radicula; fucus humilis botrioides, ruber, obsoletus.* — Vél. — 6 fig.
Signé à droite : M. BASSEPORTE PINXIT.
Vol. III, n° 204.

— *Arum muscivorum* (Lam.), des îles Baléares. — Vél.
Signé à droite : M. G. F. BASSEPORTE.
Vol. V, n° 4.

— *Dracontium polyphyllum* (Lin.), de Surinam. — Vél.
Signé à droite : MAG. BASSEPORTE.
Vol. V, n° 30.

— *Pothos grandifolia* (Jacq.); *arum amplis foliis cordiformibus, radice nodosâ rubrâ.* — Pap. — 2 fig.
Signé à droite : MADELEINE BASSEPORTE PINXIT.
Vol. V, n° 38.

— *Pothos fœtida* (Mich.); *dracontium fœtidum* (Lin.), de l'Amérique septentrionale. — Vél. — 2 fig.
Signé à droite : M. BASSEPORTE PINXIT.
Vol. V, n° 39.

— *Pothos fœtida, arum canadense foliis ad Betam accedentibus.* — Vél. — 2 fig.
Signé à droite : M. BASSEPORTE PINXIT.
Vol. V, n° 40.

BASSEPORTE (Mlle Françoise-Madeleine).

— *Rhapis acaulis* (Wild); *palma humilis, radiata, latifolia.* — Vél. — 2 fig.
Signé à gauche : PEINT PAR MAGDELEINE BASSEPORTE.
Vol. VI, n° 6.

— *Dracæna draco* (Lin.), des Canaries. — Vél. — 2 fig.
On lit à droite : PEINT PAR M. BASSEPORTE.
Vol. VI, n°s 7 et 8.

— *Dracæna triangularis* (Desf.). — Vél. — 2 fig.
Signé à gauche : MAG^{ne} BASSEPORTE PINX.
Vol. VI, n^{rs} 9 et 10.

— *Dianella nemorosa* (Lam.), des Indes. — Vél.
Signé à droite : M. G. F. BASSEPORTE.
Vol. VI, n° 12.

— *Rajania hastata* (Lin.), des Antilles. — Vél. — 2 fig.
Signé à droite : PEINT PAR M. BASSEPORTE.
Vol. VI, n°s 42 et 43.

— *Commelina hexandra* (Aublet), de Cayenne. — Vél.
Signé à droite : MAG. BASSEPORTE.
Vol. VI, n° 48.

— *Commelina zanonia* (Lin.), de l'Amérique septentrionale. — Vél.
Signé à droite : M. F. BASSEPORTE.
Vol. VI, n° 50.

— *Erythronium dens-canis* (Lin.), des Alpes. — Vél.
Signé à droite : MAGDELEINE BASSEPORTE.
Vol. VII, n° 34.

— *Aletris vel veltheimia viridiflora capensis* (Lin.). — Vél.
Signé à droite : MAG. BASSEPORTE.
Vol. VIII, n° 19.

— *Veltheimia abyssina.* — Vél.
Signé à droite : MAGDELEINE BASSEPORTE.
Vol. VIII, n° 25.

— *Aloe rubescens* (Dec.), de l'Inde. — Vél.
Signé à gauche : MAG^{ne} BASSEPORTE PINX.
Vol. VIII, n° 33.

BASSEPORTE (Mlle Françoise-Madeleine).
— *Aloe rubescens.* — Pap.
Signé à droite : MADELEINE BASSEPORTE PINXIT.
Vol. VIII, n° 34.

— *Aloe succotrina* (Lin.), du Cap. — Vél.
Signé à gauche : M. BASSEPORTE PINXIT.
Vol. VIII, n° 35.

— *Aloe aranoïdea* (Lin.), du Cap. — Vél.
Signé à droite : M. BASSEPORTE.
Vol. VIII, n° 66.

— *Phalangium vel anthericum elatum* (Hort. Kew), du Cap. — Vél.
Signé à droite : PEINT PAR M. BASSEPORTE.
Vol. IX, n° 4.

— *Phalangium vel anthericum albucoïdes*, du Cap. — Vél.
Signé à droite : M. G. F. BASSEPORTE.
Vol. IX, n° 5.

— *Albuca alba* (Lam.), du Cap de Bonne-Espérance. — Vél.
Signé à droite : MADELEINE BASSEPORTE.
Vol. IX, n° 38.

— *Eriospermum latifolium* (Jacq.); *ornithogalum capense* (Lin.), de l'Afrique. — Vél. — 2 fig.
Signé à droite : MAD. BASSEPORTE PINXIT.
Vol. IX, n° 52.

— *Ornithogalum viride* (Juss.). — Vél.
Signé à droite : M. G. F. BASSEPORTE.
Vol. IX, n° 59.

— *Cyrtanthus vittatus* (Desf.). — Vél.
Signé à droite : M. F. BASSEPORTE.
Vol. X, n° 3.

— *Cyrtanthus vittatus.* — Vél.
Signé à droite : MAGDELEINE BASSEPORTE, âgée de 77 ans.
Vol. X, n° 4.

— *Agave virginica* (Lin.). — Vél.
Signé à droite : MAGDELEINE BASSEPORTE PINXIT.
Vol. X, n° 17.

— *Alstroemeria pelegrina* (Lin.), du Pérou. — Vél.
Signé à droite : MAGDELEINE BASSEPORTE.
Vol. X, n° 20.

BASSEPORTE (Mlle Françoise-Madeleine).
— *Alstroemeria ligtu* (Lin.). — Vél.
Signé à droite : MAGDELEINE BASSEPORTE.
Vol. X, n° 22.

— *Amaryllis flore albo singulari.* — Pap.
Signé à droite : MADELENE BASSEPORTE PINX.
Vol. X, n° 34.

— *Amaryllis aurea* (Her.), de la Chine. — Vél. — 2 fig.
Signé à droite : MADELEINE BASSEPORTE.
Vol. X, n°s 48 et 49.

— *Narcissus bulbocodium* (Lin.), de France. — Vél.
Signé à droite : MAGDELEINE BASSEPORTE.
Vol. XI, n° 14.

— *Sisyrinchium palmifolium* (Lin.), des Antilles. — Vél.
Signé à droite : MAGDELEINE BASSEPORTE PINXIT.
Vol. XI, n° 36.

— *Moræa iridioides* (Lin.), d'Orient. — Vél.
Signé à droite : MADELEINE BASSEPORTE.
Vol. XII, n° 7.

— *Ixia miniata* (Jacq.), variété, du Cap de Bonne-Espérance. — Vél.
Signé à droite : MADELEINE BASSEPORTE.
Vol. XII, n° 26.

— *Ixia cepacea* (Red.), du Cap de Bonne-Espérance. — Vél.
Signé à droite : M. G. F. BASSEPORTE.
Vol. XII, n° 30.

— *Gladiolus tristis* (Lin.), du Cap de Bonne-Espérance. — Vél.
Signé à droite : MADELEINE BASSEPORTE.
Vol. XII, n° 49.

— *Gladiolus polystachyus* (Andr.). — Vél. — 2 fig.
Signé à droite : M. G. BASSEPORTE, âgée de 79.
Vol. XII, n°s 54 et 56.

— *Gladiolus polystachyus.* — Vél.
Signé à droite : MAGDELEINE BASSEPORTE.
Vol. XII, n° 55.

BASSEPORTE (Mlle Françoise-Madeleine).
— *Musa paradisiaca* (Lin.), de l'Inde.
— Vél. — 2 fig.
Signé à droite : MAGDELEINE BASSEPORTE PINXIT.
Vol. XIII, n°s 13 et 14.

— *Cannacorus glaucophyllos* (Lin.), de l'Amérique septentrionale. — Vél.
Signé à droite : M. BASSEPORTE PINXIT.
Vol. XIII, n° 30.

— *Curcuma longa* (Lin.), de l'Inde. — Vél.
Signé à droite : M. BASSEPORTE.
Vol. XIII, n° 41.

— *Kœmpferia Galanga* (Lin.), de l'Inde. — Vél.
Signé à droite : M. BASSEPORTE.
Vol. XIII, n° 43.

— *Satyrium nigrum; orchis palmata angustifolia alpina.* — Pap.
Signé à droite : MAGDELAINE BASSEPORTE PINXIT.
Vol. XIII, n° 72.

— *Limodorum altum* (Lin.). — Pap.
Signé à droite : MADELAINE BASSEPORTE PINXIT.
Vol. XIV, n° 22.

— *Aristolochia serpentaria* (Lin.), de la Virginie. — Pap. — H. 0^m,18. — L. 0^m,23.
Signé à droite : MAGDELAINE BASSEPORTE PINX.
Vol. XIV, n° 48.

— *Dirca palustris* (Lin.), de l'Amérique du Nord. — Vél.
Signé à gauche : MAG^{ne} BASSEPORTE PINX.
Vol. XIV, n° 55.

— *Laurus persea* (Lin.), de l'Amérique du Sud. — Vél.
Signé à droite : MAGDELEINE BASSEPORTE PINXIT.
Vol. XV, n° 31.

— *Laurus sassafras* (Lin.), de l'Amérique du Nord. — Vél.
On lit à droite : PEINT PAR M. BASPORTE.
Vol. XV, n° 39.

— *Coccoloba excoriata guajabara* (Lin.), des Antilles. — Vél.
Signé à gauche : M. BASSEPORTE.
Vol. XV, n° 44.

BASSEPORTE (Mlle Françoise-Madeleine).
— *Rheum palmatum* (Lin.), de la Chine. — Vél.
Signé à droite : M. G. F. BASSEPORTE.
Vol. XV, n° 65.

— *Phytolacca dodecandra* (Her.), de l'Abyssinie. — Vél.
Signé à droite : MAGDELEINE BASSEPORTE, ag. de 77 ans.
Vol. XV, n° 70.

— *Phytolacca dioïca* (Lin.), de l'Amérique méridionale. — Vél.
Signé à droite : PEINT PAR M. BASSEPORTE.
Vol. XV, n° 71.

— *Celosia paniculata* (Lin.), des Antilles. — Vél.
On lit à droite : PEINT PAR Mlle BASPORTE.
Vol. XVI, n° 36.

— *Boerhaavia scandens* (Lin.), des Antilles. — Vél.
Signé à droite : MAGDELEINE BASSEPORTE PINXIT.
Vol. XVI, n° 64.

— *Lisimachia racemosa, floridana, lutea, minor* (Lam.). — Pap.
Signé à gauche : MADELENE BASSEPORTE.
Vol. XVII, n° 8.

— *Androsace carnea* (Lin.), des Alpes. — Pap.
Signé à droite : MADELEINE BASSEPORTE PINXIT.
Vol. XVII, n° 11.

— *Polygana penœa* (Lin.), des Antilles. — Vél.
On lit à droite : PEINT PAR M. BASPORTE.
Vol. XVII, n° 53.

— *Sibthorpia africana* (Hort. Paris), du Cap de Bonne-Espérance. — Vél.
Signé à droite : MADELEINE BASSEPORTE.
Vol. XVII, n° 68.

— *Euphrasia foliis oblongis, obtuse serratis.* — Pap.
Signé à droite : MADELAINE BASSEPORTE PINXIT.
Vol. XVIII, n° 3.

— *Ruellia paniculata* (Lin.), des Antilles. — Pap.
Signé à gauche : MADELEINE BASSEPORTE PINXIT.
Vol. XVIII, n° 24.

BASSEPORTE (Mlle Françoise-Madeleine).
— *Olea fragrans* (Thunb.), du Japon. — Vél.
Signé à droite : M. G. BASSEPORTE, âgée de 80.
Vol. XVIII, n° 39.

— *Volkameria aculeata* (Lin.), des Antilles. — Pap.
Signé à gauche : MADELEINE BASSEPORTE PINXIT.
Vol. XVIII, n° 57.

— *Duranta plumieri* (Lin.), des Antilles. — Vél.
Signé à droite : MAGDELEINE BASSEPORTE PINXIT.
Vol. XIX, n° 9.

— *Lantana aculeata* (Lin.), des Antilles. — Pap.
Signé à droite : MAGDELAINE BASSEPORTE PINX.
Vol. XIX, n° 12.

— *Verbena aubletia americana*. — Vél.
Signé à droite : MADELEINE BASSEPORTE PINXIT.
Vol. XIX, n° 24.

— *Salvia azurea acuminata* (Lam.), de la Caroline. — Pap.
Signé à gauche : MADELEINE BASSEPORTE PINXIT.
Vol. XIX, n° 47.

— *Salvia nilotica* (Vahl.). — Vél.
Signé à droite : M. G. F. BASSEPORTE.
Vol. XIX, n° 48.

— *Salvia foliis cordatis serratis, flore parvo violaceo*. — Pap.
Signé à droite : MADELEINE BASSEPORTE PINXIT.
Vol. XIX, n° 49.

— *Salvia frutescens coccinea* (Lin.). — Vél.
Signé à droite : MAG. BASSEPORTE.
Vol. XIX, n° 54.

— *Teucrium massiliense* (Lin.). — Vél.
Signé à droite : M. BASSEPORTE.
Vol. XX, n° 9.

— *Teucrium canadense* (Lin.). — Vél.
Signé à gauche : MAG^ne BASSEPORTE PINX.
Vol. XX, n° 10.

BASSEPORTE (Mlle Françoise-Madeleine).
— *Satureia condea* (Hort. Paris). — Pap.
Signé à droite : MADELEINE BASSEPORTE PINXIT.
Vol. XX, n° 17.

— *Sideritis rosea orientalis scordioides* (Desf.). — Vél.
Signé à droite : MAD. BASSEPORTE PINXIT.
Vol. XX, n° 39.

— *Leonurus sibiricus* (Lin). — Vél.
On lit à droite : PEINT PAR M. BASPORTE.
Vol. XXI, n° 5.

— *Phlomis tuberosa* (Lin.), variété. — Vél.
Signé à droite : MAGDELEINE BASSEPORTE PINXIT.
Vol. XXI, n° 17.

— *Clinopodium incanum* (Lin.), de l'Amérique septentrionale. — Pap.
Signé à gauche : MAGDELEINE BASSEPORTE PINXIT.
Vol. XXI, n° 21.

— *Plectranthus punctatus* (Her.), de l'Abyssinie. — Vél.
Signé à droite : MAGDELEINE BASSEPORTE.
Vol. XXI, n° 50.

— *Ocymum grandiflorum* (Her.), d'Arabie. — Vél.
Signé à droite : MAGDELEINE BASSEPORTE.
Vol. XXI, n° 52.

— *Ocymum sanctum* (Lin.). — Pap.
Signé à droite : MADEL^e BASSEPORTE PINXIT.
Vol. XXI, n° 53.

— *Calceolaria pinnata foliis scabiosæ vulgaris*, du Pérou. — Vél.
Signé à droite : MADELEINE BASSEPORTE.
Vol. XXII, n° 41.

— *Mimulus ringens* (Lin.), du Canada. — Pap.
Signé à gauche : MADELEINE BASSEPORTE.
Vol. XXII, n° 47.

— *Browallia demissa* (Lin.), de l'Amérique du Sud. — Pap.
Signé à droite : MADEL^e BASSEPORTE PINXIT.
Vol. XXII, n° 51.

BASSEPORTE (Mlle Françoise-Madeleine).
— *Hyosciamus physalodes* (Lin.), de Sibérie. — Vél.
Signé à droite : M. G. BASSEPORTE, âgée de 79.
Vol. XXII, n° 79.

— *Solanum verbascifolium* (Lin.), de l'Amérique du Sud. — Pap.
Signé à droite : MADELEINE BASSEPORTE PINXIT.
Vol. XXIII, n° 62.

— *Solanum scabrum vel variegatum* (Lam.). — Vél.
Signé à droite : MADELEINE BASSEPORTE.
Vol. XXIV, n° 1.

— *Solanum marginatum* (Lin.), d'Abyssinie. — Vél.
Signé à droite : MAGDELEINE BASSEPORTE.
Vol. XXIV, n° 20.

— *Cestrum laurifolium* (Her.), de l'Amérique du Sud. — Vél.
Signé à droite : MAG. BASSEPORTE.
Vol. XXIV, n° 47.

— *Cestrum vespertinum* (Lin.), de l'Amérique du Sud. — Vél.
Signé à droite : MADEL^e BASSEPORTE PINXIT.
Vol. XXIV, n° 49.

— *Bontia daphnoïdes* (Lin.), des Antilles. — Vél.
Signé à droite : PEINT PAR M. BASSEPORTE.
Vol. XXIV, n° 55.

— *Cordia mixa domestica* (Lin.), d'Égypte. — Pap.
Signé à droite : MADELAINE BASSEPORTE PINXIT.
Vol. XXIV, n° 62.

— *Ehretia beurreria* (Lin.), de l'Amérique méridionale. — Vél.
Signé à droite : PEINT PAR M. BASSEPORTE.
Vol. XXV, n° 3.

— *Varronia martinicensis arborescens* (Lin.), de l'Amérique centrale. — Pap.
Signé à droite : MADELEINE BASSEPORTE PINXIT.
Vol. XXV, n° 6.

BASSEPORTE (Mlle Françoise-Madeleine).
— *Pittonia*. — Pap.
Signé à droite : MADELAINE BASSEPORTE PINXIT.
Vol. XXV, n° 7.

— *Cerinthe foliis latis hirpidis*. — Pap.
Signé à droite : MADELEINE BASSEPORTE PINXIT.
Vol. XXV, n° 53.

— *Cynoglossum angusto et glauco folio*. — Vél.
Signé à gauche : MAG^ne BASSEPORTE PINX.
Vol. XXV, n° 62.

— *Convolvulus batatas* (Lin.), de l'Amérique méridionale. — Vél.
Signé à droite : MAGDELEINE BASSEPORTE PINXIT.
Vol. XXVI, n° 22.

— *Polemonium reptans* (Lin.), de l'Amérique septentrionale. — Vél.
Signé à droite : MADELEINE BASSEPORTE.
Vol. XXVI, n° 55.

— *Polemonium rubrum* (Lin.), de la Caroline. — Pap.
Signé à gauche : MADELEINE BASSEPORTE PINXIT.
Vol. XXVI, n° 57.

— *Chelone pentstemon* (Lin.), de la Virginie. — Vél.
Signé à droite : MAGDELEINE BASSEPORTE PINXIT.
Vol. XXVII, n° 2.

— *Bignonia catalpa* (Lin.), de la Caroline. — Pap.
Signé à droite : MADELAINE BASSEPORTE PINXIT.
Vol. XXVII, n° 9.

— *Spigelia anthelmia quadrifolia* (Lin.), du Brésil. — Pap.
Signé à droite : MAGDELAINE BASSEPORTE PINXIT.
Vol. XXVII, n° 35.

— *Cynanchum suberosum* (Lin.), de l'Amérique méridionale. — Vél.
Signé à droite : MAGDELEINE BASSEPORTE PINXIT.
Vol. XXVIII, n° 6.

BASSEPORTE (Mlle Françoise-Madeleine).
— *Asclepias hirsuta scammonii folio.* — Pap.
Signé à droite : MADELEINE BASSEPORTE PINXIT.
Vol. XXVIII, n° 7.

— *Rauwolfia nitida* (Lin.), de l'Amérique méridionale. — Vél.
Signé à droite : MAGDELEINE BASSEPORTE PINXIT.
Vol. XXVIII, n° 26.

— *Rauwolfia canescens tetraphylla* (Lin.), de l'Amérique méridionale. — Pap.
Signé à droite : MADELEINE BASSEPORTE.
Vol. XXVIII, n° 27.

— *Cerbera ahouai* (Lin.), des Antilles. — Pap.
Signé à droite : MADELAINE BASSEPORTE PINXIT.
Vol. XXVIII, n° 29.

— *Sideroxylon melanophlœum* (Lin.), de l'Inde. — Vél.
On lit à droite : PEINT PAR M. BASSEPORTE.
Vol. XXVIII, n° 34.

— *Sideroxylon atrovirens* (Lam.), de l'Amérique du Sud. — Vél.
Signé à droite : MAGDELEINE BASSEPORTE PINXIT.
Vol. XXVIII, n° 35.

— *Sideroxylon lycioïdes* (Lin.), de l'Amérique du Nord. — Vél.
On lit à droite : PEINT PAR M. BASSEPORTE.
Vol. XXVIII, n° 36.

— *Sideroxylon spinosum* (Lin.), de l'Afrique septentrionale. — Vél.
Signé à droite : MAG. BASSEPORTE.
Vol. XXVIII, n° 37.

— *Leea crispa* (Lin.), d'Asie. — Vél.
Signé à droite : MAG. BASSEPORTE.
Vol. XXVIII, n° 40.

— *Royena lucida* (Lin.), du Cap de Bonne-Espérance. — Vél.
Signé à droite : MAGDELEINE BASSEPORTE PINXIT.
Vol. XXVIII n° 41.

BASSEPORTE (Mlle Françoise-Madeleine).
— *Kalmia glauca* (Hort. Kew), du Canada. — Vél.
Signé à droite : MADELEINE BASSEPORTE PINXIT.
Vol. XXVIII, n° 47.

— *Rhododendron maximum* (Lin.), de l'Amérique du Nord. — Vél.
Signé à droite : M. G. BASSEPORTE, âgée de 80.
Vol. XXVIII, n° 50.

— *Azalea nudiflora* (Lin.), de l'Amérique du Nord. — Vél.
Signé à gauche : M. J. BASSEPORTE, âgée de 79.
Vol. XXVIII, n° 54.

— *Ledum palustre* (Lin.), des Alpes. — Vél.
Signé à droite : M. G. BASSEPORTE, âgée de 79.
Vol. XXVIII, n° 58.

— *Menziezia poliifolia* (Lin.), vel *andromeda dabœcia* (Juss.), de la France méridionale. — Vél.
Signé à droite : MAGDELEINE BASSEPORTE.
Vol. XXIX, n° 1.

— *Andromeda paniculata* (Lin.), de l'Amérique septentrionale. — Vél.
Signé à droite : MAG. BASSEPORTE.
Vol. XXIX, n° 30.

— *Andromeda caliculata* (Lin.), de l'Amérique septentrionale. — Vél.
Signé à droite : MAG. BASSEPORTE.
Vol. XXIX, n° 31.

— *Campanula grandiflora* (Lin.), de la Tartarie. — Vél.
Signé à droite : M. F. BASSEPORTE.
Vol. XXX, n° 1.

— *Campanula rhomboïdea* (Lin.), des Alpes. — Vél.
Signé à droite : M. BASSEPORTE.
Vol. XXX, n° 2.

— *Lobelia longiflora* (Lin.), des Antilles. — Vél.
Signé à droite : MAG. BASSEPORTE.
Vol. XXX, n° 42.

— *Lactuca spinosa* (Lin.), de la Barbarie. — Vél.
Signé à droite : M. BASSEPORTE.
Vol. XXX, n° 59.

BASSEPORTE (Mlle Françoise-Madeleine).
— *Hieracium grandiflorum* (Wald.), des Alpes. — Vél.
Signé à droite : MAGDELEINE BASSEPORTE, âg. de 77 ans.
Vol. XXXI, n° 9.
— *Cirsium horridum* (Mich.), de la Caroline. — Vél.
On lit à droite : PEINT PAR M. BASSEPORTE.
Vol. XXXII, n° 9.
Serratula squarrosa (Lin.), de l'Amérique du Nord. — Vél.
Signé à droite : PEINT PAR M. BASSEPORTE.
Vol. XXXIII, n° 3.
— *Sphæranthus indicus* (Lin.). — Pap.
Signé à droite : MAGDELAINE BASSEPORTE PINXIT.
Vol. XXXIII, n° 45.
— *Grangea latifolia* (Hort. Paris).— Vél.
Signé à droite : M. G. F. BASSEPORTE.
Vol. XXXIII, n° 67.
— *Conyza dioscoridis* (Hort. Paris), de Syrie. — Vél.
Signé à droite : MAGDELAINE BASSEPORTE PINXIT.
Vol. XXXIII, n° 93.
— *Conyza odorata* (Lin.), des Antilles. — Vél.
Signé à droite : MAGDELEINE BASSEPORTE PINXIT.
Vol. XXXIII, n° 94.
— *Conyza chinensis* (Lin.). — Vél.
Signé à droite : MAGDELEINE BASSEPORTE PINXIT.
Vol. XXXIII, n° 96.
— *Conyza fœtida* (Lam.), de la Caroline. — Vél.
Signé à droite : MAG. BASSEPORTE.
Vol. XXXIII, n° 99.
— *Conyza africana*, foliis dentatis glutinosis. — Vél.
Signé à droite : MAG. BASSEPORTE.
Vol. XXXIII, n° 102.
— *Cacalia porophyllum* (Lin.), de l'Amérique du Sud. — Pap.
Signé à droite : MADELAINE BASSEPORTE PINXIT.
Vol. XXXIV, n° 9.

BASSEPORTE (Mlle Françoise-Madeleine).
— *Cacalia atriplicifolia* (Lin.), de l'Amérique du Nord. — Vél.
On lit à droite : PEINT PAR M. BASSEPORTE.
Vol. XXXIV, n° 13.
— *Chrysocoma anthelmintica* (Hort. Paris), de l'Inde. — Vél.
Signé à droite : MAG. BASSEPORTE.
Vol. XXXIV, n° 16.
— *Chrysocoma præalta* (Hort. Paris), de l'Amérique septentrionale. — Pap.
Signé à droite : MADELEINE BASSEPORTE PINXIT.
Vol. XXXIV, n° 18.
— *Eupatorium frutescens foliis lanceolatis*. — Pap.
Signé à droite : MADELAINE BASSEPORTE PINXIT.
Vol. XXXIV, n° 26.
— *Erigeron philadelphicum* (Lin.), de l'Amérique septentrionale. — Vél.
Signé à droite : M. G. F. BASSEPORTE.
Vol. XXXV, n° 28.
— *Parthenium integrifolium* (Lin.), de l'Amérique septentrionale. — Vél.
Signé à droite : PEINT PAR M. BASSEPORTE.
Vol. XXXVI, n° 14.
— *Buphthalmum abyssinicum* (Hort. Paris). — Vél.
Signé à droite : M. G. F. BASSEPORTE.
Vol. XXXVI, n° 22.
— *Silphium laciniatum* (Lin.), de l'Amérique septentrionale. — Vél. — 2 fig.
Signé à gauche : MAG^{ne} BASSEPORTE PINX.
Vol. XXXVI, n°s 51 et 52.
— *Coreopsis tripteris* (Lin.), de la Virginie. — Vél.
Signé à droite : M. BASSEPORTE PINXIT.
Vol. XXXVI, n° 56.
— *Rudbeckia purpurea* (Lin.), de l'Amérique septentrionale. — Vél.
Signé à droite : M. F. BASSEPORTE.
Vol. XXXVI, n° 67.
— *Helianthus mollis* (Lam.), de l'Amérique septentrionale. — Vél.
Signé à droite : MAGDELEINE BASSEPORTE PINXIT.
Vol. XXXVI, n° 73.

BASSEPORTE (Mlle Françoise-Madeleine).
— *Tithonia tagetiflora* (Desf.), du Mexique. — Vél.
Signé à droite : M. G. BASSEPORTE, âgée de 79.
Vol. XXXVI, n° 82.
— *Spilanthus oleracea fusca* (Hort. Paris), de l'Amérique méridionale. — Vél.
Signé à droite : M. F. BASSEPORTE.
Vol. XXXVI, n° 95.
— *Valeriana sibirica* (Lin.). — Vél.
On lit à droite : PEINT PAR M. BASPORTE.
Vol. XXXVII, n° 53.
— *Rubia tinctorum; rubia sativa* (Lin.), de France. — Vél. — 2 fig.
Signé à droite : M. BASSEPORTE PINXIT.
Vol. XXXVII, n° 66.
— *Oldenlandia uniflora* (Lin.), de la Virginie. — Pap. — H. 0^m,28. — L. 0=,37.
Signé à droite : MAGDELAINE BASSEPORTE PINXIT.
Vol. XXXVII, n° 75.
— *Randia subrotunda aculeata* (Lin.), des Antilles. — Pap.
Signé à droite : MADELEINE BASSEPORTE PINXIT.
Vol. XXXVII, n° 78.
— *Randia mitis* (Lin.), de l'Amérique méridionale. — Vél.
Signé à gauche : MAG^ce BASSEPORTE PINX.
Vol. XXXVII, n° 79.
— *Gardenia florida* (Lin.), du Cap de Bonne-Espérance. — Vél.
Signé à droite : MADELEINE BASSEPORTE.
Vol. XXXVII, n° 87.
— *Morinda royoc humifusum* (Lin.), de l'Amérique méridionale. — Pap.
Signé à droite : MADELENE BASSEPORTE PINXIT.
Vol. XXXVIII, n° 9.
— *Linnæa borealis* (Lin.), des Alpes. — Vél.
Signé à droite : M. G. F. BASSEPORTE.
Vol. XXXVIII, n° 14.
— *Cornus florida* (Lin.), de l'Amérique septentrionale. — Vél.
Signé à gauche : MAG^ce BASSEPORTE PINX.
Vol. XXXVIII, n° 41.

BASSEPORTE (Mlle Françoise-Madeleine).
— *Cornus canadensis* (Lin.). — Vél.
Signé à gauche : MAG^ce BASSEPORTE PINX.
Vol. XXXVIII, n° 43.
— *Panax quinquefolium* (Lin.), de l'Amérique septentrionale. — Vél.
Signé à droite : M. BASSEPORTE PINXIT.
Vol. XXXVIII, n° 54.
— *Cicuta bulbifera capillaribus foliis* (Lin.). — Pap.
Signé à droite : MADELENE BASSEPORTE.
Vol. XXXVIII, n° 84.
— *Peucedanum italicum* (Miller). — Vél.
Signé à droite : M. BASSEPORTE PINXIT.
Vol. XXXIX, n° 6.
— *Eryngium aquaticum* (Lin.), de l'Amérique septentrionale. — Vél.
Signé à droite : PEINT PAR MAGDELAINE BASSEPORTE.
Vol. XXXIX, n° 35.
— *Hydrastis canadensis* (Lin.). — Vél.
On lit à gauche : BASSEPORTE.
Vol XXXIX, n° 73.
— *Adonis capensis coriacea* (Lin.). — Vél.
Signé à droite : MAG. BASSEPORTE.
Vol. XL, n° 15.
— *Ranunculus pensylvanicus hirsutus* (Lin.). — Pap.
— Signé à droite : MADELAINE BASSEPORTE PINX.
Vol. XL, n° 24.
— *Helleborus trifolius* (Lin.), du Canada. — Vél.
Signé à gauche : MAG^ce BASSEPORTE PINX.
Vol. XL, n° 64.
— *Pæonia tenuifolia* (Lin.), de Sibérie. — Vél.
Signé à gauche : MAG^ce BASSEPORTE PINX.
Vol. XLI, n° 25.
— *Actæa spicata* (Lin.), des Alpes. — Pap.
Signé à droite : MADELEINE BASSEPORTE PINXIT.
Vol. XLI, n° 31.
— *Boccomia frutescens* (Lin.), des Antilles. — Pap.
Signé à droite : MAGDELAINE BASSEPORTE PINX.
Vol. XLI, n° 63.

BASSEPORTE (M¹¹ᵉ Françoise-Madeleine).
— *Cheiranthus cheiri monstruosa.*— Vél.
Signé à gauche : Mᴬᴳᵐᵉ Basseporte pinxit.
Vol. XLII, n° 11.
— *Ricotia Ægyptiaca* (Lin.). — Vél.
Signé à droite : M. Basseporte.
Vol. XLII, n° 40.
— *Ricotia Ægyptiaca* (Lin.), variété. — Pap.
Signé à droite : Madelaine Basseporte pinxit.
Vol. XLII, n° 41.
— *Peltaria alliacea* (Lin.), d'Autriche. — Vél.
Signé à droite : Mag. Basseporte.
Vol. XLII, n° 51.
— *Thlaspi saxatile* (Lin.), des Alpes. — Vél.
Signé à droite : Basseporte.
Vol. XLII, n° 73.
— *Cleome gigantea foliis digitatis* (Lin.), de la Guinée. — Vél.
Signé à droite : Mag. Basseporte.
Vol. XLIII, n° 1.
— *Paullinia pinnata* (Lin.), des Antilles. — Vél.
Signé à gauche : Mᴬᴳⁿᵉ Basseporte pinx.
Vol. XLIII, n° 27.
— *Malpighia aquifolia* (Lin.), des Antilles. — Vél.
Signé à droite : Basseporte.
Vol. XLIII, n° 57.
— *Hypericum lanceolatum* (Lin.), d'Égypte. — Pap.
Signé à droite : Madelᵉ Basseporte pinxit.
Vol. XLIII, n° 61.
— *Thea bohea* (Lin.), de la Chine. — Vél.
Signé à droite : M. G. F. Basseporte.
Vol. XLIII, n° 91.
— *Vitis arborea* (Lin.), de la Virginie. — Vél.
Signé à droite : M. Basseporte pinxit.
Vol. XLIV, n° 11.
— *Cissus acida* (Lin.), des Antilles. — Vél.
Signé à droite : Madelᵉ Basseporte pinxit.
Vol. XLIV, n° 8.

BASSEPORTE (M¹¹ᵉ Françoise-Madeleine).
— *Pelargonium therebinthinaceum* (Cav.), du Cap de Bonne-Espérance. — Vél.
Signé à droite : M. G. F. Basseporte.
Vol. XLIV, n° 63.
— *Pelargonium radula* (Her.), du Cap de Bonne-Espérance. — Vél.
Signé à droite : M. G. Basseporte, âgée de 79.
Vol. XLIV, n° 67.
— *Tropæolum peregrinum* (Lin.). — Vél.
Signé à droite : Madeleine Basseporte.
Vol. XLV, n° 14.
— *Oxalis cernua* (Jacq.), du Cap de Bonne-Espérance. — Vél.
Signé à droite : Madeleine Basseporte.
Vol. XLV, n° 25.
— *Alcea rosea sinensis* (Hort. Paris), variété. — Vél.
Signé à droite : M. F. Basseporte.
Vol. XLV, n° 59.
— *Malachra triloba* (Hort. Paris), de l'Amérique méridionale. — Pap.
Signé à droite : Magdelaine Basseporte pinxit.
Vol. XLV, n° 63.
— *Sida reflexa* (Cav.), du Pérou. — Vél.
Signé à droite : Magdeleine Basseporte.
Vol. XLV, n° 75.
— *Pentapetes phœnicea* (Lin.), des Indes. — Vél.
Signé à droite : Peint par M¹¹ᵉ Basseporte.
Vol. XLVI, n° 19.
— *Hermannia foliis angulatis.* — Vél.
On lit à droite : Peint par M. Basporte.
Vol. XLVI, n° 24.
— *Guazuma ulmifolia* (Hort. Paris). — Pap.
Signé à droite : Magdelaine Basseporte pinxit.
Vol. XLVI, n° 26.
— *Sterculia platanifolia* (Lin.), de la Chine. — Vél.
Signé à droite : Magdelaine Basseporte, âg. de 77 ans.
Vol. XLVI, n° 33.
— *Illicium floridanum* (Lin.). — Vél.
Signé à droite : M. G. F. Basseporte.
Vol. XLVI, n° 38.

Basseporte (Mlle Françoise-Madeleine).
— *Liriodendron tulipifera* (Lin.), de la Virginie. — Vél.
Signé à droite : Peint par M. Basseporte.
Vol. XLVI, n° 53.
— *Tribulus cistoïdes* (Lin.), de l'Amérique méridionale. — Pap.
Signé à droite : Magdelaine Basseporte pinxit.
Vol. XLVII, n° 30.
— *Tribulus maximus terrestris* (Lin.), des Antilles. — Pap.
Signé à droite : Madelaine Basseporte pinxit.
Vol. XLVII, n° 31.
— *Zygophyllum desertorum* (Forsk.), variété. — Pap.
Signé à droite : Madel.^e Basseporte pinxit.
Vol. XLVII, n° 36.
— *Zygophyllum album* (Lin.), de la Barbarie. — Pap.
Signé à droite : Madel.^e Basseporte pinxit.
Vol. XLVII, n° 37.
— *Cerastium aquaticum* (Lin.), de France. — Vél.
Signé à droite : M. Basseporte pinxit.
Vol. XLVII, n° 75.
— *Lychnis grandiflora* (Jacq.), du Japon. — Vél.
Signé à droite : M. G. F. Basseporte.
Vol. XLVIII, n° 43.
— *Crassula perfossa* (Lam.), du Cap de Bonne-Espérance. — Vél.
Signé à droite : Mag. Basseporte.
Vol. XLVIII, n° 69.
— *Crassula tetragona* (Lin.), du cap de Bonne-Espérance. — Vél.
Signé à gauche : Mag^{de} Basseporte pinx.
Vol. XLVIII, n° 70.
— *Cotyledon hemisphærica* (Lin.), du Cap de Bonne-Espérance. — Vél.
Signé à droite : Magdeleine Basseporte pinxit.
Vol. XLVIII, n° 81.
— *Cotyledon hispanica* (Lin.). — Vél.
Signé à droite : Magdeleine Basseporte pinxit.
Vol. XLVIII, n° 83.

Basseporte (Mlle Françoise-Madeleine).
— *Cotyledon portulacea* (Lam.), du Cap de Bonne-Espérance. — Vél.
Signé à droite : M. G. F. Basseporte.
Vol. XLVIII, n° 85.
— *Kabankoe ægyptiaca* (Dec.). — Vél.
Signé à droite : Madeleine Basseporte.
Vol. XLVIII, n° 94.
— *Sedum aizoon* (Lin.), de la Sibérie. — Vél.
Signé à droite : Magdeleine Basseporte pinxit.
Vol. XLIX, n° 11.
— *Sedum sempervivum canariense* (Lin.). — Vél. — 2 fig.
Signé à droite : Magdeleine Basseporte pinxit.
Vol. XLIX, n°s 19 et 20.
— *Penthorum sedoïdes* (Lin.), de l'Amérique septentrionale. — Vél.
Signé à droite : Madeleine Basseporte pinxit.
Vol. XLIX, n° 24.
— *Saxifraga crassifolia* (Lin.), de Sibérie. — Vél.
Signé à droite : Mag. Basseporte.
Vol. XLIX, n° 33.
— *Saxifraga pensylvanica* (Lin.). — Vél.
Signé à droite : Mag. Basseporte.
Vol. XLIX, n° 34.
— *Cactus parasiticus* (Lin.), des Antilles. — Vél.
Signé à droite : Mag. Basseporte.
Vol. XLIX, n° 72.
— *Talinum patens* (Wild.), de l'Amérique du Sud. — Pap.
Signé à droite : Magdelaine Basseporte pinxit.
Vol. L, n° 5.
— *Portulacaria afra* (Jacq.), du cap de Bonne-Espérance. — Vél.
Signé à droite : Magdeleine Basseporte pinxit.
Vol. L, n° 21.
— *Sesuvium portulacastrum* (Lin.), des Antilles. — Vél.
Signé à droite : Magdeleine Basseporte pinxit.
Vol. L, n° 24.

12.

Basseporte (M¹¹ᵉ Françoise-Madeleine).
— *Mesembryanthemum crystallinum* (Lin.), de l'île Madère. — Vél.
Signé à droite : M. Basseporte pinxit.
Vol. L, n° 29.

— *Mesembryanthemum umbellatum*, du Cap de Bonne-Espérance. — Pap.
Signé à droite : Madel.ᵉ Basseporte pinxit.
Vol. L, n° 42.

— *Mesembryanthemum hispidum* (Lin.), du Cap de Bonne-Espérance. — Vél.
Signé à droite : M. Basseporte pinxit.
Vol. L, n° 59.

— *Mesembryanthemum barbatum* (Lin.), d'Afrique. — Vél.
Signé à droite : M. Basseporte pinxit.
Vol. L, n° 60.

— *Mesembryanthemum glaucum* (Lin.), du Cap de Bonne-Espérance. — Vél.
Signé à droite : M. Basseporte pinxit.
Vol. L, n° 67.

— *Mesembryanthemum bellidiflorum* (Lin.), du Cap de Bonne-Espérance. — Vél.
Signé à droite : M. Basseporte pinxit.
Vol. L, n° 76.

— *Ludwigia capsulis oblongis uncialibus alternifolia* (Lin.). — Vél.
Signé à droite : Magdeleine Basseporte pinxit.
Vol. LI, n° 7.

— *Œnothera fruticosa tetragono fructu* (Lin.). — Vél.
Signé à droite : Mᵍᵉ Basseporte.
Vol. LI, n° 22.

— *Rhexia mariana* (Lin.), du Maryland. — Vél.
Signé à droite : Mag. Basseporte.
Vol. LI, n° 84.

— *Cuphea viscovissima* (Jacq.), du Brésil. — Vél.
Signé à droite : Mag. Basseporte.
Vol. LI, n° 91.

— *Ammania latifolia* (Lin.), des Antilles. — Vél.
Signé à droite : Magdelaine Basseporte pinxit.
Vol. LI, n° 93.

Basseporte (M¹¹ᵉ Françoise-Madeleine).
— *Rosa diversifolia*. — Vél.
On lit à droite : Par Madeleine Basseporte.
Vol. LII, n° 50.

— *Fragaria vesca* (Lin.) ; fraisier commun de France. — Vél.
Signé à droite : Mag. Basseporte.
Vol. LIII, n° 10.

— *Fragaria vesca multiplex* (Lin.), de France. — Vél.
Signé à droite : Mag. Basseporte.
Vol. LIII, n° 11.

— *Fragaria vesca crispa* (Hort. Paris), de France. — Vél.
Signé à droite : Mag. Basseporte.
Vol. LIII, n° 12.

— *Fragaria moschata* (Duchesne). — Vél.
Signé à droite : Mag. Basseporte.
Vol. LIII, n° 13.

— *Fragaria viridis* (Duchesne). — Vél.
Signé à droite : Mag. Basseporte.
Vol. LIII, n° 14.

— *Fragaria ananassa* (Duchesne). — Vél.
Signé à droite : Mag. Basseporte.
Vol. LIII, n° 15.

— *Le fraisier de batte des Anglois*. — Vél.
Signé à droite : Mag. Basseporte.
Vol. LIII, n° 16.

— *Branche de fruit du fraisier de batte des Anglois*. — Vél.
Signé à droite : Mag. Basseporte.
Vol. LIII, n° 17.

— *Prunus caroliniana* (Wild.), de l'Amérique septentrionale. — Vél.
Signé à droite : Mag. Basseporte.
Vol. LIII, n° 43.

— *Calycanthus floridus* (Lin.), de la Virginie. — Vél.
Signé à droite : Madeleine Basseporte.
Vol. LIII, n° 60.

— *Acacia leucocephala* (Lam.), de l'Amérique du Sud. — Vél.
Signé à droite : Magdeleine Basseporte pinxit.
Vol. LIV, n° 12.

Basseporte (Mlle Françoise-Madeleine).
— *Acacia lebbeck* (Wild.), de l'Inde. — Vél.
On lit à droite : Peint par M. Basseporte.
Vol. LIV, n° 14.

— *Sophora japonica* (Lin.). — Vél.
Signé à droite : M. G. Basseporte, âgée de 79.
Vol. LIV, n° 89.

— *Psoralea caule herbaceo*, de la Nouvelle Biscaye. — Vél.
Signé à droite : Magdeleine Basseporte pinxit.
Vol. LV, n° 61.

— *Dalea purpurea* (Vent.), de l'Amérique septentrionale. — Pap.
Signé à droite : Madeleine Basseporte pinxit.
Vol. LVI, n° 31.

— *Psoralea bicolor* (Desf.), de la Virginie. — Vél.
Signé à droite : Magdeleine Basseporte pinxit.
Vol. LVI, n° 36.

— *Lotus tetraphyllus* (Lin. fil.), de Mahon. — Vél.
On lit à droite : Par Madeleine Basseporte.
Vol. LVII, n° 5.

— *Erythrina herbacea* (Lin.), de la Caroline. — Pap.
Signé à droite : Madel.e Basseporte pinxit.
Vol. LVII, n° 25.

— *Robinia frutescens* (Lin.), de la Sibérie. — Vél.
On lit à droite : Peint par M. Basseporte.
Vol. LVII, n° 50.

— *Robinia hispida floribus roseis* (Lin.). — Vél.
Signé à droite : Mag. Basseporte.
Vol. LVII, n° 51.

— *Lessertia herbacea* (Dec.), de la Sibérie. — Vél.
Signé à droite : Basseporte.
Vol. LVII, n° 57.

Basseporte (Mlle Françoise-Madeleine).
— *Astragalus fruticosus* (Dec.), de la Sibérie. — Vél.
Signé à droite : Magdeleine Basseporte pinxit.
Vol. LVIII, n° 8.

— *Galega purpurea* (Lin.), du Cap de Bonne-Espérance. — Pap.
Signé à droite : Madel.e Basseporte pinxit.
Vol. LVIII, n° 28.

— *Hedysarum triphyllum canadense*. — Vél.
Signé à droite : M. Basseporte pinxit.
Vol. LVIII, n° 82.

— *Picramnia pendantra* (Swartz), des Antilles. — Vél.
On lit à droite : Peint par M. Basseporte.
Vol. LIX, n° 25.

— *Zanthoxyllum fraxinifolium* (Marschal), de l'Amérique du Nord. — Vél.
On lit à droite : Peint par M. Basseporte.
Vol. LIX, n° 28.

— *Ptelea trifoliata* (Lin.), de l'Amérique du Nord. — Vél.
Signé à gauche : Magne Basseporte pinx.
Vol. LIX, n° 30.

— *Cassine maurocenia* (Lin.), du Cap de Bonne-Espérance. — Pap.
Signé à droite : Madelaine Basseporte pinxit.
Vol. LIX, n° 51.

— *Ilex cassine* (Lin.), de la Caroline. — Vél.
Signé à droite : Madel.e Basseporte pinxit.
Vol. LIX, n° 58.

— *Ilex prinoïdes* (Hort. Kew), de la Caroline. — Vél.
Signé à droite : Magdeleine Basseporte pinxit.
Vol. LIX, n° 59.

— *Prinox verticillatus* (Lin.), de l'Amérique septentrionale. — Pap.
Signé à droite : Madel.e Basseporte pinxit.
Vol. LIX, n° 61.

182 INVENTAIRE DES RICHESSES D'ART DE LA FRANCE.

BASSEPORTE (M¹¹ᵉ Françoise-Madeleine).
— *Ceanotus americanus* (Lin.), de l'Amérique septentrionale. — Pap.
Signé à droite : Magdelaine Basseporte pinxit.
Vol. LIX, n° 79.

— *Mercurialis annua* (Lin.), de France. — Vél.
Signé à droite : M. Basseporte pinxit.
Vol. LX, n° 3.

— *Euphorbia serrata* (Lin.), de France. — Pap.
Signé à droite : Madelᵉ Basseporte pinxit.
Vol. LX, n° 9.

— *Phyllanthus grandifolia* (Lin.), de l'Amérique méridionale. — Vél.
Signé à droite : Mag. Basseporte.
Vol. LX, n° 34.

— *Jatropha coccinea* (Vent.), variété. — Vél.
On lit à droite : Peint par M. Basseporte.
Vol. LX, n° 48.

— *Hura crepitans* (Lin.), de l'Amérique méridionale. — Vél.
Signé à gauche : Magᵈᵉ Basseporte pinx.
Vol. LX, n° 58.

— *Bryonia abyssinica* (Lam.). — Vél.
Signé à droite : M. G. F. Basseporte.
Vol. LXI, n° 3.

— *Melothria pendula* (Lin.), de l'Amérique septentrionale. — Pap.
Signé à droite : Madeleine Basseporte.
Vol. LXI, n° 8.

— *Passiflora holosericea* (Lin.), du Mexique. — Vél.
Signé à droite : Madeleine Basseporte.
Vol. LXI, n° 84.

— *Forskalea tenacissima* (Lin.), de la Barbarie. — Vél.
On lit à droite : Madeleine Basseporte.
Vol. LXII, n° 18.

— *Parietaria officinalis* (Lin.), de France. — Vél.
Signé à droite : M. Basseporte pinxit.
Vol. LXII, n° 20.

BASSEPORTE (M¹¹ᵉ Françoise-Madeleine).
— *Iva annua* (Lin.), de l'Amérique méridionale. — Vél.
On lit à droite : Peint par M. Basseporte.
Vol. LXII, n° 37.

— *Comptonia aspleniifolia* (Her.), de l'Amérique septentrionale. — Vél.
Signé à droite : Magdeleine Basseporte pinxit.
Vol. LXII, n° 20.

— *Platanus orientalis* (Lin.). — Vél.
Signé à droite : M. Basseporte pinxit.
Vol. LXII, n° 24.

— *Samyda serrulata* (Lin.), des Antilles. — Pap.
Signé à gauche : Madeleine Basseporte.
Vol. LXIV, n° 22.

— *Bezoard de l'éléphant*. — Vél.
On lit à droite : Peint par M. Basseporte.
Vol. LXVII, n° 69.

— *Veau monstrueux*. — Pap.
Signé à gauche : Magdeleine Basseporte pinxit.
Vol. LXVII, n° 201.

— *Cochon*. — Vél.
Signé à gauche : Magdeleine Basseporte pinxit.
Vol. LXVII, n° 202.

— *Cochon*. — Vél.
On lit à gauche : Peint par M. Basporte.
Vol. LXVII, n° 202 *bis*.

— *Melochia pyramidata* (Lin.). — Pap.
Signé à droite : Madelᵉ Basseporte pinxit.
Vol. LXXV, n° 24.

— *Collinsonia canadensis* (Lin.). — Pap.
Signé à droite : Madelaine Basseporte pinxit.
Vol. LXXV, n° 25.

— *Magnolia grandiflora* (Lin.), de la Floride. — Vél.
Signé à droite : Madeleine Basseporte pinxit.
Vol. LXXV, n° 26.

— *Aster chinensis* (Lin.), de l'Amérique septentrionale. — Vél.
Signé à droite : M. Basseporte pinxit.
Vol. LXXV, n° 27.

BASSEPORTE (Mlle Françoise-Madeleine).
— *Hibiscus tubulosus* (Cav.), de l'Inde. — Vél.
Signé à droite : MAGDELEINE BASSEPORTE PINXIT.
Vol. LXXV, n° 28.
— *Cytharexylum americanum.* — Vél.
Signé à droite : MAGDELEINE BASSEPORTE PINXIT.
Vol. LXXV, n° 29.
— *Espèce de héron pris dans les étangs de Versailles* (1760). — Vél.
Signé à gauche : MADELEINE BASSEPORTE PINX.
Vol. LXXXII, n° 93.
— *Canard blanc du Nord, couché sur le bord de l'eau.* — Vél.
On lit à gauche : BASSEPORTE PINXIT.
Vol. LXXXIV, n° 51.
— *Porcelaines, coquillages.* — Vél. — 6 fig.
On lit à droite : PEINT PAR M. BASSEPORTE.
Vol. XCVII, n° 27.
— *Porcelaines*, variétés diverses. — Vél. 8 fig.
On lit à droite : M. BASSEPORTE.
Vol. XCVII, n° 28.
— *Porcelaines*, variétés diverses. — Vél. 18 fig.
On lit à droite : M. BASSEPORTE.
Vol. XCVII, n° 32.
— *Olives, coquillages.* — Vél. — 8 fig.
On lit à droite : M. BASSEPORTE.
Vol. XCVII, n° 34.
— *Moules diverses.* — Vél. — 10 fig.
Signé à droite : BASSEPORTE.
Vol. XCVII, n°^s 94 et 95.
— *Étoiles de mer*, de la côte du Sénégal. Pap. — 6 fig.
Signé à droite : MAGDELAINE BASSEPORTE PINXIT.
Vol. XCIX, n° 3.
— *Alcyonium crassum rosei coloris; spongia pumila ramosior aurea; fucus exiguus amaranthi peniculis.* — Vél. — 3 fig.
Signé à droite : M. BASSEPORTE PINXIT.
Vol. XCIX, n° 32.

BASSEPORTE (Mlle Françoise-Madeleine).
— *Corallum rubrum.* — Vél.
On lit à droite : MAGD. BASSEPORTE PINX.
Vol. XCIX, n° 49.
— *Alcyonum pingue complanatum; alcyonum forma pyri; alcyonum fucus maritimus nudosus.* — Vél. — 3 fig.
Signé à droite : M. BASSEPORTE PINXIT.
Vol. XCIX, n° 69.
— *Alcyonum vermiculatum flavescens; alcyonum crassum et verruccosum; alcyonum presbiterorum.* — Vél. — 3 fig.
Signé à droite : M. BASSEPORTE PINXIT.
Vol. XCIX, n° 70.

VAN SPAENDONCK (GÉRARD).
— *Stipa uffraneius* (Lam.). — Vél.
Daté à droite : 1784 [1].
Vol. V, n° 68.
— *Veltheimia glauca*, du Cap de Bonne-Espérance. — Vél.
On lit au bas : G. VAN SPAENDONCK.
Vol. VIII, n° 24.
— *Pancratium Limense* (Desf.). — Vél.
Signé à droite : G. VAN SPAENDONCK. 1781.
Vol. X, n° 69.
— *Sisyrinchium striatum* (Smith). — Vél.
On lit à droite : G. VAN SPAENDONCK.
Vol. XI, n° 39.
— *Morea.* — Vél.
Daté à droite : 1785.
Vol. XII, n° 1.
— *Morea collina*, du Cap de Bonne-Espérance. — Vél.
Daté à droite : 1785.
Vol. XII, n° 2.
— *Ixia polystachia* (Jacq.), du Cap de Bonne-Espérance. — Vél.
Daté à droite : 1784.
Vol. XII, n° 24.

[1] Indépendamment des vélins signés par Van Spaendonck, nous en avons trouvé qui portent seulement une date. Nous n'avons pas hésité à les mentionner ici, car, outre qu'ils sont bien de la main de cet artiste, il n'y a que Van Spaendonck qui ait travaillé pour le Muséum après mademoiselle Basseporte, et avant la période révolutionnaire.

Van Spaendonck (Gérard).
— *Gladiolus junceus* (Lin.), du Cap de Bonne-Espérance. — Vél. — 2 fig.
Daté à droite : 1785.
Vol. XII, n° 53.

— *Passerina hirsuta* (Lin.), de la France méridionale. — Vél.
Signé à droite : 1784.
Vol. XV, n° 10.

— *Paronichia frutescens* (Hort. Paris), du Pérou. — Vél.
Signé à droite : G. Van Spaendonck. 1781.
Vol. XIV, n° 46.

— *Statice suffruticosa* (Lin.), de Sibérie. — Vél.
Signé à droite : G. Van Spaendonck. 1782.
Vol. XVI, n° 83.

— *Verbena triphylla* (Her.), du Chili. — Vél.
Signé à droite : G. Van Spaendonck. 1782.
Vol. XIX, n° 16.

— *Verbena mutabilis*. — Vél.
On lit à droite : G. Van Spaendonck.
Vol. XIX, n° 23.

— *Silvia titiæfolia* (Vahl.), du Pérou. — Vél.
Signé à droite : G. Van Spaendonck. 1781.
Vol. XIX, n° 53.

— *Stachys circinnata* (Desf.). — Vél.
On lit à droite : G. Van Spaendonck.
Vol. XX, n° 71.

— *Prasium minus* (Lin.), d'Italie. — Vél.
Daté à droite : 1784.
Vol. XXI, n° 65.

— *Physalis prostrata* (Her.), du Pérou. — Vél.
Signé à droite : G. Van Spaendonck. 1781.
Vol. XXIII, n° 38.

— *Solanum multifidum* (Lam.), du Pérou. — Vél.
Daté à droite : 1785.
Vol. XXIII, n° 45.

— *Solanum corymbosum* (Jacq.), du Pérou. — Vél.
Signé à droite : G. Van Spaendonck. 1781.
Vol. XXIII, n° 47.

Van Spaendonck (Gérard).
— *Solanum aculeatissimum* (Jacq.), de l'Amérique septentrionale.
Daté à droite : 1785.
Vol. XXIV, n° 15.

— *Solanum Milleri* (Jacq.), du Cap de Bonne-Espérance. — Vél.
Signé à droite : G. Van Spaendonck. 1781.
Vol. XXIV, n° 27.

— *Solanum reclinatum* (Her.), du Pérou. — Vél.
Signé à droite : G. Van Spaendonck. 1782.
Vol. XXIV, n° 31.

— *Convolvulus hermanniæ* (Her.), du Pérou. — Vél.
Signé à droite : G. Van Spaendonck. 1782.
Vol. XXVI, n° 36.

— *Arbutus andrachne* (Lin.), d'Orient. — Vél.
Daté à droite : 1785.
Vol. XXIX, n° 41.

— *Cacalia laciniata* (Lin.), du Cap de Bonne-Espérance. — Vél.
Signé à droite : G. Van Spaendonck. 1782.
Vol. XXXIV, n° 14.

— *Calendula tomentosa* (Desf.), de Barbarie. — Vél.
Signé à droite : G. Van Spaendonck. 1782.
Vol. XXXIV, n° 37.

— *Gorteria rigens* (Lin.), du Cap de Bonne-Espérance. — Vél.
Daté à droite : 1785.
Vol. XXXV, n° 14.

— *Aster fruticosus* (Lin.), du Cap de Bonne-Espérance. — Vél.
Daté à droite : 1784.
Vol. XXXV, n° 32.

— *Cineraria amelloïdes* (Lin.), du Cap de Bonne-Espérance. — Vél.
Daté à droite : 1785.
Vol. XXXV, n° 59.

— *Senecio reclinatus* (Her.), du Cap de Bonne-Espérance. — Vél.
Daté à droite : 1784.
Vol. XXXV, n° 69.

— *Rudbeckia perfoliata vel amplexicaulis*, du Mexique. — Vél.
On lit au bas : G. Van Spaendonck.
Vol. XXXVI, n° 68.

Van Spaendonck (Gérard).
— *Gaillarda pulchella vel virgilia helioïdes* (Her.), de la Vera Cruz. —Vél.
On lit au bas : G. Van Spaendonck.
Vol. XXXVI, n° 80.

— *Allionia incarnata* (Lin.), du Pérou. — Vél.
Signé à droite : G. Van Spaendonck. 1781.
Vol. XXXVII, n° 42.

— *Crambe strigosa* (Her.), des îles Canaries. — Vél.
Signé à droite : G. Van Spaendonck. 1782.
Vol. XLII, n° 95.

— *Pelargonium glaucum* (Her.), du cap de Bonne-Espérance. — Vél.
Daté à droite : 1785.
Vol. XLIV, n° 53.

— *Pelargonium tetragonum* (Her.), du cap de Bonne-Espérance. — Vél.
Daté à droite : 1784.
Vol. XLIV, n° 58.

— *Pelargonium scabrum* (Her.), du cap de Bonne-Espérance. — Vél.
Signé à droite : G. Van Spaendonck. 1782.
Vol. XLIV, n° 68.

— *Palava vel malope parviflora* (Cav.), du Pérou. — Vél.
Signé à droite : G. Van Spaendonck. 1781.
Vol. XLV, n° 34.

— *Pavonia spinifex* (Cav.), de l'Amérique septentrionale. — Vél.
Signé à droite : G. Van Spaendonck. 1782.
Vol. LXV, n° 67.

— *Sida nudiflora, stellata* (Cav.), de l'Amérique méridionale. — Vél.
Daté à droite : 1784.
Vol. LXV, n° 74.

— *Hibiscus palustris* (Lin.), de la Virginie. — Vél.
Signé à droite : G. Van Spaendonck. 1781.
Vol. XLV, n° 95.

— *Gordonia lasianthus* (Lin.). — Vél.
On lit à droite : Van Spaendonck.
Vol. XLVI, n° 22.

— *Magnolia acuminata*. — Pap.
Signé à gauche ; G. Van Spaendonck. 1781.
Vol. XLVI, n° 43.

Van Spaendonck (Gérard).
— *Cistus vaginatus* (Lam.). — Vél.
On lit à droite : G. Van Spaendonck.
Vol. XLVII, n° 11.

— *Melianthus minor* (Lin.), du Cap de Bonne-Espérance. — Vél.
Daté à droite : 1784.
Vol. XLVII, n° 68.

— *Mesembryanthemum echinatum album* (Hort. Kew), du Cap de Bonne-Espérance. — Vél.
Daté à droite : 1785.
Vol. L, n° 50.

— *Tetragonia crystallina* (Her.), du Pérou. — Vél.
Signé à droite : G. Van Spaendonck. 1781.
Vol. L, n° 89.

— *OEnothera rosea* (Hort. Kew), du Pérou. — Vél.
Signé à droite : G. Van Spaendonck. 1782.
Vol. LI, n° 21.

— *Pyrus baccata* (Lin.), pommes, de Sibérie. — Vél.
On lit à droite : Van Spaendonck.
Vol. LII, n° 11.

— *Anthyllis barba-jovis* (Lin.), de la France méridionale. — Vél.
Signé à droite : 1784.
Vol. LVI, n° 23.

— *Phaseolus stipularis* (Lam.), du Pérou. — Vél.
Signé à droite : G. Van Spaendonck. 1781.
Vol. LVII, n° 23.

— *Hedysarum fruticosum* (Lin.), de Sibérie. — Vél.
Daté à droite : 1785.
Vol. LVIII, n° 89.

— *Urtica arborea* (Lin.). — Vél.
Signé à droite : 1785.
Vol. LXII, n° 14.

— *Aristotelia maqui* (Her.), du Chili. — Vél.
Signé à droite : 1784.
Vol. LXIV, n° 9.

— *Magnolia acuminata* (Lin.), de la Virginie. — Vél.
Signé à droite : G. Van Spaendonck. 1781.
Vol. LXXV, n° 31.

Van Spaendonck (Gérard).
— *Salvia formosa* (Her.), du Pérou. —
Signé à droite : G. Van Spaendonck. 1782.
Vol. LXXV, n° 32.

VÉLINS SIGNÉS DES PEINTRES DU MUSÉUM.

DIX-HUITIÈME ET DIX-NEUVIÈME SIÈCLE.

(Ordre alphabétique)

ABEILLE DE FONTAINNE. Voir FONTAINNE (Abeille de).

ALBERTI (Mlle Juliette).
— *Tropidonotus cyclopion* (Dum.). — Vél.
Signé à droite : J. Alberti, 28 *décembre 1858, d'après le vivant*.
Vol. LXVIII, n° 33.
[Enregistré 1858, n° 13.]
— *Coronella Sayi*. — Vél. — Trois quarts de grandeur naturelle.
Signé à droite : J. Alberti, 1er *juillet 1862, d'après le vivant*.
Vol. LXVIII, n° 34.
[Enregistré 1862, n° 7.]
— *Tropidonotus torquatus* (variété noire). — Vél.
Signé à droite : J. Alberti, 2 *décembre 1862, d'après le vivant*.
Vol. LXVIII, n° 36.
[Enregistré 1862, n° 36.]
— *Caméléon à cape ; caméléon à baudrier*. (Dum.) — Vél. — 2 fig.
Signé à droite : J. Alberti.
Vol. LXVIII, n° 42.
[Enregistré 1851, n° 44.]
— *Anolis hétéroderme ; anolis à bandes transversales*. — Vél. — 4 fig.
Signé à droite : J. Alberti.
Vol. LXVIII, n° 43.
[Enregistré 1852, n° 48.]
— *Alligator punctulatus*, de Cayenne. — Vél.
Signé à droite : J. Alberti, ce 1er *mars 1859, d'après le vivant*.
Vol. LXVIII, n° 48.
[Enregistré 1859, n° 4.]

Alberti (Mlle Juliette).
— *Crocodile à museau effilé*. — Vél.
Signé à droite : J. Alberti, ce 17 *mai 1859, d'après le vivant*.
Vol. LXVIII, n° 49.
[Enregistré 1859, n° 9.]
— *Tritomegas Sieboldii*, du Japon. — Vél. — Deux tiers de grandeur naturelle.
Signé à droite : J. Alberti, 27 *avril 1860, d'après le vivant*.
Vol. LXVIII, n° 50.
[Enregistré 1860, n° 3.]
— *Genre galéote et mécolépide, épineux, hérissé, sillonné*. — Vél. — 3 fig.
Signé à droite : J. Alberti, 1853.
Vol. LXVIII, n° 54.
[Enregistré 1853, n° 18.]
— *Ophryssoïdes cristatus; holotropis microlophus; holotropis trachycephalus*. — Vél. — 3 fig.
Signé à droite : J. Alberti, 1852.
Vol. LXVIII, n° 55.
[Enregistré 1852, n° 69.]
— *Basiliscus galeritus*. — Vél.
Signé à droite : Mlle J. Alberti.
Vol. LXVIII, n° 56.
[Enregistré 1852, n° 62.]
— *Tortue anguleuse*, du Cap de Bonne-Espérance. — Vél. — 2 fig.
Signé à droite : J. Alberti, 22 *octobre 1861, d'après le vivant*.
Vol. LXVIII, n° 57.
[Enregistré 1861, n° 4.]
— *Emysaurus Temminckii*. — Vél. — Un tiers de grandeur naturelle.
Signé à droite : J. Alberti, 12 *août 1862, d'après le vivant*.
Vol. LXVIII, n° 58.
[Enregistré 1862, n° 9.]
— *Chelodina Maximiliani*, de Buenos-Ayres. — Vél. — Un tiers de grandeur naturelle. — 2 fig.
Signé à droite : J. Alberti, 24 *novembre 1863, d'après le vivant*.
Vol. LXVIII, n° 59.
[Enregistré 1863, n° 44.]

ALBERTI (Mlle Juliette)
— *Emys Mühlenbergii*, des États-Unis.
Vél. — 3 fig.
Signé à droite : J. ALBERTI, 14 *juillet* 1863, *d'après le vivant*.
Vol. LXVIII, n° 60.
[Enregistré 1863, n° 37.]
— *Emys ornata*, de l'Amérique septentrionale. — Vél. — Demi-grandeur naturelle. — 2 fig.
Signé à droite : J. ALBERTI, 23 *septembre* 1863, *d'après le vivant*.
Vol. LXVIII, n° 61.
[Enregistré 1863, n° 41.]
— *Ceratophrys dorsata*, du Brésil. — Pap. — 2 fig.
Signé à droite : J. ALBERTI, 14 *octobre* 1862, *d'après le vivant*.
Vol. LXVIII, n° 62.
[Enregistré 1862, n° 33.]
— *Chromis humeralis* (Val. Maj.). — Vél.
Signé à droite : J. ALBERTI.
Vol. LXVIII, n° 63.
[Enregistré 1852, n° 56.]
— *Acanthocoltus groenlandicus*, de Terre-Neuve. — Vél.
Signé à droite : J. ALBERTI.
Vol. LXVIII, n° 63 *bis*.
[Enregistré 1852, n° 38.]
— *Corvina nova*, du Corroncoro. — Vél.
Signé à droite : J. ALBERTI.
Vol. LXVIII, n° 64.
[Enregistré 1842, n° 65.]
— *Petromizon gutturosum*, de l'océan Pacifique. — Vél.
Signé à droite : J. ALBERTI.
Vol. LXVIII, n° 65.
[Enregistré 1852, n° 4.]
— *Hemyscillium variolatum; scillium laticeps* (Dum.). — Vél. — Demi-grandeur naturelle. — 2 fig.
Signé à droite : J. ALBERTI, 1852.
Vol. LXVIII, n° 66.
[Enregistré 1852, n° 14.]
— *Cyprinus Carpio*, variété de la Caroline. — Vél.
Signé à droite : J. ALBERTI.
Vol. LXVIII, n° 67.
[Enregistré 1851, n° 40.]

ALBERTI (Mlle Juliette).
— *Ageneiosus donzella*. — Vél.
Signé à droite : J. ALBERTI, 1853.
Vol. LXVIII, n° 70.
[Enregistré 1853, n° 1.]
— *Pœcilocephalus pictus*. — Vél.
Signé à droite : J. ALBERTI, 4 *septembre* 1855.
Vol. LXVIII, n° 72.
[Enregistré 1855, n° 26.]
— *Herpethoychtys ornalessemus*. — Vél.
Signé à droite : J. ALBERTI, 4 *septembre* 1855.
Vol. LXVIII, n° 73.
[Enregistré 1855, n° 27.]
— *Tetraodon chloropterus*, des côtes de Bretagne. — Vél. — Trois quarts de grandeur naturelle.
Signé à droite : J. ALBERTI, 20 *mars* 1856.
Vol. LXVIII, n° 74.
[Enregistré 1856, n° 7.]
— *Houting : corregonus oxyrhynchus*, des côtes de Flandre. — Vél.
Signé à droite : J. ALBERTI, 8 *avril* 1857.
Vol. LXVIII, n° 76.
[Enregistré 1856, n° 12.]
— *Rovetto pretiosus*, des côtes de Bretagne. — Vél.
Signé à droite : J. ALBERTI, 8 *avril* 1856.
Vol. LXVIII, n° 77.
[Enregistré 1856, n° 13.]
— *Balistes capriscus*, des côtes de Bretagne. — Vél.
Signé à droite : J. ALBERTI, 28 *mai* 1856.
Vol. LXVIII, n° 78.
[Enregistré 1856, n° 14.]
— *Giviniad : corregonus pennantis*, trouvé dans la rivière d'Aisne. — Vél.
Signé à droite : J. ALBERTI, 24 *juillet* 1856.
Vol. LXVIII, n° 79.
[Enregistré 1856, n° 18.]
— *Echenois bivittatus*. — Vél.
Signé à droite : J. ALBERTI, 10 *mars* 1857.
Vol. LXVIII, n° 81.
[Enregistré 1857, n° 3.]

Alberti (Mlle Juliette).
— *Synbranchus cayennensis*, de la Guyane. — Vél.
Signé à droite : J. Alberti, 23 *février* 1858, *d'après le vivant*.
Vol. LXVIII, n° 82.
[Enregistré 1858, n° 5.]
— *Gymnotus æquilabatius* (Humb.). — Vél.
Signé à droite : J. Alberti.
Vol. LXVIII, n° 83.
[Enregistré 1852, n° 55.]
— *Guapucha*, de la rivière de Bogota. — Vél.
Signé à droite : J. Alberti.
Vol. LXVIII, n° 85.
[Enregistré 1853, n° 50.]
— *Pimelodus*, de la Magdalena. — Vél.
Signé à droite : J. Alberti.
Vol. LXVIII, n° 87.
[Enregistré 1853, n° 48.]
— *Salminus*, de la rivière de Bogota. — Vél.
Signé à droite : J. Alberti.
Vol. LXVIII, n° 88.
[Enregistré 1853, n° 49.]
— *Bagrus saponaceus*, de la rivière Magdalena. — Vél.
Signé à droite : J. Alberti.
Vol. LXVIII, n° 89.
[Enregistré 1853, n° 42.]
— *Doras crocodile*, de la rivière Magdalena. — Vél.
Signé à droite : J. Alberti.
Vol. LXVIII, n° 90.
[Enregistré 1853, n° 41.]
— *Barbado pimelodus*, de la rivière Magdalena. — Vél.
Signé à droite : J. Alberti.
Vol. LXVIII, n° 91.
[Enregistré 1853, n° 38.]
— *Mallupa hypostomus*, de la rivière Magdalena. — Vél.
Signé à droite : J. Alberti.
Vol. LXVIII, n° 92.
[Enregistré 1853, n° 37.]
— *Pacu prasinum*, de la rivière Magdalena. — Vél.
Signé à droite : J. Alberti.
Vol. LXVIII, n° 94.
[Enregistré 1853, n° 28.]

Alberti (Mlle Juliette).
— *Chalceus sardina*, de la rivière Magdalena. — Vél.
Signé à droite : J. Alberti.
Vol. LXVIII, n° 95.
[Enregistré 1853, n° 27.]
— *Leporinus prasinus*, de la rivière Magdalena. — Vél.
Signé à droite : J. Alberti.
Vol. LXVIII, n° 96.
[Enregistré 1853, n° 24.]
— *Torpédinien : Lypnos subnigrum* (Dum.). — Vél. — 3 Fig.
Signé à droite : J. Alberti.
Vol. LXVIII, n° 97.
[Enregistré 1852, n° 16.]
— *Eremophilus mutisii* (Humb.), de Bogota. — Vél.
Signé à droite : J. Alberti.
Vol. LXVIII, n° 98.
[Enregistré 1853, n° 23.]
— *Macrodon meleagrinus*, de la rivière Magdalena. — Vél.
Signé à droite : J. Alberti, 1853.
Vol. LXVIII, n° 99.
[Enregistré 1853, n° 7.]
— *Curimate bocachica*, de la rivière Magdalena. — Vél.
Signé à droite : J. Alberti.
Vol. LXVIII, n° 100.
[Enregistré 1851, n° 39.]
— *Nematophis Lessoni* (Kaup.). — Vél.
Signé à droite : J. Alberti, 13 *novembre* 1855.
Vol. LXVIII, n° 102.
[Enregistré 1855, n° 30.]
— *Pœcilophis Lecomtei* (Kaup.), du Gabon. — Vél.
Signé à droite : J. Alberti, 4 *mars* 1856.
Vol. LXVIII, n° 103.
[Enregistré 1856, n° 5.]
— *Thyrsoidea*. — Vél. — 2 fig.
Signé à droite : J. Alberti, 14 *février* 1856.
Vol. LXVIII, n° 104.
[Enregistré 1856, n° 4.]
— *Fuseau de Californie*. — Pap.
(Par Mlle Alberti.)
Vol. LXXVI, n° 11.
[Enregistré 1856, n° 6.]

ALBERTI (Mlle Juliette).
— *Halicondria vulpiana* (Val.). — Vél.
Signé à droite : J. ALBERTI.
Vol. LXXVI *ter*, n° 2.
[Enregistré 1850, n° 19.]
— *Halicondria mesenterina* (Val.). — Vél.
Signé à droite : J. ALBERTI.
Vol. LXXVI *ter*, n° 6.
[Enregistré 1850, n° 15.]
— *Halicondria favosa*, de la Nouvelle-Hollande. — Vél.
Signé à droite : J. ALBERTI, 18 *juin* 1850.
Vol. LXXVI *ter*, n° 7.
[Enregistré 1850, n° 26.]
— *Halicondria heliopora*, de la Nouvelle-Zélande. — Vél.
Signé à droite : J. ALBERTI, 1850.
Vol. LXXVI *ter*, n° 8.
[Enregistré 1850, n° 12.]
— *Hymenacia Vulcani*. — Vél.
Signé à gauche : M^{ll} ALBERTI, *octobre* 1849.
Vol. LXXVI *ter*, n° 11.
[Enregistré 1849, n° 32.]
— *Scyphia rimosa*, de la Nouvelle-Hollande. — Vél.
Signé à droite : J. ALBERTI, *ce 21 mai* 1850.
Vol. LXXVI *ter*, n° 14.
— *Spongia pleiades auris elephanti*, de la mer Méditerranée. — Vél.
Signé à gauche : J. ALBERTI, *ce 3 mars* 1851.
Vol. LXXVI *ter*, n° 17.
— *Spongia agaricina stellifera*, de la mer Méditerranée. — Vél.
Signé à droite : J. ALBERTI, *ce 22 avril* 1851.
Vol. LXXVI *ter*, n° 19.
— *Spongia pilacea*, de Cuba. — Vél.
Signé à droite : J. ALBERTI, *ce 13 mai* 1851.
Vol. LXXVI *ter*, n° 20.
— *Spongia Savignyi*, de la mer Rouge. — Vél.
Signé à gauche : Mlle ALBERTI PINGEBAT, 1849.
Vol. LXXVI *ter*, n° 21.
[Enregistré 1849, n° 30.]

ALBERTI (Mlle Juliette).
— *Spongia usitatissima* (Lam.). — Vél.
Signé à droite : J. ALBERTI, *ce 3 octobre* 1850.
Vol. LXXVI *ter*, n° 22.
— *Spongia costifera* (Lam.). — Vél.
Signé à droite : J. ALBERTI, *ce 25 décembre* 1849.
Vol. LXXVI *ter*, n° 23.
— *Spongia communis*, de Syrie. — Vél.
Signé à droite : J. ALBERTI, 12 *novembre* 1850.
Vol. LXXVI *ter*, n° 24.
— *Spongia Zerbi*, du Maroc. — Vél.
Signé à droite : J. ALBERTI, *ce 17 novembre* 1850.
Vol. LXXVI *ter*, n° 25.
— *Spongia hardwikia europea*, recueillie au Havre. — Vél.
Signé à droite : J. ALBERTI, *ce 8 août* 1850.
Vol. LXXVI *ter*, n° 41.
— *Porite*. — Vél.
Signé à droite : J. ALBERTI, 24 *janvier* 1860.
Vol. LXXVI *quater*, n° 1.
— *Junceella calyculata*, de l'île Bourbon. — Vél.
Signé à droite : J. ALBERTI, 4 *septembre* 1855.
Vol. LXXVI *quater*, n° 2.
[Enregistré 1855, n° 29.]
— *Hymenogorgia quercifolia*, de la Guadeloupe. — Vél.
Signé à droite : J. ALBERTI, 3 *juillet* 1855.
Vol. LXXVI *quater*, n° 3.
— *Plexaurella friabilis*. — Vél.
Signé à droite : J. ALBERTI, 5 *juin* 1855.
Vol. LXXVI *quater*, n° 4.
— *Gorgonia tuberculata*. — Vél.
Signé à droite : J. ALBERTI, 1er *mai* 1855.
Vol. LXXVI *quater*, n° 5.
— *Molinia annulata*. — Vél.
Signé à droite : J. ALBERTI, 20 *mars* 1855.
Vol. LXXVI *quater*, n° 6.

ALBERTI (Mlle Juliette).
— *Gorgonia vesiculosa*, d'Algérie. — Vél.
Signé à droite : J. ALBERTI, *janvier 1855*.
Vol. LXXVI quater, n° 8.
[Enregistré 1855, n° 17.]

— *Plexaura cauliculus.* — Vél.
Signé à droite : J. ALBERTI.
Vol. LXXVI quater, n° 10.
[Enregistré 1854, n° 54.]

— *Cistude de Blanding*, des États-Unis (vu dessus et dessous). — Vél. — 2 fig.
Signé à droite : *Fait d'après l'animal vivant, J.* ALBERTI, *ce 24 juillet 1856*.
Vol. LXXXVII, n° 9.
[Enregistré 1856, n° 17.]

— *Emys Pulchella* (Schwegger), des États-Unis. — Vél. — 2 fig.
Signé à droite : *D'après l'animal vivant, J.* ALBERTI, *ce 9 octobre 1856*.
Vol. LXXXVII, n° 13.
[Enregistré 1856, n° 25.]

— *Cryptopus tryonix Aubryi* (Dum.), du Gabon. — Vél. — 2 fig.
Signé à droite : J. ALBERTI, *ce 9 décembre 1856*.
Vol. LXXXVII, n° 35.
[Enregistré 1853, n° 26.]

— *Stauvotype musqué* (Dum.), de l'Amérique septentrionale. — Vél. — 2 fig.
Signé à droite : *D'après l'animal vivant, J.* ALBERTI, *27 février 1855*.
Vol. LXXXVII, n° 36.
[Enregistré 1855, n° 5.]

— *Crocodilus rhombifer*, de Haïti. — Vél.
Signé à droite : J. ALBERTI, *20 juillet 1858, d'après le vivant*.
Vol. LXXXVII, n° 57.
[Enregistré 1858, n° 9.]

— *Pithon Sebæ*, vivant à la Ménagerie (Dum. et Bib.). — Vél.
Signé à droite : J. ALBERTI, *8 décembre 1857*.
Vol. LXXXVIII, n° 5.
[Enregistré 1857, n° 21.]

ALBERTI (Mlle Juliette).
— *Spilotes melanurus*, variété noire (Erpéto Géne, VII, 224). — Vél.
Signé à droite : J. ALBERTI, *ce 11 février 1857, d'après le vivant*.
Vol. LXXXVIII, n° 15.
[Enregistré 1857, n° 1.]

— *Coronella Sayi*, des États-Unis. — Vél.
Signé à droite : J. ALBERTI, *28 septembre 1858, d'après le vivant*.
Vol. LXXXVIII, n° 17.
[Enregistré 1858, n° 10.]

BARRABAND (PIERRE-PAUL).
— *Rinophole*, variétés diverses. — Pap. — 3 fig.
Signé à gauche : BARRABAND, *an II*. — Au dos on lit : *Bon pour être gravé. Vu en commission le 29 nivôse an II; L. Cottaz, vice-président*.
Vol. LXX, n° 6.

— *Eryx de la Thébaïde* (Dum. et Bib., VI, p. 468, n° 3). — Pap. — H. 0^m,24. — L. 0^m,29.
Signé à gauche : BARRABAND, *an II*. — Au dos on lit : *Bon pour être gravé. Vu en commission le 15 messidor an II : L. Cottaz*.
Vol. LXXXVIII, n° 3.
[Exp. d'Égypte, *Hist. nat. Reptiles*, pl. 6, f. 1.]

— *Eryx jaculus*, du Delta (Dum. et Bib., VI, p 465, n° 2). — Pap. — H. 0^m,24. — L. 0^m,29.
Signé à gauche : BARRABAND, *an II*. — Au dos on lit : *Bon pour être gravé. Vu en commission le 15 messidor an II : L. Cottaz*.
Vol. LXXXVIII, n° 4.
[Exp. d'Égypte, *Hist. nat. Reptiles*, pl. 6, f. 2.]

— *Couleuvre maillée.* — Pap. — H. 0^m,24. — L. 0^m,29.
Signé à gauche : BARRABAND. — Au dos on lit : *Bon pour être gravé. Vu en commission le 15 messidor an II : L. Cottaz*.
Vol. LXXXVIII, n° 30.

— *Vipère des Pyramides.* — Pap. — H. 0^m,24. — L. 0^m,29.

BARRABAND (Pierre-Paul).
  Signé à gauche : BARRABAND, an II. —
  Au dos on lit : *Bon pour être gravé.*
  Vu en commission le 15 messidor
  an II : L. Cottaz.
  Vol. LXXXVIII, n° 34.
— *Vipère, âge adulte.*— Pap.— H. 0ᵐ,24.
  — L. 0ᵐ,29.
  Signé à gauche : BARRABAND, an II. —
  Au dos on lit : *Bon pour être gravé*
  Vu en commission le 15 messidor
  an II : L. Cottaz.
  Vol. LXXXVIII, n° 36.
— *Vipère céraste.* — Pap. — H. 0ᵐ,24.
  L. 0ᵐ,29.
  Signé à gauche : BARRABAND, an II. —
  Au dos on lit : *Bon pour être gravé.*
  Vu en commission le 15 messidor
  an II : L. Cottaz.
  Vol. LXXXVIII, n° 40.
  [Exp. d'Égypte, *Hist. nat. Reptiles*, pl. 6, f. 3.]

BAUDRY DE BALZAC (Mˡˡᵉ THÉRÈSE).
— *Amygdalus persica hispahamensis* (Thouin).— Vél.
  Signé à gauche : THÉRÈSE B. DE BALZAC.
  Vol. LIII, n° 57.
— *Passiflora alata*, de l'Amérique méridionale. — Vél.
  Signé à gauche : T. B. DE BALZAC.
  Vol. LXI, n° 73.
— *Paléontologie : oiseaux fossiles dans des roches.* — Vél. — 4 fig.
  Signé à gauche : T. B. DE BALZAC.
  Vol. CI, n° 34.

BESSA (PANCRACE), élève de REDOUTÉ et de GÉRARD VAN SPAENDONCK.
— *Arum campanulatum* (Roxburg). — Vél.
  Signé à gauche : P. BESSA, 11 août 1829.
  Vol. V, n° 15.
— *Palmier : phœnix leonensis loddigges.* — Vél.
  Signé à gauche : P. BESSA, 12 juillet 1824.
  Vol. VI, n° 2.

BESSA (Pancrace).
— *Tupistra squalida* (Botanical magazine). — Vél.
  Signé à gauche : P. BESSA, 5 mai 1828.
  Vol. IX, n° 15.
— *Agave geminiflora.* — Vél.
  Signé à gauche : P. BESSA, 8 février 1826.
  Vol. X, n° 18.
— *Tacca integrifolia.* — Vél.
  Signé à gauche : P. BESSA, 24 juillet 1832.
  Vol. XI, n° 23.
— *Gusmannia tricolor.* — Vél.
  Signé à gauche : P. BESSA, 25 août 1832.
  Vol. XI, n° 41.
— *Mantisia saltatoria.* — Vél.
  Signé à gauche : P. BESSA, 8 juillet 1832.
  Vol. XIII, n° 32.
— *Neottia speciosa* (Jacq.). — Vél.
  Signé à gauche : P. BESSA, 1ᵉʳ mars 1827.
  Vol. XIII, n° 80.
— *Limodorum veratrifolium* (Wild.). — Vél.
  Signé à gauche : P. BESSA, 8 juin 1830.
  Vol. XIV, n° 23.
— *Cypripedium insigne.* — Vél.
  Signé à gauche : P. BESSA, 16 mars 1829.
  Vol. XIV, n° 29.
— *Brassia maculata* (Hort. Kew.).— Vél.
  Signé à gauche : P. BESSA, 16 mai 1832.
  Vol. XIV, n° 35.
— *Aristolochia labiosa.* — Vél.
  Signé à gauche : P. BESSA, 25 juillet 1831.
  Vol. XIV, n° 50.
— *Pimelea rosea.* — Vél.
  Signé à gauche : P. BESSA, 23 juin 1828.
  Vol. XV, n° 8.
— *Protea villifera.* — Vél.
  Signé à gauche : P. BESSA, 15 mars 1824.
  Vol. XV, n° 20.
— *Lomatia ilicifolia.* — Vél.
  Signé à gauche : P. BESSA, 1ᵉʳ novembre 1828.
  Vol. XV, n° 30.

Bessa (Pancrace).
— *Clerodendrum helianthifolium.*— Vél.
Signé à gauche : P. Bessa, 10 octobre 1824.
Vol. XVIII, n° 61.
— *Eccremocarpus scabeo.* — Vél.
Signé à gauche : P. Bessa, ce 14 août 1830.
Vol. XVII, n° 5.
— *Ecchenaultia formosa* (Brown).—Vél.
Signé à gauche : P. Bessa, 4 décembre 1827.
Vol. XXX, n° 53.
— *Pachira aquatica.* — Vél.
Signé à gauche : P. Bessa, 24 août 1830.
Vol. XLVI, n° 32.
— *Quassia amara* (Lin.). — Vél.
Signé à gauche : P. Bessa, 25 juillet 1831.
Vol. XLVII, n° 71.
— *Borbonia cordata* (Lin.). — Vél.
Signé à gauche : P. Bessa, 20 septembre 1828.
Vol. LV, n° 18.
— *Omphalea levigata* (Hort. Paris). — Vél.
Signé à gauche : P. Bessa, 5 septembre 1828.
Vol. LX, n° 31.
— *Ficus stipulata* (Thunb.). — Vél.
Signé à gauche : P. Bessa, 5 septembre 1818.
Vol. LXII, n° 4.
— *Ardisia fructibus rubeis.* — Vél.
Signé à gauche : P. Bessa, 12 juillet 1824.
Vol. LXIV, n° 5.
— *Begonia heracleifolia.* — Vél.
Signé à gauche : P. Bessa, 16 avril 1832.
Vol. LXIV, n° 41.
— *Blakœa trinervia* (Lin.). — Vél.
Signé à gauche : P. Bessa, 1er septembre 1823.
Vol. LXXV, n° 45.
— *Astrapœa Vallichii.* — Vél.
Signé à gauche : P. Bessa, 1er mars 1827.
Vol. LXXV, n° 46.

Bessa (Pancrace).
— *Mainate.* — Vél.
Signé à gauche : P. Bessa, 8 février 1826.
Vol. LXXIX, n° 93.
— *Perroquet*, de la côte de Zanzibar. — Vél. — 2 fig.
Signé à gauche : P. Bessa, 4 décembre 1827.
Vol. LXXX, n°s 89 et 90.
— *Canard monstrueux*, né chez M. le général comte Dutaillis. — Vél.— 2 fig.
Signé à gauche : P. Bessa, 1er septembre 1823.
Vol. LXXXIV, n° 74.
— *Serranus scriba.* — Vél.
Signé à gauche : Bessa, 15 janvier 1825.
Vol. LXXXIX, n° 10.
— *Perca cabrilla* (Lin.). — Vél.
Signé à gauche : P. Bessa, 15 janvier 1825.
Vol. LXXXIX, n° 11.
— *Barbier de la Méditerranée : anthias sacer.* — Vél.
Signé à gauche : P. Bessa, 30 janvier 1825.
Vol. LXXXIX, n° 12.
— *Serranus ouatalibi* (Cuv.). — Vél.
Signé à gauche : P. Bessa, 30 janvier 1825.
Vol. LXXXIX, n° 26.
— *Plectropome demoiselle*, de la Martinique. — Vél.
Signé à gauche : P. Bessa, 15 août 1825.
Vol. LXXXIX, n° 32.
— *Mesoprion chrysarus* (Cuv.). — Vél.
Signé à gauche : P. Bessa, 30 juin 1825.
Vol. LXXXIX, n° 39 *bis*.
— *Frère Jacques : myripristis Jacobus*, de la Martinique. — Vél.
Signé à gauche : P. Bessa, 5 juillet 1825.
Vol. LXXXIX, n° 57.
— *Frère Jacques : myripristis Jacobus*, variété. — Pap.
Signé à gauche : P. Bessa, 26 octobre 1824.
Vol. LXXXIX, n° 58.

Bessa (Pancrace).
— *Holocanthe ciliaire*, de la Martinique. — Vél.
Signé à gauche : P. Bessa, 10 octobre 1826.
Vol. XC, n° 58.

— *Labrus opifragus*, d'après un individu envoyé de Naples par M. Savigni.—Vél.
Signé à gauche : P. Bessa, mai 1823.
Vol. XCII, n° 2.

— *Crénilabre paon*, d'après un individu envoyé de Naples par M. Savigni. — Vél.
Signé à gauche : P. Bessa, mai 1823.
Vol. XCII, n° 12.

— *Cleptique oréole*, de la Martinique. — Pap.
Signé à gauche : P. Bessa, 15 mars 1824.
Vol. XCII, n° 19.

— *Girelle à ceinture*, d'après un individu envoyé de Naples par M. Savigni. — Vél. — 2 fig.
Signé à gauche : P. Bessa, 1er octobre 1823.
Vol. CXII, n° 27.

— *Anampses meleagrinus*. — Pap.
Signé à gauche : P. Bessa, 10 février 1824.
Vol. XCII, n° 41.

— *Anampses graphicus*, du cabinet du Stathouder. — Pap.
Signé à gauche : P. Bessa, 10 février 1824.
Vol. XCII, n° 42.

— *Poisson* envoyé de Turin par M. Bonelli (sans nom scientifique). — Vél.
Signé à gauche : P. Bessa, 10 octobre 1824.
Vol. XCIII, n° 47.

BIDEAULT (Louis).
— *Gymnodinium Archimedis Pouchet, gymnodinium Teredo Pouchet, protoperidinium viride Pouchet, gymnodinium crassum Pouchet, exuviella marina Cienkowsky*. — Pap. — 10 fig.
Signé à droite : Bideault, 1885.
Vol. CII.
[Enregistré 1885, n° 3.]

Bideault (Louis).
— *Etoiles de mer*. — Dessin. — Pap. — H. 0m,35. — L. 0m,32.
Signé à gauche : Bideault, 1885.
Vol. CII.

— *Dessins d'astéries, détails d'étoiles de mer*. — Pap. — H. 0m,35. — L. 0m,32.
Signé à gauche : Bideault, 1885.
Vol. CII.

BLANCHARD (Émile-Théophile), élève de Gérard van Spaendonck.

— *Système nerveux des insectes*. — Vél. et Pap. — 5 pl. (1846-1848).
Signé à gauche : E. Blanchard.
Vol. LXXV, n°s 34 à 38.

— *Scarabées*, neuf espèces. — Vél. — 9 fig.
Signé à gauche : Ele Blanchard pil.
Vol. LXXVI (5), n°s 1 et 2.
[Enregistré 1834, n° 6.]

— *Cetoniæ*, dix espèces. — Vél. — 10 fig.
Signé à droite : E. Blanchard pil.
Vol. LXXVI (5), n°s 3 et 4.
[Enregistré 1842, n° 25; et 1844, n° 4.]

— *Larves de coléoptères*. — Vél. — 23 fig.
Signé à gauche : E. Blanchard.
Vol. LXXVI (5), n°s 8 à 11.
[Enregistré 1846, n° 19; 1851, n° 50, et 1852, n°s 41 et 42.]

— *Larves de coléoptères mylabres*. — Vél. — 23 fig.
Signé à gauche : E. Blanchard pil.
Vol. LXXVI (5), n°s 12 à 21.
[Enregistré en 1839 et 1840.]

— *Insectes hyménoptères*. — Vél. — 8 fig.
Signé à gauche : E. Blanchard.
Vol. LXXVI (7), n° 26.
[Enregistré 1852, n° 12.]

— *Lépidoptères, papillons divers*. — Vél. — 14 fig.
E. Blanchard pil.
Vol. LXXVI (7), n° 29.
[Enregistré 1842, n° 11.]

BLANCHARD (Émile-Théophile).
— *Cicindela mirabilis, adonis, cyanea, frontalis, angularis, minuta, etc.* — Vél. — 10 fig.
Signé à gauche : E. BLANCHARD Pit.
Vol. LXXV, n° 30.
[Publiées en 1839 dans les *Archives du Muséum*, t. I, par MM. Audouin et Brullé.]

— *Eirocheïr sinensis, pachygrapsus curvatus, grapsidæ* (genre crabe). — Vél. — 7 fig.
Signé à gauche : E. BLANCHARD.
Vol. C, n° 6.
[Enregistré 1852, n° 34.]

— *Prinoplax spinicarpus; pseudorhombile quadridentata; metasesarma Rousseauxi; metaplox indicus.* — Vél. — 7 fig.
Signé à gauche : E. BLANCHARD.
Vol. C, n° 7.
[Enregistré 1852, n° 67.]

— *Acanthoplax insignis, myctiris platycheles, dilocarcinus pictus spinifer.* Vél. — 6 fig.
Signé à gauche : E. BLANCHARD.
Vol. C, n° 8.
[Enregistré 1853, n° 14.]

— *Thelphusa nilotica, boscia macropæ, playusia brevipes.* — Vél. — 4 fig.
Signé à gauche : E. BLANCHARD.
Vol. C, n° 9.
[Enregistré 1853, n° 51.]

— *Parathilphusa tridentata, parathilphusa sinensis, armatus.* — Vél. — 4 fig.
Signé à gauche : E. BLANCHARD.
Vol. C, n° 10.
[Enregistré 1853, n° 31.]

— *Acrocynchus depressus, lobophrys barbicornis, acanthophrys aculeata, planerops gibbosus* (maïdæ). — Vél. — 8 fig. Signé à gauche : E. BLANCHARD.
Vol. C, n° 11.
[Enregistré 1852, n° 35.]

— *Uca lævis.* — Vél. — 2 fig.
Signé à gauche : E. BLANCHARD.
Vol. C, n° 12.
[Enregistré 1854, n° 3.]

BLANCHARD (Émile-Théophile).
— *Métamorphoses de l'attacus juna* (H.). — Vél.
Signé à gauche : E. BLANCHARD (1851).
Vol. CII.
[Enregistré 1851, n° 43.]

BOCOURT (MARIE-FIRMIN).
— *Pachycerque aiguillonné, doriphore azuré* (Cuv.). — Vél. — 2 fig.
Signé à droite : F. BOCOURT PINX. 1854.
Vol. LXVIII, n° 47.
[Enregistré 1854, n° 66.]

— *Uromastix acanthinurus* (Bell.). — Vél.
Signé à droite : OUDART et F. BOCOURT, 1860.
Vol. LXVIII, n° 51.
[Enregistré 1860, n° 8.]

— *Delphinus melas* (Trail.), échoué au Havre en 1856. — Pap. — 1/7 de grandeur naturelle.
Signé à droite : F. BOCOURT, 1856.
Vol. LXXIV, n° 7.

— *Balénoptère rostré*, pris sur les côtes de Bretagne en février 1861. — Pap. — 2 fig.
Signé à droite : F. BOCOURT FECIT, mars-avril 1861.
Vol. LXXIV, n°s 8 et 9.

— *Otaries.* — Vél. — 2 fig. — 1/6 de grandeur naturelle.
Signé à droite : F. BOCOURT, 1863; d'après le vivant. — L'artiste a dessiné un paysage dans le fond.
Vol. LXXIV, n° 10.

— *Troglodyte, chimpanzé nègre mâle* (G. St H.). — Pap.
Signé à droite : F. BOCOURT, 1857, d'après le vivant.
Vol. LXXIV, n° 38.
[Enregistré 1857, n° 4.]

— *Gorille gina adulte.* — Vél. — 1/7 de grandeur naturelle.
Signé à droite : F. BOCOURT, 1857. — Un paysage forme le fond de l'aquarelle.
Vol. LXXIV, n° 39.
[Enregistré 1857, n° 15.]

Bocourt (Marie-Firmin).
— *Gorilles et chimpanzés*, dessins, d'après les daguerréotypes du Muséum. — Pap. — 4 fig.
Signé à gauche : F. Bocourt, 1857.
Vol. LXXIV, n° 40.
[Enregistré 1857, n° 17.]

— *Gorilles et chimpanzés*, dessins divers. — Pap. — 2 fig. — 1/6 de grandeur naturelle.
Signé à gauche : F. Bocourt, 1857.
Vol. LXXIV, n° 41.
[Enregistré 1857, n° 16.]

— *Premier hippopotame né en Europe*, âgé de dix heures, né à la Ménagerie le 10 mai 1858. — Vél. — 1/4 de grandeur naturelle.
Signé à droite : F. Bocourt, 1858.
Vol. LXXIV, n° 45.
[Enregistré 1858, n° 12. — Exposé au Salon de 1863 sous le n° 1959.]

— *Girafe mâle*, âgée de huit jours. — Vél. — 1/6 de grandeur naturelle.
Signé à droite : F. Bocourt, 1856.
Vol. LXXIV, n° 104.
[Enregistré 1856, n° 16.]

— *Didelphe mâle*. — Vél. — 2/3 de grandeur naturelle.
Signé à droite : F. Bocourt, 1859, d'après le vivant.
Vol. LXXIV, n° 107.
[Enregistré 1859, n° 18. — Exposé au Salon de 1863 sous le n° 1960.]

— *Zébu mâle*, du Soudan égyptien. — Vél. — 2/15 de grandeur naturelle.
Signé à droite : F. Bocourt, 1859.
Vol. LXXIV, n° 108.
[Exposé au Salon de 1861 sous le n° 301.]

— *Métis né d'une jument de Tarbes et d'une hémione*. — Vél.
Signé à droite : F. Bocourt, 1869.
Vol. LXXIV, n° 112.
[Enregistré 1869, n° 4.]

— *Pieds et doigts de geckotiens*. — Pap. — 30 fig. — Double de grandeur naturelle.
Signé à droite : F. Bocourt, 1855.
Vol. LXXXVII, n° 67.

Bocourt (Marie-Firmin).
— *Lépidophyme tacheté de jaune, lépidophyme queue cerclée, lépidophyme trois bandes* (Dum.). — Vél. — 3 fig.
Signé à droite : F. Bocourt pinx.
Vol. LXXXVII, n° 99.
[Enregistré 1852, n° 11.]

— *Cyclure de Harlan*, de l'île de Cuba. — Vél. — 2/3 de grandeur naturelle.
Signé à gauche : F. Bocourt, 1856, d'après le vivant.
Vol. LXXXVII, n° 102.
[Enregisté 1856, n° 9. — Exposé au Salon de 1861 sous le n° 302.]

— *Phymatolépide deux-carènes, sauromale Dombu*. — Vél. — 2 fig.
Signé à droite : F. Bocourt, 1855.
Vol. LXXXVII, n° 103.
[Enregistré 1856, n° 10.]

— *Naja haje ou serpent à coiffe d'Égypte*. — Vél.
Signé à droite : F. Bocourt pinx., 1854, d'après le vivant. — L'artiste a peint un paysage qui forme le fond de l'aquarelle.
Vol. LXXXVIII, n° 35.
[Enregistré 1854, n° 56.]

— *Hylambate tacheté*, nouveau genre (Dum.). — Vél. — 2 fig.
Signé à droite : F. Bocourt, 1853.
Vol. LXXXVIII, n° 61.
[Enregistré 1853, n° 21.]

— *Pipa americana mâle*. — Vél. — 3 fig.
Signé à droite : F. Bocourt fecit, 1858, d'après le vivant.
Vol. LXXXVIII, n° 75.
[Enregistré 1858, n° 6.]

— *Triton punctatus*. — Vél. — 12 fig.
Signé à droite. F. Bocourt fecit, 1860.
Vol. LXXXVIII, n° 85.
[Enregistré 1858, n° 6.]

— *Phascolomys Cuvierii*. — Pap. — 3 fig.
Signé à droite : F. Bocourt, 1856.
Vol. CI, n° 18.
[Enregistré 1857, n° 26.]

On peut encore attribuer en toute sûreté à M. F. Bocourt les trois dessins suivants.

Bocourt (Marie-Firmin).
— *Phascolomys Owenii, phascolomys latefrons* (paléontologie des mammifères). — Pap. — 2 fig.
Vol. CI, n° 15.
[Enregistré 1857, n° 23.]
— *Phascolomys planiceps*. — Pap. — 2 fig.
Vol. CI, n° 16.
[Enregistré 1857, n° 24.]
— *Phascolomys Mitchelli Owen*, de la caverne Wellington, dans la Nouvelle-Hollande. — Pap.
Vol. CI, n° 17.
[Enregistré 1857, n° 25.]

BORROMÉE.
— *Structure micrographique de l'os du chien.* — Vél.
Signé à gauche : Borromée del., novembre 1844.
Vol. LXV, n° 5.
[Enregistré 1846, n° 10.]
— *Cartilages de poissons : famille des raies.* — Vél.
Signé à gauche : Borromée del., novembre 1844.
Vol. LXV, n° 6.
[Enregistré 1846, n° 9.]
— *Cartilages de squales, de chimères et de baudroye.* — Vél.
Signé à gauche : Borromée del. novembre 1844.
Vol. LXV, n° 7.
[Enregistré 1846, n° 11.]
— *Cartilages de poissons cyclostomes.* — Vél.
Signé à gauche : Borromée del¹, septembre 1844.
Vol. LXV, n° 8.
[Enregistré 1846, n° 12.]
— *Cartilages de mollusques, calmar, sèche et buccin.* — Vél.
Signé à gauche : Borromée del., novembre 1844.
Vol. LXV, n° 9.
[Enregistré 1846, n° 13.]
— *Passer marchionessarum.* — Pap.
Signé à gauche : Borromée pinx¹ 1846.
Vol. CII.

BOUNIEU (M¹¹ᵉ Émilie), femme Raveau.
— *Prunus armeniaca* (Lin.), Orient. — Vél.
Signé à droite : Émilie Bounieu.
Vol. LIII, n° 50.
— *Strombus gigas* (Lam.). — Vél.
Signé à droite : Émilie Bounieu f¹. — L'artiste a dessiné au fond un paysage maritime.
Vol. XCVII, n° 70.
— *Polype.* — Vél.
Signé à droite : Émilie.
Vol. XCIX, n° 48.
— *Madrépore.* — Vél.
Signé à droite : Émilie Bounieu. — Un paysage maritime sert de fond à l'aquarelle.
Vol. XCIX, n° 51.

BOURDET.
— *Dessin de l'os fossile de cétacé* trouvé sur la côte du Havre. — Pap. — 2 fig.
On lit à gauche : Bourdet delineavit et pinxit, Genève, 1820.
Vol. CI, n° 47.

BRIDIEU (M¹¹ᵉ Eulalie de).
— *Goliathus cacicus* (Oliv.). — Vél.
Signé à gauche : M¹¹ᵉ Bridieu, juin 1841.
Vol. LXXVI (5), n° 5.
[Enregistré 1841, n° 16.]
— *Lithopes brevipes.* — Vél.
Signé à gauche : Eulalie de Bridieu.
Vol. C, n° 22.

CHAZAL (Antoine), élève de G. Van Spaendonck.
— *Jeune chimpanzé.* — Vél. — 2 fig. — 1/3 de la grandeur naturelle.
Signé à gauche : A. Chazal, décembre 1832.
Vol. LXIX, n° 6.
— *Bouquetin des Pyrénées.* — Vél. — 2 fig. — 1/6 de la grandeur naturelle.
Signé à droite : A. Chazal, 1831.
Vol. LXXIII, n° 55.
— *Emyde*, peinte jeune (Dum.). — Vél. — 3 fig. (profil, dessus et dessous).
Signé à droite : A. Chazal, mars 1832.
Vol. LXXXVII, n° 20.

Chazal (Antoine).
— *Gymnopode spinifère*, jeune (Dum.).
— Vél. — 3 fig. (profil, dessus et dessous).
Signé à droite : A. Chazal del¹, novembre 1845.
Vol. LXXXVII, n° 32.
— *Crocodile de Journu* (Dum.), d'après un individu appartenant au Musée de Bordeaux. — Vél. — 1/8 de la grandeur naturelle.
Signé à droite : A. Chazal, 1836.
Vol. LXXXVII, n° 53.
— *Varant du désert* (Dum.). — Vél. — Moitié de la grandeur naturelle.
Signé à droite : A. Chazal, 1844.
Vol. LXXXVII, n° 76.
— *Iguane tuberculeux*, d'après le vivant. — Vél.
Signé à droite : A. Chazal, 1852.
Vol. LXXXVII, n° 84.
[Enregistré 1852, n° 66.]
— *Scincus miltodes*, d'Alger; *plestiodonte d'Aldrovande* (Dum.). — Vél.
Signé à droite : A. Chazal, août 1836.
Vol. LXXXVII, n° 93 ter.
— *Lepidosternon microcephalon*, d'après le vivant. — Vél.
Signé à droite : A. Chazal, 1849.
Vol. LXXXVII, n° 98.
[Enregistré 1859, n° 41.]
— *Python réticulé* (Gray). — Vél. — Moitié de la grandeur naturelle.
Signé à droite : A. Chazal, 1853.
Vol. LXXXVIII, n° 2.
[Enregistré 1854, n° 4.]
— *Boa constrictor*, d'après le vivant. — Vél. — Moitié de la grandeur naturelle.
Signé à droite : A. Chazal, 1843.
Vol. LXXXVIII, n° 6.
— *Coluber Lippocrepis* (Lin.), d'après le vivant. — Vél.
Signé à droite : A. Chazal, 1839.
Vol. LXXXVIII, n° 8.
[Enregistré 1839, n° 12.]
— *Epicrate cenchris* (Wagler), d'après le vivant. — Vél. — Moitié de la grandeur naturelle.
Signé à droite : A. Chazal, 1853.
Vol. LXXXVIII, n° 9.
[Enregistré 1854, n° 5.]

Chazal (Antoine).
— *Echidnée du Gabon* (Dum.), d'après le vivant. — Vél.
Signé à droite : A. Chazal, 1854.
Vol. LXXXVIII, n° 11.
[Enregistré 1854, n° 31.]
— *Callopisma abacura*, d'après le vivant. — Vél.
Signé à droite : A. Chazal, 1849.
Vol. LXXXVIII, n° 21.
[Enregistré 1849, n° 5.]
— *Serpent à sonnettes ordinaire; crotalus durissus*, d'après le vivant.—Vél.
Signé à droite : A. Chazal, 1833.
Vol. LXXXVIII, n° 44.
— *Vipère à queue courte; echidna arietans*, d'après le vivant. — Vél.
Signé à droite : A. Chazal, 1848.
Vol. LXXXVIII, n° 49.
[Enregistré 1848, n° 32.)
— *Rana mugiens* (Dum.), d'après le vivant. — Vél.
Signé à droite : A. Chazal, 1834.
Vol. LXXXVIII, n° 54.
— *Pelobates fuscus junior* (Dum.), d'après le vivant. — Vél. — 3 fig.
Signé à droite : A. Chazal, 1840.
Vol. LXXXVIII, n° 60.
— *Sirène lacertine*, d'après le vivant. — Vél.
Signé à droite : A. Chazal, 1840.
Vol. LXXXVIII, n° 98.
— *Protée*. — Vél. — 3 fig.
Signé à droite : A. Chazal, 1833.
Vol. LXXXVIII, n° 99.
— *Proteosaurus capensis*, fossile (Val.). — Pap.
Signé à droite : A. Chazal, 1844.
Vol. CI.
— *Crustacés trilobites*, fossiles, des genres ogygies et asaphes. — Pap. — 5 feuilles de dessins.
Signé à droite : Chazal, octobre 1831-1832.
Vol. CI.
— *Trilobite oxygie*, du schiste d'Angers. — Pap.
Signé à gauche : A. Chazal, 1832.
Vol. CI.

CHAZAL (Antoine).
— *Python royal* (Dum.). — Vél.
Signé à droite : A. CHAZAL, 1854.
Vol. CII.
[Enregistré 1854, n° 39.]

CLÉMENT (A. L.).
— *Gasterosteus ; épinoches.* — Pap. [dessin]. — 18 fig.
Signé à gauche : A. CLÉMENT.
Vol. CII.
[Enregistré 1873, n° 7.]

— *Jones cuirassées, platycéphales.* — Pap. — 14 fig.
Signé à gauche : A. CLÉMENT.
Vol. CII.
[Enregistré 1874, n° 4.]

— *Jones cuirassées, sébastes.* — Pap. — 14 fig.
Signé à gauche : A. CLÉMENT, 1874.
Vol. CII.
[Enregistré 1874, n° 5.]

— *Clenaster spectabilis ; gonopecten subtilis ; pentagonaster intermedius.* — Pap. [dessins]. — 6 fig.
Signé à gauche : A. L. CLÉMENT, 1881.
Vol. CII.
[Enregistré 1881, n° 1.]

— *Pentagonaster parvus, granulus, etc.* Pap. [dessins]. — 4 fig.
Signé à gauche : A. L. CLÉMENT, 1879.
Vol. CII.
[Enregistré 1881, n° 2.]

— *Pentagonaster Lowenii, Alexandrii*, etc. — Pap. [dessins]. — 11 fig.
Signé à gauche : A. L. CLÉMENT.
Vol. CII.
[Enregistré 1881, n° 3.]

— *Saturnia Pernyi, papillons.* — Vél. — 4 fig.
Signé à droite : A. L. CLÉMENT, 1878.
Vol. CII.
[Enregistré 1879, n° 2.]

CONSTANS (LOUIS-ARISTIDE-LÉON).
— *Macrozamia spiralis ; fougère.* — Vél.
Signé à droite : L. CONSTANS PINX^t, 1849.
[Enregistré 1849, n° 21.]

— *Æchmea melinonis.* — Vél.
Signé à droite : L. CONSTANS.
Vol. LXXV, n° 68.
[Enregistré 1853, n° 26.]

CUISIN (CHARLES).
— *Portea densiflora.* — Vél. — Moitié de la grandeur naturelle.
Signé à gauche : CH. CUISIN, 1873.
Vol. LXXV, n° 79.

— *Bignonia Tweediana.* — Vél.
Signé à gauche : CH. CUISIN, 1875.
Vol. LXXV, n° 80.
[Enregistré 1875, n° 11.]

— *Tulipa greigi.* — Pap. — 3 fig.
Signé à droite : CH. CUISIN.
Vol. CII.
[Enregistré 1882, n° 5.]

— *Amphitecna macrophylla* (Miers). — Pap. — 5 fig.
Signé à gauche : CH. CUISIN, 1881.
Vol. CII.
[Enregistré 1881, n° 4.]

— *Agave glauca.* — Vél. — 7 fig.
Signé à gauche : CH. CUISIN, 1876.
Vol. CII.
[Enregistré 1876, n° 18.]

— *Agave tuberosa.* — Vél. — 5 fig.
Signé à gauche : CH. CUISIN, 1876.
Vol. CII.
[Enregistré 1876, n° 19.]

— *Agave univittata.* — Vél. — 8 fig.
Signé à droite : CH. CUISIN, 1876.
Vol. CII.
[Enregistré 1876, n° 28.]

— *Agave xylina cantha.* — Vél. — 9 fig.
Signé à gauche : CH. CUISIN, 1876.
Vol. CII.
[Enregistré 1876, n° 29.]

— *Cedrela sinensis* (Juss.), d'après le vivant. — Pap.
Signé à droite : CH. CUISIN, 1876.
Vol. CII.
[Enregistré 1876, n° 25.]

— *Ixiolirion.* — Vél.
Signé à droite : CH. CUISIN.
Vol. CII.
[Enregistré 1876, n° 9.]

— *Eremurus robustus.* — Vél.
Signé à gauche : CH CUISIN.
Vol. CII.
[Enregistré 1876, n° 10.]

— *Amphitecna nigripes.* — Pap. — 12 fig.
Signé à gauche : CH. CUISIN, 1882.
Vol. CII.
[Enregistré 1882, n° 4.]

DELAHAYE.
— *Volula Neptuni.* — Vél.
  Signé à gauche : Delahaye p¹, février 1855.
  Vol. LXXVI, nos 8 à 10.
  [Enregistré 1855, n° 3.]
— *Gorgonia multicaudata* (Lam.).— Vél.
  Signé à gauche : Delahaye p¹, décembre 1854.
  Vol. LXXVI (4), n° 7.
— *Plexaura viminea.* — Vél.
  Signé à gauche : Delahaye p¹, décembre 1854.
  Vol. LXXVI (4), n° 9.
  [Enregistré 1854, n° 62.]
— *Spicules calcaires des Gorgones.* — Pap. — 4 pl.
  Signé à gauche : Delahaye del¹, 1854.
  Vol. LXXVI (4), nos 22 à 25.

DÉVÉRIA (Mlle Laure).
— *Philodendron crassipes.* — Pap.
  Signé à droite : Laure Dévéria, 1837.
  Vol. LXXV, n° 65.
  [Enregistré 1837, n° 11.]
— *Spathodea ; tulipe.* — Pap.
  Signé à gauche : Laure Dévéria, 1835.
  Vol. LXXV, n° 82.
  [Enregistré 1835, n° 17.]

DIEKMANN.
— *Micrographie du cal* (chien). — Vél.
  Signé à gauche : Diekmann del., 1845.
  Vol. LXV, n° 3.
  [Enregistré 1845, n° 29.]
— *Système nerveux des invertébrés* (crabe, langouste et sangsue). — Pap.
  Signé à gauche : Diekmann del., 1846.
  Vol. LXV, n° 39.
  [Enregistré 1846, n° 24.]
— *Echinodermes.* — Vél.
  Au bas on lit : *Peint par* Diekmann, 1847.
  Vol. LXXVI (2), nos 1 et 2.
  [Enregistrés 1847, nos 17 et 18.]
— *Echinodermes.* — Pap.
  Au bas on lit : *Peint par* Diekmann, 1847.
  Vol. LXXVI (2), n° 3.
  [Enregistré 1847, n° 26.]

Diekmann.
— *Cassidulus australis.* — Vél.
  Au bas on lit : *Peint par* Diekmann, 1847.
  Vol. LXXVI (2), n° 4.
  [Enregistré 1847, n° 27.]
— *Mellita hexopora.* — Vél.
  Au bas on lit : *Peint par* Diekmann, 1848.
  Vol. LXXVI (2), n° 5.
  [Enregistré 1848, n° 12.]
— *Clypeaster rosaceus*, des Antilles. — Vél.
  On lit au bas : *Peint par* Diekmann, février 1848.
  Vol. LXXVI (2), nos 6 et 7.
  [Enregistré 1848, nos 19 et 20.]
— *Cidarites diadema* (Lam.). — Vél.
  On lit au bas : *Peint par* Diekmann, 1849.
  Vol. LXXVI (2), n° 8.
  [Enregistré 1849, n° 12.]
— *Cidaris mamillata.* — Vél.
  Au bas on lit : *Commencé par* Diekmann, *terminé par* Nicolet, 1849-1850.
  Vol. LXXVI (2), n° 9.

DINKEL (Joseph).
— *Crustacés trilobites fossiles*, oxygie dans le schiste-ardoise d'Angers. — Pap.
  Signé à gauche : Jos. Dinkel fec.
  Vol. CI.

DURAND.
— *Paon commun mâle et femelle*, de France. — Vél. — H. 0m,26. — L. 0m,17.
  Signé à gauche : Durand p¹, *d'après nature.*
  Vol. LXXXI, n° 7.

FONTAINNE (Abeille de).
— *Asparagus officinalis* (Lin.), de France. — Vél.
  Signé à gauche : Abeille de Fontainne.
  Vol. VI, nos 14 et 15.
— *Lilium bulbiferum* (Lin.), des Alpes. — Vél.
  Signé à gauche : Ab...
  Vol. VII, n° 59.
— *Aloe humilis* (Lin.), du cap de Bonne-Espérance. — Vél.
  Signé à gauche : Abeille de Fontainne.
  Vol VIII, n° 48.

FONTAINNE (Abeille de).
— *Hyacinthus orientalis* (Lin.), d'Asie.
— Vél.
Signé à gauche : ABEILLE DE FONTAINNE.
Vol. IX, n° 27.
— *Allium subhirsutum* (Lin.), d'Orient.
— Vél.
Signé à gauche : AB...
Vol. IX, n° 65.
— *Amaryllis formosissima* (Lin.), de l'Amérique méridionale. — Vél.
Signé à gauche : ABEILLE DE FONTAINNE.
Vol. X, n° 37.
— *Ixia hyalina* (Hort. Paris), du cap de Bonne-Espérance. — Vél.
Signé à gauche : AB...
Vol. XII, n° 27.
— *Gladiolus tubatus* (Jacq.). — Vél.
Signé à gauche : AB...
Vol. XII, n° 52.
— *Gladiolus securiger* (Curt.). — Vél.
Signé à droite : ABEILLE DE FONTAINNE.
Vol. XII, n° 58.
— *Gladiolus flavus* (Lamk.), du cap de Bonne-Espérance. — Vél.
Signé à gauche : ABEILLE DE FONTAINNE.
Vol. XII, n° 59.
— *Cypripedium flavescens*, du Canada. — Vél.
Signé à gauche : AB...
Vol. XIV, n° 28.
— *Daphne laureola* (Lin.), de France. — Vél.
Signé à gauche : ABEILLE DE FONTAINNE.
Vol. XIV, n° 60.
— *Primula elatior* (Wild.), variété. — Pap.
Signé à gauche : DESSINÉ D'APRÈS NATURE PAR ABEILLE DE FONTAINNE.
Vol. XVII, n° 17.
— *Primula auricula* (Lin.), des Alpes. — Pap.
Signé à gauche : ABEILLE DE FONTAINNE.
L'artiste a figuré la fleur dans un pot, et rempli le fond du tableau par un paysage.
Vol. XVII, n° 27.
— *Primula viscosa* (Villars), des Alpes. — Vél.
Signé à gauche : ABEILLE DE FONTAINNE.
Vol. XVII, n° 30.

FONTAINNE (Abeille de).
— *Corthusa Matthioli* (Lin.), des Alpes. — Vél.
Signé à gauche : ABEILLE DE FONTAINNE.
Vol. XVII, n° 33.
— *Veronica Michauxii* (Lam.), d'Asie. — Vél.
Signé à gauche : ABEILLE DE FONTAINNE.
Vol. XVII, n° 64.
— *Buchnera capensis* (Lin.). — Vél.
Signé à gauche : AB...
Vol. XVIII, n° 1.
— *Jasminum fruticans* (Lin.), de la France méridionale. — Pap.
Signé à gauche : ABEILLE DE FONT...
Vol. XVIII, n° 48.
— *Sideritis cretica* (Lam.). — Vél.
Signé à gauche : ABEILLE DE FONTAINNE.
Vol. XX, n° 33.
— *Dracocephalum altaicense* (Wild.). — Vél.
Signé à gauche : ABEILLE DE FONTAINNE.
Vol. XXI, n° 43.
— *Prasium minus* (Lin.), d'Italie. — Vél.
Signé à gauche : ABEILLE DE FONTAINNE.
Vol. XXI, n° 66.
— *Scrophularia trifoliata* (Lin.), de Barbarie. — Vél.
Signé à gauche : ABEILLE DE FONTAINNE.
Vol. XXI, n° 70.
— *Linaria latifolia* (Desf.), de Barbarie. — Vél.
Signé à gauche : AB...
Vol. XXII, n° 5.
— *Linaria marginata* (Def.), de Barbarie. — Vél.
Signé à gauche : ABEILLE DE FONTAINNE.
Vol. XXII, n° 19.
— *Solanum pseudocapsicum* (Lin.), de l'île Madère. — Vél.
Signé à gauche : ABEILLE DE FONTAINNE.
Vol. XXIII, n° 57.
— *Polemonium reptans* (Lin.), de l'Amérique septentrionale. — Vél.
Signé à gauche : AB...
Vol. XXVI, n° 56.
— *Campanula grandiflora* (Lin.), de Tartarie. — Vél.
Signé à gauche : AB...
Vol. XXIX, n° 62.

Fontainne (Abeille de).
— *Campanula spicata* (Lin.), des Alpes.
— Vél.
Signé à gauche : Ab...
Vol. XXX, n° 9.
— *Andryala pinnatifida* (Hort. Kew), des îles Canaries. — Vél.
Signé à gauche : Ab...
Vol. XXXI, n° 58.
— *Serratula centauroïdes* (Lin.), de Sibérie. — Vél.
Signé à gauche : Ab...
Vol. XXXIII, n° 1.
— *Senecio elegans* (Lin.), variété du cap de Bonne-Espérance. — Vél.
Signé à gauche : Abeille de Fontainne.
Vol. XXXV, n° 70.
— *Cornus canadensis* (Lin.). — Vél.
Signé à gauche : Ab...
Vol. XXXVIII, n° 42.
— *Anemone coronaria* (Lin.). — Pap.
Signé à gauche : Dessiné d'après nature par Abeille de Fontainne.
Vol. XXXIX, n° 87.
— *Anemone thalictroïdes* (Lin.), d'Amérique. — Vél.
Signé à gauche : Abeille de Fontainne.
Vol. XL, n° 3.
— *Anemone amplexicaulis* (Lin.), des Alpes. — Vél.
Signé à gauche : Abeille de Fontainne.
Vol. XL, n° 18.
— *Trollius globosus europæus* (Lin.), des Alpes. — Vél.
Signé à gauche : Abeille de Fontainne.
Vol. XL, n° 54.
— *Arabis alpina* (Lin.). — Vél.
Signé à gauche : Abeille de Fontainne.
Vol. XLI, n° 96.
— *Cheiranthus Cheiri* (Lin.), de France. — Pap.
Signé à gauche : Abeille de Fontainne.
Un paysage remplit le fond du dessin.
Vol. XLII, n° 9.
— *Cheiranthus Cheiri multiplex*. — Vél.
Signé à gauche : Abeille de Font...
Vol. XLII, n° 10.
— *Cheiranthus incanus multiplex* (Lin.), d'Espagne. — Vél.
Signé à gauche : Abeille de Fontainne.
Vol. XLII, n° 14.

Fontainne (Abeille de).
— *Citrus aurantium* (Lin.), d'Asie. — Vél.
Signé à gauche : Abeille de Fontainne.
Vol. XLIII, n° 83.
— *Vitis vinifera* (Lin.), d'Asie. — Pap.
Signé à gauche : Dessiné d'après nature par Abeille de Fontaine.
Vol. XLIII, n° 16.
— *Pelargonium quercifolium* (Her.), du cap de Bonne-Espérance. — Vél.
Signé à gauche : Ab...
Vol. XLIV, n° 64.
— *Impatiens balsamina* (Lin.), de l'Inde. — Vél.
Signé : Abeille de Fontainne.
Un paysage pris au bord de la mer complète ce dessin.
Vol. XLV, n° 20.
— *Malva angustifolia* (Cav.), du Mexique. — Vél.
Signé à droite : Ab...
Vol. XLV, n° 35.
— *Malva miniata rosea*. — Vél.
Signé à gauche : Ab...
Vol. XLV, n° 39.
— *Berberis vulgaris* (Lin.), de France. — Vél.
Signé à gauche : Abeille de Fontainne.
Vol. XLVI, n° 76.
— *Dianthus caryophyllus* (Lin.); œillets de France. — Pap.
Signé à gauche : Dessiné d'après nature par Abeille de Fontainne.
Vol. XLVII, n° 97.
— *Silene ornata* (Hort. Kew), du cap de Bonne-Espérance. — Vél.
Signé à gauche : Abeille de Fontainne.
Vol. XLVIII, n° 26.
— *Crassula lucida* (Lam.), du cap de Bonne-Espérance. — Vél.
Signé à gauche : Abeille de Fontainne.
Vol. XLVIII, n° 71.
— *Kalhankoe spatulata* (Dec.), de la Chine. — Vél.
Signé à gauche : Ab...
Vol. XLVIII, n° 93.
— *Mesembryanthemum cordifolium* (Lin.), du cap de Bonne-Espérance. — Vél.
Signé à gauche : Abeille de Fontainne.
Vol. L, n° 39.

FONTAINNE (Abeille de).
— *Mesembryanthemum echinatum album* (Hort. Kew). — Vél.
Signé à gauche : ABEILLE DE FONTAINNE.
Vol. L, n° 51.
— *Roses simples.* — Pap.
Signé à gauche : ABEILLE DE FONTAINNE.
L'artiste a placé ses fleurs dans un vase hexagonal.
Vol. LII, n° 52.
— *Prunes de Monsieur.* — Pap.
Signé à gauche : DESSINÉ D'APRÈS NATURE PAR ABEILLE DE FONTAINNE.
Vol. LIII, n° 48.
— *Lupinus verticillatus* (Lam.). — Pap.
Signé à gauche : DESSINÉ D'APRÈS NATURE PAR ABEILLE DE FONTAINNE.
Vol. LV, n° 59.
— *Colutea perennans* (Lin.). — Vél.
Signé à droite : ABEILLE DE F...
Vol. LVII, n° 56.
— *Evonymus europæus* (Lin.), de France. — Vél.
Signé à gauche : ABEILLE DE FONTAINNE.
Vol. LIX, n° 43.
— *Cupressus pendula* (Her.), de Goa. — Vél.
Signé à gauche : ABEILLE DE FONTAINNE.
Vol. LXIII, n° 45.
— *Vitis vulpina* (Lin.), de l'Amérique septentrionale. — Pap.
Signé à gauche : DESSINÉ D'APRÈS NATURE PAR ABEILLE DE FONTAINNE.
Vol. LXXV, n° 64.
— *Papillons.* — Vél. — 2 fig.
Signé à gauche : AB...
Vol. LXXXVI, n° 1.
— *Priamus*, d'Amboine. — Vél. — 2 fig.
Signé à gauche : DESSINÉ D'APRÈS NATURE PAR ABEILLE DE FONTAINNE.
Vol. LXXXVI, n° 36.
— *Mitres et tiares; coquillages divers.* — Pap. — 4 fig.
Signé à gauche : ABEILLE DE FONTAINNE.
Vol. XCVII, n° 35.
— *Litophile, coquilles et madrépore.* — Pap.
Signé à gauche : ABEILLE DE FONTAINNE.
L'artiste a agrémenté son dessin d'un paysage.
Vol. XCIX, n° 59.

FONTAINNE (Abeille de).
— *Minéralogie; mine de cuivre verte veloutée et mamelonnée contenant des parties ferrugineuses*, tirée du cabinet d'histoire naturelle de M. Caze de la Bove, intendant du Dauphiné. — Pap.
Signé à gauche : DESSINÉ D'APRÈS NATURE PAR ABEILLE DE FONTAINNE.
Vol. CI.

FORMANT (H.).
— *Variétés monstrueuses d'œufs à deux jaunes.* — Pap.
Signé à gauche : H. FORMANT, 1855.
Vol. LXV, n°s 20 et 21.
[Enregistrés 1855, n°s 36 et 37.]
— *Troglodytes tschego; le gorille.* — Pap. — 2/7 de la grandeur naturelle.
Signé à gauche : H. FORMANT, 1854.
Vol. LXVI, n°s 1 et 2.
[Enregistrés 1854, n°s 23 et 24.]
— *Gorille : main gauche du membre thoracique.* — Pap.
Signé à gauche : H. FORMANT DEL., 1853.
Vol. LXVI, n° 3.
[Enregistré 1853, n° 33.]
— *Gorille : main gauche du membre abdominal.* — Pap.
Signé à gauche : H. FORMANT DEL., 1853.
Vol. LXVI, n° 4.
[Enregistré 1853, n° 34.]
— *Alausella virosa.* — Pap.
Signé à gauche : H. FORMANT, 1855.
Vol. LXVIII, n° 75.
[Enregistré 1855, n° 35.]
— *Rhinoceros incisivus* (Cuv.); *rhinoceros pleuroceros*, tête fossile. — Pap. — 2 fig. — 1/4 de la grandeur naturelle.
Signé à gauche : H. FORMANT DEL., 1852.
Vol. CI.
[Enregistré 1853, n° 7.]
— *Stereoceros galli* (Duv.); *rhinoceros simus* (Burschel), tête fossile. — Pap. — 6 fig. — 1/4 de la grandeur naturelle.
Signé à gauche : H. FORMANT, 1852.
Vol. CI.
[Enregistré 1853, n°s 8 à 10.]
— *Accrotherium gannatense*, fossile. — Pap.
Signé à gauche : H. FORMANT DEL., 1852.
Vol. CI.
[Enregistré 1853, n° 11.]

FORMANT (H.).
— *Acerotherium et rhinocéros*, détails fossiles. — Pap. — 23 fig. — 1/3 de la grandeur naturelle.
Signé à gauche : H. FORMANT DEL., 1852.
Vol. CI.
[Enregistré 1853, n° 12.]

— *Acerotherium; pieds*. — Pap. — 3 fig. — 1/3 de la grandeur naturelle.
Signé à gauche : H. FORMANT DEL., 1853.
Vol. CI.
[Enregistré 1853, n° 13.]

— *Premnasia sancti Aurati* (Val.). — Pap.
Signé à gauche : H. FORMANT, 1855.
Vol. CI.

— *Crioceras formosus* (Val.), du calcaire néocomien de Santa-Fé de Bogota. — Pap.
Signé à gauche : H. FORMANT, 1853.
Vol. CI.
[Enregistré 1853, n° 46.]

— *Dentalium disjunctum, gracile, operosum, exile, heptagonum*, etc. — Pap. — 12 fig.
Signé à gauche : H. FORMANT, 1870.
Vol. CII.
[Enregistré 1870, n° 6.]

— *Dentalium*, variétés. — Pap. — 14 fig.
Signé à gauche : H. FORMANT, 1870.
Vol. CII.
[Enregistré 1870, n° 7.]

— *Reptiles fossiles; elpisaurus capensis.* — Pap. (dessins). — 2 fig.
Signé à gauche : H. FORMANT, 1855.
Vol. CII.
[Enregistré 1855, n° 12.]

FRANKE (C.).
— *Jeune babiroussa, squelette*. — Pap.
Signé à gauche : C. FRANKE PINX.
Vol. LXVI, n° 78.

GAMBLE (AD.).
— *Trito cristatus;* reproduction des membres coupés dans la continuité. — Pap. — 6 fig.
Signé à gauche : *D'après nature*, AD. GAMBLE DEL., 1853.
Le dessin a été terminé par M. VULPIAN.
Vol. CII.
[Enregistré 1855, n° 28.]

GOMBAUD.
— *Pie-grièche grise, mâle.* — Vél.
Signé à droite : GOMBAUD, 1792.
Vol. LXXVIII, n° 1.

— *Pie-grièche grise, femelle.* — Vél.
Signé à droite : GOMBAUD, 1792.
Vol. LXXVIII, n° 2.

— *Cassican*, de la Nouvelle-Guinée. — Vél.
Signé à droite : GOMBAUD, 1793.
Vol. LXXVIII, n° 16.

— *Brève*, du Bengale. — Vél.
Signé à gauche : GOMBAUD, 1793.
Vol. LXXVIII, n° 68.

— *Brève*, des Philippines. — Vél.
Signé à droite : GOMBAUD, 1793.
Vol. LXXVIII, n° 69.

— *Rouge-gorge femelle et serin mulard.* — Vél. — 2 fig.
Signé à droite : GOMBAUD, 1792.
Vol. LXXVIII, n° 80.

— *Rossignol, mâle et femelle.* — Vél. — 2 fig.
Signé à droite : GOMBAUD, 1792.
Vol. LXXVIII, n° 83.

— *Fauvette, mâle et femelle.* — Vél. — 2 fig.
Signé à droite : GOMBAUD, 1792.
Vol. LXXVIII, n° 85.

— *Roitelet, mâle et femelle.* — Vél. — 3 fig.
Signé à droite : GOMBAUD, 1792.
Vol. LXXVIII, n° 88.

— *Bergeronnette* d'Espagne. — Vél. — 2 fig.
Signé à droite : GOMBAUD, 1792.
Vol. LXXVIII, n° 91.

— *Bergeronnette,* du cap de Bonne-Espérance, *mâle et femelle.* — Vél. — 2 fig.
Signé à gauche : GOMBAUD, 1793.
L'artiste a complété ce dessin, comme le précédent du reste, par un fond de paysage.
Vol. LXXVIII, n° 92.

— *Mésange grise, mâle et femelle.* — Vél. — 2 fig.
Signé à droite : GOMBAUD, 1792.
Vol. LXXIX, n° 17.

— *Linot de vigne, mâle et femelle.* — Vél. — 2 fig.
Signé à droite : GOMBAUD, 1792.
Vol. LXXIX, n° 35.

Gombaud.
- *Canari, mâle et femelle.* — Vél. — 2 fig.
Signé à gauche : Gombaud, 1792.
Vol. LXXIX, n° 37.
- *Tarin d'Europe, mâle et femelle.* — Vél. — 2 fig.
Signé à gauche : Gombaud, 1792.
Vol. LXXIX, n° 40.
- *Bengali brun, mâle et femelle.* — Vél. — 2 fig.
Signé à gauche : Gombaud, 1793.
Vol. LXXIX, n° 43.
- *Cassique de la Louisiane.* — Vél.
Signé à gauche : Gombaud, 1793.
Vol. LXXIX, n° 56.
- *Yapou*, du Brésil. — Vél.
Signé à gauche : Gombaud, 1793.
Vol. LXXIX, n° 57.
- *Carouge olive*, de Cayenne. — Vél.
Signé à gauche : Gombaud, 1792.
Vol. LXXIX, n° 60.
- *Cul-jaune*, de Saint-Domingue, *mâle et femelle.* — Vél. — 2 fig.
Signé à droite : Gombaud, 1792.
Vol. LXXIX, n° 61.
- *Pic à bec rouge*, de la Chine. — Vél.
Signé à droite : Gombaud, 1793.
Vol. LXXIX, n° 79.
- *Geai de Sibérie.* — Vél.
Signé à gauche : Gombaud, 1793.
Vol. LXXIX, n° 88.
- *Petit gobe-mouches de Cayenne et petit geai bleu du Canada.* — Vél. — 2 fig.
Signé à droite : Gombaud, 1793.
Vol. LXXIX, n° 89.
- *Geai du Pérou.* — Vél.
Signé à droite : Gombaud, 1793.
Vol. LXXIX, n° 90.
- *Souïmanga*, du Sénégal et du cap de Bonne-Espérance. — Vél.
Signé à gauche : Gombaud, 1793.
Vol. LXXX, n° 11.
- *Aracari à collier*, de Cayenne. — Vél.
Signé à gauche : Gombaud, 1793.
Vol. LXXX, n° 61.

Gontier (Jean).
- *Astérophyllites végétaux fossiles*, des mines du Yorkshire. — Pap. — 7 fig.
Signé à gauche : J. Gontier.
Vol. CI.
[Enregistré 1851, n° 22.]

Guérin (E.).
- *Crâne de l'autruche d'Amérique.* — Vél.
Signé à gauche : E. Guérin, avril 1824.
Vol. LXVI, n° 124.

Huet (Nicolas), fils et élève de Jean-Baptiste Huet.
- *Le squelette de la tête de la girafe.* — Pap. — 1/5 de la grandeur naturelle.
Signé à gauche : Huet fils, ventôse an XI.
Vol. LXVI*, n° 5.
- *Tiges osseuses ou noyaux des cornes de la girafe.* — Pap. — Grandeur naturelle.
Signé à gauche : Huet, décembre 1828.
Vol. LXVI*, n° 6.
- *Têtes d'ours.* — Pap. — 1/3 de la grandeur naturelle.
Signé à gauche : Huet, septembre 1822.
Vol. LXVI, n° 3.
- *Têtes d'ours fossiles.* — Pap. — 1/3 de la grandeur naturelle.
Signé à gauche : Huet, novembre 1822.
Vol. LXVI, n° 4.
- *Ostéologie du glouton.* — Pap. — Moitié de la grandeur naturelle.
Signé à gauche : Huet, décembre 1822.
Vol. LXVI, n° 12.
- *Hyène tachetée.* — Pap. — 1/3 de la grandeur naturelle.
Signé à gauche : Huet, octobre 1822.
Vol. LXVI, n°s 13 et 14.
- *Tigre royal.* — Pap. — 1/3 de la grandeur naturelle.
Signé à gauche : Huet, octobre 1822.
Vol. LXVI, n°s 15 et 16.
- *Squelette d'hippopotame.* — Pap. — 1/8 de la grandeur naturelle.
Signé à gauche : Huet, février 1821.
Vol. LXVI, n° 17.
- *Ostéologie du cheval.* — Pap. — 1/3 et 1/4 de la grandeur naturelle.
Signé à gauche : Huet, août 1821.
Vol. LXVI, n° 20.

Huet (Nicolas).
— *Phoca monachus.* — Pap. — 1/3 de la grandeur naturelle.
Signé à gauche : Huet, mars 1823.
Vol. LXVI, n° 21.

— *Phoca nichata.* — Pap. — 1/9 de la grandeur naturelle.
Signé à gauche : Huet, mars 1823.
Vol. LXVI, n° 22.

— *Phoca nichata.* — Pap. — 1/3 de la grandeur naturelle.
Signé à gauche : Huet, juillet 1824.
Vol. LXVI, n° 23.

— *Le même*, détails. — Pap. — 1/4 de la grandeur naturelle.
Signé à gauche : Huet, juillet 1824.
Vol. LXVI, n° 24.

— *Le même*, détails. — Pap. — 1/6 de la grandeur naturelle.
Signé à gauche : Huet, juillet 1824.
Vol. LXVI, n° 25.

— *Têtes et crânes de divers phyllostomes.* — Vél. — Grandeur naturelle.
Signé à gauche : Huet fils, mars 1810.
Vol. LXVI, n° 26.

— *Squelette, têtes et pieds de l'aï.* — Pap. — 2/3 de la grandeur naturelle.
Signé à gauche : Huet, juillet 1822.
Vol. LXVI, n° 41.

— *Tatou noir de l'Azjaro.* — Pap. — Grandeur naturelle.
Signé à gauche : Huet, juillet 1822.
Vol. LXVI, n° 42.

— *Oryctérope*, du cap de Bonne-Espérance. — Pap. — 1/6 de grandeur naturelle.
Signé à gauche : Huet, avril 1822.
Vol. LXVI, n°s 44 et 45.

— *Oryctérope*, variété. — Pap. — 1/10 de la grandeur naturelle.
Signé à gauche : Huet fils, an XI.
Vol. LXVI, n° 46.

— *Fourmilier tamanoir.* — Pap. — 1/6 et 1/3 de la grandeur naturelle.
Signé à gauche : Huet, mai 1822.
Vol. LXVI, n°s 47 et 48.

— *Le même*, détails. — Pap. — 2/3 de la grandeur naturelle.
Signé à gauche : Huet, septembre 1816.
Vol. LXVI, n° 49.

Huet (Nicolas).
— *Pangolin à queue courte.* — Pap. — 1/3 de la grandeur naturelle.
Signé à gauche : Huet, juin 1822.
Vol. LXVI, n° 51.

— *Pangolin à queue courte*, variété. — Pap. — 2/3 de la grandeur naturelle.
Signé à gauche : Huet, juin 1822.
Vol. LXVI, n° 52.

— *Echidna histrix.* — Pap. — 2/3 de la grandeur naturelle.
Signé à gauche : Huet, août 1822.
Vol. LXVI, n° 54.

— *Ostéologie de l'ours brun.* — Pap. — 1/3 de la grandeur naturelle.
Signé à gauche : Huet, septembre 1822.
Vol. LXVI, n° 56.

— *Ornithorincus fulvus.* — Pap. — Grandeur naturelle.
Signé à gauche : Huet, février 1823.
Vol. LXVI, n° 57.

— *Echidna histrix.* — Pap. — Grandeur naturelle.
Signé à gauche : Huet, septembre 1822.
Vol. LXVI, n° 58.

— *Éléphant ; coupe de la boîte osseuse.* — Vél. — 1/3 de la grandeur naturelle.
Signé à gauche : Huet fils, juin 1806.
Vol. LXVI, n° 59.

— *Manis longicauda.* — Pap. — Moitié de la grandeur naturelle.
Signé à gauche : Huet, février 1816.
Vol. LXVI, n° 60.

— *Le squelette de la girafe.* — Vél. — 1/3 de la grandeur naturelle.
Signé à gauche : Huet fils, an XI.
Vol. LXVI, n° 61.

— *Ostéologie : dents des rhinocéros.* — Pap. — 1/5 de la grandeur naturelle.
Signé à gauche : Huet, juillet 1821.
Vol. LXVI, n° 62.

— *Ostéologie : squelette du rhinocéros bicorne*, du cap de Bonne-Espérance. — Pap. — 1/14 de la grandeur naturelle.
Signé à gauche : Huet, juin 1821.
Vol. LXVI, n° 63.

Huet (Nicolas).
— *Squelette du rhinocéros de Sumatra.* — Pap. — 1/19 de la grandeur naturelle.
Signé à gauche : Huet, octobre 1821.
Vol. LXVI, n° 64.
— *Crânes des différentes espèces de rhinocéros.* — Pap. — 1/6 de la grandeur naturelle.
Signé à gauche : Huet, octobre 1821.
Vol. LXVI, n° 65.
— *Vertèbres cervicales de l'hippopotame.* — Pap. — 1/4 de la grandeur naturelle.
Signé à gauche : Huet, janvier 1821.
Vol. LXVI, n° 66.
— *Squelette du rhinocéros unicorne*, de Java. — Pap. — 1/12 de la grandeur naturelle.
Signé à gauche : Huet, juillet 1821.
Vol. LXVI, n° 68.
— *Tête de rhinocéros fossile de Sibérie.* — Pap. — 1/4 de la grandeur naturelle.
Signé à gauche : Huet, mars 1821.
Vol. LXVI, n° 73.
— *Squelette de tapir des Indes.* — Pap. — 1/9 de la grandeur naturelle.
Signé à gauche : Huet, juin 1821.
Vol. LXVI, n° 74.
— *Squelette de daman.* — Pap. — Moitié de la grandeur naturelle.
Signé à droite : Huet, février 1821.
Vol. LXVI, n° 76.
— *Dents de cheval.* — Pap. — 2/3 de la grandeur naturelle.
Signé à gauche : Huet, août 1821.
Vol. LXVI, n° 94.
— *Os de la tête des aurochs.* — Pap. — Moitié de la grandeur naturelle.
Signé à gauche : Huet, août 1822.
Vol. LXVI, n° 103.
— *Os de la tête des aurochs.* — Pap. — 1/8 de la grandeur naturelle.
Signé à gauche : Huet, juillet 1822.
Vol. LXVI, n° 104.
— *Delphinus gangelicus.* — Pap. — 1/5 de la grandeur naturelle.
Signé à gauche : Huet, octobre 1819.
Vol. LXVI, n° 108.

Huet (Nicolas).
— *Tête et becs desdits dauphins.* — Pap. — 1/5 de la grandeur naturelle.
Signé à gauche : Huet, avril 1823.
Vol. LXVI, n° 109.
— *Tête et becs desdits dauphins.* — Pap. — 1/4 de la grandeur naturelle.
Signé à gauche : Huet, mars 1823.
Vol. LXVI, n° 110.
— *Squelette et os desdits dauphins.* — Pap. — 1/3 de la grandeur naturelle.
Signé à gauche : Huet, novembre 1821.
Vol. LXVI, n° 115.
— *Le squelette du fou de Bassan.* — Pap. — Moitié de la grandeur naturelle.
Signé à droite : Huet fils, ventôse an XI.
Vol. LXVI, n° 123.
— *Chélonée tuilée et trionyx du Bengale, squelette.* — Pap. — 2/3 de la grandeur naturelle.
Signé à gauche : Huet, novembre 1823.
Vol. LXVI, n° 130.
— *Emys d'Europe et tortue des Indes, structure.* — Pap. — 2/3 de la grandeur naturelle.
Signé à gauche : Huet, novembre 1823.
Vol. LXVI, n° 131.
— *Emys exponsa et thélide matamata.* — Vél. — 2/3 de la grandeur naturelle.
Signé à gauche : Huet, novembre 1823.
Vol. LXVI, n° 132.
— *Trionyx à carène, carapace et plastron.* — Pap. — Grandeur naturelle.
Signé à gauche : Huet fils, juin 1809.
Vol. LXVI, n° 134.
— *Carapaces de la trionyx, de la côte de Coromandel.* — Pap. — 2/3 de la grandeur naturelle.
Signé à gauche : Huet fils, juin 1809.
Vol. LXVI, n° 135.
— *Carapaces de la trionyx de Java.* — Pap. — 2/3 de la grandeur naturelle.
Signé à gauche : Huet fils, juin 1809.
Vol. LXVI, n° 136.
— *Carapaces de la trionyx d'Égypte.* — Pap. — 1/3 de la grandeur naturelle.
Signé à gauche : Huet fils, juin 1809.
Vol. LXVI, n° 137.

Huet (Nicolas).
— *Squelette de menobranchus lateralis.*
— Pap.
Daté à gauche : Huet, juin 1828.
Vol. LXVI, n° 138.
— *Sirène lacertine.* — Pap. — Grandeur naturelle.
Signé à gauche : Huet, janvier 1824.
Vol. LXVI, n° 139.
— *Squelette d'une lamproie.* — Pap. — Grandeur naturelle.
Signé à gauche : Huet, août 1812.
Vol. LXVI, n° 148.
— *Menobranchus lateralis.* — Pap. — Grandeur naturelle.
Signé à gauche : Huet, décembre 1827.
Vol. LXVII, n° 2.
— *Muscles de l'abdomen de l'éléphant.* — Pap.
Signé à gauche : Huet fils, an 14ᵐᵉ.
Vol. LXVII, n° 15.
— *Parties du corps de l'éléphant.* — Pap. — 1/3 de la grandeur naturelle.
Signé à gauche : Huet fils, septembre 1809.
Vol. LXVII, n° 17 ¹.
— Autre. — Pap. — 1/6 de la grandeur naturelle.
Signé à gauche : Huet fils, juin 1810.
Vol. LXVII, n° 17 ².
— Autre. — Pap.
Signé à gauche : Huet fils, juillet 1810.
Vol. LXVII, n° 17 ³.
— Autre. — Pap. — 1/3 de la grandeur naturelle.
Signé à gauche : Huet fils, juin 1810.
Vol. LXVII, n° 17 ⁴.
— Autre. — Pap. — 1/6 de la grandeur naturelle.
Signé à gauche : Huet fils, juin 1810.
Vol. LXVII, n° 17 ⁵.
— Autre. — Pap.
Signé à gauche : Huet fils, juillet 1810.
Vol. LXVII, n° 17 ⁶.
— Autre. — Pap. — 1/6 de la grandeur naturelle.
Signé à gauche : Huet fils, septembre 1809.
Vol. LXVII, n° 17 ⁷ à ¹⁰.

Huet (Nicolas).
— Autre. — Pap. — 1/5 de la grandeur naturelle.
Signé à gauche : Huet fils, juillet 1810.
Vol. LXVII, n° 17 ¹¹.
— *Éléphant; muscles de l'extrémité antérieure.* — Pap.
Signé à gauche : Huet fils, avril 1806.
Vol. LXVII, n° 27.
— *Éléphant; muscles de l'extrémité postérieure.* — Pap.
Signé à gauche : Huet fils, avril 1806.
Vol. LXVII, n° 28.
— *Muscles des extrémités de l'éléphant.* — Pap.
Signé à gauche : Huet fils, février an 1806.
Vol. LXVII, n° 29.
— *Muscles des extrémités de l'éléphant.* — Pap.
Signé à gauche : Huet fils, janvier an 1806.
Vol. LXVII, n° 30.
— *Éléphant; muscles du bras et de la tête.* — Pap.
Signé à gauche : Huet fils, an 14ᵐᵉ, vendémiaire.
Vol. LXVII, n° 31.
— *Éléphant; muscles du bras, de la tête et du cou.* — Pap.
Signé à gauche : Huet fils, an 14ᵐᵉ.
Vol. LXVII, n° 32.
— *Éléphant; muscles de l'extrémité antérieure.* — Pap.
Signé à gauche : Huet fils, mars 1806.
Vol. LXVII, n° 33.
— *Éléphant; muscles du larynx.* — Pap.
Signé à gauche : Huet fils, an 13ᵐᵉ.
Vol. LXVII, n° 37.
— *Éléphant; muscles de l'abdomen ouvert.* — Pap.
Signé à gauche : Huet fils, septembre 1806.
Vol. LXVII, nᵒˢ 38 et 39.
— *Foie et pancréas de l'éléphant.* — Pap.
Signé à gauche : Huet fils, juin 1806.
Vol. LXVII, n° 40.
— *Foie et pancréas de l'éléphant.* — Pap.
Signé à gauche : Huet fils, août 1806.
Vol. LXVII, n° 41.

Huet (Nicolas).
— *Trompe de l'éléphant; parties.* — Pap. — Moitié de la grandeur naturelle.
Signé à gauche : Huet fils, octobre 1806.
Vol. LXVII, n° 52.
— *Trompe de l'éléphant; parties.* — Pap. — 2/3 de la grandeur naturelle.
Signé à gauche : Huet fils, brumaire an XIV.
Vol. LXVII, n°s 53 et 54.
— *Trompe de l'éléphant; parties.* — Pap. — 2/3 de la grandeur naturelle.
Signé à gauche : Huet fils, vendémiaire an XIV.
Vol. LXVII, n° 55.
— *Trompe de l'éléphant; parties.* — Pap. — 2/3 de la grandeur naturelle.
Signé à gauche : Huet fils, brumaire an XIV.
Vol. LXVII, n° 56.
— *Trompe de l'éléphant; parties.* — Pap. — 2/3 de la grandeur naturelle.
Signé à gauche : Huet fils, frimaire an XIV.
Vol. LXVII, n°s 57 à 59.
— *Muscles et nerfs de l'éléphant.* — Pap.
Signé à gauche : Huet fils, an XIII.
Vol. LXVII, n° 62.
— *Muscles de l'extrémité antérieure de l'éléphant.* — Pap.
Signé à gauche : Huet fils, mars 1806.
Vol. LXVII, n° 65.
— *Muscles et nerfs de l'éléphant.* — Pap.
Signé à gauche : Huet fils, décembre 1810.
Vol. LXVII, n°s 100 à 102.
— *Muscles et squelette du casoar à casque.* — Pap. — 1/4 de la grandeur naturelle.
Signé à gauche : Huet fils, juillet-aoust 1809.
Vol. LXVII, n°s 108 à 111.
— *Muscles du cou de l'autruche.* — Pap. (feuille double). — Moitié de la grandeur naturelle.
Signé à gauche : Huet fils, septembre 1810.
Vol. LXVII, n° 121.

Huet (Nicolas).
— *Muscles et viscères de l'autruche.* — Pap. — 6 fig. — 1/3 de la grandeur naturelle.
Signé à gauche : Huet fils, juillet-aoust 1810.
Vol. LXVII, n° 122.
— *Détails anatomiques de crocodiles.* — Vél. — Moitié de la grandeur naturelle.
Signé à gauche : Huet, mars 1825.
Vol. LXVII, n° 167.
— *Viscères de monobranchus lateralis.* — Vél.
Signé à gauche : Huet, juin 1828.
Vol. LXVII, n° 171.
— *Femme nègre.* — Vél. — 1/4 de la grandeur naturelle.
Signé à gauche : Huet, mars 1815.
Vol. LXIX, n° 2.
— *Mangabey femelle.* — Vél. — Moitié de la grandeur naturelle.
Signé à gauche : Huet, août 1815.
Vol. LXIX, n° 11.
— *Malbrouk mâle.* — Vél. — 1/3 de la grandeur naturelle.
Signé à gauche : Huet, juin 1818.
Vol. LXIX, n° 13.
— *Toque mâle* (G. St H.). — Vél. — Moitié de la grandeur naturelle.
Signé à gauche : Huet, août 1815.
Vol. LXIX, n° 21.
— *Macaque mâle, très-jeune.* — Vél. — 1/3 de la grandeur naturelle.
Signé à gauche : Huet, juillet 1817.
Vol. LXIX, n° 23.
— *Rhesus femelle.* — Vél. — 1/3 de la grandeur naturelle.
Signé à gauche : Huet, juin 1818.
Vol. LXIX, n° 27.
— *Babouin mâle.* — Vél. — 1/4 de la grandeur naturelle.
Signé à gauche : Huet, février 1817.
Vol. LXIX, n° 33.
— *Cynocéphale mâle, jeune.* — Vél. — 2 fig.
Signé à droite : Huet fils, an XI.
Vol. LXIX, n° 34.
— *Chacma mâle, très-vieux.* — Vél. — 1/4 de la grandeur naturelle.
Signé à gauche : Huet, mars 1817.
Vol. LXIX, n° 35.

Huet (Nicolas).
— *Drill femelle, jeune.* — Vél. — 1/3 de la grandeur naturelle.
Signé à gauche : Huet, 1821, d'après le vivant.
Vol. LXIX, n° 41.
— *Hamadryas tartarin.* — Vél.
Signé à gauche : Huet fils, an XI.
Vol. LXIX, n° 43.
— *Sajou gris.* — Vél. — Moitié de la grandeur naturelle.
Signé à gauche : Huet, septembre 1815.
Vol. LXIX, n° 54.
— *Sai à gorge blanche, mâle.* — Vél.
Signé à gauche : Huet, avril 1818.
Vol. LXIX, n° 57.
— *Tamarin nègre.* — Vél. — 3/4 de la grandeur naturelle.
Non signé.
Vol. LXIX, n° 71.
Salon de 1819 (n° 616).
— *Maki rouge*, du Pérou. — Vél. — 1/8 de la grandeur naturelle.
Signé à gauche : Huet, mars 1820.
Vol. LXIX, n° 83.
— *Maki mâle à front blanc.* — Vél. — 1/3 de la grandeur naturelle.
Signé à gauche : Huet, mai 1817, d'après le vivant.
Vol. LXIX, n° 84.
— *Maki femelle à front blanc.* — Vél. — 1/3 de la grandeur naturelle.
Signé à gauche : Huet, juin 1817, d'après le vivant.
Vol. LXIX, n° 85.
— *Maki femelle à front blanc, avec son petit âgé de trois mois.* — Vél. — 1/3 de la grandeur naturelle.
Signé à gauche : Huet, juillet 1818, d'après le vivant.
Vol. LXIX, n° 86.
— *Chirogaleus.* — Pap. — 3 fig. — 2/3 de la grandeur naturelle.
Signé à gauche : Huet, juillet 1812.
Vol. LXIX, n° 94.
— *Roussette grise australasique*, de Timor (Geoffroy Saint-Hilaire). — Pap. — 3/4 de la grandeur naturelle.
Signé à gauche : Huet fils, aoust 1809.
Vol. LXX, n° 1.

Huet (Nicolas).
— *Roussette d'Edwards* (G. S. H.). — Vél. — 3/8 de la grandeur naturelle.
Signé à gauche : Huet fils, 1810.
Vol. LXX, n° 2.
(Cf. *Annales du Muséum d'Histoire naturelle*, t. XV.)
— *Roussette à oreilles bordées.* — Pap. — 3/4 de la grandeur naturelle.
Signé à gauche : Huet fils, juillet 1809, d'après le vivant.
Vol. LXX, n° 3.
— *Roussette amplexicaude.* — Pap. — 3/4 de la grandeur naturelle.
Signé à gauche : Huet fils, février 1810.
Vol. LXX, n° 4.
— *Roussette*, variété. — Pap.
Signé à gauche : Huet fils, an XII.
Vol. LXX, n° 5.
Au dos on lit : *Bon à être gravé. Vu en commission, le 2 pluviôse an XII* : Berthollet pt.
— *Rhinophole.* — Pap.
Signé à gauche : Huet fils, an XII.
Vol. LXX, n° 5 bis.
Au dos on lit : *Bon à être gravé. Vu en commission, le 2 pluviôse an XII* : Berthollet pt.
— *Nyctère de la Thébaïde.* — Pap.
Signé à gauche : Huet fils, an XII.
Vol. LXX, n° 5 ter.
Au dos on lit : *Bon à être gravé. Vu en commission, le 2 pluviôse an XII* : Berthollet pt.
— *Cephalote de Péron* (G. S. H.). — Vél.
Moitié de la grandeur naturelle (vu en dessous).
Signé à gauche : Huet fils, juillet 1809, d'après le vivant.
Vol. LXX, n° 8.
(Cf. *Annales du Muséum d'Histoire naturelle*, t. XV.)
— *Le même* (vu en dessus). — Pap. — Moitié de la grandeur naturelle.
Signé à gauche : Huet fils, juillet 1809, d'après le vivant.
Vol. LXX, n° 9.
— *Nyctinôme*, de Port-Louis (île de France). — Pap. — Grandeur naturelle.
Signé à gauche : Huet, décembre 1813, d'après le vivant.
Vol. LXX, n° 16.

Huet (Nicolas).
— *Phyllostôme à feuille allongée* (Geoffroy Saint-Hilaire). — Pap. — Grandeur naturelle.
Signé à gauche : Huet fils, mars 1810, d'après le vivant.
Vol. LXX, n° 19.

— *Phyllostôme crénelé* (G. S. H.). — Pap. — Grandeur naturelle.
Signé à gauche : Huet fils, mars 1810, d'après le vivant.
Vol. LXX, n° 20.

— *Glosophage caudaraire.* — Pap. — Grandeur naturelle.
Signé à gauche : Huet, février 1817, d'après le vivant.
Vol. LXX, n° 28.

— *Glosophage à queue enveloppée.* — Pap. — Grandeur naturelle.
Signé à gauche : Huet, février 1817, d'après le vivant.
Vol. LXX, n° 29.

— *Glosophage sans queue.* — Pap. — Grandeur naturelle.
Signé à gauche : Huet, mars 1817, d'après le vivant.
Vol. LXX, n° 30.

— *Bec-de-lièvre à ventre blanc.* — Pap. — Grandeur naturelle.
Signé à gauche : Huet, septembre 1812, d'après le vivant.
Vol. LXX, n° 33.

— *Mégadermes divers.* — Pap. — 3 fig. — Grandeur naturelle.
Signé à gauche : Huet fils, avril 1810, d'après le vivant.
Vol. LXX, n° 36.

— *Rhinolophe diadème.* — Pap. — Grandeur naturelle.
Signé à gauche : Huet, avril 1813, d'après le vivant.
Vol. LXX, n° 38.

— *Têtes et crânes de rhinolophes.* — Pap. — 6 fig. — Grandeur naturelle.
Signé à gauche : Huet, avril 1813, d'après le vivant.
Vol. LXX, n° 39.

Huet (Nicolas).
— *Nyctères*, de Java. — Pap. — 2 fig. — Grandeur naturelle.
Signé à gauche : Huet, juillet 1812, d'après le vivant.
Vol. LXX, n° 42.

— *Sténaderme.* — Pap. — Grandeur naturelle.
Signé à gauche : Huet, juillet 1812, d'après le vivant.
Vol. LXX, n° 44.

— *Rhinopome*, de la Caroline. — Pap. — Grandeur naturelle.
Signé à gauche : Huet, juillet 1812, d'après le vivant.
Vol. LXX, n° 48.

— *Taphozous mauritianus* (G. St. H.). — Pap. — Grandeur naturelle.
Signé à gauche : Huet, juillet 1812, d'après le vivant.
Vol. LXX, n° 50.

— *Verpertilio discolor.* — Vél. — 2 fig. — Grandeur naturelle.
Signé à gauche : Huet, février 1816, d'après le vivant.
Vol. LXX, n° 52.

— *Verpertilio*, de l'île de France. — Pap. — 2 fig. — Grandeur naturelle.
Signé à gauche : Huet, décembre 1813, d'après le vivant.
Vol. LXX, n° 53.

— *Verpertilio cirratus.* — Pap. — Grandeur naturelle.
Signé à gauche : Huet, octobre 1813, d'après le vivant.
Vol. LXX, n° 54.

— *Verpertilio ægyptius.* — Pap. — Grandeur naturelle.
Signé à gauche : Huet fils, juin 1811, d'après le vivant.
Vol. LXX, n° 55.

— *Oreillard*, de Timor. — Pap. — Grandeur naturelle.
Signé à gauche : Huet, septembre 1812, d'après le vivant.
Vol. LXX, n° 57.

Huet (Nicolas).
— *Musaraigne*, de l'Inde (G. St. H.). — Vél. — Grandeur naturelle.
Signé à gauche : Huet, janvier 1815, d'après le vivant.
Un paysage remplit le fond du dessin.
Vol. LXX, n° 61.

— *Sorex myosurus*, du cap de Bonne-Espérance. — Vél. — 2 fig. — Grandeur naturelle.
Signé à gauche : Huet fils, décembre 1810, d'après le vivant.
Vol. LXX, n° 62.

— *Sorex remifer*. — Vél. — 2 fig. — Grandeur naturelle.
Signé à gauche : Huet fils, décembre 1810, d'après le vivant.
Vol. LXX, n° 63.

— *Sorex constrictus; sorex araneus*. — Vol. — 2 fig. — Grandeur naturelle.
Signé à gauche : Huet fils, février 1811, d'après le vivant.
Vol. LXX, n° 64.

— *Mygale pyrenaïca* (G. St H.). — Vél. — Grandeur naturelle.
Signé à droite : Huet fils, janvier 1811, d'après le vivant.
Vol. LXX, n° 71.

— *Ours brun*, de Pologne. — Vél. — 1/6 de la grandeur naturelle.
Signé à gauche : Huet fils, 1808.
Vol. LXX, n° 81.
Salon de 1808 (n° 307).

— *Ratons*, mâle et femelle. — Vél. — 2 fig. — 1/4 de la grandeur naturelle.
Signé à gauche : Huet, septembre 1817, d'après le vivant.
Vol. LXX, n° 90.
Salon de 1819 (n° 614).

— *Coati fauve*. — Vél. — 1/3 de la grandeur naturelle.
Signé à gauche : Huet, août 1818.
Vol. LXX, n° 94.

— *Coati roux*. — Vél. — 1/3 de la grandeur naturelle.
Signé à gauche : Huet, décembre 1816, d'après le vivant.
Vol. LXX, n° 95.
Salon de 1817 (n° 437).

Huet (Nicolas).
— *Kinkajou caudivolvulus*. — Vél. — 1/3 de la grandeur naturelle.
Signé à gauche : Huet, août 1828, d'après le vivant.
Vol. LXX, n° 97.

— *Chienne levrette*. — Vél.
[Peint par M. Huet en 1830.]
Vol. LXXI, n° 12.

— *Chien-loup commun*. — Vél. — 1/4 de la grandeur naturelle.
Signé à gauche : Huet, novembre 1818, d'après le vivant.
Vol. LXXI, n° 16.

— *Renard argenté*. — Vél. — 1/4 de la grandeur naturelle.
Signé à gauche : Huet, décembre 1818, d'après le vivant.
Vol. LXXI, n° 20.

— *Chat-botté*, d'Égypte. — Pap. — Moitié de la grandeur naturelle.
Signé à gauche : Huet fils, aoust 1819, d'après le vivant.
Vol. LXXI, n° 71.

— *Phoque commun*. — Vél. — 1/3 de la grandeur naturelle.
Signé à gauche : Huet, avril 1812, d'après le vivant.
Vol. LXXI, n° 74.

— *Péramèle oreillé*. — Vél. — 2/3 de la grandeur naturelle.
Signé à gauche : Huet, février 1821, d'après le vivant.
Vol. LXXI, n° 85.

— *Péramèle Bougainville*. — Vél. — Grandeur naturelle.
Signé à gauche : Huet, février 1821, d'après le vivant.
Vol. LXXI, n° 86.

— *Kangourou géant*, d'après un individu du cabinet de Vienne. — Vél. — Grandeur naturelle.
Signé à gauche : Huet, septembre 1815.
Vol. LXXI, n° 96.

— *Koala*. — Vél. — 3 fig.
Signé à gauche : Huet, novembre 1814, d'après M. Lewin.
Un paysage complète le dessin.
Vol. LXXI, n° 97.

Huet (Nicolas).

— *Polatouche.* — Vél. — 5 fig. — 2/3 de la grandeur naturelle.
Signé à gauche : Huet fils, 1806.
Un paysage complète le dessin.
Vol. LXXII, n° 4.

— *Ptémoris sapan.* — Pap. — Grandeur naturelle.
Signé à gauche : Huet fils, juin 1809, d'après le vivant.
Vol. LXXII, n° 6.

— *Ptéromis éclatant.* — Vél. — 1/3 de la grandeur naturelle.
Signé à gauche : Huet fils, juin 1809, d'après le vivant.
Vol. LXXII, n° 7.

— *Ptéromis flèche* (G. St H.). — Vél. — Grandeur naturelle.
Signé à gauche : Huet fils, may 1809, d'après le vivant.
Vol. LXXII, n°s 8 et 9.

— *Hamster*, d'Alsace. — Vél. — Grandeur naturelle.
Signé à gauche : Huet, novembre 1818, d'après le vivant.
Vol. LXXII, n° 16.

— *Lièvre*, d'Égypte. — Vél. — 2/3 de la grandeur naturelle.
Signé à gauche : Huet fils, avril 1806.
Vol. LXXII, n° 25.
Au dos on lit : *Bon à être gravé. Vu en commission, le 19 mai 1806* : Berthollet f¹.

— *Encoubert.* — Vél. — Moitié de la grandeur naturelle.
Signé à gauche : Huet, mars 1816, d'après le vivant.
Vol. LXXII, n° 40.

— *Pangolin.* — Vél. — Moitié de la grandeur naturelle.
Signé à gauche : Huet, février 1816, d'après le vivant.
Vol. LXXII, n° 43.

— *Pangolin.* — Vél. — Moitié de la grandeur naturelle.
Signé à gauche : Huet, février 1816, d'après le vivant.
Vol. LXXII, n° 44.

Huet (Nicolas).

— *Pangolin.* — Vél. — Moitié de la grandeur naturelle.
Signé à gauche : Huet, janvier 1816, d'après le vivant.
Vol. LXXII, n° 45.

— *Jeune pangolin*, de Java. — Vél. — Moitié de la grandeur naturelle.
Signé à gauche : Huet, février 1816, d'après le vivant.
Vol. LXXII, n° 47.

— *Chatagni.* — Vél. — Moitié de la grandeur naturelle.
Signé à gauche : Huet, janvier 1816.
Vol. LXXII, n° 49.

— *Phalagin.* — Pap. — Moitié de la grandeur naturelle.
Signé à gauche : Huet, février 1816, d'après le vivant.
Vol. LXXII, n° 50.

— *Tête et queues du phalagin.* — Pap. — Grandeur naturelle.
Signé à gauche : Huet, février 1816.
Vol. LXXII, n° 51.

— *Pécari à collier.* — Vél. — 1/4 de la grandeur naturelle.
Signé à gauche : Huet, septembre 1815.
Vol. LXXII, n° 69.

— *Pécari à lèvres blanches.* — Vél. — 3/4 de la grandeur naturelle.
Signé à gauche : Huet fils, septembre 1810, d'après le vivant.
Vol. LXXII, n° 70.

— *Pécari à lèvres blanches.* — Vél. — 2 fig. — 1/3 de la grandeur naturelle.
Signé à gauche : Huet fils, août 1810, d'après le vivant.
Vol. LXXII, n° 71.

— *Rhinocéros unicorne.* — Vél. — 1/9 de la grandeur naturelle.
Signé à gauche : Huet, mai 1815, d'après le vivant.
Vol. LXXII, n° 75.

— *Rhinocéros unicorne.* — Vél. — 2 fig. — 1/9 de la grandeur naturelle.
Signé à gauche : Huet, juillet 1815, d'après le vivant.
Vol. LXXII, n° 76.

Huet (Nicolas).
— *Tapir jeune*, d'Amérique. — Vél. — 1/3 de la grandeur naturelle.
Signé à gauche : Huet fils, novembre 1810, d'après le vivant.
Vol. LXXII, n° 78.

— *Cheval arabe*. — Pap. — 1/8 de la grandeur naturelle.
Signé à gauche : Huet fils, an XI.
Vol. LXXII, n° 81.

— *Dromadaire jeune, à deux jours*, né au Muséum. — Vél. — 1/6 de la grandeur naturelle.
Signé à gauche : Huet, du 5 au 12 mai 1813.
Vol. LXXIII, n° 5.

— *Daim du Nord*, variété ordinaire. — Vél. — 1/8 de la grandeur naturelle.
Signé à gauche : Huet, août 1819.
Vol. LXXIII, n° 22.

— *Daine, avec son petit*, variété noire. Vél. — 1/8 de la grandeur naturelle.
Signé à gauche : Huet, août 1819, d'après le vivant.
Vol. LXXIII, n° 23.

— *Cerf commun*. — Vél. — 1/8 de la grandeur naturelle.
Signé à gauche : Huet, septembre 1819, d'après le vivant.
Vol. LXXIII, n° 25.

— *Cerf de la Louisiane, dans son pelage d'été*. — Vél. — 1/8 de la grandeur naturelle.
Signé à gauche : Huet, août 1817, d'après le vivant.
Vol. LXXIII, n° 31.

— *Axis mâle*. — Vél. — 1/8 de la grandeur naturelle.
Signé à gauche : Huet, juillet 1819, d'après le vivant.
Vol. LXXIII, n° 35.

— *Girafe commune*, d'Afrique. — Vél. — 1/12 de la grandeur naturelle.
Signé à gauche : Huet, août 1827.
Vol. LXXIII, n° 38.

— *Tête de la girafe commune*. — Pap. — 1/3 de la grandeur naturelle.
Signé à gauche : Huet, septembre 1827.
Vol. LXXIII, n° 38 bis.

Huet (Nicolas).
— *Algazel mâle*. — Vél. — 1/8 de la grandeur naturelle.
Signé à gauche : Huet, mai 1818, d'après le vivant.
Vol. LXXIII, n° 46.

— *Egagre*. — Vél. — 1/7 de la grandeur naturelle. — 3 fig.
Signé à gauche : Huet fils, an XIe.
Vol. LXXIII, n° 53.

— *Bouc domestique nain*, d'Afrique. — Vél.
1/5 de la grandeur naturelle.
Signé à gauche : Huet, septembre 1818, d'après le vivant.
Vol. LXXIII, n° 59.

— *Chèvre naine d'Afrique, avec son petit*. — Vél. — 1/5 de la grandeur naturelle.
Signé à gauche : Huet, juillet 1818, d'après le vivant.
Vol. LXXIII, n° 60.

— *Bouc, de la Haute Égypte*. — Vél. — 1/7 de la grandeur naturelle.
Signé à gauche : Huet, août 1819, d'après le vivant.
Vol. LXXIII, n° 63.

— *Chèvre, de la Haute Égypte, avec son petit*. — Vél. — 1/6 de la grandeur naturelle.
Signé à gauche : Huet, septembre 1819, d'après le vivant.
Vol. LXXIII, n° 64.

— *Béliers à large queue*. — Vél.
Signé à gauche : Huet fils, décembre 1809.
Vol. LXXIII, n° 66.

— *Buffle mâle*. — Vél. — 1/10 de la grandeur naturelle.
Signé à gauche : Huet fils, 1807.
Vol. LXXIII, n° 80.

— *Buffle femelle*. — Vél. — 1/10 de la grandeur naturelle.
[Ce dessin doit être certainement attribué à Nicolas Huet.]
Vol. LXXIII, n° 81.

— *Chincou*, d'Afrique. — Pap. — 1/3 de la grandeur naturelle.
Signé à gauche : Huet, décembre 1819, d'après le vivant.
Vol. LXXVII, n° 6.

Huet (Nicolas).
— *Vultur gryphus*. — Vél. — 1/4 de la grandeur naturelle.
Signé à gauche : Huet, juin 1827.
Vol. LXXVII, n° 8.
— *Condor*. — Pap. — Grandeur naturelle.
Signé à gauche : Huet, juin 1826.
Vol. LXXVII, n° 9.
— *Condor*. — Pap. — Grandeur naturelle.
Signé à gauche : Huet, avril 1827.
Vol. LXXVII, n° 10.
— *Aigle à queue étagée*. — Vél. — 1/3 de la grandeur naturelle, d'après un individu des galeries.
Signé à gauche : Huet, janvier 1820.
Vol. LXXVII, n° 37.
— *Aigle impérial*, d'Autriche. — Vél. — 1/3 de la grandeur naturelle, d'après un individu des galeries.
Signé à gauche : Huet, janvier 1817.
Vol. LXXVII, n° 40.
— *Orfraie jeune*, d'Amérique. — Vél. — 1/3 de la grandeur naturelle.
Signé à gauche : Huet, mai 1818, d'après le vivant.
Vol. LXXVII, n° 45.
— *Pyrargue de Macé*, du Bengale. — Vél. — 1/3 de la grandeur naturelle, d'après un individu des galeries.
Signé à gauche : Huet, février 1820.
Vol. LXXVII, n° 48.
— *Caracara noir*, de l'Amérique méridionale. — Vél. — Moitié de la grandeur naturelle, d'après un individu des galeries.
Signé à gauche : Huet, janvier 1820.
Vol. LXXVII, n° 53.
— *Épervier d'Afrique*. — Vél. — 2/3 de la grandeur naturelle.
Signé à gauche : Huet, novembre 1819, d'après le vivant.
Vol. LXXVII, n° 63.
— *Pie-grièche grise funèbre*, du Brésil. — Vél.
Signé à gauche : Huet, juillet 1817, d'après un individu des galeries.
Vol. LXXVIII, n° 6.

Huet (Nicolas).
— *Pie-grièche à queue fourchue*, de Java. — Vél.
Signé à gauche : Huet, juillet 1816, d'après un individu des galeries.
Vol. LXXVIII, n° 7.
— *Pie-grièche mésange*, de la Nouvelle-Hollande. — Vél. — 2 fig.
Signé à gauche : Huet, septembre 1814, d'après un individu des galeries.
Vol. LXXVIII, n° 8.
— *Vanga tacheté du Brésil*. — Vél.
Signé sur le tronc de l'arbre : Huet, juillet 1817, d'après un individu des galeries.
Vol. LXXVIII, n° 10.
— *Vanga roux du Brésil*. — Vél.
Signé sur le tronc de l'arbre : Huet, juin 1817, d'après un individu des galeries.
Vol. LXXVIII, n° 11.
— *Langrayen ocyptère, à ventre roux; à ventre blanc*. — Vél. — 2 fig.
Signé à gauche : Huet, décembre 1814, d'après un individu des galeries.
Vol. LXXVIII, n° 13.
— *Langrayen ocyptère, à lignes blanches, jeune*. — Vél. — 2 fig.
Signé à gauche : Huet, janvier 1815, d'après un individu des galeries.
Cf. *Mémoires du Muséum*, t. VI, p. 20.
Vol. LXXVIII, n° 15.
— *Céphaloptère orné*. — Vél. — 2/3 de la grandeur naturelle.
Signé à gauche : Huet fils, janvier 1809.
Vol. LXXVIII, n° 26.
— *Tersine verte, mâle et femelle*, du Brésil. — Vél. — 2 fig.
Signé à gauche : Huet, juillet 1815, d'après un individu des galeries.
Vol. LXXVIII, n° 33.
— *Procnias blanc*. — Vél.
Signé à gauche : Huet, mai 1816, d'après un individu des galeries.
Vol. LXXVIII, n° 38.

Huet (Nicolas).
— *Procnias jaune*, de l'Amérique méridionale. — Vél.
Signé à gauche : Huet, février 1816, d'après un individu des galeries.
Vol. LXXVIII, n° 39.

— *Cotinga averano jeune*, de l'île de la Trinité. — Vél.
Signé à gauche : Huet, avril 1816, d'après un individu des galeries.
Vol. LXXVIII, n°s 41 et 42.

— *Phibalure à bec jaune*, du Brésil. — Vél.
Signé à gauche : Huet, novembre 1814, d'après un individu des galeries.
Vol. LXXVIII, n° 45.

— *Merle du Bengale*. — Vél.
Signé à gauche : Huet, juillet 1815, d'après un individu des galeries.
Vol. LXXVIII, n° 56.

— *Merle de Timor*. — Vél.
Signé à gauche : Huet, juin 1815, d'après un individu des galeries.
Vol. LXXVIII, n° 57.

— *Grive ponctuée*, de la Nouvelle-Hollande. — Vél.
Signé à gauche : Huet, novembre 1814, d'après un individu des galeries.
Vol. LXXVIII, n° 63.

— *Gralline noire et blanche*, de Timor. — Vél. — 2 fig.
Signé à gauche : Huet, juin 1815, d'après un individu des galeries.
Vol. LXXVIII, n° 66.

— *Brève du Pérou*. — Vél.
Signé à gauche : Huet, décembre 1815, d'après un individu des galeries.
Vol. LXXVIII, n° 71.

— *Hirondelle à collier, mâle*, du Brésil. — Vél.
Signé à gauche : Huet, juin 1817, d'après un individu des galeries.
Vol. LXXIX, n° 3.

— *Podarge de l'Australasie*. — Vél. — 3/4 de la grandeur naturelle.
Signé à gauche : Huet, décembre 1815, d'après un individu des galeries.
Vol. LXXIX, n° 9.

Huet (Nicolas).
— *Tisserin jaune*. — Vél.
Signé à gauche : Huet, juillet 1816, d'après un individu des galeries.
Vol. LXXIX, n° 24.

— *Oriolus Jacamacii* ou *Carouge du Brésil, mâle*. — Vél.
Signé à gauche : Huet, juillet 1819, d'après un individu des galeries.
Vol. LXXIX, n° 63.

— *Grive lunulée*, de la Nouvelle-Hollande. — Vél.
Signé à gauche : Huet, octobre 1814, d'après un individu des galeries.
Vol. LXXIX, n° 64.

— *Corbeau austral*, de la Nouvelle-Calédonie. — Vél. — 2/3 de la grandeur naturelle.
Signé à gauche : Huet, août 1817, d'après un individu des galeries.
Vol. LXXIX, n° 71.

— *Corbeau brillant*, du Bengale. — Vél. — 2/3 de la grandeur naturelle.
Signé à gauche : Huet, novembre 1815, d'après un individu des galeries.
Vol. LXXIX, n° 72.

— *Pie rousse*, de l'Inde. — Vél.
Signé à gauche : Huet fils, an XIII.
Vol. LXXIX, n° 80.

— *Pic à gorge ensanglantée*. — Vél. — 2/3 de la grandeur naturelle.
Signé à gauche : Huet fils, avril 1809.
Vol. LXXIX, n° 81.

— *Pie bleu de ciel*, du Brésil. — Vél.
Signé à gauche : Huet fils, avril 1809.
Vol. LXXIX, n° 82.

— *Pie olive*, de la Nouvelle-Hollande. — Vél.
Signé à gauche : Huet, janvier 1818, d'après un individu des galeries.
Vol. LXXIX, n° 83.

— *Acahé*, d'Azzara. — Vél.
Signé à gauche : Huet fils, avril 1809.
Vol. LXXIX, n° 84.

— *Picucule nasican*. — Vél.
Signé à gauche : Huet fils, février 1809.
Vol. LXXX, n° 3.

HUET (Nicolas).
— *Picucule à bec courbe*, du Brésil — Vél.
Signé à gauche : HUET, décembre 1818, d'après un individu des galeries.
Vol. LXXX, n° 4.

— *Souimaga*, de la côte d'Angola.— Vél.
Signé à gauche : HUET, août 1817, d'après un individu des galeries.
Vol. LXXX, n° 10.

— *Colibri commun*. — Vél. — 2 fig.
Signé à gauche : HUET FILS, mars 1809.
Vol. LXXX, n° 16.

— *Colibri vert et gris*, du Brésil. —Vél.
Signé à gauche : HUET, décembre 1817, d'après un individu des galeries.
Vol. LXXX, n° 17.

— *Colibri tacheté*, du Brésil. — Vél.
Signé à gauche : HUET, décembre 1817, d'après un individu des galeries.
Vol. LXXX, n° 18.

— *Colibri ganté; colibri à queue d'hirondelle*. — Vél. — 2 fig.
Signé à gauche : HUET FILS, mars 1809.
Vol. LXXX, n° 19.

— *Colibri hausse-col*. — Pap. — 3 fig.
A gauche on lit : HUET DEL., octobre 1818, d'après un individu des galeries.
Vol. LXXX, n° 21.

— *Oiseau-mouche grand rubis*, du Brésil, *mâle et femelle*. — Vél. — 3 fig.
Signé à gauche : HUET DEL., octobre 1818.
Vol. LXXX, n° 23.

— *Oiseau-mouche happecol blanc*, du Brésil, *mâle et femelle*.— Vél. — 2 fig.
Signé à gauche : HUET, avril 1818.
Vol. LXXX, n° 24.

— *Oiseau-mouche de la lande*, du Brésil, *mâle et femelle*. — Vél. — 2 fig.
Signé à gauche : HUET, mai 1817, d'après un individu des galeries.
Vol. LXXX, n° 25.

— *Jacamaralcyon du Brésil*. — Vél.
Signé à gauche : HUET, mars 1817, d'après un individu des galeries.
Vol. LXXX, n° 41.

HUET (Nicolas).
— *Malkoha à sourcils rouges*, des îles Philippines. — Vél.
Signé à gauche : HUET, janvier 1819, d'après un individu des galeries.
Vol. LXXX, n° 50.

— *Scythrops austral*, de la Nouvelle-Hollande. — Vél. — 2/3 de la grandeur naturelle.
Signé à gauche : HUET, août 1817, d'après un individu des galeries.
Vol. LXXX, n° 53.

— *Toucan de Para*, de l'Amérique méridionale. — Vél. — 2/3 de la grandeur naturelle.
Signé à gauche : HUET FILS, mai 1809.
Vol. LXXX, n° 58.

— *Aracari septicolor*, de l'Amérique septentrionale. — Vél.
Signé à gauche : HUET FILS, mars 1809.
Vol. LXXX, n° 60.

— *Jeune ara*, né à Paris. — Vél.
Au bas on lit : PEINT PAR M. HUET (1830).
Vol. LXXX, n° 67.

— *Perroquet de Bornéo*. — Vél.
Signé à gauche : HUET, juin 1819, d'après le vivant.
Vol. LXXX, n° 85.

— *Perroquet à ventre rose*, de l'île Timor (expédition du capitaine Baudin). — Vél. — 3/4 de la grandeur naturelle.
Signé à gauche : HUET, novembre 1815, d'après un individu des galeries.
Vol. LXXX, n° 86.

— *Perroquet à huppe rouge*, de l'île King. — Vél. — 3/4 de la grandeur naturelle.
Signé à gauche : HUET, octobre 1815, d'après un individu des galeries.
Vol. LXXX, n° 91.

— *Touracou Pauline*, des îles Philippines. — Vél.
Signé à gauche : HUET, avril 1819.
Vol. LXXX, n° 97.

— *Coq bankiva*, de Java. — Vél. — Moitié de la grandeur naturelle.
Signé à gauche : HUET, mai 1815, d'après un individu des galeries.
Vol. LXXXI, n° 23.

HUET (Nicolas).
— *Coq bankiva femelle*, de Java. — Vél.
— Moitié de la grandeur naturelle.
Signé à gauche : HUET, avril 1815, d'après un individu des galeries.
Vol. LXXXI, n° 24.

— *Coq Sonnerat*, de Pondichéry. — Vél.
— Moitié de la grandeur naturelle.
Signé à gauche : HUET, août 1816, d'après un individu du cabinet de M. Dufresne.
Vol. LXXXI, n° 25.

— *Coq Sonnerat femelle*. — Vél. —
Moitié de la grandeur naturelle.
Signé à gauche : HUET, mai 1816, d'après un individu des galeries.
Vol. LXXXI, n° 26.

— *Coq ayamalas*, de Java. — Vél. —
Moitié de la grandeur naturelle.
Signé à gauche : HUET, juin 1815, d'après un individu des galeries.
Vol. LXXXI, n° 27.

— *Coq ayamalas femelle, espèce sauvage*, de Java. — Vél. — Moitié de la grandeur naturelle.
Signé à gauche : HUET, avril 1816, d'après un individu des galeries.
Vol. LXXXI, n° 28.

— *Cariama de Marcgrave* (Geoffroy St.-Hilaire), du Brésil. — Vél.
Signé à gauche : HUET FILS, janvier 1809.
Vol. LXXXII, n° 40.

— *Agami du Brésil* (Geoffroy St.-Hilaire). — Vél. — Moitié de la grandeur naturelle.
Signé à gauche : HUET FILS, février 1809.
Vol. LXXXII, n° 42.

— *Grue caronculée*, du cap de Bonne-Espérance. — Vél. — 1/4 de la grandeur naturelle.
Signé à gauche : HUET, avril 1817, d'après le vivant.
Vol. LXXXII, n° 55.

— *Anas semipalmata* (Cuv.). — Vél. —
1/3 de la grandeur naturelle.
Signé à gauche : HUET, mars 1827.
Vol. LXXXIV, n° 14.

HUET (Nicolas).
— *Insectes hyménoptères* (genre anthidie). *Antidium sticticum, laterale, marginatum, cingulatum, discoidale, flavum, rufiventre, scapulare*. — Vél.
— 8 fig.
Signé à gauche : HUET FILS, décembre 1808.
Vol. LXXXV, n° 23.

— *Insectes hyménoptères* (genre anthidie). *Scarabée sacrée de l'ancienne Égypte*.
— Vél. — 17 fig.
Signé à gauche : HUET, avril 1819.
Vol. LXXXV, n° 23 bis.

— *Les différents états de l'hydrophile* (reproduction). — Vél. — 9 fig.
Signé à gauche : HUET FILS, décembre 1809.
Vol. LXXXV, n° 24.

— *Leptura trivittata*, de Madagascar; *lamia signata* (id.); *prionus badius* (id.); *opatrum subcornutum*, du Bengale; *buprestis sexguttata*, de Madagascar; *lamia pardalis*, de Madagascar. — Vél. — 6 fig.
Signé à gauche : HUET FILS, mai 1808.
Vol. LXXXV, n° 27.

— *Coléoptères divers de Madagascar*. —
Vél. — 14 fig.
Signé à gauche : HUET FILS, avril 1808.
Vol. LXXXV, n° 28.

— *Coléoptères divers de Madagascar*. —
Vél. — 13 fig.
Signé à gauche : HUET FILS, an XIII.
Vol. LXXXV, n° 29.

— *Alcides* (Leschenault) vus dessus et dessous; les antennes dessinées d'après l'analogie. — Vél. — 2 fig.
Signé à gauche : HUET FILS, juillet 1808.
Vol. LXXXVI, n° 39 bis.

— *Papilio glaucopis; papilio chloe*, vu de même. —
Vél. — 4 fig.
Signé à gauche : HUET FILS, septembre 1808.
Vol. LXXXVI, n° 56.

— *Papilio ganymedes*, vu dessus et dessous; *papilio Laocoon*, vu de même. —
Vél. — 4 fig.
Signé à gauche : HUET FILS, août 1808.
Vol. LXXXVI, n° 57.

Huet (Nicolas).
— *Papillons divers.* — Vél. — 6 fig.
Signé à gauche : Huet fils, an XII.
Vol. LXXXVI, n° 59.
— *Papilio endymion,* vu dessus et dessous ; *papilio eryx,* vu de même. — Vél. — 4 fig.
Signé à gauche : Huet fils, août 1808.
Vol. LXXXVI, n° 60.
— *Porus, mâle et femelle,* vu dessus et dessous. — Vél. — 6 fig.
Signé à gauche : Huet fils, juillet 1808.
Vol. LXXXVI, n° 61.
— *Testudo carbonaria,* espèce nouvelle de tortue du Brésil, donnée par M. Labarraque, pharmacien. — Vél. — Moitié de la grandeur naturelle.
Signé à gauche : Huet, 1820, d'après le vivant.
Vol. LXXXVII, n° 4.
— *Cistude de la Caroline.* — Vél. — 3 fig. — Grandeur naturelle.
Signé à gauche : Huet, octobre 1816, d'après le vivant.
Vol. LXXXVII, n° 14.
— *Cistude de la Caroline.* — Vél. — 2 fig.
Signé à gauche : Huet, octobre 1816, d'après le vivant.
Vol. LXXXVII, n° 15.
— *Emys reticulata,* de la Caroline. — Vél. — Moitié de la grandeur.
Signé à gauche : Huet, novembre 1816.
Vol. LXXXVII, n° 17.
— *Emys reticulata, très-jeune.* — Vél. — 3 fig. — Grandeur naturelle.
Signé à gauche : Huet, septembre 1816, d'après le vivant.
Vol. LXXXVII, n° 18.
— *Emys reticulata, jeune.* — Vél. — 3 fig. — Grandeur naturelle.
Signé à gauche : Huet, septembre 1816, d'après le vivant.
Vol. LXXXVII, n° 19.
— *Emys guttata, punctata* (Schweigger), envoyée vivante de New-York par M. Milbert. — Vél. — 2 fig. — Grandeur naturelle.
Signé à gauche : Huet, octobre 1823, d'après le vivant.
Vol. LXXXVII, n°s 22 et 23.

Huet (Nicolas).
— *Emysaure serpentine.* — Vél. — 2/3 de la grandeur naturelle.
Signé à gauche : Huet, mars 1826, d'après le vivant.
Vol. LXXXVII, n°s 25 et 28.
— *Caméléon vulgaire, au grand air et au soleil ; caméléon vulgaire, tranquille et à l'ombre,* dessiné d'après un individu vivant apporté de Tripoli par M. Puech, dit Dupont. — Vél. — 2 fig. — Grandeur naturelle.
Signé à gauche : Huet, mai 1819.
Vol. LXXXVII, n° 60.
— *Le caméléon lorsqu'il est contrarié,* dessiné d'après le même individu. — Vél. — Grandeur naturelle.
Signé à gauche : Huet, mai 1819.
Vol. LXXXVII, n° 61.
— *Caméléon du Sénégal,* dessiné d'après un individu mort chez M. Réaux [ses taches étaient les mêmes pendant sa vie]. — Vél. — Grandeur naturelle.
Signé à gauche : Huet, mai 1819.
Vol. LXXXVII, n° 62.
— *Gecko tuberculeux,* rapporté vivant de Manille, en 1818, par M. de Bougainville. — Vél. — 4 fig. — Grandeur naturelle.
Signé à gauche : Huet, octobre 1818.
Vol. LXXXVII, n° 68.
— *Platydactyle d'Égypte,* variété de gecko annulaire. — Pap.
Signé à gauche : Huet fils, an XIII.
Au dos on lit : *Bon à être gravé. Vu en commission le 8 vendémiaire an XIV. Berthollet, président.*
Vol. LXXXVII, n° 70.
— *Gecko lobé ; gecko annulaire.* — Pap. — 2 fig.
Signé à gauche : Huet fils, an XIII.
Au dos on lit : *Bon à être gravé. Vu en commission le 8 vendémiaire an XIV. Berthollet, p^t.*
Vol. LXXXVII, n° 71.
— *Varan du Nil ou tupinambis.* — Pap. — H. 0^m,36. — L. 0^m,32.
Signé à gauche : Huet fils, an XII.
Au dos on lit : *Bon à être gravé. Vu en commission, le 22 prairial an XII. Berthollet, p^t.*
Vol. LXXXVII, n° 75.

Huet (Nicolas).
— *Varan du désert ou ouaran de Forskal.* — Pap. — H. 0m,36. — L. 0m32.
Signé à gauche : Huet fils, an XII.
Au dos on lit : *Bon à être gravé. Vu en commission, le 22 prairial an XII. Berthollet, p^t.*
Vol. LXXXVII, n° 77.
— *Agama mutabilis,* d'Égypte. — Pap. — 2 fig. — H. 0m,36. — L. 0m,32.
Signé à gauche : Huet fils, an XIII.
Au dos on lit : *Bon à être gravé. Vu en commission, le 8 vendémiaire an XIV. Berthollet, président.*
Vol. LXXXVII, n° 87.
— *Lézard vert.* — Vél. — 4 fig.
Signé à gauche : Huet fils, juin 1808.
Vol. LXXXVII, n° 90.
— *Scincus officinalis.* — Pap. — 2 fig.
Signé à gauche : Huet fils, aoust 1809.
Vol. LXXXVII, n° 92.
— *Gongyle ocellé* (Wagler), d'Égypte. — Pap. — 2 fig.
Signé à gauche : Huet fils, an XIII.
Au dos on lit : *Bon à être gravé. Vu en commission, le 8 vendémiaire an XIV. Berthollet, p^t.*
Vol. LXXXVII, n° 92 bis.
— *Plestiodante d'Aldrovante gigantesque,* d'Égypte. — Pap.
Signé à gauche : Huet fils, an XIII.
Au dos on lit : *Bon à être gravé. Vu en commission, le 8 vendémiaire an XIII. Girard.*
Vol. LXXXVII, n° 93.
— *Plestiodonte à six raies,* d'Égypte. — Pap.
Signé à gauche : Huet fils, septembre 1809.
Au dos on lit : *Bon à être gravé. Vu en commission, le 27 novembre 1809. Berthollet, p^t.*
Vol. LXXXVII, n° 94.
— *Seps chalcide.* — Vél. — 5 fig. — Grandeur naturelle.
Signé à gauche : Huet fils, février 1809.
Vol. LXXXVII, n° 95.
— *Psammophide élégant.* — Vél. — Grandeur naturelle.
Signé à gauche : Huet fils, juin 1810, d'après un individu des galeries.
Vol. LXXXVIII, n° 14.

Huet (Nicolas).
— *Couleuvre aux raies parallèles.* — Vél. — Grandeur naturelle.
Signé à gauche : Huet fils, octobre 1809, d'après un individu des galeries.
Au dos on lit : *Bon à être gravé. Vu en commission, le 27 novembre 1809. Berthollet, p^t.*
Vol. LXXXVIII, n° 17.
— *Couleuvre à bouquets.* — Vél. — Grandeur naturelle.
Signé à gauche : Huet fils, novembre 1809, d'après un individu des galeries.
Au dos on lit : *Bon à être gravé. Vu en commission, le 27 novembre 1809. Berthollet, p^t.*
Vol. LXXXVIII, n° 22.
— *Couleuvre à capuchon.* — Vél. — Grandeur naturelle.
Signé à gauche : Huet fils, octobre 1809, d'après un individu des galeries.
Au dos on lit : *Bon à être gravé. Vu en commission, le 27 novembre 1809. Berthollet, p^t.*
Vol. LXXXVIII, n° 24.
— *Couleuvre oreillard.* — Pap.
Signé à gauche : Huet fils, 1806.
Au dos on lit : *Bon à être gravé. Vu en commission, le 1er septembre 1806. Berthollet, p^t.*
Vol. LXXXVIII, n° 26.
— *Couleuvre oreillard,* variété. — Pap.
Signé à gauche : Huet fils, 1809.
Vol. LXXXVIII, n° 27.
— *Vipère rayée jaune.* — Pap. — 2 fig.
Signé à gauche : Huet fils, 1806.
Au dos on lit : *Bon à être gravé. Vu en commission, le 1er septembre 1806. Berthollet, p^t.*
Vol. LXXXVIII, n° 38.
— *Alligator palpebrosus; caïman à paupières osseuses* (Cuv.). — Vél. — Grandeur naturelle.
Signé à gauche : Huet, novembre 1816, d'après le vivant.
Vol. LXXXVIII, n° 46.

Huet (Nicolas).
— *Grenouille ponctuée*, d'Égypte. — Pap. — 2 fig. — H. 0m,35. — L. 0m,32.
Signé à gauche : Huet fils, 1806.
Au dos on lit : *Bon à être gravé. Vu en commission, le 2 juin 1806. Berthollet, p¹.*
Vol. LXXXVIII, n° 62.

— *Crapaud vert ou variable.* — 2 fig. — Grandeur naturelle.
Signé à gauche : Huet, septembre 1815, d'après le vivant.
Vol. LXXXVIII, n° 64.

— *Salamandre noire, femelle*, individu donné par M. de Schreiber, directeur du Cabinet impérial de Vienne. — Vél. — 3 fig. — Grandeur naturelle.
Signé à gauche : Huet, août 1815, d'après le vivant.
Vol. LXXXVIII, n° 94.

— *Raja marginata; raie cordée* (Lac.). — Vél. — Moitié de la grandeur naturelle.
Signé à gauche : Huet, août 1812.
Vol. XCIV, n° 59.

— *Helix versalis*, son jeune âge et son œuf. — Vél. — 7 fig.
Signé à gauche : Huet fils, an XIII.
Vol. XCVII, n° 8.

— *Phasianella bulimoides* (Lam.). — Vél. — 10 fig.
Signé à gauche : Huet fils, an XIII.
Vol. XCVII, n° 13.

— *Phasianelles.* — Vél. — 11 fig.
Signé à gauche : Huet fils, an XIII.
Vol. XCVII, n° 14.

— *Cephalopterus vampirus*, branchie d'un très-grand céphaloptère envoyé de New-York par M. Milbert. — Pap.
Signé à gauche : Huet, juillet 1824.
Vol. XCIV, n° 64.

— *Requin ordinaire.* — Vél.
Signé à gauche : Huet fils, décembre 1810.
Vol. XCIV, n° 83.

— *Petromyzon ruber* (Lac.); *ammocoste rouge; petromyzon gros œil.* — Vél. — 7 fig.
Signé à gauche : Huet fils, mars 1812.
Vol. XCIV, n° 97.

Huet (Nicolas).
— *Volutes.* — Vél. — 4 fig.
Signé à gauche : Huet fils, an XIII.
Vol. XCVII, n° 36.

— *Murex leucostoma; murex perdicina* (Lam.). — Vél. — 4 fig. — Grandeur naturelle.
Signé à gauche : Huet fils, octobre 1808.
Vol. XCVII, n° 49.

— *Trigonule elliptique.* — Vél. — 2 fig. — Grandeur naturelle.
Signé à gauche : Huet fils, novembre 1806.
Vol. XCVII, n° 85.

— *Ethérie trigonule.* — Vél. — 2 fig. — Grandeur naturelle.
Signé à gauche : Huet fils, janvier 1807.
Vol. XCVII, n° 86.

— *Ethérie elliptique; éthérie trigonule.* — Vél. — 2 fig. — 4/5 de la grandeur naturelle.
Signé à gauche : Huet fils, mars 1807.
Vol. XCVII, n° 87.

— *Variétés d'éthéries.* — Vél. — 4 fig. — Grandeur naturelle.
Vol. XCVII, n° 88.

— *Coquillages divers.* — Vél. — 9 fig.
Signé à gauche : Huet fils, janvier 1808.
Vol. XCVII, n° 96.

— *Cancellaria, monodonta, buccinum* (coquillages). — Vél. — 8 fig. — Grandeur naturelle.
Signé à gauche : Huet, juillet 1816.
Vol. XCVIII, n° 53.

— *Noyau d'une belemnite.* — Vél. — 3 fig. — Grandeur naturelle.
Signé à gauche : Huet fils, février 1809.
Vol. XCVIII, n° 54.

— *Grapsus personatus*, de la Nouvelle-Hollande. — Vél. — Grandeur naturelle.
Signé à gauche : Huet fils, may 1807.
Vol. XCIX, n° 5.

Huet (Nicolas).
— *Cancer Rumphii; calappa angustata, genre hépate de Latreille* (dessus et dessous). — Vél. — 2 fig. — Grandeur naturelle.
Signé à gauche : Huet fils, février 1807.
Vol. XCIX, n° 18.

— *Cancer cristatimanus* (Lam.). — Vél. — 4 fig. — Grandeur naturelle.
Signé à gauche : Huet fils, avril 1807.
Vol. XCIX, n° 21.

— *Crabes.* — Vél. — 6 fig.
Signé à gauche : Huet fils, an XIII.
Vol. XCIX, n° 32.

— *Squilla stilifera*, de Péron. — Vél. — 5 fig. — Grandeur naturelle.
Signé à gauche : Huet fils, an XIII.
Vol. XCIX, n° 42.

— *Mygale crabe* (Latreille), *mâle*, de Saint-Domingue (dessus et dessous). — Vél. — 2 fig.
Signé à gauche : Huet fils, janvier 1806.
Vol. XCIX, n° 63.

— *Mygale crabe, femelle*, de Saint-Domingue. — Vél. — 5 fig.
Signé à gauche : Huet fils, mars 1806.
Vol. XCIX, n° 64.

— *Oculine flabelliforme.* — Vél. — 3/4 de la grandeur naturelle.
Signé à gauche : Huet, mars 1814.
Vol. C, n° 53.

— *Frondiculine; adeona foliacea* (Lam.). — Vél. — 4 fig. — Grandeur naturelle.
Signé à gauche : Huet, novembre 1812.
Vol. C, n° 54.

— *Cymosaire* (4 fig.); *adème* (3 fig.). — Vél. — 7 fig. — Grandeur naturelle.
Signé à gauche : Huet, avril 1803.
Vol. C, n° 55.

— *Téthye céphaloïde.* — Pap. — Grandeur naturelle.
Signé à gauche : Huet, janvier 1814.
Vol. C, n° 58.

Huet (Nicolas).
— *Squelette humain incrusté dans une roche de formation récente du lieu dit La Moule, à la Guadeloupe*, envoyé au Muséum par les soins de M. L'Herminier. — Vél. — 1/3 de la grandeur naturelle.
Signé à gauche : Huet, août 1824.
Vol. CI.

— *Contre partie du fémur et des côtes du même quadrupède inconnu*, des environs de Gannat, en Auvergne. — Pap. — 1/3 de la grandeur naturelle.
Signé à gauche : Huet, juillet 1818.
Vol. CI.

— *Fémur et côtes du même.* — Pap. — 1/3 de la grandeur naturelle.
Signé à gauche : Huet, juillet 1818.
Vol. CI.

— *Squelette presque entier de l'animal fossile de Pantin.* — Pap.
Signé à gauche : Huet fils, an XII.
Vol. CI.

— *Squelette d'un animal fossile inconnu.* — Pap. — 1/5 de la grandeur naturelle.
Signé à gauche : Huet fils, décembre 1806.
Vol. CI.

— *Os des extrémités de palæotherium et d'anoplotherium.* — Pap. — 6 fig.
Signé à gauche : Huet, novembre 1821.
Vol. CI.

— *Palæotherium medium et crassum.* — Pap. — 5 fig. — Grandeur naturelle.
Signé à gauche : Huet, octobre 1821.
Vol. CI.

— *Palæotherium magnum.* — Pap. — 10 fig. — 2/5 de la grandeur naturelle.
Signé à gauche : Huet, décembre 1821.
Vol. CI.

— *Palæotherium magnum.* — Pap. — 7 fig. — 2/5 de la grandeur naturelle.
Signé à gauche : Huet, décembre 1821.
Vol. CI.

— *Palæotherium magnum*, trouvé dans les carrières à plâtre de Pantin, en 1818. — Pap. — Grandeur naturelle.
Signé à gauche : Huet, septembre 1818.
Vol. CI.

HUET (Nicolas).
— *Cerf fossile d'Irlande*. — Pap. — 3 fig. — 1/5 de la grandeur naturelle.
Signé à gauche : HUET, avril 1821.
Vol. CI.

— *Cornes du même*. — Pap. — 1/7 de la grandeur naturelle.
Signé à gauche : HUET, avril 1821.
Vol. CI.

— *Ornitolite*, des carrières de Pantin. — Pap. — 2 fig. — Grandeur naturelle.
Signé à gauche : HUET, septembre 1818.
Vol. CI.

— *Mâchoire de reptile fossile*. — Pap. — 1/5 de la grandeur naturelle.
Signé à gauche : HUET, décembre 1824.
Vol. CI.

— *Os de reptiles fossiles*. — Pap. — 2 fig.
Signé à gauche : HUET, janvier 1821.
Vol. CI.

HUET (V. J.), élève de MARIE-FIRMIN BOCOURT.
— *Stayinus chinensis*, de Chine. — Pap.
Signé à gauche : J. HUET, 1874.
Vol. LXVIII, n° 23.
[Enregistré 1874, n° 8.]

— *Pitta Elliotii*, de Cochinchine. — Pap.
Signé à gauche : J. HUET, 1874.
Vol. LXVIII, n° 24.
[Enregistré 1874, n° 9.]

— *Lophophorus l'Huysii*, de Chine. — Pap. — 3/10 de la grandeur naturelle.
Signé à gauche : J. HUET, 1875.
Vol. LXVIII, n° 26.
[Enregistré 1875, n° 5.]

— *Ceriornis Caboti*, de Chine. — Pap. — 3/10 de la grandeur naturelle.
Signé à gauche : J. HUET PINXIT, 1875.
Vol. LXVIII, n° 27.
[Enregistré 1875, n° 13.]

— *Ganoramphus Saisseti*, de la Nouvelle-Calédonie. — Pap.
Signé à gauche : J. HUET, 1878.
Vol. LXVIII, n° 31.
[Enregistré 1878, n° 13.]

HUET (V. J.).
— *Couleuvre à bouche tachetée; spilotes pœcilostoma*, de Cayenne. — Vél. — Moitié de la grandeur naturelle.
Signé à gauche : J. HUET, 1862, d'après le vivant.
Vol. LXVIII, n° 35.
[Enregistré 1862, n° 10.]

— *Vipère à museau cornu* (Cuv.), de Dalmatie. — Vél. — Grandeur naturelle.
Signé à gauche : J. HUET PINX^t, 1863, d'après le vivant.
Vol. LXVIII, n° 37.
[Enregistré 1863, n° 5.]

— *Tropidonotus hydrus*, de l'île des Serpents (mer Noire). — Vél. — Grandeur naturelle.
Signé à gauche : J. HUET PINX^t, 1863 (juillet), d'après le vivant.
Vol. LXVIII, n° 38.
[Enregistré 1863, n° 42.]

— *Cœlopeltis à museau prolongé*, de la province de Constantine (Algérie). — Vél. — Grandeur naturelle.
Signé à gauche : J. HUET PINX^t, octobre 1863, d'après le vivant.
Vol. LXVIII, n° 39.
[Enregistré 1863, n° 43.]

— *Zamenis viridiflavus, varietas carbonaria*, de Dalmatie. — Vél. — Grandeur naturelle.
Signé à droite : J. HUET FECIT, 1862, d'après le vivant.
Vol. LXVIII, n° 40.
[Enregistré 1862, n° 35.]

— *Vipera ammodytes* (Cuv.), de Dalmatie. — Vél. — Grandeur naturelle.
Signé à gauche : J. HUET PINXIT, 1862.
Vol. LXVIII, n° 41.
[Enregistré 1863, n° 1.]

— *Crocodile de Graves*, de la côte d'Or (Afrique occidentale). — Vél. — Moitié de la grandeur naturelle.
Signé à gauche : J. HUET PINX^t, 1862, d'après le vivant.
Vol. LXVIII, n° 52.
[Enregistré 1862, n° 34.]

Huet (V. J.).
— *Varan de Gould* (Australie). — Vél. — Grandeur naturelle.
Signé à gauche : J. Huet pinx.^t, 1863, d'après le vivant.
Vol. LXVIII, n° 53.
[Enregistré 1863, n° 36.]

— *Ombre chevalier*. — Vél. — 4 fig. — Grandeur naturelle.
Signé à gauche : J. Huet del.^t, 1863, d'après le vivant.
Vol. LXVIII, n° 84.
[Enregistré 1863, n° 38.]

— *Chevrotain*, de Siam. — Vél. — 2/3 de la grandeur naturelle.
Signé à droite : J. Huet pinx.^t, d'après le vivant, 1863.
Vol. LXXIV, n° 109.
[Enregistré 1863, n° 3.]

— *Lophyomys*, d'Abyssinie. — Pap.
Signé à droite : J. Huet, 1867.
Vol. LXXIV, n° 110.
[Enregistré 1867, n° 15.]

— *Panolia frontalis*, de Cochinchine. — Pap.
Signé à droite : J. Huet, 1867, d'après le vivant.
Vol. LXXIV, n° 111.
[Enregistré 1867, n° 1.]

— *Chevrotain*, de Madagascar (Grandidier). — Pap.
Signé à gauche : J. Huet, d'après nature, 1869.
Vol. LXXIV, n° 113.
[Enregistré 1869, n° 3.]

— *Sciurus flavus et rutilus*, d'Afrique. — Pap. — 2 fig.
Signé au bas, sur un tronc d'arbre : J. Huet, 1869.
Vol. LXXIV, n° 114.
[Enregistré 1869, n° 1.]

— *Sciurus*, de Siam. — Pap. — 2 fig.
Signé au bas, sur un tronc d'arbre : J. Huet, 1869.
Vol. LXXIV, n° 115.
[Enregistré 1869, n° 2.]

— *Semnopithecus nigripis*, de Cochinchine. — Pap.
Signé à gauche : J. Huet pinx.^t, 1870.
Vol. LXXIV, n° 116.
[Enregistré 1870, n° 2.]

Huet (V. J.).
— *Perodicticus Potto*, du Gabon. — Pap. — 2/3 de la grandeur naturelle.
Signé à droite : J. Huet, 1872, d'après le vivant.
Vol. LXXIV, n°s 117 et 118.
[Enregistré 1872, n°s 11 et 12.]

— *Sciurus*, de l'île Poulo-Condore. — Pap. — 2 fig.
Signé à droite : J. Huet, 1876.
Vol. LXXIV, n° 119.
[Enregistré 1876, n° 9.]

— *Métis d'hémione et de daim*, à trois ans. — Pap.
Signé à droite : J. Huet, 1878.
Vol. LXXIV, n° 121.
[Enregistré 1878, n° 8.]

— *Bassaricyon Gabii*, de Costa-Rica. — Pap. — Moitié de la grandeur naturelle.
Signé à gauche : J. Huet, 1881.
Vol. LXXIV, n° 125.
[Enregistré 1881, n° 5.]

JACQUEMART (Albert).
— *Mollusques; coquillages*. — Vél. — Grandeur naturelle.
Signé à gauche : Jacquemart, 1841.
Vol. LXXVI, n° 3.

— *Mollusques; coquillages*. — Vél. — Grandeur naturelle.
Signé à gauche : A. Jacquemart, 1840.
Vol. LXXVI, n° 4.

— *Geodia gibbosa* (Lam.). — Vél.
Signé à gauche : Jacquemart, 1839.
Vol. LXXVI, n° 27.
[Enregistré 1839, n° 18.]

— *Iphition panicea*, de la Martinique. — Vél.
Signé à gauche : A. Jacquemart, 1839.
Vol. LXXVI, n° 31.
[Enregistré 1839, n° 19.]

— *Alcyoncellum mirabile*. — Vél.
Signé à gauche : Jacquemart, 1839.
Vol. LXXVI, n° 33.
[Enregistré 1839, n° 29.]

— *Alcyoncellum speciosum*. — Vél.
Signé à gauche : Jacquemart, 1840.
Vol. LXXVI, n° 34.
[Enregistré 1840, n° 11.]

JACQUEMART (Albert).
— *Spongia hardwickia*, des côtes de Malacca. — Vél.
Signé à gauche : A. JACQUEMART, 1839.
Vol. LXXVI, n° 39.
[Enregistré 1839, n° 17.]
— *Spongia hardwickia purpurea*, de la Nouvelle-Hollande. — Vél.
Signé à gauche : JACQUEMART, 1840.
Vol. LXXVI, n° 40.
[Enregistré 1840, n° 15 bis.]

JOSSIGNY (P.).
— *Mesoprion à stigmate*, ou variété de *labre unimaculé*, de Fort-Dauphin (île de Madagascar). — Pap. — Grandeur naturelle. — H. 0m,25. — L. 0m,20.
Signé à gauche : JOSSIGNY.
Vol. LXXXIX, n° 46.
— *Platycéphale insidiateur*, de Madagascar. — Pap. — Grandeur naturelle.
Signé à gauche : JOSSIGNY.
Vol. LXXXIX, n° 84.
— *Platycéphale insidiateur*, le même vu en dessous. — Pap. — Grandeur naturelle.
Signé à gauche : JOSSIGNY.
Vol. LXXXIX, n° 85.
— *Labre hololepidotus* (Lac.), du cap de Bonne-Espérance. — Pap. — Grandeur naturelle.
Signé à gauche : JOSSIGNY.
Vol. XC, n° 2.
— *Pristopoma Commersomi* (Cuv.). — Pap. — Grandeur naturelle.
Signé à gauche : JOSSIGNY.
Vol. XC, n° 7.
— *Chromis filamenteus* (Lac.). — Pap. Grandeur naturelle.
Signé à gauche : JOSSIGNY.
Vol. XC, n° 12.
— *Spare brunâtre*, de Madagascar. — Pap. — Grandeur naturelle.
Signé à gauche : JOSSIGNY.
Vol. XC, n° 17.
— *Aphareus cœrulescens* (Cuv.). — Pap.
Signé à gauche : JOSSIGNY.
Vol. XC, n° 21.
— *Holocanthe empereur* (Bl.), de l'île de France. — Pap. — Grandeur naturelle.
Signé à gauche : JOSSIGNY.
Vol. XC, n° 59.

JOSSIGNY (P.).
— *Pimelepterus Boscii* (Lac.); kyphose double bosse. — Pap. — Grandeur naturelle.
Signé à gauche : JOSSIGNY.
Vol. XC, n° 64.
— *Scombre bonite*, de l'île de France. — Pap.
Signé à gauche : JOSSIGNY.
Vol. XC, n° 80.
— *Scombre germon*, de l'océan Pacifique. — Pap.
Signé à gauche : JOSSIGNY.
Vol. XC, n° 86.
— *Chorymenus Commersonianus* (Lac.). — Pap. — Grandeur naturelle.
Signé à gauche : JOSSIGNY.
Vol. XC, n° 94.
— *Trachinotus Baillonii* (Lac.). — Pap.
Signé à gauche : JOSSIGNY.
Vol. XC, n° 95.
— *Trachinote faucheur*, de Madagascar. — Pap.
Signé à gauche : JOSSIGNY.
Vol. XC, n° 99.
— *Coryphène à queue d'or* (Cuv.). — Pap.
Signé à gauche : JOSSIGNY.
Vol. XCI, n° 8.
— *Temnodon sauteur* (Cuv.), de Madagascar. — Pap.
Signé à gauche : JOSSIGNY.
Vol. XCI, n° 10.
— *Acanthure allongé*. — Pap.
Signé à gauche : JOSSIGNY.
Vol. XCI, n° 25.
— *Athérine pectorale*. — Pap. — Grandeur naturelle.
Signé à gauche : JOSSIGNY.
Vol. XCI, n° 39.
— *Mugis cœruleo maculatus* (Lac.). — Pap.
Signé à gauche : JOSSIGNY.
Vol. XCI, n° 50.
— *Labre partère*. — Pap. — Grandeur naturelle.
Signé à gauche : JOSSIGNY.
Vol. XCII, n° 31.

Jossigny (P.).
— *Girelle annelée*. — Pap. — Grandeur naturelle.
Signé à gauche : Jossigny.
Vol. XCII, n° 36.
— *Labre ou girelle*, variété. — Pap. — Grandeur naturelle.
Signé à gauche : Jossigny.
Vol. XCII, n° 55.
— *Fistulaire tachetée*. — Pap.
Signé à gauche : Jossigny.
Vol. XCII, n° 90.
— *Fistularia tabacaria* (Lac.). — Pap.
Signé à gauche : Jossigny.
Vol. XCII, n° 93.
— *Pimélode barbu* (Lac.). — Pap.
Signé à gauche : *** P. Jossigny.
Vol. XCIII, n° 3.
— *Megalops indicus* (Val.). — Pap.
Signé à gauche : P. Jos.
Vol. XCIII, n° 66.
— *Clupea tuberculosa* (Lac.). — Pap. — Grandeur naturelle.
Signé à gauche : *** J.
Vol. XCIII, n° 74 bis.
— *Pleuronecte Commersonien*, de Fort-Dauphin (Madagascar). — Pap. — Grandeur naturelle.
Signé à gauche : *** Jossigny.
Vol. XCIV, n° 4.
— *Echeneis naucrate* (Lac.). — Pap. — Grandeur naturelle.
Signé à gauche : ***.
Vol. XCIV, n° 12.
— *Petite murène mouchetée* (Lac.). — Pap. — Grandeur naturelle.
Signé à gauche : ***.
Vol. XCIV, n° 19.
— *Ostracion quadrangulaire* (Lac.). — Pap. — Grandeur naturelle.
Signé à gauche : ***.
Vol. XCIV, n° 26.
— *Ostracion moucheté*. — Pap.
Signé à gauche : P. Jossigny.
Vol. XCIV, n° 30.
— *Balistes* (Lin.). — Pap.
Signé à gauche : P. Jossigny.
Vol. XCIV, n° 32.
— *Baliste écharpe*. — Pap.
Signé à gauche : P. Jossigny.
Vol. XCIV, n° 33.

Jossigny (P.).
— *Baliste verdâtre* (Lac.).
Signé à gauche : P. Jossigny.
Vol. XCIV, n° 34.
— *Baliste cendré*. — Pap.
Signé à gauche : P. Jossigny.
Vol. XCIV, n° 35.
— *Baliste noir étoilé* (Lac.). — Pap. — Grandeur naturelle.
Signé à gauche : P. Jossigny.
Vol. XCIV, n° 36.
— *Baliste bridé* (Lac.). — Pap. — Grandeur naturelle.
Signé à gauche : P. Jossigny.
Vol. XCIV, n° 37.
— *Baliste armé* (Lac.). — Pap. — Grandeur naturelle.
Signé à gauche : P. Jossigny.
Vol. XCIV, n° 38.
— *Baliste épineux* (Lac.). — Pap. — Grandeur naturelle.
Signé à gauche : P. Jossigny.
Vol. XCIV, n° 40.
— *Baliste sillonné* (Lac.). — Pap. — Grandeur naturelle.
Signé à gauche : P. Jossigny.
Vol. XCIV, n° 42.
— *Baliste américain* (Lac.). — Pap. — Grandeur naturelle.
Signé à gauche : P. Jossigny.
Vol. XCIV, n° 43.
— *Baliste compicillum* (Lac.). — Pap. — Grandeur naturelle.
Signé à gauche : P. Jossigny.
Vol. XCIV, n° 44.
— *Baliste étoilé* (Lac.). — Pap. — Grandeur naturelle.
Signé à gauche : P. Jossigny.
Vol. XCIV, n° 45.
— *Baliste monoceros* (Lac.). — Pap.
Signé à gauche : P. Jossigny.
Vol. XCIV, n° 46.
— *Diodon orbe* (Lac.). — Pap.
Signé à gauche : P. Jossigny.
Vol. XCIV, n° 49.
— *Diodon atinga* (Lac.). — Pap.
Signé à gauche : P. Jossigny.
Vol. XCIV, n° 50.
— *Tetrodon moucheté* (Lac.). — Pap.
Signé à gauche : P. Jossigny.
Vol. XCIV, n° 55.

JOSSIGNY (P.).
— *Raie aigle* (Lac.), de Madagascar. — Pap.
Signé à gauche : P. JOSSIGNY.
Vol. XCIV, n° 66.

LACKERBAUER (P.).
— *Muscles de la langue et de l'hyoïde du gorille.* — Pap. — Grandeur naturelle.
Signé au bas : P. LACKERBAUER, 1854.
Vol. LXVII *, n° 1.
[Enregistré 1854, n° 44.]
— *Larynx et hyoïde du gorille.* — Pap. — Grandeur naturelle.
Signé au bas : P. LACKERBAUER, 1854.
Vol. LXVII *, n° 2.
[Enregistré 1854, n° 45.]
— *Langue, voile du palais, épiglotte et trachée-artère du gorille.* — Pap.
Signé à droite : P. LACKERBAUER, *ad nat. del*^t, janvier 1854.
Vol. LXVII *, n° 3.
[Enregistré 1854, n° 43.]
— *Bubalus antiquus* (Duvernoy); crâne découvert en Algérie, près de Sétif. — Pap. — 3 fig.
Signé à gauche : P. LACKERBAUER, *ad nat. pinxit*, 1851.
Vol. CI, n° 31.
[Enregistré 1851, n° 40.]

LALUYE (Louis).
— *Nautilus pompilius.* — Vél.
Signé à gauche : L. LALUYE, 1859.
Vol. LXXVI, n° 12.
[Enregistré 1859, n° 1.]
— *Roches de grès lyasiques creusées et rongées par l'Echenus lividus* (Guetory). — Pap.
Signé à gauche : L. LALUYE.
Vol. LXXVI, n° 11.
[Enregistré 1859, n° 11.]

LE SOURD DE BEAUREGARD (Louis-Guillaume), élève de VAN SPAENDONCK.
— *Van Spandocca tamarandifolia*, d'Abyssinie. — Vél.
Signé à gauche : LE SOURD DE BEAUREGARD P., 1849.
Vol. LXXV, n° 78.
[Enregistré 1849, n° 1.]

LESUEUR (C. ALEXANDRE).
— *Trionyx mutica, spinifera.* — Vél. — 2 pl. [dessins au crayon]. — H. 0^m,28. — L. 0^m,22.
Signé à gauche : C. A. LESUEUR DEL.
Vol. LXXVII, n° 34.
[Mémoires du Muséum, t. XV.]

MARÉCHAL.
— *Tronc d'arbre; vue intérieure.* — Vél.
Signé à gauche : MARÉCHAL.
Vol. LXIV, n°s 51 et 52.
— *Squelettes des têtes des différentes espèces d'ours*, vues en dessus. — Pap. — 1/3 de la grandeur naturelle.
Signé à gauche : MARÉCHAL.
Vol. LXVI, n° 1.
— *Squelettes des têtes des différentes espèces d'ours*, vues de profil. — Pap. — 1/3 de la grandeur naturelle.
Signé à gauche : MARÉCHAL.
Vol. LXVI, n° 2.
— *Le squelette du crabier.* — Pap. — Moitié de la grandeur naturelle.
Signé à gauche : MARÉCHAL, an VI.
L'artiste a agrémenté son dessin d'un fond de paysage.
Vol. LXVI, n° 30.
— *Le squelette d'un jeune unau.* — Pap.
Signé à gauche : MARÉCHAL.
Un paysage complète le dessin.
Vol. LXVI, n° 36.
— *Le squelette de la tête et des pieds de l'unau.* — Pap.
Signé à gauche : MARÉCHAL.
Vol. LXVI, n° 37.
— *Le squelette de l'aï.* — Pap. — Moitié de la grandeur naturelle.
Signé à gauche : MARÉCHAL.
L'artiste a complété son dessin par un fond de paysage.
Vol. LXVI, n° 38.
— *Le squelette de la tête, des pieds et du bassin de l'aï.* — Pap. — Grandeur naturelle.
Signé à gauche : MARÉCHAL..
Vol. LXVI, n° 39.
— *Mâchoire supérieure du rhinocéros.* — Pap. — Moitié de la grandeur naturelle.
Signé à droite : MARÉCHAL, 1793.
Vol. LXVI, n° 70.

Maréchal.
— *Mâchoire inférieure du rhinocéros.* — — Pap. — Moitié de la grandeur naturelle.
Signé à droite : Maréchal, 1793.
Vol. LXVI, n° 71.

— *L'os hyoïde du rhinocéros.* — Pap.— Grandeur naturelle.
Signé à droite : Maréchal, 1793.
Vol. LXVI, n° 72.

— *Mécanisme des griffes de la panthère.* — Pap.— Grandeur naturelle.
Signé à droite : Maréchal, an III.
Vol. LXVI, n° 75.

— *Les organes de la génération du dromadaire.* — Pap. — Moitié de la grandeur naturelle.
Signé à droite : Maréchal, l'an 3me de la République.
Vol. LXVII, n° 1.

— *Larynx d'un lion avec ses enveloppes.* — Pap. — Grandeur naturelle.
Signé à gauche : Maréchal.
Vol. LXVII, n° 3.

— *Muscles du larynx du lion.* — Pap. — Grandeur naturelle.
Signé à gauche : Maréchal.
Vol. LXVII, n° 4.

— *Larynx d'un lion, dépouillé de ses muscles.* — Pap. — Grandeur naturelle.
Signé à gauche : Maréchal.
Vol. LXVII, n° 5.

— *Intérieur de l'estomac du lion.* — Pap. — Moitié de la grandeur naturelle.
Signé à gauche : Maréchal, an V.
Vol. LXVII, n° 6.

— *L'estomac de la panthère.* — Pap. — Grandeur naturelle.
Signé à droite : Maréchal, l'an 3me.
Vol. LXVII, n° 8.

— *L'estomac de la panthère retourné.* — Pap. — Grandeur naturelle.
Signé à droite : Maréchal, l'an 3me.
Vol. LXVII, n° 9.

— *Organes de la génération de la panthère.* — Pap. — Grandeur naturelle.
Signé à droite : Maréchal, l'an 3me.
Vol. LXVII, n° 10.

Maréchal.
— *Cerveau, langue, poumons, cœur et foie d'un didelphe manicou,* de la Virginie. — Pap. — Grandeur naturelle.
Signé à gauche : Maréchal.
Vol. LXVII, n° 12.

— *Intérieur d'un corps femelle de didelphe manicou.* — Pap. — Grandeur naturelle.
Signé à gauche : Maréchal.
Vol. LXVII, n° 13.

— *Estomac, rate, reins et vessie du didelphe manicou, mâle.* — Pap. — Grandeur naturelle.
Signé à gauche : Maréchal.
Vol. LXVII, n° 14.

— *Parties de l'épine dorsale de l'éléphant.* — Pap. — Moitié de la grandeur naturelle.
Signé à gauche : Maréchal, an X.
Vol. LXVII, n° 23.

— *Coupe verticale et longitudinale de la tête de l'éléphant.* — Pap. — 1/4 de la grandeur naturelle.
Signé à gauche : Maréchal, an X.
Vol. LXVII, n° 24.

— *Muscles de la trompe de l'éléphant.* — Pap. — 1/4 de la grandeur naturelle.
Signé à gauche : Maréchal, an X.
Vol. LXVII, nos 25 et 26.

— *Parties de l'épine dorsale de l'éléphant.* — Pap. — Moitié de la grandeur naturelle.
Signé à gauche : Maréchal, an X.
Vol. LXVII, n° 34.

— *Muscles de la langue de l'éléphant.* — Pap. — 1/3 de la grandeur naturelle.
Signé à gauche : Maréchal, an X.
Vol. LXVII, n° 35.

— *Muscles de la langue de l'éléphant.* — Pap. — 1/3 de la grandeur naturelle.
Signé à droite : Maréchal, an X.
Vol. LXVII, n° 36.

— *Parties génitales de l'éléphant.* — Pap. — 1/5 de la grandeur naturelle.
Signé à gauche : Maréchal, an X.
Vol. LXVII, n° 43.

— *Muscles de la verge de l'éléphant.* — Pap. — 1/4 de la grandeur naturelle.
Signé à gauche : Maréchal, an X.
Vol. LXVII, nos 44 et 45.

Maréchal.
— *Dos de la verge de l'éléphant.* — Pap.
— 2/3 de la grandeur naturelle.
Signé à gauche : Maréchal.
Vol. LXVII, n°s 46 et 47.

— *Vaisseaux de nerfs de la verge de l'éléphant.* — Pap. — 1/4 de la grandeur naturelle.
Signé à gauche : Maréchal.
Vol. LXVII, n° 48.

— *Canal de l'urètre de l'éléphant.* — Pap. — 2/3 de la grandeur naturelle.
Signé à droite : Maréchal, an X.
Vol. LXVII, n° 49.

— *Coupe longitudinale de la verge de l'éléphant.* — Pap. — Grandeur naturelle.
Signé à gauche : Maréchal, an X.
Vol. LXVII, n°s 50 et 51.

— *Parties de la trompe de l'éléphant.* — Pap. — 2/3 de la grandeur naturelle.
Signé à gauche : Maréchal, an X.
Vol. LXVII, n°s 60 et 61.

— *Parties de la trompe de l'éléphant.* — Pap. — 1/4 de la grandeur naturelle.
Signé à droite : Maréchal, an X.
Vol. LXVII, n° 63.

— *Parties de la trompe de l'éléphant.* — Pap. — 1/4 de la grandeur naturelle.
Signé à gauche : Maréchal, an X.
Vol. LXVII, n° 64.

— *Tranche horizontale de la trompe de l'éléphant.* — Pap. — Grandeur naturelle.
Signé à gauche : Maréchal, an X.
Vol. LXVII, n° 66.

— *Tranche longitudinale de la trompe de l'éléphant.* — Pap. — Grandeur naturelle.
Signé à gauche : Maréchal, an X.
Vol. LXVII, n° 67.

— *Viscères de l'éléphant.* — Pap. — 2/3 de la grandeur naturelle.
Signé à gauche : Maréchal, an X.
Vol. LXVII, n° 68.

Maréchal.
— *Partie intérieure de la panse du dromadaire.* — Pap. — 1/4 de la grandeur naturelle.
Signé à droite : Maréchal, l'an 3e de la République.
Vol. LXVII, n° 125.

— *Partie intérieure et portion du feuillet du dromadaire.* — Pap. — Moitié de la grandeur naturelle.
Signé à droite : Maréchal, l'an 3e de la République.
Vol. LXVII, n° 126.

— *Col de la vessie et verge du dromadaire.* — Pap. — Grandeur naturelle.
Signé à droite : Maréchal, l'an 3e de la République.
Vol. LXVII, n° 127.

— *L'intérieur des estomacs du marsouin.* — Pap. — 3/4 de la grandeur naturelle.
Signé à gauche : Maréchal.
Vol. LXVII, n° 131.

— *Estomacs et rates du marsouin.* — Pap. — 3/4 de la grandeur naturelle.
Signé à gauche : Maréchal.
Vol. LXVII, n° 132.

— *Intestins du crocodile de Saint-Domingue.* — Pap. — Grandeur naturelle.
Signé à gauche : Maréchal.
Vol. LXVII, n° 168.

— *Matériaux des calculs des animaux d'urate de soude et de phosphate de chaux.* — Pap.
Signé à gauche : Maréchal, an X.
Vol. LXVII, n° 176.

— *Matériaux des calculs des animaux.* — Pap.
Signé à gauche : Maréchal, an XI.
Vol. LXVII, n° 177.

— *Tubercule nasal du rhinocéros.* — Pap. — Grandeur naturelle.
Signé à droite : Maréchal, 1793.
Vol. LXVII*, n° 23.

— *Œil et muscles de l'œil du rhinocéros.* — Pap. — Grandeur naturelle.
Signé à droite : Maréchal, 1793.
Vol. LXVII*, n° 24.

MARÉCHAL.
— *Cœur et moutons du rhinocéros.* — Pap. — 1/4 de la grandeur naturelle.
Signé à droite : MARÉCHAL, 1793.
Vol. LXVII*, n° 28.
— *Abdomen ouvert et intestins du rhinocéros.* — Pap. — 1/8 de la grandeur naturelle.
Signé à droite : MARÉCHAL, 1793.
Vol. LXVII*, n° 34.
— *Reins, vessie et organes de la génération du rhinocéros.* — Pap. — 1/8 de la grandeur naturelle.
Signé à droite : MARÉCHAL, 1793.
Vol. LXVII*, n° 35.
— *Colon retourné du rhinocéros.* — Pap. — Grandeur naturelle.
Signé à droite : MARÉCHAL, 1793.
Vol. LXVII*, n° 36.
— *Intérieur du colon du rhinocéros.* — Pap. — Grandeur naturelle.
Signé à droite : MARÉCHAL, 1793.
Vol. LXVII*, n° 37.
— *Portions des intestins grêles retournés du rhinocéros.* — Pap. — Grandeur naturelle.
Signé à droite : MARÉCHAL, 1793.
Vol. LXVII*, n° 42.
— *Foie du rhinocéros, vu en dessous.* — Pap. — 1/4 de la grandeur naturelle.
Signé à droite : MARÉCHAL, 1793.
Vol. LXVII*, n° 43.
— *Orang-outang.* — Vél. — 1/3 de la grandeur naturelle.
Signé à gauche : MARÉCHAL.
Un paysage remplit le fond du dessin.
Vol. LXIX, n° 4.
— *Callitriche* (Lin.). — Vél. — 1/3 de la grandeur naturelle.
Signé à droite : MARÉCHAL, an III.
Vol. LXIX, n° 10.
— *Le blanc-nez ou ascagne.* — Vél. — Moitié de la grandeur naturelle.
Signé au bas, le long de la bordure : MARÉCHAL.
Vol. LXIX, n° 17.
— *Rhesus macacus (erythræus).* — Vél. — Moitié de la grandeur naturelle.
Signé à gauche : MARÉCHAL, an VI.
Vol. LXIX, n° 25.

MARÉCHAL.
— *Magot.* — Vél. — 1/3 de la grandeur naturelle.
Signé à droite : MARÉCHAL, l'an II.
L'artiste a représenté l'animal se mirant dans une glace, et au-dessous a placé la légende : *nosce te ipsum.*
Vol. LXIX, n° 31.
— *Mandrill.* — Vél. — 1/4 de la grandeur naturelle.
Signé à gauche : MARÉCHAL, l'an 2ᵉ de de la République française.
Vol. LXIX, n° 38.
— *Mandrill.* — Vél. — 1/4 de la grandeur naturelle.
Signé à droite : MARÉCHAL, l'an II.
Vol. LXIX, n° 39.
— *Sajou mâle.* — Vél. — Moitié de la grandeur naturelle.
Signé à gauche, sur un tronc d'arbre : MARÉCHAL.
Vol. LXIX, n° 52.
— *Sajou femelle.* — Vél. — Moitié de la grandeur naturelle.
Signé à gauche : MARÉCHAL.
Vol. LXIX, n° 53.
— *Mococo.* — Vél. — 1/3 de la grandeur naturelle.
Signé à droite : MARÉCHAL.
Vol. LXIX, n° 78.
— *Maki brun.* — Vél. — 1/3 de la grandeur naturelle.
Signé à droite : MARÉCHAL.
Vol. LXIX, n° 82.
— *Tarsier.* — Vél. — Grandeur naturelle.
Signé à droite : MARÉCHAL.
L'artiste a complété son dessin par un paysage.
Vol. LXIX, n° 99.
— *Ours brun des Alpes.* — Vél. — 1/6 de la grandeur naturelle.
Signé à gauche : MARÉCHAL, an IV (1798).
Vol. LXX, n° 75.
— *Ours polaire.* — Vél. — 1/6 de la grandeur naturelle.
Signé à gauche : MARÉCHAL, an VI (1796).
Un paysage polaire remplit le fond du dessin.
Vol. LXX, n° 78.
— *Têtes et pattes de l'ours brun et de l'ours polaire.* — Vél. — 1/6 de la grandeur naturelle.
Signé à gauche : MARÉCHAL.
Vol. LXX, n° 79.

Maréchal.
— *Chienne levrette.* — Vél. — 1/3 de la grandeur naturelle.
Signé à gauche : Maréchal.
Un fond de paysage complète le dessin.
Vol. LXXI, n° 13.
— *Civette* (Lin.). — Vél. — 1/4 de la grandeur naturelle.
Signé à droite : Maréchal, l'an III.
Vol. LXXI, n° 24.
— *Mangouste*, d'Égypte. — Vél. — 1/3 de la grandeur naturelle.
Signé à gauche : Maréchal, an X.
L'animal est représenté terrassant un crocodile ; au fond du dessin, des monuments.
Vol. LXXI, n° 32.
— *Hyène rayée.* — Vél. — 1/5 de la grandeur naturelle.
Signé à gauche : Maréchal, an IX.
Un fond de paysage complète le dessin.
Vol. LXXI, n°s 40 et 41.
— *Lion*, du Sénégal. — Vél. — 1/5 de la grandeur naturelle.
Signé à droite : Maréchal.
Vol. LXXI, n° 43.
— *Lion*, de Tunis. — Vél. — 1/5 de la grandeur naturelle.
Signé à gauche : Maréchal, an X.
Vol. LXXI, n° 44.
— *Lionne*, de Tunis. — Vél. — 1/5 de la grandeur naturelle.
Signé à droite : Maréchal, 1797.
Vol. LXXI, n° 45.
— *Lions*, nés le 18 brumaire an IX dans la ménagerie du Muséum, représentés à l'âge d'un mois, allaités par leur mère. — Vél. — 1/5 de la grandeur naturelle.
Signé à droite : Maréchal, an IX.
L'artiste a complété son dessin par un paysage.
Vol. LXXI, n° 46.
— *Lions* (deux des précédents représentés à l'âge d'un jour). — Vél. — Grandeur naturelle.
Signé à gauche : Maréchal, an IX (1800).
Vol LXXI, n° 47.
— *Lions*, nés le 26 messidor an IX, représentés à l'âge d'un jour. — Vél. — Grandeur naturelle.
Signé à gauche : Maréchal, an IX (1801).
Vol. LXXI, n° 48.

Maréchal.
— *Lions* (les mêmes), à l'âge de six mois. — Vél. — 1/5 de la grandeur naturelle.
Signé à droite : Maréchal, an IX.
Vol. LXXI, n° 49.
— *Panthère mâle.* — Vél. — 1/5 de la grandeur naturelle.
Signé à gauche : Maréchal, l'an III.
Vol. LXXI, n° 55.
— *Serval.* — Vél. — 1/3 de la grandeur naturelle.
Signé à droite : Maréchal.
Vol. LXXI, n° 68.
— *Didelphe manicou mâle ou sarigue.* — Vél. — Moitié de la grandeur naturelle.
Signé à droite : Maréchal.
Un paysage complète le dessin.
Vol. LXXI, n° 75.
— *Didelphe manicou femelle.* — Vél. — Moitié de la grandeur naturelle.
Signé à gauche : Maréchal.
Même paysage.
Vol. LXXI, n° 75 *bis*.
— *Didelphe manicou femelle, avec ses enfants.* — Vél. — Moitié de la grandeur naturelle.
Signé à gauche : Maréchal, an VI (1798).
Même paysage.
Vol. LXXI, n° 76.
— *Didelphe cayopollin.* — Vél. — Moitié de la grandeur naturelle.
Signé au bas, le long de la bordure : Maréchal.
Vol. LXXI, n° 79.
— *Didelphe cayopollin femelle, avec ses enfants.* — Vél. — Grandeur naturelle.
Signé au bas : Maréchal.
Vol. LXXI, n° 80.
— *Touan.* — Vél. — Grandeur naturelle.
Signé à droite : Maréchal, an VI (1798).
Vol. LXXI, n° 81.
— *Yapock.* — Vél. — Moitié de la grandeur naturelle.
Signé à droite : Maréchal.
Vol. LXXI, n° 83.
— *Phalanger.* — Vél. — 1/3 de la grandeur naturelle.
Signé à droite : Maréchal, d'après le vivant.
L'artiste a agrémenté son dessin d'un paysage.
Vol. LXXI, n° 87.

Maréchal.
— *Phalanger nain.* — Vél. — Grandeur naturelle.
Signé à gauche : Maréchal.
Un paysage remplit le fond du dessin.
Vol. LXXI, n° 89.

— *Phalanger roux femelle.* — Vél. — 1/3 de la grandeur naturelle.
Signé à droite : Maréchal.
Même observation que ci-dessus.
Vol. LXXI, n° 90.

— *Phalanger blanc.* — Vél. — Grandeur naturelle.
Signé à droite : Maréchal.
Même observation que ci-dessus.
Vol. LXXI, n° 91.

— *Phalanger tacheté.* — Vél. — 1/3 de la grandeur naturelle.
Signé à droite : Maréchal.
Vol. LXXI, n° 92.

— *Kangourou.* — Vél. — 1/3 de la grandeur naturelle.
Signé à gauche : Maréchal.
Vol LXXI, n° 94.

— *Kangourou géant.* — Vél. — 1/3 de la grandeur naturelle.
Signé à droite : Maréchal.
Vol. LXXI, n° 95.

— *Aye-aye*, de Madagascar. — Vél. — Moitié de la grandeur naturelle.
Signé à droite : Maréchal, l'an III.
Un paysage complète le dessin.
Vol. LXXII, n° 12.

— *Gerboise*, du cap de Bonne-Espérance. — Vél. — 1/3 de la grandeur naturelle.
Signé à droite : Maréchal.
Vol. LXXII, n° 18.

— *Agouti.* — Vél. — 1/3 de la grandeur naturelle.
Signé à gauche : Maréchal.
Vol. LXXII, n° 28.

— *Éléphant femelle.* — Vél. — 1/10 de la grandeur naturelle.
Signé à gauche : Maréchal, an VII.
Vol. LXXII, n° 60.

— *Éléphant mâle*, d'Asie. — Vél. — 1/10 de la grandeur naturelle.
Signé à droite : Maréchal, an VII.
Vol. LXXII, n° 61.

Maréchal.
— *Couagga* (Lin.), d'Afrique. — Vél. — 1/8 de la grandeur naturelle.
Signé à gauche : Maréchal, l'an 2me de la République française.
Vol. LXXII, n° 93.

— *Chameau*, de la Bactriane. — Vél. — 1/10 de la grandeur naturelle.
Signé à droite : Maréchal, nivôse an VII.
Vol. LXXIII, n° 1.

— *Dromadaire.* — Vél. — 1/10 de la grandeur naturelle.
Signé à droite : Maréchal.
Vol. LXXIII, n° 4.

— *Biche et son faon.* — Vél. — 1/8 de la grandeur naturelle.
Signé à droite : Maréchal, l'an 2me de la République française une et indivisible.
L'artiste a agrémenté son dessin d'un fond de paysage.
Vol. LXXIII, n° 26.

— *Axis femelle.* — Vél. — 1/8 de la grandeur naturelle.
Signé à gauche : Maréchal.
Vol. LXXIII, n° 36.

— *Antilope corine.* — Vél. — 1/6 de la grandeur naturelle.
Signé à gauche : Maréchal.
Vol. LXXIII, n° 42.

— *Bubale.* — Vél. — 1/6 de la grandeur naturelle.
Signé à gauche : Maréchal, an V (1796).
Vol. LXXIII, n° 48.

— *Zébu mâle.* — Vél. — 1/10 de la grandeur naturelle.
Signé à droite : Maréchal, an III.
Vol. LXXIII, n° 75.

— *Zébu femelle.* — Vél. — 1/10 de la grandeur naturelle.
Signé à gauche, sur un tronc d'arbre : Maréchal.
Vol. LXXIII, n° 76.

— *Dauphin vulgaire lacopède.* — Vél. — 1/5 de la grandeur naturelle.
Signé au bas, le long de la bordure : Maréchal.
Vol. LXXIII, n° 93.

— *Marsouin commun.* — Vél. — 1/5 de la grandeur naturelle.
Signé à droite : Maréchal.
Vol. LXXIII, n° 96.

Maréchal.
— *Autruche mâle; struthio camelus* (Lin.), de l'ancien continent. — Vél. — 1/6 de la grandeur naturelle.
Signé à gauche : Maréchal, an VII.
Vol. LXXXII, n° 2.
— *Autruche femelle; struthio camelus* (Lin.). — Vél. — 1/6 de la grandeur naturelle.
Signé à gauche : Maréchal.
Vol. LXXXII, n° 3.
— *Autruche femelle; struthio camelus* (Lin.), de l'ancien continent. — Vél. — 1/6 de la grandeur naturelle.
Signé à gauche : Maréchal.
Vol. LXXXII, n° 4.
— *Casoar à casque; struthio casuarius* (Lin.). — Vél. — 1/6 de la grandeur naturelle.
Signé à droite : Maréchal, 1793.
Vol. LXXXII, n° 13.
— *Le houbara*, de Barbarie, rapporté par M. le rapporteur Desfontaines. — Vél. — Moitié de la grandeur naturelle.
Signé à droite : Maréchal, 1793.
Vol. LXXXII, n° 19.
— *Oie d'Egypte; anas ægyptiaca* (Lin.). — Vél. — 1/3 de la grandeur naturelle.
Signé à droite : Maréchal, an IX.
L'artiste a représenté l'oie juchée sur un amoncellement de pierres; le reste du paysage montre un sol marécageux.
Vol. LXXXIV, n° 15.
— *Émyde ponctuée*, de l'Amérique septentrionale (Schœpff, pl. 5). — Pap. — Grandeur naturelle. — H. 0m,36. — L. 0m,32.
Signé à droite : Maréchal.
Vol. LXXXVII, n° 23.
— *Fossiles de Grignon*. — Vél. — Grandeur naturelle. — 75 fig.
Signé à gauche : Maréchal, an IX.
Vol. XCVIII, n° 1.
— *Fossiles divers*. — Vél. — Grandeur naturelle. — 46 fig.
Signé à gauche : Maréchal.
Vol. XCVIII, n° 3.
— *Fossiles divers*. — Vél. — Grandeur naturelle. — 29 fig.
Signé à gauche : Maréchal.
Vol. XCVIII, n° 5.

Maréchal.
— *Coquilles fossiles de Grignon*. — Vél. — 34 fig.
Signé à gauche : Maréchal, an X.
Vol. XCVIII, n° 6.
— *Portion de l'épine du dos de l'animal fossile de Scéchell*. — Pap. — 1/3 de la grandeur naturelle.
Signé à droite : Maréchal.
Vol. CI, n° 2.
— *Mâchoire de reptile fossile*. — Vél. — 1/4 de la grandeur naturelle.
Signé à gauche : Maréchal.
Vol. CI, n° 43.

MEUNIER (Jean-Baptiste).
— *Lorris grêle*. — Vél. — 2/3 de la grandeur naturelle.
Signé à droite : Meunier [avril 1851].
Vol. LXXIV, n° 57.
[Enregistré 1851, n° 49.]
— *Megacephala punctata, sepulcralis, cicindela virens, semicyanea, albo guttata, chiliensis, vasseleti, tricondyla chevrolatii, collyris postica, psilocera elegans, cicindela heros*. — Pap. — 11 fig.
Signé à gauche : Meunier, 1833.
Vol. LXXXV, n° 32.
[Ces espèces ont été publiées, en 1839, dans les *Archives du Muséum*, t. Ier.]

MILBERT (Jacques).
— *Profil de la tête du Moos-Deer*. — Pap.
Signé à gauche : J. Milbert del.
Vol. CI, n° 12.
— *Détails de la mâchoire du Moos-Deer*. — Pap. (double feuille). — 1/3 de la grandeur naturelle.
Signé à gauche : J. Milbert del.
Vol. CI, n° 26.
— *Détails de la mâchoire inférieure du Moos-Deer*, du Maine et du Nouveau-Brunswick (Amérique du Nord). — Pap. (double feuille).
Signé en haut, à droite : J. Milbert delin[t], Nov. Ebor. (New-York), 1821.
Vol. CI, n° 27.
— *Détails de la tête du renne fossile*. — Pap. (double feuille).
Signé en haut, à droite : J. Milbert del[t].
Vol. CI, n° 28.

NERVILLE (DE).
— *Plecostomus acipenser; esturgeon.* — Pap. — Grandeur naturelle.
Signé à droite : DE NERVILLE.
Vol. XCIII, n° 18.

NICOLET (H^te).
— *Structure micrographique de l'os du chien.* — Vél.
Signé à gauche : NICOLET AD NAT. DEL., 1845.
Vol. LXV, n° 4.
[Enregistré 1845, n° 27.]

— *Cidaris mamillata.* — Vél.
Au bas on lit : *Commencé par* DIEKMANN, *terminé par* NICOLET, 1849-1850.
Vol. LXXVI (2), n° 9.

— *Stylaster sanguineus, gracilis.* — Vél.
Signé à gauche : H^te NICOLET, 1850.
Vol. LXXVI (4), n° 14.
[Enregistré 1850, n° 16.]

— *Appareil buccal de diverses larves de coléoptères.* — Pap. — 6 fig.
Signé à gauche : H. NICOLET AD NAT. DEL., août 1845.
Vol. LXXVI (5), n° 6.
[Enregistré 1845, n° 16.]

— *Acariens terrestres.* — Pap. — H. 0^m,25. — L. 0^m,18.
Signé à droite : NICOLET AD NAT. DEL., 1852-1854.
Vol. LXXVI (7), n°s 1 à 14.

— *Oribates,* du bois de Meudon. — Vél.
Signé à gauche : H^te NICOLET PINX^t, janv. 1848.
Vol. LXXVI (7), n°s 15 à 18.

— *Sarcoptes,* du bois de Meudon. — Vél.
Signé à gauche : H^te NICOLET PINX^t, avril 1849.
Vol. LXXVI (7), n°s 19 et 20.

— *Atax et oribates,* des environs de Paris. — Pap.
Signé à gauche : H^te NICOLET PINX^t, décembre 1847.
Vol. LXXVI (7), n°s 21 à 23.

NICOLET (H.).
— *Insectes myriapodes.* — Vél.
Signé à gauche : H^te NICOLET, décembre 1848.
Vol. LXXVI (7), n° 24.
[Enregistré 1848, n° 31.]

— *Insectes hyménoptères xylocapes.* — Vél.
Signé à gauche : H^te NICOLET PINX. 1855.
Vol. LXXVI (7), n°s 27 et 28.
[Enregistré 1855, n°s 25 à 42.]

— *Bellia picta* (Edw.). — Vél. — 6 fig.
Signé à gauche : H^te NICOLET PINX^t.
Vol. XCIX, n° 41.
[Enregistré 1849, n° 2.]

OUDART (PAUL-LOUIS), élève de G. VAN SPAENDONCK.
— *Tachyphones à épaulettes bleues.* — Pap.
Signé à gauche : P. OUDART, 1854.
Vol. LXVIII, n° 4.
[Enregistré 1854, n° 27.]

— *Scops rutilus,* de Madagascar. — Pap.
Signé à gauche : P. OUDART, 1849.
Vol. LXVIII, n° 13.
[Enregistré 1849, n° 35.]

— *Tropidorynchus Diemenensis.* — Pap.
Signé à gauche : P. OUDART, 1854.
Vol. LXVIII, n° 20.
[Enregistré 1854, n° 21.]

— *Tachyphonus somptuosus.* — Pap.
Signé à gauche : P. OUDART, 1854.
Vol. LXVIII, n° 21.
[Enregistré 1854, n° 22.]

— *Antigone de Montigny, mâle adulte.* — Vél. — 1/5 de la grandeur naturelle.
Signé à gauche : P. OUDART et WERNER, d'après le vivant, 1856 et 1857.
Vol. LXVIII, n° 23.

— *Elaphe à quatre bandes.* — Vél. — Grandeur naturelle.
Signé à gauche : P. OUDART, 1854, a'après le vivant.
Vol. LXVIII, n° 32.
[Enregistré 1854, n° 46.]

— *Platydactyle à ventre granuleux.* — Vél. — 3 fig.
Signé à gauche : P. OUDART, 1851.
Vol. LXVIII, n° 44.
[Enregistré 1851, n° 48.]

Oudart (Paul).
— *Gymnodactyle à scapulaire, et autres de la famille des geckotiens.* — Vél. — 5 fig.
Signé à gauche : P. Oudart, 1853.
Vol. LXVIII, n° 45.
[Enregistré 1853, n° 6.)
— *Stellion commun* (Daudin). — Vél. — Grandeur naturelle.
Signé à gauche : P. Oudart, 1853, *d'après le vivant.*
Vol. LXVIII, n° 46.
[Enregistré 1853, n° 20.]
— *Uromastix acanthinurus* (Bell.). — Vél. — Grandeur naturelle.
Signé à droite : Oudart et F. Bocourt, 1860.
Vol. LXVIII, n° 50.
[Enregistré 1860, n° 37.]
— *Gadus tricirrhatus* (Lin.), des côtes de Picardie. — Vél.
Signé à gauche : P. Oudart, 1848.
Vol. LXVIII, n° 69.
[Enregistré 1848, n° 21.]
— *Acipenser stellatus.* — Vél. — 1/3 de la grandeur naturelle.
Signé à gauche : P. Oudart, 1856.
Vol. LXVIII, n° 80.
[Enregistré 1856, n° 24.]
— *Oreaster huilcus*, des îles Seychelles. — Vél. — 3/4 de la grandeur naturelle.
Signé à gauche : P. Oudart, 1851.
Vol. LXXVI (2), n° 10.
[Enregistré 1851, n° 38.]
— *Tethya pilosa* (Mont.). — Vél.
Signé à gauche : P. Oudart, 1849.
Vol. LXXVI (3), n° 26.
[Enregistré 1849, n° 3.]
— *Geodia pachymatisma*, des rochers de Bréhat. — Vél.
Signé à gauche : P. Oudart, 1850.
Vol. LXXVI (3), n° 28.
[Enregistré 1850, n° 9.]
— *Cydonellia calvaria*, du cap Nord. —
Signé à gauche : P. Oudart, 1849.
Vol. LXXVI (3), n° 29.
[Enregistré 1849, n° 6.]
— *Hyalonema Sieboldi* (Gray). — Vél.
Signé à gauche : P. Oudart, 1848.
Vol. LXXVI (3), n° 44.
[Enregistré 1848, n° 28.]

Oudart (Paul).
— *Madracis oculina speciosa.* — Vél.
Signé à gauche : P. Oudart, 1850.
Vol. LXXVI (4), n° 13.
[Enregistré 1850, n° 34.]
— *Echinopora rosularia*, des îles Seychelles. — Vél. — Moitié de la grandeur naturelle.
Signé à gauche : P. Oudart, 1848.
Vol. LXXVI (4), n° 15.
[Enregistré 1848, n° 5.]
— *Gorgonia simplex*, de l'île Bourbon. — Moitié de la grandeur naturelle.
Signé à gauche : P. Oudart, 1846.
Vol. LXXVI (4), n° 16.
[Enregistré 1846, n° 8.]
— *Gorgonia verticillaris.* — Vél. — 2/5 de la grandeur naturelle.
Signé à gauche : P. Oudart, 1845.
Vol. LXXVI (4), n° 17.
[Enregistré 1845, n° 21.]
— *Gorgonia myriacaula*, de l'île Bourbon. — Vél. — 3/10 de la grandeur naturelle.
Signé à gauche : P. Oudart, 1845.
Vol. LXXVI (4), n°ˢ 18 et 19.
[Enregistré 1846, n°ˢ 17 et 18.].
— *Oculine de Michelin.* — Vél.
Signé à gauche : P. Oudart, 1845.
Vol. LXXVI (4), n° 20.
[Enregistré 1845, n° 8.]
— *Heteropsammia cochlea*, de Zanzibar. — Pap.
Signé à gauche : P. Oudart, 1850.
Vol. LXXVI (4), n° 21.
[Enregistré 1850, n° 21.]
— *Gongyle ocellé*, mâle et femelle, d'Algérie (Dum. et Bib.). — Vél. — 3 fig. — Grandeur naturelle.
Signé à gauche : P. Oudart, 1853, *d'après le vivant.*
Vol. LXXXVII, n° 96.
[Enregistré 1853, n° 22.)
— *Pseudope de Pallas* (Cuv.). — Vél. — Grandeur naturelle.
Signé à gauche : P. Oudart, 1854, *d'après le vivant.*
Vol. LXXXVII, n° 97.
[Enregistré 1854, n° 50.]

Oudart (Paul).
— *Holotropis microlophus*, de Cuba. — Vél. — 4 fig. — Grandeur naturelle.
Signé à gauche : P. Oudart, 1858, *d'après le vivant*.
Vol. LXXXVII, n° 104.
[Enregistré 1858, n° 7.]
— *Tropidonote à bandes* (Lin.), mâle et femelle, des États-Unis. — Vél. — 6 fig. — Grandeur naturelle.
Signé à gauche : P. Oudart, 1856, *d'après des individus vivants*.
Vol. LXXXVIII, n° 23.
[Enregistré 1856, n° 23.]
— *Péliade bérus, vipère commune ou aspic.* — Vél. — 5 fig. — Grandeur naturelle.
Signé à gauche : P. Oudart, 1854, *d'après le vivant*.
Vol. LXXXVIII, n° 47.
[Enregistré 1854, n° 55.]
— *Triton à crête*, variété des environs de Paris. — Vél. — 6 fig. — Grandeur naturelle.
Signé à gauche : P. Oudart, 1856, *d'après le vivant*.
Vol. LXXXVIII, n° 81.
[Enregistré 1856, n° 22.]
— *Pleurodèle de Waltll* (Dum.); tête et squelette du même. — Vél. — 4 fig. — Grandeur naturelle.
Signé à gauche : P. Oudart, 1853.
Vol. LXXXVIII, n° 95.
[Enregistré 1853, n° 30.]
— *Poissons apodes du genre Orestias* (Val.), rapportés du Pérou par M. Pentland. — Vél. — 3 fig.
Signé à gauche : P. Oudart, 1841.
Vol. XCIII, n° 43.
— *Poissons apodes du genre Orestias*, variétés. — Vél. — 5 fig.
Signé à gauche : P. Oudart, 1841.
Vol. XCIII, n° 43 *bis*.
— *Poissons apodes du genre Orestias*, variétés. — Vél. — 5 fig.
Signé à gauche : P. Oudart, 1841.
Vol. XCIII, n° 43 *ter*.
— *Poissons du genre Eremobius.* — Vél. — 3 fig.
Signé à gauche : P. Oudart, 1841.
Vol. XCIII, n° 44.

Oudart (Paul).
— *Hypostomus raninus* (Val.); *hypostomus barbatus* (Val.); *pimelodus Pentlandii* (Val.), du Pérou. — Vél.
Signé à gauche : P. Oudart, 1841.
Vol. XCIII, n° 44 *bis*.
— *Merlan ordinaire, femelle;* poisson monstrueux, ayant son ovaire normal et un second ovaire surnaturel, vue en avril 1850. — Pap.
Signé à gauche : P. Oudart, 1850.
Vol. XCIV, n° 6.

OUDINOT (P.).
— *Echidna histrix.* — Pap. — 2/3 de la grandeur naturelle. — 2 fig. — H. 0ᵐ,28. — L. 0ᵐ,22.
Signé à droite : Oudinot.
Vol. LXVI, n° 55.
— *Coléoptères divers; mouches, abeilles, guêpes.* — Vél. — 19 fig.
Signé à droite : Oudinot.
Vol. LXXXV, n° 4.
— *Coléoptères divers.* — Vél. — 39 fig.
Signé à droite : Oudinot.
Vol. LXXXV, n° 5.
— *Coléoptères divers.* — Vél. — 28 fig.
Signé à droite : Oudinot.
Vol. LXXXV, n° 6.
— *Coléoptères divers.* — Vél. — 13 fig.
Signé à droite : Oudinot.
Vol. LXXXV, n° 7.
— *Coléoptères divers.* — Vél. — 9 fig.
Signé à droite : Oudinot.
Vol. LXXXV, n° 8.
— *Coléoptères divers.* — Vél. — 15 fig.
Signé à droite : Oudinot.
Vol. LXXXV, n° 9.
— *Coléoptères divers.* — Vél. — 32 fig.
Signé à droite : Oudinot.
Vol. LXXXV, n° 10.
— *Coléoptères divers.* — Vél. — 32 fig.
Signé à droite : Oudinot.
Vol. LXXXV, n° 11.
— *Fourmis.* — Vél. — 21 fig.
Signé à droite : Oudinot.
Vol. LXXXV, n° 12.
— *Fourmis.* — Vél. — 34 fig.
Signé à droite : Oudinot.
Vol. LXXXV, n° 13.

Oudinot (P.).
— *Fourmis.* — Vél. — 27 fig.
Signé à droite : Oudinot.
Vol. LXXXV, n° 14.
— *Fourmis.* — Vél. — 26 fig.
Signé à droite : Oudinot.
Vol. LXXXV, n° 15.
— *Fourmis.* — Vél. — 19 fig.
Signé à droite : Oudinot.
Vol. LXXXV, n° 16.
— *Coléoptères divers, fourmis, variétés.* — Vél. — 16 fig.
Signé à droite : Oudinot.
Vol. LXXXV, n° 17.
— *Coléoptères divers.* — Vél. — 27 fig.
Signé à droite : Oudinot.
Vol. LXXXV, n° 18.
— *Coléoptères divers.* — Vél. — 26 fig.
Signé à droite : Oudinot.
Vol. LXXXV, n° 19.
— *Coléoptères divers.* — Vél. — 35 fig.
Signé à droite : Oudinot.
Vol. LXXXV, n° 20.
— *Coléoptères divers.* — Vél. — 20 fig.
Signé à droite : Oudinot.
Vol. LXXXV, n° 21.
— *Coléoptères divers.* — Vél. — 28 fig.
Signé à droite : Oudinot.
Vol. LXXXV, n° 22.
— *Papillons.* — Vél. — 4 fig.
Signé à droite : Oudinot.
Vol. LXXXVI, n° 37.
— *Papillons.* — Vél. — 4 fig.
Signé à droite : Oudinot.
Vol. LXXXVI, n° 38.
— *Papillons divers.* — Vél. — 2 fig.
Signé à droite : Oudinot.
Vol. LXXXVI, n° 39.
— *Papillons divers.* — Vél. — 4 fig.
Signé à droite : Oudinot.
Vol. LXXXVI, n° 40.
— *Papillons divers.* — Vél. — 4 fig.
Signé à droite : Oudinot.
Vol. LXXXVI, n° 41.
— *Papillons divers.* — Vél. — 4 fig.
Signé à droite : Oudinot.
Vol. LXXXVI, n° 42.
— *Papillons divers.* — Vél. — 6 fig.
Signé à droite : Oudinot.
Vol. LXXXVI, n° 43.

Oudinot (P.).
— *Papillons divers.* — Vél. — 12 fig.
Signé à droite : Oudinot.
Vol. LXXXVI, n° 44.
— *Papillons divers.* — Vél. — 8 fig.
Signé à droite : Oudinot.
Vol. LXXXVI, n° 45.
— *Papillons divers.* — Vél. — 8 fig.
Signé à droite : Oudinot.
Vol. LXXXVI, n° 46.
— *Papillons divers.* — Vél. — 8 fig.
Signé à droite : Oudinot.
Vol. LXXXVI, n° 47.
— *Papillons divers.* — Vél. — 12 fig.
Signé à droite : Oudinot.
Vol. LXXXVI, n° 48.
— *Papillons divers.* — Vél. — 10 fig.
Signé à droite : Oudinot.
Vol. LXXXVI, n° 49.
— *Papillons divers.* — Vél. — 11 fig.
Signé à droite : Oudinot.
Vol. LXXXVI, n° 50.
— *Papillons divers.* — Vél. — 10 fig.
Signé à droite : Oudinot.
Vol. LXXXVI, n° 51.
— *Papillons divers.* — Vél. — 8 fig.
Signé à droite : Oudinot.
Vol. LXXXVI, n° 52.
— *Papillons divers.* — Vél. — 12 fig.
Signé à droite : Oudinot.
Vol. LXXXVI, n° 53.
— *Papillons divers.* — Vél. — 12 fig.
Signé à droite : Oudinot.
Vol. LXXXVI, n° 54.
— *Papillons divers.* — Vél. — 2 fig.
Signé à droite : Oudinot.
Vol. LXXXVI, n° 55.
— *Fossiles de Grignon.* — Vél. — 29 fig.
— Grandeur naturelle.
Signé à droite : Oudinot.
Vol. XCVIII, n° 4.
— *Coquilles fossiles.* — Vél. — 32 fig.
Signé à droite : Oudinot.
Vol. XCVIII, n° 7.
— *Coquilles fossiles.* — Vél. — 26 fig.
Signé à droite : Oudinot.
Vol. XCVIII, n° 8.
— *Coquilles fossiles.* — Vél. — 24 fig.
Signé à droite : Oudinot.
Vol. XCVIII, n° 9.

Oudinot (P.).
— *Coquilles fossiles.* — Vél. — 26 fig.
Signé à droite : Oudinot.
Vol. XCVIII, n° 10.
— *Coquilles fossiles.* — Vél. — 22 fig.
Signé à droite : Oudinot.
Vol. XCVIII, n° 11.
— *Coquilles fossiles.* — Vél. — 11 fig.
Signé à droite : Oudinot.
Vol. XCVIII, n° 12.
— *Coquilles fossiles.* — Vél. — 16 fig.
Signé à gauche : Oudinot.
Vol. XCVIII, n° 13.
— *Coquilles fossiles.* — Vél. — 26 fig.
Signé à gauche : Oudinot.
Vol. XCVIII, n° 14.
— *Coquilles fossiles.* — Vél. — 20 fig.
Signé à gauche : Oudinot.
Vol. XCVIII, n° 15.
— *Coquilles fossiles.* — Vél. — 33 fig.
Signé à gauche : Oudinot.
Vol. XCVIII, n° 16.
— *Coquilles fossiles.* — Vél. — 20 fig.
Signé à gauche : Oudinot.
Vol. XCVIII, n° 17.
— *Coquilles fossiles.* — Vél. — 30 fig.
Signé à gauche : Oudinot.
Vol. XCVIII, n° 18.
— *Coquilles fossiles.* — Vél. — 28 fig.
Signé à gauche : Oudinot.
Vol. XCVIII, n° 19.
— *Coquilles fossiles.* — Vél. — 14 fig.
Signé à gauche : Oudinot.
Vol. XCVIII, n° 20.
— *Coquilles fossiles.* — Vél. — 25 fig.
Signé à gauche : Oudinot.
Vol. XCVIII, n° 21.
— *Coquilles fossiles.* — Vél. — 37 fig.
Signé à droite : Oudinot.
Vol. XCVIII, n° 22.
— *Coquilles fossiles.* — Vél. — 25 fig.
Signé à droite : Oudinot.
Vol. XCVIII, n° 23.
— *Coquilles fossiles.* — Vél. — 17 fig.
Signé à droite : Oudinot.
Vol. XCVIII, n° 24.
— *Coquilles fossiles.* — Vél. — 32 fig.
Signé à droite : Oudinot.
Vol. XCVIII, n° 25.

Oudinot (P.)
— *Coquilles fossiles.* — Vél. — 21 fig.
Signé à droite : Oudinot.
Vol. XCVIII, n° 26.
— *Coquilles fossiles.* — Vél. — 16 fig.
Signé à droite : Oudinot.
Vol. XCVIII, n° 27.
— *Coquilles fossiles.* — Vél. — 26 fig.
Signé à droite : Oudinot.
Vol. XCVIII, n° 28.
— *Coquilles fossiles.* — Vél. — 16 fig.
Signé à droite : Oudinot.
Vol. XCVIII, n° 29.
— *Coquilles fossiles.* — Vél. — 28 fig.
Signé à droite : Oudinot.
Vol. XCVIII, n° 30.
— *Coquilles fossiles.* — Vél. — 26 fig.
Signé à droite : Oudinot.
Vol. XCVIII, n° 31.
— *Coquilles fossiles.* — Vél. — 18 fig.
Signé à droite : Oudinot.
Vol. XCVIII, n° 32.
— *Coquilles fossiles.* — Vél. — 15 fig.
Signé à droite : Oudinot.
Vol. XCVIII, n° 33.
— *Coquilles fossiles.* — Vél. — 20 fig.
Signé à droite : Oudinot.
Vol. XCVIII, n° 34.
— *Coquilles fossiles.* — Vél. — 14 fig.
Signé à droite : Oudinot.
Vol. XCVIII, n° 35.
— *Coquilles fossiles.* — Vél. — 9 fig.
Signé à droite : Oudinot.
Vol. XCVIII, n° 36.
— *Coquilles fossiles.* — Vél. — 9 fig.
Signé à droite : Oudinot.
Vol. XCVIII, n° 37.
— *Coquilles fossiles.* — Vél. — 15 fig.
Signé à droite : Oudinot.
Vol. XCVIII, n° 38.
— *Coquilles fossiles.* — Vél. — 24 fig.
Signé à droite : Oudinot.
Vol. XCVIII, n° 39.
— *Coquilles fossiles.* — Vél. — 24 fig.
Signé à droite : Oudinot.
Vol. XCVIII, n° 40.
— *Coquilles fossiles.* — Vél. — 26 fig.
Signé à droite : Oudinot.
Vol. XCVIII, n° 41.

Oudinot (P.).
— *Coquilles fossiles.* — Vél. — 23 fig.
Signé à droite : Oudinot.
Vol. XCVIII, n° 42.
— *Coquilles fossiles.* — Vél. — 27 fig.
Signé à droite : Oudinot.
Vol. XCVIII, n° 43.
— *Coquilles fossiles.* — Vél. — 36 fig.
Signé à droite : Oudinot.
Vol. XCVIII, n° 44.
— *Coquilles fossiles.* — Vél. — 23 fig.
Signé à droite : Oudinot.
Vol. XCVIII, n° 45.
— *Coquilles fossiles.* — Vél. — 34 fig.
Signé à droite : Oudinot.
Vol. XCVIII, n° 46.
— *Coquilles fossiles.* — Vél. — 16 fig.
Signé à droite : Oudinot.
Vol. XCVIII, n° 46 bis.
— *Coquilles fossiles.* — Vél. — 33 fig.
Signé à droite : Oudinot.
Vol. XCVIII, n° 47.
— *Coquilles fossiles.* — Vél. — 37 fig.
Signé à droite : Oudinot.
Vol. XCVIII, n° 48.
— *Coquilles fossiles.* — Vél. — 20 fig.
Signé à gauche : Oudinot.
Vol. XCVIII, n° 49.
— *Coquillages.* — Vél. — 14 fig.
Signé à droite : Oudinot.
Vol. XCVIII, n° 50.
— *Coquillages.* — Vél. — 23 fig.
Signé à droite : Oudinot.
Vol. XCVIII, n° 51.
— *Coquillages.* — Vél. — 27 fig.
Signé à droite : Oudinot.
Vol. XCVIII, n° 52.
— *Crabe commun,* vu en dessus et en dessous. — Vél. — 2 fig.
Signé à droite : Oudinot.
Vol. XCIX, n° 16.
— *Epialte denté.* — Vél.
Signé à droite : Oudinot.
Vol. XCIX, n° 20.
— *Crustacés; crabes.* — Vél. — 9 fig.
Signé à droite : Oudinot.
Vol. XCIX, n° 29.
— *Thalassine.* — Vél. — 2 fig.
Signé à droite : Oudinot.
Vol. XCIX, n° 33.

Oudinot (P.).
— *Thalassine, variété.* — Vél.
Signé à droite : Oudinot.
Vol. XCIX, n° 34.
— *Annélides, araignées communes.* — Vél. — 6 fig.
Signé à droite : Oudinot.
Vol. XCIX, n° 51.
— *Araignées.* — Vél. — 9 fig.
Signé à droite : Oudinot.
Vol. XCIX, n° 52.
— *Araignées.* — Vél. — 6 fig.
Signé à droite : Oudinot.
Vol. XCIX, n° 53.
— *Araignées.* — Vél. — 13 fig.
Signé à droite : Oudinot.
Vol. XCIX, n° 54.
— *Araignées.* — Vél. — 26 fig.
Signé à droite : Oudinot.
Vol. XCIX, n° 55.
— *Araignées.* — Vél. — 20 fig.
Signé à droite : Oudinot.
Vol. XCIX, n° 56.
— *Annélides diverses.* — Vél. — 13 fig.
Signé à droite : Oudinot.
Vol. XCIX, n° 57.
— *Annélides diverses.* — Vél. — 24 fig.
Signé à droite : Oudinot.
Vol. XCIX, n° 58.
— *Annélides diverses.* — Vél. — 17 fig.
Signé à droite : Oudinot.
Vol. XCIX, n° 59.
— *Annélides diverses.* — Vél. — 12 fig.
Signé à droite : Oudinot.
Vol. XCIX, n° 60.
— *Phryne.* — Vél. — 3 fig.
Signé à droite : Oudinot.
Vol. XCIX, n° 61.
— *Araignées tapissières,* vues en dessus et en dessous. — Vél. — 2 fig.
Signé à droite : Oudinot.
Vol. XCIX, n° 62.
— *Araignées,* vues en dessus et en dessous. — Vél. — 2 fig.
Signé à droite : Oudinot.
Vol. XCIX, n° 65.

POUJADE.
— *Crustacés des îles du Cap-Vert.*—Vél.
— 17 fig.
Signé à gauche : Poujade, 1872.
Vol. XCIX, n° 24.
[Enregistré 1872, n° 7.]

— *Crustacés divers.* — Vél. — 16 fig.
Signé à gauche : Poujade pinx., 1873.
Vol. XCIX, n° 25.
[Enregistré 1873, n° 4.]

— *Crustacés divers.* — Vél. — 16 fig.
Signé à gauche : Poujade, 1872.
Vol. XCIX, n° 26.
[Enregistré 1872, n° 8.]

— *Alphées des îles du Cap-Vert.* — Vél.
Signé à gauche : Poujade pinx^t, 1872.
Vol. XCIX, n° 27.
[Enregistré 1872, n° 13.]

— *Acanthonyx.* — Vél. — 13 fig.
Signé à gauche : Poujade, 1872.
Vol. XCIX, n° 28.
[Enregistré 1872, n° 3.]

PRÊTRE (Jean-Gabriel).
— *Stéatorne guacharo.* — Pap.
Signé à gauche : Prêtre pinx., 1834.—
Nouvelles Annales du Muséum, III,
p. 321.
Vol. LXXIX, n° 10.

— *Coquillages pourpre divers.* — Pap.
— 26 fig.
Signé à gauche : J. G. Prêtre, 1832.
Vol. XCVII, n° 43.

— *Coquillages pourpre divers.* — Pap.
— 18 fig.
Signé à gauche : J. G. Prêtre.
Vol. XCVII, n° 44.

— *Pennatule grise.* — Vél. — 2 fig.
Signé à gauche : J. G. Prêtre.
Vol. C, n° 26.

— *Pavonaire quadrangulaire, funiculaire cylindrique, virgulaire grêle.* —
Pap. — 14 fig.
Signé à gauche : J. G. Prêtre.
Vol. C, n° 28.

— *Rénille violette, véritille granifère, phalloïde.* — Pap. — 11 fig.
Signé à gauche : J. G. Prêtre.
Vol. C, n° 29.

PRÉVOST (E. A.).
— *Spathodea speciosa.* — Vél.
Signé à gauche : E. A. Prévost, 1841
Vol. LXXXV, n° 81.
[Enregistré 1841, n° 22.]

— *Petit kakatoës des Philippines.* — Vél.
Signé sur le tronc d'arbre, à gauche :
A. Prévost, 1836.
Vol. LXXX, n° 96.

— *Hocco du Mexique.* — Vél. — 1/3 de
la grandeur naturelle.
Signé à droite : A. Prévost, 1839.
Vol. LXXXI, n° 4.

— *Le pénélope catraca de Cumana.* —
Vél. — 2/5 de la grandeur naturelle.
Signé à droite : A. Prévost [1839].
Vol. LXXXI, n° 5.

— *Caméléon vulgaire,* espèce nouvelle
du voyage de M. Botta; *caméléon de
Brookes* (Dum.). — Pap. — 2 fig.
Signé à droite : A. Prévost, 1840.
Vol. LXXXVII, n° 63.

— *Coquilles du genre cône.* — Vél. —
8 fig.
Signé à gauche : A. Prévost, 1838.
Vol. XCVII, n° 24.

— *Panopees Aldrovrandi, splengeri*(Val.).
Vél. — 4 fig.
Signé à gauche : A. Prévost.
Vol. XCVII, n° 89.

— *Helix Gothofredi, monogramma, eburnea* (Val.). — Vél. — 10 fig.
Signé à gauche : A. Prévost, janvier
1836.
Vol. XCVII, n° 97.

REDOUTÉ (Henri-Joseph).
— *Phallus roseus* (Delisle); *champignon
morille.* — Pap.
Signé à gauche : *Peint à Syouth, dans
la Haute-Égypte, par* H. J. Redouté.
Vol. III, n° 172.

— *Cucifera thebaica* (Delisle). — Pap.
Signé à gauche : H. J. Redouté.
Vol. VI, n° 3.

— *Détails de la même plante.* — Pap.
Signé à gauche : *Peint dans la Haute-
Égypte, par* H. J. Redouté.
Vol. VI, n° 4.

REDOUTÉ (Henri-Joseph).
— *Uniona latifolia* (Mich.), de l'Amérique septentrionale. — Vél.
Signé à gauche : HEN. JOS. REDOUTÉ.
Vol. V, n° 66.

— *Salsona echinus* (Delisle), de l'Égypte. — Pap.
Signé à gauche : *Peint à Alexandrie, en Égypte, par* H. J. REDOUTÉ, thermidor an VI.
Vol. XVI, n° 2.

— *Salicornia amentacea* (Delisle), d'Égypte. — Pap.
Signé à gauche : *Peint à Alexandrie, en Égypte, par* H. J. REDOUTÉ.
Vol. XVI, n° 15.

— *Phelipea lutea*, du mont Atlas. — Vél.
Signé à gauche : H. J. REDOUTÉ PINX., 1818, *d'après le dessin fait en Égypte*.
Vol. XVIII, n° 11 *bis*.

— *Heliotropium eriocarpum* (Delisle), d'Égypte. — Pap.
Signé à gauche : *Peint en Égypte par* H. J. REDOUTÉ.
Vol. XXV, n° 29.

— *Lithospermum callosum* (Del.), d'Égypte. — Vél.
Signé à gauche : *Peint en Égypte par* H. J. REDOUTÉ.
Vol. XXV, n° 41.

— *Cynanchum oleæfolium* (Delisle), d'Égypte. — Vél.
Signé à gauche : *Peint en Égypte par* H. J. REDOUTÉ.
Vol. XXVIII, n° 9.

— *Cacalia sonchifolia sagittata* (Lin.), de l'Inde. — Vél.
Signé à gauche : HEN. JOS. REDOUTÉ.
Vol. XXXIV, n° 11.

— *Alcina perfoliata* (Cav.), du Mexique. — Vél.
Signé à gauche : HEN. JOS. REDOUTÉ.
Vol. XXXVI, n° 38.

— *Raphanus lyratus* (Forsk.), d'Égypte. — Vél.
Signé à gauche : PEINT PAR H. J. REDOUTÉ.
Vol. XLI, n° 1.

REDOUTÉ (Henri-Joseph).
— *Erucaria microcarpia vel raphanus* (Vent.), d'Égypte.
Signé à droite : PEINT PAR H. J. REDOUTÉ.
Vol. XLI, n° 85.

— *Capparis ægyptia*. — Vél.
Signé à gauche : PEINT PAR H. J. REDOUTÉ (1811).
Vol. XLIII, n° 11.

— *Balanites ægyptiaca* (Delisle). — Vél.
Signé à gauche : PEINT PAR H. J. REDOUTÉ (1811).
Vol. XLIII, n° 89.

— *Acacia linifolia* (Wild), de la Nouvelle-Hollande. — Vél.
Signé à gauche : HEN. JOS. REDOUTÉ.
Vol. LIV, n° 2.

— *Cassia lanceolata* (Lam.), d'Égypte. — Pap.
Signé à gauche : *Peint en Égypte par* H. J. REDOUTÉ.
Vol. LIV, n° 65.

— *Oxytropis annularis* (Forsk.). — Vél.
Signé à gauche : PEINT PAR H. J. REDOUTÉ.
Vol. LVIII, n° 5.

— *Thuya articulata* (Val.), de Barbarie. — Vél.
Signé à gauche : HEN. JOS. REDOUTÉ.
Vol. LXIII, n° 48.

— *Polypthère bichir*, squelette. — Vél.
Signé à gauche : PEINT PAR H. J. REDOUTÉ.
Vol. LVI, n° 147.

— *Lopezia racemosa* (Cav.), du Mexique. — Vél.
Signé à gauche : HEN. JOS. REDOUTÉ.
Vol. LXXV, n° 38.

— *Testudo sulcata* (Miller), du Sénégal. — Vél.
Signé à gauche : H. J. REDOUTÉ PINX., 1818, *d'après le vivant*.
Vol. LXXXVII, n° 6.

— *Testudo sulcata;* la même, vue de dos. — Vél.
Signé à gauche : H. J. REDOUTÉ PINX., 1818, *d'après le vivant*.
Vol. LXXXVII, n° 7.

REDOUTÉ (Henri-Joseph).
— *Testudo tabulata*, de l'île de la Trinité. — Vél.
Signé à gauche : H. J. REDOUTÉ PINX., 1816.
Vol. LXXXVII, n° 10.

— *Emyde à trois ongles, ou tortue du Nil* (Schœpff). — Vél.
Signé à gauche : PEINT EN ÉGYPTE PAR H. J. REDOUTÉ.
Un paysage remplit le fond du dessin.
Vol. LXXXVII, n° 30.

— *Emyde à trois ongles*; le même vu en dessous. — Vél.
Signé à gauche : PEINT EN ÉGYPTE PAR H. J. REDOUTÉ.
Vol. LXXXVII, n° 31.

— *Chelonia virgata* (Dum.). — Vél. — 3/5 de la grandeur naturelle.
Signé à gauche : H. J. REDOUTÉ PINX., 1824.
Vol. LXXXVII, n° 38.

— *Crocodile vulgaire à deux arêtes* (Cuv.); *crâne du crocodile suchos* (Geoff. Saint-Hilaire). — Vél. — 6 fig.
Signé à gauche : H. J. REDOUTÉ DEL., et daté à droite : octobre 1807.
Vol. LXXXVII, n° 54.

— *Crocodile embaumé des grottes sépulcrales d'Égypte*, déposé au Muséum par M. Caillaud, voyageur en Nubie (Dum.). — Vél. — 3 fig. — 1/8 de la grandeur naturelle.
Signé à gauche : H. J. REDOUTÉ FECIT, 1826.
Vol. LXXXVII, n° 55.

— *Caméléon à bandes tricolores d'Alexandrie* (Dum.). — Vél. — 2 fig.
Signé à gauche : H. J. REDOUTÉ PINX., en 1815.
Vol. LXXXVII, n° 64.

— *Lézard ocellé* (Dum.). — Vél.
Signé à gauche : H. J. REDOUTÉ PINX., 1823.
Vol. LXXXVII, n° 91.

— *Coluber viperinus* (Latreille), dessiné d'après un individu pris à Saint-Denis, près Paris. — Vél. — 4 fig.
Signé à gauche : H. J. REDOUTÉ.
Vol. LXXXVIII, n° 8.

REDOUTÉ (Henri-Joseph).
— *Couleuvre col de paon*, de Java. — Vél.
Signé à gauche : H. J. REDOUTÉ PINX., 1818.
Vol. LXXXVIII, n° 12.

— *Couleuvre*, de quatre pieds deux pouces de long. — Vél.
Signé à gauche : HENRI JOS. REDOUTÉ.
Vol. LXXXVIII, n° 16.

— *Crotale horrible*, vulgo serpent à sonnettes d'Amérique, de trois pieds de long. — Vél.
Signé à droite : HENRI JOS. REDOUTÉ.
Vol. LXXXVIII, n° 46 bis.

— *Grenouille ponctuée, genre pélodyte* (Dum.), femelle et mâle, des étangs de Saint-Gratien et de Ville-d'Avray, près Paris. — Vél. — Grandeur naturelle. — 7 fig.
Signé à gauche : H. J. REDOUTÉ, terminé en 1854 par F. BOCOURT.
Vol. LXXXVIII, n° 56.

— *Triton marbré* (Dum.), d'après un individu vivant donné par M. Geoffroy Saint-Hilaire. — Vél. — 6 fig.
Signé à gauche : H. J. REDOUTÉ PINX., 1819.
Vol. LXXXVIII, n° 80.

— *Triton cristatus Laceri* (Dum.), fait d'après nature à l'époque des amours. — Vél. — 5 fig.
Signé à gauche : H. J. REDOUTÉ FECIT, 1824.
Vol. LXXXVIII, n° 84.

— *Triton à bandes*, mâle et femelle. — Vél. — 2 fig.
Signé à gauche : H. J. REDOUTÉ FECIT, 1821.
Vol. LXXXVIII, n° 86.

— *Salamandres bolitoglosses* (Val.), des États-Unis. — Vél. — 5 fig.
Signé à gauche : H. J. REDOUTÉ FECIT, 1820.
Vol. LXXXVIII, n° 88.

— *Salamandres plethodon* (Val.), variétés, d'Amérique. — Vél. — 5 fig.
Signé à gauche : H. J. REDOUTÉ PINX., 1820.
Vol. LXXXVIII, n° 90.

Redouté (Henri-Joseph).
— *Crapaud accoucheur de Paris, genre alytes* (Brongniart). — Vél. — 5 fig.
Signé à gauche : H. J. Redouté.
Vol. LXXXVIII, n° 91.

— *Triton symetricus; plethodon fuscum*, des États-Unis. — Vél. — 5 fig.
Signé à gauche : H. J. Redouté fecit, 1820.
Vol. LXXXVIII, n° 92.

— *Bars; perca punctata.* — Vél.
Signé à gauche : H. J. Redouté.
Vol. LXXXIX, n° 3.

— *Bars,* variété. — Vél.
Signé à gauche : H. J. Redouté.
Vol. LXXXIX, n° 4.

— *Perca nilotica* (Lin.). — Pap.
Signé à gauche : H. J. Redouté.
Vol. LXXXIX, n° 5.

— *Rouget; mullus barbatus* (Lin.). — Vél.
Signé à gauche : H. J. Redouté, 1820.
Vol. LXXXIX, n° 27.

— *Percis cylindrica* (Cuv.); *centropome loup* (Lac.). — Vél. — 3 fig.
Signé à gauche : H. J. Redouté.
Vol. LXXXIX, n° 60.

— *Perlon à petites pectorales* (Cuv.). — Vél.
Signé à gauche : H. J. Redouté.
Vol. LXXXIX, n° 79.

— *Ptéroïs voltigeant* (Val.). — Vél.
Signé à gauche : H. J. Redouté, 1812.
Vol. LXXXIX, n° 88.

— *Gastérostée épinochette.* — Vél.
Signé à gauche : H. J. Redouté.
Vol. LXXXIX, n° 89.

— *Sciæna aquila* (Cuv.); *cheilodiptère aigle* (Lac.). — Vél.
Signé à gauche : H. J. Redouté.
Vol. XC, n° 1.

— *Ombrine; sciæna cirrhosa* (Val.). — Pap.
Signé à gauche : H. J. Redouté.
Vol. CX, n° 3.

— *Pagellus mormyrus* (Val.). — Vél.
Signé à gauche : H. J. Redouté.
Vol. XC, n° 31.

— *Spare saupe; spare canthère* (Val.). — Vél. — 2 fig.
Signé à gauche : H. J. Redouté.
Vol. XC, n° 33.

Redouté (Henri-Joseph).
— *Oblade ordinaire.* — Vél.
Signé à gauche : H. J. Redouté.
Vol. XC, n° 34.

— *Scombre pelamide.* — Vél.
Signé à gauche : H. J. Redouté.
Vol. XC, n° 84.

— *Scyris d'Alexandrie.* — Pap.
Signé à gauche : H. J. Redouté.
Vol. XCI, n° 6.

— *Zec forgeron* (Lin.). — Vél.
Signé à gauche : H. J. Redouté.
Vol. XCI, n° 37.

— *Muge doré.* — Vél.
Signé à gauche : H. J. Redouté.
Vol. XCI, n° 51.

— *Labrus merula.* — Vél.
Signé à gauche : H. J. Redouté.
Vol. XCII, n° 4.

— *Labre paon femelle.* — Vél.
Signé à gauche : H. J. Redouté.
Vol. XCII, n° 13.

— *Schilbé arabi*, d'Égypte. — Vél.
Signé à gauche : H. J. Redouté.
Vol. XCIII, n° 1.

— *Schilbé oreillard*, d'Égypte. — Vél.
Signé à gauche : H. J. Redouté.
Vol. XCIII, n° 2.

— *Le Schal-Abou-Reale*, d'Égypte. — Vél.
Signé à gauche : H. J. Redouté.
Vol. XCIII, n° 5.

— *Bayad fitillé*, d'Égypte. — Vél.
Signé à gauche : H. J. Redouté.
Vol. XCIII, n° 6.

— *Bayad docmak*, d'Égypte. — Vél.
Signé à gauche : H. J. Redouté.
Vol. XCIII, n° 7.

— *Scheilan branchu*, d'Égypte. — Vél.
Signé à gauche : H. J. Redouté.
Vol. XCIII, n° 8.

— *Schal curasché*, d'Égypte. — Vél.
Signé à gauche : H. J. Redouté.
Vol. XCIII, n° 9.

— *Scheilan membraneux*, d'Égypte. — Vél.
Signé à gauche : H. J. Redouté.
Vol. XCIII, n° 10.

REDOUTÉ (Henri-Joseph).
— *Schal senen*, d'Égypte. — Vél.
Signé à gauche : H. J. REDOUTÉ.
Vol XCIII, n° 11.
— *Macroptéronote ou kharmouth araby*, d'Égypte. — Vél.
Signé à gauche : H. J. REDOUTÉ.
Vol. CXIII, n° 14.
— *Kharmouth hulé*, d'Égypte. — Vél.
Signé à gauche : H. J. REDOUTÉ.
Vol. XCIII, n° 15.
— *Malaptérure électrique, ou trembleur*, d'Égypte. — Vél.
Signé à gauche : H. J. REDOUTÉ.
Vol. XCIII, n° 16.
— *Cyprin doré* (Lin.). — Vél.
Signé à gauche : H. J. REDOUTÉ.
Vol. XCIII, n° 26.
— *Barbeau du Nil.* — Vél.
Signé à gauche : H. J. REDOUTÉ.
Vol. XCIII, n° 29.
— *Cyprin dobule* (Lin.). — Vél.
Signé à gauche : H. J. REDOUTÉ.
Vol. XCIII, n° 31.
— *Lebis du Nil.* — Pap.
Signé à gauche : H. J. REDOUTÉ.
Vol. XCIII, n° 35.
— *Cyprinus rutilus* (Lin.). — Vél.
Signé à gauche : H. J. REDOUTÉ.
Vol. XCIII, n° 38.
— *Cyprinus phoxinus* (Lin.), de Mariembourg. — Vél.
Signé à gauche : H. J. REDOUTÉ, 1813.
Vol. XCIII, n° 41.
— *Cobitis barbatula.* — Vél.
Signé à gauche : H. J. REDOUTÉ.
Vol. XCIII, n° 42.
— *Esoce orphie* (Lac.). — Vél.
Signé à gauche : H. J. REDOUTÉ.
Vol. XCIII, n° 48.
— *Mormyrus oxyrynchus*, d'Égypte. — Pap.
Signé à gauche : H. J. REDOUTÉ.
Vol. XCIII, n° 56.
— *Kachoué oxyrinque.* — Vél.
Signé à gauche : H. J. REDOUTÉ.
Vol XCIII, n° 57.
— *Mormyrus anguilloïdes.* — Vél.
Signé à gauche : H. J. REDOUTÉ.
Vol. XCIII, n° 58.

REDOUTÉ (Henri-Joseph).
— *Mormyrus labiatus*, d'Égypte.— Pap.
Signé à gauche : H. J. REDOUTÉ.
Vol. XCIII, n° 59.
— *Mormyrus dorsalis*, d'Égypte. — Pap.
Signé à gauche : H. J. REDOUTÉ.
Vol. XCIII, n° 60.
— *Mormyrus cyprinoïdes*, d'Égypte. — Pap.
Signé à gauche : H. J. REDOUTÉ.
Vol. XCIII, n° 61.
— *Aloze du Rhône.* — Vél.
Signé à gauche : H. J. REDOUTÉ, 1820.
Vol. XCIII, n° 71.
— *Feinte ou aloze du Nil.* — Vél.
Signé à gauche : H. J. REDOUTÉ.
Vol. XCIII, n° 72.
— *Truite tachetée de rouge*, de France, peinte d'après le frais sur un individu envoyé de Draguignan, par M. Chevalier, préfet du Var. — Vél.
Signé à gauche : H. J. REDOUTÉ, 1822.
Vol. XCIII, n° 75.
— *Salmone truite.* — Vél.
Signé à gauche : H. J. REDOUTÉ.
Vol. XCIII, n° 76.
— *Raschal*, d'Égypte. — Pap.
Signé à gauche : H. J. REDOUTÉ.
Vol. XCIII, n° 77.
— *Ombre commune*, de France, peint à Saint-Hubert, en Ardennes. — Vél.
Signé à gauche : REDOUTÉ, 1812.
Vol. XCIII, n° 78.
— *Salmo nefasch.* — Vél.
Signé à gauche : H. J. REDOUTÉ.
Vol. XCIII, n° 79.
— *Nefasch quetane, ou astre de la nuit*, d'Égypte. — Pap.
Signé à gauche : H. J. REDOUTÉ.
Vol. XCIII, n° 80.
— *Alestes Hasselquistii* (Muller), d'Égypte. — Pap.
Signé à gauche : H. J. REDOUTÉ.
Vol. XCIII, n° 81.
— *Chalcée opalin* (moitié de la grandeur naturelle) ; *chalcée à bandeau* (grandeur naturelle) ; *hydrocinus Lucius* (tiers de la grandeur naturelle), du Brésil. — Pap. — 3 fig.
Signé à gauche : H. J. REDOUTÉ, 1819.
Vol. XCIII, n° 83.

Redouté (Henri-Joseph).
— *Hydrocyn raschal* (tiers de la grandeur naturelle); *Jérusalem mentonnier* (grandeur naturelle), du Brésil. — Pap. — 3 fig.
Signé à gauche : H. J. Redouté, 1819.
Vol. XCIII, n° 84.

— *Hyrdocinus brasiliensis* (moitié de la grandeur naturelle); *hydrocinus scomberoïdes* (deux tiers de la grandeur naturelle); *salmo fulcatus* (Bl.), du Brésil. — Pap.
Signé à gauche : H. J. Redouté, 1819.
Vol XCIII, n° 85.

— *Polyptère bichir*, d'Égypte. — Pap.
Signé à gauche : H. J. Redouté.
Vol. XCIII, n° 91.

— *Gade lote*. — Vél.
Signé à gauche : H. J. Redouté.
Vol. XCIV, n° 8

— *Tétrodon*, de l'île de France. — Vél.
Signé à gauche : H. J. Redouté, 1812.
Vol. XCIV, n° 47.

— *Tétrodon hérissé* (Lin.). — Vél.
Signé à gauche : H. J. Redouté.
Vol. XCIV, n° 52.

— *Tétrodon fahaca*, d'Égypte. — Pap.
Signé à gauche : H. J. Redouté.
Vol. XCIV, n° 53.

— *Raie de la Méditerranée*. — Pap. — 1/6 de la grandeur naturelle.
Signé à gauche : H. J. Redouté.
Vol. XCIV, n° 60.

— *Raie de la Méditerranée*. — Pap. — Grandeur naturelle.
Signé à gauche : H. J. Redouté.
Vol. XCIV, n° 65.

— *Torpille marbrée*. — Vél.
Signé à gauche : H. J. Redouté, 1818.
Vol. XCIV, n° 68.

— *Lamproie lamprillon* (Lac.). — Vél.
Signé à gauche : H. J. Redouté.
Vol. XCIV, n° 98.

REDOUTÉ (Pierre-Joseph).
— *Polypodium spinosum* (Lin.), de l'Amérique méridionale. — Vél.
Signé à gauche : P. J. Redouté pinx.
Vol. IV, n° 30.

Redouté (Pierre-Joseph).
— *Arum muscivorum* (Lin.); *arum critinum* (Wild), de l'île Minorque. — Vél. — 2 fig.
Signé à gauche : P. J. Redouté, 1808.
Vol. V, n° 3.

— *Arum trilobatum* (Lin.). — Vél.
Signé à gauche : P. J. Redouté pinx.
Vol. V, n° 12.

— *Arum subulatum*. — Vél.
Signé à gauche : P. J. Redouté, 1818.
Vol. V, n° 14.

— *Ambrosinia Bassii* (Lin.). — Vél.
Signé à gauche : P. J. Redouté, 1807.
Vol. V, n° 34.

— *Pothos crassinervia* (Jacq.), des Antilles. — Vél.
Signé à gauche : P. J. Redouté pinx.
Vol. V, n° 36.

— *Cyperus papyrus* (Lin.), d'Égypte. — Vél.
Signé à gauche : P. J. Redouté pinx., l'an II (1794).
Vol. V, n° 56.

— *Triticum planum*, de l'Égypte. — Vél.
Signé à gauche : P. J. Redouté pinx.
Vol. V, n° 65.

— *Bambosa*. — Vél.
Signé à droite : P. J. Redouté, 1823.
Vol. V, n° 69.

— *Sabal adansonii* guers. soc. philom. *corypha minor*. — Vél.
Signé à gauche : P. J. Redouté, 1823.
Vol. VI, n°s 5 et 5 bis.

— *Trillium rhomboideum* (Mich.), de l'Amérique septentrionale. — Vél.
Signé à gauche : P. J. Redouté.
Vol. VI, n° 20.

— *Ubium altissimum*, des Antilles. — Vél.
Signé à gauche : P. J. Redouté pinx.
Vol. VI, n° 38.

— *Commelina dianthifolia* (Red.). — Vél.
Signé à gauche : P. J. Redouté.
Vol. VI, n° 49.

— *Tradescantia rosea* (Mich.), de l'Amérique septentrionale. — Vél.
Signé à gauche : P. J. Redouté pinx., l'an 3me de la République.
Vol. VI, n° 52.

Redouté (Pierre-Joseph).
— *Tofieldia palustris vel narthec* (Lam.).
— Vél.
Signé à gauche : P. J. Redouté (1811).
Vol. VI, n° 63.

— *Melanthium gemineum* (Cav.). — Vél.
Signé à gauche : P. J. Redouté (1811).
Vol. VII, n° 6.

— *Peliosanthes teta* (Andr.). — Vél.
Signé à gauche : P. J. Redouté.
Vol. VII, n° 8.

— *Merendera bulbocodium* (Ram.), des Pyrénées. — Vél.
Signé à gauche : P. J. Redouté pinx.
Vol. VII, n° 14.

— *Pleea tenuifolia* (Mich.). — Vél.
Signé à gauche : P. J. Redouté.
Vol. VII, n° 15.

— *Heritiera tinctorum*, d'Amérique. — Vél.
Signé à gauche : P. J. Redouté.
Vol. VII, n° 17.

— *Tulipia clusiana*, d'Orient. — Vél.
Au bas on lit : Redouté.
Vol. VII, n° 19.

— *Methonica superba* (Juss.), de l'Inde. — Vél.
Signé à gauche : Peint par P. J. Redouté, an X.
Vol. VII, n° 35.

— *Lilium philadelphicum* (Lin.). — Vél.
Signé à gauche : P. J. Redouté.
Vol. VII, n° 62.

— *Lilium penduliflorum* (Red.), de l'Amérique méridionale. — Vél.
Signé à gauche : P. J. Redouté.
Vol. VII, n° 68.

— *Lilium concolor*. — Vél.
Signé à gauche : P. J. Redouté, 1817.
Vol. VIII, n° 7.

— *Veltheimia glauca* (Jacq.). — Vél.
Signé à gauche : P. J. Redouté.
Vol. VIII, n° 20.

— *Pitcairnia bromeliæfolia* (Her.), de l'Amérique méridionale. — Vél.
Signé à gauche : P. J. Redouté pinx.
Vol. VIII, n° 27.

Redouté (Pierre-Joseph).
— *Pitcairnia angustifolia* (Hort. Kew), de l'Inde. — Vél.
Signé à gauche : P. J. Redouté pinx.
Vol. VIII, n° 28.

— *Pitcairnia angustifolia* (Hort. Kew), de l'Amérique méridionale. — Vél.
Signé à gauche : P. J. Redouté pinx.
Vol. VIII, n° 29.

— *Anthericum*. — Vél.
Signé à gauche : Peint par P. J. Redouté, an IX.
Vol. VIII, n° 71.

— *Anthericum bicolor* (Desf.). — Vél.
Signé à gauche : P. J. Redouté, 1807.
Vol. VIII, n° 73.

— *Asphodelus tauricus*, du Caucase. — Vél.
Au bas on lit : P. J. Redouté.
Vol. IX, n° 11.

— *Massonia pustulata* (Jacq.). — Vél.
Signé à gauche : P. J. Redouté (1811).
Vol. IX, n° 17.

— *Drimia elata* (Jacq.). — Vél.
Signé à gauche : P. J. Redouté.
Vol. IX, n° 20.

— *Phormium tenax* (Forster). — Vél.
Signé à gauche : P. J. Redouté.
Vol. IX, n°ˢ 30 et 31.

— *Lachenalia pendula* (Hort. Kew), du cap de Bonne-Espérance. — Vél.
Signé à gauche : Peint par P. J. Redouté, an X.
Vol. IX, n° 32.

— *Lachenalia luteola* (Jacq.), du cap de Bonne-Espérance. — Vél.
Signé à gauche : P. J. Redouté.
Vol. IX, n° 33.

— *Albuca minor* (Lin.), du cap de Bonne-Espérance. — Vél.
Signé à gauche : Peint par P. J. Redouté, an IX.
Vol. IX, n° 39.

— *Albuca fastigiata* (Andr.). — Vél.
Signé à gauche : P. J. Redouté.
Vol. IX, n° 40.

— *Ornithogalum capense aureum vel miniatum* (Red.). — Vél.
Signé à gauche : P. J. Redouté.
Vol. IX, n° 53.

Redouté (Pierre-Joseph).
— *Ornithogalum nutans* (Lin.), de Suisse. — Vél.
Signé à gauche : P. J. Redouté pinx.
Vol. IX, n° 55.
— *Ornithogalum spathaceum* (Wild.). — Vél.
Signé à gauche : P. J. Redouté, 1808.
Vol. IX, n° 58.
— *Ornithogalum tenuifolium* (Red.). — Vél.
Signé à gauche : *Peint par* P. J. Redouté, an IX.
Vol. IX, n° 60.
— *Allium globosum* (Marsh.). — Vél.
Signé à gauche : P. J. Redouté.
Vol. IX, n° 63.
— *Allium paniculatum* (Lin.), de Suisse. — Vél.
Signé à gauche : P. J. Redouté (1811).
Vol. IX, n° 64.
— *Allium striatum* (Jacq.), du cap de Bonne-Espérance. — Vél.
Signé à gauche : *Peint par* P. J. Redouté, an IX.
Vol. IX, n° 66.
— *Allium saxatile* (Marsh.). — Vél.
Signé à gauche : P. J. Redouté.
Vol. IX, n° 67.
— *Cyrtanthus obliquus* (Hort. Kew). — Signé à gauche : P. J. Redouté.
Vol. X, n° 1.
— *Cyrtanthus angustifolius* (Hort. Kew). — Vél.
Signé à gauche : P. J. Redouté.
Vol. X, n° 2.
— *Hemerocallis cœrulea* (And.), de Chine. — Vél.
Signé à gauche : P. J. Redouté pinx.
Vol. X, n° 10.
— *Alstroemeria salsilla* (Lin.). — Vél.
Signé à gauche : P. J. Redouté, 1817.
Vol. X, n° 19.
— *Alstroemeria ligtu* (Lin.). — Vél.
Signé à gauche : P. J. Redouté pinx.
Vol. X, n° 21.
— *Hœmanthus multiflorus* (Wild.). — Vél.
Signé à gauche : P. J. Redouté, 1808.
Vol. X, n° 25.

Redouté (Pierre-Joseph).
— *Hœmanthus albiflos* (Red.). — Vél.
Signé à gauche : P. J. Redouté.
Vol. X, n° 26.
— *Amaryllis equestris* (Jacq.), de l'Amérique méridionale. — Vél.
Signé à gauche : P. J. Redouté.
Vol. X, n° 39.
— *Amaryllis reticulata* (And.), de l'Amérique méridionale. — Vél.
Signé à gauche : P. J. Redouté.
Vol. X, n° 42.
— *Amaryllis longifolia* (Red.). — Vél.
Signé à gauche : P. J. Redouté pinx., 1794.
Vol. X, n° 54.
— *Amaryllis montana* (Dec.). — Vél.
Signé à gauche : P. J. Redouté, 1808.
Vol. X, n° 55.
— *Pancratium vulgare*. — Vél.
Signé à gauche : *Peint par* P. J. Redouté, an XI.
Vol. X, n° 66.
— *Pancratium parviflorum* (Red.). — Vél.
Signé à gauche : P. J. Redouté.
Vol. X, n° 67.
— *Leucoium trichophyllum* (Sch.), de l'île de Corse. — Vél.
Signé à gauche : P. J. Redouté pinx.
Vol. XI, n° 19.
— *Hypoxis stellata* (Lin.), du cap de Bonne-Espérance. — Vél.
Signé à gauche : P. J. Redouté.
Vol. XI, n° 22.
— *Hypoxis luzulæfolia* (Dec.). — Vél.
Signé à gauche : P. J. Redouté (1811).
Vol. XI, n° 23.
— *Sisyrinchium convolutum* (Nocca), du cap de Bonne-Espérance. — Vél.
Signé à gauche : *Peint par* P. J. Redouté, an IX.
Vol. XI, n° 35.
— *Sisyrinchium collinum* (Cav.). — Vél.
Signé à gauche : P. J. Redouté (1811).
Vol. XI, n° 38.
— *Aristea cyanea* (Lin.). — Vél.
Signé à gauche : P. J. Redouté.
Vol. XI, n° 42.

Redouté (Pierre-Joseph).
— *Ferraria undulata* (Lin.). — Vél.
Signé à gauche : P. J. Redouté.
Vol. XI, n° 45.
— *Ferraria undulata* (Lin.), du cap de Bonne-Espérance. — Vél.
Signé à gauche : *Peint par* P. J. Redouté, an X.
Vol. XI, n° 46.
— *Iris fimbriata* (Vent.), de Chine. — Vél.
Signé à gauche : P. J. Redouté pinx.
Vol. XI, n° 62.
— *Iris scorpioides* (Desf.), de Barbarie. — Vél.
Signé à gauche : P. J. Redouté, 1807.
Vol. XI, n° 77.
— *Iris Monnieri* (Dec.). — Vél.
Signé à gauche : P. J. Redouté, 1808.
Vol. XI, n° 78.
— *Morœa collina* (Thunb.), du cap de Bonne-Espérance. — Vél.
Signé à gauche : P. J. Redouté, 1806.
Vol. XII, n° 3.
— *Morœa northiana* (And.), du cap de Bonne-Espérance. — Vél.
Signé à gauche : *Peint par* P. J. Redouté, an XI.
Vol. XII, n° 5.
— *Morœa tricuspis lutea*. — Vél.
Signé à gauche : P. J. Redouté.
Vol. XII, n° 8.
— *Vieusseuxia glaucopis* (Dec.), du cap de Bonne-Espérance. — Vél.
Signé à gauche : *Peint par* P. J. Redouté, an IX.
Vol. XII, n° 10.
— *Ixia bulbocodium* (Lin.), variété. — Vél.
Signé à gauche : P. J. Redouté.
Vol. XII, n° 13.
— *Ixia liliago* (Hort. Paris), du cap de Bonne-Espérance. — Vél.
Signé à gauche : *Peint par* P. J. Redouté, an IX.
Vol. XII, n° 15.
— *Ixia grandiflora* (Cart.), du cap de Bonne-Espérance. — Vél.
Signé à gauche : P. J. Redouté.
Vol. XII, n° 16.

Redouté (Pierre-Joseph).
— *Ixia grandiflora* (Red.), variété. — Vél.
Signé à gauche : P. J. Redouté.
Vol. XII, n° 17.
— *Ixia tricolor* (Red.), du cap de Bonne-Espérance. — Vél.
Signé à gauche : *Peint par* P. J. Redouté.
Vol. XII, n°s 18 et 19.
— *Ixia scillaris* (Lin.), du cap de Bonne-Espérance. — Vél.
Signé à gauche : *Peint par* P. J. Redouté, an IX.
Vol. XII, n° 20.
— *Ixia dubia* (Vent.), du cap de Bonne-Espérance. — Vél.
Signé à gauche : *Peint par* P. J. Redouté, an IX.
Vol. XII, n° 21.
— *Ixia maculata* (Jacq.), du cap de Bonne-Espérance. — Vél.
Signé à gauche : P. J. Redouté pinx.
Vol. XII, n° 22.
— *Ixia erecta lutea*. — Vél.
Signé à gauche : P. J. Redouté.
Vol. XII, n° 23.
— *Ixia crispa*. — Vél.
Signé à gauche : P. J. Redouté.
Vol. XII, n° 25.
— *Ixia plantaginea* (Wild.). — Vél.
Signé à gauche : P. J. Redouté, 1807.
Vol. XII, n° 28.
— *Ixia radiata* (Jacq.). — Vél.
Signé à gauche : P. J. Redouté.
Vol. XII, n° 32.
— *Ixia filifolia; ixia recurva*. — Vél. — 2 fig.
Signé à gauche : P. J. Redouté.
Vol. XII, n° 34.
— *Galaxia ixiæflora* (Dec.), du cap de Bonne-Espérance. — Vél.
Signé à gauche : P. J. Redouté pinx.
Vol. XII, n° 39.
— *Galaxia ovata* (Thunb.). — Vél.
Signé à gauche : P. J. Redouté, 1808.
Vol. XII, n° 40.

Redouté (Pierre-Joseph).
— *Diasia iridifolia* (Dec.), du cap de Bonne-Espérance. — Vél.
Signé à gauche : *Peint par* P. J. Redouté, an XI.
Vol. XII, n° 42.

— *Gladiolus orobanche* (Red.). — Vél.
Signé à gauche : *Peint par* P. J. Redouté, an IX.
Vol. XII, n° 46.

— *Gladiolus hirsutus* (Red.). — Vél.
Signé à gauche : P. J. Redouté.
Vol. XII, n° 47.

— *Gladiolus cardinalis*, du cap de Bonne-Espérance. — Vél.
Signé à gauche : *Peint par* P. J. Redouté, an IX.
Vol. XII, n° 48.

— *Gladiolus gracilis* (Jacq.). — Vél.
Signé à gauche : P. J. Redouté (1810).
Vol. XII, n° 50.

— *Gladiolus tubatus* (Jacq.). — Vél.
Signé à gauche : P. J. Redouté (1811).
Vol. XII, n° 51.

— *Gladiolus junceus* (Lin.), du cap de Bonne-Espérance. — Vél.
Signé à gauche : P. J. Redouté.
Vol. XII, n° 53 bis.

— *Gladiolus securiger* (Curt.). — Vél.
Signé à gauche : *Peint par* P. J. Redouté, an XI.
Vol. XII, n° 57.

— *Witsenia maura* (Thunb.). — Vél.
Signé à gauche : P. J. Redouté (1811).
Vol. XII, n° 66.

— *Witsenia maura*. — Vél.
Signé à gauche : P. J. Redouté.
Vol. XII, n° 67.

— *Witsenia corymbosa*. — Vél.
Signé à gauche : P. J. Redouté.
Vol. XII, n° 68.

— *Wachendorfia thyrsiflora* (Lin.), du cap de Bonne-Espérance. — Vél.
Signé à gauche : P. J. Redouté.
Vol. XIII, n° 9.

— *Anigozanthos flavida* (Red.), de la Nouvelle-Hollande. — Vél.
Signé à gauche : P. J. Redouté.
Vol. XIII, n° 10.

Redouté (Pierre-Joseph).
— *Pontederia cordata* (Lin.), d'Amérique. — Vél.
Signé à gauche : P. J. Redouté pinx., l'an II (1794).
Vol. XIII, n° 11.

— *Musa coccinea* (And.). — Vél.
Signé à gauche : P. J. Redouté.
Vol. XIII, n°s 15 et 16.

— *Heliconia psittacorum* (Lin.), de Surinam. — Vél.
Signé à gauche : *Peint par* P. J. Redouté, an X.
Vol. XIII, n° 18.

— *Strelitzia reginæ* (Hort. Kew), du cap de Bonne-Espérance. — Vél.
Signé à gauche : P. J. Redouté pinx.
Vol. XIII, n°s 20 et 21.

— *Canna flaccida* (Salisb.), de la Caroline. — Vél.
Signé à gauche : P. J. Redouté.
Vol. XIII, n° 31.

— *Globba nutans* (Lin.), de l'Inde. — Vél.
Signé à gauche : *Peint par* P. J. Redouté, an XI.
Vol. XIII, n° 33.

— *Hedychium coronarium* (Ret.). — Vél.
Signé à gauche : P. J. Redouté.
Vol. XIII, n° 35.

— *Hedychium angustifolium*. — Vél.
Signé à gauche : P. J. Redouté, 1824.
Vol. XIII, n° 36.

— *Maranta arundinacea* (Lin.), de l'Amérique méridionale. — Vél.
Signé à gauche : *Peint par* P. J. Redouté, an XII.
Vol. XIII, n° 37.

— *Maranta zebrina*. — Vél.
Signé à gauche : P. J. Redouté, 1823.
Vol. XIII, n° 38.

— *Peronia stricta* (Red.). — Vél.
Signé à gauche : P. J. Redouté.
Vol. XIII, n° 39.

— *Curcuma longa* (Lin.). — Vél.
Signé à gauche : P. J. Redouté.
Vol. XIII, n° 40.

— *Kæmpferia longa* (Jacq.), de l'Inde. — Vél.
Signé à gauche : P. J. Redouté pinx.
Vol. XIII, n° 44.

Redouté (Pierre-Joseph).
— *Neottia speciosa* (Jacq.). — Vél.
Signé à gauche : P. J. Redouté.
Vol. XIII, n° 79.

— *Malaxis liliifolia* (Swartz). — Vél.
Signé à gauche : P. J. Redouté.
Vol. XIV, n° 15.

— *Limodorum Tankervilliæ* (Hort. Kew), de Chine. — Vél.
Signé à gauche : P. J. Redouté pinx.
Vol. XIV, n° 20.

— *Limodorum purpureum* (Lam.), de Chine. — Vél.
Signé à gauche : P. J. Redouté pinx.
Vol. XIV, n° 21.

— *Cypripedium flavescens* (Red.), du Canada. — Vél.
Signé à gauche : *Peint par* P. J. Redouté, an IX.
Vol. XIV, n° 27.

— *Epipendron ciliare* (Lin.), des Antilles. — Vél.
Signé à gauche : P. J. Redouté pinx.
Vol. XIV, n° 30.

— *Epipendron bifidum* (Swartz), de l'Amérique méridionale. — Vél.
Signé à gauche : P. J. Redouté pinx.
Vol. XIV, n° 32.

— *Epipendron aloifolium* (Lin.), de l'Inde. — Vél.
Signé à gauche : P. J. Redouté.
Vol. XIV, n° 33.

— *Nymphæa cærulea* (Sav.), de l'Égypte. — Vél.
Signé à gauche : *Peint par* P. J. Redouté.
Vol. XIV, n° 40.

— *Aristolochia trilobata* (Lin.), de l'Amérique méridionale. — Vél.
Signé à gauche : P. J. Redouté pinx.
Vol. XIV, n° 42.

— *Terminalia catappa* (Lin.). — Vél.
Signé à gauche : P. J. Redouté, 1825.
Vol. XIV, n° 54.

— *Bucida buceras* (Lin.), de l'Amérique méridionale. — Vél.
Signé à gauche : P. J. Redouté pinx.
Vol. XIV, n° 54 *bis*.

Redouté (Pierre-Joseph).
— *Daphne collina* (Jacq.), d'Italie. — Vél.
Signé à gauche : P. J. Redouté, an XI.
Vol. XV, n° 1.

— *Leucadendrum vel protea globosa*. — Vél.
Signé à gauche : P. J. Redouté.
Vol. XV, n° 14.

— *Protea coronata*. — Vél.
Signé à gauche : P. J. Redouté.
Vol. XV, n° 15.

— *Protea latifolia*. — Vél.
Signé à gauche : P. J. Redouté, 1818.
Vol. XV, n° 16.

— *Protea speciosa nigra*. — Vél.
Signé à gauche : P. J. Redouté, 1818.
Vol. XV, n° 17.

— *Protea speciosa aurea*. — Vél.
Signé à gauche : P. J. Redouté p. 1817.
Vol. XV, n° 18.

— *Banksia*. — Vél.
Signé à gauche : P. J. Redouté.
Vol. XV, n° 21.

— *Banksia serrata* (Lin.). — Vél.
Signé à gauche : P. J. Redouté, 1817.
Vol. XV, n° 22.

— *Conchium aciculare*. — Vél.
Signé à gauche : P. J. Redouté. *Peint à la Malmaison*, 1808.
Vol. XV, n° 25.

— *Lambertia formosa*. — Vél.
Signé à gauche : P. J. Redouté.
Vol. XV, n° 27.

— *Embotrium speciosissimum* (Smith), de la Nouvelle-Hollande. — Vél.
Signé à gauche : P. J. Redouté.
Vol. XV, n° 28.

— *Hernandia*. — Vél.
Signé à gauche : P. J. Redouté pinx.
Vol. XV, n° 43.

— *Caccaloba uvifera* (Lin.), de l'Amérique méridionale. — Vél.
Signé à gauche : P. J. Redouté pinx.
Vol. XV, n° 45.

— *Rheum ribes* (Lin.), d'Asie. — Vél.
Signé à gauche : P. J. Redouté, an XI.
Vol. XV, n° 64.

Redouté (Pierre-Joseph).
— *Pteranthus echinatus* (Desf.), de l'Afrique septentrionale.
Signé à gauche : P. J. Redouté pinx., l'an 3ᵉ de la République.
Vol. XV, nº 78.

— *Calyxhymenia viscosa* (Ortéga), du Pérou. — Vél.
Signé à gauche : P. J. Redouté pinx., l'an 3ᵉ de la République.
Vol. XVI, nº 61.

— *Pisonia latifolia* (Hort. Paris). — Vél.
Signé à gauche : P. J. Redouté pinx.
Vol. XVI, nº 66.

— *Statice spicata* (Wild.), de Perse. — Vél.
Signé à gauche : P. J. Redouté pinx.
Vol. XVI, nº 81.

— *Anagallis collina* (Sch.), du Maroc. — Vél.
Signé à gauche : P. J. Redouté pinx.
Vol. XVII, nº 4.

— *Primula cortusoides* (Lin.). — Vél.
Signé à gauche : P. J. Redouté.
Vol. XVII, nº 28.

— *Polygala oppositifolia* (Lin.), du cap de Bonne-Espérance. — Vél.
Signé à gauche : *Peint par* P. J. Redouté.
Vol. XVII, nº 52.

— *Polygala heisteria* (Lin.), du cap de Bonne-Espérance. — Vél.
Signé à gauche : *Peint par* P. J. Redouté, an X.
Vol. XVII, nº 55.

— *Polygala bracteolata* (Lin.). — Vél.
Signé à gauche : P. J. Redouté.
Vol. XVII, nº 56.

— *Polygala spinosa* (Lin.). — Vél.
Signé à gauche : P. J. Redouté.
Vol. XVII, nº 57.

— *Polygala tenuifolia*. — Vél.
Signé à gauche : P. J. Redouté.
Vol. XVII, nº 58.

— *Eranthemum flavum* (Hort. Berol.). — Vél.
Signé à gauche : P. J. Redouté.
Vol. XVIII, nº 12.

Redouté (Pierre-Joseph).
— *Thunbergia fragrans* (Aud.), des Indes. — Vél.
Signé à gauche : *Peint par* P. J. Redouté, an X.
Vol. XVIII, nº 19.

— *Ruellia ovata* (Cav.), du Mexique. — Vél.
Signé à gauche : P. J. Redouté pinx.
Vol. XVIII, nº 20.

— *Ruellia infundibuliformis, undulæfolia* (Hort. Kew). — Vél.
Signé à gauche : P. J. Redouté pinx.
Vol. XVIII, nº 21.

— *Ruellia varians pulchellus*. — Vél.
Signé à gauche : P. J. Redouté pinx.
Vol. XVIII, nº 22.

— *Ruellia lactea* (Cav.), du Mexique. — Vél.
Signé à gauche : P. J. Redouté pinx.
Vol. XVIII, nº 23.

— *Ruellia formosa*. — Vél.
Signé à gauche : P. J. Redouté, 1817.
Vol. XVIII, nº 26.

— *Ruellia quadrifida* (Vahl), du nord de l'Espagne. — Vél.
Signé à gauche : P. J. Redouté pinx.
Vol. XVIII, nº 29.

— *Justitia formosa*. — Vél.
Signé à gauche : P. J. Redouté pinx.
Vol. XVIII, nº 32.

— *Fontanesia phillyreoïdes* (Bill.), d'Asie. — Vél.
Signé à gauche : P. J. Redouté pinx., l'an II (1794).
Vol. XVIII, nº 38.

— *Notelæa rigida* (Hort. Paris), de la Nouvelle-Hollande. — Vél.
Signé à gauche : P. J. Redouté.
Vol. XVIII, nº 44.

— *Jasminum glaucum* (Lin.), du cap de Bonne-Espérance. — Vél.
Signé à gauche : P. J. Redouté, l'an 3ᵉ de la République.
Vol. XVIII, nº 47.

— *Jasminum volubile* (Jacq.), de l'Inde.
Signé à gauche : P. J. Redouté pinx., an X.
Vol. XVIII, nº 51.

Redouté (Pierre-Joseph).
— *Jasminum revolutum.* — Vél.
Signé à gauche : P. J. Redouté.
Vol. XVIII, n° 53.
— *Volkameria japonica.* — Vél.
Signé à gauche : P. J. Redouté.
Vol. XVIII, n° 58.
— *Clerodendrum phytolaccæfolium.* — Vél.
Signé à gauche : P. J. Redouté. *Peint à la Malmaison,* 1811.
Vol. XVIII, n° 60.
— *Ægiphila martinicensis* (Lin.).— Vél.
Signé à gauche : P. J. Redouté pinx.
Vol. XVIII, n° 62.
— *Cytharexylum pentandrum* (Vent.), de l'Amérique méridionale. — Vél.
Signé à gauche : P. J. Redouté pinx.
Vol. XIX, n° 7.
— *Hebenstreitia dentata* (Lin.), du cap de Bonne-Espérance. — Vél.
Signé à gauche : P. J. Redouté, 1808. *Peins* (sic) *à la Malmaison.*
Vol. XIX, n° 25.
— *Salvia.* — Vél.
Signé à gauche : P. J. Redouté pinx.
Vol. XIX, n° 32.
— *Salvia leucantha* (Cav.), du Mexique. — Vél.
Signé à gauche : P. J. Redouté, 1807.
Vol. XIX, n° 34.
— *Salvia.* — Vél.
Signé à gauche : P. J. Redouté pinx.
Vol. XIX, n° 43.
— *Salvia splendens.* — Vél.
Signé à gauche : P. J. Redouté, 1825.
Vol. XIX, n° 55.
— *Pogostemon plectranthoides.* — Vél.
Signé à gauche : P. J. Redouté.
Vol. XX, n° 23.
— *Budleia.* — Vél.
Signé à gauche : P. J. Redouté, 1818.
Vol. XXI, n° 67.
— *Besleria incarnata* (Wild.). — Vél.
Signé à droite : P. J. Redouté, 1823.
Vol. XXI, n° 81.
— *Linaria triornithophora,* du Portugal. — Vél.
Signé à gauche : P. J. Redouté pinx.
Vol. XXII, n° 6.

Redouté (Pierre-Joseph).
— *Schizanthus pinnatus.* — Vél.
A gauche on lit : P. J. Redouté.
Vol. XXII, n° 40.
— *Usteria scandens* (Cav.), du Mexique. — Vél.
Signé à gauche : P. J. Redouté pinx.
Vol. XXII, n° 42.
— *Columnea hirsuta* (Swartz), des Antilles. — Vél.
Signé à gauche : P. J. Redouté.
Vol. XXII, n° 44.
— *Mimulus aurantiacus* (Curt.). — Vél.
Signé à gauche : P. J. Redouté pinx., an X.
Vol. XXII, n° 48.
— *Mimulus punctatus* (Dec.). — Vél.
Signé à gauche : P. J. Redouté.
Vol. XXII, n° 19.
— *Celsia heterophylla* (Person). — Vél.
Signé à gauche : P. J. Redouté pinx. (1811).
Vol. XXII, n° 56.
— *Celsia urticifolia* (Curt.). — Vél.
Signé à gauche : *Peint par* P. J. Redouté, an X.
Vol. XXII, n° 59.
— *Nicotiana crispa* (Hort. Paris), du Pérou. — Vél.
Signé à gauche : P. J. Redouté del.
Vol. XXIII, n° 6.
— *Datura ceratocaula* (Jacq.), de Cuba. — Vél.
Signé à gauche : P. J. Redouté pinx.
Vol. XXIII, n° 19.
— *Physalis incana* (Hort. Paris).— Vél.
Signé à gauche : P. J. Redouté pinx.
Vol. XXIII, n° 32.
— *Physalis fœtens* (Hort. Paris). — Vél.
Signé à gauche : P. J. Redouté (1808).
Vol. XXIII, n° 37.
— *Solanum triquetrum* (Cav.), de la Nouvelle-Espagne. — Vél.
Signé à gauche : P. J. Redouté pinx.
Vol. XXIII, n° 44.
— *Solanum betaceum* (Cav.), du Pérou. — Vél.
Signé à gauche : P. J. Redouté, 1808.
Vol. XXIII, n° 60.

Redouté (Pierre-Joseph).
— *Solanum melageum melongena* (Lin.).
— Vél.
Signé à gauche : P. J. Redouté pinxit.
Vol. XXIV, n° 9.

— *Solanum mauritianum* (Hort. Paris).
— Vél.
Signé à gauche : P. J. Redouté, 1808.
Vol. XXIV, n° 10.

— *Solanum polygamum* (Vahl), de l'Amérique méridionale. — Vél.
Signé à gauche : P. J. Redouté pinx.
Vol. XXIV, n° 24.

— *Solanum heterodoxum* (Dunal). — Vél.
Signé à gauche : P. J. Redouté, 1808.
Vol. XXIV, n° 28.

— *Solanum pubigerum* (Dunal). — Vél.
Signé à gauche : P. J. Redouté.
Vol. XXIV, n° 30.

— *Cestrum macrophyllum* (Vent.), de l'Amérique méridionale. — Vél.
Signé à gauche : P. J. Redouté pinx.
Vol. XXIV, n° 48.

— *Cestrum parqui* (Her.), du Chili. — Vél.
Signé à gauche : P. J. Redouté pinx.
Vol. XXIV, n° 50.

— *Cestrum alaternoides* (Hort. Paris).
— Vél.
Signé à gauche : P. J. Redouté pinx.
Vol. XXIV, n° 51.

— *Billardiera scandens* (Smith), de la Nouvelle-Hollande. — Vél.
Signé à gauche : *Peint par* P. J. Redouté, an X.
Vol. XXIV, n° 53.

— *Brunsfeldia americana* (Lin.), des Antilles. — Vél.
Signé à gauche : P. J. Redouté pinx., l'an II (1794).
Vol. XXIV, n° 57.

— *Cordia macrophylla* (Lin.). — Vél.
Signé à droite : P. J. Redouté pinx.
Vol. XXIV, n°s 63 et 64.

— *Ehretia beurreria* (Lin.), de l'Amérique méridionale. — Vél.
Signé à droite : *Peint par* P. J. Redouté, an IX.
Vol. XXV, n° 1.

Redouté (Pierre-Joseph).
— *Tournefortia laurifolia* (Vent.), de l'Amérique méridionale. — Vél.
Signé à gauche : P. J. Redouté pinx.
Vol. XXV, n° 11.

— *Tournefortia mutabilis* (Vent.), des Indes. — Vél.
Signé à gauche : *Peint par* P. J. Redouté, an IX.
Vol. XXV, n° 12.

— *Echium fruticosum* (Lin.). — Vél.
Signé à gauche : P. J. Redouté.
Vol. XXV, n° 37.

— *Cynoglossum omphalodes repens* (Lin.).
— Vél.
Signé à gauche : P. J. Redouté pinx.
Vol. XXVI, n° 18.

— *Convolvulus jalapa* (Lin.), de la Caroline. — Vél.
Signé à gauche : P. J. Redouté pinx.
Vol. XXVI, n° 23.

— *Convolvulus jalapa* (Lin.), variété. —
— Vél.
Signé à gauche : *Peint par* P. J. Redouté, an X.
Vol. XXVI, n° 24.

— *Convolvulus jalapa radix*, de la Caroline. — Vél.
Signé à gauche : P. J. Redouté, an XI.
Vol. XXVI, n° 25.

— *Ipomœa sanguinea* (Wild.). — Vél.
Signé à gauche : P. J. Redouté.
Vol. XXVI, n° 42.

— *Ipomœa insignis*. — Vél.
Signé à gauche : P. J. Redouté.
Vol. XXVI, n° 43.

— *Ipomœa bona-nox* (Lin.), de l'Amérique méridionale. — Vél.
Signé à gauche : P. J. Redouté pinx., l'an II (1794).
Vol. XXVI, n° 44.

— *Ipomœa heterophylla*. — Vél.
Signé à gauche : P. J. Redouté pinx.
Vol. XXVI, n° 49.

— *Phlox suffruticosa* (Wild.). — Vél.
Signé à gauche : *Peint par* P. J. Redouté, an X.
Vol. XXVI, n° 51.

REDOUTÉ (Pierre-Joseph).
— *Cantua ligustrifolia* (Juss.). — Vél.
Signé à gauche : P. J. REDOUTÉ.
Vol. XXVI, n° 59.
— *Bonplandia geminiflora* (Cav.), du Mexique. — Vél.
Signé à gauche : P. J. REDOUTÉ PINX.
Vol. XXVI, n° 60.
— *Cobœa scandens* (Cav.), du Chili. — Vél.
Signé à gauche : P. J. REDOUTÉ.
Vol. XXVI, n° 62.
— *Chelone barbata* (Cav.), du Mexique. — Vél.
Signé à gauche : P. J. REDOUTÉ PINX.
Vol. XXVII, n° 3.
— *Chelone campanulata* (Cav.), du Mexique. — Vél.
Signé à gauche : P. J. REDOUTÉ PINX.
Vol. XXVII, n° 4.
— *Josephinia imperatricis* (Vent.). — Vél.
Signé à gauche : P. J. REDOUTÉ.
Vol. XXVII, n° 8.
— *Bignonia grandiflora*. — Vél.
Signé à gauche : P. J. REDOUTÉ.
Vol. XXVII, n° 12.
— *Bignonia pseudounguis* (Hort. Paris). — Vél.
Signé à gauche : P. J. REDOUTÉ, 1808.
Vol. XXVII, n° 15.
— *Martyniæ proboscideæ fructus* (Hort. Kew), de l'Amérique méridionale. — Vél.
Signé à gauche : *Peint par* P. J. REDOUTÉ, an XI.
Vol. XXVII, n° 20.
— *Martynia angulosa* (Lam.), du Mexique. — Vél.
Signé à gauche : P. J. REDOUTÉ PINX.
Vol. XXVII, n° 21.
— *Gloxinia speciosa*. — Vél.
Signé à gauche : P. J. REDOUTÉ, 1817.
Vol. XXVII, n° 22.
— *Tabernæmontana populifolia* (Hort. Paris). — Vél.
Signé à gauche : P. J. REDOUTÉ, 1806.
Vol. XXVII, n° 41.
— *Nerium coccineum* (Wahl.). — Vél.
Signé à droite : P. J. REDOUTÉ, 1827.
Vol. XXVII, n° 53.

REDOUTÉ (Pierre-Joseph).
— *Stapelia grandiflora* (Mass.), du cap de Bonne-Espérance. — Vél.
Signé à gauche : P. J. REDOUTÉ PINX.
Vol. XXVII, n° 55.
— *Cobœa scandens* (Cav.), du Chili. — Vél.
Signé à gauche : *Peint par* P. J. REDOUTÉ, an X.
Vol. XXVII, n° 61.
— *Asclepius carnosa* (Lin.). — Vél.
Signé à gauche : P. J. REDOUTÉ.
Vol. XXVIII, n° 21.
— *Allamanda cathartica*. — Vél.
Signé à gauche : P. J. REDOUTÉ.
Vol. XXVIII, n° 24.
— *Rauwolfia nitida* (Lin.), de l'Amérique méridionale. — Vél.
Signé à gauche : P. J. REDOUTÉ PINX.
Vol. XXVIII, n° 25.
— *Clavija lancifolia* (Hort. Paris). — Vél.
Signé à gauche : P. J. REDOUTÉ.
Vol. XXVIII, n° 31.
— *Theophrasta americana* (Lin.), de l'Amérique méridionale. — Vél.
Signé à gauche : P. J. REDOUTÉ, 1807.
Vol. XXVIII, n°s 32 et 33.
— *Chrysophyllum cainito* (Lin.), des Antilles. — Vél.
Signé à gauche : P. J. REDOUTÉ PINX.
Vol. XXVIII, n° 39.
— *Rhododendron minus* (Mich.), de l'Amérique septentrionale. — Vél.
Signé à gauche : P. J. REDOUTÉ PINX.
Vol. XXVIII, n° 51.
— *Azalea indica* (Lin.). — Vél.
Signé à gauche : P. J. REDOUTÉ.
Vol. XXVIII, n° 55.
— *Befaria paniculata* (Mich.), de l'Amérique septentrionale. — Vél.
Signé à gauche : *Peint par* P. J. REDOUTÉ, an IX.
Vol. XXVIII, n° 60.
— *Erica lutea* (And.), du cap de Bonne-Espérance. — Vél.
Signé à gauche : *Peint par* P. J. REDOUTÉ, an XI.
Vol. XXIX, n° 2.

REDOUTÉ (Pierre-Joseph).
— *Erica empetrifolia* (Lin.), du cap de Bonne-Espérance. — Vél.
Signé à gauche : P. J. REDOUTÉ.
Vol. XXIX, n° 3.
— *Erica spicata* (Thunb.), du cap de Bonne-Espérance. — Vél.
Signé à gauche : P. J. REDOUTÉ PINX.
Vol. XXIX, n° 4.
— *Erica calycina* (And.), du cap de Bonne-Espérance. — Vél.
Signé à gauche : P. J. REDOUTÉ PINX.
Vol. XXIX, n° 6.
— *Erica australis* (Lin.), d'Espagne. — Vél.
Signé à gauche : P. J. REDOUTÉ, an XI.
Vol. XXIX, n° 7.
— *Erica sebana viridis* (And.), du cap de Bonne-Espérance. — Vél.
Signé à gauche : *Peint par* P. J. REDOUTÉ, an XI.
Vol. XXIX, n° 8.
— *Erica aitonia* (And.), du cap de Bonne-Espérance. — Vél.
Signé à gauche : *Peint par* P. J. REDOUTÉ, an XI.
Vol. XXIX, n° 9.
— *Erica vulgaris*. — Vél.
Signé à gauche : *Peint par* P. J. REDOUTÉ, an X.
Vol. XXIX, n° 11.
— *Erica vestita* (Thunb.), du cap de Bonne-Espérance. — Vél.
Signé à gauche : *Peint par* P. J. REDOUTÉ, an XI.
Vol. XXIX, n° 12.
— *Erica cerinthoïdes* (Lin.), du cap de Bonne-Espérance. — Vél.
Signé à gauche : P. J. REDOUTÉ PINX.
Vol. XXIX, n° 13.
— *Erica ardens*. — Vél.
Signé à gauche : P. J. REDOUTÉ.
Vol. XXIX, n° 14.
— *Erica banksii* (And.), du cap de Bonne-Espérance. — Vél.
Signé à gauche : P. J. REDOUTÉ, 1807.
Vol. XXIX, n° 15.
— *Erica irbyana* (And.). — Vél.
Signé à gauche : P. J. REDOUTÉ.
Vol. XXIX, n° 16.

REDOUTÉ (Pierre-Joseph).
— *Erica aristata* (Hort. Kew). — Vél.
Signé à gauche : P. J. REDOUTÉ.
Vol. XXIX, n° 17.
— *Erica prægrans* (And.). — Vél.
Signé à gauche : P. J. REDOUTÉ.
Vol. XXIX, n° 18.
— *Erica elegans* (And.), variétés diverses. — Vél.
Signé à gauche : P. J. REDOUTÉ (1817).
Vol. XXIX, nos 19 à 23.
— *Erica coronata* (And.). — Vél.
Signé à gauche : P. J. REDOUTÉ, 1818.
Vol. XXIX, n° 24.
— *Arbutus canariensis*. — Vél.
On lit à gauche : P. J. REDOUTÉ, 1818.
Vol. XXIX, n° 43.
— *Chletra arborea* (Hort. Kew), des îles Canaries. — Vél.
Signé à gauche : P. J. REDOUTÉ PINX.
Vol. XXIX, n° 45.
— *Gautheria erecta* (Vent.), du Pérou. — Vél.
Signé à gauche : P. J. REDOUTÉ PINX.
Vol. XXIX, n° 52.
— *Epacris pungens*. — Vél.
Signé à gauche : P. J. REDOUTÉ.
Vol. XXIX, n° 54.
— *Campanula tomentosa* (Lam.), d'Orient. — Vél.
Signé à gauche : P. J. REDOUTÉ PINX.
Vol. XXX, n° 7.
— *Phyteuma pinnata* (Lin.), d'Orient. — Vél.
Signé à gauche : P. J. REDOUTÉ PINX.
Vol. XXX, n° 38.
— *Lobelia fulgens* (Bonpland). — Vél.
Signé à gauche : P. J. REDOUTÉ, 1808.
Vol. XXX, n° 48.
— *Lobelia lævigata* (And.), de Surinam. — Vél.
Signé à gauche : P. J. REDOUTÉ.
Vol. XXX, n° 49.
— *Goodenia ovata* (Smith), de la Nouvelle-Hollande. — Vél.
Signé à gauche : P. J. REDOUTÉ PINX.
Vol. XXX, n° 51.
— *Epacris grandiflora* (Brown). — Vél.
Signé à gauche : P. J. REDOUTÉ, 1817.
Vol. XXX, n° 55.

Redouté (Pierre-Joseph).
— *Prenanthes pinnata* (Lin.), des îles Canaries. — Vél.
Signé à gauche : P. J. Redouté pinx., l'an 3ᵉ de la République.
Vol. XXX, n° 57.
— *Scorzonera aspera* (Desf.), d'Orient. — Vél.
Signé à gauche : P. J. Redouté pinx.
Vol. XXXI, n° 41.
— *Serratula squarrosa* (Lin.), de l'Amérique septentrionale. — Vél.
Signé à gauche : P. J. Redouté pinx.
Vol. XXXIII, n° 2.
— *Elichrysum proliferum* (Will.). — Vél.
Signé à gauche : P. J. Redouté.
Vol. XXXIII, n° 81.
— *Gnaphalium eximium* (Lin.). — Vél.
Signé à gauche : P. J. Redouté.
Vol. XXXIII, nᵒˢ 85 et 86.
— *Tussilago fragrans* (Will.), de France. — Vél.
Signé à gauche : *Peint par* P. J. Redouté, an X.
Vol. XXXIV, n° 3.
— *Chaptalia tomentosa* (Vent.), de la Caroline. — Vél.
Signé à gauche : *Peint par* P. J. Redouté, an IX.
Vol. XXXIV, n° 6.
— *Cacalia reticulata* (Vent.). — Vél.
Signé à gauche : P. J. Redouté.
Vol. XXXIV, n° 10.
— *Eupatorium deltoïdeum* (Jacq.). — Vél.
Signé à gauche : P. J. Redouté (1811).
Vol. XXXIV, n° 25.
— *Stevia pedata* (Cav.), du Mexique. — Vél.
Signé à gauche : P. J. Redouté pinx.
Vol. XXXIV, n° 29.
— *Calea aspera* (Jacq.), de l'Amérique méridionale. — Vél.
Signé à gauche : P. J. Redouté pinx.
Vol. XXXIV, n° 35.
— *Bellis stipitata*, de la Nouvelle-Hollande. — Vél.
Signé à gauche : *Peint par* P. J. Redouté, an XII.
Vol. XXXIV, n° 58.

Redouté (Pierre-Joseph).
— *Pectis humifosa* (Swartz), des Antilles. — Vél.
Signé à gauche : P. J. Redouté del.
Vol. XXXIV, n° 98.
— *Helenium.* — Vél.
Signé à gauche : P. J. Redouté pinx.
Vol. XXXIV, n° 102.
— *Tagetes lucida* (Cav.), de la Nouvelle-Espagne. — Vél.
Signé à gauche : P. J. Redouté pinx.
Vol. XXXV, n° 3.
— *Doronicum orientale* (Marsh.). — Vél.
Signé à gauche : P. J. Redouté, 1806.
Vol. XXXV, n° 10.
— *Doronicum orientale* (Marsh.). — Vél.
Signé à gauche : P. J. Redouté, 1807.
Peint à la Malmaison.
Vol. XXXV, n° 11.
— *Aster liratus.* — Vél.
Signé à gauche : P. J. Redouté.
Vol. XXXV, n° 33.
— *Aster argophyllus*, de la Nouvelle-Hollande. — Vél.
Signé à gauche : P. J. Redouté, 1817.
Vol. XXXV, n° 49.
— *Cineraria platanifolia* (Hort. Paris). — Vél.
Signé à gauche : P. J. Redouté.
Vol. XXXV, n° 60.
— *Senecio coronopifolius* (Desf.), de la Barbarie. — Vél.
Signé à gauche : P. J. Redouté pinx.
Vol. XXXV, n° 75.
— *Anthemis globosa* (Ortega), du Mexique. — Vél.
Signé à gauche : P. J. Redouté pinx.
Vol. XXXV, n° 101.
— *Dahlia rosea* (Cav.), du Mexique. — Vél.
Signé à gauche : P. J. Redouté pinx.
Vol. XXXV, n° 40.
— *Dahlia coccinea* (Cav.), du Mexique. — Vél.
Signé à gauche : *Peint par* P. J. Redouté, an IX.
Vol. XXXVI, n° 41.

REDOUTÉ (Pierre-Joseph).
— *Coreopsis alata* (Cav.), du Mexique. — Vél.
Signé à gauche : P. J. REDOUTÉ PINX.
Vol. XXXVI, n° 59.
— *Cosmos bipinnata* (Cav.), du Mexique. — Vél.
Signé à gauche : P. J. REDOUTÉ PINX.
Vol. XXXVI, n° 63.
— *Helianthus angustifolius* (Lin.), de la Virginie. — Vél.
Signé à gauche : P. J. REDOUTÉ PINX.
Vol. XXXVI, n° 73.
— *Helianthus angustifolius* (Lin.), de la Virginie. — Vél.
Signé à gauche : P. J. REDOUTÉ PINX.
Vol. XXXVI, n° 75.
— *Zinnia violacea* (Cav.), du Mexique. — Vél.
Signé à gauche : P. J. REDOUTÉ PINX., l'an 3ᵉ de la République française.
Vol. XXXVI, n° 83.
— *Rohria grandiflora*. — Vél.
Signé à gauche : P. J. REDOUTÉ.
Vol. XXXVII, n° 1.
— *Rohria ciliaris*. — Vél.
Signé à gauche : P. J. REDOUTÉ.
Vol. XXXVII, n° 2.
— *Martynia proboscidea* (Hort. Kew), de l'Amérique méridionale. — Vél.
Signé à gauche : P. J. REDOUTÉ PINX.
Vol. XXXVII, n° 19.
— *Houstonia coccinea* (And.), du Mexique. — Vél.
Signé à gauche : *Peint par J.* REDOUTÉ.
Vol. XXXVII, n° 74.
— *Rondeletia triflora* (Vahl.), des Antilles. — Vél.
Signé à gauche : P. J. REDOUTÉ PINX.
Vol. XXXVII, n° 81.
— *Cephælis peduncularis* (Salisb.). — Vél.
Signé à gauche : P. J. REDOUTÉ.
Vol. XXXVII, n° 83.
— *Vangueria edulis* (Vahl.). — Vél.
Signé à gauche : P. J. REDOUTÉ.
Vol. XXXVII, n° 85.
— *Gardenia thunbergia* (Lin.). — Vél.
Signé à gauche : P. J. REDOUTÉ.
Vol. XXXVII, n° 88.

REDOUTÉ (Pierre-Joseph).
— *Ixora coccinea* (Lin.), de l'Amérique méridionale. — Vél.
Signé à gauche : P. J. REDOUTÉ PINX.
Vol. XXXVII, nᵒˢ 92 et 93.
— *Phychotria undulata* (Jacq.), de l'Amérique méridionale. — Vél.
Signé à gauche : P. J. REDOUTÉ DEL.
Vol. XXXVII, n° 95.
— *Matthiola scabra* (Lin.) *vel guettarda rugosa* (Swartz), des Antilles. — Vél.
Signé à gauche : P. J. REDOUTÉ PINX.
Vol. XXXVIII, n° 1.
— *Burchellia bubalina*. — Vél.
On lit à gauche : P. J. REDOUTÉ, 1826.
Vol. XXXVIII, n° 23.
— *Hereda capitata* (Jacq.), de l'île de la Jamaïque. — Vél.
Signé à gauche : P. J. REDOUTÉ, 1807.
Vol. XXXVIII, n° 49.
— *Oliveria decumbens* (Vent.), de Perse. — Vél.
Signé à gauche : *Peint par P. J.* REDOUTÉ, an X.
Vol. XXXIX, n° 26.
— *Hydrocotyle spananthe* (Wild.), de l'Amérique méridionale. — Vél.
Signé à gauche : P. J. REDOUTÉ PINX.
Vol. XXXIX, n° 46.
— *Anemone vel atragene capensis*. — Vél.
Signé à gauche : P. J. REDOUTÉ.
Vol. XXXIX, n° 63.
— *Pæonia albiflora* (Pallas). — Vél.
On lit à droite : P. J. REDOUTÉ.
Vol. XLI, n° 26.
— *Pæonia moutan*. — Vél.
Signé à gauche : P. J. REDOUTÉ.
Vol. XLI, n° 27.
— *Iberis cinerea* (Hort. Paris), d'Espagne. — Vél.
Signé à gauche : P. J. REDOUTÉ PINX.
Vol. XLII, n° 70.
— *Capparis inermis*, variété. — Vél.
Signé à gauche : P. J. REDOUTÉ PINX.
Vol. XLIII, n° 10.
— *Capparis saligna* (Vahl.), des Antilles. — Vél.
Signé à gauche : P. J. REDOUTÉ PINX.
Vol. XLIII, n° 12.

Redouté (Pierre-Joseph).
— *Capparis tenuisiliqua* (Jacq.), d'Amérique. — Vél.
Signé à gauche : P. J. Redouté.
Vol. XLIII, n° 13.
— *Schmidelia occidentalis* (Swartz), des Antilles. — Vél.
Signé à gauche : P. J. Redouté pinx.
Vol. XLIII, n° 30.
— *Æsculus coccinea*. — Vél.
Signé à gauche : P. J. Redouté, 1818.
Vol. XLIII, n° 37.
— *Banisteria tomentosa* (Hort. Paris.), de l'Amérique méridionale. — Vél.
On lit à gauche : P. J. Redouté pinx.
Vol. XLIII, n° 45.
— *Banisteria laurifolia* (Juss.). — Vél.
On lit à gauche : P. J. Redouté, 1811.
Vol. XLIII, n° 46.
— *Malpighia macrophylla* (Swartz), de l'Amérique méridionale. — Vél.
Signé à gauche : P. J. Redouté.
Vol. XLIII, n° 56.
— *Camellia Japonica* (Lin.). — Vél.
On lit à gauche : P. J. Redouté.
Vol. XLIII, n°s 94 et 95.
— *Camellia sesanqua* (Thunb.), du Japon. — Vél.
Signé à gauche : P. J. Redouté.
Vol. XLIII, n° 96.
— *Ternstroemia meridionalis* (Vahl). — Vél.
Signé à gauche : P. J. Redouté.
Vol. XLIII, n° 98.
— *Aitonia capensis* (Lin.). — Vél.
On lit à gauche : P. J. Redouté.
Vol. XLIII, n° 101.
— *Trichilia spondioïdes* (Jacq.), des Antilles. — Vél.
Signé à gauche : P. J. Redouté pinx.
Vol. XLIV, n° 1.
— *Pelargonium glandiflorum* (And.), du cap de Bonne-Espérance. — Vél.
Signé à gauche : P. J. Redouté pinx.
Vol. XLIV, n° 56.
— *Pelargonium hamatum* (Jacq.), du cap de Bonne-Espérance. — Vél.
Signé à gauche : P. J. Redouté pinx.
Vol. XLIV, n° 57.

Redouté (Pierre-Joseph).
— *Pelargonium ceratophyllum* (Her.), du cap de Bonne-Espérance. — Vél.
Signé à gauche : *Peint par* P. J. Redouté, *an* XII.
Vol. XLIV, n° 70.
— *Pelargonium astragalifolium* (Jacq.), du cap de Bonne-Espérance. — Vél.
Signé à gauche : P. J. Redouté pinx.
Vol. XLIV, n° 76.
— *Pelargonium rapaceum* (Hort. Kew), du cap de Bonne-Espérance. — Vél.
Signé à gauche : P. J. Redouté pinx.
Vol. XLIV, n° 79.
— *Pelargonium longifolium* (Wild.). — Vél.
Signé à gauche : P. J. Redouté pinx.
Vol. XLIV, n° 80.
— *Oxalis versicolor* (Lin.), du cap de Bonne-Espérance. — Vél.
Signé à gauche : P. J. Redouté pinx.
Vol. XLV, n° 26.
— *Malva miniata* (Cav.). — Vél.
Signé à gauche : P. J. Redouté pinx.
Vol. XLV, n° 38.
— *Malva umbellata* (Cav.), du Mexique. — Vél.
Signé à gauche : P. J. Redouté, 1810.
Vol. XLV, n° 44.
— *Pavonia typhalea* (Cav.), de l'Amérique méridionale. — Vél.
Signé à gauche : P. J. Redouté pinx.
Vol. XLV, n° 66.
— *Sida periptera*. — Vél.
Signé à gauche : P. J. Redouté.
Vol. XLV, n° 79.
— *Hibiscus speciosus* (Wild.). — Vél.
Signé à gauche : P. J. Redouté.
Vol. XLV, n° 87.
— *Hibiscus heterophyllus* (Vent.), de la Nouvelle-Hollande. — Vél.
Signé à gauche : *Peint par* P. J. Redouté.
Vol. XLV, n° 96.
— *Hibiscus liliiflorus* (Cav.). — Vél.
Signé à gauche : P. J. Redouté, 1808.
Vol. XLV, n° 97.

Redouté (Pierre-Joseph).
— *Achania pilosa* (Swartz). — Vél.
Signé à gauche : P. J. Redouté, 1808. *Peint à la Malmaison.*
Vol. XLVI, n° 1.
— *Dombeya acuntangula* (Cav.). — Vél.
Signé à gauche : P. J. Redouté.
Vol. XLVI, n° 2.
— *Lagunea squamea* (Vent.), de la Nouvelle-Hollande. — Vél.
Signé à gauche : *Peint par* P. J. Redouté, an XII.
Vol. XLVI, n° 5.
— *Redutea heterophylla* (Vent.), de l'Amérique méridionale. — Vél.
Signé à gauche : P. J. Redouté pinx.
Vol. XLVI, n° 7.
— *Helicteres isora* (Lin.), de l'Amérique méridionale. — Vél.
Signé à gauche : *Peint par* P. J. Redouté, an XI.
Vol. XLVI, n° 30.
— *Pterospermum acerifolium* (Cav.). — Vél.
Signé à gauche : P. J. Redouté.
Vol. XLVI, n° 36.
— *Magnolia yulan.* — Vél.
Signé à gauche : P. J. Redouté. *Peins* (sic) *à la Malmaison*, 1808.
Vol. XLVI, n° 44.
— *Magnolia tomentosa* (Hort. Kew). — Vél.
Signé à gauche : P. J. Redouté.
Vol. XLVI, n° 45.
— *Magnolia purpurea* (Curt.), de Chine. — Vél.
Signé à gauche : P. J. Redouté, 1807.
Vol. XLVI, n° 46.
— *Magnolia pumila* (And.). — Vél.
Signé à gauche : P. J. Redouté.
Vol. XLVI, n° 47.
— *Magnolia fuscata* (And.). — Vél.
Signé à gauche : P. J. Redouté.
Vol. XLVI, n° 48.
— *Dillenia volubilis* (And.), de la Nouvelle-Hollande. — Vél.
Signé à gauche : *Peint par* P. J. Redouté, an XI.
Vol. XLVI, n° 56.

Redouté (Pierre-Joseph).
— *Hibbertia crenata* (And.). — Vél.
Signé à gauche : P. J. Redouté.
Vol. XLVI, n° 57.
— *Bursaria spinosa.* — Vél.
Signé à gauche : P. J. Redouté.
Vol. XLVI, n° 81.
— *Hermannia inflata.* — Vél.
Signé à gauche : P. J. Redouté, 1808. *Peins* (sic) *à la Malmaison.*
Vol. XLVI, n° 88.
— *Sparmannia africana* (Lin.). — Vél.
Signé à gauche : P. J. Redouté.
Vol. XLVI, n° 98.
— *Cistus symphytifolius* (Lam.), des îles Canaries. — Vél.
Signé à gauche : P. J. Redouté pinx.
Vol. XLVII, n° 7.
— *Correa alba* (And.), de la Nouvelle-Hollande. — Vél.
Signé à gauche : P. J. Redouté.
Vol. XLVII, n° 40.
— *Correa speciosa* (And.). — Vél.
Signé à gauche : P. J. Redouté.
Vol. XLVII, n° 41.
— *Correa virens* (Smith). — Vél.
Signé à gauche : P. J. Redouté.
Vol. XLVII, n° 42.
— *Crovea saligna* (And.), de la Nouvelle-Hollande. — Vél.
Signé à gauche : P. J. Redouté pinx.
Vol. LXVII, n° 45.
— *Zieria Smitii* (And.). — Vél.
Signé à gauche : P. J. Redouté.
Vol. XLVII, n° 48.
— *Diosma serratifolia.* — Vél.
Signé à gauche : P. J. Redouté.
Vol. XLVII, n° 60.
— *Diosma uniflora* (Lin.), du cap de Bonne-Espérance. — Vél.
Signé à gauche : P. J. Redouté.
Vol. XLVII, n° 61.
— *Diosma imbricata* (Lin.), du cap de Bonne-Espérance. — Vél.
Signé à gauche : P. J. Redouté pinx.
Vol. XLVII, n° 62.
— *Cucubalus stellatus* (Lin.), de l'Amérique septentrionale. — Vél.
Signé à gauche : P. J. Redouté pinx.
Vol. XLVIII, n° 32.

REDOUTÉ (Pierre-Joseph).
— *Linum trigynum*. — Vél.
Signé à gauche : P. J. REDOUTÉ.
Vol. XLVIII, n° 62.
— *Cotyledon coccinea* (Cav.). — Vél.
Signé à gauche : P. J. REDOUTÉ.
Vol. XLVIII, n° 80.
— *Cotyledon cymosa* (Dec.). — Vél.
Signé à gauche : P. J. REDOUTÉ.
Vol. XLVIII, n° 84.
— *Rochea falcata* (Dec.), du cap de Bonne-Espérance. — Vél.
Signé à gauche : P. J. REDOUTÉ PINX.
Vol. XLVIII, n° 96.
— *Hortensia rosea* (Hort. Paris.), du Japon. — Vél.
Signé à gauche : P. J. REDOUTÉ PINX., l'an 3ᵉ de la République.
Vol. XLIX, n° 47.
— *Ribes orientale* (Hort. Paris.), du Liban. — Vél.
Signé à gauche : P. J. REDOUTÉ PINX.
Vol. XLIX, n° 50.
— *Cactus serpentinus* (Wild.). — Vél.
Signé à gauche : P. J. REDOUTÉ.
Vol. XLIX, n° 67.
— *Cactus triangularis* (Lin.), de l'Amérique méridionale. — Vél.
Signé à gauche : P. J. REDOUTÉ PINX, 1794.
Vol. XLIX, n° 73.
— *Cactus speciosus* (Bonpland). — Vél.
Signé à gauche : P. J. REDOUTÉ.
Vol. XLIX, n° 76.
— *Cactus speciosissimus* (Desf.). — Vél.
Signé à gauche : P. J. REDOUTÉ.
Vol. XLIX, n° 77.
— *Claytonia cubensis* (Bonpland).— Vél.
Signé à gauche : P. J. REDOUTÉ.
Vol. L, n° 19.
— *Reaumuria hypericoides* (Wild.). — Vél.
Signé à gauche : P. J. REDOUTÉ.
Vol. L, n° 26.
— *Mesembryanthemum viridiflorum* (Hort. Kew), du cap de Bonne-Espérance. — Vél.
Signé à gauche : P. J. REDOUTÉ PINX.
Vol. L, n° 52.

REDOUTÉ (Pierre-Joseph).
— *Mesembryanthemum albidum* (Lin.), du cap de Bonne-Espérance. — Vél.
Signé à gauche : P. J. REDOUTÉ, 1806.
Vol. L, n° 75.
— *OEnothera tetraptera* (Cav.), du Mexique. — Vél.
Signé à gauche : P. J. REDOUTÉ PINX.
Vol. LI, n° 19.
— *OEnothera purpurea* (Curt.), de l'Amérique septentrionale. — Vél.
Signé à gauche : P. J. REDOUTÉ PINX.
Vol. LI, n° 20.
— *Gaura mutabilis* (Cav.), du Mexique. — Vél.
Signé à gauche : P. J. REDOUTÉ PINX.
Vol. LI, n° 23.
— *Quisqualis indica* (Lin.). — Vél.
Signé à droite : P. J. REDOUTÉ, 1827.
Vol. LI, n° 25.
— *Pæonia suffruticosa* (And.). — Vél.
Signé à gauche : P. J. REDOUTÉ.
Vol. LI, n° 28.
— *Fuchsia magellanica* (Lin.). — Vél.
Signé à gauche : P. J. REDOUTÉ PINX., l'an II (1794).
Vol. LI, n° 30.
— *Fuchsia lycioides*. — Vél.
Signé à gauche : P. J. REDOUTÉ.
Vol. LI, n° 31.
— *Melaleuca hypericifolia* (Smith), de la Nouvelle-Hollande. — Vél.
Signé à gauche : P. J. REDOUTÉ PINX.
Vol. LI, nᵒˢ 33 et 34.
— *Melaleuca linariifolia* (Smith). —Vél.
Signé à gauche : P. J. REDOUTÉ.
Vol. LI, n° 35.
—*Melaleuca styphelioides* (Wild.).—Vél.
Signé à gauche : P. J. REDOUTÉ.
Vol. LI, n° 36.
— *Melaleuca ericifolia*. — Vél.
Signé à gauche : P. J. REDOUTÉ.
Vol. LI, nᵒˢ 37 et 38.
— *Melaleuca neriifolia*. — Vél.
Signé à gauche : P. J. REDOUTÉ, 1809.
Vol. LI, n° 39.
— *Eucalyptus obliqua* (Her.), de la Nouvelle-Hollande. — Vél.
Signé à gauche : P J. REDOUTÉ, 1808.
Vol. LI, n° 43.

17.

Redouté (Pierre-Joseph).
— *Bœckia virgata* (Andr.). — Vél.
Signé à gauche : P. J. Redouté, 1818.
Vol. LI, n° 47.

— *Psidium montanum* (Swartz), de l'Amérique méridionale. — Vél.
Signé à gauche : P. J. Redouté, 1806.
Vol. LI, n° 51.

— *Calothamnus sanguinea* (Bill.), de la Nouvelle-Hollande. — Vél.
Signé à gauche : P. J. Redouté, 1807.
Vol. LI, n° 68.

— *Colothamnus quadrifida* (Hort. Kew). — Vél.
Signé à gauche : P. J. Redoltė.
Vol. LI, n° 69.

— *Melastoma corymbosa*. — Vél.
Signé à gauche : P. J. Redouté.
Vol. LI, n° 80.

— *Melastoma corymbosa*. — Vél.
Signé à gauche : P. J. Redouté, 1818.
Vol. LI, n° 81.

— *Rhexia minima communis*, d'Amérique. — Vél.
Signé à gauche : P. J. Redouté, 1809.
Vol. LI, n° 85.

— *Cydonia sinensis* (Thouin). — Vél.
Signé à gauche : P. J. Redouté.
Vol. LII, n°ˢ 16 et 17.

— *Cragætus glabra* (Th.), du Japon. — Vél.
Signé à gauche : P. J. Redouté.
Vol. LII, n° 24.

— *Mespilus Japonica* (Th.), du Japon. — Vél.
Signé à gauche : P. J. Redouté.
Vol. LII, n°ˢ 37 et 38.

— *Poterium ancistroïdes*, de la Barbarie. — Vél.
Signé à gauche : P. J. Redouté pinx.
Vol. LII, n° 60.

— *Fragaria indica* (Hort. Kew). — Vél.
Signé à gauche : P. J. Redouté, 1817.
Vol. LIII, n° 18.

— *Rubus rosæfolius* (Smith) ; framboise, de l'île de France. — Vél.
Signé à gauche : P. J. Redouté pinx.
Vol. LIII, n° 30.

Redouté (Pierre-Joseph).
— *Homalium racemosum* (Lin.), de l'Amérique méridionale. — Vél.
Signé à gauche : P. J. Redouté pinx.
Vol. LIII, n° 62.

— *Acacia linifolia* (Wild.), de la Nouvelle-Hollande. — Vél.
Signé à gauche : P. J. Redouté pinx.
Vol. LIV, n° 1.

— *Acacia stricta* (Wild.). — Vél.
Signé à gauche : P. J. Redouté.
Vol. LIV, n° 3.

— *Acacia melanoxylon* (Hort. Kew). — Vél.
Signé à gauche : P. J. Redouté.
Vol. LIV, n° 4.

— *Acacia subulata* (Bonpland). — Vél.
Signé à gauche : P. J. Redouté.
Vol. LIV, n° 5.

— *Acacia decipiens* (Hort. Kew). — Vél.
Signé à gauche : P. J. Redouté.
Vol. LIV, n° 6.

— *Acacia alata* (Hort. Kew). — Vél.
Signé à gauche : P. J. Redouté.
Vol. LIV, n° 7.

— *Acacia pubescens* (Vent.). — Vél.
Signé à gauche : P. J. Redouté.
Vol. LIV, n° 8.

— *Acacia portoricensis* (Jacq.). — Vél.
Signé à gauche : P. J. Redouté pinx.
Vol. LIV, n° 11.

— *Acacia lophanta* (Wild.), de la Nouvelle-Hollande. — Vél.
Signé à gauche : *Peint par* P. J. Redouté, *an IX*.
Vol. LIV, n° 13.

— *Acacia discolor*. — Vél.
Signé à gauche : P. J. Redouté pinx.
Vol. LIV, n° 15.

— *Spaendoncea tamarandifolia* (Desf.), d'Abyssinie. — Vél.
Signé à gauche : P. J. Redouté pinx.
Vol. LIV, n° 23.

— *Inga unguis-cati* (Wild.), de l'Amérique méridionale. — Vél.
Signé à gauche : P. J. Redouté del.
Vol. LIV, n° 25.

REDOUTÉ (Pierre-Joseph).
— *Mimosa sensitiva* (Lin.), du Brésil. — Vél.
Signé à gauche : P. J. REDOUTÉ PINX.
Vol. LIV, n° 35.
— *Schotia speciosa* (Jacq.). — Vél.
Signé à gauche : P. J. REDOUTÉ.
Vol. LIV, n° 51.
— *Hoffmenseggia falcaria* (Cav.), d'Afrique. — Vél.
Signé à gauche : P. J. REDOUTÉ PINX.
Vol. LIV, n° 75.
— *Cæsalpinia pectinata* (Cav.). — Vél.
Signé à gauche : *Peint par* P. J. REDOUTÉ, *an XII*.
Vol. LIV, n° 78.
— *Bauhinia porrecta* (Hort. Kew), de l'Amérique méridionale. — Vél.
Signé à gauche : P. J. REDOUTÉ PINX.
Vol. LIV, n° 81.
— *Sophora capensis* (Wild.). — Vél.
Signé à gauche : P. J. REDOUTÉ.
Vol. LIV, n° 90.
— *Podalyria styracifolia*. — Vél.
Signé à gauche : P. J. REDOUTÉ PINX.
Vol. LIV, n° 91.
— *Duvalia oxalidifolia* (Bonpland). — Vél.
Signé à gauche : P. J. REDOUTÉ P., 1817.
Vol. LIV, n° 93.
— *Pultenæa stipularis* (Smith), de la Nouvelle-Hollande. — Vél.
Signé à gauche : P. J. REDOUTÉ PINX.
Vol. LIV, n° 95.
— *Pultenæa*. — Vél.
Signé à gauche : P. J. REDOUTÉ P., 1817.
Vol. LIV, n° 96.
— *Virginia lutea* (Mich.). — Vél.
Signé à gauche : P. J. REDOUTÉ.
Vol. LIV, n° 98.
— *Chorizema ilicifolia* (Bell.), de la Nouvelle-Hollande. — Vél.
Signé à gauche : P. J. REDOUTÉ.
Vol. LV, n° 1.
— *Daviesia corymbosa* (Smith). — Vél.
Signé à gauche : P. J. REDOUTÉ.
Vol. LV, n° 2.

REDOUTÉ (Pierre-Joseph).
— *Oxylobrium cordifolium* (Andr.). — Vél.
Signé à gauche : P. J. REDOUTÉ.
Vol. LV, n° 4.
— *Dilwynia ericifolia* (Smith). — Vél.
Signé à gauche : P. J. REDOUTÉ PINX.
Vol. LV, n° 6.
— *Callistachys lanceolata* (Vent.), de la Nouvelle-Hollande. — Vél.
Signé à gauche : P. J. REDOUTÉ PINX.
Vol. LV, n° 8.
— *Platylobium scolopendrium* (Andr.), de la Nouvelle-Hollande. — Vél.
Signé à gauche : *Peint par* P. J. REDOUTÉ, *an XII*.
Vol. LV, n° 10.
— *Platylobium ovatum* (Andr.).
Signé à gauche : P. J. REDOUTÉ.
Vol. LV, n° 11.
— *Bossiæa heterophylla* (Vent.), de Botany-Bay. — Vél.
Signé à gauche : P. J. REDOUTÉ PINX.
Vol. LV, n° 13.
— *Goodia pubescens*. — Vél.
Signé à gauche : P. J. REDOUTÉ PINX.
Vol. LV, n° 15.
— *Borbonia lanceolata* (Lin.). — Vél.
Signé à gauche : P. J. REDOUTÉ.
Vol. LV, n° 17.
— *Liparia sphærica* (Mant.). — Vél.
Signé à gauche : P. J REDOUTÉ.
Vol. LV, n° 20.
— *Crotalaria juncea* (Lin.), de l'Inde — Vél.
Signé à gauche : P. J. REDOUTÉ PINX.
Vol. LV, n° 44.
— *Rafnia retusa* (Vent.). — Vél.
Signé à gauche : P. J. REDOUTÉ.
Vol. LV, n° 51.
— *Hovea celsi* (Bonpland). — Vél.
Signé à gauche : P. J. REDOUTÉ.
Vol. LV, n° 53.
— *Dalea purpurea* (Vent.), de l'Amérique septentrionale. — Vél.
Signé à gauche : P. J. REDOUTÉ PINX.
Vol. LVI, n° 30.

Redouté (Pierre-Joseph).

— *Erythrina aculeatissima* (Hort. Paris.). — Vél.
Signé à gauche : *Peint par P. J. Redouté, an XII.*
Vol. LVII, n° 26.

— *Erythrina crista-galli* (Lin.). — Vél.
Signé à gauche : P. J. Redouté.
Vol. LVII, n° 27.

— *Clitoria heterophylla* (Lam.), de l'Inde. — Vél.
Signé à gauche : *Peint par P. J. Redouté, an XI.*
Vol. LVII, n° 34.

— *Kennedia rubicunda* (Vent.), de la Nouvelle-Hollande. — Vél.
Signé à gauche : P. J. Redouté pinx.
Vol. LVII, n° 42.

— *Kennedia rubicunda*, de la Malmaison. — Vél.
Signé à gauche : P. J. Redouté.
Vol. LVII, n° 43.

— *Amorpha pumila* (Mich.), de l'Amérique septentrionale. — Vél.
Signé à gauche : P. J. Redouté pinx.
Vol. LVII, n° 46.

— *Amorpha.* — Vél.
Signé à gauche : P. J. Redouté pinx.
Vol. LVII, n° 47.

— *Galega caribæa* (Lin.), des Antilles. — Vél.
Signé à gauche : P. J. Redouté pinx.
Vol. LVIII, n° 25.

— *Indigofera cytisoïdes* (Lin.), du cap de Bonne-Espérance. — Vél.
Signé à gauche : P. J. Redouté pinx.
Vol. LVIII, n° 32.

— *Indigofera simplex*, de l'Inde. — Vél.
Signé à gauche : P. J. Redouté, an XI.
Vol. LVIII, n°s 35 et 36.

— *Hedysarum vespertilionis* (Lin.), de la Cochinchine. — Vél.
Signé à gauche : P. J. Redouté pinx., l'an 3· de la République.
Vol. LVIII, n° 79.

— *Hedysarum paleaceum* (Desvaux). — Vél.
Signé à gauche : P. J. Redouté pinx.
Vol. LVIII, n° 81.

Redouté (Pierre-Joseph).
— *Mangifera indica* (Lin.). — Vél.
Signé à gauche : P. J. Redouté, 1823.
Vol. LIX, n° 12.

— *Mangifera indica* (Lin.). — Vél.
Signé à gauche : P. J. Redouté, 1824.
Vol. LIX, n° 13.

— *Cassine xylocarpa* (Vent.). — Vél.
Signé à gauche : P. J. Redouté pinx.
Vol. LIX, n° 52.

— *Pittosporum tobira* (Hort. Kew). — Vél.
Signé à gauche : P. J. Redouté.
Vol. LIX, n° 71.

— *Pittosporum undulatum* (Vent.), des Canaries. — Vél.
Signé à gauche : *Peint par P. J. Redouté, an IX.*
Vol. LIX, n° 72.

— *Philyæa plumosa* (Lin.), du cap de Bonne-Espérance. — Vél.
Signé à gauche : P. J. Redouté pinx.
Vol. LIX, n°s 81 et 82.

— *Lasiopetalum solanaceum* (Botan.-Magaz.). — Vél.
Signé à gauche : P. J. Redouté, 1818.
Vol. LIX, n° 84.

— *Euphorbia punicea* (Swartz), des Antilles. — Vél.
Signé à gauche : *Peint par P. J. Redouté, an XII.*
Vol. LX, n° 18.

— *Euphorbia meloformis* (Hort. Kew), du cap de Bonne-Espérance. — Vél.
Signé à gauche : P. J. Redouté pinx.
Vol. LX, n° 23.

— *Euphorbia histrix* (Jacq.), du cap de Bonne-Espérance. — Vél.
Signé à gauche : P. J. Redouté pinx.
Vol. LX, n° 26.

— *Phyllanthus grandifolia* (Lin.), de l'Amérique méridionale. — Vél.
Signé à gauche : P. J. Redouté.
Vol. LX, n° 35.

— *Passiflora cuprea* (Lin.). — Vél.
Signé à gauche : P. J. Redouté.
Vol. LXI, n° 69.

— *Passiflora maliformis* (Lin.), de l'Amérique méridionale. — Vél.
Signé à gauche : P. J. Redouté.
Vol. LXI, n° 70.

REDOUTÉ (Pierre-Joseph).
— *Passiflora quadrangularis* (Lin.), de l'Amérique méridionale. — Vél.
Signé à gauche : P. J. REDOUTÉ.
Vol. LXI, n° 72.

— *Passiflora peltata* (Cav.), de l'Amérique méridionale. — Vél.
Signé à gauche : P. J. REDOUTÉ PINX.
Vol. LXI, n° 85.

— *Ficus ulmifolia* (Encycl.). — Vél.
Signé à gauche : P. J. REDOUTÉ.
Vol. LXII, n° 3.

— *Dorstenia contrayerva* (Lin.), de l'Amérique méridionale. — Vél.
Signé à gauche : P. J. REDOUTÉ DEL.
Vol. LXII, n° 8.

— *Piper medium* (Jacq.), des Antilles. — Vél.
Signé à gauche : P. J. REDOUTÉ PINX.
Vol. LXII, n° 24.

— *Ardisia littoralis* (Andr.). — Vél.
Signé à gauche : P. J. REDOUTÉ.
Vol. LXIV, n° 2.

— *Ardisia crenulata* (Vent.), des Antilles. — Vél.
Signé à gauche : P. J. REDOUTÉ PINX.
Vol. LXIV, n° 3.

— *Ardisia solannacea* (Wild.). — Vél.
Signé à gauche : P. J. REDOUTÉ.
Vol. LXIV, n° 4.

— *Chloranthus inconspicuus* (Her.), de Chine. — Vél.
Signé à gauche : P. J. REDOUTÉ PINX., l'an II (1794).
Vol. LXIV, n° 7.

— *Begonia hirsuta* (Aublet), de Cayenne. — Vél.
Signé à gauche : *Peint par* P. J. REDOUTÉ, *an XII*.
Vol. LXIV, n° 14.

— *Begonia humilis* (Bonpland). — Vél.
Signé à gauche : P. J. REDOUTÉ.
Vol. LXIV, n° 15.

— *Begonia discolor* (Hort. Kew). — Vél.
Signé à gauche : P. J. REDOUTÉ.
Vol. LXIV, n° 16.

— *Begonia dichotoma* (Jacq.). — Vél.
Signé à gauche : P. J. REDOUTÉ, 1807.
Vol. LXIV, n° 17.

REDOUTÉ (Pierre-Joseph).
— *Samyda serrulata* (Swartz), de l'Amérique méridionale. — Vél.
Signé à gauche : P. J. REDOUTÉ DEL.
Vol. LXIV, n° 19.

— *Anavinga*. — Vél.
Signé à gauche : *Peint par* P. J. REDOUTÉ, *an XII*.
Vol. LXIV, n° 25.

— *Pachysandra procumbens* (Mich.). — — Vél.
Signé à gauche : P. J. REDOUTÉ, 1807.
Vol. LXIV, n° 29.

— *Langue, cœur et poumons de tortue.* — Vél. — 5 fig.
Signé à gauche : P. J. REDOUTÉ, 1793.
Vol. LXVII, n° 160.

— *Langue, cœur et poumons de tortue.* — Pap. — 4 fig.
Signé à gauche : P. J. REDOUTÉ, 1793.
Vol. LXVII, n° 161.

— *Estomac et intestins séparés de la tortue*, face ultérieure. — Vél.
Signé à gauche : REDOUTÉ LE JEUNE.
Vol. LXVII, n° 162.

— *Abdomen ouvert et viscères de la tortue*, face ultérieure. — Vél.
Signé à gauche : REDOUTÉ LE JEUNE.
Vol. LXVII, n° 163.

— *Foie de la tortue*, vu par les deux faces. — Vél.
Signé à gauche : P. J. REDOUTÉ, 1793.
Vol. LXVII, n° 164.

— *Organes de la génération de la tortue.* — Vél.
Signé à gauche : REDOUTÉ LE JEUNE.
Vol. LXVII, n°s 165 et 166.

— *Corne du rhinocéros* (vue en dessous). — Pap.
Signé à gauche : P. J. REDOUTÉ PINX. 1793.
Vol. LXVII, n° 22.

— *Langue, pharynx et larynx du rhinocéros.* — Pap. — 1/3 de la grandeur naturelle.
Signé à gauche : REDOUTÉ LE JEUNE.
Vol. LXVII, n° 25.

Redouté (Pierre-Joseph).
— *Larynx ouvert du rhinocéros.* — Pap.
Signé à gauche : P. J. Redouté, 1793.
Vol. LXVII, n° 26.

— *Estomac retourné du rhinocéros.* — Pap.
Signé à gauche : Redouté le jeune.
Vol. LXVII, n° 29.

— *Estomac du rhinocéros, avec la rate et le pancréas.* — Pap. — 1/4 de la grandeur naturelle.
Signé à gauche : P. J. Redouté, 1793.
Vol. LXVII, n°s 30 à 32.

— *Rate seule du rhinocéros, disséquée en partie.* — Pap. — 1/4 de la grandeur naturelle.
Signé à gauche : Redouté le jeune.
Vol. LXVII, n° 33.

— *Partie du côlon du rhinocéros.* — Pap. — Grandeur naturelle.
Signé à gauche : Redouté le jeune.
Vol. LXVII, n° 38.

— *Portion du côlon du rhinocéros avec le cœcum retourné.* — Pap. — Grandeur naturelle.
Signé à gauche : P. J. Redouté, 1793.
Vol. LXVII, n°s 39 à 41.

— *Conduits biliaires et pancréatiques du rhinocéros.* — Vél.
Signé à gauche : P. J. Redouté, 1793.
Vol. LXVII, n° 44.

— *Ventre et verge du rhinocéros* (vus en dessous). — Vél.
Signé à gauche : Redouté le jeune pinx[1].
Vol. LXVII, n° 45.

— *Verge du rhinocéros.* — Vél. — 2 fig.
Signé à gauche : Redouté le jeune pinx[1].
Vol. LXVII, n°s 46 et 47.

— *Dilatation inférieure de l'urèthre ouverte du rhinocéros.* — Vél. — 5 fig.
Signé à gauche : P. J. Redouté, 1793.
Vol. LXVII, n°s 48 à 50.

— *Testicules du rhinocéros.* — Vél. — 2 fig.
Signé à gauche : P. J. Redouté, 1793.
Vol. LXVII, n°s 51 à 52.

Redouté (Pierre-Joseph).
— *Partie postérieure du corps du rhinocéros.* — Vél.
Signé à gauche : P. J. Redouté, 1793.
Vol. LXVII, n° 53.

— *Sabot du rhinocéros* (vu par dehors et par dedans). — Vél. — 2 fig.
Signé à gauche : Redouté le jeune pinx[1].
Vol. LXVII, n°s 54 et 55.

— *La dernière phalange du rhinocéros.* — Vél. — 2 fig.
Signé à gauche : Redouté le jeune pinx[1].
Vol. LXVII, n°s 56 et 57.

— *Gerboises du Cap,* mâle et femelle. — Vél.
Signé à gauche : P. J. Redouté pinx. 1815.
Vol. LXXII, n° 19.

— *Abroma fastuosa* (Jacq.). — Vél.
Signé à gauche : P. J. Redouté pinx., l'an II (1794).
Vol. LXXV, n° 35.

— *Hibiscus solandra,* de l'île Bourbon. — Vél.
Signé à gauche : P. J. Redouté pinx., l'an 3e de la République.
Vol. LXXV, n° 36.

— *Aster glutinosus* (Cav.), du Mexique. — Vél.
Signé à gauche : peint par P. J. Redouté, an X.
Vol. LXXV, n° 37.

— *Lavatera phœnicea* (Vent.). — Vél.
Signé à gauche : peint par P. J. Redouté.
Vol. LXXV, n° 39.

— *Rosa benghalensis.* — Vél.
Signé à gauche : P. J. Redouté pinx.
Vol. LXXV, n° 40.

— *Ximenesia encelioïdes* (Cav.), du Mexique. — Vél.
Signé à gauche : peint par P. J. Redouté, an IX.
Vol. LXXV, n° 41.

— *Tortue; tabulata carbonaria* (Dum.). — Vél.
Signé à gauche : P. J. Redouté, 1793.
Vol. LXXXVII, n° 3.

REGLERS (J.).
— *Sagouin*. — Pap.
 Signé à gauche : J. REGLERS PINXIT, 1745, à Amsterdam.
 Vol. LXIX, n° 73.

REVEILLAUD.
— *Cachalot*, pris le 1er avril 1741, dans l'Adour, près Bayonne. — Pap.
 On lit au bas : FAIT PAR REVEILLAUD.
 Vol. LXXIII, n° 97.

RICHÉ (Mlle Adèle).
— *Boletus fungaster* (Persoon). — Vél.
 Signé à gauche : ADÈLE RICHÉ.
 Vol. II, n° 118.
— *Arum clavatum* (Hort. Paris.). — Vél.
 Signé à gauche : ADÈLE RICHÉ.
 Vol. V, n° 7.
— *Caladium helleborifolium*. — Vél.
 Signé à gauche : ADÈLE RICHÉ.
 Vol. V, n° 16.
— *Colocasia odora*. — Vél.
 Signé à gauche : ADÈLE RICHÉ.
 Vol. V, n° 25.
— *Philodendron platinevion*. — Vél.
 Signé à gauche : ADÈLE RICHÉ.
 Vol. V, n° 44.
 [Enregistré 1834, n° 10.]
— *Tillandsia*. — Vél.
 Signé à gauche : ADÈLE RICHÉ (1834).
 Vol. XI, n° 40.
— *Stanhopea insignis*. — Vél.
 Signé à gauche : ADÈLE RICHÉ.
 Vol. XIV, n° 34.
— *Valeriana nova*, du Mexique.
 Signé à gauche : ADÈLE RICHÉ.
 Vol. XXXVII, n° 54.
— *Paratropia œsculefolia*. — Vél.
 Signé à gauche : ADÈLE RICHÉ.
 Vol. XXXVIII, n° 56.
— *Callicoma serratifolia* (Andr.). — Vél.
 Signé à droite : ADÈLE RICHÉ (1834).
 Vol. XLIX, n° 46.
— *Combretum coccineum*. — Vél.
 Signé à gauche : ADÈLE RICHÉ (1834).
 Vol. LI, n° 29.
— *Passiflora hybrida*. — Vél.
 Signé à gauche : ADÈLE RICHÉ, et à droite on lit la date : 1836.
 Vol. LXI, n° 93.
— *Ceradopteris cornuta*. — Vél.
 Signé à gauche : ADÈLE RICHÉ.
 Vol. LXIV, n° 20.

RICHÉ (A.).
— *Narvalina domingensis* (Cav.). — Vél.
 Signé à gauche : ADÈLE RICHÉ.
 Vol. LXIV, n° 21.
— *Pisonia punctulata*. — Vél.
 Signé à gauche : ADÈLE RICHÉ.
 Vol. LXIV, n° 26.
— *Logania neriifolia*. — Vél.
 Signé à gauche : ADÈLE RICHÉ.
 Vol. LXIV, n° 31.
— *Miersia Chilensis*. — Vél.
 Signé à gauche : ADÈLE RICHÉ.
 Vol. LXIV, n° 32.
— *Chamadorea Schiedeana*. — Vél.
 Signé à gauche : ADÈLE RICHÉ.
 Vol. LXIV, n° 33.
— *Petrea racemosa*. — Vél.
 Signé à gauche : ADÈLE RICHÉ.
 Vol. LXIV, n° 35.
— *Bartania (?) aurea*. — Vél.
 Signé à gauche : ADÈLE RICHÉ.
 Vol. LXIV, n° 36.
— *Euphorbia jacquiniæflora*. — Vél.
 Signé à gauche : ADÈLE RICHÉ.
 Vol. LXIV, n° 37.
— *Echinocactus erinaceus*. — Vél.
 Signé à gauche : ADÈLE RICHÉ.
 Vol. LXIV, n° 38.
— *Agave spicata*. — Vél.
 Signé à gauche : ADÈLE RICHÉ.
 Vol. LXIV, n° 39.
— *Bilbergia Quesnelii*. — Vél.
 Signé à gauche : ADÈLE RICHÉ, 1841.
 Vol. LXXV, n° 44.
 [Enregistré 1841, n° 15.]
— *Euphorbia festuosa*. — Vél.
 Signé à gauche : ADÈLE RICHÉ.
 Vol. LXXV, n° 47.
 [Enregistré 1839, n° 23.]
— *Wigandia urens*. — Vél.
 Signé à gauche : ADÈLE RICHÉ.
 Vol. LXXV, n° 48.
 [Enregistré 1839, n° 21.]
— *Phyllococtus guyanensis*. — Vél.
 Signé à droite : ADÈLE RICHÉ.
 Vol. LXXV, n° 49.
 [Enregistré 1850, n° 35.]
— *Pawlownia imperialis*. — Vél.
 Signé à gauche : ADÈLE RICHÉ.
 Vol. LXXV, n° 50.
 [Enregistré 1842, n° 8.]

RICHÉ (A.).
— *Aechmea fulgens.* — Vél.
Signé à gauche : Adèle Riché.
Vol. LXXV, n° 53.
[Enregistré 1836, n° 3.]

— *Stephanotis floribunda.* — Vél.
Signé à gauche : Adèle Riché.
Vol. LXXV, n° 54.
[Enregistré 1834, n° 18.]

— *Psychotria leucocephala.* — Vél.
Signé à gauche : Adèle Riché.
Vol. LXXV, n° 55.
[Enregistré 1846, n° 1.]

— *Eichhornia crassipes.* — Vél.
Signé à gauche : Adèle Riché.
Vol. LXXV, n° 56.
[Enregistré 1846, n° 2.]

— *Buginvillea spectabilis.* — Vél.
Signé à gauche : Adèle Riché.
Vol. LXXV, n° 57.
[Enregistré 1836, n° 11.]

— *Arum colocasia.* — Vél.
Signé à gauche : Adèle Riché.
Vol. LXXV, n° 58.
[Enregistré 1839, n° 20.]

— *Philodendron crassipes.* — Vél.
Signé à gauche : Adèle Riché.
Vol. LXXV, n° 59.
[Enregistré 1834, n° 9.]

— *Houlletia stapeliæflora.* — Vél.
Signé à droite : Adèle Riché.
Vol. LXXV, n° 60.
[Enregistré 1841, n° 5.]

— *Pitcairnia, spec. nova,* du Mexique. — Vél.
Signé à gauche : Adèle Riché.
Vol. LXXV, n° 61.
[Enregistré 1843, n° 14.]

RINGUET (P.).
— *Flamand gris.* — Pap.
Signé au bas, le long de la bordure : P. Ringuet.
Vol. LXXXIII, n° 70.

RIOCREUX (Alfred).
—*Recherches sur la composition des œufs dans la série des animaux,* par MM. Frémy et Valenciennes. — 10 fig. — Vél.
Signé au bas, le long de la bordure : A. Riocreux, 1853.
Vol. LXV, n° 18.
[Enregistré 1854, n° 11.]

Riocreux. (A.).
—*Recherches sur la composition des œufs dans la série des animaux* (suite). — Vél. — 10 fig.
Signé au bas : A. Riocreux, 1853.
Vol. LXV, n° 19.
[Enregistré 1854, n° 12.]

— *Tillandsia fulgens.* — Vél.
Signé à gauche : A. Riocreux, 1843.
Vol. LXXV, n° 69.
[Enregistré 1843, n° 22.]

— *Ceratozamia mexicana.* — Vél.
Signé à gauche : Alf. Riocreux, *janvier* 1846.
Vol. LXXV, n° 70.
[Enregistré 1846, n° 4.]

— *Angræcum eburneum* (Dup. Th.). — Vél. — 1/4 de la grandeur naturelle.
Signé à droite : Alf. Riocreux, 1851.
Vol. LXXV, n° 71.
[Enregistré 1851, n° 12.]

— *Pitcairnia polyanthoïdes.* — Vél. — 1/4 de la grandeur naturelle.
Signé à droite : A. Riocreux, 1855.
Vol. LXXV, n° 72.
[Enregistré 1855, n° 21.]

— *Dasylirion spec. nova.* — Vél. — 1/10 de la grandeur naturelle.
Signé à gauche : Alf. Riocreux, 1850.
Vol. LXXV, n° 73.
[Enregistré 1850, n° 10.]

— *Bromelia agavefolia.* — Vél. — Moitié de la grandeur naturelle.
Signé à droite : A. Riocreux, 1855.
Vol. LXXV, n° 74.
[Enregistré 1855, n° 22.]

— *Pourretia,* du Chili. — Vél. — 1/8 de la grandeur naturelle.
Signé à gauche : Alf. Riocreux, 1849.
Vol. LXXV, n° 75.
[Enregistré 1849, n° 24.]

— *Androlapis Skinneri.* — Vél.
Signé à gauche : A. Riocreux.
Vol. LXXV, n° 77.
[Enregistré 1855, n° 7.]

— *Hymenacantha scrobiculata.* — Vél.
Signé à gauche : Alf. Riocreux, 1849.
Vol. LXXVI, n° 1.
[Enregistré 1849, n° 29.]

Riocreux (A.).
— *Haligrantia brassicata* (Val.). — Vél.
— 2/3 de la grandeur naturelle.
Signé à gauche : Alf. Riocreux, 1850.
Vol. LXXVI, n° 3.
[Enregistré 1850, n° 13.]

— *Colia pada* (Val.). — Vél. — 2/3 de la grandeur naturelle.
Signé à gauche : Alf. Riocreux, 1850.
Vol. LXXVI, n° 4.
[Enregistré 1850, n° 14.]

— *Haligrantia cordua*. — Vél.
Signé à gauche : Alf. Riocreux, 1850.
Vol. LXXVI, n° 5.
[Enregistré 1850, n° 23.]

— *Colia flabellum*. — Vél.
Signé à droite : Alf. Riocreux, 1849.
Vol. LXXVI, n° 9.
[Enregistré 1849, n° 38.]

— *Colia pinnæformi*, de la Nouvelle-Zélande. — Vél.
Signé à gauche : Alf. Riocreux, 1850.
Vol. LXXVI, n° 10.
[Enregistré 1850, n° 25.]

— *Hymenacia*, de la Guadeloupe. — Vél.
Signé à droite : Alf. Riocreux, 1850.
Vol. LXXVI, n° 12.
[Enregistré 1850, n° 24.]

— *Haliscyphia membranacea*, de la Nouvelle-Hollande. — Vél.
Signé à droite : Alf. Riocreux, 1851.
Vol. LXXVI, n° 13.
[Enregistré 1851, n° 20.]

— *Scyphia en entonnoir*. — Vél.
Signé à gauche : Alf. Riocreux, 1849.
Vol. LXXVI, n° 15.
[Enregistré 1849, n° 37.]

— *Chætospongia campana*. — Vél.
Signé à droite : Alf. Riocreux, 1849.
Vol. LXXVI, n° 16.
[Enregistré 1849, n° 39.]

— *Chæstospongia cotylephora*, de la Guadeloupe. — Vél.
Signé à gauche : Alf. Riocreux, 1849.
Vol. LXXVI, n° 18.
[Enregistré 1849, n° 20.]

— *Cydonellia fagesiana*. — Vél.
Signé à gauche : Alf. Riocreux, 1849.
Vol. LXXVI, n° 30.
[Enregistré 1849, n° 4.]

Riocreux (A.).
— *Alcyonium putriolosum*, de la Guadeloupe. — Vél.
Signé à gauche : Alf. Riocreux, 1851.
Vol. LXXVI, n° 32.
(Enregistré 1851, n° 23.]

— *Adyctia violacea*. — Vél.
Signé à gauche : Alf. Riocreux, 1849.
Vol. LXXVI, n° 35.
[Enregistré 1849, n° 28.]

— *Adyctia mucida*, de la Nouvelle-Zélande. — Vél.
Signé à gauche : Alf. Riocreux, 1851.
Vol. LXXVI, n° 36.
[Enregistré 1851, n° 14.]

— *Lamarckia reticulata*. — Vél.
Signé à gauche : Alf. Riocreux, 1850.
Vol. LXXVI, n° 37.
[Enregistré 1851, n° 2.]

— *Lamarckia ramosa*. — Vél.
Signé à droite : Alf. Riocreux, 1850.
Vol. LXXVI, n° 38.
[Enregistré 1851, n° 3.]

— *Catellia clausa deltoidea*. — Vél.
Signé à gauche : Alf. Riocreux, 1849.
Vol. LXXVI, n° 42.
[Enregistré 1849, n° 18.]

— *Catellia coarctata*, de la Nouvelle-Zélande. — Vél.
Signé à gauche : Alf. Riocreux, 1849.
Vol. LXXVI, n° 43.
[Enregistré 1849, n° 19.]

— *Spongia intestinalis*, de la mer Rouge, donnée par le comte de Paris en 1846.
Signé à gauche : Alf. Riocreux, 1851.
Vol. LXXVI, n° 45.
[Enregistré 1851, n° 13.]

— *Haligrantia flabellum*. — Vél.
Signé à droite : Alf. Riocreux, 1851.
Vol. LXXVI, n° 46.
[Enregistré 1851, n° 4.]

— *Haligrantia otahitana*. — Vél.
Signé à gauche : Alf. Riocreux, 1851.
Vol. LXXVI, n° 47.
[Enregistré 1851, n° 5.]

— *Spongia infundibulum*, d'Arkhangel. — Vél.
Signé à gauche : Alf. Riocreux, 1851.
Vol. LXXVI, n° 48.
[Enregistré 1851, n° 21.]

RIOCREUX (A.).
— *Gorgonia boryana*, de l'île Bourbon. — Vél. — Moitié de la grandeur naturelle.
Signé à droite : ALF. RIOCREUX, 1851.
Vol. LXXVI, n° 11.
[Enregistré 1851, n° 42.]

— *Gorgonia pectinata* (Lam.). — Vél. — Moitié de la grandeur naturelle.
Signé à droite : ALF. RIOCREUX, 1851.
Vol. LXXVI, n° 12.
[Enregistré 1851, n° 31.]

SAUVAGE (C. G.).
— *Stellion spinipède vulgaire*, d'Égypte. (Dum.) — Pap. — 2 fig. — H. 0^m,26. — L. 0^m,18.
Signé à gauche : C. G. SAUVAGE DEL. ; et au dos on lit : 30 juillet 1810.
Vol. LXXXVII, n° 88.

SONNERAT (P.).
— *Holocentre océanique* (Cuv.). — Pap. — H. 0^m,28. — L. 0^m,20.
Signé à gauche : P. SONNERAT.
Vol. LXXXIX, n° 16.

— *Serranus zazama* (Cuv.), ou *bodian* (Lac.). — Pap.
Signé à gauche : P. SONNERAT.
Vol. LXXXIX, n° 20.

— *Sphyræna Commersonii* (Cuv.), de Chine. — Pap.
Signé à gauche : P. SONNERAT.
Vol. LXXXIX, n° 68.

— *Chetodon setifer* (Bl.). — Pap.
Signé à gauche : P. SONNERAT.
Vol. XC, n° 52.

— *Chetodon cornu* (Lac.). — Pap. — 2 fig.
Signé à gauche : P. SONNERAT.
Vol. XC, n° 57.

— *Chetodon pentacanthe* (Lac.), de l'île Bourbon. — Pap.
Signé à gauche : P. SONNERAT.
Vol. XC, n° 60.

— *Periophthalmus Kœlreuti* (Bl.). — Pap.
Signé à gauche : P. SONNERAT.
Vol. XCI, n° 41.

SONNERAT (P.).
— *Chironectes hispidus* (Val.). — Pap.
Signé à gauche : P. SONNERAT.
Vol. XCI, n° 63.

— *Scare tacheté* (Lac.). — Pap.
Signé à gauche : P. SONNERAT.
Vol. CXII, n° 69.

— *Esox belone*, variété (Lac.). — Pap.
Signé à gauche : P. SONNERAT.
Vol. XCIII, n° 49.

— *Exocaetus volans* (Lin.), ou *poisson volant de l'Océan*. — Pap.
Signé à gauche : P. S.
Vol. XCIII, n° 54.

— *Echeneis remora* (Lac.). — Pap.
Signé à gauche : P. SONNERAT.
Vol. XCIV, n° 11.

— *Murène marbrée* (Lac.). — Pap.
Signé à gauche : P. SONNERAT.
Vol. XCIV, n° 20.

— *Tetraodon lune* (Lac.). — Pap.
Signé à gauche : P. SONNERAT.
Vol. XCIV, n° 54.

— *Tétraodon hérissé* (Lac.). — Pap.
Signé à gauche : P. SONNERAT.
Vol. XCIV, n° 56.

— *Le requin ordinaire* (Lac.), dessiné sur un très-jeune sujet. — Pap.
Signé à gauche : P. S.
Vol. XCIV, n° 81.

— *Squale marteau pantouflier*, d'après un très-jeune sujet. — Pap.
Signé à gauche : P. SONNERAT.
Vol. XCIV, n° 87.

SUSINI (J.).
— *Sections des cristallins de l'œil chez les mammifères, oiseaux, reptiles, poissons et mollusques*. — Pap. — 25 fig.
Signé à gauche : J. SUSINI PINXIT.
Vol. LXV, n° 40.
[Enregistré 1857, n° 22.]

— *Bdéogalle*, du Gabon. — Pap.
Signé à gauche : J. SUSINI PINX[t].
Vol. LXXIV, n° 106.
[Enregistré 1857, n° 18.]

THIOLOT.
— *Barbuc ordinaire.* — Vél.
A droite on lit : THIOLOT, mars 1848.
Vol. LXVIII, n° 68.
[Enregistré 1848, n° 16.]

TERRIER (JULES).
— *Ibis gigantea* (Oustalet), des bords du Mékong (Cambodge). — Pap.
Signé à gauche : J. TERRIER, *avril* 1877.
Vol. LXVIII, n° 28.
[Enregistré 1877, n° 4.]

— *Grue à collier.* — Pap. — 1/7 de la grandeur naturelle.
Signé à gauche : J. TERRIER, 1878, *d'après le vivant.*
Vol. LXVIII, n° 29.
[Enregistré 1878, n° 11.]

— *Grue leucogérane.* — Pap. — 1/6 de la grandeur naturelle.
Signé à droite : J^les TERRIER PINX., 1878, *d'après le vivant.*
Vol. LXVIII, n° 30.
[Enregistré 1878, n° 12.]

— *Antilope beisa,* d'Abyssinie. — Pap. — 1/8 de la grandeur naturelle.
Signé à gauche : J^les TERRIER, *septembre* 1876.
Vol. LXXIV, n° 120.
[Enregistré 1876, n° 20.]

— *Echidné soyeux.* — Pap. — 3/5 de la grandeur naturelle.
Signé à gauche : J^les TERRIER, 1878, *d'après le vivant.*
Vol. LXXIV, n° 122.
[Enregistré 1878, n° 4.]

— *Oryctérope,* d'Éthiopie. — Pap. — 1/6 de la grandeur naturelle.
Signé à droite : J^les TERRIER PINX., 1878.
Vol. LXXIV, n° 123.
[Enregistré 1878, n° 15.]

— *Ovis Burrhel,* de l'Inde. — Pap. — 1/6 de la grandeur naturelle.
Signé à gauche : J^les TERRIER, 1880.
Vol. LXXIV, n° 124.
[Enregistré 1880, n° 3.]

— *Pachyuromys,* d'Algérie. — Pap. — Grandeur naturelle. — 2 fig.
Signé à gauche : J^les TERRIER, 1883.
Vol. LXXIV, n° 126.
[Enregistré 1883, n° 3.]

TRAVIÉS (ÉDOUARD).
— *Ramphastos Cuvieri,* du pays de l'Amazone. — Vél.
Signé à gauche : ÉDOUARD TRAVIÉS P^xit, 1862.
Vol. LXVIII, n° 7.
[Enregistré 1862, n° 6.]

VAILLANT.
— *Larves de coléoptères.* — Vél.
Signé à gauche : VAILLANT.
Vol. LXXVI (^b), n° 7.
[Enregistré 1848, n° 50.]

— *Cancericus fossiles,* de Dax. — Pap.
Signé à gauche : VAILLANT DEL.
Vol. LXXVI (^6), n° 2.
[Enregistré 1851, n° 17.]

— *Platycarcinus Beaumontii.* — Pap.
Signé à gauche : VAILLANT DEL.
Vol. LXXVI (^6), n° 3.
[Enregistré 1851, n° 1.]

— *Cancer armatus punctulatus.* — Pap.
Signé à gauche : VAILLANT DEL.
Vol. LXXVI (^6), n° 4.
[Enregistré 1850, n° 46.]

— *Insectes hyménoptères.* — Vél.
Signé à gauche : VAILLANT PIN., 1851.
Vol. LXXVI (7), n° 25.
[Enregistré 1852, n° 5.]

— *Nid de guêpes,* de Cayenne, donné par le Muséum d'histoire naturelle de Rochefort. — Vél.
Signé à gauche : VAILLANT P^t, 1839.
Vol. LXXXV, n° 3 bis.
[Enregistré 1839, n° 8.]

— Le même (autre face). — Vél.
Signé à gauche : VAILLANT P^t, 1839.
Vol. LXXXV, n° 3 ter.
[Enregistré 1839, n° 7.]

— *Emyde aréolée,* de l'Amérique centrale; *émyde de Bérard,* de la Véra-Cruz. — Pap. — 7 fig.
Signé à droite : VAILLANT P^t, 1851.
Vol. LXXXVII, n° 16.
[Enregistré 1851, n° 35.]

— *Cinosternon cruentatum,* espèce nouvelle. — Vél. — 2 fig.
Signé à gauche : VAILLANT P^t, 1842.
Vol. LXXXVII, n° 27.

Vaillant.
— *Cinosterme à bouche blanche*, espèce nouvelle, d'après la femelle appartenant à la ménagerie. — Vél. — 3 fig.
Signé à gauche : Vaillant p[it], 1842.
Vol. LXXXVII, n° 28 bis.

— *Podocnémide de Léwy*. — 2/3 de la grandeur naturelle. — Tête de la podocnémide de Duméril, jeune. — Gr. nat. — Pap. — 6 fig.
Signé à gauche : Vaillant p[t], 1851.
Vol. LXXXVII, n° 29.
[Enregistré 1851, n° 4.]

— *Gymnopode ocellé*, espèce nouvelle très-jeune (Dum.). — Vél. — 3 fig.
Signé à gauche : Vaillant p[it], 1842.
Vol. LXXXVII, n° 33.

— *Crocodile de Morelet*. — Vél.
Signé à gauche : Vaillant pinxit, 1852.
Vol. LXXXVII, n° 58.
[Enregistré 1852, n° 6.]

— *Boa diviniloque*. — Vél.
Signé à gauche : Vaillant pinx[t], 1851, d'après le vivant.
Vol. LXXXVIII, n° 7.
[Enregistré 1851, n° 16.]

— *Coluber maculatus*. — Vél.
Signé à gauche : Vaillant p[t], 1843, d'après le vivant.
Vol. LXXXVIII, n° 20.

— *Panopœa abbreviata, reflexa*, etc. — Vél. — 10 fig.
Signé à gauche : Vaillant, 1838.
Vol. XCVII, n° 90.

— *Panopées australes, zélandaises*. — Pap. — 4 fig.
Signé à gauche : Vaillant p[t], 1838.
Vol. XCVII, n° 91.

— *Thalamite nageur*, et variétés de parties du même. — Vél.
Signé à gauche : Vaillant, 1838.
Vol. XCIX, n° 14.
[Enregistré 1838, n° 6.]

— *Thalamite tronquée aux doigts rouges; camarde*, variétés. — Vél. — 4 fig.
Signé à gauche : Vaillant, 1838.
Vol. XCIX, n° 15.
[Enregistré 1838, n° 7.]

Vaillant.
— *Écrevisses de Madagascar* (Edw.). — Vél.
Signé à droite : Vaillant ad. nat. pinx.
Vol. CXIX, n° 31.

— *Écrevisse commune*, variété commune, d'après un individu vivant à la ménagerie. — Pap.
Signé à gauche : Vaillant p[it], 1851.
Vol. XCIX, n° 41.
[Enregistré 1851, n° 40.]

— *Eurynolambus australis; olbunhippa spinosa*. — Pap. — 7 fig.
Signé à gauche : Vaillant p[it], 1842.
Vol. XCIX, n° 41 bis.
[Enregistré 1842, n° 21.]

Wailly (Léon de).
— *Crâne et pattes du protèle de Lalande*. — Pap. — 5 fig.
Signé à gauche : de Wailly, 1824.
Vol. LXVI, n° 5.

— *Ostéologie du wambat*. — Pap. — Grandeur naturelle. — 4 fig.
Signé à gauche : de Wailly, décembre 1813.
Vol. LXVI, n°s 32 à 35.

— *Squelette de daman*. — Pap. — H. 0[m],26. — L. 0[m],18 (dessin au crayon).
Signé à gauche : de Wailly del.
Vol. LXVI, n° 77.

— *Os de tortues*. — Pap. — 15 fig.
Signé à gauche : de Wailly del., janvier 1808.
Vol. LXVI, n° 133.

— *Femme nègre*. — Vél. — 2 fig. — 1/4 de la grandeur naturelle.
Signé à gauche : de Wailly, janvier 1805.
Vol. LXIX, n° 1.
Le fond du dessin est rempli par un paysage.

— *Orang-outang* (Lin.). — Vél. — 1/3 de la grandeur naturelle.
Signé à droite : *Peint par de Wailly en mars 1808, d'après l'animal vivant arrivé à Paris, le 5 mars 1808.*
Vol. LXIX, n° 5. — Même observation que pour le numéro précédent. — Exposé au Salon de 1808.

WAILLY (LÉON DE).
— *Entelle* (Cuv.). — Vél. — 1/3 de la grandeur naturelle.
Signé à gauche : DE WAILLY F., juillet 1820, *d'après le vivant.*
Vol. LXIX, n° 7.

— *Malbrouk mâle.* — Vél. — 1/3 de la grandeur naturelle.
Signé à droite : DE WAILLY, an XIII (1805), *d'après le vivant.*
Vol. LXIX, n° 12.

— *Cercopithecus diamemadus* (Geoff.), de la côte de Guinée. — Vél. — 1/3 de la grandeur naturelle.
Signé à gauche : DE WAILLY, 1823, *d'après le vivant.*
Vol. LXIX, n° 14.

— *Mone mâle.* — Vél. — Moitié de la grandeur naturelle.
Signé à droite, sur le tronc d'arbre : DE WAILLY F., août 1818, *d'après le vivant.*
Vol. LXIX, n° 15.

— *Moustac.* — Vél. — Moitié de la grandeur naturelle.
Signé à droite : DE WAILLY F., mars 1806.
Vol. LXIX, n° 16.
[Exposé au Salon de 1806.]

— *Ascagne femelle.* — Vél. — 2/3 de la grandeur naturelle.
Signé à gauche : DE WAILLY F., janvier 1819, *d'après le vivant.*
Vol. LXIX, n° 18.

— *Bonnet chinois.* — Vél. — 1/4 de la grandeur naturelle.
Signé à gauche : DE WAILLY F., août 1812, *d'après le vivant.*
Vol. LXIX, n° 20.

— *Rhésus mâle.* — Vél. — 1/3 de la grandeur naturelle.
Signé à droite : DE WAILLY F., février 1812, *d'après l'animal vivant.*
Vol. LXIX, n° 25 bis.

— *Rhésus mâle très-jeune.* — Vél. — 3/5 de la grandeur naturelle.
Signé à droite : DE WAILLY F., août 1812, *d'après le vivant.*
Vol. LXIX, n° 26.

WAILLY (LÉON DE).
— *Maimon.* — Vél. — 1/4 de la grandeur naturelle.
Signé à gauche : DE WAILLY F., juillet 1812, *d'après le vivant.*
Vol. LXIX, n° 28.

— *Maimon* (Geoff.). — Vél. — Moitié de la grandeur naturelle.
Signé à gauche : DE WAILLY, an 13.
Vol. LXIX, n° 29.

— *Babouin chevelu.* — Vél. — 1/3 de la grandeur naturelle.
Signé à gauche : DE WAILLY, *an I de l'Empire, d'après l'animal vivant.*
Vol. LXIX, n° 32.

— *Chacma jeune.* — Vél. — 1/4 de la grandeur naturelle.
Signé à gauche : DE WAILLY F., juin 1812, *d'après le vivant.*
Vol. LXIX, n° 36.

— *Drill.* — Vél. — 1/4 de la grandeur naturelle.
Signé à droite : DE WAILLY, juillet 1821, *d'après le vivant.*
Vol. LXIX, n° 40.

— *Alouatte.* — Pap. — Moitié de la grandeur naturelle.
Signé à droite : DE WAILLY F., avril 1809.
Vol. LXIX, n° 45.

— *Alouatte rousse ou hurleur.* — Pap. — Moitié de la grandeur naturelle.
Signé à gauche : DE WAILLY F., avril 1809.
Vol. LXIX, n° 46.

— *Hurleur arabatte.* — Pap. — Moitié de la grandeur naturelle.
Signé à droite : DE WAILLY F., mars 1809.
Vol. LXIX, n° 47.

— *Hurleur arabatte.* — Vél. — Moitié de la grandeur naturelle.
Signé à gauche : DE WAILLY F., avril 1809.
Vol. LXIX, n° 48.

— *Coaita.* — Vél. — 1/3 de la grandeur naturelle.
Signé sur le tronc d'arbre : DE WAILLY F., 9bre 1818, *d'après le vivant.*
Vol. LXIX, n° 49.

Wailly (Léon de).
— *Sajou du Brésil.* — Vél. — 1/4 de la grandeur naturelle.
Signé à gauche : De Wailly, 1823, *d'après le vivant.*
Vol. LXIX, n° 55.

— *Saï à gorge blanche mâle, avec son petit.* — Vél.
Signé sur le tronc d'arbre : De Wailly f., août 1818, *d'après le vivant.*
Vol. LXIX, n° 56.
[Exposé au Salon de 1819.]

— *Saï à gorge blanche.* — Vél. — 1/3 de la grandeur naturelle.
Signé sur le tronc d'arbre : De Wailly, 1820, *d'après le vivant.*
Vol. LXIX, n° 58.

— *Saï*, variété. — Vél. — Moitié de la grandeur naturelle.
Signé sur le tronc d'arbre : De Wailly f., août 1823, *d'après le vivant.*
Vol. LXIX, n° 59.

— *Saïmiri* (Buff.). — Vél. — 1/3 de la grandeur naturelle.
Signé sur le tronc d'arbre : De Wailly f., mai 1812, *d'après l'animal vivant.*
Vol. LXIX, n° 61.

— *Capucin de l'Orénoque* (Humb.). — Pap. — Moitié de la grandeur naturelle.
Signé à droite : De Wailly del., 1812.
Vol. LXIX, n° 62.

— *Callitriche à masque* (Geoff.), du Brésil. — Vél. — Moitié de la grandeur naturelle.
Signé sur le tronc d'arbre : De Wailly f., mai 1812, *d'après l'animal préparé.*
Vol. LXIX, n° 64.

— *Douroucouli.* — Vél. — Moitié de la grandeur naturelle.
Signé à gauche : De Wailly f., juin 1822, *d'après le vivant.*
Vol. LXIX, n° 65.

— *Ouistiti.* — Pap. — Grandeur naturelle.
Signé à gauche : De Wailly f., *février* 1809.
Vol. LXIX, n° 67.
Le dessin est complété par un fond de paysage.

Wailly (Léon de).
— *Ouistiti à pinceau*, du Brésil. — Pap. — Grandeur naturelle.
Signé à droite : De Wailly, *janvier* 1809.
Vol. LXIX, n° 68.
Le dessin est complété par un fond de paysage.

— *Marikina mâle.* — Vél. — 3/4 de la grandeur naturelle.
Signé à droite : De Wailly, 1823, *d'après le vivant.*
Vol. LXIX, n° 75.

— *Marikina femelle.* — Vél. — 4/5 de la grandeur naturelle.
Signé sur le tronc d'arbre : De Wailly, 1823, *d'après le vivant.*
Vol. LXIX, n° 76.

— *Vari macaco.* — Vél. — 2 fig. — Moitié de la grandeur naturelle.
Signé à droite : De Wailly, *an Ier de l'Empire* (1804), *d'après l'animal vivant.*
Vol. LXIX, n° 79.

— *Maki à front noir.* — Vél. — 1/3 de la grandeur naturelle.
Signé à droite : De Wailly f., novembre 1821, *d'après le vivant.*
Vol. LXIX, n° 87.

— *Microcèbe.* — Vél. — Grandeur naturelle.
Signé à gauche : De Wailly f., décembre 1821, *d'après l'animal préparé.*
Vol. LXIX, n° 91.

— *Microcèbe.* — Vél. — Grandeur naturelle.
Signé à gauche : De Wailly f., 1821, *d'après l'animal préparé.*
Vol. LXIX, n° 92.

— *Cheirogaleus medius* (G. Saint-Hilaire). Vél. — 2/3 de la grandeur naturelle.
Signé à gauche : De Wailly f., 1822, *d'après le vivant.*
Vol. LXIX, n° 95.

— *Cheirogaleus.* — Vél.
Signé à gauche : De Wailly f., décembre 1821, *d'après le vivant.*
Vol. LXIX, n° 96.

WAILLY (LÉON DE).
— *Molosse obscur*, de la Guadeloupe. — Pap.
Signé à gauche : DE WAILLY F., 1823.
Vol. LXX, n° 12.

— *Nyctinôme*, du Brésil (Geoff.). —Pap.
Signé à gauche : DE WAILLY, 1824.
Vol. LXX, n° 15.

— *Chauve-souris de Santa-Cruz.*—Pap. — Grandeur naturelle.
Signé à gauche : DE WAILLY F., 1823, *d'après l'animal préparé.*
Vol. LXX, n° 21.

— *Chauve-souris de San-Miguel de Malo.* — Pap. — Grandeur naturelle.
Signé à gauche : DE WAILLY F., 1823, *d'après l'animal préparé.*
Vol. LXX, n°s 22 et 23.

— *Mégaderme-feuille*, d'Afrique. —Pap.
Au bas on lit : DE WAILLY, 1824.
Vol. LXX, n° 34.

— *Oreillard voilé* (Geoff.). — Pap. — Grandeur naturelle.
Signé à gauche : DE WAILLY F., 1823, *d'après l'animal préparé.*
Vol. LXX, n° 56.

— *Ours brun jeune.* — Vél. — 1/4 de la grandeur naturelle.
Signé au bas, le long de la bordure : DE WAILLY F., *février* 1809.
Vol. LXX, n° 76.

— *Ours jeune mâle des Asturies.* — Vél. — 1/5 de la grandeur naturelle.
Signé à droite : DE WAILLY, *mai* 1824, *d'après le vivant.*
Vol. LXX, n° 82.

— *Ours jeune du Bengale.* — Vél. — 1/6 de la grandeur naturelle.
Signé à gauche : DE WAILLY F., *mars* 1824, *d'après le vivant.*
Vol. LXX, n° 84.

— *Ours d'Amérique.* — Vél.
Signé à droite : DE WAILLY, 1803.
Vol. LXX, n° 86.

— *Coati brun.* —Vél. — 1/4 de la grandeur naturelle.
Signé à droite : DE WAILLY F., *novembre* 1809, *d'après le vivant.*
Vol. LXX, n° 93.

WAILLY (LÉON DE).
— *Marte commune.* — Vél. — Moitié de la grandeur naturelle.
Signé à droite : DE WAILLY F., *août* 1806.
Vol. LXXI, n° 2.

— *Loutre commune.* — Vél. — 1/3 de la grandeur naturelle.
Signé à droite : DE WAILLY F., *août* 1807, *d'après le vivant.*
Vol. LXXI, n° 4.

— *Chienne d'Amérique.* —Vél. —1/4 de la grandeur naturelle.
Signé à gauche : DE WAILLY F., 1819, *d'après le vivant.*
Vol. LXXI, n° 7.

— *Chien Terre-Neuve, jeune.* — Vél. — — 1/5 de la grandeur naturelle.
Signé à droite : DE WAILLY F., *avril* 1820, *d'après le vivant.*
Vol. LXXI, n° 8.

— *Chienne Terre-Neuve, jeune.*—Vél.— 1/5 de la grandeur naturelle.
Signé à gauche : DE WAILLY F., *novembre* 1820, *d'après le vivant.*
Vol. LXXI, n° 9.

— *Chien marron ou renard de la Nouvelle-Hollande.* — Vél. — 1/4 de la grandeur naturelle.
Signé à gauche : DE WAILLY, an XII (1803).
Vol. LXXI, n° 10.

— *Chienne levrette.* — Vél. — 1/4 de la grandeur naturelle.
Signé au bas, le long de la bordure : DE WAILLY F., *juin* 1813.
Vol. LXXI, n° 14.
Un paysage remplit le fond du dessin.

— *Chacal du Sénégal.* — Vél. — 1/4 de la grandeur naturelle.
Signé à gauche : DE WAILLY F., 1824, *d'après le vivant.*
Vol. LXXI, n° 17.

— *Renard.* — Vél. — 1/3 de la grandeur naturelle.
Signé à droite : DE WAILLY, *ventôse an* XIV, *d'après le vivant.*
Vol. LXXI, n° 18.

WAILLY (LÉON DE).
— *Renard rouge*, de l'Amérique septentrionale. — Vél. — 1/4 de la grandeur naturelle.
Signé à gauche : DE WAILLY F., 1824, *d'après le vivant*.
Vol. LXXI, n° 19.

— *Renard de la lande*. — Vél. — 1/3 de la grandeur naturelle.
Signé à droite : DE WAILLY F., 1821, *d'après l'animal préparé*.
Vol. LXXI, n° 21.

— *Genette*. — Vél. — Moitié de la grandeur naturelle.
Signé à droite : DE WAILLY, 1804.
Vol. LXXI, n° 27.
Un paysage complète le dessin.

— *Mangouste d'Égypte*. — Vél. — 2/3 de la grandeur naturelle.
Signé à gauche : DE WAILLY, an Ier de l'Empire, *d'après le vivant*.
Vol. LXXI n° 33.

— *Mangouste*, espèce nouvelle. — Vél. — Moitié de la grandeur naturelle.
Signé à gauche : DE WAILLY, 1822, *d'après le vivant*.
Vol. LXXI, n° 34.

— *Suricate tétradactyle*. — Vél. — Grandeur naturelle.
Signé à droite : DE WAILLY, 9bre 1820, *d'après le vivant*.
Vol. LXXI, n° 35.

— *Ichneumon de Cafrerie*. — Vél.
Signé à gauche : DE WAILLY, 1822, *d'après le vivant*.
Vol. LXXI, n° 36.

— *Ichneumon des marais*. — Vél. — Moitié de la grandeur naturelle.
Signé à droite : DE WAILLY, 1822.
Vol. LXXI, n° 36 *bis*.

— *Protèle de Cafrerie* (Geoff. St-Hil.). — Vél. — 1/3 de la grandeur naturelle.
Signé à droite : DE WAILLY F., 1821.
Vol. LXXI, n° 37.

— *Hyène tachetée*. — Vél. — 1/4 de la grandeur naturelle.
Signé à gauche : DE WAILLY, fructidor an XII, *d'après l'animal vivant*.
Vol. LXXI, n° 42.
Un paysage remplit le fond du dessin.

WAILLY (LÉON DE).
— *Tigre mâle*. — Vél. — 1/5 de la grandeur naturelle.
Signé à gauche : DE WAILLY PINXt, le 15 messidor an XI.
Vol. LXXI, n° 50.

— *Jaguar mâle*. — Vél. — 1/4 de la grandeur naturelle.
Signé à gauche : DE WAILLY, thermidor 1805, *d'après l'animal vivant*.
Vol. LXXI, n° 52.
[Exposé au Salon de 1806.]

— *Panthère du Cap*. — Vél. — 1/4 de la grandeur naturelle.
Signé à droite : DE WAILLY, novembre 1809, *d'après le vivant*.
Vol. LXXI, n° 54.
Un paysage complète le dessin.

— *Mélas ou panthère mâle*. — Vél. — 1/4 de la grandeur naturelle.
Signé à gauche : DE WAILLY, 5 thermidor an XII, *d'après le vivant*.
Vol. LXXI, n° 58.

— *Léopard de Java*. — Vél. — 1/4 de la grandeur naturelle.
Signé à gauche : DE WAILLY F., février 1810, *d'après une peau*.
Vol. LXXI, n° 60.

— *Couguar*. — Vél. — 1/4 de la grandeur naturelle.
Signé à gauche : DE WAILLY PINX., fructidor an XII, *d'après l'animal vivant*.
Vol. LXXI, n° 62.

— *Guépard*. — Vél. — 1/6 de la grandeur naturelle.
Signé à gauche : DE WAILLY F., 1822, *d'après le vivant*.
Vol. LXXI, n° 64.

— *Têtes de variétés de léopards*. — Vél. — 5 fig.
A gauche on lit : DE WAILLY.
Vol. LXXI, n° 66.

— *Chat de Cafrerie*. — Vél. — 1/4 d la grandeur naturelle.
Signé à gauche : DE WAILLY, 1822.
Vol. LXXI, n° 72.
[Exposé au Salon de 1822.]

— *Chat de Cafrerie, jeune*. — Vél. — Moitié de la grandeur naturelle.
Signé à gauche : DE WAILLY, février 1822, *d'après l'animal préparé*.
Vol. LXXI, n° 73.

WAILLY (LÉON DE).
— *Sarigue ou m'couri*, de Cayenne. — Vél. — 3/4 de la grandeur naturelle. Signé à droite : DE WAILLY F., avril 1813, *d'après l'animal préparé.*
Vol. LXXI, n° 77.

— *Sarigue à queue nue.* — Vél. — Grandeur naturelle. Signé à gauche : DE WAILLY F., mars 1813, *d'après l'animal préparé.*
Vol. LXXI, n° 78.

— *Touan brachyara.* — Vél. — Grandeur naturelle. Signé sur le tronc d'arbre : DE WAILLY F., juin 1813, *d'après l'animal conservé.*
Vol. LXXI, n° 82.

— *Phalanger.* — Vél. — Moitié de la grandeur naturelle. Signé à gauche : DE WAILLY F., août 1823, *d'après le vivant.*
Vol. LXXI, n° 88.

— *Phalanger volant ou voltigeur.* — Vél. Signé sur le tronc d'arbre : DE WAILLY F., juillet 1831, *d'après l'animal préparé.*
Vol. LXXI, n° 93.

— *Phascolome wombat, mâle et femelle.* — Vél. — 1/3 de la grandeur naturelle. Signé à gauche : DE WAILLY, 1803.
Vol. LXXI, n° 99.
Un paysage remplit le fond du dessin.

— *Écureuil capistrate.* — Vél. — Moitié de la grandeur naturelle. Signé à droite : DE WAILLY, nivôse 1805 (an Ier de l'Empire), *d'après le vivant.*
Vol. LXXII, n° 2.

— *Mus rattus.* — Vél. — Grandeur naturelle. Signé à droite : DE WAILLY, 1820, *d'après le vivant.*
Vol. LXXII, n° 14.

— *Mus bursarius.* — Pap. — Grandeur naturelle. Signé à gauche : DE WAILLY F., 1823, *d'après l'animal préparé.*
Vol. LXXII, n° 15.

WAILLY (LÉON DE).
— *Hélamys du Cap, mâle.* — Vél. — 1/3 de la grandeur naturelle. Signé à gauche : DE WAILLY F., 7bre 1821, *d'après l'animal préparé.*
Vol. LXXII, n° 20.

— *Castor du Canada.* — Vél. — 1/3 de la grandeur naturelle. Signé à gauche : DE WAILLY F., mai 1811, *d'après l'animal vivant.*
Vol. LXXII, n° 21.

— *Lièvre blanc.* — Vél. — Moitié de la grandeur naturelle. Signé à gauche : DE WAILLY F., 1818, *d'après le vivant.*
Vol. LXXII, n° 26.

— *Agouti.* — Vél. — Moitié de la grandeur naturelle. Signé à gauche sur le tronc d'arbre : DE WAILLY, mars 1804.
Vol. LXXII, n° 29.
Le dessin est complété par un fond de paysage.

— *Paresseux à collier.* — Vél. — 1/3 de la grandeur naturelle. Signé à gauche : DE WAILLY, mai 1809, *d'après l'animal préparé.*
Vol. LXXII, n° 34.

— *Tatou*, grande espèce. — Vél. — Moitié de la grandeur naturelle. Signé à droite : DE WAILLY F., 7bre 1813, *d'après l'animal préparé.*
Vol. LXXII, n° 37.

— *Tatou*, petite espèce. — Vél. — Grandeur naturelle. Signé à droite : DE WAILLY F., août 1813, *d'après l'animal préparé.*
Vol. LXXII, n° 38.

— *Tatou velu mâle.* — Vél. — 4/5 de la grandeur naturelle. Signé au bas, le long de la bordure : DE WAILLY F., 1820, *d'après le vivant.*
Vol. LXXII, n° 39.

— *Fourmilier à deux doigts.* — Vél. — Grandeur naturelle. Signé à gauche : DE WAILLY F., octobre 1813, *d'après l'animal préparé.*
Vol. LXXII, n° 41.

Wailly (Léon de).
— *Pangolin de Java.* — Vél. — Moitié de la grandeur naturelle.
Signé à gauche : De Wailly f., 8bre 1813, *d'après l'animal préparé.*
Vol. LXXII, n° 46.

— *Éléphant jeune,* de Pondichéry. — Vél. — 1/6 de la grandeur naturelle.
Signé à gauche : De Wailly f., août 1821, *d'après le vivant.*
Vol. LXXII, n° 62.

— *Cochon des Indes,* femelle. — Vél. — 1/5 de la grandeur naturelle.
Signé à gauche : De Wailly, 1819, *d'après le vivant.*
Vol. LXXII, n° 67.

— *Rhinocéros africain,* du cap de Bonne-Espérance. — Vél. — 1/12 de la grandeur naturelle.
Signé à gauche : De Wailly f., 1822, *d'après l'animal préparé.*
Vol. LXXII, n° 74.

— *Cheval frisé,* de Norvége. — Vél. — 1/9 de la grandeur naturelle.
Signé à droite : De Wailly f., janvier 1814, *d'après le vivant.*
Vol. LXXII, n° 83.

— *Jument frisée,* de Norvège. — Vél. — 1/10 de la grandeur naturelle.
Signé à gauche : De Wailly, décembre 1813.
Vol. LXXII, n° 84.

— *Zèbre commun.* — Vél. — 1/16 de la grandeur naturelle.
Signé à droite : De Wailly, 1806, *d'après le vivant.*
Vol. LXXII, n° 88.

— *Métis d'âne et de femelle zèbre,* décrit dans les Annales du Muséum d'histoire naturelle (IX, 223). — Vél. — 1/7 de la grandeur naturelle.
Signé à gauche : De Wailly f., mai 1807.
Vol. LXXII, n° 89.

— *Métis d'âne et de femelle zèbre,* d'Afrique. — Vél. — 1/7 de la grandeur naturelle.
Signé à gauche : De Wailly f., août 1809, *d'après le vivant.*
Vol. LXXII, n° 90.

Wailly (Léon de).
— *Lama mâle.* — Vél.
Signé à gauche : De Wailly, 1803.
Vol. LXXIII, n° 7.
Un paysage remplit le fond du dessin.

— *Lama femelle.* — Vél.
Signé à gauche : De Wailly, 1803.
Vol. LXXIII, n° 8.
Même observation que pour le précédent dessin.

— *Lama des Alpes.* — Vél. — 1/6 de la grandeur naturelle.
Signé à droite : De Wailly f., 1822, *d'après le vivant.*
Vol. LXXIII, n° 9.

— *Élan du Canada.* — Vél. — 1/10 de la grandeur naturelle.
Signé à gauche : De Wailly f., 1822, *d'après le vivant.*
Vol. LXXIII, n° 16.

— *Elk du cerf d'Amérique.* — Vél. — 1/7 de la grandeur naturelle.
Signé à droite : De Wailly f., juillet 1820, *d'après le vivant.*
Vol. LXXIII, n° 17.

— *Daim du Nord.* — Vél. — 1/5 de la grandeur naturelle.
Signé à droite : De Wailly f., 1819, *d'après le vivant.*
Vol. LXXIII, n° 19.
Un paysage complète le dessin.

— *Cerf de Bengale.* — Vél. — 1/6 de la grandeur naturelle.
Signé à droite : De Wailly, 1823, *d'après le vivant.*
Vol. LXXIII, n° 28.

— *Cerf de Bengale jeune.* — Vél. — 1/5 de la grandeur naturelle.
Signé à droite : De Wailly f., août 1822, *d'après le vivant.*
Vol. LXXIII, n° 29.

— *Femelle de cerf cariacou.* — Vél. — 1/5 de la grandeur naturelle.
Signé à droite : De Wailly, juin 1820, *d'après le vivant.*
Vol. LXXIII, n° 32.

— *Antilope laineux.* — Vél. — 1/5 de la grandeur naturelle.
Signé à droite : De Wailly f., 1822, *d'après l'animal préparé.*
Vol. LXXIII, n° 40.

WAILLY (LÉON DE).
— *Antilope du Sénégal.* — Vél. — 1/4 de la grandeur naturelle.
Signé à droite : DE WAILLY F., 1822, *d'après l'animal vivant.*
Vol. LXXIII, n° 41.

— *Antilope mâle,* du cap de Bonne-Espérance. — Vél. — 1/4 de la grandeur naturelle.
Signé à gauche : DE WAILLY F., 1821, *d'après l'animal préparé.*
Vol. LXXIII, n° 43 bis.

— *Antilope gnu.* — Vél. — 1/6 de la grandeur naturelle.
Signé à droite : FAIT PAR DE WAILLY, le 15 floréal an XII, *d'après le vivant.*
Vol. LXXIII, n° 50.

— *Mouflon d'Europe.* — Vél. — 1/5 de la grandeur naturelle.
Signé à droite : DE WAILLY F., mars 1810, *d'après le vivant.*
Vol. LXXIII, n° 57.

— *Mouflon à manchettes* (Geoff. St-Hilaire). — Vél. — 1/5 de la grandeur naturelle.
Signé à droite : DE WAILLY F., janvier 1809.
Vol. LXXIII, n° 58.

— *Chèvre mambrine* (Buff.). — Vél. — 1/4 de la grandeur naturelle.
Signé à droite : DE WAILLY PINX^t, an XIII, *d'après le vivant.*
Vol. LXXIII, n° 61.

— *Bouc de Cachemire.* — Vél. — 1/5 de la grandeur naturelle.
Signé à gauche : DE WAILLY, mai 1819, *d'après le vivant.*
Vol. LXXIII, n° 62.

— *Mouton à grosse queue,* d'Égypte. — Vél. — 1/5 de la grandeur naturelle.
Signé à gauche : DE WAILLY, fructidor 1805, *d'après le vivant.*
Vol. LXXIII, n° 65.
Un paysage complète le dessin.

— *Mouton d'Égypte à large queue, mâle.* — Vél. — 1/5 de la grandeur naturelle.
Signé à droite : DE WAILLY, 1819, *d'après le vivant.*
Vol. LXXIII, n° 67.

WAILLY (LÉON DE).
— *Chèvre des Cordillères* (Amérique du Nord). — Vél. — 1/4 de la grandeur naturelle.
Signé à gauche : DE WAILLY F., 1824, *d'après le vivant.*
Vol. LXXIII, n° 69.

— *Zébu femelle jeune.* — Vél. — 1/7 de la grandeur naturelle.
Signé à gauche : DE WAILLY F., 1824, *d'après le vivant.*
Vol. LXXIII, n° 77.

— *Bison,* de l'Amérique septentrionale. — Vél. — 1/8 de la grandeur naturelle.
Signé à gauche : DE WAILLY F., 1819, *d'après le vivant.*
Vol. LXXIII, n° 84.

— *Lamantin des Antilles.* — Vél. — 1/6 de la grandeur naturelle.
Signé à gauche : DE WAILLY F., janvier 1814.
Vol. LXXIII, n° 90.
Un paysage remplit le fond du dessin.

— *Vautour fauve,* de la mer Blanche. — Vél. — 1/4 de la grandeur naturelle.
Signé à gauche : DE WAILLY F., 9bre 1813, *d'après le vivant.*
Vol. LXXVII, n° 3.

— *Vautour brun cendré.* — Vél. — 1/3 de la grandeur naturelle.
Signé à gauche : DE WAILLY F., octobre 1810, *d'après le vivant.*
Vol. LXXVII, n° 4.

— *Condor jeune, des Indes.* — Vél. — 1/3 de la grandeur naturelle.
Signé sur le tronc d'arbre : DE WAILLY F., *d'après le vivant,* février 1819.
Vol. LXXVII, n° 11.

— *Percnoptère d'Égypte mâle.* — Vél. — Moitié de la grandeur naturelle.
Signé à gauche : DE WAILLY F., novembre 1813, *d'après le vivant.*
Vol. LXXVII, n° 15.

— *Gypaète vultur.* — Vél. — 1/3 de la grandeur naturelle.
Signé à droite : DE WAILLY F., décembre 1813.
Vol. LXXVII, n° 21.

WAILLY (Léon DE).
— *Aigle commun.* — Vél. — Moitié de la grandeur naturelle.
Signé à gauche : DE WAILLY F., mai 1810, *d'après le vivant*.
Vol. LXXVII, n° 35.
— *Aigle jeune.* — Vél. — 1/3 de la grandeur naturelle.
Signé à droite : DE WAILLY F., avril 1810, *d'après le vivant*.
Vol. LXXVII, n° 36.
— *Aigle bateleur*, d'Afrique. — Vél. — 1/4 de la grandeur naturelle.
Signé à gauche : DE WAILLY F., 1820, *d'après le vivant*.
Vol. LXXVII, n° 39.
— *Orfraie.* — Vél. — 1/3 de la grandeur naturelle.
Signé à droite : DE WAILLY F., avril 1810, *d'après le vivant*.
Vol. LXXVII, n° 44.
— *Caracara ordinaire*, du Brésil. — Vél. — 2/3 de la grandeur naturelle.
Signé sur le tronc d'arbre : DE WAILLY F., 1818.
Vol. LXXVII, n° 52.
— *Épervier petit.* — Vél. — Grandeur naturelle.
Signé sur le tronc d'arbre : DE WAILLY F., 1818.
Vol. LXXVII, n° 62.
— *Hibou commun.* — Vél. — 2/3 de la grandeur naturelle.
Signé à droite : DE WAILLY, 1809, *d'après le vivant*.
Vol. LXXVII, n° 82.
— *Hibou du Sénégal.* — Vél. — Grandeur naturelle.
Signé sur le tronc d'arbre : DE WAILLY, 1818.
Vol. LXXVII, n° 83.
— *Choucari mâle*, de la Nouvelle-Hollande. — Vél.
Signé sur le tronc d'arbre : DE WAILLY, septembre 1812.
Vol. LXXVIII, n° 18.
— *Choucari femelle*, de la Nouvelle-Hollande. — Vél.
Signé sur le tronc d'arbre : DE WAILLY, octobre 1812.
Vol. LXXVIII, n° 19.

WAILLY (Léon DE).
— *Tyran huppé.* — Vél. — H. 0^m,21. — L. 0^m,24.
Signé sur le tronc d'arbre : DE WAILLY, 1817.
Vol. LXXVIII, n° 22.
— *Coq de roche du Pérou*, mâle. — Vél.
Signé sur le tronc d'arbre : DE WAILLY F., août 1811.
Vol. LXXVIII, n° 96.
— *Geai du Pérou.* — Vél.
Signé sur le tronc d'arbre : DE WAILLY, juillet 1811.
Vol. LXXIX, n° 91.
— *Geai noir à collier blanc.* — Vél.
Signé à droite : DE WAILLY, juillet 1811.
Vol. LXXIX, n° 92.
— *Rollier vert.* — Vél.
Signé sur le tronc d'arbre, à droite : DE WAILLY, août 1811.
Vol. LXXIX, n° 98.
— *Rollier à ventre bleu.* — Vél.
Signé sur le tronc d'arbre, à droite : DE WAILLY, juillet 1811.
Vol. LXXIX, n° 99.
— *Rollier à calotte aigue-marin*, de Tahiti. — Vél.
Signé à droite : DE WAILLY, juillet 1811.
Vol. LXXIX, n° 100.
— *Petit paradis émeraude*, de la Nouvelle-Guinée. — Vél.
Signé à gauche : DE WAILLY, août 1811.
Vol. LXXIX, n° 106.
— *Nébuleux*, de la Nouvelle-Guinée. — Vél.
Signé à gauche : DE WAILLY, juin 1811.
Vol. LXXIX, n° 108.
— *Nébuleux*, de la Nouvelle-Guinée. — Vél.
Signé à gauche : DE WAILLY, juillet 1811.
Vol. LXXIX, n° 109.
— *Momot Dombey.* — Vél.
Signé sur le tronc d'arbre à droite : DE WAILLY F., août 1811.
Vol. LXXX, n° 36.

WAILLY (LÉON DE).
— *Grand Jacamar.* — Vél.
  Signé sur le tronc d'arbre, à droite :
  DE WAILLY, août 1811.
  Vol. LXXX, n° 40.
— *Scythrops austral.* — Vél. — 3/4 de la grandeur naturelle.
  Signé à droite, sur le tronc d'arbre : DE WAILLY F., octobre 1812.
  Vol. LXXX, n° 52.
— *Barbu à plastron noir,* du Brésil. — Vél.
  Signé à gauche : DE WAILLY, septembre 1811.
  Vol. LXXX, n° 54.
— *Barbu orangé,* du Pérou. — Vél.
  Signé à droite : DE WAILLY F., septembre 1811.
  Vol. LXXX, n° 55.
— *Petit barbican.* — Vél.
  Signé à droite : DE WAILLY, août 1811.
  Vol. LXXX, n° 57.
— *Perruche écarlate des Indes.* — Vél.
  Signé sur le tronc d'arbre : DE WAILLY F., septembre 1811.
  Vol. LXXX, n° 70.
— *Perruche souris d'Afrique.* — Vél.
  Signé sur le tronc d'arbre, à gauche : DE WAILLY F., mars 1811, *d'après le vivant.*
  Vol. LXXX, n° 73.
— *Perruche lori,* d'Amboine (Moluques). — Vél.
  Signé sur le tronc d'arbre, à gauche : DE WAILLY F., novembre 1810.
  Vol. LXXX, n° 74.
— *Perruche lori,* de la Nouvelle-Hollande. — Vél.
  Signé à droite : DE WAILLY, octobre 1810.
  Vol. LXXX, n° 75.
— *Perruche à front blanc,* de l'Amérique méridionale. — Vél.
  Signé à gauche : DE WAILLY F., mars 1811, *d'après le vivant.*
  Vol. LXXX, n° 80.
— *Psittacus Alexandri.* — Vél.
  Signé à droite : DE WAILLY F., novembre 1810, *d'après le vivant.*
  Vol. LXXX, n° 82.

WAILLY (LÉON DE).
— *Perroquet à miroir.* — Vél.
  Signé sur le tronc d'arbre, à gauche : DE WAILLY, août 1811.
  Vol. LXXX, n° 83.
— *Perroquet de Java.* — Vél.
  Signé sur le tronc d'arbre à gauche : DE WAILLY F., septembre 1811.
  Vol. LXXX, n° 84.
— *Perroquet maïpouri,* de Cayenne. — Vél.
  Signé à gauche : DE WAILLY F., juin 1814, *d'après le vivant.*
  Vol. LXXX, n° 87.
— *Perroquet soufré,* de Ceylan. — Vél.
  Signé à droite, sur le tronc d'arbre : DE WAILLY F., janvier 1811, *d'après le vivant.*
  Vol. LXXXVI, n° 92.
— *Kakatoès buse funèbre,* de la Nouvelle-Hollande. — Vél. — 2/3 de la grandeur naturelle.
  Signé à gauche : DE WAILLY F., février 1813, *d'après l'animal préparé.*
  Vol. LXXX, n° 95.
— *Musophage de l'Inde.* — Vél. — Moitié de la grandeur naturelle.
  Signé à droite, sur le tronc d'arbre : DE WAILLY F., juin 1811, *d'après l'animal préparé.*
  Vol. LXXX, n° 99.
— *Hocco mâle; crax alector,* de la Martinique. — Vél. — Moitié de la grandeur naturelle.
  Signé à droite : DE WAILLY F., septembre 1818, *d'après le vivant.*
  Vol. LXXXI, n° 2.
— *Hocco femelle; crax globicera* (Lin.), de la Martinique. — Vél. — Moitié de la grandeur naturelle.
  Signé à droite : DE WAILLY F., septembre 1818, *d'après le vivant.*
  Vol. LXXXI, n° 3.
— *Faisan doré.* — Vél. — Moitié environ de la grandeur naturelle.
  Signé à droite : DE WAILLY F., juillet 1806.
  Vol. LXXXI, n° 39.
  Le dessin est complété par un paysage ; à droite on voit des fleurs, à gauche des rochers.

WAILLY (LÉON DE).
— *Faisan femelle* (Lin.), de Chine. — Vél. — 2/3 de la grandeur naturelle.
Signé sur un rocher, au centre du dessin : De Wailly f., juillet 1814, *d'après l'animal vivant.*
Vol. LXXXI, n° 40.

— *Colombi-galli à camail*, des îles Nicobar. — Vél. — 2/3 de la grandeur naturelle.
Signé sur le tronc d'arbre : De Wailly f., décembre 1818, *d'après l'animal vivant.*
Vol. LXXXI, n° 91.
L'animal est représenté perché, avec la queue et les ailes coupées.

— *Goura* (vu de face et de profil). — Vél. — 2 fig. — Moitié de la grandeur naturelle.
Signé à droite : De Wailly f., 1807.
Vol. LXXXI, n° 92.

— *Autruche mâle jeune.* — Vél. — 1/6 de la grandeur naturelle.
Signé à droite : De Wailly f., 1818, *d'après le vivant.*
Vol. LXXXII, n° 5.

— *Autruche au sortir de l'œuf.* — Pap. — 1/3 de la grandeur naturelle.
Signé à gauche : De Wailly pinx.
Vol. LXXXII, n° 6.

— *Autruche à trois doigts; struthio rhea* (Lin.), de l'Amérique méridionale. — Vél. — 1/4 environ de la grandeur naturelle.
Signé à droite : De Wailly f., juin 1811, *d'après l'animal vivant.*
Vol. LXXXII, n° 8.

— *Casoar de la Nouvelle-Hollande.* — Vél. — 1/5 environ de la grandeur naturelle.
Signé à gauche : De Wailly f., novembre 1806, *d'après le vivant.*
Vol. LXXXII, n° 14.

— *OEdicnème à gros bec* (Geoff. St-Hilaire). — Vél. — 4/5 de la grandeur naturelle.
Signé à gauche : De Wailly f., novembre 1812, *d'après l'animal préparé.*
Vol. LXXXII, n° 22.

WAILLY (LÉON DE).
— *OEdicnème à longs pieds* (Geoff. St-Hilaire), de la Nouvelle-Hollande. — Vél.
Signé à gauche : De Wailly f., décembre 1812, *d'après l'animal préparé.*
Vol. LXXXII, n° 23.

— *Pluvier trochile* (Geoff. St-Hilaire), d'Égypte. — Pap. — Grandeur naturelle.
Signé à gauche : De Wailly f., août 1823, *d'après l'animal préparé.*
Vol. LXXXII, n° 25.

— *L'huîtrier ordinaire.* — Vél. — Grandeur naturelle.
Signé à droite : De Wailly f., mars 1808.
Vol. LXXXII, n° 35.

— *L'huîtrier noir.* — Vél. — Grandeur naturelle.
Signé à droite : De Wailly f., août 1810, *d'après l'animal préparé.*
Vol. LXXXII, n° 36.

— *Grue.* — Vél. — 1/3 de la grandeur naturelle.
Signé à droite : De Wailly f., mai 1810, *d'après l'animal vivant.*
Vol. LXXXII, n° 54.

— *Le butor.* — Vél. — 2/3 de la grandeur naturelle.
Signé à droite : De Wailly f., juillet 1811, *d'après le vivant.*
Vol. LXXXII, n° 73.

— *Cicogne de Hollande.* — Vél. — 1/3 environ de la grandeur naturelle.
Signé à gauche : De Wailly f., 1820, *d'après le vivant.*
Vol. LXXXII, n° 88.

— *Cicogne à goître.* — Vél. — 1/3 de la grandeur naturelle.
Signé à gauche : De Wailly f., juin 1810, *d'après le vivant.*
Vol. LXXXII, n° 90.

— *Grue du Sénégal.* — Vél. — 1/3 environ de la grandeur naturelle.
Signé à droite : De Wailly f., 8 frimaire an XIV, *d'après le vivant.*
Vol. LXXXII, n° 91.

WAILLY (Léon de).
— *L'échasse, charadrius himantopus* (Lin.), d'Égypte. — Pap.
Signé à droite : De Wailly f., octobre 1807.
Vol. LXXXIII, n° 40.
Le fond du dessin est rempli par un paysage d'Égypte.

— *L'avocette à bec courbe*, d'Europe. — Pap. — 3/4 de la grandeur naturelle.
Signé à gauche : De Wailly f., novembre 1807.
Vol. LXXXIII, n° 43.

— *Foulque*. — Vél. — Grandeur naturelle.
Signé à droite : De Wailly f., novembre 1808, *d'après l'animal vivant*.
Vol. LXXXIII, n° 60.

— *Goëland*. — Vél. — 2/3 de la grandeur naturelle.
Signé à droite : De Wailly f., décembre 1807.
Vol. LXXXIII, n° 89.

— *Le Pélican*. — Vél. — 1/5 de la grandeur naturelle.
Signé à gauche : De Wailly f., janvier 1804, *d'après l'animal vivant*.
Vol. LXXXIV, n° 2.
L'oiseau est représenté sur le bord de l'eau; auprès de lui, sur le sol, on voit deux petites carpes qui ne tarderont pas à être dévorées.

— *Cygne noir*, du détroit de Bass (Océanie). — Vél. — 2 fig. — 1/3 de la grandeur naturelle.
Signé à droite : De Wailly f., novembre 1806.
Vol. LXXXIV, n° 12.
Un des cygnes est dans l'eau, l'autre sur le rivage.

— *Oie rieuse*. — Vél. — 2/3 de la grandeur naturelle.
Signé à gauche : De Wailly f., septembre 1813, *d'après l'animal vivant*.
Vol. LXXXIV, n° 17.

— *Canard polonais à bec courbe*. — Vél. — 3/4 de la grandeur naturelle.
Signé à droite : De Wailly, novembre 1808, *d'après l'animal vivant*.
Vol. LXXXIV, n° 54.

WAILLY (Léon de).
— *Anas sponsa; canard de la Caroline*. — Vél. — Grandeur naturelle.
Signé à gauche : De Wailly f., le 15 messidor an XI.
Vol. LXXXIV, n° 61.
L'oiseau est figuré au milieu d'herbes de marais.

— *Testudo pordalis* (Dum.), rapportée du cap de Bonne-Espérance par M. Delalande. — Vél. — Moitié de la grandeur naturelle.
Signé à droite : De Wailly f., juin 1821, *d'après le vivant*.
Vol. LXXXVII, n° 8.

— *Chélodyne* (Fitzinger) *ou émyde à long col*, de la Nouvelle-Hollande. — Vél. — 2 fig. — 3/4 de la grandeur naturelle.
Signé à droite : De Wailly, 1804.
Vol. LXXXVII, n° 26.
Un paysage remplit le fond du dessin.

— *Chelonia Midas* (Dum.), vue dessus et dessous. — Vél. — 2 fig. — 1/5 de la grandeur naturelle.
Signé à gauche : De Wailly f., août 1810, *d'après l'animal vivant*.
Vol. LXXXVII, n° 37.

WERNER (Jean-Charles).
— *Branchies de carpe et poumons de cochon d'Inde*. — Vél. — 8 fig.
Signé à gauche : Werner, 1842.
Vol. LXV, n° 1.
[Enregistré 1842, n° 18.]

— *Anatomie philosophique; viscères*. — Vél. — 12 fig.
Signé à gauche : J. C. Werner pinx^t, février 1843.
Vol. LXV, n° 2.
[Enregistré 1843, n° 4.]

— *Anatomie générale de la peau* (Arch. du Muséum, iii, pl. 24). — Vél. — 15 fig.
Daté au bas : 1838.
Vol. LXV, n° 10.
[Enregistré 1838, n° 3.]

— *Anatomie générale de la peau*. — Vél. — 13 fig.
Signé à gauche : J. C. Werner pinx., 1838.
Vol. LXV, n° 11.
[Enregistré 1838, n° 4.]

Werner (J. C.).
— *Membrane muqueuse de la langue.* — Vél.
Signé à gauche : J. C. Werner pinx¹, septembre 1841.
Vol. LXV, n° 12.
[Enregistré 1842, n° 20.]

— *Membrane muqueuse des organes digestifs.* — Vél.
Signé à gauche : J. C. Werner pinx¹, 1838.
Vol. LXV, n° 13.
[Enregistré 1838, n° 24.]

— *Membrane muqueuse de l'œsophage, de la trachée artère et de la vessie.* — Vél. — 6 fig.
Signé à gauche : J. C. Werner pinx¹, octobre 1841.
Vol. LXV, n° 14.
[Enregistré 1841, n° 21.]

— *Rapports de l'épiderme avec les ongles et les poils.* — Vél. — 10 fig.
Signé à gauche : Werner pinx¹, 1838.
Vol. LXV, n° 15.
[Enregistré 1838, n° 21.]

— *Anatomie comparée de la peau dans les races humaines.* — Vél. — 14 fig.
Signé à gauche : J. C. Werner pinx¹, août 1843.
Vol. LXV, n°ˢ 16 et 17.
[Enregistré 1843, n°ˢ 18 et 19.]

— *Développement primitif et agrandissement de l'embryon ; soulèvement du disque du blastoderme au premier temps de son évolution.* — Vél. — 5 pl.
Signé à gauche : J. C. Werner del., 1841.
Vol. LXV, n°ˢ 22 à 26.
[Enregistré 1842, n° 5.]

— *Développement primitif de l'embryon ; formation primitive de l'aire vasculaire et du cœur* (vus au microscope). — Vél. — 5 fig.
Signé à gauche : J. C. Werner del., 1841 [terminé en 1843].
Vol. LXV, n° 27.
[Enregistré 1843, n° 2.]

Werner (J. C.).
— *Développement primitif de l'embryon ; formation des vaisseaux sanguins et du cœur.* — Vél. — 3 pl.
Signé à gauche : J. C. Werner del., 1843.
Vol. LXV, n°ˢ 28 à 30.
[Enregistré 1843, n° 5.]

— *Développement primitif de l'embryon; circulation primitive.* — Vél. — 16 fig.
Signé à gauche : J. C. Werner del., 1841.
Vol. LXV, n° 31.
[Enregistré 1843, n° 6.]

— *Développement primitif de l'embryon ; métamorphoses de l'état primitif du cœur.* — Vél. — 9 fig.
Signé à gauche : J. C. Werner del., 1841.
Vol. LXV, n° 32.
[Enregistré 1843, n° 7.]

— *Développement primitif de l'embryon ; apparition primitive du système nerveux et des noyaux vertébraux.* — Vél.
Signé à gauche : J. C. Werner del., 17 avril 1846.
Vol. LXV, n° 33.
[Enregistré 1846, n° 6.]

— *Echidné.* — Vél. — Grandeur naturelle.
Signé à gauche : J. C. Werner del.
Vol. LXVI*, n°ˢ 7 et 8.
[Enregistré 1845, n° 7.]

— *Ornithorhynque.* — Vél. — Grandeur naturelle.
Signé à gauche : J. C. Werner del., 1845.
Vol. LXVI*, n°ˢ 9 et 10.
[Enregistrés 1845, n°ˢ 5 et 6.]

— *Ornithorhynque.* — Vél. — Grandeur naturelle.
Signé à gauche : J. C. Werner del., août 1844.
Vol. LXVI*, n° 11.
[Enregistré 1844, n° 17.]

— *Couches des muscles du crocodile.* — Vél. — Grandeur naturelle.
Signé à gauche : Werner.
Vol. LXVII, n° 170.

WERNER (J. C.).
— *Jeune ornithorhynque mâle.* — Pap.
— Grandeur naturelle.
Signé à gauche : J. C. WERNER DEL.,
juillet 1834, *d'après le vivant.*
Vol. LXVII, n° 188.
[Enregistré 1834, n° 17.]

— *Cochon monstrueux à cinq pattes.* — Pap.
Signé à gauche : J. C. WERNER DEL.,
1835.
Vol. LXVII, n° 203.

— *Gibbon cendré mâle*, de la Ménagerie (vu de face). — Pap. — Grandeur naturelle. — H. 0ᵐ,21. — L. 0ᵐ,25.
Signé à gauche : J. C. WERNER DEL.,
1845.
Vol. LXVII*, n° 4.

— *Le même* (vu de profil). — Pap. — Grandeur naturelle.
Signé à gauche : J. C. WERNER DEL.,
1845.
Vol. LXVII*, n° 5.

— *Callosités et organes génitaux du gibbon cendré mâle.* — Pap. — Grandeur naturelle.
Signé à gauche : J. C. WERNER DEL.,
1845.
Vol. LXVII*, n° 6.

— *Patte gauche de derrière du gibbon cendré mâle.* — Pap. — Grandeur naturelle.
Signé à gauche : J. C. WERNER DEL.,
1845.
Vol. LXVII*, n° 7.

— *Main gauche du gibbon cendré mâle.* — Pap. — Grandeur naturelle.
Signé à gauche : J. C. WERNER DEL.,
1845.
Vol. LXVII*, n° 8.

— *Organe sexuel en menstruation d'un maimon*, dessiné le 23 décembre 1846. — Pap. — Grandeur naturelle.
Signé à gauche : J. C. WERNER DEL.
Vol. LXVII*, nᵒˢ 9 et 10.

— *Lemur tardigradus; viscères intérieurs.* — Vél.
Signé à gauche : J. C. WERNER PINXᵗ,
1842.
Vol. LXVII*, n° 11.
[Enregistré 1842, n° 7.]

WERNER (J. C.).
— *Mamelles de la girafe femelle*, de la Ménagerie. — Pap. — 1/3 de la grandeur naturelle. — H. 0ᵐ,21. — L. 0ᵐ,28.
Signé à gauche : J. C. WERNER DEL.,
1845.
Vol. LXVII*, n° 12.

— *Organes sexuels de la girafe femelle.*
Pap. — 1/3 de la grandeur naturelle. — H. 0ᵐ,21. — L. 0ᵐ,28.
Signé à gauche : J. C. WERNER DEL.
Vol. LXVII, n° 13.

— *Museau de la girafe femelle.* — Pap. — 1/3 de la grandeur naturelle.
Signé à gauche : J. C. WERNER DEL.,
1845.
Vol. LXVII*, n° 14.

— *Langue de la girafe femelle.* — Pap. — 1/3 de la grandeur naturelle.
Signé à gauche : J. C. WERNER DEL.,
1845.
Vol. LXVII*, n° 15.

— *Oreille de la girafe femelle.* — Pap. — 1/3 de la grandeur naturelle.
Signé à gauche : J. C. WERNER DEL.,
1845.
Vol. LXVII*, n° 16.

— *OEil de la girafe femelle.* — Pap. — 1/3 de la grandeur naturelle.
Signé à gauche : J. C. WERNER DEL.,
1845.
Vol. LXVII*, n° 17.

— *Pied droit de derrière de la girafe femelle.* — Pap. — 1/3 de la grandeur naturelle.
Signé à gauche : J. C. WERNER DEL.,
1845.
Vol. LXVII*, n° 18.

— *Bouche du Dugong*, du voyage de l'Astrolabe. — Pap. — Grandeur naturelle. (Dessin au crayon.)
Signé à gauche : J. C. WERNER DEL.,
1841.
Vol. LXVII*, n° 19.
[Enregistré 1841, n° 8.]

— *Viscères du même.* — Vél. — 4/5 de la grandeur naturelle.
Signé à gauche : J. C. WERNER PINXᵗ,
1842.
Vol. LXVII*, n° 20.
[Enregistré 1842, n° 22.]

WERNER (J. C.).
— *Anatomie de l'estomac du mouton.* — Vél.
Signé à gauche : J. C. WERNER PINX¹, 1842.
Vol. LXVII*, n° 21.
[Enregistré 1842, n° 14.]

— *Intérieur de la bouche du mouton* (coupe verticale). — Pap. — Moitié de la grandeur naturelle.
Signé à gauche : J. C. WERNER PINX¹, avril 1834.
Vol. LXVII*, n° 21 bis.
[Enregistré 1834, n° 7.]

— *Vautour de la Californie.* — Pap. — 1/3 de la grandeur naturelle.
Signé à gauche : J. C. WERNER PINX¹, décembre 1847.
Vol. LXVIII, n° 1.

— *Strigops habroptile.* — Pap. — 2/3 de la grandeur naturelle.
Signé à gauche : J. C. WERNER PINX¹, décembre 1848.
Vol. LXVIII, n° 2.
[Enregistré 1848, n° 30.]

— *Pyrargue aquia.* — Vél. — Moitié de la grandeur naturelle.
Signé sur le tronc d'arbre : WERNER, septembre 1849.
Vol. LXVIII, n° 3.
[Enregistré 1849, n° 31.]

— *Philédon à gorge rousse*, de la Chine. — Pap. — Grandeur naturelle.
Signé à gauche : J. C. WERNER PINX¹, mars 1854.
Vol. LXVIII, n° 5.
[Enregistré 1854, n° 17.]

— *Moucherolle à gorge blanche.* — Pap. — Grandeur naturelle.
Signé à gauche : J. C. WERNER, 1854.
Vol. LXVIII, n° 6.
[Enregistré 1854, n° 18.]

— *Tinamou.* — Vél. — 4/5 de la grandeur naturelle.
Signé à gauche : J. C. WERNER PINX¹, avril 1847.
Vol. LXVIII, n° 8.
[Enregistré 1847, n° 7.]

WERNER (J. C.).
— *Vautour jeune.* — Vél. — 1/3 de la grandeur naturelle.
Signé à gauche : J. C. WERNER PINX¹, mai-juin 1853.
Vol. LXVIII, n° 9.
[Enregistré 1853, n° 32.]

— *Faucon éléonore mâle.* — Vél. — Grandeur naturelle.
Signé à gauche : J. C. WERNER PINX¹, juillet 1849.
Vol. LXVIII, n° 10.
[Enregistré 1849, n° 22.]

— *Otus stygius*, du Brésil. — Pap. — 2/3 de la grandeur naturelle.
Signé à gauche : J. C. WERNER PINX¹.
Vol. LXVIII, n° 11.
[Enregistré 1849, n° 33.]

— *Bubo*, de Madagascar. — Pap. — 2/3 de la grandeur naturelle.
Signé à gauche : J. C. WERNER PINX¹.
Vol. LXVIII, n° 12.
[Enregistré 1849, n° 34.]

— *Casoar femelle.* — Pap. — Grandeur naturelle.
Signé à gauche : J. C. WERNER PINX., 1851.
Vol. LXVIII, n° 14.
[Enregistré 1851, n° 32.]

— *Gypohierax angolensis.* — Vél. — Moitié de la grandeur naturelle.
Signé à gauche : J. C. WERNER PINX¹, février 1852.
Vol. LXVIII, n° 15.
[Enregistré 1852, n° 13.]

— *Rhyncote Isabelle*, de la Plata. — Pap. — 3/4 de la grandeur naturelle.
Signé à gauche : J. C. WERNER PINX¹, octobre 1852.
Vol. LXVIII, n° 16.
[Enregistré 1852, n° 63.]

— *Grise-gorge blanche*, de la Nouvelle-Hollande. — Pap. — Grandeur naturelle.
Signé à gauche : J. C. WERNER.
Vol. LXVIII, n° 17.
[Enregistré 1854, n° 15.]

— *Pie-grièche noire*, de l'Amérique méridionale ; *pie-grièche tachetée*, du Brésil. — Pap. — 2 fig.
Signé à gauche : J. C. WERNER PINX¹, mars 1854.
Vol. LXVIII, n° 19.
[Enregistré 1854, n° 16.]

WERNER (J. C.).
— *Canard pingouin, mâle et femelle*, de l'île de Java. — Vél. — 2 fig. — Moitié de la grandeur naturelle.
Signé à gauche : J. C. WERNER PINX¹, décembre 1854.
Vol. LXVIII, n° 22.
[Enregistré 1854, n° 64.]

— *Antigone de Montigny, mâle adulte.* — Vél. — 1/5 de la grandeur naturelle.
Signé à gauche : P. OUDART ET WERNER, 1856 et 1857, *d'après le vivant.*
Vol. LXVIII, n° 25.

— *Chætodon ephippium.* — Vél. — Grandeur naturelle.
Signé à gauche : WERNER PINX¹, 1830.
Vol. LXVIII, n° 71.
[Enregistré 1854, n° 26.]

— *Murœna anguilla* (Lin.). — Pap. — Grandeur naturelle.
Signé à gauche : WERNER PINX¹, novembre 1834.
Vol. LXVIII, n° 101.
[Enregistré 1834, n° 20.]

— *Jeune chimpanzé.* — Vél. — 1/3 de la grandeur naturelle.
Signé à gauche : WERNER PINX¹, 1827.
Vol. LXIX, n° 6 *bis*.

— *Jeune chimpanzé.* — Vél. — 1/3 de la grandeur naturelle.
Signé à gauche : J. C. WERNER PINX¹, 1837.
Vol. LXIX, n° 6 *ter*.

— *Gibbon entelloïde*, de la Malaisie. — Pap. — 2 fig.
Signé à droite : WERNER, décembre 1842.
Vol. LXIX, n° 7 *bis*.
[Enregistré 1842, n° 7.]

— *Semnopithecus Dussumieri* (Geoff.). — Pap. — 2 fig.
Signé à gauche : J. C. WERNER PINX¹, 1842.
Vol. LXIX, n° 7 *ter*.
[Enregistré 1842, n° 24.]

— *Guenon à diadème.* — Vél. — 2/5 de la grandeur naturelle.
Signé à gauche : J. C. WERNER PINX¹, septembre 1838.
Vol. LXIX, n° 10 *bis*.

WERNER (J. C.).
— *Grivet femelle et son petit.* — Vél. — 1/4 de la grandeur naturelle.
Signé à gauche : J. C. WERNER PINX¹, 1838.
Vol. LXIX, n° 10 *ter*.
[Enregistré 1838, n° 11.]

— *Cercopithecus rufo-viridis.* — Pap. — 2/5 de la grandeur naturelle.
Signé à gauche : J. C. WERNER PINX¹, janvier 1843.
Vol. LXIX, n° 12 *bis*.

— *Macaque blanc*, des îles Philippines. — Vél. — 1/3 de la grandeur naturelle.
Signé à droite : J. C. WERNER, décembre 1841.
Vol. LXIX, n° 24.

— *Babouin mâle de Guinée.* — Vél. — 1/4 de la grandeur naturelle.
Signé à gauche : J. C. WERNER PINX¹, avril 1840.
Vol. LXIX, n° 30.

— *Babouin femelle avec son petit tétant.* — Vél. — 1/3 de la grandeur naturelle.
Signé à gauche : J. C. WERNER PINX¹, juin 1837.
Vol. LXIX, n° 33 *bis*.

— *Cynopithèque mâle* (Geoff.). — Vél. — Moitié de la grandeur naturelle.
Signé à gauche : J. C. WERNER PINX¹, 1838.
Vol. LXIX, n° 37.

— *Cercopithèque.* — Vél. — 2/5 de la grandeur naturelle.
Signé à droite : J. C. WERNER PINX¹, février 1847, *d'après le vivant.*
Vol. LXIX, n° 42.

— *Ateles ater* (Cuv.). — Vél. — 1/4 de la grandeur naturelle.
Signé à droite : J. C. WERNER PINX¹, novembre 1845.
Vol. LXIX, n° 49 *bis*.

— *Eriode hémidactyle* (Geoff.). — Pap. — 1/4 de la grandeur naturelle.
Signé à gauche : WERNER PINX¹, 1829.
Vol. LXIX, n° 50.

WERNER (J. C.).
— *Salbouri à dos brûlé* (Geoff.). — Pap. — 2/3 de la grandeur naturelle.
Signé à gauche : J. C. WERNER PINX^t, 1844.
Vol. LXIX, n° 60.

— *Saki satanique jeune*. — Vél. — 4/5 de la grandeur naturelle.
Signé à gauche : J. C. WERNER PINX^t, 1837.
Vol. LXIX, n° 63.

— *Callithria moloch* (Geoff.). — Vél.
Signé à gauche : J. C. WERNER PINX, 1842.
Vol. LXIX, n° 64 *bis*.

— *Nyctipithecus lemhurinus*, de la Nouvelle-Grenade. — Pap. — 3/5 de la grandeur naturelle.
Signé à gauche : J. C. WERNER PINX., mars 1844.
Vol. LXIX, n° 66.

— *Ouistiti à pinceau noir* (Geoff.). — Vél. — 5/6 de la grandeur naturelle.
Signé à gauche : J. C. WERNER PINX^t, 1831.
Vol. LXIX, n° 69.

— *Maki grêle à tête grise*. — Vél. — Moitié de la grandeur naturelle.
Signé à gauche : J. C. WERNER PINX^t, juillet 1840.
Vol. LXIX, n° 81.
[Enregistré 1840, n° 21.]

— *Nycticèbe*. — Vél. — 3/4 de la grandeur naturelle.
Signé à gauche : J. C. WERNER PINX^t, février 1841.
Vol. LXIX, n° 97.

— *Momies de musaraignes sacrées et vulgaires*. — Pap. — Grandeur naturelle. — 3 fig.
Signé à gauche : WERNER PINX^t, 1827.
Vol. LXX, n° 68.

— *Macroscélide de Rozet-Duvernoy*, d'Oran (Algérie). — Vél. — Grandeur naturelle.
Signé à gauche : J. C. WERNER PINX^t, décembre 1838, *d'après le vivant*.
Vol. LXX, n° 73.

WERNER (J. C.).
— *Rattel jeune*, du Sénégal. — Vél. — Moitié de la grandeur naturelle.
Signé à gauche : J. C. WERNER DEL., septembre 1840, *d'après le vivant*.
Vol. LXX, n° 98.
[Enregistré 1840, n° 25.]

— *Chien crabier*, de la Guyane. — Vél. — 1/3 de la grandeur naturelle.
Signé à gauche : J. C. WERNER PINX^t, février 1839.
Vol. LXXI, n° 15.

— *Genette panthérine*, du Sénégal (Geoff. Saint-Hilaire, Études zoologiques, 3e livr.). — Vél. — 1/3 de la grandeur naturelle.
Signé à gauche : J. C. WERNER PINX^t, 1832.
Vol. LXXI, n° 28.

— *Paradoxurus*. — Vél. — 1/4 de la grandeur naturelle.
Signé à gauche : WERNER, avril 1821.
Vol. LXXI, n° 30.

— *Paradoxurus nubicus*. — Vél. — 1/3 de la grandeur naturelle.
Signé à droite : J. C. WERNER PINX^t, *d'après le vivant*; et à gauche on lit : mai 1836.
Vol. LXXI, n° 31.

— *Jaguar mâle*. — Vél. — 1/7 de la grandeur naturelle.
Signé à gauche : J. C. WERNER PINX^t; et à droite on lit : décembre 1832.
Vol. LXXI, n° 53.

— *Panthère du Bengale*. — Vél. — 1/6 de la grandeur naturelle.
Signé à gauche : J. C. WERNER PINX^t, 1832.
Vol. LXXI, n° 56.

— *Ocelot femelle du Brésil*. — Vél. — 1/4 de la grandeur naturelle.
Signé à gauche : J. WERNER PINX^t, 1839.
Vol. LXXI, n° 57.

— *Chat à collier*. — Vél. — 1/4 de la grandeur naturelle.
Signé à gauche : J. C. WERNER PINX^t, *d'après le vivant* ; et à droite on lit : décembre 1830.
Vol. LXXI, n° 70.

WERNER (J. C.).
— *Oursin.* — Vél. — 1/3 de la grandeur naturelle.
   Signé à gauche : J. C. WERNER PINX¹, juin 1836, *d'après le vivant*.
   Vol. LXXI, n° 84.
— *Écureuil des Florides.* — Vél. — Grandeur naturelle.
   Signé à gauche : J. C. WERNER PINX¹, novembre 1839.
   Vol. LXXII, n° 1.
— *Écureuil fossoyeur femelle.* — Vél. — Grandeur naturelle.
   Signé à gauche : J. C. WERNER PINX¹, février 1840.
   Vol. LXXII, n° 3.
— *Écureuil mâle de Malabar.* — Vél. — 2/3 de la grandeur naturelle.
   Signé à gauche : J. C. WERNER PINX¹ A LA MÉNAGERIE, 1838.
   Vol. LXXII, n° 5.
— *Pécari à collier mâle*, âgé de dix-sept jours, né à la Ménagerie. — Vél. — Moitié de la grandeur naturelle.
   Signé à gauche : J. C. WERNER PINX¹, 31 mars 1838.
   Vol. LXXII, n° 72.
— *Daman,* du mont Sinaï. — Vél. — Moitié de la grandeur naturelle.
   Signé à gauche : J. C. WERNER PINX¹, 1839.
   Vol. LXXII, n° 79.
— *Hémione femelle*, de Bombay. — Vél. — 1/7 de la grandeur naturelle.
   Signé à gauche : J. C. WERNER PINX¹, juin 1835.
   Vol. LXXII, n° 95.
— *Chevrotins de Java ou Kanchils*, mâle et femelle. — Vél. — 1/4 de la grandeur naturelle.
   Signé à gauche : WERNER PINXIT, 1830.
   Vol. LXXIII, n° 13.
— *Cerf cochon.* — Vél. — 1/6 de la grandeur naturelle.
   Signé à gauche : J. C. WERNER PINX¹, décembre 1835, *d'après le vivant*.
   Vol. LXXIII, n° 30.
— *Biche cochon.* — Vél. — 1/6 de la grandeur naturelle.
   Signé à gauche : J. C. WERNER PINX¹, [juin] 1836, *d'après le vivant*.
   Vol. LXXIII, n° 30 *bis*.

WERNER (J. C.).
— *Montjac mâle*, de Bombay. — Vél. — 1/5 de la grandeur naturelle.
   Signé à gauche : J. C. WERNER PINX¹, juin 1835.
   Vol. LXXIII, n° 34.
— *Chicara mâle.* — Vél. — 1/5 de la grandeur naturelle.
   Signé à gauche : J. C. WERNER PINX¹, mai 1839.
   Vol LXXIII, n° 39.
— *Jeune gazelle carine*, née à la Ménagerie, âgée de douze jours. — Vél.
   Signé à gauche : J. C. WERNER PINX¹, avril 1835.
   Vol. LXXIII, n° 39 *bis*.
— *Antilope mâle jeune.* — Vél. — 1/9 de la grandeur naturelle.
   Signé à gauche : J. C. WERNER PINX¹, juillet 1837.
   Vol. LXXIII, n° 43.
— *Nanguer.* — Vél. — 1/6 de la grandeur naturelle.
   Signé à gauche : J. C. WERNER PINX¹, 1832.
   Vol. LXXIII, n° 44.
— *Guibe mâle.* — Vél.
   Signé à gauche : J. C. WERNER PINX¹, décembre 1836.
   Vol. LXXIII, n° 45.
— *Guibe femelle.* — Vél. — 1/6 de la grandeur naturelle.
   Signé à droite : WERNER PINX¹, 1826.
   Vol. LXXIII, n° 45 *bis*.
— *Nilgau mâle.* — Pap. — 1/7 de la grandeur naturelle.
   Signé à gauche : J. C. WERNER PINX¹, 1834.
   Vol. LXXIII, n° 51.
— *Dugong,* du voyage de l'Astrolabe. — Pap. — 1/5 de la grandeur naturelle.
   Signé à gauche : J. C. WERNER PINX¹, 1841.
   Vol. LXXIV, n° 1.
   [Enregistré 1841, n° 8.]
— *Delphinus globiceps.* — Pap. — 1/4 de la grandeur naturelle.
   Signé à gauche : J. C. WERNER PINX¹, décembre 1843.
   Vol. LXXIV, n° 2.
   [Enregistré 1843, n° 30.]

WERNER (J. C.).
— *Phoque des côtes de France* (île d'Oléron). — Pap. — 1/4 de la grandeur naturelle.
Signé à gauche : J. C. WERNER PINX^t, *pendant le séjour de l'animal dans l'eau* [1843].
Vol. LXXIV, n° 3.

— *Le même.* — Pap. — 1/4 de la grandeur naturelle.
Signé à gauche : J. C. WERNER PINX^t, *après six heures hors de l'eau* [1843].
Vol. LXXIV, n° 4.

— *Balénoptère*, échoué près du Havre en 1852, exposé à Paris. — Pap. — 1/28 de la grandeur naturelle.
Signé à gauche : J. C. WERNER DEL., décembre 1852.
Vol. LXXIV, n° 5.

— *Dauphin bordé mâle*, échoué sur la plage de Dieppe en mai 1854. — Pap. — 1/7 de la grandeur naturelle.
Signé à gauche : J. C. WERNER PINXIT, mai 1854.
Vol. LXXIV, n° 6.
Le fond du dessin est rempli par un paysage maritime.

— *Phalanger renard mâle.* — Vél. — moitié de la grandeur naturelle.
Signé à gauche : J. C. WERNER PINX^t, février 1847.
Vol. LXXIV, n° 11.
[Enregistré 1847, n° 3.]

— *Cabiai.* — Vél. — 1/5 de la grandeur naturelle.
Signé à gauche : J. C. WERNER PINX^t, 1842.
Vol. LXXIV, n° 12.
[Enregistré 1842, n° 17.]

— *Métis d'ânesse et d'hémione*, né à la Ménagerie le 18 juillet 1844.
Signé à gauche : J. C. WERNER PINX^t, 30 septembre 1844.
Vol. LXXIV, n° 13.
[Enregistré 1844, n° 13.]

— *Campagnol des neiges*, du Paulhorn, peint en janvier 1845 *d'après le vivant*. — Vél. — Grandeur naturelle.
Signé à droite : J. C. WERNER PINX^t.
Vol. LXXIV, n° 14.
Un fond de paysage complète le dessin.

WERNER (J. C.).
— *Cerf de Java.* — Vél. — 1 8 de la grandeur naturelle.
Signé à gauche : J. C. WERNER PINX^t, août-septembre 1845.
Vol. LXXIV, n° 15.

— *Phascolome wombatt.* — Vél. — 1/3 de la grandeur naturelle.
Signé à gauche : J. C. WERNER PINX^t, octobre 1845.
Vol. LXXIV, n° 16.
[Enregistré 1845, n° 15.]

— *Polorou* (marsupiau). — Vél. — Moitié de la grandeur naturelle.
Signé à gauche : J. C. WERNER PINX^t, décembre 1845.
Vol. LXXIV, n° 17.
[Enregistré 1845, n° 22.]

— *Antilope cervicapra.* — Vél. — 1/7 de la grandeur naturelle.
Signé à gauche : J. C. WERNER PINX^t, 1845.
Vol. LXXIV, n° 18.

— *Biche rouge du Brésil.* — Vél. — 1/7 de la grandeur naturelle.
Signé à gauche : J. C. WERNER PINX^t, janvier 1846.
Vol. LXXIV, n° 19.
[Enregistré 1846, n° 5.]

— *Ganna-antilope mâle.* — Vél. — 1/9 de la grandeur naturelle.
Signé à gauche : J. C. WERNER PINX^t, mai 1846.
Vol. LXXIV, n° 20.
[Enregistré 1846, n° 14.]

— *Tatou cachicame mâle.* — Vél. — 3/5 de la grandeur naturelle.
Signé à gauche : J. C. WERNER PINX^t, avril-mai 1846.
Vol. LXXIV, n° 21.
[Enregistré 1846, n° 15.]

— *Mouflon d'Afrique.* — Vél. — 1/6 de la grandeur naturelle.
Signé à gauche : J. C. WERNER PINX^t, juin 1846.
Vol. LXXIV, n° 22.
[Enregistré 1846, n° 16.]

— *Biche de Cayenne.* — Vél. — 1/6 de la grandeur naturelle.
Signé à gauche : J. C. WERNER PINX^t, septembre 1846.
Vol. LXXIV, n° 23.
[Enregistré 1846, n° 20.]

WERNER (J. C.).
— *Didelphis Ararœ*. — Vél. — 1/3 de la grandeur naturelle.
Signé à gauche : J. C. WERNER, janvier 1847.
Vol. LXXIV, n° 24.
[Enregistré 1847, n° 1.]

— *Écureuil des États-Unis*. — Vél. — 4/5 de la grandeur naturelle.
Signé à gauche : J. C. WERNER, mars 1847.
Vol. LXXIV, n° 25.
[Enregistré 1847, n° 6.]

— *Cervus Gymnotis* (Wieg.), d'après le vivant. — Vél. — 1/8 de la grandeur naturelle.
Signé à gauche : J. C. WERNER PINX^t, avril-mai 1847.
Vol. LXXIV, n° 26.
[Enregistré 1847, n° 9.]

— *Paradoscun* (d'origine inconnue), pris au Havre en 1847. — Vél. — 4/5 de la grandeur naturelle.
Signé à gauche : WERNER PINX^t, octobre 1847.
Vol. LXXIV, n° 27.
[Enregistré 1847, n° 15.]

— *Phalanger volant femelle*. — Vél. — Grandeur naturelle.
Signé à gauche : WERNER PINX., novembre 1847.
Vol. LXXIV, n° 28.
[Enregistré 1847, n° 16.]

— *Atèle jeune*, espèce nouvelle. — Vél. — 1/3 de la grandeur naturelle.
Signé à gauche : J. C. WERNER PINX^t, novembre 1847.
Vol. LXXIV, n° 29.
[Enregistré 1847, n° 22.]
N. B. « Il a beaucoup noirci depuis qu'il a été peint. »

— *Cerf de Timor*. — Vél. — 1/7 de la grandeur naturelle.
Signé à gauche : J. C. WERNER PINX^t, septembre 1848.
Vol. LXXIV, n° 30.
[Enregistré 1848, n° 25.]

WERNER (J. C.).
— *Métis d'hémione et d'ânesse*, né à la Ménagerie. — Vél. — 1/8 de la grandeur naturelle.
Signé à gauche : J. C. WERNER PINX^t, octobre-novembre 1848.
Vol. LXXIV, n° 31.
[Enregistré 1848, n° 27.]

— *Brachyurus rubicundus* (Castelnau). — Vél. — 1/3 de la grandeur naturelle.
Signé à gauche : J. C. WERNER PINX^t, décembre 1848.
Vol. LXXIV, n° 32.
[Enregistré 1848, n° 29.]

— *Cerf d'Aristote*, de la côte du Malabar (4me bois). — Vél. — 1/8 de la grandeur naturelle.
Signé à gauche : J. C. WERNER PINX^t, 1849.
Vol. LXXIV, n° 33.
[Enregistré 1849, n° 7.]

— *Chien du Kourdistan*. — Pap. — 1/5 de la grandeur naturelle.
Signé à gauche : J. C. WERNER PINX^t, 1849.
Vol. LXXIV, n° 34.
[Enregistré 1849, n° 9.]

— *Hamdani blanc*, cheval arabe du haras de Versailles. — Vél.
Signé à gauche : J. C. WERNER PINX^t, mai 1849.
Vol. LXXIV, n° 35.
[Enregistré 1849, n° 13.]
Un paysage colorié remplit le fond du dessin.

— *Kob mâle*. — Vél. — 1/8 de la grandeur naturelle.
Signé à gauche : J. C. WERNER PINX^t, juin 1849.
Vol. LXXIV, n° 36.
[Enregistré 1849, n° 17.]

— *Semnopithèque nègre femelle*, de Java. — Vél.
Signé à gauche : J. C. WERNER PINX^t, mars-avril 1856.
Vol. LXXIV, n° 37.
[Enregistré 1856, n° 15.]

WERNER (J. C.).
— *Jeune orang bicolore.* — Vél. — 1/4 de la grandeur naturelle.
Signé à gauche : J. C. WERNER PINX^t, [1836].
Vol. LXXIV, n° 42.

— *Mathi à museau court.* — Vél. — 2/3 de la grandeur naturelle.
Signé à gauche : J. C. WERNER PINX^t, 1844.
Vol. LXXIV, n° 43.
[Enregistré 1844, n° 1.]

— *Aye-aye*, de Madagascar. — Pap. — Moitié de la grandeur naturelle.
Signé à gauche : J. C. WERNER PINX^t, 1844.
Vol. LXXIV, n° 44.
[Enregistré 1844, n° 29.]

— *Ours euryspile de Bornéo*, du voyage de la *Favorite.* — Vél. — 1/4 de la grandeur naturelle.
Signé à gauche : J. C. WERNER PINX^t, septembre 1844.
Vol. LXXIV, n° 46.
[Enregistré 1844, n° 18.]

— *Guanaco ou lanca sauvage.* — Vél. — 1/6 de la grandeur naturelle.
Signé à gauche : WERNER DEL., décembre 1849.
Vol. LXXIV, n° 47.

— *Alpaca femelle.* — Vél. — 1/5 de la grandeur naturelle.
Signé à gauche : WERNER DEL., 1849-1850.
Vol. LXXIV, n° 48.

— *Cerf de Corse jeune*, des plages d'Aléria. — Vél. — 1/6 de la grandeur naturelle.
Signé à gauche : WERNER DEL., février 1850.
Vol. LXXIX, n° 49.
[Enregistré 1850, n° 11.]

— *Suricate*, du cap de Bonne-Espérance. — Vél. — 5/6 de la grandeur naturelle.
Signé à gauche : WERNER DEL., avril 1850.
Vol. LXXIV, n° 50.
[Enregistré 1850, n° 17.]

WERNER (J. C.).
— *Corsac ou renard de l'Inde.* — Vél. — 1/3 de la grandeur naturelle.
Signé à gauche : WERNER DEL., mai 1850.
Vol. LXXIV, n° 51.
[Enregistré 1850, n° 20.]

— *Rhinocéros mâle*, de l'Inde. — Vél. — 1/9 de la grandeur naturelle.
Signé à gauche : WERNER DEL., 1850.
Vol. LXXIV, n° 52.
[Enregistré 1850, n° 37.]

— *Cerf d'Algérie.* — Vél. — 1/8 de la grandeur naturelle.
Signé à gauche : WERNER DEL., août 1850.
Vol. LXXIV, n° 53.
[Enregistré 1850, n° 40.]

— *Pinche ouistiti.* — Vél.
Signé à gauche : J. C. WERNER PINX., novembre 1850.
Vol. LXXIV, n° 54.
[Enregistré 1850, n° 42.]

— *Hylobathes funereus* (Isid.-Geoff.), de Solo. — Vél. — 2.5 de la grandeur naturelle, *d'après le vivant.*
Signé à gauche : J. C. WERNER PINX^t, janvier 1851.
Vol. LXXIV, n° 55.
[Enregistré 1851, n° 6.]

— *Microcèbe roux* (Geoff. St-H.). — Vél. — Grandeur naturelle.
Signé à gauche : J. C. WERNER, février 1851.
Vol. LXXIV, n° 56.
[Enregistré 1851, n° 11.]

— *Ouistiti piléifère.* — Pap. — Grandeur naturelle.
Signé à gauche : J. C. WERNER PINX^t, mai 1851.
Vol. LXXIV, n° 58.
[Enregistré 1851, n° 27.]

— *Callitriche discolore femelle*, du Pérou. — Vél. — Moitié de la grandeur naturelle.
Signé à gauche : J. C. WERNER PINX^t, mai 1851.
Vol. LXXIV, n° 59.
[Enregistré 1851, n° 29.]

Werner (J. C.).
— *Saki à tête d'or.* — Pap. — 1/3 de la grandeur naturelle.
Signé à gauche : J. C. Werner pinx!, mai 1851.
Vol. LXXIV, n° 60.
[Enregistré 1851, n° 30.]

— *Fennec du nord de l'Afrique.* — Vél. — 1/3 de la grandeur naturelle.
Signé à gauche : J. C. Werner pinx!, décembre 1851.
Vol. LXXIV, n° 61.
[Enregistré 1851, n° 49.]

— *Gerbilles d'Algérie.* — Vél. — Grandeur naturelle.
Signé à gauche : J. C. Werner pinx!, août 1851.
Vol. LXXIV, n° 62.

— *Unau ou paresseux.* — Vél. — 1/4 de la grandeur naturelle.
Signé à gauche : J. C. Werner pinx!, octobre-novembre 1851.
Vol. LXXIV, n° 63.

— *Onagre ou âne sauvage d'Abyssinie.* — Vél. — 1/7 de la grandeur naturelle.
Signé à gauche : J. C. Werner pinx!, 1851.
Vol. LXXIV, n° 64.

— *Macaque mâle de Manille.* — Vél. — 1/4 de la grandeur naturelle.
Signé à gauche : J. C. Werner pinx!, mars 1852.
Vol. LXXIV, n° 65.
[Enregistré 1852, n° 15.]

— *Campagnol rayé adulte.* — Vél. — Grandeur naturelle.
Signé à gauche : J. C. Werner pinx!, avril 1852.
Vol. LXXIV, n° 66.
[Enregistré 1852, n° 32.]

— *Kangourou*, né à Knowsley et acquis à la vente de lord Derby. — Vél. — 2/3 de la grandeur naturelle.
Signé à gauche : J. C. Werner pinx!, mai 1852.
Vol. LXXIV, n° 67.
[Enregistré 1852, n° 37.]

Werner (J. C.).
— *Guenon maure*, de Java (voyage de la Cécilia). — Vél. — 1/3 de la grandeur naturelle.
Signé à gauche : J. C. Werner pinx!, 1851.
Vol. LXXIV, n° 68.

— *C. Rufinus*, de Quito (Equateur). — Pap. — 1/5 de la grandeur naturelle.
Signé à gauche : J. C. Werner pinx!, janvier 1852.
Vol. LXXIV, n° 69.

— *Biche du Népaul.* — Vél. — 1/11 de la grandeur naturelle.
Signé à gauche : J. C. Werner pinx!, août-septembre 1852.
Vol. LXXIV, n° 70.
[Enregistré 1852, n° 60.]

— *Bubale jeune femelle.* — Vél. — 1/9 de la grandeur naturelle.
Signé à gauche : J. C. Werner pinx!, juin 1852.
Vol. LXXIV, n° 71.
[Enregistré 1852, n° 39.]

— *Métis mâle de daim ordinaire et de biche de Virginie.* — Pap. — 1/6 de la grandeur naturelle.
Signé à gauche : J. C. Werner pinx!, septembre-octobre 1852, d'après le vivant.
Vol. LXXIV, n° 72.
[Enregistré 1852, n° 61.]

— *Métis d'hémione et d'ânesse.* — Pap. — 1/10 de la grandeur naturelle.
Signé à gauche : J. C. Werner pinx!, août 1852, d'après le vivant.
Vol. LXXIV, n° 73.
[Enregistré 1852, n° 58.]

— *Bos brachyceros* (Gr.). — Vél. — 1/12 de la grandeur naturelle.
Signé à gauche : J. C. Werner pinx!, juin 1844.
Vol. LXXIV, n° 74.
[Enregistré 1844, n° 11.]

— *Antilope unctuosa*, mâle (Laur.). — Vél. — 1/10 de la grandeur naturelle.
Signé à gauche : J. C. Werner pinx!, août 1844.
Vol. LXXIV, n° 75.
[Enregistré 1844, n° 15.]

WERNER (J. C.).
— *Antilope à cornes déprimées, mâle*, des îles Célèbes (voyage de la *Favorite*). — Vél. — 1/6 de la grandeur naturelle.
Signé à gauche : J. C. WERNER PINX¹, août 1844.
Vol. LXXIV, n° 76.
[Enregistré 1844, n° 19.]

— *Cervus antisensis* (Orb.). — Pap. — 1/7 de la grandeur naturelle.
Signé à gauche : J. C. WERNER. [1844.]
Vol. LXXIV, n° 77.
[Enregistré 1844, n° 10.]

— *Cerf du Népaul.* — Vél. — 1/11 de la grandeur naturelle.
Signé à gauche : J. C. WERNER PINX¹, août 1852.
Vol. LXXIV, n° 78.
[Enregistré 1852, n° 59.]

— *Cervus similis.* — Pap. — 1/8 de la grandeur naturelle.
Signé à gauche : J. C. WERNER, janvier 1852.
Vol. LXXIV, n° 79.
[Enregistré 1852, n° 7.]

— *Biche de Manille et son faon, âgé de vingt jours.* — Vél. — 1/8 de la grandeur naturelle.
Signé à gauche : J. C. WERNER PINX¹, juin 1852.
Vol. LXXIV, n° 80.
[Enregistré 1852, n° 40.]

— *Cerf de Manille mâle.* — Vél. — 2 fig. 1/8 de la grandeur naturelle.
Signé à gauche : J. C. WERNER PINX¹, août 1852.
Vol. LXXIV, n° 81.
[Enregistré 1852, n° 57.]

— *Cerf, espèce nouvelle d'Amérique.* — Vél. — 1/12 de la grandeur naturelle.
Signé à gauche : J. C. WERNER PINX¹, octobre-novembre 1853.
Vol. LXXIV, n° 82.
[Enregistré 1853, n° 45.]

— *Caracal d'Algérie.* — Vél. — 1/4 de la grandeur naturelle.
Signé à gauche : J. C. WERNER PINX¹, novembre 1853.
Vol. LXXIV, n° 83.
[Enregistré 1853, n° 47.]

WERNER (J. C.).
— *Mouflon de Corse, adulte et vieux.* — Vél. — 1/6 de la grandeur naturelle.
Signé à gauche : J. C. WERNER PINX¹, mars 1853.
Vol. LXXIV, n° 84.
[Enregistré 1853, n° 21.]

— *Métis d'un bélier anglais et d'une femelle de mouflon de Corse.* — Vél. — 1/7 de la grandeur naturelle.
Signé à gauche : J. C. WERNER PINX¹, juillet 1853.
Vol. LXXIV, n° 85.
[Enregistré 1853, n° 36.]

— *Jeune hippopotame du Nil Blanc.* — Vél. — 1/7 de la grandeur naturelle.
Signé à gauche : J. C. WERNER PINX¹, octobre 1853.
Vol. LXXIV, n° 86.
[Enregistré 1853, n° 44.]

— *Jeune hippopotame du Nil Blanc, à l'âge de treize mois.* — Vél.
Signé à gauche : J. C. WERNER PINX¹, septembre 1853.
Vol. LXXIV, n° 87.
[Enregistré 1853, n° 43.]

— *Nil-gau jeune mâle.* — Vél.
Signé à gauche : J. C. WERNER PINX¹, août 1853.
Vol. LXXIV, n° 88.
[Enregistré 1853, n° 39.]

— *Sanglier du Gabon.* — Vél. — 1/5 de la grandeur naturelle.
Signé à gauche : J. C. WERNER PINX¹, juillet-août 1853.
Vol. LXXV, n° 89.
[Enregistré 1853, n° 35.]

— *Jeune ours du Taurus.* — Vél. — 1/5 de la grandeur naturelle.
Signé à gauche : J. C. WERNER PINX¹, janvier-février 1854.
Vol. LXXIV, n° 90.
[Enregistré 1854, n° 10.]

— *Nil-gau, mâle et femelle.* — Vél. — 2 fig. — 1/8 de la grandeur naturelle.
Signé à gauche : J. WERNER PINX¹, mars-avril 1854.
Vol. LXXIV, n° 91.
[Enregistré 1854, n° 25.]

WERNER (J. C.).
— Jeune mouflonne à manchettes, de Laghouat (Algérie). — Vél. — 1/5 de la grandeur naturelle.
Signé à gauche : J. C. WERNER PINX¹, novembre 1854.
Vol. LXXIV, n° 92.

— Yack jeune. — Vél. — 1/8 de la grandeur naturelle.
Signé à gauche : J. C. WERNER PINX¹, avril 1854.
Vol. LXXIV, n° 93.
[Enregistré 1854, n° 28.]

— Cercocèbe à occiput blanc, femelle. — Vél. — 2/5 de la grandeur naturelle.
Signé à gauche : J. C. WERNER PINX¹, septembre 1854.
Vol. LXXIV, n° 94.
[Enregistré 1854, n° 53.]

— Genetta aubryana, mâle. — Pap. — 1/3 de la grandeur naturelle.
Signé à gauche : J. C. WERNER PINX¹, mai 1855.
Vol. LXXIV, n° 95.
[Enregistré 1855, n° 18.]

— Viverra-Portmanni, du Gabon. — Vél. — 1/3 de la grandeur naturelle.
Signé à gauche : J. C. WERNER PINX¹, juin 1855.
Vol. LXXIV, n° 96.
[Enregistré 1855, n° 24.]

— Genetta servalina, du Gabon. — Pap. — Moitié de la grandeur naturelle.
Signé à gauche : J. C. WERNER PINX¹, mai 1855.
Vol. LXXIV, n° 97.
[Enregistré 1855, n° 19.]

— Yack mâle à queue de cheval. — Vél. — 1/8 de la grandeur naturelle.
Signé à gauche : J. C. WERNER PINX¹, mars-avril 1855.
Vol. LXXIV, n° 98.
[Enregistré 1855, n° 14.]

— Yack femelle à queue de cheval, avec son petit âgé de huit jours. — Vél. — 1/8 de la grandeur naturelle.
Signé à gauche : J. C. WERNER PINX¹, mars-avril 1855.
Vol. LXXIV, n° 99.
[Enregistré 1855, n° 15.]

WERNER (J. C.).
— Gerbilles mâle et femelle d'Algérie. — Vél. — Grandeur naturelle.
Signé à gauche : J. C. WERNER PINX¹, février 1855.
Vol. LXXIV, n° 100.
[Enregistré 1855, n° 6.]

— Bouc et chèvre d'Angora. — Vél. — 1/7 de la grandeur naturelle.
Signé à gauche : J. C. WERNER PINX¹, avril-mai 1855.
Vol. XXXIV, n° 101.
[Enregistré 1855, n° 17.]

— Tigre royal. — Vél. — 1/6 de la grandeur naturelle.
Signé à gauche : J. C. WERNER PINX¹, mai-juin 1856.
Vol. LXXIV, n° 102.
[Enregistré 1856, n° 20.]

— Pachyura occidentalis et æquatorialis, du Gabon. — Pap. — Grandeur naturelle.
Signé à gauche : J. C. WERNER PINX¹, juillet-août 1856.
Vol. LXXIV, n° 103.
[Enregistré 1856, n° 21.]

— Grimme mâle. — Vél. — 1/4 de la grandeur naturelle.
Signé à gauche : J. C. WERNER PINX¹, juillet 1856.
Vol. LXXVI, n° 105.
[Enregistré 1856, n° 19.]

— Mollusques; coquillages. — Vél. — Grandeur naturelle.
Signé à gauche : J. C. WERNER, 1834.
Vol. LXXVI, n° 1.

— Coquillages divers. — Vél. — Grandeur naturelle.
Signé à gauche : WERNER PINX¹, 1834.
Vol. LXXVI, n° 2.

— Poulpe géant. — Vél. — 3/4 de la grandeur naturelle.
Signé à gauche : J. C. WERNER PINX¹, mars 1844.
Vol. LXXVI, n° 7.

— Pénélope (du voyage de Deville). — Vél. — 3/4 de la grandeur naturelle.
Signé à droite : J. C. WERNER PINX¹, mars 1848.
Vol. LXXXI, n° 5 bis.
[Enregistré 1848, n° 15.]

Werner (J. C.).
— *Nandou ou autruche jeune d'Amérique* (d'après le vivant à la Ménagerie). — Vél. — 1/7 de la grandeur naturelle.
Signé au bas : J. C. Werner pinx¹, décembre 1830.
Vol. LXXXII, n° 9.

— *Ibis rouge, variété à col blanc*. — Vél. — 2/3 de la grandeur naturelle.
Signé à gauche : J. C. Werner pinx¹.
Vol. LXXXIII, n° 2.

— *Ibis religiosa* (Cuv.). — Vél. — 2/3 de la grandeur naturelle.
Signé à gauche : J. C. Werner pinx¹, mai-juin 1848.
Vol. LXXXIII, n° 3.
[Enregistré 1848, n° 24.]

— *Cicindala aurovittata, asiatica, colon, trilunaris, tremula, abbreviata, chloropus, favergeri, rosei ventris, curvata.* — Pap. — 10 fig. (Archives du Muséum, t. I.)
Signé à gauche : J. C. Werner pinx., avril 1834.
Vol. LXXXV, n° 31.

— *Salvator Merianæ* (Dum., t. V, pl. 85). — Vél. — Grandeur naturelle.
Signé à gauche : Werner pinx¹.
Vol. LXXXVII, n° 48.

— *Crocodilus vulgaris* (Dum., t. III, pl. 104), fait d'après un individu mutilé. — Pap. — 1/8 de la grandeur naturelle.
Signé à gauche : J. C. Werner del., 1831.
Vol. LXXXVII, n° 51.

— *Pattes de devant et de derrière du même* (Dum.). — Pap. — 3 fig. — 1/3 de la grandeur naturelle.
Signé à gauche : J. C. Werner del., 1831.
Vol. LXXXVII, n° 52.

— *Phrynosôme orbiculaire ou lézard du Brésil.* — Vél. — 2 fig.
A gauche on lit : d'après le vivant, par M. Werner [juillet 1840].
Vol. LXXXVII, n° 86.

Werner (J. C.).
— *Plectropoma chloropterum* (Cuv.). — Pap.
Signé à gauche : J. C. Werner pinx¹, 1828.
Vol. LXXXIX, n° 30.

— *Sarde routeuse*, de Saint-Domingue (Cuv.). — Pap. — Grandeur naturelle.
Signé à gauche : J. C. Werner pinx¹, 1827.
Vol. LXXXIX, n° 37.

— *Mésoprion à queue d'or* (Cuv.). — Pap. — Grandeur naturelle.
Signé à gauche : J. C. Werner pinx¹, 1828.
Vol. LXXXIX, n° 38.

— *Mésoprion à anales rouges* (Cuv.). — Pap. — Grandeur naturelle.
Signé à gauche : Werner, 1827.
Vol. LXXXIV, n° 43.

— *Centropriste rouge doré* (Cuv.). — Pap. — Grandeur naturelle.
Signé à gauche : Werner pinx¹.
Vol. LXXXIX, n° 52.

— *Holocentre à grosses épines* (Cuv.). — Pap.
Signé à gauche : J. C. Werner pinx¹, 1828.
Vol. LXXXIX, n° 61.

— *Béryx rayé* (Cuv.). — Pap. — Grandeur naturelle.
Signé à gauche : J. C. Werner pinx¹, 1828.
Vol. LXXXIX, n° 65.

— *Chetodon ephippima* (Cuv.). — Vél. — Grandeur naturelle.
Signé à gauche : Werner pinx¹, 1830.
Vol. XC, n° 53.

— *Pemphéride des Moluques*, du voyage de M. Reynaud. — Pap. — Grandeur naturelle.
Signé à gauche : Werner pinx¹, 1829.
Vol. XC, n° 68.

— *Thon ; thymnus brachypterus* (Cuv.). — Vél.
Signé à gauche : J. C. Werner pinx¹, 1830.
Vol. XC, n° 77.

— *Thymnus pelamys* (Cuv.). — Pap.
Signé à gauche : J. C. Werner pinx¹.
Vol. XC, n° 78.

Werner (J. C.).
— *Germon; thymnus alalonga* (Cuv.).
— Pap. — Moitié de la grandeur naturelle.
Signé à gauche : J. C. Werner pinx¹, 1830.
Vol. XC, n° 81.

— *Le batteur* (Cuv.). — Pap. — Moitié de la grandeur naturelle.
Signé à gauche : J. C. Werner pinx¹, 1830.
Vol. XC, n° 87.

— *Lampris guttatus*. — Pap. — 1/5 de la grandeur naturelle.
Signé à gauche : J. C. Werner pinx¹, 1830.
Vol. XCI, n° 34.

— *Gymnètre épée* (Cuv.). — Vél. — 1/3 de la grandeur naturelle.
Signé à gauche : Werner pinx¹.
Vol. XCI, n° 36.

— *Stromatée fiatole* (Lin.), d'après un individu envoyé de Marseille presque frais, par M. Polydore Roux. — Vél.
Signé à gauche : J. C. Werner pinx¹, 1827.
Vol. XCI, n° 38.

— *Chirotecnus ocellatus* (Cuv.). — Pap. — Grandeur naturelle.
Signé à gauche : J. C. Werner pinx¹, 1832.
Vol. XCI, n° 61.

— *Lachnolème aigrette*, de Saint-Domingue, envoyée par M. Ricord. — Pap. — Moitié de la grandeur naturelle.
Signé à gauche : J. C. Werner pinx¹, 1829.
Vol. XCII, n° 17.

— *Le cleptique créole*. — Pap. — Grandeur naturelle.
Signé à gauche : J. C. Werner pinx¹, 1832.
Vol. XCII, n° 18.

— *Girelle ordinaire*. — Vél. — 2 fig. — Grandeur naturelle.
Signé à gauche : J. C. Werner pinx¹, 1831.
Vol. XCII, n° 25.

Werner (J. C.).
— *Cheilinus punctulatus* (Cuv.), rapporté par M. Dussumier, en 1827. — Pap.
Signé à gauche : J. C. Werner.
Vol. XCII, n° 47.

— *Girelle*. — Pap. — Grandeur naturelle.
Signé à gauche : Werner pinx.
Vol. XCII, n° 49.

— *Scarus cretensis* (Cuv.), d'après les individus envoyés par M. le contre-amiral de Rigny. — Pap. — Grandeur naturelle.
Signé à gauche : J. C. Werner pinx¹, 1827.
Vol. XCII, n° 62.

— *Haulostôme*, rapporté par M. Dussumier. — Pap. — 3/4 de la grandeur naturelle.
Signé à gauche : J. C. Werner pinx¹, 1831.
Vol. XCII, n° 91.

— *Malaptérure électrique*, préparé de manière à montrer les sept membranes de son organe électrique. — Vél.
Signé à gauche : J. C. Werner.
Vol. XCIII, n° 17.

— *Carpe commune*, pêchée dans l'étang d'Enghien au mois de novembre 1843, et donnée par M. Valenciennes. — Vél. — Grandeur naturelle.
Signé à gauche : J. C. Werner pinx., 1843.
Vol. XCIII, n° 25.

— *Tanche*, variété noire à tables blanches, et remarquable par la hauteur de la dorsale et de l'anale, pêchée au mois de novembre 1843 dans l'étang d'Enghien-Saint-Gratien, et donnée par M. Valenciennes. — Vél. — Grandeur naturelle.
Signé à gauche : J. C. Werner pinx¹, 1843.
Vol. XCIII, n° 33.

— *Scymnus micropterus* (Val.), d'après un individu échoué à l'Eure, près le Havre, dans la baie de la Seine. — Pap. — 1/10 de la grandeur naturelle.
Signé à gauche : J. C. Werner pinx¹, 1832.
Vol. XCIV, n° 82.

WERNER (J. C.).
— *Dremotherium feignoui ; ruminants moschioïdes fossiles.* — Pap. — 5 fig.
Signé à gauche : J. C. WERNER DEL., 1833.
Vol. CI, n° 13.
[Enregistré 1833, n° 6.]

— *Dremotherium feignoui.* — Pap. — 3 fig.
Signé à gauche : J. C. WERNER DEL., 1833.
Vol. CI, n° 14.
[Enregistré 1833, n° 5.]

— *Dremotherium feignoui.* — Pap. — 9 fig.
Signé à gauche : J. C. WERNER DEL., 1833.
Vol. CI, n° 15.
[Enregistré 1833, n° 7.]

— *Dremotherium minus.* — Pap. — 18 fig.
Signé à gauche : J. C. WERNER DEL., 1833.
Vol. CI, n° 16.
[Enregistré 1833, n° 8.]

— *Dremotherium.* — Pap. — 6 fig. — Grandeur naturelle.
Signé à gauche : J. C. WERNER DEL.
Vol. CI, n° 17.
[Enregistré 1834, n° 2.]

— *Musc fossile.* — Pap. — 4 fig. — Grandeur naturelle.
Signé à gauche : J. C. WERNER DEL., 1833.
Vol. CI, n° 18.
[Enregistré 1833, n° 15.]

— *Chevrotain de Sumatra.* — Pap. — Moitié de la grandeur naturelle.
Signé à gauche : J. C. WERNER DEL., 1833.
Vol. CI, n° 19.
[Enregistré 1833, n° 24.]

— *Epyornis.* — Pap. — 5 fig. — Grandeur naturelle.
Signé à gauche : J. C. WERNER DEL., avril 1851.
Vol. CI, n° 41.
[Enregistré 1851, n° 25.]

WERNER (J. C.).
— *Epyornis.* — Pap. — 4 fig. — Grandeur naturelle.
Signé à gauche : J. C. WERNER DEL., avril 1851.
Vol. CI, n° 42.
[Enregistré 1851, n° 26.]

— *Jeune orang bicolore*, mort à la Ménagerie. — Vél. — 1/4 de la grandeur naturelle.
Signé à gauche : J. C. WERNER PINX^t.
Vol. CII, n° 1.

— *Hylobates funereus* (Geoff.), de Solo. Vél. — 2/5 de la grandeur naturelle.
Signé à droite : J. C. WERNER PINX^t, janvier 1851.
Vol. CII, n° 2.
[Enregistré 1851, n° 6.]

— *Macaque mâle*, de Manille. — Vél. — 1/4 de la grandeur naturelle.
Signé à gauche : J. C. WERNER PINX^t, mars 1852.
Vol. CII, n° 3.
[Enregistré 1852, n° 15.]

— *Macacus pulbebrosus*, rapporté par le navire « la Cécilie » en 1851. — Pap. — 2 fig.
Attribué à Werner.
Vol. CII, n° 4.
[Enregistré 1852, n° 33.]

— *Guenon maure ; semnopithèque nègre* (Cuv.), de Java. — Vél. — 1/3 de la grandeur naturelle.
Signé à gauche : J. C. WERNER PINX^t, 1851.
Vol. CII, n° 5.
[Enregistré 1852, n° 3.]

— *Semnopithèque nègre femelle*, de Java. — Vél.
Signé à gauche : J. C. WERNER PINX^t, mars-avril 1856.
Vol. CII, n° 6.
[Enregistré 1856, n° 15.]

— *Cercocèbe à occiput blanc femelle.* — Vél. — 2/5 de la grandeur naturelle.
Signé à gauche : J. C. WERNER PINX^t, septembre 1854.
Vol. CII, n° 7.
[Enregistré 1854, n° 53.]

WERNER (J. C.).
— *Atèle*, espèce nouvelle (?) en jeune âge. — Vél. — 1/3 de la grandeur naturelle.
Signé à gauche : J. C. WERNER PINX[t], novembre 1847.
Vol. CII, n° 8.
[Enregistré 1847, n° 22.]
« Il a beaucoup noirci depuis qu'il a été peint. »
— *Callitriche discolore femelle jeune*, du Pérou. — Pap. — 2 fig.
Signé à gauche : J. C. WERNER PINX[t], mai 1851.
Vol. CII, n° 9.
[Enregistré 1851, n° 29.]
— *Saki à tête d'or*. — Pap. — 1/3 de la grandeur naturelle.
Signé à gauche : J. C. WERNER PINX[t], mai 1851.
Vol. CII, n° 10.
[Enregistré 1851, n° 30.]
— *Brachyurus rubicundus*, d'après un individu des galeries. — Pap. — 1/3 de la grandeur naturelle.
Signé à gauche : J. C. WERNER PINX[t], décembre 1848.
Vol. CII, n° 11.
[Enregistré 1848, n° 29.]
— *Pinche mâle ou ouistiti*. — Vél.
Signé à gauche : J. C. WERNER, novembre 1850.
Vol. CII, n° 12.
[Enregistré 1850, n° 42.]
— *Ouistiti piléifère*. — Pap. — Grandeur naturelle.
Signé à gauche : J. C. WERNER, mai 1851.
Vol. CII, n° 13.
[Enregistré 1851, n° 27.]
— *Mathi à museau court*. — Vél. — 2/3 de la grandeur naturelle.
Signé à gauche : J. C. WERNER, 1844.
Vol. CII, n° 14.
[Enregistré 1844, n° 1.]
— *Microcèbe roux* (Geoff. St-Hil.). — Vél. — Grandeur naturelle.
Signé à gauche : J. C. WERNER PINX[t], février 1851.
Vol. CII, n° 15.
[Enregistré 1851, n° 11.]

WERNER (J. C.).
— *Aye-aye cheyromis*, de Madagascar. — Pap.
Signé à gauche : J. C. WERNER PINX[t], 1844.
Vol. CII, n° 17.
[Enregistré 1844, n° 29.]
— *Pachyura occidentalis; pachyura æquatorialis*, d'après des individus des galeries, originaires du Gabon. — Pap. — 2 fig. — Grandeur naturelle.
Signé à gauche : J. C. WERNER PINX[t], juillet-août 1856.
Vol. CII, n° 18.
[Enregistré 1856, n° 21.]
— *Écureuil mâle*, des États-Unis. — Vél. — 4/5 de la grandeur naturelle.
Signé à gauche : J. C. WERNER PINX[t], mars 1847.
Vol. CII, n° 19.
[Enregistré 1847, n° 6.]
— *Campagnol rayé adulte*. — Vél. — 3 fig. — Grandeur naturelle.
Signé à gauche : J. C. WERNER PINX[t], avril 1852.
Vol. CII, n° 20.
[Enregistré 1852, n° 32.]
— *Campagnol des neiges*, du Faulhorn; peint en janvier 1845, d'après le vivant. — Vél. — 2 fig. — Grandeur naturelle.
Signé à gauche : J. C. WERNER PINX[t].
Vol. CII, n° 21.
[Enregistré 1845, n° 1.]
— *Gerbilles; mâle, femelle et jeune petit*, d'Alger. — Vél. — 3 fig. — Grandeur naturelle.
Signé à gauche : J. C. WERNER PINX[t], février 1855.
Vol. CII, n° 22.
[Enregistré 1855, n° 6.]
— *Gerbilles d'Algérie*. — Vél. — 2 fig. — Grandeur naturelle.
Signé à gauche : J. C. WERNER PINX[t], août 1851.
Vol. CII, n° 23.
[Enregistré 1851, n° 40 bis.]
— *Cabiai*. — Vél. — 1/5 de la grandeur naturelle.
Signé à gauche : J. C. WERNER PINX[t], 1842.
Vol. CII, n° 24.
[Enregistré 1842, n° 17.]

Werner (J. C.).
— *Tigre royal.* — Vél. — 1/6 de la grandeur naturelle.
Signé à gauche : J. C. Werner pinx¹, mai-juin 1856.
Vol. CII, n° 25.
[Enregistré 1856, n° 20.]

— *Caracal d'Algérie.* — Vél. — 1/4 de la grandeur naturelle.
Signé à gauche : J. C. Werner pinx¹, novembre 1853.
Vol. CIII, n° 26.
[Enregistré 1853, n° 47.]

— *Paradoscase* (?) d'origine inconnue, acquis au Havre en 1847. — Vél. — 1/8 de la grandeur naturelle.
Signé à gauche : Werner pinx¹, octobre 1847.
Vol. CII, n° 27.
[Enregistré 1847, n° 15.]

— *Genetta servalina,* d'après un individu monté des galeries et envoyé du Gabon en 1854, par M. Aubry Lecomte. — Pap. — Moitié de la grandeur naturelle.
Signé à gauche : J. C. Werner pinx¹, mai 1855.
Vol. CII, n° 28.
[Enregistré 1855, n° 19.]

— *Viverra Poortmanni,* envoyée du Gabon par M. Aubry Lecomte. — Vél. — 1/3 de la grandeur naturelle.
Signé à gauche : J. C. Werner pinx¹, juin 1855.
Vol. CII, n° 29.
[Enregistré 1855, n° 24.]

— *Genetta aubryana, mâle.* — Pap.
Signé à gauche : J. C. Werner pinx¹, mai-juin 1855.
Vol. CII, n° 30.
[Enregistré 1855, n° 18.]

— *Suricate mâle,* du cap de Bonne-Espérance, acquis à Londres en mars 1850. — Vél. — 5/6 de la grandeur naturelle.
Signé à gauche : J. C. Werner pinx¹, avril 1850.
Vol. CII, n° 31.
[Enregistré 1850, n° 17.]

Werner (J. C.).
— *Chien du Kurdistan.* — Pap. — 1/5 de la grandeur naturelle.
Signé à gauche : J. C. Werner pinx¹, 1849.
Vol. CII, n° 32.
[Enregistré 1849, n° 9.]

— *Corsac de l'Inde,* acquis à Londres en 1850. — Vél. — 1/3 de la grandeur naturelle.
Signé à gauche : J. C. Werner pinx¹, mai 1850.
Vol. CII, n° 33.
[Enregistré 1850, n° 20.]

— *Fennec de l'Afrique.* — Vél. — 1/3 de la grandeur naturelle.
Signé à gauche : J. C. Werner pinx¹, décembre 1851.
Vol. CII, n° 34.
[Enregistré 1851, n° 40.]

— *Jeune ours du Taurus.* — Vél. — 1/5 de la grandeur naturelle.
Signé à gauche : J. C. Werner pinx, janvier-février 1854.
Vol. CII, n° 35.
[Enregistré 1854, n° 10.]

— *Ours euryspile de Bornéo,* donné par M. le capitaine Page, commandant de la *Favorite,* en 1844. — Vél. — 1/4 de la grandeur naturelle.
Signé à gauche : J. C. Werner pinx¹, septembre 1844.
Vol. CII, n° 36.
[Enregistré 1844, n° 18.]

— *Ham-Dani blanc arabe,* du haras de Versailles, haut de 1ᵐ,55. — Vél.
Signé à gauche : J. C. Werner pinx¹, mai 1849.
Vol. CII, n° 37.
[Enregistré 1849, n° 13.]
Le fond du dessin est complété par un paysage arabe.

— *Ane sauvage ou onagre d'Abyssinie.* — Vél. — 1/7 de la grandeur naturelle.
Signé à gauche : J. C. Werner pinx¹, 1851.
Vol. CII, n° 38.
[Enregistré 1851, n° 40 ter.]

WERNER (J. C.).
— *Métis femelle d'hémione et d'ânesse*, appartenant à M. de Leudeville. — Pap. — 1/10 de la grandeur naturelle.
Signé à gauche : J. C. WERNER DEL., août 1852.
Vol. CII, n° 39.
[Enregistré 1852, n° 58.]

— *Métis mâle d'hémione et d'ânesse*, né à la Ménagerie. — Vél. — 1/8 de la grandeur naturelle.
Signé à gauche : J. C. WERNER PINX¹, octobre-novembre 1848.
Vol. CII, n° 40.
[Enregistré 1848, n° 27.]

— *Métis d'ânesse et d'hémione*, né à la Ménagerie, le 18 juillet 1844. — Vél. — 1/7 de la grandeur naturelle.
Signé à gauche : J. C. WERNER PINX¹, 30 juillet 1844.
Vol. CII, n° 41.
[Enregistré 1844, n° 13.]

— *Rhinocéros mâle de l'Inde*. — Vél. — 1/9 de la grandeur naturelle.
Signé à gauche : J. C. WERNER PINX¹, 1850.
Vol. CII, n° 42.
[Enregistré 1850, n° 37.]

— *Sanglier femelle du Gabon*. — Vél. — 1/5 de la grandeur naturelle.
Signé à gauche : J. C. WERNER PINX¹, juillet-août 1853.
Vol. CII, n° 43.
[Enregistré 1853, n° 35.]

— *Jeune hippopotame du Nil Blanc*. — Vél. — 1/7 de la grandeur naturelle.
Signé à gauche : J. C. WERNER PINX¹, octobre 1853.
Vol. CII, n° 44.
[Enregistré 1853, n° 44.]

— *Jeune hippopotame mâle*, âgé de treize mois, envoyé du Nil Blanc et donné en 1853, par Abbas-Pacha. — Vél. — 1/7 de la grandeur naturelle.
Signé à gauche : J. C. WERNER PINX¹, août-septembre 1853.
Vol. CII, n° 45.
[Enregistré 1853, n° 43.]

WERNER (J. C.).
— *Alpaca femelle*, du troupeau de Hollande. — Vél. — 1/5 de la grandeur naturelle.
Signé à gauche : J. C. WERNER PINX¹, 1849-1850.
Vol. CII, n° 46.
[Enregistré 1850, n° 2.]

— *Guanaco ou lama sauvage femelle*, du troupeau venu de Hollande. — Vél. — 1/6 de la grandeur naturelle.
Signé à gauche : WERNER DEL., décembre 1849.
Vol. CII, n° 47.
[Enregistré 1850, n° 1.]

— *Yack mâle à queue de cheval*. — Vél. — 1/8 de la grandeur naturelle.
Signé à gauche : J. C. WERNER PINX¹, mars-avril 1855.
Vol. CII, n° 48.
[Enregistré 1855, n° 14.]

— *Yack femelle à queue de cheval et son petit*, âgé de huit jours, né à la Ménagerie, le 15 mars 1855. — Vél. — 2 fig. — 1/8 de la grandeur naturelle.
Signé à gauche : J. C. WERNER PINX¹, mars-avril 1855.
Vol. CII, n° 49.
[Enregistré 1855, n° 15.]

— *Yack jeune*. — Vél. — 1/8 de la grandeur naturelle.
Signé à gauche : J. C. WERNER PINX¹, avril 1854.
Vol. CII, n° 50.
[Enregistré 1854, n° 28.]
Le fond du paysage est le même que dans le dessin précédent.

— *Bos brachyceras* (Gr.), acquis du jardin zoologique de M. Cross. — Vél. — 1/10 de la grandeur naturelle.
Signé à gauche : J. C. WERNER, juin 1844.
Vol. CII, n° 51.
[Enregistré 1844, n° 11.]

— *Bouc et chèvre d'Angora*. — Vél. — 2 fig. — 1/7 de la grandeur naturelle.
Signé à gauche : J. C. WERNER PINX¹, avril-mai 1855.
Vol. CII, n° 52.
[Enregistré 1855, n° 17.]

WERNER (J. C.).
— *Mouflon d'Afrique*. — Vél. — 1/6 de la grandeur naturelle.
Signé à gauche : J. C. WERNER PINX^t, juin 1847.
Vol. CII, n° 53.
[Enregistré 1846, n° 16.]

— *Jeune mouflonne à manchette*, de Laghouat (Algérie). — Vél. — 1/5 de la grandeur naturelle.
Signé à gauche : J. C. WERNER PINX^t, novembre 1854.
Vol. CII, n° 54.
[Enregistré 1854, n° 65.]

— *Mouflon de Corse*, adulte et vieux. — Vél. — 2 fig. — 1/6 de la grandeur naturelle.
Signé à gauche : J. C. WERNER PINX^t, 1853.
Vol. CII, n° 55.
[Enregistré 1853, n° 21.]

— *Métis femelle d'un bélier anglais et d'une femelle de mouflon de Corse; métis jeune né du précédent et d'un autre métis de bélier anglais et de mouflon*, très-semblable à son père. — Vél. — 2 fig. 1/7 de la grandeur naturelle.
Signé à gauche : J. C. WERNER PINX^t, juin-juillet 1853.
Vol. CII, n° 56.
[Enregistré 1853, n° 36.]

— *Antilope à cornes déprimées, mâle*, des îles Célèbes, donné par le capitaine Page, commandant de la « Favorite ». — Vél. — 1/6 de la grandeur naturelle.
Signé à gauche : J. C. WERNER PINX^t, août 1844.
Vol. CII, n° 57.
[Enregistré 1844, n° 19.]

— *Le canna mâle ou antilope*. — Vél. — 1/9 de la grandeur naturelle.
Signé à gauche : J. C. WERNER PINX^t, mai 1846.
Vol. CII, n° 58.
[Enregistré 1846, n° 14.]

— *Nil-gau, mâle et femelle*. — Vél. — 2 fig. — 1/8 de la grandeur naturelle.
Signé à gauche : J. C. WERNER PINX^t, mars-avril 1854.
Vol. CII, n° 59.
[Enregistré 1854, n° 25.]

WERNER (J. C.).
— *Nil-gau, jeune mâle*. - Vél.
Signé à gauche : J. C. WERNER PINX^t, août 1853.
Vol. CII, n° 60.
[Enregistré 1853, n° 39.]

— *Antilope cervicapra*. — Vél. — 1/7 de la grandeur naturelle.
Signé à gauche : J. C. WERNER PINX^t, 1845.
Vol. CII, n° 61.
[Enregistré 1846, n° 3.]

— *Grimme mâle*, donné par M. Milne-Edwards fils. — Vél. — 1/4 de la grandeur naturelle.
Signé à gauche : J. C. WERNER PINX^t, juillet 1856.
Vol. CII, n° 62.
[Enregistré 1856, n° 19.]

— *Rufin de Quito*, d'après un individu monté des galeries, donné en 1851, par M. Bourcier. — Pap. — 1/5 de la grandeur naturelle.
Signé à gauche : J. C. WERNER PINX^t, janvier 1852.
Vol. CII, n° 63.
[Enregistré 1852, n° 8.]

— *Kob mâle*. — Vél. — 1/8 de la grandeur naturelle.
Signé à gauche : J. C. WERNER PINX^t, juin 1849.
Vol. CII, n° 64.
[Enregistré 1849, n° 17.]

— *Antilope onctueux, mâle*. — Vél. — 1/8 de la grandeur naturelle.
Signé à gauche : J. C. WERNER PINX^t, août 1844.
Vol. CII, n° 65.
[Enregistré 1859, n° 15.]

— *Bubale, jeune femelle*. — Vél. — 1/9 de la grandeur naturelle.
Signé à gauche : J. C. WERNER PINX^t, juin 1852.
Vol. CII, n° 66.
[Enregistré 1852, n° 39.]

— *Cerf d'Aristote*, né à la Ménagerie en 1844, du cerf et de la biche rapportés du Malabar par M. Dussumier en 1838 (quatrième bois). — Vél. — 1/8 de la grandeur naturelle.
Signé à gauche : J. C. WERNER PINX^t, février 1849.
Vol. CII, n° 67.
[Enregistré 1849, n° 7.]

WERNER (J. C.).
— *Cerf d'Algérie.* — Vél. — 1/8 de la grandeur naturelle.
Signé à gauche : J. C. WERNER PINX¹, août 1850.
Vol. CII, n° 68.
[Enregistré 1850, n° 40.]

— *Cerf jeune*, des plages d'Aléria, d'après un individu donné par M. Renard, directeur des contributions directes en Corse. — Vél. — 1/6 de la grandeur naturelle.
Signé à gauche : J. C. WERNER PINX¹, février 1850.
Vol. CII, n° 69.
[Enregistré 1850, n° 11.]

— *Cerf Duvaucel*, du Népaul. — Vél. — 1/11 de la grandeur naturelle.
Signé à gauche : J. C. WERNER PINX¹, 10-20 août 1852.
Vol. CII, n° 70.
[Enregistré 1852, n° 59.]

— *Biche du cerf Duvaucel*, du Népaul. — Vél. — 1/11 de la grandeur naturelle.
Signé à gauche : J. C. WERNER PINX¹, août-septembre 1852.
Vol. CII, n° 71.
[Enregistré 1852, n° 60.]

— *Cerf de Manille ou des Philippines*, donné par le capitaine Diguet. — Vél. — 1/8 de la grandeur naturelle.
Signé à gauche : J. C. WERNER PINX¹, août 1852.
Vol. CII, n° 72.
[Enregistré 1852, n° 57.]

— *Biche de Manille et son faon*, né le 9 juin 1852. — Vél. — 2 fig. — 1/8 de la grandeur naturelle.
Signé à gauche : J. C. WERNER PINX¹, 29 juin 1852.
Vol. CII, n° 73.
[Enregistré 1852, n° 40.]

— *Cervus antisensis* (d'Orbigny). — Pap. — 1/7 de la grandeur naturelle.
Signé à gauche : J. C. WERNER.
Vol. CII, n° 74.
[Enregistré 1844, n° 10.]

WERNER (J. C.).
— *Cervus similis*, d'après un individu monté des galeries. — Pap. — 1/8 de la grandeur naturelle.
Signé à gauche : J. C. WERNER, janvier 1852.
Vol. CII, n° 75.
[Enregistré 1852, n° 7.]

— *Cerf de Timor.* — Vél. — 1/8 de la grandeur naturelle.
Signé à gauche : J. C. WERNER, septembre 1848.
Vol. CII, n° 76.
[Enregistré 1848, n° 25.]

— *Cervus gymnotis* (Wiegnan), d'après un individu vivant actuellement aux galeries. — Vél. — 1/8 de la grandeur naturelle.
Signé à gauche : J. C. WERNER PINX¹, avril-mai 1847, et au-dessous : *Vu*, A. D. de Blainville.
Vol. CII, n° 77.
[Enregistré 1847, n° 9.]

— *Cerf d'Amérique.* — Vél. — 1/12 de la grandeur naturelle.
Signé à gauche : J. C. WERNER PINX¹, octobre-novembre 1853.
Vol. CII, n° 78.
[Enregistré 1853, n° 45.]

— *Biche rousse du Brésil.* — Vél. — 1/7 de la grandeur naturelle.
Signé à gauche : J. C. WERNER PINX¹, janvier 1846.
Vol. CII, n° 79.
[Enregistré 1846, n° 5.]

— *Biche de Cayenne.* — Vél. — 1/6 de la grandeur naturelle.
Signé à gauche : J. C. WERNER PINX¹, septembre 1846.
Vol. CII, n° 80.
[Enregistré 1846, n° 20.]

— *Métis de cerf axis et de cerf de Java.* — Vél. — 2 fig. — 1/8 de la grandeur naturelle.
Signé à gauche : J. C. WERNER PINX¹, août-septembre 1845.
Vol. CII, n° 81.
[Enregistré 1845, n° 11.]

WERNER (J. C.).
— *Métis mâle de daim ordinaire et de biche de Virginie*, né le 4 août 1852. — Pap. — 1/6 de la grandeur naturelle, d'après le vivant.
Signé à gauche : J. C. WERNER PINX^t, 26 septembre-4 octobre 1852.
Vol. CII, n° 82.
[Enregistré 1852, n° 64.]

— *Unau femelle.* — Vél. — 1/4 de la grandeur naturelle.
Signé à gauche : J. C. WERNER PINX^t, octobre-novembre 1851.
Vol. CII, n° 83.
[Enregistré 1851, n° 40 *quater.*]
L'animal est représenté perché.

— *Tatou cachicame mâle.* — Vél. — 3/5 de la grandeur naturelle.
Signé à gauche : J. C. WERNER PINX^t, avril-mai 1846.
Vol. CII, n° 84.
[Enregistré 1846, n° 15.]

— *Phalanger volant* (marsupiaux). — Vél. — Presque grandeur naturelle.
Signé à gauche : WERNER PINX^t, novembre 1847.
Vol. CII, n° 85.
[Enregistré 1847, n° 16.]

— *Phalanger renard, mâle.* — Vél. — Moitié de la grandeur naturelle.
Signé à gauche : J. C. WERNER PINX^t, février 1847.
Vol. CII, n° 86.
[Enregistré 1847, n° 3.]

— *Phascolome wombat.* — Vél. — 1/3 de la grandeur naturelle.
Signé à gauche : J. C. WERNER PINX^t, octobre 1845.
Vol. CII, n° 87.
[Enregistré 1845, n° 15.]

— *Kangurou*, né à Knowsley et acquis à la vente de lord Derby. — Vél. — 2/3 de la grandeur naturelle.
Signé à gauche : J. C. WERNER PINX^t, mai 1852.
Vol. CII, n° 88.
[Enregistré 1852, n° 37.]

— *Potorou* (marsupiaux). — Vél. — Moitié de la grandeur naturelle.
Signé à gauche : J. C. WERNER PINX^t, décembre 1845.
Vol. CII, n° 89.
[Enregistré 1845, n° 22.]

WERNER (J. C.).
— *Didelphis Arara.* — Vél. — 1/3 de la grandeur naturelle.
Signé à gauche : J. C. WERNER PINX^t, janvier 1847.
Vol. CII, n° 90.
[Enregistré 1847, n° 1.]

— *Phoque des côtes de France* (d'Oléron), mort à la Ménagerie le 2 août 1843. — Pap. — 1/4 de la grandeur naturelle.
Signé à gauche : J. C. WERNER PINX^t, *après six heures hors de l'eau.*
Vol. CII, n° 91.
[Enregistré 1844, n° 9 *bis.*]
L'animal est représenté de couleur jaune.

— *Le même.* — Pap. — 1/4 de la grandeur naturelle.
Signé à gauche : J. C. WERNER PINX^t, *pendant le séjour de l'animal dans l'eau.*
Vol. CII, n° 92.
[Enregistré 1844, n° 9.]
L'animal est représenté de couleur noire.

— *Dugong*, du voyage de l'*Astrolabe*. — Pap. — 1/5 de la grandeur naturelle.
Signé à gauche : J. C. WERNER PINX^t, 1841.
Vol. CII, n° 93.
[Enregistré 1841, n° 8.]

— *Balénoptère*, échoué près du Havre en 1852, exposé à Paris. — Pap. — 1/28 de la grandeur naturelle.
Signé à gauche : J. C. WERNER DEL., décembre 1852.
Vol. CII, n° 94.
[Enregistré 1852, n° 68.]

— *Delphinus globiceps* (?), de la Nouvelle-Zélande. — Pap. — 1/4 de la grandeur naturelle.
Signé à gauche : J. C. WERNER PINX^t, décembre 1843.
Vol. CII, n° 95.
[Enregistré 1843, n° 30.]

— *Dauphin bordé, mâle*, échoué sur la plage de Dieppe en mai 1854. — Vél. — 1/7 de la grandeur naturelle.
Signé à gauche : J. C. WERNER PINX^t, mai 1854.
Vol. CII, n° 96.
[Enregistré 1854, n° 42.]

WILLY (F.).
— *Cancer chauvinii*, de Crisolles, près Noyon. — Pap.
Signé à droite : F. WILLY PINXIT.
Vol. LXVI (⁶), n° 1.
[Enregistré 1856, n° 8.]

ADDITIONS

[Sous ce titre sont compris les quelques vélins omis dans l'inventaire précédent, et trois volumes cotés CIII (ostéologie), CIV (supplément aux mammifères) et CV (éponges) qui, primitivement non classés, ont été mis en place par l'administration du Muséum d'histoire naturelle après l'achèvement de mon travail.]

ROBERT (NICOLAS).
— *Amaryllis sarniensis* (Lin.), du Pérou. — Vél.
Signé à droite : N. ROB. P.
Vol. X, n° 45.
— *Coucou d'Europe*. — Vél.
Signé à droite : N. ROB. P.
Vol. LXXX, n°ˢ 48 et 49.

JOUBERT (JEAN).
— *Valeriana montana* (Lin.), des Alpes. — Vél.
Signé à droite : J. JOUBERT P.
Vol. XXXVII, n° 48.
— *Tabinum trichotomum* (Déc.), du cap de Bonne-Espérance. — Vél.
Signé à gauche : J. J.
Vol. L, n° 7.
— *Acacia farnesiana* (Lin.), de l'Inde. — Vél.
Signé à gauche : J. J.
Vol. LIV, n° 9.

ALBERTI (Mˡˡᵉ JULIETTE).
— *Spongia communis* (Vél.), de Syrie. — Vél.
Signé à droite : J. ALBERTI, 2 novembre 1850.
Vol. CV, n° 1.
[Enregistré 1850, n° 41.]
— *Spongia usitatissima* (Lam.). — Vél.
Signé à droite : J. ALBERTI, ce 3 octobre 1850.
Vol. CV, n° 2.
[Enregistré 1850, n° 39.]

ALBERTI (Mˡˡᵉ JULIETTE).
— *Spongia pilacea*, de Cuba. — Vél.
Signé à droite : J. ALBERTI, ce 13 mai 1851.
Vol. CV, n° 3.
[Enregistré 1851, n° 28.]
— *Spongia marrocceana de Zerbi* (Val.). — Vél.
Signé à droite : J. ALBERTI, ce 17 décembre 1850.
Vol. CV, n° 4.
[Enregistré 1850, n° 45.]
— *Spongia coitifera* (Lam.). — Vél.
Signé à droite : J. ALBERTI, ce 25 décembre 1849.
Vol. CV, n° 5.
[Enregistré 1849, n° 40.]
— *Spongia pleiades Pallas*, de la mer Méditerranée. — Vél.
Signé à gauche : J. ALBERTI, ce 3 mars 1851.
Vol. CV, n° 6.
[Enregistré 1851, n° 7.]
— *Spongia agaricina Pallas*, de la mer Méditerranée. — Vél.
Signé à droite : J. ALBERTI, ce 22 avril 1851.
Vol. CV, n° 7.
[Enregistré 1851, n° 24.]
— *Spongia Savignyi* (Val.), de la mer Rouge. — Vél.
Signé à gauche : Mˡˡᵉ ALBERTI PINGEBAT, 1849.
Vol. CV, n° 8.
[Enregistré 1849, n° 30.]
— *Scyphia ramosa* (Val.), de la côte nord-ouest de la Nouvelle-Hollande. — Vél.
Signé à droite : J. ALBERTI, ce 21 mai 1850.
Vol. CV, n° 12.
— *Hymenacia Vulcani* (Val.); *Spongia Vulcani* (Ruppell). — Vél. — 2 fig.
Signé à gauche : Mˡˡᵉ ALBERTI, octobre 1849.
Vol. CV, n° 13.
[Enregistré 1849, n° 32.]
— *Halicondria Vulpiana* (Val.). — Vél.
Signé à droite : J. ALBERTI, ce 2 mai 1850.
Vol. CV, n° 18.
[Enregistré 1850, n° 19.]

ALBERTI (Mlle JULIETTE).
— *Halicondria mesenterina* (Val.), de la Nouvelle-Hollande. — Vél.
Signé à droite : J. ALBERTI, 14 mars 1850.
Vol. CV, n° 19.
[Enregistré 1850, n° 15.]

— *Halicondria favosa* (Val.), de Port-Jackson (Nouvelle-Hollande). — Vél.
Signé à droite : J. ALBERTI, 18 juin 1850.
Vol. CV, n° 20.
[Enregistré 1850, n° 26.]

— *Halicondria heliopora* (Val.), de la Nouvelle-Zélande. — Vél.
Signé à droite : J. ALBERTI, 1850.
Vol. CV, n° 21.
[Enregistré 1850, n° 12.]

— *Hardwickia europæa* (Val.), du Havre. — Vél.
Signé à droite : J. ALBERTI, ce 8 août 1850.
Vol. CV, n° 40.
[Enregistré 1850, n° 33.]

— *Tridaène dans une porite.* — Vél.
Signé à droite : J. ALBERTI, 24 janvier 1860.
Vol. CV, n° 75.
[Enregistré 1860, n° 1.]

— *Junceella calyculata* (Val.), de l'île Bourbon. — Vél.
Signé à droite : J. ALBERTI, 4 septembre 1855.
Vol. CV, n° 76.
[Enregistré 1855, n° 29.]

— *Hymenogorgia quercifolia* (Val.), de la Guadeloupe. — Vél.
Signé à droite : J. ALBERTI, 3 juillet 1855.
Vol. CV, n° 77.
[Enregistré 1855, n° 23.]

— *Plexaurella friabilis* (Val.). — Vél.
Signé à droite : J. ALBERTI, 5 juin 1855.
Vol. CV, n° 78.
[Enregistré 1855, n° 20.]

— *Antipathes tuberculatus* (Val.). — Vél.
Signé à droite : J. ALBERTI, 1er mai 1855.
Vol. CV, n° 79.
[Enregistré 1855, n° 16.]

ALBERTI (Mlle JULIETTE).
— *Molinia annulata* (Val.). — Vél.
Signé à droite : J. ALBERTI, 20 mars 1855.
Vol. CV, n° 80.
[Enregistré 1855, n° 10.]

— *Gorgonia vesiculosa* (Val.), d'Algérie. — Vél.
Signé à droite : J. ALBERTI, janvier 1855.
Vol. CV, n° 82.
[Enregistré 1855, n° 1.]

— *Plexaura cauliculus* (Val.). — Vél.
Signé à droite : J. ALBERTI.
Vol. CV, n° 84.
[Enregistré 1854, n° 54.]

AUBRIET (CLAUDE).
— *Solanum igneum* (Lin.), de l'Amérique méridionale. — Vél.
Signé à gauche : AUBRIET PINX.
Vol. XXIV, n° 25.

— *Malva largifolia vulgaris.* — Vél.
On lit à droite : AUBRIET P.
Vol. XLV, n° 37.

BOCOURT (FIRMIN).
— *Gorille gina adulte* (J. G.). — Pap.
Signé à gauche : F. BOCOURT, 1857.
Vol. CIV, n° 1.
[Enregistré 1857, n° 15.]

— *Gorille gina*, d'après les daguerréotypes du Muséum. — Pap. — 2 fig. — 1/6 de la grandeur naturelle.
Signé à droite : F. BOCOURT, 1857.
Vol. CIV, n° 2.
[Enregistré 1857, n° 16.]

— *Gorille et chimpanzé*, d'après les daguerréotypes du Muséum. — Pap. — 4 fig. — 1/6 de la grandeur naturelle.
Signé à droite : F. BOCOURT, 1857.
Vol. CIV, n° 3.
[Enregistré 1857, n° 17.]

— *Troglodytes niger* (G. St-H.); *Chimpanzé mâle*, mort à la Ménagerie, d'après le vivant. — Pap. — Grandeur naturelle.
Signé à droite : F. BOCOURT, 1857.
Vol. CIV, n° 4.
[Enregistré 1857, n° 4.]

Bocourt (Firmin).
— *Métis d'une jument de Tarbes et d'un hémione.* — Vél.
Signé à droite : F. Bocourt, 1869.
Vol. CIV, n° 5.
[Enregistré 1869, n° 4.]

— *Zébu mâle*, du Soudan égyptien. — Vél. — 2/5 de la grandeur naturelle.
Signé à droite : F. Bocourt, 1859.
Vol. CIV, n° 6.
[Enregistré 1859, n° 10.]
Ce dessin a été exposé au Salon de 1861, sous le n° 301.

— *Girafe mâle*, âgée de huit jours, ayant 1m,64 de hauteur, née à la Ménagerie, le 29 février 1856. — Vél. — 1/6 de la grandeur naturelle.
Signé à droite : F. Bocourt, 1856.
Vol. CIV, n° 7.
[Enregistré 1856, n° 16.]

— *Premier hippopotame né en Europe*, à la Ménagerie, le 10 mai 1858, âgé de dix heures. — Vél. — 1/4 de la grandeur naturelle.
Signé à droite : F. Bocourt, 1858.
Vol. CIV, n° 8.
[Enregistré 1858, n° 12.]
Ce dessin a été exposé au Salon de 1863, sous le n° 1959.

— *Didelphe mustelin mâle*, d'après le vivant. — Vél. — 2/3 de la grandeur naturelle.
Signé à droite : F. Bocourt, 1859.
Vol. CIV, n° 9.
[Enregistré 1859, n° 18.]
Ce dessin a été exposé au Salon de 1863, sous le n° 1960.

— *Otarie*, d'après le vivant. — Vél. — 5 fig. — 1/6 de la grandeur naturelle.
Signé à droite : F. Bocourt, 1863.
Vol. CIV, n° 10.
[Enregistré 1864, n° 4.]

— *Balénoptère rostré*, pris sur les côtes de Bretagne en février 1861. — Pap.
Signé à droite : F. Bocourt fecit, mars 1861.
Vol. CIV, n° 11.
[Enregistré 1878, n° 10.]

Bocourt (Firmin).
— *Balénoptère rostré* (le même, vu par dessous). — Pap.
Signé à droite : F. Bocourt fecit, avril 1861.
Vol. CIV, n° 12.
[Enregistré 1878, n° 11.]

— *Delphinus melas* (Traill), échoué au Havre en 1856. — Pap. — 1/17 de la grandeur naturelle.
Signé à droite : F. Bocourt, 1856.
Vol. CIV, n° 13.
[Enregistré 1857, n° 2.]

DELAHAYE.
— *Fœtus d'éléphant.* — Pap. — 2 fig. — Grandeur naturelle.
Signé à gauche : Delahaye p^t, 1880.
Vol. CIII, n° 69.
[Enregistré 1882, n° 1.]

— *Fœtus de baleine.* — Pap. — 5 fig. — 2/5 de la grandeur naturelle.
Signé à gauche : Delahaye pinx^t, 1881.
Vol. CIII, n° 70.
[Enregistré 1882, n° 2.]

— *Paléontologie; paleotherium magnum.* — Pap. — 1/10 de la grandeur naturelle.
Signé à gauche : Delahaye del^t, 1874.
Vol. CIII, n° 81.
[Enregistré 1874, n° 6.]

— *Tænia filicollis; intestins du chat domestique* (grossi 7 fois). — Pap.
Signé à gauche : Delahaye del^t, 1854.
Vol. CIII, n° 95.
[Enregistré 1854, n° 49.]

— *Gorgonia multicaudata* (Lam.). — Vél.
Signé à gauche : Delahaye p^t, décembre 1854.
Vol. CV, n° 81.
[Enregistré 1855, n° 2.]

— *Plexaura viminea* (Val.). — Vél.
Signé à gauche : Delahaye p^t, décembre 1854.
Vol. CV, n° 83.
[Enregistré 1854, n° 62.]

— *Spicules divers de gorgones.* — Pap. — 8 fig.
Signé à gauche : Delahaye del^t, 1854.
Vol. CV, n° 96.
[Enregistré 1854, n° 52.]

DELAHAYE.
— *Spicules divers de gorgones.* — Pap. — 8 fig.
Signé à gauche : DELAHAYE DEL¹, 1854.
Vol. CV, n° 97.
[Enregistré 1854, n° 51.]

— *Spicules divers de gorgones.* — Pap. — 8 fig.
Signé à gauche : DELAHAYE DEL¹, 1854.
Vol. CV, n° 98.
[Enregistré 1854, n° 47.]

— *Spicules divers de gorgones.* — Pap. — 8 fig.
Signé à gauche : DELAHAYE DEL¹, 1854.
Vol. CV, n° 99.
[Enregistré 1854, n° 48.]

FONTAINNE (ABEILLE DE).
— *Hyosciamus physalodes* (Lin.), de Sibérie. — Vél.
Signé à gauche : ABEILLE DE F.
Vol. XXII, n° 78.

FORMANT (H.).
— *Jeune rorqual rostré; fœtus de la baleine de la Nouvelle-Zélande.* — Pap. — 10 fig.
Signé à gauche : H. FORMANT, 1871.
Vol. CIII, n° 96.
[Enregistré 1871, n° 1.]

— *Os palatins de rorquals et de baleines.* — Pap. — 10 fig. — 1/10 de la grandeur naturelle.
Signé à gauche : H. FORMANT, 1871.
Vol. CIII, n° 97.
[Enregistré 1871, n° 2.]

— *Balénidés; moules intracrâniens.* — Pap. — 5 fig. — 1/5 de la grandeur naturelle.
Signé à gauche : H. FORMANT, 1871.
Vol. CIII, n° 98.
[Enregistré 1871, n°⁵ 5 et 6.]

— *Balénidés; moules intracrâniens.* — Pap. — 6 fig. — 1/5 de la grandeur naturelle.
Signé à gauche : H. FORMANT, 1871.
Vol. CIII, n° 100.
[Enregistré 1871, n° 7.]

FRANK (C.).
— *Tête d'orang-outang*, vue de face. — Vél.
Signé à droite : CH. FRANK PINX.
Vol. CIII, n° 108.

— *Tête d'orang-outang*, vue de profil. — Vél.
Signé à droite : CH. FRANK PINX., 1838.
Vol. CIII, n° 109.

— *Extrémités du même.* — Vél. — 5 fig.
Signé à droite : CH. FRANK PINX.
Vol. CIII, n° 110.

— *Singe rouge d'Amérique.* — Pap.
Signé à gauche : DESSINÉ D'APRÈS LE VIVANT, PAR CH. FRANK.
Vol. CIII, n° 111.
L'animal est représenté perché.

— *Singe rouge d'Amérique; le même assis et mangeant.*—Pap.—H. 0^m,35. — L. 0^m,29.
Signé à droite : J. CH. FRANK DEL.
Vol. CIII, n° 112.

GOMBAUD.
— *Caille*, de la Louisiane. — Vél.
Signé à droite : GOMBAUD, 1793.
Vol. LXXXI, n° 78.

GUÉRIN (E.).
— *Aspalasome* (Geoff. St-H.). — Vél. — 5 fig.
Signé à droite : E. GUÉRIN, 1825.
Vol. CIII, n° 11.

HUET (NICOLAS).
— *Agène; détails anatomiques d'un agène*, né en septembre 1826. — Pap. — 3 fig. — Moitié de la grandeur naturelle.
Signé à gauche : HUET, septembre 1826.
Vol. CIII, n° 4.

— *Agenes Pinelli; ses viscères hors de l'abdomen, réunis au placenta.*—Vél. — 4 fig. — Moitié de la grandeur naturelle.
Signé à gauche : HUET, mars 1828.
Vol. CIII, n° 5.

— *Agène; détails anatomiques.* — Vél. — 5 fig. — Grandeur naturelle.
Signé à gauche : HUET, octobre 1826.
Vol. CIII, n° 6.

HUET (Nicolas).
— *Système vasculaire de l'agnes Pinelli.* — Vél. — 2 fig. — Grandeur naturelle.
Signé à gauche : HUET, mars 1828.
Vol. CIII, n° 7.

— *Crânes humains.* — Pap. — 3 fig. Moitié de la grandeur naturelle.
Signé à gauche : HUET, juin 1824.
Vol. CIII, n° 10.

— *Notencéphale; thlipsencéphale à tête élevée.* — Pap. — 3 fig.
Signé à gauche : HUET, avril 1821.
Vol. CIII, n° 12.

— *Monstre humain*, né à Arras, le 1ᵉʳ octobre 1820, *décrit sous le nom d'hypérencéphale.* — Pap. — 2 fig. — 2/3 de la grandeur naturelle.
Signé à gauche : HUET, août 1821.
Vol. CIII, n° 13.

— *Bœuf monstre.* — Vél. — 1/4 de la grandeur naturelle.
Signé à gauche : HUET, février 1826.
Vol. CIII, n° 14.

— *Os du crâne d'un acéphale.* — Pap. — 23 fig. — Grandeur naturelle.
Signé à gauche : HUET, août 1820.
Vol. CIII, n° 15.

— *Thlipsencéphale Julien.* — Vél. — 2 fig. — Grandeur naturelle.
Signé à gauche : HUET, octobre 1824.
Vol. CIII, n° 17.

— *Détails anatomiques du monstre d'Arras.* — Vél. — 5 fig.
Signé à gauche : HUET, août 1821.
Vol. CIII, n° 18.

— *Anencéphales.* — Pap. — 10 fig. — Grandeur naturelle.
Signé à gauche : HUET, août 1825.
Vol. CIII, n° 19.

— *Anencéphale humain* (G. St-H.). — Pap. — 2 fig. — Grandeur naturelle.
Signé à gauche : HUET, avril 1821.
Vol. CIII, n° 20.

— *Poulets monstrueux.* — Pap. — 15 fig.
Signé à gauche : HUET, mai 1826.
Vol. CIII, n° 21.

HUET (Nicolas).
— *Anencéphale de bras; anencéphale de patare.* — Pap. — 9 fig.
Signé à gauche : HUET, juin 1825.
Vol. CIII, n° 24.

— *Podencéphale.* — Pap. — 6 fig.
Signé à gauche : HUET, septembre 1821.
Vol. CIII, n° 25.

— *Crânes humains*, vus de face et de profil. — Pap. — 5 fig. — Grandeur naturelle.
Signé à gauche : HUET, août 1820.
Vol. CIII, n° 26.

— *Notencéphales.* — Pap. — 6 fig.
Signé à gauche : HUET, février 1823.
Vol. CIII, n° 27.

— *Notencéphales.* — Pap. — 6 fig.
Signé à gauche : HUET, janvier 1826.
Vol. CIII, n° 28.

— *Notencéphales.* — Pap. — 5 fig.
Signé à gauche : HUET, mars 1821.
Vol. CIII, n° 29.

— *Anencéphale de la Seine; hypérencéphale.* — Pap. — 14 fig. — 2/3 de la grandeur naturelle.
Signé à gauche : HUET, août 1821.
Vol. CIII, n° 30.

— *Crâne humain.* — Pap. — 7 fig. — Grandeur naturelle.
Signé à gauche : HUET, octobre 1820.
Vol. CIII, n° 31.

— *Thlipsencéphale Leon.* — Pap. — 3 fig.
Signé à gauche : HUET, avril 1828.
Vol. CIII, n° 33.

— *Podencéphale.* — Pap. — 5 fig.
Signé à gauche : HUET, septembre 1821.
Vol. CIII, n° 34.

— *Podencéphale* (grossi trois fois). — Pap. — 13 fig.
Signé à gauche : HUET, décembre 1817.
Vol. CIII, n° 35.

— *Podencéphale.* — Pap. — 6 fig. — Grandeur naturelle.
Signé à gauche : HUET, mars 1821.
Vol. CIII, n° 36.

— *Janiceps porcinus.* — Pap. — 4 fig. — 2/3 de la grandeur naturelle.
Signé à gauche : HUET, juin 1830.
Vol. CIII, n° 37.

Huet (Nicolas).
— *Rhinencéphale mouton ; sphenencéphale mouton.* — Pap. — 3 fig. — Grandeur naturelle.
Signé à gauche : Huet, mars 1821.
Vol. CIII, n° 41.

— *Veau à épaule monstrueuse.* — Pap. — 3 fig. — 1/3 de la grandeur naturelle.
Signé à gauche : Huet, mars 1828.
Vol. CIII, n° 43.

— *Osselets sous-vertébraux; serins monstrueux,* nés chez M. Mathias. — Pap. — 14 fig. — Moitié de la grandeur naturelle.
Signé à gauche : Huet, décembre 1828.
Vol. CIII, n° 46.

— *Squelette de baleine du Cap.* — Pap.
Signé à gauche : Huet, septembre 1823.
Vol. CIII, n° 73.

— *Baleine du Cap, adulte.* — Pap. — 2 fig. — 1/20 de la grandeur naturelle.
Signé à gauche : Huet, juillet 1823.
Vol. CIII, n° 74.

— *Tête de baleine du Cap, jeune.* — Pap. — 2 fig. — 1/5 de la grandeur naturelle.
Signé à gauche : Huet, juin 1823.
Vol. CIII, n°s 75 et 76.

— *Tête de baleine du Cap,* adulte. — Pap. — 2 fig.
Signé à gauche : Huet.
Vol. CIII, n° 77.

— *Rorqual de la Méditerranée* (Cuv.). — Pap. — 2 fig.
Signé à gauche : Huet, août 1823.
Vol. CIII, n° 78.

— *Rorqual de la Méditerranée.* — Pap. — 2 fig.
Signé à gauche : Huet, juillet 1823.
Vol. CIII, n° 79.

— *Rorqual du cap de Bonne-Espérance.* — Pap. — 2 fig. — 1/12 de la grandeur naturelle.
Signé à gauche : Huet, juin 1823.
Vol. CIII, n° 80.

Huet (V. J.).
— *Semnopithecus nigripes,* de Cochinchine. — Pap.
Signé à gauche : J. Huet pinx^t, 1870.
Vol. CIV, n° 21.
[Enregistré 1870, n° 2.]

— *Bassarycion Gabii* (Allen), de Costa-Rica. — Pap. — Moitié de la grandeur naturelle.
Signé à gauche : J. Huet, 1881.
Vol. CIV, n° 22.
[Enregistré 1881, n° 5.]

— *Perodicticus Potto* (Van der Hoër), du Gabon. — Pap. — 2 fig.
Signé à gauche : J. Huet, 1872, *d'après le vivant.*
Vol. CIV, n° 26.
[Enregistré 1872, n° 12.]

— *Perodicticus Potto,* du Gabon. — Pap. — 2/3 de la grandeur naturelle.
Signé à droite : J. Huet, 1872.
Vol. CIV, n° 27.
[Enregistré 1872, n° 11.]

— *Sciurus Harmandi* (Milne Edwards), de Phu-Quoc; *sciurus Germani* (id.), de Poulo-Condore (Indo-Chine). — Pap. — 2 fig.
Signé à droite : J. Huet, 1876.
Vol. CIV, n° 28.
[Enregistré 1876, n° 9.]

— *Sciurus Siamensis* (Gray). — Pap. — 2 fig.
Signé à gauche : J. Huet, 1869.
Vol. CIV, n° 29.
[Enregistré 1869, n° 2.]

— *Sciurus flavus* (Milne Edwards); *sciurus rutilus* (Rupp.), d'Afrique. — Pap. — 2 fig.
Signé à gauche : J. Huet, 1869.
Vol. CIV, n° 30.
[Enregistré 1869, n° 1.]

— *Lophyomys,* d'Abyssinie. — Pap.
Signé à droite : J. Huet, 1867.
Vol. CIV, n° 31.
[Enregistré 1867, n° 15.]

— *Métis d'hémione et de daim,* né à la Ménagerie, le 6 juin 1875. — Pap.
Signé à droite : J. Huet, 1878.
Vol. CIV, n° 32.
[Enregistré 1878, n° 8.]

Huet (V. J.).
— *Cheropotamus Edwardsii* (Grandidier), de Madagascar. — Pap.
Signé à gauche : J. Huet, *d'après nature,* 1869.
Vol. CIV, n° 33.

— *Chevrotain femelle,* apportée de Singapoure par M. Bocourt, en 1862. — Vél. — 2/3 de la grandeur naturelle.
Signé à gauche : J. Huet pinx^t, *d'après le vivant,* 1863.
Vol. CIV, n° 34.
[Enregistré 1863, n° 3.]

— *Panolia frontalis* (Blyth), de Cochinchine. — Pap. — 2 fig.
Signé à droite : J. Huet, 1867, *d'après le vivant.*
Vol. CIV, n° 35.
[Enregistré 1867, n° 1.]

JACQUEMART (Albert).
— *Alcyoncellum mirabile* (Val.). — Vél. — 2 fig.
Signé à gauche : Jacquemart, 1839.
Vol. CV, n° 32.
[Enregistré 1839, n° 29.]

— *Alcyoncellum speciosum* (Q.). — Vél.
Signé à gauche : Jacquemart, 1840.
Vol. CV, n° 33.
[Enregistré 1840, n° 11.]

— *Spongia patera* (Hardwick), de Malacca. — Vél.
Signé à droite : A. Jacquemart, 1839.
Vol. CV, n° 38.
[Enregistré 1839, n° 17.]

— *Alcyonium purpureum* (Lam.), de la Nouvelle-Hollande. — Vél.
Signé à gauche : Jacquemart, 1840.
Vol. CV, n° 39.
[Enregistré 1840, n° 15 *bis.*]

— *Geodia gibbosa* (Lam.). — Vél.
Signé à gauche : Jacquemart, 1839.
Vol. CV, n° 46.
[Enregistré 1839, n° 18.]

— *Iphition panicea* (Val.), de la Martinique. — Vél.
Signé à gauche : A. Jacquemart, 1839.
Vol. CV, n° 50.
[Enregistré 1839, n° 19.]

MARÉCHAL.
— *Hétérobranche bidorsalis* (Expédition d'Égypte, xvii, 2). — Pap. — 1/3 de la grandeur naturelle.
Signé à gauche : Maréchal, an X.
Vol. CIII, n° 2.
Au dos on lit : *Bon à être gravé. Vu en commission le 28 vendémiaire an onze:* Berthollet.

MEUNIER.
— *Lorris grêle.* — Pap. — 2 fig. — 2/3 de la grandeur naturelle.
Signé à droite : Meunier, avril 1851.
Vol. CII, n° 16.
[Enregistré 1851, n° 19.]

— *Monstre humain.* — Pap. — 4 fig.
Signé à gauche : Meunier, janvier 1828.
Vol. CIII, n° 22.

— *Polyops deturpatus,* né en Espagne, le 31 janvier 1775 ; *polyops palpebralis,* dessiné d'après le sujet des cabinets de la Faculté de médecine. — Pap. — 2 fig.
Signé à gauche : Meunier, mars 1827.
Vol. CIII, n° 23.

— *Placenta de l'anencéphale de patare.* — Pap. — 2 fig.
Signé à gauche : Meunier, octobre 1824.
Vol. CIII, n° 32.

— *Chat monstrueux.* — Pap. — 3 fig.
Signé à gauche : Meunier, avril 1828.
Vol. CIII, n° 39.

MILLOT (Ad.).
— *Macrotherium giganteum* (de Sansans); *pied de devant gauche.* — Pap. — 5 fig.
Signé à gauche : A. Millot p.
Vol. CIII, n° 82.
[Enregistré 1876, n° 17.]

— *Ptérodactyle du néocomien,* de Castellane (Basses-Alpes). — Pap. — 7 fig.
Signé à gauche : A. Millot, 1874.
Vol CIII, n° 83.
[Enregistré 1873, n° 13.]

— *Mégathérinon ; os hyoïde sous ses diverses faces.* — Pap. — 7 fig.
Signé à gauche : Ad. Millot.
Vol. CIII, n° 84.
[Enregistré 1873, n° 6.]

MILLOT (AD.).
— *Mégathérinon ; dents molaires.* — Pap. — 16 fig.
Signé à gauche : AD. MILLOT.
Vol. CIII, n° 85.
[Enregistré 1873, n° 5.]

— *Monstruosité crânienne du cheval* (de la Confédération argentine). — Pap. — 4 fig.
Signé à gauche : A. MILLOT, 1874.
Vol. CIII, n° 102.
[Enregistré 1874, n° 12.]

— *Structure de l'intestin grêle et de ses villosités dans le rhinocéros de l'Inde.* — Pap. — 12 fig.
Signé à gauche : A. MILLOT, février 1875.
Vol. CIII, n° 103.
[Enregistré 1875, n° 1.]

— *Structure des os chez les poissons.* — Pap. — 13 fig.
Signé à gauche : A. MILLOT DEL.
Vol. CIII, n° 104.
[Enregistré 1875, n° 6.]

— *Squale pèlerin,* pris à Concarneau, le 27 avril 1876. — Pap. — 3 fig.
Signé à gauche : A. MILLOT.
Vol. CIII, n° 105.
[Enregistré 1876, n° 13.]

— *Grand squale ; dents et fanons branchiaux.* — Pap. — 4 fig.
Signé à gauche : A. MILLOT DEL.
Vol. CIII, n° 106.
[Enregistré 1876, n° 23.]

— *Enfant monstrueux.* — Pap.
Signé à gauche : A. MILLOT.
Vol. CIII, n° 107.
[Enregistré 1877, n° 5.]

NICOLET (H^{le}).
— *Formation des os.* — Pap. — 9 fig.
Signé à gauche : H^{le} NICOLET AD NAT. DEL., décembre 1845.
Vol. CIII, n° 68.
[Enregistré 1845, n° 28.]

— *Stylester sanguineus, granulosus, gracilis* (Milne Edwards).— Vél.— 24 fig.
Signé à gauche : H^{le} NICOLET, 1850.
Vol. CV, n° 88.
[Enregistré 1850, n° 16.]

OUDART (P.).
— *Hyalonema Sieboldii* (Gray). — Vél.
Signé à gauche : P. OUDART, 1848.
Vol CV, n° 44.
[Enregistré 1848, n° 28.]

— *Tethya Lyncurium* (Lam.). — Vél. — 13 fig.
Signé à gauche : P. OUDART, 1849.
Vol. CV, n° 45.
[Enregistré 1849, n° 3.]

— *Pachymatisma Zeelandica,* des rochers de Bréhat (Bretagne). — Vél. — 2 fig.
Signé à gauche : P. OUDART, 1850.
Vol CV, n° 47.
[Enregistré 1850, n° 9.]

— *Cynodellia calvaria* (Val.), du cap Nord. — Vél. — 3/4 de la grandeur naturelle.
Signé à gauche : P. OUDART, 1849.
Vol. CV, n° 48.
[Enregistré 1849, n° 6.]

— *Olicula speciosa* (Milne Edwards); *madracis asperula; amphelia venusta; olicula diffusa* (Lam.). — Vél. — 15 fig.
Signé à gauche : P. OUDART, 1850.
Vol. CV, n° 87.
[Enregistré 1850, n° 34.]

— *Echinopora rosularia* (Lam.), des îles Seychelles. — Vél. — Moitié de la grandeur naturelle.
Signé à gauche : P. OUDART, 1848.
Vol. CV, n° 89.
[Enregistré 1848, n° 5.]

— *Gorgone,* de l'île Bourbon. — Vél. — Moitié de la grandeur naturelle.
Signé à gauche : P. OUDART, 1846.
Vol CV, n° 90.
[Enregistré 1846, n° 8.]

— *Gorgone verticillée.* — Vél. — 2/5 de la grandeur naturelle.
Signé à gauche : P. OUDART. 1845.
Vol. CV, n° 91.
[Enregistré 1845, n° 21.]

— *Gorgone myriacaule,* de l'île Bourbon. — Vél. — 3/10 de la grandeur naturelle.
Signé à gauche : P. OUDART, 1845
Vol. CV, n° 92.
[Enregistré 1845, n° 18.]

OUDART (P.).
— *Gorgone myriacaule*, de la rade de Bourbon. — Vél. — 3 fig.
Signé à gauche : P. OUDART, 1845.
Vol. CV, n° 93.
[Enregistré 1845, n° 17.]
— *Oculine de Michelin*. — Vél.
Signé à gauche : P. OUDART, 1845.
Vol. CV, n° 94.
[Enregistré 1845, n° 8.]
— *Heteropsammica cochlea*, de Zanzibar. — Pap. — 8 fig.
Signé à gauche : P. OUDART, 1850.
Vol. CV, n° 95.
[Enregistré 1850, n° 21.]

PONTIER.
— *Abronia umbellata* (Lam.), de Californie. — Vél.
On lit à droite : PONTIER, 1820.
Vol. XVI, n° 63.
— *Brucea ferruginea* (Her.), d'Afrique. — Vél.
On lit à droite : PONTIER.
Vol. LIX, n° 24.

REDOUTÉ (HENRI-JOSEPH).
— *Os du crâne d'un acéphale*. — Pap. — 6 fig.
Signé à gauche : H. J. REDOUTÉ DEL¹, 1821.
Vol. CIII, n° 16.
— *Crâne du rhinencéphale cochon*. — Pap. — 6 fig.
Signé à gauche : H. J. REDOUTÉ DEL¹, 1821.
Vol. CIII, n° 40.
— *Veau monstrueux; chien cyclope*. — Pap. — 4 fig.
Signé à gauche : H. J. REDOUTÉ DEL¹, 1821.
Vol. CIII, n° 42.
— *Détails de la tête d'un veau monstrueux*. — Pap. — 10 fig.
Signé à gauche : H. J. REDOUTÉ DEL¹, 1826.
Vol. CIII, n° 44.
—*Mouton monstrueux; chat monstrueux*. — Pap. — 5 fig.
Signé à gauche : H. J. REDOUTÉ DEL¹, 1821.
Vol. CIII, n° 45.

RIOCREUX (ALFRED).
— *Helminthes cestoïdes* du rat, du lapin et du cochon. — Vél. — 21 fig.
Signé à gauche : A. RIOCREUX, 1854.
Vol. CIII, n° 94.
[Enregistré 1854, n° 34.]
— *Spongia cotylephora* (Val.), de la Guadeloupe. — Vél.
Signé à gauche : ALF. RIOCREUX, 1849.
Vol. CV, n° 9.
[Enregistré 1849, n° 20.]
— *Ficoïdes infundibulus* (Val.), d'Arkhangel. — Vél.
Signé à droite : ALF. RIOCREUX, 1851.
Vol. CV, n° 10.
[Enregistré 1851, n° 21.]
— *Chætosponqia campana* (Val.). — Vél.
Signé à droite : ALF. RIOCREUX, 1849.
Vol. CV, n° 11.
[Enregistré 1849, n° 39.]
— *Scyphie entonnoir*. — Vél.
Signé à droite : ALF. RIOCREUX, 1849.
Vol. CV, n° 13.
[Enregistré 1849, n° 37.)
— *Haliscyphia membracanea* (Val.), de la Nouvelle-Hollande. — Vél.
Signé à droite : ALF. RIOCREUX, 1851.
Vol. CV, n° 14.
[Enregistré 1851, n° 20.)
— *Hymenacia heterœcantha* (Val.), de la Guadeloupe. — Vél. — 6 fig.
Signé à droite : ALF. RIOCREUX, 1850.
Vol. CV, n° 16.
[Enregistré 1850, n° 24.]
— *Hymenacantha scrobiculata*. — Vél.
Signé à droite : ALF. RIOCREUX, 1849.
Vol. CV, n° 17.
[Enregistré 1849, n° 29.]
— *Colia pala* (Val.). — Vél. — 2/3 de la grandeur naturelle.
Signé à droite : ALF. RIOCREUX, 1850.
Vol. CV, n° 22.
[Enregistré 1850, n° 14.]
— *Colia flabellum*. — Vél.
Signé à droite : ALF. RIOCREUX, 1849.
Vol. CV, n° 23.
[Enregistré 1849, n° 38.]
— *Colia pinnæformi* (Val.), de la Nouvelle-Hollande. — Vél.
Signé à droite : ALF. RIOCREUX, 1850.
Vol. CV, n° 24.
[Enregistré 1850, n° 25.]

Riocreux (Alfred).
— *Grantia intestinalis* (Val.), de la mer Rouge, donnée par M. le comte de Paris en 1846. — Vél.
Signé à droite : Alf. Riocreux, 1851.
Vol. CV, n° 25.
[Enregistré 1851, n° 13.]

— *Haligrantia brassicata* (Val.). — Vél. — 2/3 de la grandeur naturelle.
Signé à gauche : Alf. Riocreux, 1850.
Vol. CV, n° 26.
[Enregistré 1850, n° 13.]

— *Haligrantia corduus* (Val.), du Pérou. — Vél.
Signé à gauche : Alf. Riocreux, 1850.
Vol. CV, n° 27.
[Enregistré 1850, n° 23.]

— *Haligrantia otahitana* (Val.). — Vél.
Signé à gauche : Alf. Riocreux, 1851.
Vol. CV, n° 28.
[Enregistré 1851, n° 5.]

— *Haligrantia flabellum* (Val.).
Signé à droite : Alf. Riocreux, 1851.
Vol. CV, n° 29.
[Enregistré 1851, n° 4.]

— *Alcyonium putridosum* (Lam.), de la Guadeloupe. — Vél.
Signé à gauche : Alf. Riocreux, 1851.
Vol. CV, n° 31.
[Enregistré 1851, n° 23.]

— *Adyctia mucida* (Val.), de la Nouvelle-Zélande, rapportée par M. Dupetit-Thouars. — Vél.
Signé à droite : Alf. Riocreux, 1851.
Vol. CV, n° 34.
[Enregistré 1851, n° 14.]

— *Adyctia violacea* (Val.). — Vél.
Signé à gauche : Alf. Riocreux, 1849.
Vol. CV, n° 35.
[Enregistré 1849, n° 28.]

— *Lamarckia veticulata* (Val.). — Vél.
Signé à gauche : Alf. Riocreux, 1850.
Vol. CV, n° 36.
[Enregistré 1851, n° 2.]

— *Lamarckia ramosa* (Val.). — Vél.
Signé à droite : Alf. Riocreux, 1850.
Vol. CV, n° 37.
[Enregistré 1851, n° 3.]

Riocreux (Alfred).
— *Catellia clausa* (Val.), de la Nouvelle-Hollande. — Vél.
Signé à gauche : Alf. Riocreux, 1849.
Vol. CV, n° 42.
[Enregistré 1849, n° 18.]

— *Catellia coarctata* (Val.), de la Nouvelle-Zélande. — Vél. — 2 fig.
Signé à gauche : Alf. Riocreux, 1849.
Vol. CV, n° 43.
[Enregistré 1849, n° 19.]

— *Cynodellia fagesiana* (Val.). — Vél. — 8 fig.
Signé à gauche : Alf. Riocreux, 1849.
Vol. CV, n° 49.
[Enregistré 1849, n° 4.]

— *Gorgonia Boryana*, de l'île Bourbon. — Vél. — Moitié de la grandeur naturelle.
Signé à droite : Alf. Riocreux, 1851.
Vol. CV, n° 85.
[Enregistré 1851, n° 42.]

— *Gorgonia pectinata* (Lam.). — Vél. — Moitié de la grandeur naturelle.
Signé à droite : Alf. Riocreux, 1851.
Vol. CV, n° 86.
[Enregistré 1851, n° 31.]

Susini (J.).
— *Bdéogalle du Gabon*, d'après un individu monté des galeries et envoyé du Gabon par M. Aubry-Lecomte. — Pap.
Signé à gauche : J. Susini pinx^t.
Vol. CIV, n° 20.
[Enregistré 1857, n° 18.]

Terrier (Jules).
— *Antilope Beisa*, d'Abyssinie (dessin fait à la Ménagerie d'après le vivant). — Pap. — 1/8 de la grandeur naturelle.
Signé à gauche : J^{les} Terrier, septembre 1876, *élève de Bocourt*.
Vol. CIV, n° 40.
[Enregistré 1876, n° 20.]

— *Echidné*, vivant à la Ménagerie. — Pap. — 3/5 de la grandeur naturelle.
Signé à gauche : J^{les} Terrier, 1878, *d'après le vivant*.
Vol. IV, n° 41.
[Enregistré 1878, n° 4.]

TERRIER (JULES).
— *Ovis burrel*, de l'Inde. — Pap. — 1/6 de la grandeur naturelle.
Signé à gauche : J^{les} TERRIER, 1880.
Vol. CIV, n° 42.
[Enregistré 1880, n° 3.]
— *Pachyuromis*, d'Algérie. — Pap. — 2 fig. — Grandeur naturelle.
Signé à gauche : J^{les} TERRIER, 1883.
Vol. CIV, n° 43.
[Enregistré 1883, n° 3.]

THIOLOT.
— *Spiroptera sanguinolenta*, vers dans l'estomac d'un renard. — Pap. — 9 fig.
Signé à gauche : THIOLOT, avril 1847.
Vol. CIII, n° 86.
[Enregistré 1847, n° 8.]
— Viscères de *fulco peregrinus* dont les cellules aériennes étaient remplies de *filaria attenuata*. — Pap.
Signé à gauche : THIOLOT, 18 mars 1847.
Vol. CIII, n° 87.
[Enregistré 1847, n° 5.]
— Foie de ruminant (veau), dont les canaux biliaires sont distendus par le *distoma hepaticum*. — Pap.
Signé à gauche : THIOLOT, 1847.
Vol. CIII, n° 88.
[Enregistré 1848, n° 2.]
— Foie de mouton attaqué par l'échinoccoque. — Pap. — 4 fig.
Signé à gauche : THIOLOT PINX^t, 12 juin 1847.
Vol. CIII, n° 92.
— *Strongylus trachealis*, des bronches du sanglier sauvage. — Pap. — 6 fig.
Signé à gauche : THIOLOT, mars 1848.
Vol CIII, n° 93.
Enregistré 1848, n° 17.]

VAILLANT.
— Tronc de la cigogne noire, ouvert pour montrer en place le *filaria labiata* (Cr.), le *syngamus tracheolis* (Nath.). — Pap.
Signé à gauche : VAILLANT.
Vol. CIII, n° 89.
[Enregistré 1843, n° 15.]

VAILLANT.
— *Vers intestinaux*. — Pap.
Signé à gauche : VAILLANT.
Vol. CIII, n° 90.
[Enregistré 1843, n° 15 bis.]
— *Grand scotex*. — Pap.
Signé à gauche : VAILLANT [15 octobre 1844].
Vol. CIII, n° 91.

VULPIAN (A.).
— *Formation des os*. — Pap. — 35 fig.
Signé à gauche : A. VULPIAN PINXIT, décembre 1845.
Vol. CIII, n° 57.
[Enregistré 1845, n° 23.]
— *Formation des os*. — Pap. — 18 fig.
Signé à gauche : AD NATURAM PINXIT A. VULPIAN, décembre 1845.
Vol. CIII, n° 58.
[Enregistré 1845, n° 24.]
— *Formation des os*. — Pap. — 21 fig.
Signé à gauche : A. VULPIAN PINXIT, décembre 1845.
Vol. CIII, n° 59.
[Enregistré 1845, n° 25.]
— *Formation des os*. — Pap. — 17 fig.
Signé à gauche : A. VULPIAN.
Vol. CIII, n° 60.
[Enregistré 1845, n° 26.]
— *Dessins relatifs à la reproduction des os*. — Pap. — 23 fig.
Signé à gauche : VULPIAN.
Vol. CIII, n° 61.
[Enregistré 1859, n° 17.]

WAILLY (LÉON DE).
— *Six planches d'ostéologie*. — Pap.
Signé à gauche : DE WAILLY DEL., décembre 1807-février 1808.
Vol. CIII, n° 1.

WERNER (JEAN-CHARLES).
— *Planche de tératologie*. — Pap. — 8 fig.
Signé à gauche : WERNER DEL., 1826.
Vol. CIII, n° 3.
— *Monstre humain*. — Pap. — 8 fig. — 1/3 de la grandeur naturelle.
Signé à gauche : J. C. WERNER DEL., 1832.
Vol. CIII, n° 8.

WERNER (Jean-Charles).
— *Monstre humain.* — Pap. — 18 fig.
— Grandeur naturelle.
Signé à gauche : J. C. WERNER DEL., 1832.
Vol. CIII, n° 9.

— *Monstruosité de mouton.* — Pap. — 5 fig. — Grandeur naturelle.
Signé à gauche : J. C. WERNER DEL., 1832.
Vol. CIII, n° 38.

— *Squelettes de jeunes pigeons* (Flourens). — Vél. — 9 fig.
Signé à gauche : J. C. WERNER PINX^t, août 1841.
Vol. CIII, n° 47.
[Enregistré 1841, n° 17.]

— *Squelettes de jeunes pigeons.* — Vél. — 17 fig.
Signé à gauche : J. C. WERNER PINX^t, août 1841.
Vol. CIII, n° 48.
[Enregistré 1841, n° 18.]

— *Os et cartilage du bouc* (Flourens). — Vél. — 15 fig.
Signé à gauche : WERNER DEL., octobre 1841.
Vol. CIII, n° 49.
[Enregistré 1841, n° 19.]

— *Ostéologie de cochons d'Inde* (Flourens). — Vél. — 25 fig.
Signé à gauche : J. C. WERNER PINX., décembre 1841.
Vol. CIII, n° 50.
[Enregistré 1841, n° 23.]

— *Ostéologie du fœtus du lapin et du cochon d'Inde.* — Vél. — 17 fig.
Signé à gauche : J. C. WERNER PINX., novembre 1841.
Vol. CIII, n° 51.
[Enregistré 1841, n° 25.]

— *Tibias du canard* (Flourens). — Vél. — 17 fig.
Signé à gauche : J. C. WERNER PINX., novembre 1841.
Vol. CIII, n° 52.
[Enregistré 1841, n° 26.]

WERNER (Jean-Charles).
— *Système dentaire du jeune porc* (Flourens). — Vél. — 25 fig.
Signé à gauche : J. C. WERNER PINX., septembre 1841.
Vol. CIII, n° 53.
[Enregistré 1841, n° 29.]

— *Ostéologie du porc* (Flourens). — Vél. — 24 fig.
Signé à gauche : J. C. WERNER PINX^t, 1842.
Vol. CIII, n° 54.
[Enregistré 1842, n° 12.]

— *Tibias de lapins* (Flourens). — Vél. — 22 fig.
Signé à gauche : J. C. WERNER PINX^t, 1842.
Vol. CIII, n° 55.
[Enregistré 1842, n° 13.]

— *Squelettes et dents du pigeon.* — Vél. — 10 fig.
Signé à gauche : J. C. WERNER PINX^t, 1842.
Vol. CIII, n° 56.
[Enregistré 1842, n° 14.]

— *Formation des os.* — Pap. — 14 fig.
Signé à gauche : J. C. WERNER PINX., 1844.
Vol. CIII, n° 62.
[Enregistré 1844, n° 12.]

— *Formation des os.* — Pap. — 8 fig.
Signé à gauche : WERNER DEL.
Vol. CIII, n° 63.
[Enregistré 1844, n° 26.]

— *Formation des os.* — Pap. — 22 fig.
Signé à gauche : J. C. WERNER PINX^t, 1844.
Vol. CIII, n° 64.
[Enregistré 1844, n° 26 *bis.*]

— *Formation des os.* — Pap. — 32 fig.
Signé à gauche : J. C. WERNER PINX^t, décembre 1844.
Vol. CIII, n° 65.
[Enregistré 1844, n° 26 *ter.*]

— *Formation des os.* — Pap. — 18 fig.
Signé à gauche : J. C. WERNER DEL., 1844.
Vol. CIII, n° 66.
[Enregistré 1844, n° 26 *quater.*]

WERNER (JEAN-CHARLES).
— *Formation des os.* — Pap. — 16 fig.
Signé à gauche : J. C. WERNER DEL.,
1844.
Vol. CIII, n° 67.
[Enregistré 1844, n° 26 *quinter.*]

— *Rorquals de Bayonne.*— Pap. — 2 fig.
— 1/13 de la grandeur naturelle (collection du Muséum).
Signé à gauche : WERNER PINX^t, 1827.
Vol. CIII, n°s 71 et 72.

— *Veau desmioguathe* (Is. G. St Hil.),
né à Vannes en mars 1850, et vivant
à la Ménagerie. — Pap. — 2 fig. —
1/3 de la grandeur naturelle.
Signé à gauche : J. C. WERNER DEL.,
septembre 1850.
Vol. CIII, n° 101.
[Enregistré 1850, n° 38.]

[J'ai réservé, pour en dresser séparément l'inventaire, les volumes XCV et XCVI qui ne sont pas, à proprement parler, des vélins et qui contiennent, sous le titre de « Recueil de plantes dessinées par ordre du Roy par Nicolas Robert, d'après ses propres miniatures; Louis Claude de Châtillon et Abraham Bosse en ont dessiné plusieurs sous la direction de Robert en 1681 », une

COLLECTION SPÉCIALE
DE DESSINS A LA SANGUINE

sur papier de soie léger, et collés sur carton de dimension semblable à tout ce qui a été décrit jusqu'ici. Quelques-uns seulement de ces dessins sont signés par CHASTILLON, dont la signature est soigneusement reproduite; sur la marge de la plupart on a inscrit une lettre C ou R (j'ignore sur quoi sont fondées ces attributions) qui désigne CHASTILLON ou NICOLAS ROBERT; enfin d'autres, peut-être ouvrages d'ABRAHAM BOSSE, ne portent aucune mention d'auteur et souvent même aucune indication : je les ai passés sous silence pour me conformer à la règle suivie dans ce présent inventaire, qui en exclut toute œuvre anonyme.]

Vol. XCV.

F° 2. — *Absinthium ponticum vulgare minus; petite absinthe.* — R.
F° 3. — *Absinthe ou aluyne.* — R.
F° 6. — *Acetosa Bontii; ozeille.*—Crayon. — C.
F° 9. — *Aconitum cœruleum seu napellus vulgaris.* — R.
F° 12. — *Aconit portant plusieurs feuilles en pyramide.* — 2 fig. — R.
F° 13. — *Aconitum salutiferum sive anthora.* — R.
F° 19. — *Acorus verus sive calamus aromaticus officinarum.* — R.
F° 21. — *Alchimilla alpina minor; alchimilla minima montana.* — 2 fig. — R.
F° 25. — *Aloe de Dioscoride.* — R.
F° 27. — *Althœa indica flore cœruleo minimo.* — C.
F° 30. — *Althœa sive ibiscus; guimauve.* — R.
F° 31. — *Alyssum Galeni.* — R.
F° 33. — *Ambrosia maritima.* — R.
F° 34. — *Anagallis lusitanica cœruleo flore amplo; anagallis nemorum luteo flore.* — 2 fig. — R.
F° 39. — *Angélique d'Acadie à fleur jaune.* — R.
F° 40. — *Angelica alpina ad nodos florida.* — C.
F° 41. — *Angélique domestique.* — C.
F° 42. — *Arreste-bœuf en arbrisseau, sans épines.* — R.
F° 44. — *Anonyma anapodaphyllon quibusdam.* — R.
F° 45. — *Anonyme à fleurs de groseillier.* — R.
F° 47. — *Anthyllis maritime.* — 2 fig. — R.
F° 49. — *Apocynum salicis folio et flore purpurescente.* — Signé à gauche : L. DE CHASTILLON DEL.
F° 51. — *Aquilegia pumila præcox Canadensis.* — R.
F° 54. — *Aster atticus supinus, luteus.* — R.
F° 56. — *Aster novæ Belgiæ, latifolius umbellatus, floribus dilute violaceis* (Hermans). — Signé à gauche : L. DE CHASTILLON DEL.
F° 57. — *Aster conizoides luteus adoratus, annuus.* — R.
F° 58. — *Aster conizoides luteus adoratus, perennis.* — R.
F° 59. — *Aster à large feuille, à fleur de Tripolium.* — R.

F° 60. — *Aster montanus pumillus, flore cœruleo magno.* — R.

F° 61. — *Aster précoce des Pyrénées à fleur bleue.* — R.

F° 62. — *Aster serotinus ramosus, flore Bellidis cœruleo.* — Crayon. — C.

F° 63. — *Aster verbasci folio* (Hortus Reg. Parisiensis). — Crayon. — Signé à gauche : L. DE CHASTILLON DELI.

F° 64. — *Aster virgineus angustifolius serotinus, parvo albente flore* (Parkins). — Crayon. — C.

F° 65. — *Astragale jaune d'Afrique.* — R.

F. 66. — *Astragale du Canada à fleur verte.* — R.

F° 69. — *Azarina Mathioli.* — Signé à gauche : L. DE CHASTILLON DEL.

F° 70. — *Balzamina S. Cucumis Zeylanica.* — Signé à droite : L. DE CHASTILLON DEL.

F° 74. — *Bellis frutescens.* — Signé à gauche : L. DE CHASTILLON DEL.

F° 75. — *Bellis Pyrenaïca flore maximo.* — C.

F° 77. — *Beta cretica semine spinoso.* — R.

F° 78. — *Bouroche de Candie à fleur violette.* — R.

F° 80. — *Botrys ambrosioides mexicana.* — R.

F° 81. — *Brionia zeylanica foliis profundè laciniatis.* — Signé à droite : L. DE CHASTILLON DEL.

F° 83. — *Brunette de Portugal à grande fleur.* — R.

F° 84. — *Buglosse de Candie à feuilles bosselées et à fleur odorante de plusieurs couleurs.* — R.

F° 85. — *Buglosse de Portugal à feuilles bosselées.* — R.

F° 87. — *Cacalia glabra.* — C.

F° 88. — *Calendula africana Armauni.* — C.

F° 91. — *Canfre.* — Signé à gauche : L. DE CHASTILLON DEL.

F° 92. — *Caracola de grandeur naturelle.* — Signé à gauche : L. DE CHASTILLON DEL.

F° 93. — *Chardon étoilé à feuilles de giroflée jaune.* — R.

F° 94. — *Carlina acaulos flore luteo pallescente.* — R.

F° 96. — *Caryophyllus indicus frutescens.* — Signé à gauche : L. DE CHASTILLON DEL.

F° 97. — *Centaurium luteum africanum.* — R.

F° 98. — *Centaurium majus ulterum, profundè laciniatum, purpurescente flore.* — Signé à droite : L. DE CHASTILLON DELI.

F° 99. — *Petite centaurée portant ses fleurs en espy.* — R.

F° 101. — *Chelidonium majus.* — R.

F° 102. — *Chrysanthemum aizoides afrinum latifolium ; apocynum humile aizoides africanum.* — Signé à gauche : L. DE CHASTILLON DELI.

F° 104. — *Chrysanthemum foliis Abrotani multifidis.* — R.

F° 107. — *Pois chiche d'Amérique.* — R.

F° 112. — *Clématite d'Amérique à cinq feuilles ou fleur de la Passion.* — R.

F° 113. — *Clématite d'Amérique.* — R.

F° 115. — *Cninus hispanicus serratius.* — C.

F° 118. — *Conyza latifolia flore luteo.* — C.

F° 120. — *Convolvulus purpureus linariæ folio.* — R.

F° 121. — *Liseron de Sicile à petite fleur bleue.* — R.

F° 122. — *Coriandre.* — R.

F° 123. — *Coris lutea maritima.* — Signé à gauche : L. DE CHASTILLON DELI.

F° 129. — *Aubifoin du Levant jaune à cornets.* — R.

F° 131. — *Dentaria siliquilla heptaphyllos.* — R.

F° 133. — *Digitale d'Amérique pourprée à feuilles dentelées.* — R.

F° 135. — *Dracunculus Alpinus Agerati folio.* — R.

F° 136. — *Serpentaire des Indes à tige verte.* — R.

F° 137. — *Petite serpentaire de Mathiole.* — Signé à droite : L. DE CHASTILLON DELI.

F° 139. — *Elichryso affinis africana arborescens floribus purpuro violaceis odore Rosmarini.* — Signé à gauche : L. DE CHASTILLON DELI.

F° 141. — *Epimedium de Dioscoride.* — R.

Fo 143. — *Roquette à feuilles de tonésie.* — R.

Fo 144. — *Eupatoire du Canada à feuilles d'année.* — R.

Fo 146. — *Fève.* — R.

Fo 147. — *Ficus indica folio spinoso, longissimo et angusto.* — Signé à gauche : L. DE CHASTILLON DELI.

Fo 151. — *Filipendula.* — R.

Fo 152. — *Soleil des Indes à feuilles de trachelium et à racine rampante.* — R.

Fo 154. — *Fumeterre du Canada à racine tubéreuse écaillée.* — R.

Fo 157. — *Galega vulgaris.* — R.

Fo 159. — *Gentiana palustris latifolia flore punctato.* — Signé à gauche : L. DE CHASTILLON DELI.

Fo 161. — *Geranium africanum.* — Signé à gauche : L. DE CHASTIALON DELI.

Fo 163. — *Geranium Robertianum.* — R.

Fo 164. — *Immortelle blanche.* — R.

Fo 165. — *Gnaphalium de montagne; gnaphalium des Alpes.* — R.

Fo 168. — *Helenium americanum alato caule.* — Signé à gauche : L. DE CHASTILLON DEL.

Fo 169. — *Helenium du Canada, dit Vosacan.* — R.

Fo 170. — *Helenium indicum altissimum.* — Signé à gauche : L. DE CHASTILLON DEL.

Fo 174. — *Héliotrope d'Amérique à feuille d'ormin.* — R.

VOL. XCVI.

Fo 177. — *Helleborine Canadensis sive calceolus Mariæ.* — R.

Fo 178. — *Helléborine des Alpes à fleurs jaunes ou soulier.* — R.

Fo 179. — *Hellébore blanc à fleur rouge-brune.* — R.

Fo 180. — *Helleborus niger legitimus vel officinarum.* — R.

Fo 181. — *Helleborus niger saniculæ folio major.* — R.

Fo 185. — *Giroflée des dames.* — R.

Fo 186. — *Hesperis montana pallida odoratissima.* — R.

Fo 187. — *Hesperis sive viola matronalis flore pleno.* — R.

Fo 188. — *Hieracium bleu d'Amérique.* — R.

Fo 191. — *Horminum creticum coma cærulea.* — R.

Fo 197. — *Jacea lutea cretica foliis cinerariæ.* — R.

Fo 198. — *Jacea montana incana capite strobili.* — R.

Fo 199. — *Jacée de Sicile à feuille de roquette, à fleur jaune et à tête épineuse.* — R.

Fo 200. — *Iris de Perse précoce bulbeuse de plusieurs couleurs.* — R.

Fo 201. — *Iris phalangioides bormudiana.* — Signé à droite : L. DE CHASTILLON DELI.

Fo 205. — *Ortie morte à feuilles de pariétaire.* — R.

Fo 207. — *Léontopétalon.* — R.

Fo 208. — *Leonurus annuus, d'Amérique.* — Signé à gauche : L. DE CHASTILLON DEL.

Fo 209. — *Leonurus africanus.* — Signé à gauche : L. DE CHASTILLON DEL.

Fo 210. — *Passerage.* — R.

Fo 211. — *Leucoium bulbosum serotinum polyanthemum.* — R.

Fo 212. — *Leucoium creticum parvum folio virente crassiusculo.* — R.

Fo 213. — *Leucoium luteum vulgare; giroflée jaune.* — R.

Fo 214. — *Lilio narcissus japonicus, rutilo flore.* — R.

Fo 216. — *Lis nain d'Acadie à fleur rouge pointillée.* — R.

Fo 218. — *Petit lys de Perse.* — R.

Fo 219. — *Lilium sive martagon canadense flore luteo punctato.* — R.

Fo 220. — *Limonium de Syrie, à feuille de ceterach.* — R.

Fo 221. — *Linaria lutea vulgaris.* — R.

Fo 222. — *Linaria sicula folio gallii.* — R.

Fo 223. — *Linum cæruleum folio acuto.* — Signé à gauche : L. DE CHASTILLON DELI.

Fo 225. — *Espèce de lotus à feuille de coudre.* — R.

Fo 226. — *Lotus de Syrie.* — R.

Fo 227. — *Lupin à fleurs jaunes.* — Signé à gauche : L. DE CHASTILLON DEL.

Fo 228. — *Petite lychnis à fleurs variées.* — R.

Fo 229. — *Lychnis sicula glabra.* — R.

F° 230. — *Lychnis umbellifera montana helvetica.* — R.
F° 232. — *Mauve à feuille de bétoine.* — R.
F° 236. — *Matricaria flore pleno fistuloso.* — R.
F° 237. — *Matricaria sive parthenium.* — R.
F° 238. — *Melilotus officinarum.* — R.
F° 246. — *Petite millefeuille blanche odorante de Montpellier.* — R.
F° 247. — *Moly Dioscoridis.* — R.
F° 249. — *Narcissus americanus polyanthos ruber, caule humili.* — Signé à gauche : L. DE CHASTILLON DEL.
F° 250. — *Le même.* — Signé à gauche : L. DE CHASTILLON DEL.
F° 251. — *Narcissus bibolius*, de grandeur naturelle. — Signé à gauche : L. DE CHASTILLON DEL.
F° 252. — *Narcissus à deux feuilles,* du cap de Bonne-Espérance. — R.
F° 254. — *Lys de Siam.* — Signé à gauche : L. DE CHASTILLON DEL.
F° 256. — *Narcisse de Goumas.* — R.
F° 260. — *Noix de palmier des Indes ou cocos.* — R.
F° 264. — *Onobrychis arvensis vel campanula erecta.* — Signé à gauche : L. DE CHASTILLON DELI.
F° 266. — *Origan héracléotique.* — R.
F° 267. — *Herbe cachée ou clandestine.* — R.
F° 268. — *Papaver corniculatum flore luteo.* — R.
F° 269. — *Papaver corniculatum flore phœniceo.* — R.
F° 272. — *Persicaria maculosa.* — R.
F° 273. — *L'herbe aux teigneux.* — R.
F° 276. — *Branche d'une grande pimprenelle en fleur*, de grandeur naturelle ; *racine de la pimprenelle.* — Signé à gauche : L. DE CHASTILLON DEL.
F° 278. — *Polygonatum vulgare ; sigillum Salomonis flore pleno.* — R.
F° 279. — *Souci d'eau à fleur simple.* — R.
F° 280. — *Faux dictame des Moluques.* — R.
F° 281. — *Ptarmica matricariæ foliis.* — C.
F° 284. — *Renoncule à feuille de thalictrum ; racine d'asphodèle.* — R.

F° 285. — *Raiponce d'Amérique à fleur d'écarlate.* — R.
F° 286. — *Raiponce d'Amérique à fleur bleu pâle.* — R.
F° 287. — *Reseda vulgaris lutea.* — R.
F° 290. — *Sanicle velue des Alpes à feuille de bourrache.* — R.
F° 291. — *Sanicle rampante d'Amérique.* — R.
F° 292. — *Cortuse d'Inde à fleur frangée.* — R.
F° 290. — *Sanicula sive diapensia.* — R.
F° 294. — *Satureia hirsuta purpurea Libani.* — R.
F° 295. — *Sarriette de jardin.* — C.
F° 296. — *Saxifraga rotundifolia alba, radice granulosa.* — R.
F° 297. — *Scabieuse à feuille de chiendent.* — R.
F° 29. — *Scabieuse étoilée annuelle.* — R.
F° 301. — *Scrophulaire à feuille de sureau.* — R.
F° 302. — *Sureau.* — R.
F° 305. — *Seneçon commun.* — C.
F° 307. — *Séné d'Italie.* — R.
F° 308. — *Serratula.* — R.
F° 309. — *Sesamum.* — R.
F° 311. — *Solanum cajanense spinosum hirsutum.* — R.
F° 313. — *Solanum vulgare officinarum.* — R.
F° 316. — *Stachys des Alpes à feuille de bétoine.* — R.
F° 317. — *Staphysagria.* — R.
F° 318. — *Branche de tamarin.* — Signé à gauche : L. DE CHASTILLON DEL.
F° 329. — *Tanacetum vulgare.* — R.
F° 313. — *Thlaspi sempervivens et florens.* — R.
F° 327. — *Trachelium valerianoides umbelliferum.* — R.
F° 331. — *Tulipifera arbor virginiana.* — Signé à gauche : L. DE CHASTILLON DEL.
F° 332. — *Tussilago vulgaris ; pas d'âne.* — R.
F° 333. — *Valeriana sylvestris major.* — R.
F° 334. — *Verveine vulgaire.* — R.
F° 336. — *Verveine étrangère à feuilles d'orties.* — R.

Fº 338. — *Viola pyrenaïca Teucrii.*
— C.
Fº 340. — *Verge dorée du Canada à feuilles de scrophulaire.* — R.
Fº 342. — *Virga aurea major sive herba doria.* — R.
Fº 344. — *Orties à balles de Dioscoride.* — R.

APPENDICE

VÉLINS DE LA MÊME COLLECTION

CONSERVÉS A LA BIBLIOTHÈQUE NATIONALE.

Il a paru intéressant d'inventorier, à la suite des *vélins conservés à la Bibliothèque du Jardin des Plantes*, les quelques vélins qui sont demeurés à la Bibliothèque Nationale (*cabinet des Estampes*), et qui proviennent évidemment de la même collection (voir plus haut, p. 24). — Ce supplément d'informations devait avoir une utilité plus grande que celle que je lui soupçonnais tout d'abord En effet, la comparaison attentive des vélins du Muséum que j'avais qualifiés *anonymes*, mais qui portent très-authentiquement les dates de 1631 ou 1632, avec les vélins de la Bibliothèque Nationale qui émanent incontestablement de DANIEL RABEL (comme sa signature en fait foi sur le verso du premier feuillet d'un des volumes), permet d'établir que le premier artiste employé par Gaston d'Orléans pour la peinture des fleurs de son jardin botanique a été DANIEL RABEL, et que ce Rabel est l'habile peintre auquel on doit les vélins non signés, mais datés de 1631 et 1632. Il n'y a plus de doute désormais : Nicolas Robert a pris un peu plus tard la succession de Rabel, et n'a pas inauguré cette importante collection. Et ainsi se justifie pleinement l'hypothèse formulée par M. Chabouillet dans son très-intéressant article des *Nouvelles Archives de l'art français* (1873, pp. 313-325) que j'ai déjà eu l'occasion de citer.

La Bibliothèque Nationale (*cabinet des Estampes*) ne possède que trois volumes dont nous ayons à nous occuper ici. Le premier et le plus important, sans contredit, est intitulé : FLEURS PEINTES PAR RABEL EN 1624, et est recouvert d'une reliure ancienne en maroquin rouge fleurdelysée. C'est un volume célèbre, qui a appartenu à des amateurs illustres, et notamment au duc de la Vallière (nº 1556 de son Catalogue) ; il fut acquis à la vente des livres de ce collectionneur pour le Cabinet du Roi, le 16 février 1784, moyennant 7,400 livres, et l'abbé Rive lui a consacré une notice spéciale, imprimée à part. Si les œuvres d'art contenues dans ce volume ne sont pas signées, il y a au verso du premier feuillet la signature : DANIEL RABEL F., 1624, qui les authentique suffisamment.

Les deux autres volumes, moins importants, contiennent un certain nombre de vélins de ROBERT, de JOUBERT, d'AUBRIET et de mademoiselle BASSEPORTE, qui rappellent absolument leurs frères du Muséum d'Histoire naturelle ; ce sont des feuilles volantes placées, comme au Jardin des Plantes, entre des feuilles de carton protégées par une couverture moderne. Quelques-uns de ces vélins ne portent ni signature, ni attribution.

ORDRE CHRONOLOGIQUE.

RABEL (DANIEL).
— *Helleborus verus Theophrasti.* — Vél. Vol. I, nº 1.
— *Hepatica trifolia.* — Vél. Vol. I, nº 2.
— *Hyacinthus comosus.* — Vél. Vol. I, nº 3.
— *Corona imperialis major ; — le paon de jour ; papilio nymphalis gemmatus* (Lin.). — Vél. — 3 fig. Vol. I, nº 4.

RABEL (Daniel).
— *Anémones simples ; — la caroline ; — libellula forcipata* (Lin.). — Vél. — 4 fig. Vol. I, nº 5.
— *Anémone pavot double ; anemone maxima polientos calcedonica ; — araignée de jardin à pattes arlequinées.* — Vél. — 3 fig. Vol. I, nº 6.

Rabel (Daniel).
— Anémone double lierre; anémone double incarnadine; anémone simple variée; — la sauterelle à sabre. — Vél. — 4 fig.
Vol. I, n° 7.
— Anémone; iris bisantina angustifolia peramena. — Vél. — 2 fig.
Vol. I, n° 8.
— Anémone supérisse; anémone blanche double; — papilio nymphalis anthiopa (Lin.). — Vél. — 3 fig.
Vol. I, n° 9.
— Ranunculus tripolitanus; ranunculus asiaticus; — la grande cigale, de Provence. — Vél. — 3 fig.
Vol. I, n° 10.
— Ranunculus tripolitanus; — le papillon flambé. — Vél. — 2 fig.
Vol. I, n° 11.
— Anémones doubles; — papilio nymphalis gemmatus cardui (Lin.), ou belle-dame. — Vél. — 3 fig.
Vol. I, n° 12.
— Anémones; — petite araignée de jardin, chenille commune des vergers. — Vél. — 4 fig.
Vol. I, n° 13.
— Anémones doubles. — Vél. — 3 fig.
Vol. I, n° 14.
— Tulipes bordées printanières. — Vél. — 2 fig.
Vol. I, n° 16.
— Tulipe la flamboiante; tulipe de Perse; — le souci; papilio hyale (Lin.). — Vél. — 3 fig.
Vol. I, n° 17.
— Tulipe variée; tulipe printanière; — le criquet ensanglanté; grillus-locusta (Lin.). — Vél. — 3 fig.
Vol. I, n° 18.
— Tulipe printanière; tulipe drap d'argent. — Vél. — 2 fig.
Vol. I, n° 19.
— Tulipes variées printanières. — Vél. — 3 fig.
Vol. I, n° 20.
— Tulipe variée; tulipe printanière. — Vél. — 2 fig.
Vol. I, n° 21.

Rabel (Daniel).
— Tulipe variée; tulipe pirizine ou bombicine. — Vél. — 2 fig.
Vol. I, n° 22.
— Tulipes variées. — Vél.
Vol. I, n° 23.
— Tulipe eracquelière; tulipe variée de trois couleurs; — le capricorne rouge. Vél. — 3 fig.
Vol. I, n° 24.
— Tulipes variées. — Vél. 2 fig.
Vol. I, n° 25.
— Tulipa mixta olias; tulipa lutea et rubra mixta. — Vél. — 2 fig.
Vol. I, n° 26.
— Tulipe printanière; tulipe bordée. — Vél.
Vol. I, n° 27.
— Tulipe variée de trois couleurs; tulipe foirée blanche et rouge; — le grand ichneumon. — Vél. — 3 fig.
Vol. I, n° 28.
— Tulipe variée paletot. — Vél. — 2 fig.
Vol. I, n° 29.
— Tulipa atro rubens oris sulphureis; tulipa ducalis. — Vél. — 2 fig.
Vol. I, n° 30.
— Tulipe drap d'argent; — libelluta grandis ou Julie, des caves de Paris (Lin.). — Vél. — 2 fig.
Vol. I, n° 31.
— Tulipes variées. — Vél. — 2 fig.
Vol. I, n° 32.
— Tulipes bordées; — le papillon demi-deuil. — Vél. — 3 fig.
Vol. I, n° 33.
— Tulipe variée; tulipe blanche à fond noir. — Vél. — 2 fig.
Vol. I, n° 34.
— Tulipe variée. — Vél.
Vol. I, n° 35.
— Tulipe variée. — Vél. — 2 fig.
Vol. I, n° 36.
— Tulipe jaspée. — Vél.
Vol. I, n° 37.
— Tulipe jaspée. — Vél.
Vol. I, n° 38.
— Tulipes variées; — la mante ou priga-Diou, du Languedoc. — Vél. — 4 fig.
Vol. I, n° 39.

Rabel (Daniel).
— *Tulipe flamboiante; tulipe printanière.* — Vél. — 2 fig.
Vol. I, n° 40.

— *Tulipe variée.* — Vél. — 2 fig.
Vol. I, n° 41.

— *Tulipe paletot; tulipe printanière.* — Vél. — 2 fig.
Vol. I, n° 42.

— *Tulipes variées.* — Vél. — 3 fig.
Vol. I, n° 43.

— *Tulipe jaspée; tulipe variée.* — Vél. — 2 fig.
Vol. I, n° 44.

— *Tulipe drap d'or.* — Vél.
Vol. I, n° 45.

— *Tulipes bordées.* — Vél. — 2 fig.
Vol. I, n° 46.

— *Colchicum; tulipe duchesse.* — Vél. — 2 fig.
Vol. I, n° 47.

— *Rosa batavica minor; rosa batavica major.* — Vél. — 2 fig.
Vol. I, n° 48.

— *Narcissus africanus major; grenadier double.* — Vél. — 3 fig.
Vol. I, n° 49.

— *Narcissus albus medio luteus; narcissus omnium maximus; narcissus candidus medio luteus; — le scarabée-livrée d'ancre.* — Vél. — 5 fig.
Vol. I, n° 50.

— *Leuco narcissus precox; narcissus vernus; narcissus polyanthos; narcissus minor autumnalis.* — Vél. — 5 fig.
Vol. I, n° 51.

— *Narcissus pisanus major; narcissus simplex; narcissus narbonensis.* — Vél. — 3 fig.
Vol. I, n° 52.

— *Narcissus albus multiplex medio croceus; narcissus calcedonicus multiplex; narcissus calcedonicus; — l'abeille bourdon.* — Vél. — 4 fig.
Vol. I, n° 53.

— *Narcissus tertius Mathioli.* — Vél.
Vol. I, n° 54.

II. — Paris. — Monuments civils. — N° 6.

Rabel (Daniel).
— *Ornithogalum arabicum; — ornithogalum scarabœa rhinoceros.* — Vél. — 2 fig.
Vol. I, n° 55.

— *Dens caninus; damazonium notatum, vulgo calceolus Mariæ.* — Vél. — 4 fig.
Vol. I, n° 56.

— *Narcissus silvestris; narcissus hispanicus.* — Vél. — 5 fig.
Vol. I, n° 57.

— *Narcissus silvestris multiplex; narcissus juncifolius.* — Vél. — 3 fig.
Vol. I, n° 58.

— *Lilas.* — Vél. — 2 fig.
Vol. I, n° 59.

— *Hyacinthus indicus.* — Vél.
Vol. I, n° 60.

— *Hyacinthus orientalis odoratissimus; — hyacinthus orientalis albus; hyacinthus orientalis polyanthos; — le criquet ordinaire.* — Vél. — 5 fig.
Vol. I, n° 61.

— *Phalangium Allobrogum; lili asphodelus.* — Vél. — 2 fig.
Vol. I, n° 62.

— *Ancolies roses; ancolie double; — scarabée monocéros.* — Vél. — 4 fig.
Vol. I, n° 63.

— *Fritillaria flore cameo; fritillaria albo; fritillaria italica; fritillaria hispanica.* — Vél. — 6 fig.
Vol. I, n° 64.

— *Colchicum montanum; colchicum flore multiplici; colchicum bysantinum; colchicum pavonicum variegatum; — la mouche-asile.* — Vél. — 6 fig.
Vol. I, n° 65.

— *Crocus vernus.* — Vél. — 5 fig.
Vol. I, n° 66.

— *Crocus; — le grand capricorne noir.* — Vél. — 3 fig.
Vol. I, n° 67.

— *Auricula Urcy; — dermeste vulgaire à point de Hongrie.* — Vél. — 6 fig.
Vol. I, n° 68.

— *Auricula Urcy; — le sphinx du troëne.* — Vél. — 3 fig.
Vol. I, n° 69.

RABEL (Daniel).
— *Hyacinthus stellaris germanicus; hyacinthus stellaris cyrenicens major; hyacinthus peruvanus.* — Vél. — 4 fig.
Vol. 1, n° 70.

— *Fraxinella seu diptamus; antirrhinum rubro.* — Vél. — 2 fig.
Vol. 1, n° 71.

— *Calta palustris.* — Vél. — 3 fig.
Vol. 1, n° 72.

— *Martagum imperiale.* — Vél.
Vol. 1, n° 73.

— *Hemerocallis chalcedonica;* — *le grand paon de nuit.* — Vél. — 2 fig.
Vol. 1, n° 74.

« Les antennes de cette phalène sont en forme de peigne. Le peintre ne les a pas figurées parce que probablement il a travaillé d'après un individu mutilé qu'il a copié exactement, sans chercher à remettre ce qui en avait été retranché. »

— *Hemerocallis chalcedonica umbellifera;* — *la chenille du grand porte-queue.* — Vél. — 2 fig.
Vol. 1, n° 75.

— *Martagum flore spadiceo precox.* — Vél.
Vol. 1, n° 76.

— *Martagum imperiale.* — Vél.
Vol. 1, n° 77.

— *Peonia multiplex fœmina.* — Vél.
Vol. 1, n° 78.

— *Peonia simplex; peonia flore multiplici albicante fœmina.* — Vél. — 2 fig.
Vol. 1, n° 79.

— *Lilium rubrum bulbiferum; lilium cruentum precox.* — Vél. — 2 fig.
Vol. 1, n° 80.

— *Cariophyllata variegata; cariophyllata minor simplex; cario hispanico* (œillets). — Vél. — 4 fig.
Vol. 1, n° 81.

— *Cariophyllata Tornacensis; cariophyllata morillon; bullot.* — Vél. — 3 fig.
Vol. 1, n° 82.

— *Ciclamen anthiochenum; ciclamen bisantinum.* — Vél. — 5 fig.
Vol. 1, n° 83.

RABEL (Daniel).
— *Narcisse printanier; narcisse automnale; narcisse des Indes.* — Vél. — 3 fig.
Vol. 1, n° 84.

— *Gladiolus italicus flore carneo; gladiolus major bisantinus;* — *sauterelle à sabre* (variété). — Vél. — 3 fig.
Vol. 1, n° 85.

— *Cana indica major, flore rubro.* — Vél. — 2 fig.
Vol. 1, n° 86.

— *Arundo indica flore luteo.* — Vél.
Vol. 1, n° 87.

— *Iucca orientalis.* — Vél. — 3 fig.
Vol. 1, n° 88.

— *Iucca occidentalis.* — Vél. — 2 fig.
Vol. 1, n° 89.

— *Liliomartagum canadense.* — Vél.
Vol. 1, n° 90.

— *Iris glorieux; iris dalmatica; iris bulbosa latifolia lusitanica.* — Vél. — 4 fig.
Vol. 1, n° 91.

— *Iris bisantina peramœna; iris cameiris; iris camerarii variegati.* — Vél. — 5 fig.
Vol. 1, n° 92.

— *Iris bulbosa angustifolia.* — Vél. — 2 fig.
Vol. 1, n° 93.

— *Iris Susiana major.* — Vél.
Vol. 1, n° 94.

— *Amaranthus tricolor.* — Vél.
Vol. 1, n° 95.

— *Maraco indica seu flore passionis;* — *le grand cerf-volant.* — Vél. — 2 fig.
Vol. 1, n° 96.

« Il paraît que le peintre a travaillé d'après un individu vivant ou bien conservé. On en retrouve les tarses, les antennes et les antennales rendus avec la plus grande vérité et le détail le plus exact. »

— *Mirabilis peruviana.* — Vél. — 3 fig.
Vol. 1, n° 97.

— *Nerion; nerion albo;* — *l'amphisbène ou double marcheur, serpent de Lybie.* — Vél. — 3 fig.
Vol. 1, n° 98.

RABEL (Daniel).
— *Pois de la Chine; giroflée double; — le sphinx du tithymale, chenille des bords de la Loire.* — Vél. — 4 fig.
Vol. I, n° 90.

« Observer que le peintre, qui n'était nullement naturaliste, a fait à cette chenille ainsi qu'à celles représentées dans les peintures précédentes, plus de pattes qu'elles n'en ont naturellement. Toutes ces chenilles sont à seize pattes, qui est le plus grand nombre qu'elles puissent avoir, et le peintre leur en a donné une à chaque anneau. Ce défaut est plus sensible à cette dernière chenille, où l'on voit distinctement onze pattes d'un seul côté, huit membraneuses et trois écailleuses; ce qui ferait en totalité vingt-deux pattes. »

— *Vaulubilis; nasturcium indicum.* — Vél. — 3 fig.
Vol. I, n° 100.

— *Tulipe flamboiante rouge et brune,* de Chartres; *tulipe panachée rouge et blanc,* de Chartres; *tulipe mademoiselle Belin.* — Vél. — 3 fig.
Daté à droite : 1631.
Vol. II, n° 13.

ROBERT (Nicolas).
— *Styrax officinale* (Lin.), de Provence. — Vél.
Signé à droite : N. ROB. PIN.
Vol. II, n° 1.

— *Aquilegia vulgaris* (Lin.), de France. — Vél.
Signé à droite : N. ROB. PIN.
Vol. II, n° 3.

JOUBERT (Jean).
— *Clematis seu flos passionalis trifolia lobis foliorum spinosis in capreolos desinentibus.* — Vél.
Signé à gauche : J. J.
Vol. II, n° 2.

— *Anemone nemorosa* (Lin.), de France; *ranunculi asiatici grumosa radice.* — Vél. — 5 fig.
Attribué à JOUBERT.
Vol. II, n° 4.

— *Anemosa tenuifolia; anemosa latifolia.* — Vél. — 4 fig.
Attribué à JOUBERT.
Vol. II, n° 5.

JOUBERT (Jean).
— *Ctisi species indica an Leonurus Indiæ orientalis.* — Vél.
Signé à gauche : J. J.
Vol. II, n° 22.

— *Narcissus indicus flore oblongo incarnato.* — Vél.
Signé à droite : J. JOUBERT P.
Vol. II, n° 24.

— *Ranunculo affinis indica, flore niveo subtùs rubente.* — Vél.
Signé à droite : J. JOUBERT.
Vol. II, n° 25.

— *Chamærhododendron indica caule aphyllo.* — Vél.
Signé à droite : J. JOUBERT.
Vol. II, n° 26.

— *Crista pavonis cœrulea bulbo et foliis hyacinthi.* — Vél.
Signé à droite : J. JOUBERT P.
Vol. II, n° 27.

— *Ornithogalum indicum flore luteo quadricornuto.* — Vél.
Signé à droite : J. JOUBERT P.
Vol. II, n° 28.

— *Ficus indica fructu trigono, foliis rusci eleganter proliferis.* — Vél.
Signé à droite : J. JOUBERT P.
Vol. II, n° 29.

— *Ficus africana sylvestris folio triquetro.* — Vél.
Signé à droite : J. JOUBERT.
Vol. II, n° 30.

— *Ficus aizoides africana minor erecta, folio triangulo glauco, flore luteo.* — Vél.
Signé à gauche : J. J.
Vol. II, n° 31.

— *Tanacetum seu flos africanus foliis kali.* — Vél.
Signé à droite : J. JOUBERT.
Vol. II, n° 32.

AUBRIET (Claude).
— *Musa Math.* — Vél.
Signé à droite : C. AUBRIET P.
Vol. II, n° 20.

BASSEPORTE (Mlle MADELEINE).

— *Fragaria minor seu nigra; fragaria fructu albo* [Breslinge à Jeue en Thuringe].

Signé à droite : MAG. BASSEPORTE.

Vol. II, n° 33.

BASSEPORTE (Mlle Madeleine).

— *Vingt-deux vélins* [non spécifiés] représentant des *fleurs de pêchers, de pommiers et d'amandiers*. — Vél.

Attribués à Mlle BASSEPORTE.

Vol. III, n{os} 1 à 22.

[Le titre du volume porte : *Fleurs peintes par Mme Basseporte*.]

HENRI STEIN,
CORRESPONDANT DU COMITÉ
DES SOCIÉTÉS DES BEAUX-ARTS.

Paris, le 31 octobre 1887.

ADDITIONS.

Dans les magasins de M. l'architecte du Muséum, on conserve les deux statues monumentales suivantes, envoyées par le gouvernement pour la décoration des nouveaux bâtiments, et jusqu'ici restées sans emploi :

1. *La Géologie.* — Statue plâtre. — H. 2^m,60. — H. du socle : 0^m,18. — L. 0^m,92. — Par DURAND (LUDOVIC-EUGÈNE).

La Géologie est représentée par une femme qui se tient debout, la tête tournée de trois quarts à gauche, et ornée de beaux cheveux; une grande toge lui couvre tout le corps, et la jambe gauche est légèrement repliée sur elle-même. La main droite, tendue en avant, tient une pierre et un papier déroulé; au-dessous du bras gauche, un piédestal carré porte inscrits ces noms : BUFFON, CUVIER, HUMBOLDT, les uns au-dessous des autres.

Signé à gauche, sur le socle : LUDOVIC DURAND.

2. *La Minéralogie.* — Statue plâtre. — H. 2^m,60. — H. du socle : 0^m,18. — L. 0^m,92. — Par MONTAGNY (ÉTIENNE).

La Minéralogie est représentée par une femme qui se tient debout, vue de face, couronnée, vêtue d'une grande toge qui laisse voir les pieds et les bras nus. La jambe droite est en avant. Deux doigts de la main gauche sont appuyés sur la figure et lui donnent l'attitude de la réflexion; la main droite tient un minéral appuyé contre la poitrine. A droite de la statue, une sorte de support sur lequel on voit des plans déroulés.

Signé à droite, sur le socle : ÉT. MONTAGNY.

Cette sculpture a figuré au Salon de 1875 sous le n° 3277.

P. 8, col. 1, lig. 23. — LATREILLE (Pierre-André). — Le bronze placé sur le monument de Latreille, au cimetière du Père-Lachaise, est signé et daté de 1833.

H. S.

TABLE

DES NOMS MENTIONNÉS DANS LA MONOGRAPHIE

Nota. — L'abréviation *arch.* signifie architecte; *p.*, peintre; *p. verr.*, peintre verrier; *sc.*, sculpteur; *dess.*, dessinateur.

Abeille de Fontainne. Voy. Fontainne.
Adam-Salomon (Antony-Samuel), sc., 16.
Adanson (Alexandre), 23.
Adanson (Michel), 12, 23.
Aizelin (Eugène), sc., 21.
Alexandre Ier, 15.
Alberti (Mlle Juliette), p., 24, 25, 94-98, 211-212.
Amy (Jean-Barnabé), 21.
Andecy (d'), 7.
André (Louis-Jules), arch., 6, 20, 21.
Angiviller (comte d'), 11.
Aubriet (Claude), p., 5, 25, 63 78, 212, 227, 231.
Bachaumont, 11.
Balzac. Voy. Baudry.
Barraband (Pierre-Paul), p., 98-99.
Barre (Jean-Auguste), sc., 7, 12.
Basseporte (Mlle Gabrielle-Françoise-Madeleine), p., 25, 78-91, 227, 232.
Baudry de Balzac (Mlle Thérèse), p., 99.
Beauregard. Voy. Le Sourd.
Bérard (Evremond de), p., 13, 14.
Berthollet (Claude-Louis, comte), 10.
Bessa (Pancrace), p., 99-101.
Biard (Auguste-François), p., 12, 13.
Bideault (Louis), p., 101.
Blainville (Henry-Marie Ducrotay de), 9, 18.
Blanchard (Émile-Théophile), p., 101-102.
Bocourt (Marie-Firmin), p., 24, 102-104, 130, 212-213.
Bogino fils (Émile-Louis), sc , 21.
Boizot (Louis-Simon), sc , 9.
Borromée, p., 104.
Bosse (Abraham), dess., 223.
Boulliet (Jacques-Antoine), sc., 12.
Bounieu (Mlle Émilie), p., 104.
Bourdet, p., 104.
Bourgeois (Charles-Arthur, baron), sc., 22
Brice (Germain), 3, 6.
Bridieu (Mlle Eulalie de), p., 104.
Brion (Isidore-Hippolyte), sc., 14.
Brongniart (Alexandre), 20.

Buffon (Jean-Louis-Leclerc, comte de), 5, 8, 9, 10, 11, 19, 20, 21, 23, 24, 232.
Buffon (Nadaud de), 11.
Bullion (de), 4.
Cabuchet (Emilien), sc., 21.
Cap, 6.
Caylus (comte de), 22.
Chabouillet, 24, 27, 227.
Chambard (Louis-Léopold), sc., 21.
Chatillon (Louis-Claude de), dess., 223-226.
Chaudet (Antoine-Denis), sc., 8, 24.
Chazal (Antoine), p., 104-106.
Chevreul (Eugène), chimiste, 5.
Chirac (Pierre), médecin, 4.
Ciuli (Clément), mosaïste, 14.
Clément (A. L.), p., 104.
Colbert de Villacerf, 4.
Constans (Louis-Aristide-Léon), p., 106.
Cordier (Charles-Henri-Joseph), sc., 16, 17, 18.
Cordier (Louis-Henri), sc., 17.
Cros (Henri), sc., 21.
Cruet, fond., 23.
Cuisin (Charles), p., 106.
Cuvier (Georges-Chrétien-Léopold-Dagobert), 5, 8, 9, 14, 15, 20, 21, 23, 232.
Dargelas, 8.
Dargenville. Voy. Dézallier d'Argenville.
Daubenton (Louis-Jean-Marie), 9.
David d'Angers (Pierre-Jean), sc., 6, 7, 10, 12, 14, 15.
Delahaye, p., 107, 213-214.
Deleuze, hist., 6.
Desportes (Alexandre-François), p., 6, 7.
Devéria (Mlle Laure), p., 107.
Dézallier d'Argenville, 22.
Diekmann, p., 107, 141.
Dinkel (Joseph), p., 107.
Ducrotay. Voy. Blainville.
Du Fay, 4.
Duhamel. Voy. Monceau (du).
Dulaure, 22.
Duméril (André-Marie-Constant), 8.
Dumon (S.), 7.

Dumont-d'Urville (Jules-Sébastien-César), 19.
Dumoutier, 18, 19.
Dupaty (Charles), 10.
Durand, p., 107.
Durand (Ludovic-Eugène), sc., 232.
Etex (Antoine), sc., 23.
Fagon (Guy-Crescence), 4, 19.
Félon (Joseph), sc., 23.
Fontainne (Abeille de), p., 107-110, 214.
Formant (H.), p., 110-111, 214.
Fourcroy (Antoine-François, comte), 8, 24.
Fourcroy (comtesse de), 24.
Frank (C.), p., 111-214.
Frémiet (Emmanuel), sc., 7, 20, 21.
Frémy (Edmond), 5.
Gamble (Ad.), p., 111.
Gay-Lussac (Joseph-Louis), 7, 8, 12, 20.
Gayrard (Raymond), sc., 10.
Geoffroy Saint-Hilaire (Étienne), 5, 8, 12, 20.
Geoffroy Saint-Hilaire (Isidore), 7, 12, 21.
Giraud (Sébastien-Charles), p., 13.
Gombaud, p., 25, 111, 112, 214.
Gonaz (Francisque), p., 15.
Gontier (Jean), p., 112.
Guérin (E.), p., 112, 214.
Guillaume (Claude-Jean-Baptiste-Eugène), sc., 19, 20.
Guillemin (Nicolas), sc., 17, 18.
Guitton (Gaston-Victor-Édouard), sc., 23.
Harduin, 25.
Haüy (l'abbé René-Just), 14, 20.
Hayon, sc., 20.
Hébert (Emile), sc., 6.
Henri IV, 3.
Henriette de France, 4.
Héroard, 3.
Houdon (Jean-Antoine), sc., 9.
Huet (Nicolas), p., 112-130, 214-216.
Huet (V. J.), p., 130-131, 216-217.
Humboldt, 232.
Jacquemart (Albert), p., 131-132, 217.
Jacquemont (Victor), 21.
Jal (Aug.), 25.
Jossigny (P.), p., 132-134.
Joubert (Jean), p., 5, 25, 55-63, 211, 227, 231.
Jouin (Henry), 1-24.
Jussieu (Adrien de), 21.
Jussieu (Antoine-Laurent de), 6, 15, 20, 102.
Jussieu (Bernard de), 7, 25.
Labrosse (Guy de), 3, 4, 5, 6, 11, 12, 19.
Lacépède (Bernard-Germain-Etienne de La Ville, comte de), 7, 12.
Lackerbauer (P.), p., 134.
Lakanal, 5.
Laluyé (Louis), p., 134.

Lamarck (Jean-Baptiste-Pierre-Antoine, de Monet de), 20, 21.
Latreille (l'abbé Pierre-André), 8, 21, 232.
Laugier (André), 9.
La Vallière (duc de), 227.
Lavy (A.), sc., 9.
Law (B. L.), sc., 18, 19.
Lecomte, sc., 9.
Lecoy de la Marche, 22.
Legendre-Héral (Jean-François), sc., 8,12,15.
Lemoyne (Jean-Baptiste), sc , 12.
Lequien (Alexandre-Victor), sc., 21.
Le Sourd de Beauregard (Louis-Guillaume), p., 134.
Lesueur (C. Alexandre), p., 134.
Levieux (Lucien), sc., 7.
Louis XIII, 3, 24.
Louis XIV, 4, 22.
Louis XV, 4, 11, 25.
Louis XVI, 5.
Louvois, 4.
Lucas (François), sc., 9.
Macquer (Pierre-Joseph), 9.
Mansion, sc., 9.
Marchand (L.), fond., 22.
Maréchal (Nicolas), p., 25, 134-140, 217.
Matte (Nicolas-Auguste), sc., 11, 12.
Merlieux (Louis-Parfait), sc., 8, 9, 18, 23.
Meunier (Jean-Baptiste), p., 140, 217.
Milbert (Jacques), p., 140.
Millet (Aimé), sc., 7, 12.
Millot (Ad.), p., 217-218.
Monceau (Henri-Louis Duhamel du), 12.
Monet. Voy. Lamarck.
Montagny (Étienne), sc., 232.
Napoléon (le prince Jérôme), 13.
Nerville (de), p., 141.
Nicolet (Hte), p., 141, 218.
Oliva (Alesandre-Joseph), sc., 19.
Orléans (Gaston, duc d'), 24, 27, 227.
Oudart (Paul-Louis), p., 24, 141-143, 218-219.
Oudinot (P.), p., 143-146.
Oudry (Jean-Baptiste), p., 10.
Pajou (Augustin), sc., 5, 11, 19, 23, 24.
Paris (l'amiral), 19.
Petit (Antoine), 9.
Piganiol de la Force, 3, 6, 22.
Poirier, 4.
Pontier, p., 219.
Pouchet (le docteur), 6.
Poujade, p., 147.
Pradier (James), sc., 8.
Prêtre (Jean-Gabriel), p., 24, 147.
Prévost (E. A.), p., 147.
Pujos, p., 11.
Rabel (Daniel), p., 227-231.
Raveau. Voy. Bounieu (Mlle Émilie).
Réaumur (René-Antoine Ferchault de), 12.

REDOUTÉ (Henri-Joseph). p., 147-152, 219.
REDOUTÉ (Pierre-Joseph). p., 25, 152-172.
REGLERS (J.), p., 173.
REGNAULT (Alexandre-Georges-Henri), p., 14.
RÉMOND (Charles), p., 13, 14.
REVEILLAUD, p., 173.
RICHÉ (Mlle Adèle), p., 173-174.
RICHELIEU (cardinal DE), 4.
RINGUET (P.), p., 174.
RIOCREUX (Alfred), p., 174-176, 219-220.
RIVE (l'abbé), 227.
ROBERT (Nicolas), p., 3, 24, 25, 27-55, 211, 223, 231.
ROBIN (Jean), 3.
ROCHET (Louis), sc., 18.
ROHAULT DE FLEURY (Hubert), arch., 6.
ROUILLARD (Pierre-Louis), sc., 16.
ROUSSEAU (Louis), 13.
RUFFEY (le président DE), 11.
SAINT-FOND (Faujas), 11.
SAINT-GEORGES (Guillet DE), 22.
SAINT-HILAIRE (Etienne-Geoffroy). Voy. GEOFFROY.
SAINT-HILAIRE (Isidore-Geoffroy). V. GEOFFROY.
SAINT-PIERRE (Bernardin DE), 5, 6.
SAINT-VINCENT (Bory DE), 8.
SANZEL (Félix), sc., 23.
SARAZIN (Jacques), sc., 21-22.
SAUVAGE (C. G.), p., 176.
SÉGUIER (le chancelier), 4.
SERRES (Antoine-Etienne-Renaud-Augustin), 15-16.

SONNERAT (P.), p., 176.
SOULIÉ (Eud.), 7, 8, 10, 12, 24.
STEIN (Henri), 24-232.
STEUER (Bernard-Adrien), sc., 21.
SUSINI (J.), p., 176, 220.
TALUET (Ferdinand), sc., 21.
TERRIER (Jules), p., 177, 220-221.
THÉODON (Jean-Baptiste), sc., 21-22.
THIÉBAULT (P.), fond., 23.
THIÉRY, historien, 5, 6.
THIOLOT, p., 177, 221.
THOUIN (André), 9.
TOURNEFORT (Joseph Pitton DE). 9, 25.
TRAVIÉS (Edouard), p., 177.
TRUCANINNY, 18, 19.
VAILLANT, p., 177-178, 221.
VAILLANT (Sébastien), 6, 25.
VALENCIENNES (Achille), p., 21.
VALLOT, médecin, 4.
VANGELISTY, g., 11.
VAN SPAENDONCK (Gérard), p., 25, 91-94.
VAUTIER, médecin, 4.
VILLOT (Frédéric), 10.
VINACHE (Jean-Baptiste), sc., 12.
VINCENTI (F.), sc., 17.
VULPIAN (A.), p., 221.
WAILLY (Léon DE), p., 178-189, 221.
WERNER (Jean-Charles), p., 141, 189-210, 221-223.
WILLY (F.), p., 211.
WINSLOW (Jacques), 12.
WOLRADDY, 18, 19.

LE PANTHÉON

LE PANTHÉON

ANCIENNE ÉGLISE DE SAINTE-GENEVIÈVE

Histoire. — *Le 6 septembre 1764, le roi Louis XV se rendait à Sainte-Geneviève, accompagné du Dauphin et de plusieurs seigneurs de la Cour, pour poser solennellement la première pierre des piliers du dôme de l'église qu'il avait fait vœu, lors de sa grande maladie à Metz, en 1744, d'élever à la patronne de Paris. L'architecte* Soufflot *(Jacques-Germain) avait été choisi, dès son retour de Rome, pour dessiner les plans de la somptueuse basilique, et le marquis de Marigny, ami et protecteur de l'artiste, présentait, le 2 mai 1757, au Roi, qui voulait bien l'approuver, la « vue générale du portail de la nouvelle église ». Les travaux en avaient été aussitôt commencés, et elle s'élevait sur partie des terrains proches de l'antique abbaye. Elle était destinée à recueillir dans leur châsse fameuse, exécutée vers 635 par saint* Éloi, *réparée vers 1240 par l'orfèvre* Bonnard, *restaurée et complétée en 1620 par l'orfèvre* Nicolle, *les reliques de la sainte amie de Clovis et de Clotilde, à remplacer la vieille église que ceux-ci avaient bâtie, en 506, sous l'invocation de saint Pierre et de saint Paul, et où le tombeau de Geneviève, morte en 545 et inhumée près du Roi et de la Reine, n'avait cessé, depuis douze siècles d'attirer la vénération des Parisiens et de toute la France. L'église primitive de l'abbaye de Sainte-Geneviève ne fut démolie qu'en 1803, mais, dès longtemps, elle menaçait ruine et, bien avant le vœu du Roi, on redoutait son prochain écroulement. La construction du monument de* Soufflot *fut le grand événement architectural de la seconde moitié du dix-huitième siècle, et Paris et la Cour ne cessèrent de s'y intéresser. Elle n'était pas encore terminée en 1780, quand* Soufflot *mourut, et l'œuvre fut achevée, d'après ses plans, par* Brébion *(Maximilien),* Viel de Saint-Maur *(Charles-François),* Peyre *(Antoine-François)*[1] *et* Rondelet *(Jean-Baptiste)*[2].

« *La forme générale du plan de la basilique est une croix grecque, composée de quatre nefs, d'une longueur de 340 pieds, y compris le péristyle, sur 260 de largeur. La réunion des lignes de la croix aux quatre piliers rectangulaires soutient un dôme central de 63 pieds de diamètre sur 70 d'élévation. Sa façade, élevée de onze marches, présente six colonnes cannelées sur une seule ligne, de 58 pieds de hauteur. Un vaste perron conduit au portail, couronné par un fronton qui fut exécuté par* Coustou *(Guillaume).* » — *Les murailles latérales étaient percées de quarante-deux fenêtres qui inondaient l'église de lumière, mais qui furent supprimées et comblées quand le décret de l'Assemblée constituante, du 4 avril 1791,*

---

[1] Il n'est pas sans intérêt de rappeler ici que Peyre est l'auteur de deux publications sur le Panthéon, dans lesquelles le lecteur puisera d'utiles renseignements. La première a pour titre : *Restauration du Panthéon français. Compte rendu par le citoyen Peyre, architecte, membre de l'Institut national et de la Commission nommée par le Ministre de l'Intérieur pour l'examen du dôme du Panthéon français*. Paris, H. Agasse, an VII, in-4° de 25 pages, avec 6 planches, et la seconde : *Observations sur la restauration des piliers du dôme de Sainte-Geneviève, le Panthéon, et sur les travaux faits par les commissions successivement nommées par le Ministre de l'Intérieur, pour examiner le dôme et donner leur avis*. — Paris, H. Agasse, 1806, in-4° de 8 pages avec une planche.

[2] Cet artiste a laissé un *Mémoire sur le Panthéon*, qui est conservé aux Manuscrits de la Bibliothèque Sainte-Geneviève. Ce travail porte la date de 1797.

transforma l'édifice en monument funéraire : Aux grands hommes la Patrie reconnaissante.

Nul monument de Paris n'a souffert, en cent ans, d'aussi cruelles vicissitudes dans sa destination et par suite dans sa décoration. Selon la pensée de Soufflot, *le fronton de l'église patronale, sous l'invocation de sainte Geneviève, avait été commandé à* Coustou; *il représentait une croix rayonnante avec des nuées et des anges adorateurs.* Bovet [1] *était chargé du grand bas-relief dominant la porte centrale et représentant* Sainte Geneviève qui distribue du pain aux pauvres dans un temps de famine; Julien (Pierre), *du bas-relief de l'arrière-corps à droite, représentant* Sainte Geneviève qui guérit les yeux de sa mère; Dupré (Nicolas-François), *de celui de l'arrière-corps à gauche,* Sainte Geneviève recevant une médaille de saint Germain. *A* Houdon (Jean-Antoine) *et à* Boizot (Louis-Simon) *étaient confiés les deux bas-reliefs des deux porches inférieurs :* Saint Pierre recevant les clefs du ciel, Saint Paul prêchant devant l'aréopage d'Athènes. *Pour la nef d'entrée,* Julien, Dupré, Bovet *exécutaient les grandes figures de l'Ancien Testament ; pour la nef septentrionale,* Julien *et* Dejoux (Claude), *celles de l'Église grecque; la nef méridionale était réservée aux Docteurs et aux principaux faits de l'Église latine. Dans la voûte de la coupole supérieure devait être peinte une* Apothéose *dans un ciel lumineux. Au fond de l'église rayonnait une* Gloire *colossale toute peuplée d'anges et de séraphins. Des autels à la romaine, décorés de peintures, s'appuyaient extérieurement aux gros piliers du dôme. Sous ce dôme central, au milieu de la basilique, devait se dresser le groupe célèbre des* Quatre Vertus *de* Germain Pilon, *qui supportait dans l'ancienne église la châsse de la Sainte. — Tout cet ensemble de travaux et de commandes est mis à néant par le décret de 1791, qui transforme Sainte-Geneviève en Panthéon français, et, retirant au monument son caractère religieux, le destine à recevoir les restes des grands hommes.* Quatremère de Quincy, *commissaire du département à la direction et administration du Panthéon, imagine, selon la pensée et le goût de son temps, tout un ordre de commandes nouvelles.* Moitte (Jean-Guillaume) *est chargé de remplacer le fronton de* Coustou *par une composition allégorique, traduisant l'idée de l'inscription fameuse placée dans la frise :* la Patrie distribuant des couronnes à la Vertu et au Génie, la Liberté terrassant le Despotisme, la Philosophie combattant l'Erreur et le Préjugé. — Boichot (Guillaume) *exécuta le grand bas-relief au-dessus de la porte :* les Droits de l'Homme; Fortin (Augustin-Félix), *celui de l'arrière-corps à droite :* l'Empire de la Loi, *et au-dessous se dressait une figure colossale de* la Force sous l'emblème d'Hercule, *par* Boichot; Roland (Philippe-Laurent), *le bas-relief de l'arrière-corps à gauche :* la nouvelle Jurisprudence, *et au-dessous la figure colossale de* la Loi, *par le même* Roland. — *Pour les deux porches des extrémités, et dont les portes avaient été bouchées, le bas-relief de* Boichot, *à droite, avait été remplacé par le* Dévouement patriotique *de* Chaudet. *Le groupe au-dessous était de* Masson *et représentait un* Guerrier mourant dans les bras de la Patrie. *Le bas-relief de gauche, celui de* Houdon, *était remplacé par* l'Instruction publique *de* Le Sueur (Jacques-Philippe); *et le groupe au-dessous, œuvre de* Chaudet (Antoine-Denis), *représentait* la Philosophie instruisant un jeune homme et lui montrant le chemin de la Gloire et de la Vertu. *A l'intérieur du temple, sous*

---

[1] Bovet échappe à nos recherches. Thiéry ne le nomme pas dans son *Guide*. Aucun biographe ne paraît s'être soucié de nous laisser le prénom de cet artiste. Peut-être sommes-nous en présence de Bovet (Claude) élève de Boizot? Bovet est né en 1755, et il meurt en 1813 ou 1814. Mais Rondelet et Ouin-Lacroix nomment à diverses reprises Bovat et non Bouvet.

chacune des arcades de la nef d'entrée, une figure colossale; sous l'arcade à gauche, la Liberté, par LORTA (Jean-Pierre); sous l'arcade à droite, l'Égalité, par LUCAS (J. R. N.). Pour la décoration des voûtes des quatre nefs aboutissant au dôme, QUATREMÈRE avait substitué aux grandes figures en bas-relief, de Patriarches et de Docteurs de l'Église, prévues par SOUFFLOT, tout un système de figures allégoriques : l'Histoire par STOUF (Jean-Baptiste), la Science politique par AUGER, la Législation par DUPASQUIER (Antoine-Léonard), la Morale par BEAUVALLET (Pierre-Nicolas), la Physique par BACCARI (Antoine), l'Agriculture par LUCAS, la Géométrie par SUZANNE (François-Marie), l'Astronomie par DELAISTRE (François-Nicolas), la Poésie et l'Eloquence par CHARDIN (Sébastien), la Navigation et le Commerce par BLAISE (Barthélemy), la Musique et l'Architecture par RAMEY (Claude), la Peinture et la Sculpture par PETITOT (Pierre), la Force et la Prudence par CARTELLIER (Pierre), la Bonne foi et la Fraternité par FOUCOU (Jean-Joseph), le Dévouement patriotique par MASSON (François), le Désintéressement par LORTA, l'Amour de la Patrie par BOQUET (Simon-Louis). Les quatre pendentifs du dôme étaient remplis par quatre « grands Génies ailés, de la proportion de 15 pieds » : le Génie de la Philosophie par PASQUIER[1], celui de la Vertu par RAMEY, celui des Sciences par BACCARI, celui des Arts par AUGER. Au chevet du monument, là où SOUFFLOT faisait resplendir une Gloire immense, l'ordonnateur de 1791 plaçait une « effigie colossale de la Patrie ». La peinture de la coupole devait naturellement représenter l'apothéose du Génie et de la Vertu. Enfin, le sommet du Panthéon devait être couronné par « une Renommée en bronze, de 27 pieds de proportion », qui fut confiée à DEJOUX. Nous n'avons point à rappeler comment les honneurs du Panthéon furent, en ces temps, décernés à Mirabeau, à Voltaire, à Rousseau, à Marat, à Lepelletier de Saint-Fargeau, à Barra, à Viala, à Descartes. De tout cela, il n'est resté dans les caveaux du Panthéon que les deux cénotaphes de Voltaire et de Rousseau.

En 1806, Napoléon entreprend de remettre en honneur ce temple que le respect public a délaissé. Il le rend au culte, tout en maintenant sa destination à la sépulture des grands hommes, et consacre plus de 2,200,000 francs à sa restauration et à son achèvement. En 1811, GROS (Antoine-Jean, baron) est chargé de la décoration de la coupole, et « s'engage à peindre la calotte du dôme du Panthéon et à y représenter, dans la proportion de figures de quatre mètres, une Gloire d'anges emportant au ciel la châsse de sainte Geneviève; au bas, Clovis et Clotilde, son épouse, fondateurs de la première église; plus loin, Charlemagne, saint Louis, et, à la partie opposée, S. M. l'Empereur et S. M. l'Impératrice consacrant la nouvelle église au culte de cette sainte ». Le Musée Carnavalet possède aujourd'hui l'esquisse peinte par Gros, conformément à cette commande[2].

[1] Cet artiste n'est autre que DUPASQUIER, dont le nom s'écrit indifféremment PASQUIER, DE PASQUIER et DUPASQUIER.
[2] Voir, touchant la coupole du Panthéon, les pages de M. H. Delaborde sur la peinture des coupoles (Revue des Deux Mondes, livraison du 15 septembre 1863, p. 801 et suiv.). Il ne sera pas sans intérêt de signaler aux chercheurs de documents sur Gros, un ensemble de pièces passées en vente publique en 1881 et enregistrées comme suit au catalogue : « GROS (Antoine-Jean), peintre d'histoire Précieux dossier relatif aux peintures de la calotte (coupole) du Panthéon, composé de 12 pièces in fol. et in-4°, parmi lesquelles se trouvent : 1° engagement, sig. GROS, pris le 1er août 1811, d'exécuter, dans l'espace de dix-huit mois, les peintures du dôme, moyennant la somme de 36,000 francs. Cette pièce est munie de l'approbation du comte de Montalivet, en date du 9 août suivant; — 2° Lettre signée d'Hyde de Neuville à GROS, du 10 août 1814, relative aux modifications à apporter aux peintures de la coupole, dont la principale consiste à substituer les images de Louis XVIII et de la duchesse d'Angoulême à celles de Napoléon et de Marie-Louise. Il prévient, en outre, que le prix de 36,000 francs primitivement alloué est porté à 50,000 francs. Une précédente lettre du comte Beugnot, en date du 16 avril, l'avait prévenu de ces modifications; — 3° Autre lettre d'Hyde de Neuville, du 31 mars 1815, ordonnant à GROS de faire figurer de nouveau Napoléon parmi les personnages représentés dans la coupole; — 4° Lettre signée de

La Restauration, sauf l'inévitable modification du groupe impérial, maintient le travail à GROS qui le termine en 1824. On pense alors à GIRODET (Anne-Louis), PRUD'HON (Pierre), MEYNIER (Charles), VERNET (Antoine-Charles-Horace, dit Carle), GUÉRIN (Pierre-Narcisse, baron), pour de grands travaux dans la nef, les ailes et le cul-de-four; LEMOT (François-Frédéric, baron), BOSIO (François-Joseph, baron), DUPATY (Louis-Marie-Charles-Henri MERCIER), CARTELLIER devaient exécuter quatre figures colossales d'Évangélistes pour le rond-point; et GÉRARD (François, baron) obtint, le 8 janvier 1821, la commande des quatre pendentifs : la Mort, la Patrie, la Justice, la Gloire, qu'il n'a pas le temps d'achever entièrement de sa main et qui ne seront livrés au public que le 27 juillet 1837. — Mais déjà la Révolution de 1830 avait de nouveau retiré le Panthéon au culte, pour rétablir à son fronton l'inscription de 91 : Aux grands hommes la Patrie reconnaissante. On songea avant tout à restaurer et à remettre en place le fronton de MOITTE; mais la réparation de ses fragments ayant été jugée trop difficile, un fronton nouveau fut commandé à DAVID D'ANGERS (Pierre-Jean), et les trois bas-reliefs centraux du porche, d'abord à lui confiés, furent transmis à NANTEUIL (Charles-François LE BOEUF). L'idée de surmonter la coupole du Panthéon par une figure colossale, d'où était née la Renommée de DEJOUX, se reproduisait en même temps, et CORTOT (Jean-Pierre) était chargé du modèle, de 16 pieds de haut, d'une Immortalité, destiné à être « coulé en bronze pour être placé sur la lanterne du dôme ». Ce modèle, terminé en 1837, et dont bientôt l'atelier menaçait ruine, fut d'abord vu du public et très admiré des artistes, en avant de la Chambre des députés où il avait été placé, lors de la translation des cendres de l'Empereur en 1840, puis transporté à l'intérieur du Panthéon, où il décora le fond de l'abside jusqu'en 1848; il y fut démoli par un coup de canon, pendant les journées de juin; il ne nous reste aujourd'hui de cette belle figure que le petit modèle en bronze conservé au Musée du Louvre.

En 1848, Ledru-Rollin, sur la proposition de Charles BLANC, directeur des Beaux-Arts, approuve la décoration entière du Panthéon par M. CHENAVARD (Paul-Marc-Joseph). Il s'agissait de grands cartons en grisaille, de six mètres de haut, sur trois de large, et où l'artiste devait montrer « la transformation de l'humanité, les évolutions morales du monde ». M. CHENAVARD dessina une quarantaine de ces compositions historiques et symboliques, et, des dix-huit grands cartons qu'il exécuta avec l'aide de PAPÉTY (Dominique-Louis-Ferréol), BÉZARD (Jean-Louis), BRÉMOND (Jean-François) et COMAIRAS (Philippe), plusieurs parurent au Salon de 1853 et à l'Exposition universelle de 1855.

L'Inventaire général des Richesses d'art aura occasion de décrire cet ensemble considérable d'inventions qui font tant d'honneur à l'artiste, dans le chapitre du

---

Carnot, 16 mai 1815, prévenant Gros que l'Empereur confirme l'indemnité de logement de 800 francs à lui allouée le 12 février précédent ; — 5° Lettre signée de Corbière, ministre de l'Intérieur, à Gros :

« Paris, 27 septembre 1824, 1 p. in-fol.

« Monsieur, les peintures de la coupole de Sainte-Geneviève ont parfaitement justifié la confiance de l'administration en vos talents ; elles ont réuni tous les suffrages, et déjà elles sont placées au nombre des compositions qui honorent le plus l'École française. Cette considération m'a porté à penser que le prix alloué pour cet ouvrage n'est pas en rapport avec son mérite et son importance. En conséquence, j'ai décidé qu'une somme de 50,000 francs vous sera payée sur les fonds de mon ministère, à titre de gratification. Je vous prie, Monsieur, de regarder cette décision comme une preuve de ma satisfaction et de l'estime que m'inspirent vos talents et votre personne. »
(Catalogue d'une importante collection de curiosités autographiques, lettres et documents, dont la vente aura lieu le 25 mai 1881, par le ministère de M° Paul Perrot, commissaire-priseur, assisté de M. Eugène Charavay, expert en autographes, n° 165.)

Musée de Lyon, auquel l'œuvre a été attribuée conformément au vœu de la ville de Lyon, patrie de M. CHENAVARD.

Par décret du 6 décembre 1851, le Président de la République rendait de nouveau le Panthéon au culte, sous l'invocation de sainte Geneviève; mais, durant la période du second Empire, aucune œuvre d'art notable ne venait décorer le monument, si ce n'est les deux groupes de MAINDRON (*Étienne-Hippolyte*), Sainte Geneviève arrêtant Attila, *et le* Baptême de Clovis.

En conséquence de deux rapports publiés au Journal officiel, *le* 7 mars *et le* 7 mai 1874, *le* ministre de l'Instruction publique et des Beaux-Arts approuva l'entreprise d'une décoration nouvelle pour le Panthéon. Le Directeur des Beaux-Arts, désireux d'appliquer à une sorte de concours profitable à l'émulation de l'École tout entière les talents de nos plus illustres peintres et sculpteurs, proposait, après avoir pris, pour les sujets, conseil de M. l'abbé Bonnefoy, doyen de Sainte-Geneviève, de répartir ainsi qu'il suit les peintures à exécuter sur les murailles de la basilique : à M. GALLAND (*P. V.*), *la* Prédication de saint Denis ; à M. BONNAT (*Léon-Joseph-Florentin*), *le* Martyre de saint Denis ; à M. PUVIS DE CHAVANNES (*Pierre*), l'Éducation de sainte Geneviève *et la* Vie pastorale de la jeune sainte ; à M. DELAUNAY (*Jules-Élie*), Attila marchant sur Paris, *et* Sainte Geneviève calmant la multitude affolée ; à M. MEISSONIER (*Jean-Louis-Ernest*), Sainte Geneviève pendant le siège de Paris par les Francs, *et* sainte Geneviève distribuant des provisions au peuple ; à M. GÉRÔME (*Jean-Léon*), *les* Derniers instants de la sainte et son Ensevelissement dans l'église des Saints-Apôtres ; à M. BLANC (*Paul-Joseph*), *la* Bataille de Tolbiac *et le* Baptême de Clovis ; à M. LEHMANN (*Charles-Ernest-Rodolphe-Henri-Salem*), *le* Couronnement de Charlemagne et le même empereur entouré de paladins, de lettrés et de jurisconsultes ; à M. CABANEL (*Alexandre*), Saint Louis fondant les institutions qui font sa gloire, et saint Louis captif des Sarrasins ; à BAUDRY (*Paul-Jacques-Aimé*), Jeanne d'Arc devant Orléans ou à Reims et dans sa prison ; *la chapelle de la Vierge était confiée à* M. MOREAU (*Gustave*), *celle de Sainte-Geneviève à* MILLET (*Jean-François*), *et l'abside, où serait représenté* le Christ (Vivat Christus qui diligit Francos), *montrant en vision à l'ange de la France les destinées de son peuple* (Gesta Dei per Francos), *était confiée à* M. CHENAVARD. MM. CHENAVARD, GUSTAVE MOREAU, LEHMANN, GÉRÔME, *n'ayant pas cru pouvoir accepter leur tâche, et* J. FR. MILLET *étant mort peu après, furent remplacés, dans leurs commandes, par* MM. HÉBERT (*Antoine-Auguste-Ernest*), HUMBERT (*Ferdinand*), LÉVY (*Henri-Léopold*), LAURENS (*Jean-Paul*) *et* MAILLOT (*Théodore-Pierre-Nicolas*). *Quant aux sculptures, elles furent ainsi réparties :* à PERRAUD (*Jean-Joseph*), Saint Denis ; à M. CAVELIER (*Pierre-Jules*), Saint Remi ; à M. CHAPU (*Henri-Michel-Antoine*), Saint Germain ; à CABET (*Jean-Baptiste-Paul*), Saint Martin ; à CARPEAUX (*Jean-Baptiste*), Saint Bernard ; à HIOLLE (*Ernest-Eugène*), Saint Jean de Matha ; à M. MERCIÉ (*Marius-Jean-Antonin*), Saint Eloi ; à M. FRÉMIET (*Emmanuel*), Saint Grégoire de Tours ; à M. FALGUIÈRE (*Jean-Alexandre-Joseph*), Saint Vincent de Paul ; à M. MONTAGNY (*Étienne*), le vénérable de La Salle ; à M. DUBOIS (*Paul*), la Vierge ; à M. GUILLAUME (*Claude-Jean-Baptiste-Eugène*), Sainte Geneviève. *La mort de* CARPEAUX *fit passer à* JOUFFROY (*François*) *la commande du* Saint Bernard.

L'Inventaire ne doit à ses lecteurs que la description des œuvres qui décorent chaque monument à l'heure où elles sont enregistrées. Nous n'aurons donc point à nous occuper ni des œuvres non terminées ou qui sont en cours d'exécution chez les artistes, ni des ouvrages et autels de date antérieure, que la désaffectation de l'édifice en a fait retirer après le 1ᵉʳ juin 1885 [1], alors que les restes de Victor Hugo furent déposés dans l'un des caveaux du Panthéon.

BIBLIOGRAPHIE. — Voy. le *Rapport fait au Directoire du département de Paris sur les travaux entrepris, continués ou achevés au Panthéon français, depuis le dernier compte rendu, le 17 novembre 1792, et sur l'état actuel du monument, le deuxième jour du second mois de l'an II de la République française, une et indivisible*, par Antoine Quatremère, commissaire du département à la direction et administration du Panthéon français. Imprimé par ordre du Directoire.
Mémoire historique sur le dôme du Panthéon français, par J. Rondelet (Paris, an V).
Histoire de l'église de Sainte-Geneviève, patronne de Paris et de la France (ancien Panthéon français), par M. l'abbé Ouin-Lacroix, etc. Ouvrage orné de dix dessins, par Frédéric Legrip. — Paris, Sagnier et Bray, in-8°, 1852.
Une visite à l'église patronale Sainte-Geneviève (Panthéon), par M. l'abbé Bonnefoy, doyen de Sainte-Geneviève, 1878, Paris in-8°.
David d'Angers, sa vie, son œuvre, ses écrits et ses contemporains, par M. Henry Jouin, Paris, Plon, 1878, 2 vol. gr. in-8°.
Les décorations du Panthéon, par M. Ph. de Chennevières. Extrait de l'*Artiste*, année 1885.
Nouvelles archives de l'art français, année 1878, in-8°, p. 343-370.

DESCRIPTION

EXTÉRIEUR.

FRONTON.

La Colonnade, formant le porche d'entrée, est surmontée d'un fronton triangulaire ; c'est une traduction nouvelle, après celle de MOITTE, de la devise inscrite au dessous :

Aux grands hommes la Patrie reconnaissante. Bas-relief. — Pierre. — H. 6ᵐ,30. — L. 28 mètres. — Par DAVID D'ANGERS (PIERRE-JEAN).

Au centre du bas-relief, la Patrie debout, le front ceint d'étoiles, entre la Liberté et l'Histoire assises à ses pieds, comme l'Iliade et l'Odyssée au pied du trône d'Homère, dans le plafond d'INGRES, distribue des deux mains, vers la droite, vers la gauche, les couronnes que lui passe la Liberté, pendant que l'Histoire écrit sur ses tablettes les noms des Français illustres. A gauche, du côté de la Liberté, se présentent à la Patrie : Malesherbes, Mirabeau, Monge, Fénelon, Manuel, Carnot, Berthollet, Laplace, LOUIS DAVID, Cuvier, Lafayette, Voltaire et Rousseau assis l'un près de l'autre, Bichat mourant, et les élèves des Facultés ; — à droite, du côté de l'Histoire, le général Bonaparte, le tambour d'Arcole, des soldats de chaque arme, personnifiant la valeur militaire : un canonnier, un dragon, un lancier polonais, un hussard, un marin de la garde, un cuirassier et Trompe la Mort, grenadier de la 32ᵉ demi-brigade, dont DAVID a

---

[1] Qu'il nous soit cependant permis d'ajouter, pour l'histoire de l'ensemble des travaux commandés en 1874, qu'à l'heure où ces pages seront publiées, presque toutes les peintures et sculptures, destinées à compléter la décoration du Panthéon, seront probablement mises en place, étant, dès aujourd'hui, ou terminées ou bien près de leur achèvement, et l'administration ayant exprimé à diverses reprises aux artistes son légitime désir de satisfaire la curiosité des visiteurs du monument en 1889.
La *Sainte Geneviève*, par M. GUILLAUME, le *Saint Éloi*, de M. MERCIÉ, le groupe de *Saint Germain remettant une médaille à sainte Geneviève enfant*, par M. CHAPU, sont terminés dans l'atelier des artistes ; le groupe du vénérable *De la Salle instruisant deux enfants pauvres*, par M. MONTAGNY, a même figuré au Salon de 1888 (n° 4439) ; quant aux peintures, on a pu voir, dans la dernière exposition du Musée des arts décoratifs, le grand panneau de la *Prédication de saint Denis*, par M. GALLAND. Les choses étant à ce point, et la toile de M. GALLAND ne devant quitter le palais des Champs-Élysées, aussitôt après la clôture de cette Exposition, que pour être livrée à l'architecte du Panthéon et marouflée en sa place désignée, nous avons cru pouvoir en insérer, à son ordre, la description dans le présent travail. — M. JULES-EUGÈNE LENEPVEU, auquel, après la mort si regrettable de M. PAUL BAUDRY, a été dévolue la tâche de peindre l'histoire de Jeanne d'Arc, en a déjà exécuté trois panneaux, et le quatrième ne tardera point à être achevé. — M. MAILLOT avait terminé deux des panneaux supérieurs qui encadraient l'ancienne chapelle de Sainte-Geneviève, et les deux panneaux en retour qui les complètent devaient être menés à terme avant la fin de l'année 1888, quand la mort imprévue est venue l'enlever aux travaux qu'il aimait. — M. HUMBERT a déjà exposé, au Salon de 1886, l'un de ses grands panneaux : *Pro Patria*, et les trois autres ne tarderont pas à pouvoir se produire. — Quant à M. DELAUNAY, sa grande composition de *Sainte Geneviève calmant les Parisiens affolés par la nouvelle de l'approche d'Attila*, est marouflée sur le mur du Panthéon et dans un notable état d'avancement ; c'est pourquoi nous donnons plus loin de la description qu'il en avait tracée pour M. le doyen de Sainte-Geneviève. La frise remplissant les quatre compartiments supérieurs, et faisant pendant à celle de M. PUVIS DE CHAVANNES, est plus avancée encore et pourra être marouflée prochainement. Au demeurant, sauf la part réservée à l'un des peintres, l'œuvre, telle qu'elle fut conçue il y a quinze ans, pourra, dès les premiers mois de 1889, être livrée dans son ensemble au jugement de l'Europe artiste.

secouru la vieillesse indigente, et enfin des élèves de l'École polytechnique.

Le fronton de David d'Angers, commandé en 1831, fut terminé en 1837, après diverses hésitations politiques dont il faut lire l'histoire dans le livre de M. Henry Jouin : *David d'Angers, sa vie, son œuvre, ses écrits et ses contemporains* (tome I, p. 321-337). — Cette sculpture, l'une des plus considérables et des plus populaires de notre siècle, a été gravée par Leroux (Jean-Marie).

La Magistrature. — Bas-relief. — Pierre. H. $2^m,50$. — L. $3^m,30$. — Par Leboeuf-Nanteuil (Charles-François).

La Magistrature, ayant près d'elle la statue de la Justice qu'elle défend, protège l'innocent, foule aux pieds l'or et repousse le glaive des hommes armés qui veulent s'opposer à l'exécution des lois.

C'est en ces termes que le ministre du Commerce et des Travaux publics, M. d'Argout, traçait, le 30 juillet 1831, le programme du bas-relief surmontant la porte principale du porche du Panthéon.

Les Sciences et les Arts. — Bas-relief. — Pierre. — H. $2^m,50$. — L. $3^m,50$. — Par Leboeuf-Nanteuil (Charles-François).

Les Sciences et les Arts déposent les productions de leur génie sur l'autel de la Patrie.

Programme de M. d'Argout.

Cérès et Triptolème. — Bas-relief. — Pierre. — H. 3 mètres. — L. $3^m,50$. — Par Leboeuf-Nanteuil. (Charles-François).

Cérès enseignant l'agriculture à Triptolème.

Programme de M. d'Argout.

L'Instruction publique. — Bas-relief. — Pierre. — H. $2^m,50$. — L. $3^m,50$. — Par Le Sueur (Jacques-Philippe).

Quatremère décrit ainsi ce bas-relief : « La Patrie présente l'Instruction publique aux pères et mères de famille. Des jeunes garçons et des jeunes filles vont au-devant d'elle, et de jeunes enfants l'embrassent comme leur mère. Le Sueur, auteur de ce bas-relief, a voulu faire entendre que l'instruction du bas âge est celle qui est la plus importante. »

Le Dévouement patriotique. — Bas-relief. — Pierre — H. $2^m,50$ — L. $3^m,50$[1].
— Par Chaudet (Antoine-Denis).

Ce bas-relief, seul restant, avec le bas-relief de Le Sueur, de l'ancienne décoration du Panthéon ordonnée en 1791, a été décrit ainsi par Quatremère, directeur de cette décoration : « On y voit un guerrier mourant pour la défense de la République. Le Génie de la Gloire et celui de la Force le soutiennent expirant. Sa main défaillante dépose sur l'autel de la Patrie l'épée qu'il employa pour elle, et ses derniers regards sont encore pour la Patrie, qui s'avance vers lui en lui présentant la couronne du martyre civique. »

Sous le portique de la colonnade, à gauche de la porte centrale :

Sainte Geneviève arrêtant Attila. — Groupe. — Marbre. — H. de l'Attila, $2^m,90$; de sainte Geneviève, $1^m,96$. — L. de la plinthe, $1^m,53$. — Par Maindron (Étienne-Hippolyte).

Ce groupe, commandé par l'État en 1853, ne fut définitivement acquis par le ministère qu'en 1858.

Sous le portique de la colonnade, à droite de la porte centrale :

Clovis baptisé par saint Remi. — Groupe. — Marbre. — H. du Clovis $2^m,20$; de saint Remi, $2^m,74$. — L. de la plinthe, $1^m,51$. — Par Maindron (Étienne-Hippolyte).

INTÉRIEUR.

Adossé au côté gauche de la grande porte centrale :

Saint Remi. — Statue. — Marbre. — H. $2^m,98$. — L. du socle $0^m,90$. — Par Cavelier (Pierre-Jules).

Saint Remi, la tête élevée vers la gauche, « est représenté vêtu des ornements sacerdotaux, coiffé de la mitre, et au moment où il vient de recevoir la sainte ampoule, qu'il tient dans la main droite. Le bras droit est encore levé; l'élan général du mouvement, l'expression des traits du visage, respirent l'enthousiasme de la foi qui se complète par un sentiment extatique exprimé par l'intention donnée à la main gauche. Auprès du personnage, posée sur deux volumes, se voit la crosse, emblème de l'épiscopat. »

Signé à droite, sur la plinthe : J. Cavelier, 1877.

[1] Les dimensions de ce bas-relief et des quatre qui le précèdent n'ont pu être relevées qu'approximativement.

Adossé au côté droit de la grande porte centrale :

Saint Denis. — Statue. — Marbre. — H. 2m,95. — L. du socle 0m,90. — Par PERRAUD (JEAN-JOSEPH).

Le saint a la tête énergique, resplendissante d'un enthousiasme divin ; il est vêtu de la tunique et d'un manteau de forme antique dont les larges banderoles se croisent en désordre sur sa poitrine ; il élève, dans un mouvement superbe, souvenir d'un geste du pape Pie IX dans la bénédiction papale, ses deux bras vers le ciel, pour appeler sur les Gaules dont il est l'apôtre la lumière nouvelle et la protection du Christ. « Pour ne laisser aucun doute sur la représentation du saint, l'auteur a placé aux pieds de la statue, mais légèrement dissimulées par le bord du manteau, deux mains portant une tête mitrée, allusion à son martyre et au miracle qui l'a suivi. »

Signé à droite, sur la plinthe : J. J. PERRAUD.

Adossé à la face du premier gros pilier, à gauche, regardant vers l'entrée du monument :

Saint Martin. — Groupe. — Marbre. — H. 3m,04. — H. de l'enfant 1m,62. — L. du socle 0m,90. — Par CABET (JEAN-BAPTISTE-PAUL) et BECQUET (JUST).

Saint Martin debout, en costume d'officier romain, « au moment où, après avoir charitablement coupé son manteau, il en laisse tomber sur le corps de l'enfant le lambeau dont le petit pauvre se couvre de la main droite. Le saint tient encore dans la main gauche le reste de son manteau qu'il est prêt à laisser retomber. La main droite pend inactive, tenant l'épée. Il regarde d'un air compatissant le mendiant accroupi qui le remercie du regard, et du mouvement de la main gauche implore la compassion du jeune officier. Près de l'enfant, une sébile dans laquelle ont été jetées quelques pièces de monnaie, afin de mieux écrire le sujet, qui est la charité chrétienne. »

Signé à droite, sur la plinthe : Groupe commencé *par* JEAN-BAPTISTE-PAUL CABET, *terminé par* JUST BECQUET.

Adossé à la face du second gros pilier, à gauche, regardant vers l'ancien autel de la Vierge :

Saint Vincent de Paul. — Statue. — Marbre. — H. 2m,89. — L. du socle 0m,91. — Par FALGUIÈRE (JEAN-ALEXANDRE-JOSEPH).

Le saint tient dans ses bras et sur un pli de son manteau deux pauvres petits nouveau-nés dormant, que ses mains pressent doucement. La tête porte l'expression d'une fine mansuétude, d'une tendre charité.

Signé en avant de la plinthe, d'une écriture cursive : A. FALGUIÈRE.

Salon de 1879 (n° 5013).

Adossé à la face du gros pilier, à gauche, regardant vers l'abside :

Saint Jean de Matha. — Statue. — Marbre. — H. 2m,80. — L. du socle 0m,90. — Par HIOLLE (ERNEST-EUGÈNE).

Le saint, vêtu de la longue robe de l'Ordre des Trinitaires, qu'il fonda pour le rachat des captifs, et que resserre une ceinture à laquelle pend un chapelet, tient de la main droite le carcan dont il vient de délivrer un prisonnier des Infidèles, et de la gauche semble inviter le captif à se relever.

Signé : E. HIOLLE, 1878.

Le modèle en plâtre fut exposé au Salon de 1876 (n° 3338).

Adossé à la face du gros pilier, à droite, regardant vers l'abside :

Saint Bernard. — Statue. — Marbre. — H. 2m,83. — L. du socle 0m,90. — Par JOUFFROY (FRANÇOIS).

Le saint debout, vêtu de sa longue robe de moine aux plis sévères comme un réformateur qu'il est, tient de la main gauche la croix et un pli de sa robe, et étend le bras droit pour appeler et prêcher les foules.

Signé : F¹ JOUFFROY, 1877.

Salon de 1877 (n° 3894).

Adossé à la face du second gros pilier, à droite, regardant vers l'ancien autel de Sainte-Geneviève :

Saint Grégoire de Tours. — Statue. — Marbre. — H. 2m,89. — L. du socle 0m,90. — Par M. FREMIET (EMMANUEL).

Le saint coiffé « de sa mitre sphérique, avec un galon la coupant en deux (les empereurs d'Orient avaient donné aux évêques leur propre coiffure pour leur faire honneur) », et que ceint une auréole de métal doré, tient de la main gauche son livre *Gesta Francorum*, et de la droite, « d'une façon un peu désinvoltée, à dessein, sa crosse formée d'une branche d'épine », et également en métal doré ; à sa gauche, une petite église posée sur une roche. « Elle représente, pour l'artiste, l'édification de l'Église catholique sur les ruines de l'Empire romain, symbolisé par un bloc en ruine où se trouvent encore le S. P. Q. R. et la louve, et sur lequel est placée cette église sous l'invocation du saint. »

Signé à gauche : E. FRÉMIET.

Salon de 1878 (n° 4265).

Vis-à-vis de la chaire, sous la coupole, était suspendu un grand crucifix de bronze, de proportion plus que naturelle, par M. G. J. THOMAS.

Cet ouvrage, exposé d'abord en plâtre, au Salon de 1875, puis en bronze, au Salon de 1876, fut attribué, en 1878, à l'église Sainte-Geneviève.

NEF.

COTÉ DROIT.

Panneau avec archivolte :

La Prédication de saint Denis. — Toile marouflée. — H. 4ᵐ,57. — L. 4ᵐ,15. — Par M. GALLAND (PIERRE-VICTOR).

Sur la bordure, l'inscription suivante :

« Près de Paris, saint Denis et ses compagnons, Rustique et Éleuthère, s'arrêtaient auprès d'une fontaine. On s'assemblait bientôt autour d'eux. Saint Denis baptisait et guérissait les malades. Il parlait avec tant de lumière et de douceur qu'il attirait toujours une foule de personnes au christianisme. »

Saint Denis, vêtu de blanc, debout sur un tertre, au second plan, à droite de la composition, et la main gauche posée sur la tête d'une enfant nue qu'il va baptiser, bénit de la main droite la foule qui s'empresse vers lui. Dans cette foule, ce sont surtout des femmes jeunes et vieilles qui lui apportent leurs enfants nouveau-nés, pour le baptême, ou malades, pour la guérison. Ce sont des jeunes filles, des vieillards, de jeunes garçons qui sont venus, portant leurs vases de terre, puiser l'eau à la fontaine renommée, et qui écoutent avidement la parole du vieil apôtre, qui adoucit et élève le cœur. Ses deux compagnons, Rustique et Éleuthère, sont là derrière lui à droite, touchant et consolant les jeunes malades, que sur des civières ont amenés leurs pauvres mères, et les préparant à la guérison miraculeuse. Dans toute cette scène les femmes abondent ; c'est par elles que la foi nouvelle va entrer dans la famille gauloise attendrie, et de là dans la franque par sainte Clotilde, sainte Geneviève et les autres.

Cependant, à gauche, se voit un groupe d'hommes curieux d'écouter le voyageur étranger porteur de la bonne nouvelle. L'un d'eux est à cheval, venu sans doute de loin pour entendre la prédication. Au premier plan, vue jusqu'aux genoux, une figure d'homme, occupé à retirer la corde à laquelle pend le seau de la citerne, interrompt son travail et tourne la tête, prêtant l'oreille à la parole émouvante du saint. Fond de paysage verdoyant et montueux, aux belles lignes baignées par le soleil couchant.

Signé : P. V. GALLAND, 1888.

COTÉ GAUCHE.

Panneau avec archivolte.

Le Martyre de saint Denis. — Toile marouflée. — H. 4ᵐ,57. — L. 4ᵐ,145. — Par M. BONNAT (LÉON-JOSEPH-FLORENTIN).

Nous transcrivons ici, comme ailleurs, aussi souvent que possible, la description donnée par l'artiste lui-même :

« La scène se passe devant le temple de Mercure, sur les degrés du temple, dont on ne voit que la base de deux colonnes. Au centre du tableau, le saint, que l'on vient de décapiter sur un billot, se penche pour ramasser sa tête qu'il prend avec ses deux mains ; à droite, le bourreau terrifié laisse tomber sa hache saignante, tandis que le sacrificateur romain, tout aussi terrifié, se penche pour bien voir ce que fait le saint ; à droite et à gauche du saint, les cadavres décapités des deux acolytes », saint Rustique et saint Éleuthère. Du haut des cieux, à droite, un ange se précipite apportant la palme du martyre.

Salon de 1885 (n° 303).

La bordure qui encadre cette composition a été, comme celles des autres compositions du Panthéon, inventée et peinte par M. GALLAND, professeur d'art décoratif à l'École des Beaux-Arts. Toutes les bordures des peintures murales ont 0ᵐ,40 de largeur, dimensions que nous ne répéterons pas.

Signé : Lⁿ BONNAT.

Sainte Geneviève calmant la multitude affolée par la nouvelle qu'Attila se dirige sur Paris, et prophétisant que la ville ne subira pas l'invasion du Fléau de Dieu. — Toile marouflée. — H. 4ᵐ,59. — L., 1ᵉʳ panneau, 2ᵐ,785 ; 2ᵉ panneau, 3ᵐ,445 ; 3ᵉ panneau, 2ᵐ,79. — Par M. DELAUNAY (JULES-ÉLIE).

M. DELAUNAY ayant fait maroufler sur la

muraille du Panthéon sa grande composition, bien que non terminée, nous croyons devoir reproduire ici la description de son œuvre telle qu'il l'avait écrite lui-même pour M. l'abbé Bonnefoy, doyen de Sainte-Geneviève.

« Le spectateur étant placé en face des peintures, — à sa gauche, le premier panneau seul contiendra : Attila en marche sur Paris, Attila à cheval, suivi de son armée qui se déploie derrière lui dans des gorges resserrées, sur lesquelles on aperçoit des villages incendiés. A ses côtés, ses officiers et des soldats portant différents objets provenant du pillage, et sonnant de la trompette. Au premier plan, cadavres.

« Composition des trois panneaux. — Panneau central : Au milieu, sainte Geneviève au haut des degrés qui conduisent à la porte de l'Oratoire et entourée de femmes qui s'assemblent avec elle pour prier, cherche à apaiser la population affolée de terreur à la nouvelle de l'approche de l'ennemi. Sous l'inspiration divine, la sainte leur prédit qu'Attila n'entrera pas dans Paris et que tout danger sera écarté. — La foule, divisée de sentiments et plutôt hostile, envahit à la droite de la sainte les marches de l'Oratoire et la menace du poing en lui lançant des pierres. — Au premier plan, un homme tient des cordes pour la lier et la jeter dans la Seine; d'autres préparent le bois nécessaire et attisent le feu pour la brûler comme sorcière. — Le panneau à gauche du spectateur est occupé par la foule animée et discutant, et se reliant au groupe principal en passant derrière la colonne. Au-dessus de la foule apparaît un chariot chargé de divers objets et de gens se disposant à fuir, et que la voix de la sainte arrête. — En reprenant le panneau central, à gauche de la sainte et agenouillés à ses pieds sur des degrés, des gens ayant foi dans ses paroles et sa haute vertu, embrassent le bas de ses vêtements; les femmes qui entourent sainte Geneviève se relient avec le panneau à la droite du spectateur, et dans lequel se voit l'archidiacre Sedulus, suivi de quelques personnes, apportant à la sainte le secours de sa parole et l'autorité de saint Germain dont il est le représentant. »

NEF.

COTÉ DROIT.

L'Enfance de sainte Geneviève. — Par M. PUVIS DE CHAVANNES (PIERRE).

Partie basse.

Premier entre-colonnement à droite. —

Dès son âge le plus tendre, sainte Geneviève donna les marques d'une piété ardente. Sans cesse en prière, elle frappait de surprise et d'admiration tous ceux qui la voyaient. — H. 4^m,62. — L. 2^m,21.

Au premier plan du paysage, la petite sainte, enfant de huit à dix ans à peine, vêtue d'une longue robe blanche qui semble un vêtement d'ange, est tournée à gauche, agenouillée et mains jointes, dans une attitude de tendre adoration, vers une petite croix de bois formée d'une branchette jaillissant d'un tronc d'arbre, et qu'elle a changée en croix par l'ajustement d'une brindille qu'elle a liée en travers. En deçà de cette pieuse apparition, sur le devant, à droite, un pauvre bûcheron, debout, vêtu seulement d'une ceinture d'étoffe grossière, et près de lui sa femme portant sur ses bras leur nouveau-né, contemplent Geneviève avec admiration. Paysage planté de quelques arbres, autour desquels des moutons broutent l'herbe. Près du fagot, qu'a déposé à terre le bûcheron, s'est approché un petit mouton noir.

Signé : PUVIS DE CH., 1877.

Les trois autres entre-colonnements, réunis dans une même composition passant fictivement derrière les colonnes, représentent le sujet suivant inscrit au milieu de la bordure :

« *L'an CDXXIX, saint Germain d'Auxerre et saint Loup de Troyes, se rendant en Angleterre pour combattre l'hérésie de Pélage, arrivent aux environs de Nanterre. Dans la foule accourue à leur rencontre, saint Germain distingue une enfant marquée pour lui du sceau divin. Il l'interroge, et prédit à ses parents les hautes destinées auxquelles elle est appelée. Cette enfant fut sainte Geneviève, patronne de Paris*[1]. »

La peinture se distribue ainsi entre les trois entre-colonnements, en partant de la gauche : 1° H. 4^m,60; L. 2^m,778. — 2° H. 4^m,60; L. 3^m,431. — 3° H. 4^m,606; L. 2^m,778.

Au milieu de l'entre-colonnement central, au premier plan du paysage printanier, dont les arbres sont encore dépouillés de feuilles, les deux saints évêques rencontrent Geneviève enfant, vêtue de sa robe blanche et entourée

---

[1] Les lignes guillemetées sont extraites des descriptions fournies par les artistes eux-mêmes.

de sa famille. Saint Germain, se penchant vers elle avec bonté, lui pose la main droite sur la tête. L'enfant relève cette tête blonde vers le saint [1]. « Leur regard ardemment échangé est, au moral, le point culminant de la composition. A gauche et derrière la petite sainte prennent place son père et sa mère, écoutant avec une émotion contenue la glorieuse prophétie. Autour d'eux se groupent des gens de toute condition. Dans le panneau de gauche, des bateliers se sont approchés de la rive et contemplent la scène, pendant que d'une masure on apporte avec précaution un adolescent malade pour le faire toucher et guérir par les saints évêques. Le panneau de droite est tout à l'émoi que vient de causer leur passage; un vieillard cassé et raidi par l'âge tente péniblement de s'agenouiller; une petite mendiante se tient à distance, un peu en paria, avec le lourd fardeau d'un gros enfant endormi dans ses bras; à droite, deux filles de ferme se hâtent de traire une vache, pendant que la suite des évêques se repose, indifférente à l'empressement qui les accueille partout. Au fond, des potiers à demi sauvages regardent au loin cette scène. L'artiste a enfermé le paysage entre l'antique silhouette du Mont-Valérien et les détours de la Seine: il a voulu, représentant la jeunesse de l'héroïne, que tout fût jeune et frais autour d'elle: l'année est jeune, c'est le printemps; le ciel est jeune, c'est le matin; enfin l'aspect général est tendre et doux comme l'âme de cette enfant qui doit, pour ainsi dire, transparaître et baigner toute la composition. »

Signé au bas de l'entre-colonnement gauche : Puvis de Chavannes, 1877.

« L'enfance de sainte Geneviève » a été gravée par A. Masson (Chalcographie du Louvre nos 5934-5936).

Partie haute :

La frise est divisée, comme la partie inférieure, en quatre entre-colonnements.

Premier panneau à droite, au-dessus du compartiment de *Sainte Geneviève en prière.* — La Foi, l'Espérance et la Charité, debout, semblent protéger un berceau placé à leurs pieds, et dans lequel est couché l'enfant prédestiné.— H. 2m,25. — L. 2m,21. — Sur fond d'or.

Les trois autres panneaux renferment une série de saints légendaires de la France, constituant une espèce de théorie religieuse.

Ces panneaux mesurent une hauteur commune de 2m,25, et comme largeur, le 1er, 2m,80; le 2e, 3m,475; le 3e, 2m,80, — également sur fond d'or.

Les personnages, debout, avec emblèmes consacrés par la tradition, sont placés dans l'ordre suivant :

1er panneau : saint Paterne, de Vannes; saint Clément, de Metz; saint Firmin, d'Amiens; saint Lucien, de Beauvais.

2e panneau : saint Lucain, en Beauce; saint Martial, de Limoges; saint Lazare, de Marseille; sainte Solange, du Berry; sainte Marthe, de Provence; sainte Colombe, de Sens; sainte Madeleine; saint Crépin et saint Crespinien, de Soissons.

3e panneau : saint Saturnin, de Toulouse; saint Julien, de Brioude; saint Austremoine, de Clermont; saint Trophime, d'Arles; saint Paul, de Narbonne.

M. Puvis de Chavannes a donné à quelques-uns de ces saints personnages les traits de plusieurs de ses amis. On reconnaît en saint Paterne M. Élie Delaunay; en saint Lucien de Beauvais, M. V. Durangel; en saint Martial, Victor Pollet; en saint Paul de Narbonne, le directeur des Beaux-Arts, M. de Chennevières, qui avait eu la bonne fortune de lui commander ce travail; et en saint Trophime, d'Arles, M. Puvis de Chavannes lui-même.

Les derniers moments de sainte Geneviève. — Toile marouflée. — H. des panneaux inférieurs, 4m,60. — L. du 1er panneau, 2m,21; 2e panneau, 2m,79; 3e panneau, 3m,415; 4e panneau, 2m,775. — H. des panneaux de la frise, 2m,25. — L. 1er panneau, 2m,21; 2e panneau, 2m,798; 3e panneau, 3m,47; 4e panneau, 2m,812. — Par Laurens (Jean-Paul).

Inscription sur la bordure de la grande composition :

« Saincte Geneviefve vesquit en cest siècle pleine de vertus, honourée des Parisiens plus de LXXX ans, et trespassa le tiers jour de janvier CCCCXII, puis fut enterrée aa Mont de Paris, maintenant dit Montagne Saincte Geneviefve, dans l'Église que le roy Clodwig avoit fondée en l'honneur de sainct Pierre et sainct Pol, à la requeste de la royne Clote sa femme. »

Dans le panneau central, la vieille sainte

---

[1] Les lignes guillemetées sont extraites des descriptions fournies par les artistes eux-mêmes.

mourante et dont les bras sont soutenus par deux jeunes vouées, bénit les gens de tout âge, de toute race et de toute condition qui s'empressent autour de son lit. Au pied de ce lit, une jeune mère agenouillée et vue de dos lui présente ses deux jeunes garçons debout. Une autre mère, à droite, lui amène deux autres enfants, dont une petite fille d'aspect sauvage et aux cheveux blonds. A gauche, une autre jeune mère élevant le sien dans ses bras. Foule énorme de gens en tous costumes, Celtes, Gaulois, Francs, Gallo-Romains, Byzantins, Orientaux qui se désolent autour de la couche de la bienfaitrice, et se pressent jusqu'aux extrémités des deux autres entre-colonnements.

Au premier plan de celui de droite, une femme assise et abîmée dans sa douleur, dans laquelle le peintre a voulu représenter la reine Clotilde, amie de la sainte ; un vieux roi barbare, à longue barbe blanche, s'appuyant sur une esclave quasi nue.

Entre les têtes des assistants se reconnaissent celles de M. Ferd. Fabre, du Directeur des beaux-arts d'alors, du peintre lui-même et de madame Laurens.

Dans l'entre-colonnement à gauche, multitude de guerriers de tout âge et de toute arme, et de religieux de tout Ordre.

Signé : JEAN-PAUL LAURENS.

La mort de sainte Geneviève a été gravée par M. LÉOPOLD FLAMENG, et cette planche a mérité à son auteur la médaille d'honneur au Salon de 1886.

Inscription sous le panneau isolé à gauche :

« *Au sepulcre de madame saincte Geneviefve adviendront moult de beaux miracles, et fut illec assignée une lampe en laquelle le feu ardoit tousjours et l'uylle point ne appetissoit qui les malades guerissoit.* »

Le corps de la sainte est déposé dans le tombeau de la crypte de Clovis. Debout à droite, un prêtre lisant les prières funéraires, et près de lui un jeune enfant de chœur tenant un cierge. A gauche, au premier plan, des femmes abîmées dans leurs regrets et leurs oraisons. Au-dessus du cadavre de la sainte, un grand ange, écartant son suaire lui montre, dans les tourbillons supérieurs de la fumée exhalée par le lampadaire miraculeux allumé près du tombeau, la lumière d'en haut, où son âme va se perdre dans les béatitudes éternelles.

Dans les entre-colonnements de la frise :

Procession des populations sauvages qui accourent en foule vers le tombeau de Geneviève.

« Ces hommes, ces chevaux, ces femmes dans des chars, ces enfants fatigués, ces cavaliers qui suivent, tout ce monde fait l'objet des trois panneaux, et se dirige vers la figure qui remplit le panneau isolé au-dessus de la morte. Cette figure, détachée des autres par sa place et sa dimension, s'y rattache par son attitude. Un genou en terre, le corps à demi enveloppé d'un léger voile noir laissant voir le nu, la tête inclinée vers la foule de pèlerins dans un mouvement désolé, elle indique de sa main droite la scène funèbre de la crypte sainte où déjà descendent les premiers arrivés. C'est le génie de la Douleur. »

TRANSEPT

Coupole. — Par GROS (ANTOINE-JEAN, BARON). — Superficie : 1085^m,33.

En 1811, ainsi que nous l'avons dit dans l'histoire du monument, Gros fut chargé de peindre la coupole du Panthéon rendu au culte. Les événements de 1814 et 1815 modifièrent naturellement la partie de cette vaste décoration où figurait le groupe impérial. L'œuvre ne fut d'ailleurs terminée que treize ans après, en 1827 [1]. Nous croyons intéressant d'en donner ici la description par l'artiste lui-même :

« EXPLICATION DES PEINTURES DE LA COUPOLE SAINTE-GENEVIÈVE, EXÉCUTÉES PAR GROS, DE L'INSTITUT, ET RENDUES PUBLIQUES LE JOUR DE LA SAINT-CHARLES, FÊTE DU ROI.

« La sainte, protectrice de la France, portée sur un nuage, accompagnée de deux anges qui répandent des fleurs, descend vers les quatre monarques dont les règnes, remplis de bonnes actions, ont été les quatre époques les plus brillantes de la Monarchie. Prosternés, ces monarques rendent hommage à la patronne de Paris. La sainte, une main étendue vers le ciel et l'autre dirigée vers le groupe de Louis le Désiré, assure à ce roi et à sa race la constante protection de l'Eternel.

« La première époque est celle de Clovis, qui fonda la Monarchie et qu'on voit, à la persuasion de Clotilde, sa royale épouse, reconnaître la sainte Evangile. Clovis est revêtu de sa robe de baptême. Ce groupe est surmonté de trois petits anges qui, pour la première fois, font retentir les airs du nom de France.

---

[1] Un journal de province, fortuitement ouvert, les *Affiches d'Angers*, n° du 17 février 1827, p. 10, contient ces lignes : « Dans les premiers jours de janvier 1827, la coupole de Sainte-Geneviève, peinte par M. le baron Gros, a été découverte et livrée aux regards du public. »

« Au-dessous du groupe est un trophée qui rappelle les victoires par lesquelles Clovis a délivré les Gaules du joug des Romains ; un autel de druides renversé montre cette religion sanguinaire disparaissant sous celle du Christ.

« Charlemagne forme la seconde époque ; le peintre a cherché, par l'étendue même du groupe, à rendre et rappeler la grandeur et l'éclat du règne de ce monarque. Charlemagne, prosterné ainsi que son épouse auguste, d'une main élève le globe, symbole de l'empire, de l'autre maintient ses institutions, telles que les Capitulaires et l'Université. Il remet sous la protection de la sainte et ses plans, et ses lois, et son empire.

« L'ange qui porte la table des lois a pour pendant un ange portant une croix qu'il présente aux Saxons nouvellement convertis et amenés par Charlemagne au christianisme.

« Le trophée rappelle les victoires remportées sur les nations du Nord et de l'Est.

« Saint Louis remplit la troisième place et représente la troisième époque. C'est de lui que descend la longue suite de nos rois.

« Prosterné avec la Reine, sa femme, il montre à la sainte les fruits de ses travaux pour la religion et le bonheur de son peuple.

« Deux anges portant des étendards signalent les deux croisades du saint Roi et le triomphe de la croix sur le croissant, confondu avec un monceau d'armes, trophée de la guerre contre les Sarrasins.

« La quatrième époque est celle de la Restauration.

« Louis XVIII, accompagné et soutenu filialement par son auguste nièce (la nouvelle Antigone), tourne ses regards vers la sainte de Nanterre, la patronne de Paris. Il l'invoque pour la France, dont il tient d'une main le globe fleurdelisé, qu'il joint, dans sa prière, à la table portée par deux anges, où la Charte, l'œuvre de ses veilles, est gravée. De l'autre main, le monarque désiré et réparateur couvre de son sceptre le jeune duc de Bordeaux, que deux anges viennent de déposer à ses genoux. L'un de ces anges montre que c'est un don du ciel ; l'autre jette dans les abîmes le triste voile, le crêpe noir et funeste dont sa naissance reste enveloppée.

« A l'apparition du Roi et de son immortel ouvrage, cette Charte sublime, l'ange de la paix descend, apparaît et fait taire les canons.

« L'auguste princesse, la nouvelle Marie-Thérèse, lève les yeux vers le ciel, qui s'ouvre au-dessus de saint Louis : elle voit Louis XVI et la Reine qui reposent dans le séjour des bienheureux.

« La Reine y fait remarquer au Roi martyr que sa famille règne toujours. Louis XVI, levant les yeux où rayonne encore le pardon, bénit, en invoquant le Très-Haut, et la France et la Charte.

« Entre le Roi et le jeune Louis XVII qui tressaille de joie en revoyant sa sœur, la douce colombe, la victime dévouée, Madame Élisabeth est dans le recueillement auprès du Roi, son frère chéri.

« Sous le groupe de Louis XVIII et sur un monceau de vieux lauriers jonchés de couronnes murales, de canons enfouis, s'élèvent des lauriers frais, des couronnes murales nouvelles, où l'on distingue celles du Trocadéro, de Cadix et de Madrid.

« Une branche d'olivier règne sur le tout, et le monarque demande à la sainte et la paix divine, et la conservation des jours précieux du duc de Bordeaux.

« Toute la peinture de la coupole comporte une superficie de 3,256 pieds.

« GROS. »

Pendentifs de la coupole. — Par GÉRARD (FRANÇOIS-PASCAL-SIMON, BARON).—Toile marouflée. — H. de chaque pendentif, 8 mètres.

Les quatre pendentifs de la coupole furent confiés à FRANÇOIS GÉRARD. La commande remonte à 1821, et les esquisses terminées en sont nombreuses dans la famille du peintre ; mais l'artiste ne s'y mit tout de bon qu'en 1833, et n'avait pas encore entièrement terminé son travail quand il mourut le 12 janvier 1837 [1]. Les pendentifs furent achevés par deux de ses élèves, mademoiselle GODEFROID (MARIE-ÉLÉONORE) et un peintre italien CARNEVALI (JULES-CÉSAR). Un fonctionnaire des Beaux-Arts qui fut mêlé à la négociation de cette commande et en a raconté l'histoire, François Grille, dont les papiers se trouvent dans la Bibliothèque d'Angers, nous en a laissé la description suivante :

« Voici le programme des sujets, tel que l'artiste le dressa sous le bon plaisir de l'autorité responsable :

« Quatre pendentifs, la *Mort*, la *Patrie*, la *Justice*, la *Gloire*.

« Dans le premier tableau, la Mort s'avance, impassible et muette ; ses signes, ses actes la font assez comprendre. Elle laisse l'Enfance et la Vieillesse, et frappe l'homme

---

[1] Le journal de province cité plus haut, les *Affiches d'Angers*, n° du 31 août 1834, p. 72, nous fournit encore ce renseignement : « Deux des quatre pendentifs que M. Gérard peint au dôme sont à peu près achevés. On vient d'échafauder le fronton. M. DAVID D'ANGERS va incessamment commencer ses travaux. »

au milieu de sa course. Il s'attache à la terre, comme dit le poète Ducis, il se rejette en arrière, mais en vain ; il tombe, et cherche inutilement à se retenir à la colonne miliaire, qui marque le chemin de la vie. L'âme, que la Mort sépare de son enveloppe, s'envole vers son dernier séjour. Le Serpent, le reptile odieux, symbole du mal et père de la Mort, s'enlace autour de la colonne, — et les ténèbres s'étendent sur cette scène d'épouvante et d'horreur.

« Dans le second tableau se présente la Patrie ; ses vêtements de pourpre et d'or, son armure guerrière sont couverts d'un voile de deuil ; elle est auprès d'un sarcophage, et exprime sa douleur sur la perte d'un grand citoyen pour lequel viennent de s'ouvrir les portes du Panthéon. La Renommée jette sur le cercueil ses nobles couronnes. Un laboureur est assis sur le devant de la scène et représente le peuple, et on le voit plongé dans la tristesse la plus profonde. Trois jeunes hommes, qui sont ici pour dire les trois branches de la vie sociale (un guerrier, un avocat, un artisan), offrent à la Patrie leur dévouement passionné et s'élancent de concert pour remplacer le fils qu'elle a perdu.

« Une croix placée en face du monument indique assez que cette scène lugubre se passe sous les auspices de la religion catholique.

« Dans le troisième tableau, c'est la Justice qui vient, armée de toute sa majesté, au secours de la Vertu, qu'oppriment l'Envie, la Calomnie, la Violence, le Mensonge et la Vanité. Elle paraît, et, sans qu'elle tire son glaive, une fois les Vices s'écartent, ils s'enfuient devant elle. Mais sur leurs pas tout est destruction et tempête. Les nuages se déchirent, et, dans l'espace qu'ils laissent vide, on aperçoit le Panthéon, dont la seule Vertu a le droit d'ouvrir les portes.

« Dans le quatrième tableau rayonne la Gloire ; Napoléon est reçu dans ses bras. L'aigle emporte la couronne mortelle, que le héros vient de lui abandonner. La Victoire cependant pleure le vainqueur de Marengo et d'Austerlitz ; l'armée, qui se montre aussi sous les traits d'un soldat gaulois, jette un regard de regret sur le chef magnanime qui tant de fois la conduisit au champ de bataille. Mais, à l'instant où l'Empereur et Roi atteint le terme de sa vie du monde, à l'heure où il quitte la terre, la Religion, qui l'assiste en ce passage, s'élance accompagnée de la Vérité, et, l'entraînant dans la route céleste, lui découvre les jours infinis d'une plus haute gloire dans les plaines de l'éternité. »

CÔTÉ GAUCHE.

Saint Louis, — Toile marouflée, — Panneaux inférieurs : H. 4^m,59. — L. 1er panneau à gauche, 2^m,785 ; 2e panneau, 3^m,424 ; 3e panneau, 3^m,42 ; 4e panneau, 2^m,855. — Panneaux de la frise : H. 2^m,25. — L. 1er panneau à gauche, 2^m,815 ; 2e panneau, 3^m,455 ; 3e panneau, 3^m,45 ; 4e panneau, 2^m,87. Par CABANEL (ALEXANDRE).

Les peintures, — exécutées par ALEX. CABANEL dans le transept de gauche de l'église Sainte-Geneviève, — occupent quatre entre-colonnements, dont les deux du milieu forment un grand tableau symbolique, représentant :

Saint Louis rendant la justice.

Le saint est entouré de personnages distingués par leurs talents et leurs vertus, dans toutes les conditions : gens d'Église, juristes, érudits et théologiens. Sur les degrés de son trône, un coupable comparaît devant lui, cachant son visage, tandis que ses proches implorent sa grâce. Au premier plan, à gauche, au milieu d'un groupe d'artisans, Etienne Boileau, prévôt de Paris, préside à l'abolition des *combats judiciaires*, réconcilie les adversaires, pendant qu'un homme d'armes repousse le bourreau qui s'apprêtait à exécuter l'épreuve barbare du feu. L'orpheline, assise sur la première marche de l'estrade, symbolise les misères secourues par le saint roi ; elle se rattache au groupe du milieu du tableau, où la *Foi chrétienne* est représentée par une famille éplorée, accompagnant une jeune malade couchée sur une civière et qui n'espère plus qu'en la vue du Roi pour en obtenir la guérison. A droite, un groupe de chevaliers revenus aveugles de Palestine, et conduits par un enfant, rappelle la fondation de l'hospice des *Quinze-Vingts*. Au premier plan, l'abbé Robert de Sorbon explique à de jeunes écoliers les statuts de l'établissement qui porte son nom : plus loin on voit les *Corporations des métiers de Paris* avec leurs bannières. Sur l'estrade du fond du tableau sont assis les barons, prélats, jurisconsultes, etc. Ces scènes diverses, dans lesquelles se résume l'œuvre de saint Louis, se passent dans la Sainte-Chapelle, qu'il avait fait construire.

Le tableau qui remplit l'entre-colonnement de gauche représente :

La reine Blanche de Castille, présidant à l'éducation de son fils.

La Reine est entourée de prélats et des savants Jourdain de Saxe et Vincent de Beauvais, qui l'assistent de leurs lumières.

L'entre-colonnement de droite nous montre :

Saint Louis prisonnier en Palestine.

« On le voit sur le seuil de sa tente, malade, appuyé sur son chapelain, Henri de Marbourg; des Sarrasins, l'épée teinte du sang de leur soudan, qu'ils ont massacré, arrivent en foule et lui offrent les insignes de la souveraineté. »

La frise qui règne sur toute l'étendue des quatre entre-colonnements représente :

Saint Louis nu-pieds portant la couronne d'épines.

« Il est sous un dais supporté par quatre diacres; devant lui s'avancent processionnellement les personnages de distinction de toutes les conditions. On voit d'abord Beaudouin de Courtenay, Thibaud de Champagne, les trois princes frères du Roi : Alphonse, comte de Poitou, Robert, comte d'Artois, et Charles, comte d'Anjou; puis les dignitaires ecclésiastiques : Guillaume d'Auvergne, évêque de Paris; Albéric Cornut, évêque de Chartres; Bernard, évêque d'Auxerre ; le cardinal légat; ensuite des érudits et des théologiens de divers Ordres : André de Lonjumeau; Jacques, prieur de Constantinople; Alexandre de Halès ; le jurisconsulte Pierre Fontaine, qui s'entretient avec Étienne Boileau et Geoffroy de Villette; enfin des chevaliers et hommes d'armes : Gaucher, de la maison de Châtillon, qui se distingua en Terre Sainte; Hugues, comte de Saint-Paul, son oncle; Hugues, duc de Bourgogne, etc., etc. »

TRANSEPT.

COTÉ DROIT.

Clovis. — Par BLANC (JOSEPH). — Toile marouflée. — Panneaux inférieurs. H. 4^m,60. — L. 1er panneau, 2^m,785 ; 2e panneau, 3^m,425 ; 3e panneau, 2^m,785 ; 4e panneau, 2^m,235. — Panneaux de la frise. H. 2^m,25. — L. 1er panneau, 2^m,81 ; 2e panneau, 3^m,482 ; 3e panneau, 2^m,79 ; 4e panneau, 2^m,235.

Entre-colonnement de gauche :

L'armée ennemie s'avance au galop de ses chevaux.

« Le roi des Allemands, menacé par l'Archange saint Michel, détourne son cheval et s'apprête à fuir ; dans les airs, l'Archange Raphaël ou Gabriel tient déployé l'étendard de la Croix dont il repousse les lances ennemies. »

Centre :

Clovis, qui déjà trois fois a reculé, pense au Dieu dont lui a parlé Clotilde.

« Le Roi lève les yeux au ciel, étend les bras et fait vœu de se faire chrétien, *si seulement il sort sain et sauf* de cette bataille. Son fils Théodoric, désarçonné, cherche à repousser le cheval de son père ; mais l'animal, plein encore de la bataille, recule avec peine. Dans le ciel, le Christ entend la prière et d'une main entr'ouvre les nuages pour faire place à l'armée céleste; de l'autre, il indique aux anges l'armée ennemie qu'ils doivent mettre en fuite; des anges sonnent de la trompette, un autre tire l'épée; dans les nuages quelques autres lancent des foudres. »

Entre-colonnement de droite :

Sighebert, roi des Ripuaires, blessé à la jambe, est porté à l'écart par ses compagnons.

« Les soldats fuient dans les chariots gardés par des femmes qui les repoussent. L'une d'elles, dans son désespoir, jette son enfant au milieu des fuyards, préférant le voir mort que vivre fils d'un lâche; une autre repousse l'étendard gaulois et d'un geste indique les ennemis; dans le ciel un ange montre Dieu qui vient en aide aux Franks et fait prendre courage aux vaincus. »

Panneau isolé, à droite :

Le Baptême.

« Clovis vainqueur remplit son vœu. Il est debout dans la piscine, vêtu de blanc comme les néophytes. Saint Remy, debout derrière lui, abaisse la tête et tient de la main droite la coquille pleine d'eau du baptême; il lève les yeux au ciel et semble remercier Dieu de la joie qu'il éprouve à voir ce chef frank se courber enfin et devenir chrétien. Clotilde, à genoux, assiste à cet acte et prie Dieu avec reconnaissance; quelques guerriers se dépouillent de leurs vêtements et se préparent à prendre la place de leur chef; un compagnon de Clovis garde ses vêtements et ses armes; les trompettes retentissent. »

Dans la frise, M. JOSEPH BLANC a représenté la Foi entraînant Clovis, suivi de la Reine et de ses enfants. Puis viennent quelques saints et personnages divers de cette époque barbare, et dans la marche, dans le dernier compartiment, se termine par un groupe de guerriers et d'enfants porteurs d'oriflammes et d'écussons. M. JOSEPH BLANC a donné à certaines figures de ce compartiment supérieur les traits de quelques personnages politiques de notre temps, et c'est ainsi que l'on reconnaît sous les noms et sous les costumes de Clotilde, et de différents évêques et conseillers du Roi, Mme Edmond Adam, MM. Gambetta, Antonin Proust, Coquelin aîné, Lockroy, Paul Bert, Clémenceau, la jeune femme et le père de l'artiste et lui-même derrière son ami M. Pasteur.

AU FOND DU TRANSEPT A DROITE.

Peintures destinées à encadrer l'autel de Sainte-Geneviève :

Les Miracles de sainte Geneviève. — Par MAILLOT (THÉODORE). — Peinture à la cire. — Panneaux inférieurs. Près de l'autel, à gauche, H. 4^m,91 ; L. 2^m,43. — Panneau faisant angle en retour, H. 4^m,91 ; L. 2^m,44. — Près de l'autel, à droite, H. 4^m,91 ; L. 2^m,43. — Panneau faisant angle en retour, H. 4^m,91 ; L. 2^m,44. — Les bordures pour les panneaux ont 0^m,35 de largeur. — Les panneaux réservés pour les deux compositions supérieures, déjà terminés, mais non encore maroufflés, ont chacun de hauteur 2^m,55, et de largeur 2^m,44.

En réunissant les deux inscriptions tracées sur les bordures des deux fragments de composition se faisant suite à la gauche de l'autel Sainte-Geneviève, on lit :

Sous le règne de Charles VIII, au milieu d'un nombreux cortège où figurent l'évêque de Paris, l'abbé de Sainte-Geneviève, le clergé des paroisses et les corporations, le Parlement et les autres Cours souveraines, l'an 1496, le 12 janvier, la châsse de Sainte-Geneviève, portée par les bourgeois de Paris, vêtus de chemises de pénitents, est conduite solennellement à l'église de Notre-Dame, pour obtenir la cessation des pluies qui depuis trois mois désolent la ville.

Les quatre panneaux sur murailles en équerre, de chaque côté de l'autel, bien qu'isolés par leur bordure séparée, sont consacrés à un seul sujet. Ceux de gauche représentent la procession de la châsse, en 1496, pour obtenir la cessation des pluies et de l'inondation de Paris. Dans le panneau le plus rapproché de l'autel, la châsse en or, portée par huit bourgeois « nus en chemise et couronnés de feuillages », est précédée par le capitaine des gardes-suisses du Roi et un chanoine de Notre-Dame, et flanquée de chantres et de moines, priant et portant des bougeoirs. Puis, vient le lieutenant civil et criminel en armure; puis, sous le dais, l'évêque de Paris, sous les traits de notre avant-dernier archevêque, Mgr Guibert. « La scène se passe au bas de la montagne Sainte-Geneviève, où se trouve aujourd'hui le marché de la place Maubert. »

Dans le second compartiment formant angle à gauche, paraît, suivant l'ordre de la procession, l'abbé de Sainte-Geneviève (sous les traits du dernier doyen de Sainte-Geneviève, M. l'abbé Bonnefoy), bénissant la foule et suivi lui-même par le prévôt des marchands, le prévôt de Paris et les représentants des corporations. Puis viennent les fifres, trompettes et tambourins du Roi, et des soldats de la garde bourgeoise ou suisse déchargeant en l'air des coups d'arquebuse. Le cortège se déroule ainsi dans les rues pavoisées qui descendent de l'abbaye, marchant vers la Cité et Notre-Dame et traversant des ponts de bois jetés sur les rues inondées. Des fleurs ont été semées sur le passage de la procession. A gauche du second compartiment s'est agenouillé sur les degrés de la maison, devant un petit autel portatif, Érasme le teint tout jauni par la fièvre, qui fut témoin du miracle, et qui lui-même en ressentit le bienfait. Il est soutenu par une servante dont la coiffe rappelle les bonnets des paysannes de Nanterre.

Signé : T. MAILLOT, 1879.

Inscription sur la bordure des panneaux faisant angle, à droite de l'autel de Sainte-Geneviève :

En 1130, sous le règne de Louis le Gros, le peuple de Paris, conduit par Étienne, son évêque, se porte en foule à l'église cathédrale pour demander à sainte Geneviève, sa patronne, d'être délivré du Mal des Ardents qui ravageait la ville.

La châsse miraculeuse, descendue processionnellement, à la demande de l'évêque Étienne, surnommé le Père des pauvres, dans la cathédrale de Paris, et posée à terre, est entourée d'une foule de pestiférés, portés par leurs parents ou qui se sont traînés jusqu'à elle pour la toucher et guérir. Sur le premier plan, à droite du panneau le plus proche de l'autel, se voient agenouillés une dame à ceinture dorée et un vieillard à longue barbe qui sans doute l'accompagne. A gauche, un Juif debout est le témoin presque effrayé du miracle. Au deuxième plan, passe une procession de moines à coules blanches. Dans la galerie supérieure, un groupe nombreux d'assistants.

Le panneau en retour à droite est rempli par le complément de cette grande scène de foi. L'évêque de Paris, entre deux enfants de chœur, et assisté en avant de l'autel par un jeune diacre et trois autres religieux, célèbre avec une ferveur enthousiaste l'office divin, qui appelle la miséricorde de Dieu par l'intervention de la sainte.

Signé à gauche, au bas de ce second panneau : Peint à la cire, par Théodore Maillot, en 1885.

Charlemagne. — Par M. Lévy (Henri). — Toile marouflée. — Panneaux inférieurs : H. 4m,60. — L. 1er panneau, 2m,20; 2e panneau, 2m,785; 3e panneau, 3m,415; 4e panneau, 2m,78. — Panneaux supérieurs de la frise : H. 2m,25. — L. 1er panneau, 2m,21; 2e panneau, 2m,785; 3e panneau, 3m,46; 4e panneau, 2m,81.

Inscription sur la bordure inférieure de la grande composition :

L'an huit cent, le jour de Noël, dans la basilique de saint Pierre, à Rome, le Pape Léon III couronne Charlemagne empereur d'Occident.

Sur la bordure du premier panneau isolé à gauche :

Charlemagne restaure les lettres et les sciences, fonde des écoles pour la jeunesse. Des extrémités de l'Orient, Haroun al Raschid lui envoie par des ambassadeurs les clefs du Saint-Sépulcre.

« Le premier panneau isolé, à gauche, a pour sujet Charlemagne entouré des grands hommes de son temps. Au sommet d'un escalier qui conduit aux portiques du palais, assis sur un trône, Charlemagne préside à l'action civilisatrice de son règne. A sa droite, la Religion soutient la croix et la Gloire le couronne. Autour de lui se pressent des évêques, des savants, des paladins. Un moine lui présente un manuscrit découvert parmi les débris de la civilisation antique. Au bas de l'escalier, d'autres moines enseignent la lecture à de jeunes enfants.

« Les trois entre-colonnements suivants représentent le Couronnement. La scène se développe, de profil, de droite à gauche. Au centre, l'Empereur, suivi du cortège de sa cour et de ses lieutenants, gravit la première marche de l'autel, et le pape Léon III, entouré du clergé de la primitive basilique de Saint-Pierre, s'avançant à sa rencontre, élève la couronne impériale qu'il va poser sur sa tête. En avant du Pape, des enfants de chœur balancent des encensoirs et enveloppent des vapeurs de l'encens l'Elu du Seigneur. Un groupe d'évêques, assis sur trois rangs de chaque côté de l'escalier qui monte vers l'autel, ferme la composition en bas et à gauche. Les trompettes sonnent, et des chantres entonnant des cantiques sont placés sur les marches autour du tabernacle. Derrière l'Empereur, ses fils Charles et Pépin, ses filles portant les présents que l'Empereur offrait au Pape, précèdent les soldats qui lèvent leurs épées et font flotter les étendards. La composition est fermée à droite et au fond par la foule du peuple romain acclamant Charles-Auguste empereur. Une porte ouverte dans la perspective du transept laisse voir la ville de Rome. Enfin, au sommet du panneau central, au-dessus du groupe formé par le Pape et l'Empereur, apparaît saint Pierre soutenu par des anges, symbolisant l'alliance de la France carlovingienne et de la Papauté, la protection accordée à celle-ci par Pépin le Bref et Charlemagne, fondateurs du patrimoine de saint Pierre.

« Au-dessus du Couronnement se développe une procession des principaux personnages de l'époque carlovingienne : évêques, saints, guerriers. Le panneau isolé représente la mort de Roland d'après un passage légendaire de la chanson. Le Paladin, près de mourir à Roncevaux, élève vers le ciel, en signe d'hommage, son gantelet qu'un ange vient recueillir. Saint Michel, un des patrons de la France, le couvre des plis de l'oriflamme; et, à genoux devant lui, tournée vers l'autel et ouvrant la procession, la figure de la Patrie, soutenue par un ange, offre à Dieu cette victime. »

A chaque extrémité du transept est suspendue une tapisserie, destinée, dans le projet de décoration générale, à servir de fond à l'autel de la Vierge à gauche, de Sainte-Geneviève à droite, et séparant ainsi les panneaux des chapelles, peints, à gauche par M. J. F. Humbert, à droite par Th. Maillot. Les modèles de ces deux immenses tapisseries, exécutées aux Gobelins, en point dit de la « Savonnerie », avaient été commandés à M. Ch. Lameire, qui donna l'explication suivante de ses cartons à M. le doyen de Sainte-Geneviève :

« Les deux tapisseries exécutées d'après les cartons et modèles de M. Ch. Lameire, par la manufacture des Gobelins, et destinées à l'ornementation des deux chapelles du transept de la basilique de Sainte-Geneviève, mesurent chacune 9ᵐ,39 de haut, sur 3ᵐ,81 de large. Le modèle destiné à la chapelle de Sainte-Geneviève, et qui est en cours d'exécution à la manufacture, affecte, avec les éléments plus vigoureux du style Louis XIII, le style Louis XV, afin de rappeler l'époque de l'édification du monument. Le fond est pourpre chaud; l'ornementation s'enlève en clair. Le fond de la bordure est le même, afin de bien faire « compter » toute la tapisserie d'une extrémité à l'autre. Cette bordure est formée par un quadrillé rehaussé en clair avec des motifs rosaces intercalaires.

« Le motif supérieur de la tapisserie proprement dite reproduit la médaille de bronze que l'évêque d'Auxerre remit à Geneviève enfant. De ce point, des guirlandes de fleurs et de feuillages se déroulent et vont s'attacher sur la bordure. Elles forment dais et couronnent le motif principal. Ce motif est conçu dans l'esprit des grands motifs d'armes de France avec pavillons et tenants connus sous le nom de *grandes chancelleries* (le *pavillon*, ou tente royale, abrite deux figures d'anges ou d'animaux symboliques qui tiennent l'écu).

« L'écu des armes de la Ville dont sainte Geneviève est la patronne occupe le milieu d'un cartouche bouclier aux écailles d'or; la place des honneurs est occupée par un agneau à genoux entouré de gerbes de blé et de fleurs des champs; il repose sous un lambrequin vert agrémenté d'or. De chaque côté du cartouche, et sortant de gaines y attenant, sont deux figures en grisaille-camaïeu : le *Courage civique*, représenté par un Franc chevelu qui tient la framée et le casque ailé; et la *Bienfaisance*, sous les traits d'une jeune femme voilée qui distribue le pain de l'aumône. Au bas du cartouche, sur un volumen déroulé et volant, la devise *Pro Patria*, et au-dessous, un lion de face aux ailes déployées symbolise la Force. Sa queue double donne naissance à deux gigantesques rinceaux camaïeu colorés qui se déroulent sur le fond et forment l'ornementation principale. Puis une large litre formée de guirlandes de chêne termine la tapisserie.

« La tapisserie de la chapelle de la Sainte-Vierge offre la même disposition et une grande similitude dans l'ornementation; seulement le ton général de la tenture est bleu. La guirlande offre un mélange de roses, de lis et de pivoines. Une couronne de roses blanches est placée au sommet, de même que la médaille de sainte Geneviève. Le cartouche du milieu reproduit le monogramme de la sainte Vierge. Il est dominé par une couronne d'étoiles rayonnantes, et les deux tenants sont deux figures d'anges ailés, sortant de gaines et qui tiennent le cartouche. Le volumen déployé redit la parole : *Ave, Maria, gratia plena*. Au-dessous, et faisant vis-à-vis au lion, l'Ange Gabriel, incliné comme au jour de l'Annonciation, étend ses deux ailes. Derrière lui, deux rinceaux vigoureux en camaïeu, colorés, courent sur le fond. Au bas, une large litre avec grecque et trois guirlandes de térébinthe, symbole de l'incorruptibilité de la Mère de Dieu. »

MOSAÏQUE DÉCORANT LA VOUTE HÉMISPHÉRIQUE DE L'ABSIDE DE SAINTE-GENEVIÈVE.

Le Christ montrant à l'Ange de la France les destinées de son peuple. — Mosaïque, d'après les cartons de M. HÉBERT (Antoine-Auguste-Ernest), exécutée sous la direction de M. Poggesi (Angelo), chef de l'atelier national de mosaïque, institué à Sèvres en 1875.

Surface de la composition remplie par les figures colossales décrites ci-dessous, 41ᵐ,90. — Surface totale du travail, avec toutes ses bordures, intérieures et extérieures, inscription de l'attique, etc., 100ᵐ,07.

« Le Christ, debout au milieu de la composition, tient de la main gauche le livre des destinées; de la main droite, il commande aux événements qui se déroulent devant lui, représentés par les peintures de MM. Cabanel, Puvis de Chavannes, Bonnat, etc., et qui résument l'histoire mystique de notre pays. L'Ange de la France, à la gauche du Christ, l'épée nue à la main, semble, à l'expression de douleur qu'on lit dans ses yeux, assister à quelque lamentable désastre du pays dont il est le gardien; mais l'attitude de toute la figure, la main gauche qui se cache sous le pli du manteau militaire et s'appuie sur le fourreau de l'épée, tout ceci en vaincu semble dire que de beaux jours peuvent luire encore pour la patrie. Près de l'Ange, l'auteur a placé suppliante la bergère sainte Geneviève, patronne de l'église de Paris, et à la droite du Christ, la grande Lorraine, Jeanne Darc avec son armure, sa jupe rouge et son visage de suppliciée. La martyre n'a pas d'auréole; mais la Vierge, la grande consolatrice, est auprès d'elle, lui mettant la main sur l'épaule et la présentant au Sauveur en signe d'adoption. »

Au fond, à gauche de l'édifice, faisant pendant à l'ancienne sacristie :

SALLE DES ÉVÊQUES.

Saint Michel vainqueur du Démon. — Tapisserie exécutée aux Gobelins, d'après le modèle peint à l'huile par M. Merson (Luc-Olivier). — H. 3^m,31. — L. 2^m,13.

Le modèle peint par M. L. Olivier Merson fut exposé au Salon de 1875 ; et la tapisserie parut à l'Exposition universelle de 1878.

Dans la salle des Evêques, entre d'autres menus ouvrages de sculpture, destinés à être portés dans les processions, nous croyons devoir signaler une précieuse réduction en bronze de la Sainte Geneviève de Le Hanivel-Durocher, fondue avec un soin tout particulier par Delafontaine. Elle reproduit la statue exécutée par Le Hanivel pour le portail de l'église Sainte-Clotilde.

CAVEAUX DU PANTHÉON.

Cénotaphe de Voltaire. — Bois peint en marbre, « ayant dû être exécuté en granit et en marbre précieux », comme celui de Rousseau. — H. 1^m,66. — L. 1^m,37. — Longueur, 2^m,53.

Ce cénotaphe, de forme antique, est surmonté de la boule azurée du monde, sur laquelle s'appuie la lyre posée sur une couronne de laurier. Entre les deux Génies funèbres qui décorent en bas-relief l'extrémité de chaque face, se lisent des inscriptions laudatives.

Dans la niche faisant face à la baie cintrée par laquelle prend jour le caveau :

Voltaire.—Statue.—Marbre.—H. 2^m,07. —L. du socle, 0^m,61.—Auteur inconnu.

Il est debout, la tête levée d'un air inspiré, et il tient de la main gauche ses tablettes, de la droite son stylet ; à ses pieds, les attributs du poète tragique, le masque et le poignard.

Cénotaphe de Jean-Jacques Rousseau. — Bois peint en marbre. — H. 2^m,17. — L. 1^m,38. — Longueur, 2^m,95.

Le cénotaphe de Rousseau est plus compliqué et plus maniéré encore que celui de Voltaire, d'un goût plus suisse que français, malgré sa forme supposée antique et son toit demi-plat, dont les arêtes finissent par des masques lacrymatoires. Une main tenant une torche sort à chaque extrémité d'un volet entre-bâillé ; le bas-relief en stuc appliqué sur bois à chaque face du monument, représente, à droite, un jeune homme et un vieillard déposant sur le tombeau du philosophe des épis et des fruits ; à gauche, une jeune femme lui apportant des fleurs et un enfant lui offrant un petit oiseau. « Ici repose l'homme de la nature et de la vérité. » Séparées de ce bas-relief par deux troncs d'arbres ébranchés formant colonne, la Vérité et une femme allaitent deux enfants.

Dans les caveaux, un bas-relief en pierre, d'un auteur inconnu et dont la destination nous échappe, représente deux femmes ailées, dont l'une pose une couronne sur une urne cinéraire placée sur un tombeau, tandis que l'autre écrit sur une tablette l'histoire du personnage regretté [1].

MARQUIS PH. DE CHENNEVIÈRES,

DIRECTEUR HONORAIRE DES BEAUX-ARTS.

Paris, le 15 avril 1889.

---

[1] Au moment où nous corrigeons ces épreuves (15 avril 1889), notre devoir est de constater que la *Prédication de saint Denis*, par M. Galland (Pierre-Victor), ayant fait partie, durant tout l'été, de l'exposition des Arts décoratifs au Palais des Champs-Élysées ; les diverses compositions de M. Delaunay (Jules-Élie) : *La marche d'Attila*, *sainte Geneviève calmant les terreurs des Parisiens*, en trois compartiments dès aujourd'hui maroufiés sur place, plus les quatre compartiments de la frise ; les huit compartiments de M. Humbert (Jacques-Ferdinand), dont deux compositions cependant sont déposées en leur place, quoique toujours couvertes d'un voile ; l'ensemble des huit compositions de M. Lenepveu (Jules-Eugène) consacrées à l'histoire de Jeanne d'Arc, et dont trois sont appliquées à la muraille, mais non découvertes ; la commande entière faite à M. Meissonier (Jean-Louis-Ernest), et dont les sujets, outre la frise, devaient représenter *sainte Geneviève ravitaillant Paris assiégé* ; enfin les statues de *saint Germain*, par M. Chapu (Henri-Michel-Antoine), de *saint Éloi*, par M. Mercié (Antonin), et du *bienheureux de La Salle*, par M. Montagny (Étienne), n'ont pas encore été livrés au public. P. C.

TABLE

DES NOMS MENTIONNÉS DANS LA MONOGRAPHIE.

Nota. — L'abréviation *arch.* signifie architecte; *éb.*, ébéniste; *lith.*, lithographe; *gr.*, graveur; *orf.*, orfèvre; *p.*, peintre; *p. verr.*, peintre verrier; *sc.*, sculpteur.

Adam (Mme Edmond), 18.
Amiens, 13.
Angers, 15.
Angoulême (duchesse d'), 5.
Anjou (Charles, comte d'), 17
Antigone, 15.
Argout (d'), 9.
Arles, 13.
Artois (Robert, comte d'), 17.
Athènes, 4.
Attila, 7, 8, 9, 11, 12, 21.
Auger, sc., 5.
Austerlitz, 16.
Austremoine (saint), 13.
Auvergne (Guillaume d'), évêque de Paris, 17.
Auxerre, 17, 20.
Baccari (Antoine), sc., 5.
Barra, 5.
Baudry (Paul-Jacques-Aimé), p., 7, 8.
Beauvais, 13.
Beauvallet (Pierre-Nicolas), sc., 5.
Becquet (Just), sc., 10.
Bernard (saint), 7, 10.
Bernard, évêque d'Auxerre, 17.
Bert (Paul), 18.
Berthollet, 8.
Beugnot (le comte), 5.
Bézard (Jean-Louis), p., 6.
Bichat, 8.
Blaise (Barthélemy), sc., 5.
Blanc (Charles), 6.
Blanc père, 18.
Blanc (Paul-Joseph), p., 7, 17.
Blanc (Mme Joseph), 18.
Blanche de Castille, 16.
Boichot (Guillaume), sc., 4.
Boileau (Étienne), 16, 17.
Boizot (Louis-Simon), sc., 4.
Bonaparte (le général), 8.
Bonnard, orf., 3.
Bonnat (Léon-Joseph-Florentin), p., 7, 11, 20.
Bonnefoy (l'abbé), 7, 8, 12, 18.

Boquet (Simon-Louis), sc., 5.
Bordeaux (duc de), 15.
Bosio (François-Joseph, baron), sc., 6.
Bourgogne (Hugues, duc de), 17.
Bouvet (Claude), sc., 4.
Bouet, sc., 4.
Brébion (Maximilien), arch., 3.
Brémond (Jean-François), p., 6.
Brioude, 13.
Cabanel (Alexandre), p., 7, 16, 20.
Cabet (Jean-Baptiste-Paul), sc., 7, 10.
Cadix, 15.
Carnevali (Jules-César), p., 15.
Carnot, 6, 8.
Carpeaux (Jean-Baptiste), sc., 7.
Cartellier (Pierre), sc., 5, 6.
Cavelier (Pierre-Jules), sc., 7, 9.
Cérès, 9.
Champagne (Thibaud de), 17.
Chapu (Henri-Michel-Antoine), sc., 7, 8, 21.
Charavay (Eugène), 6.
Chardin (Sébastien), sc., 5.
Charlemagne, 5, 7, 15, 19.
Charles VIII, 18.
Charles, fils de Charlemagne, 19.
Charles-Auguste, empereur, 19.
Chartres, 17.
Chaudet (Antoine-Denis), sc., 4, 9.
Chavannes. Voy. Puvis.
Chenavard (Paul-Marc-Joseph), p., 6, 7.
Chennevières (marquis, Philippe de), directeur honoraire des Beaux-Arts, 1-21.
Clémenceau, député, 18.
Clément (saint), 13.
Clermont, 13.
Clotilde (la reine), 3, 5, 11, 13, 14, 17.
Clovis, 3, 5, 7, 9, 13, 14, 17.
Colombe (sainte), 13.
Comairas (Philippe), p., 6.
Constantinople, 17.
Coquelin aîné, 18.
Corbière, 6.
Cornut (Albéric), évêque de Chartres, 17.
Cortot (Jean-Pierre), sc., 6.

COURTENAY (Baudouin DE), 17.
COUSTOU (Guillaume), sc., 3, 4.
CRÉPIN (saint), 13.
CRÉPINIEN (saint), 13.
CUVIER, naturaliste, 8.
DAVID (Jacques-Louis), p., 8.
DAVID D'ANGERS (Pierre-Jean), sc., 6, 8, 9, 15.
DEJOUX (Claude), sc., 4, 5, 6.
DELABORDE (H.), 3.
DELAFONTAINE, fond., 21.
DELAISTRE (François-Nicolas), sc., 5.
DELAUNAY (Jules-Élie), p., 7, 8, 11, 12, 13, 21.
DENIS (saint), 7, 8, 10, 11, 21.
DESCARTES, 5.
DUBOIS (Paul), sc., 7.
DUCIS, poète, 16.
DUPASQUIER (Antoine-Léouard), sc., 5.
DUPATY (Louis-Marie-Charles-Henri Mercier-), sc., 6.
DUPRÉ (Nicolas-François), sc., 4.
DURANGEL (V.), p., 13.
ELEUTHÈRE (saint), 11.
ÉLOI (saint), 3, 7, 8, 21.
ÉRASME, 18.
ÉTIENNE, évêque de Paris, 18.
FABRE (Ferd.), 14.
FALGUIÈRE (Jean-Alexandre-Joseph), sc., 7, 10.
FÉNELON, 8.
FIRMIN (saint), 13.
FLAMENG (Léopold), gr., 14.
FONTAINE (Pierre), 17.
FORTIN (Augustin-Félix), sc., 4.
FOUCOU (Jean-Joseph), sc., 15.
FRÉMIET (Emmanuel), sc., 7, 10, 11.
GABRIEL (l'archange), 17, 20.
GALLAND (Pierre-Victor), p., 7, 8, 11, 21.
GAMBETTA (Léon), 18.
GAUCHER, 17.
GENEVIÈVE (sainte), 3, 4, 5, 7, 8, 9, 11, 12, 13, 14, 18, 20, 21.
GÉRARD (François-Pascal-Simon, baron), p., 6, 15.
GERMAIN (saint), 4, 7, 8, 12, 13, 21.
GÉRÔME (Jean-Léon), p., 7.
GIRODET (Anne-Louis), p., 6.
GODEFROID (Mlle Marie-Éléonore), p., 15.
GRÉGOIRE DE TOURS (saint), 7, 10, 11.
GRILLE (François), 15.
GROS (Antoine-Jean, baron), p., 5, 6, 14, 15.
GUÉRIN (Pierre-Narcisse, baron), p., 6.
GUIBERT (Mgr), 18.
GUILLAUME (Claude-Jean-Baptiste-Eugène), sc., 7, 8.
HALÈS (Alexandre DE), 17.
HAROUN AL RASCHID, 19.
HÉBERT (Antoine-Auguste-Ernest), p., 7, 20.

HERCULE, 4.
HIOLLE (Ernest-Eugène), sc., 7, 10.
HOMÈRE, 8.
HOUDON (Jean-Antoine), sc., 4.
HUGO (Victor), 8.
HUMBERT (Jacques-Ferdinand), p., 7, 8, 19, 21.
HYDE DE NEUVILLE, 5.
INGRES, p., 8.
JACQUES, prieur de Constantinople, 17.
JEAN DE MATHA (saint), 7, 10.
JEANNE D'ARC, 7, 8, 20, 21.
JOUFFROY (François), sc., 7, 10.
JOUIN (Henry), 8, 9.
JOURDAIN DE SAXE, 16.
JULIEN (Pierre), sc., 4.
JULIEN (saint), 13.
LA FAYETTE, 8.
LAMEIRE (Ch.), p., 19.
LAPLACE, 8.
LA SALLE (le bienheureux DE), 7, 8, 21.
LAURENS (Jean-Paul), p., 7, 13, 14.
LAURENS (Mme Paul), 14.
LAZARE (saint), 13.
LEDRU-ROLLIN, 6.
LEGRIP (Frédéric), dess., 8.
LEHARIVEL-DUROCHER, sc., 21.
LEHMANN (Charles-Ernest-Rodolphe-Henri-Salem), p., 7.
LEMOT (François-Frédéric, baron), sc., 6.
LENEPVEU (Jules-Eugène), p., 8, 21.
LÉON III, pape, 9.
LEPELLETIER DE SAINT-FARGEAU, 5.
LEROUX (Jean-Marie), graveur, 9.
LE SUEUR (Jacques-Philippe), sc., 4, 9.
LÉVY (Henri-Léopold), p., 7, 19.
Limoges, 13.
LOCKROY, 18.
LONJUMEAU (André DE), 17.
LORTA (Jean-Pierre), sc., 5.
LOUIS (saint), 5, 7, 15, 16, 17.
LOUIS LE DÉSIRÉ, 14.
LOUIS LE GROS, 18.
LOUIS XIV, 3.
LOUIS XVI, 15.
LOUIS XVII, 15.
LOUIS XVIII, 5, 15.
LOUP (saint), 12.
LUCAIN (saint), 13.
LUCAS (J. R. N.), sc., 5.
LUCIEN (saint), 13.
Lyon, 7.
Madrid, 15.
MAILLOT (Théodore-Pierre-Nicolas), p., 7, 8, 18, 19.
MAINDRON (Étienne-Hippolyte), sc., 7, 9.
MALESHERBES, 8.
MANUEL, 8.
MARAT, 5.

Marbourg (Henri de), chapelain, 17.
Marengo, 16.
Marie-Louise (l'impératrice), 5.
Marie-Madeleine (sainte), 13.
Marigny (marquis de), 3.
Marseille, 13.
Marthe (sainte), 13.
Martial (saint), 13.
Martin (saint), 7, 10.
Masson (A.), gr., 13.
Masson (François), sc., 4, 5.
Meissonier (Jean-Louis-Ernest), p., 7, 21.
Mercié (Marius-Jean-Antonin), sc., 7, 8, 21.
Merson (Luc-Olivier), p., 21.
Metz, 3, 13.
Meynier (Charles), p., 6.
Michel (saint), 17, 19, 21.
Millet (Jean-François), p., 7.
Mirabeau, 5, 8.
Moitte (Jean-Guillaume), sc., 4, 6, 8.
Monge, 8.
Montagny (Étienne), sc., 7, 8, 21.
Montalivet (comte de), 5.
Moreau (Gustave), p., 7.
Nanterre, 12, 15.
Nanteuil (Charles-François Le Boeuf), sc., 6, 9.
Napoléon Ier, 5, 16.
Narbonne, 13.
Nicolle, orf., 3.
Orléans, 7.
Ouin-Lacroix (l'abbé), 4, 8.
Papéty (Dominique-Louis-Ferréol), p., 6.
Pasteur, 18.
Paterne (saint), 13.
Paul (saint), 3, 4, 13.
Pélage, 12.
Pépin, fils de Charlemagne, 19.
Perraud (Jean-Joseph), sc., 7, 10.
Perrot (Paul), 6.
Petitot (Pierre), sc., 5.
Peyre (Antoine-François), arch., 3.
Pie IX, 10.
Pierre (saint), 3, 4, 13, 19.
Pilon (Germain), sc., 4.
Poggesi (Angelo), mosaïste, 20.

Poitou (Alphonse, comte de), 17.
Pollet (Victor), 13.
Proust (Antonin), 18.
Prud'hon (Pierre), p., 6.
Puvis de Chavannes (Pierre), p., 7, 8, 12, 13, 20.
Quatremère de Quincy, 4, 5, 8, 9.
Ramey (Claude), sc., 5.
Raphael (l'archange), 17.
Reims, 7.
Remi (saint), 7, 9, 17.
Roland (Philippe-Laurent), sc., 4.
Roland (le paladin), 19.
Roncevaux, 19.
Rondelet (Jean-Baptiste), arch., 3, 4, 8.
Rousseau (Jean-Jacques), 5, 8, 21.
Rustique (saint), 11.
Saint-Fargeau. Voy. Lepelletier.
Saint-Paul (Hugues, comte de), 17.
Saturnin (saint), 13.
Sedulus (l'archidiacre), 12.
Sens, 13.
Sighebert, roi des Ripuaires, 17.
Soissons, 13.
Solange (sainte), 13.
Sorbon (l'abbé Robert de), 16.
Soufflot (Jacques-Germain), arch., 3, 4, 5.
Stouf (Jean-Baptiste), sc., 5.
Suzanne (François-Marie), sc., 5.
Théodoric, fils de Clovis, 17.
Thiéry, 4.
Thomas (G. J.), sc., 11.
Tolbiac, 7.
Toulouse, 13.
Triptolème, 9.
Trophime (saint), 13.
Vannes, 13.
Vernet (Antoine-Charles-Horace, dit Carle), p., 6.
Viala, 5.
Viel de Saint-Maur (Charles-François), arch., 3.
Villette (Geoffroy de), 17.
Vincent de Paul (saint), 7, 10.
Vincent de Beauvais, 16.
Voltaire, 5, 8, 21.

EX-CHAPELLE EXPIATOIRE

EX-CHAPELLE EXPIATOIRE

Histoire. — *Cette chapelle a été érigée, d'après les plans de* Fontaine, *à l'endroit même où avaient été ensevelis les restes de Louis XVI et de Marie-Antoinette, au milieu du terrain occupé par l'ancien cimetière de la Madeleine de la Ville-l'Évêque. La première pierre en a été posée, le 21 janvier 1815, par le comte d'Artois, accompagné du duc d'Angoulême et du duc de Berri; mais les travaux ne furent terminés qu'en 1826. L'édifice est dédié à saint Louis; il est isolé des quatre côtés et entouré d'un square limité par la rue Pasquier, la rue des Mathurins, la rue d'Anjou et le boulevard Haussmann. Sa construction a occasionné une dépense de deux millions.*

Bibliographie. — *Chapelle expiatoire élevée à Louis XVI et à Marie-Antoinette, à Paris*, sur les dessins et sous la direction de M. Fontaine, par Normand fils, in-folio. Extrait de l'ouvrage des *Monuments funéraires des cimetières de Paris*.

Notice historique sur la Chapelle expiatoire de Louis XVI et de la reine Marie-Antoinette, par l'abbé Savornin. Paris, 1865, in-12.

DESCRIPTION.

Le monument se compose de deux galeries de tombeaux encadrant une sorte de jardin formé par un terre-plein, et c'est au fond de ce jardin que s'élève la chapelle. Les deux galeries sont reliées entre elles par une construction formant façade où se trouve notamment un vestibule intérieur d'où l'on accède au terre-plein. Il y a donc réellement deux façades et deux intérieurs : façade et intérieur de la construction; façade et intérieur de la chapelle. Le terre-plein est formé des terres amoncelées lors des fouilles de l'ancien cimetière.

Nous décrirons d'abord la construction formant avant-corps.

EXTÉRIEUR

FAÇADE PRINCIPALE.

Cette façade s'étend parallèlement à la rue Pasquier; elle se divise en cinq parties dont trois sont disposées en avant-corps et affectent la forme de tombeaux antiques.

L'avant-corps central est le plus important des trois; il est carré et renferme un vestibule donnant accès, à gauche, à la loge du concierge, à droite, à une salle d'attente, et, au fond, au terre-plein ci-dessus mentionné.

La porte qui s'ouvre sur le terre-plein est élevée de neuf marches au-dessus du sol du vestibule. La façade de cette construction est percée d'une baie rectangulaire encadrée par un chambranle à crossettes et couronnée d'un fronton triangulaire à oreillons. On arrive à cette baie par sept marches. Au-dessus de la porte règne un large bandeau, et entre le bandeau et la corniche se détache un cadre renfermant l'inscription suivante :

> Le roi Louis XVIII a élevé ce monument
> pour consacrer le lieu
> où les dépouilles mortelles du roi Louis XVI
> et de la reine Marie-Antoinette
> transférées le XXI janvier M DCCC XV
> dans l'église royale de Saint-Denis
> ont reposé XXI ans.
> Il a été achevé la IIe année
> du règne de Charles X
> l'an de grace M DCCC XXVI.

Dans le tympan du fronton est sculptée une couronne accompagnée de rubans et contenant une croix grecque. La couronne est composée de feuilles et de têtes de pavots.

Les trois autres faces ont chacune un fronton semblable.

Les avant-corps des extrémités sont terminés en plein cintre. Leur face principale est décorée d'une sorte de stèle dont la partie supérieure est encadrée d'un tore de branches de pavots soutenues par deux flambeaux allumés. Entre ces flambeaux est creusé un large médaillon circonscrit par une couronne et contenant un sablier ailé. La couronne est identique avec la précédente. Au-dessous retombe, en forme de guirlande, une grosse branche de cyprès suspendue par des rubans à des patères.

Les deux parties intermédiaires sont lisses et recouvertes d'un toit sphérique composé d'assises en pierre.

FAÇADES LATÉRALES.

Chacune d'elles offre une galerie comprenant neuf arcades en plein cintre pourvues d'un fronton et séparées entre elles par des pilastres ornés d'un flambeau. La partie supérieure du fronton est remplie par un sablier ailé, et le long des rampants se développe un tore de feuilles et de têtes de pavots.

Chaque travée est limitée intérieurement par des pilastres saillants sur lesquels viennent s'appuyer les arcs doubleaux des voûtes d'arête.

Les arcades extérieures sont fermées par une grille établie à hauteur d'appui. Celles qui sont placées intérieurement sont closes, à hauteur de la naissance des arcs, par un mur servant à soutenir le terre-plein. Contre ce mur adossées des pierres tumulaires dont la partie supérieure s'élève au-dessus dudit mur et présente une plaque de marbre blanc, au centre de laquelle se détache une couronne faite, ou de feuilles de chêne, ou de têtes de pavots, ou enfin de branches de cyprès. Le long de ces dernières arcades, mais du côté du terre-plein, sont établis deux trottoirs coupés par des pierres tombales posées à plat.

Les galeries viennent aboutir à deux petites constructions placées à droite et à gauche du soubassement de la chapelle. Ces constructions comportent, en façade, deux pierres tumulaires réunies entre elles par un mur lisse. Les pierres tumulaires ont la forme d'une stèle et sont absolument semblables à celles des avant-corps d'angle de la façade principale du monument.

INTÉRIEUR

L'ex-chapelle expiatoire est précédée, nous l'avons dit, d'un avant-corps de bâtiment formant vestibule dont il convient de décrire l'intérieur avant de passer outre.

Cet édifice est muni d'une voûte d'arête, et ses quatre murs sont décorés, au-dessus de la moulure d'imposte, d'une couronne accompagnée de deux flambeaux renversés et d'une guirlande dont les deux extrémités sont relevées et soutenues par des candélabres antiques. La couronne est formée de myosotis et de branches de lis ; la guirlande, de têtes de pavots et de branches de cyprès. Dans les couronnes est sculpté, soit le monogramme de Louis XVI, soit celui de Marie-Antoinette, surmonté d'une couronne royale. Au-dessus des portes conduisant à la loge du concierge et à la salle d'attente, règne une corniche à denticules, et de chaque côté s'ouvre une niche voûtée en cul-de-four.

CHAPELLE.

La chapelle est précédée d'un péristyle auquel on monte par douze marches; elle a la forme d'une croix grecque dont trois branches sont terminées en hémicycle. La quatrième branche, qui sert de vestibule, est construite sur plan rectangulaire.

EXTÉRIEUR

FAÇADE PRINCIPALE.

Le péristyle comporte quatre colonnes doriques et un entablement au-dessus duquel se dresse un fronton triangulaire à oreillons. La frise de l'entablement est chargée de triglyphes, et les métopes sont occupées par des médaillons encadrant alternativement des rosaces et des sabliers ailés.

Dans le tympan du fronton :

Deux anges adorateurs. — Bas-relief. — Pierre. — H. 1^m,50. — L. 3^m,50. — Par GÉRARD (FRANÇOIS-ANTOINE).

Tous deux sont vêtus d'une draperie flottante. Celui de gauche a les mains croisées sur la poitrine ; celui de droite a les mains jointes et les yeux levés vers le ciel. Ils sont agenouillés devant une couronne de myosotis accompagnée de palmes et portant le monogramme du Christ.

Le plafond est divisé en trois compartiments par des soffites correspondant aux colonnes. Au centre de chaque compartiment s'épanouit une rosace.

Au fond du péristyle, et dans l'axe, est pratiquée une baie rectangulaire avec chambranle mouluré et corniche à denticules. Cette baie est close par une porte à deux vantaux en chêne peint en bronze. Chaque vantail comprend quatre panneaux superposés et encadrés d'une moulure à oves. Le panneau inférieur est plein et décoré d'une rosace; les trois autres sont ajourés et comportent une couronne de pavots et une croix grecque. Dans les champs des encadrements sont fixées des bulles. Tous les ornements sont en bronze.

FAÇADES LATÉRALES.

Au centre de chaque façade se détache une construction demi-circulaire coiffée d'un dôme et accusant extérieurement les bras de la croix. Les murs sont unis et possèdent un entablement qui vient se raccorder à celui du péristyle.

FAÇADE POSTÉRIEURE.

Elle est semblable aux précédentes.

INTÉRIEUR

Un vestibule a été ménagé à l'entrée de la chapelle. Il est séparé de la nef par deux colonnes d'ordre dorique. Son plafond est plat et repose sur un entablement dont la frise est coupée par des triglyphes. Dans les métopes se trouvent des rosaces et des croix grecques alternées.

A droite et à gauche est creusée une niche voûtée en cul-de-four, et sous ces niches sont placés des bénitiers composés d'une demi-vasque en marbre blanc et d'une demi-colonnette en bronze doré en forme de balustre. Les colonnettes sont cannelées et feuillagées; elles portent, à leur centre, deux bagues ornées de feuilles de laurier.

NEF.

La nef est construite sur plan octogonal. Elle est munie d'un entablement identique avec celui du vestibule et dominée par une coupole sphérique supportée par quatre pendentifs et décorée de caissons à rosaces. Le centre de la coupole est ajouré.

Dans l'arc, au-dessus des colonnes du vestibule :

Translation des cendres de Louis XVI et de Marie-Antoinette. — Bas-relief. — Pierre. — H. 2ᵐ,50. — L. 5ᵐ,20. — Par Gérard (François-Antoine).

Le tombeau contenant les restes du Roi et de la Reine est porté par un officier général et par un prêtre. Il est recouvert d'une espèce de lambrequin aux armes de France, et d'une draperie frangée sur laquelle sont déposés deux couronnes royales, un sceptre et une main de justice. En avant, marchent deux femmes drapées et voilées, les mains jointes et la tête baissée, dans l'attitude de la douleur; sur le côté s'avancent trois enfants de chœur portant, le premier un coffret, le deuxième un goupillon, et le troisième un encensoir. A droite de la composition sont agenouillées deux femmes drapées et voilées, dont l'une tend les bras vers le cercueil, tandis que l'autre joint les mains et s'incline sur le passage du convoi. En arrière suit un religieux, un livre ouvert à la main. Viennent ensuite deux femmes et trois hommes. La première femme est prosternée, les mains jointes, la deuxième est debout. Les hommes sont placés au deuxième plan; on n'aperçoit que leur tête.

Au fond, au centre, la partie supérieure de la chapelle expiatoire; à droite, une partie de la façade de la cathédrale de Saint-Denis.

Pendentif.

A gauche du bas-relief précédent :

Deux anges prosternés devant les emblèmes de la Sainte Trinité. — Bas-relief. — Pierre. — H. 2ᵐ,50. — L. 0ᵐ,90. — Par Gérard (François-Antoine).

Les deux anges sont couverts d'une draperie flottante. Celui de gauche tient un évangile dont il désigne un passage; celui de droite présente deux cœurs. Au milieu se dresse une colonnette sur laquelle est déposé un triangle entouré de rayons et symbolisant la Sainte Trinité. Au centre du triangle plane une colombe.

Dans la partie inférieure se trouve un cartouche accompagné d'une tête de chérubin et d'une guirlande de feuilles de laurier.

On lit dans le cartouche :

Hi tres unum sunt.

Au-dessous sont sculptés une couronne de myosotis, un rameau de laurier et une branche de lis.

A droite :

Deux anges agenouillés devant les tables de la loi. — Bas relief. — Pierre. — H. 2ᵐ,50. — L. 0ᵐ,90. — Par Gérard (François-Antoine).

L'ange de gauche présente une couronne d'une main et une palme de l'autre; sa draperie est agrafée sur l'épaule gauche. L'ange de droite embouche une trompette et montre les tables de la loi qui sont placées sur une colonnette, au milieu de la composition.

Dans le cartouche :

SI VIS AD VITAM INGREDI
SERVA MANDATA.

Au cartouche est accrochée une guirlande de myosotis au milieu de laquelle paraît une tête de chérubin.

La partie inférieure du bas-relief est occupée par une rosace, une croix, un calice surmonté d'une hostie, une palme et des épis de blé.

A gauche de l'hémicycle du fond :

Deux anges en adoration devant le Saint Sacrement. — Bas-relief. — Pierre. — H. 2^m,50. — L. 0^m,90. — Par GÉRARD (FRANÇOIS-ANTOINE).

Ils sont agenouillés de chaque côté d'une colonnette, au-dessus de laquelle est représenté le monogramme du Christ, entouré de rayons et surmonté d'une croix. L'ange de gauche a les mains jointes et les yeux attachés sur la croix ; celui de droite a les bras croisés et la tête baissée.

Dans le cartouche :

SALUTARIS HOSTIA.

Au cartouche est suspendue une guirlande d'épis de blé et de grappes de raisin, au-dessus de laquelle est sculptée une tête de chérubin. Au-dessous, un agneau immolé, une coupe, un encensoir, une amphore et un autel renversé.

A droite :

Deux anges prosternés devant l'agneau pascal. — Bas-relief. — Pierre. — H. 2^m,50. — L. 0^m,90. — Par GÉRARD (FRANÇOIS-ANTOINE).

L'un des deux anges est représenté sous les traits d'une jeune femme drapée et voilée, un genou en terre, une branche de lis dans la main droite, le bras gauche replié et la tête appuyée sur sa main. Le second met la main droite sur son cœur et porte une palme dans la main gauche.

L'agneau pascal est couché, au milieu de rayons, sur le livre des sept sceaux qui est posé sur une colonnette.

Dans le cartouche :

ECCE AGNUS DEI.

Le cartouche est accompagné d'une guirlande de branches de cyprès et d'une tête de chérubin. Au-dessous se détachent une couronne royale, un sceptre, une main de justice, une palme et une branche de lis.

Dans chaque pied-droit est ménagée une niche semblable à celles du vestibule.

HÉMICYCLES.

Trois hémicycles s'ouvrent sur la nef par un arc plein cintre dont l'intrados est couvert d'une grecque. Ils sont coiffés d'une coupole demi-sphérique, ajourée dans sa partie supérieure et ornée de caissons octogonaux à rosaces. Leur entablement est établi sur le prolongement de celui du reste de l'édifice. Dans la partie inférieure de leur mur sont creusées trois niches identiques avec les précédentes. Au centre des hémicycles de droite et de gauche est placé un piédestal rectangulaire en marbre blanc, sur lequel est posé un groupe de même matière. Ce piédestal est entouré d'une balustrade pleine, en pierre, de forme demi-circulaire, qui sert à masquer le double escalier conduisant à la crypte.

L'autel est installé dans l'hémicycle du fond.

HÉMICYCLE DE GAUCHE.

Sur le piédestal :

Marie-Antoinette soutenue par la Religion. — Groupe. — Marbre. — H. 2^m,25. — Par CORTOT (JEAN-PIERRE).

La Reine, les cheveux dénoués et flottant sur les épaules, la robe tombante, le corsage garni de dentelles, porte un manteau fleurdelisé, et s'agenouille aux pieds de la Religion, dont elle semble implorer le secours. La Religion, drapée et voilée, est représentée sous les traits de Madame Élisabeth. Elle soutient Marie-Antoinette et lui montre la croix. A terre, une couronne royale.

Sur la face du piédestal est scellée une plaque de marbre noir sur laquelle est gravée, en lettres d'or, la dernière lettre écrite par la Reine et adressée à sa belle-sœur.

HÉMICYCLE DE DROITE.

Sur le piédestal :

Louis XVI. — Groupe. — Marbre. — H. 2^m,25. — Par BOSIO (FRANÇOIS-JOSEPH).

Le Roi est agenouillé, la tête tournée vers le ciel, les bras écartés, les mains ouvertes. Il porte un large manteau bordé d'hermine ; à son cou est passée une cravate de dentelles ; ses épaules sont couvertes d'une pèlerine d'hermine sur laquelle se détache le collier de l'ordre de Saint-Louis.

A sa droite se trouve un ange qui le soutient et lui montre le ciel. L'ange est représenté sous les traits de l'abbé de Firmont ; il est vêtu d'une draperie agrafée sur l'épaule droite et fendue sur les côtés.

Une plaque de marbre noir scellée sur la face du piédestal porte, gravé en lettres d'or, le testament de Louis XVI.

HÉMICYCLE DU FOND.

L'autel qui occupe cet hémicycle est élevé de deux marches; il est en marbre blanc et disposé sur deux plans différents. Au centre de la partie en avant-corps est fixée une croix grecque entourée de rayons et circonscrite par une couronne de perles et de pirouettes. Les deux faces de la partie en retraite portent chacune une amphore. La frise qui couronne l'autel est ornée de cannelures feuillagées et terminée par une corniche composée d'une rangée de pirouettes et de perles, et d'une rangée d'oves. La moulure inférieure, formant plinthe, est décorée de rais de cœur. Tous ces ornements sont en bronze doré. Le tabernacle est rectangulaire.

Au centre de la porte :

L'Agneau pascal. — Médaillon. — Bronze doré. — Diam. 0ᵐ,31. — Par PLANTAR et DELAFONTAINE, d'après les dessins de FONTAINE.

L'agneau pascal est couché sur le livre des sept sceaux, au milieu de rayons et de nuages. Le médaillon est limité par une couronne de fruits.

De chaque côté de l'autel est placée une crédence en marbre blanc, supportée par une colonnette en cuivre doré, semblable à celles des bénitiers du vestibule.

Les niches renfermaient autrefois des candélabres qui, depuis 1884, sont déposés dans les magasins du Garde-Meuble. Les candélabres, comme tous les ornements en bronze doré de la chapelle, ont été exécutés par PLANTAR et DELAFONTAINE, sur les dessins de FONTAINE.

La chapelle tout entière est dallée de marbre.

CRYPTE.

Cette partie souterraine de l'édifice correspond exactement à l'hémicycle du fond. Elle contient un autel en marbre noir et blanc en forme de cénotaphe. Le centre de cet autel est marqué par une couronne d'épines servant d'encadrement à un cœur entouré de rayons et percé de trois clous. Couronne et cœur sont en bronze doré. Le tabernacle est rectangulaire. La porte est décorée d'une croix également en bronze doré. Au-dessus du tabernacle s'ouvre un œil-de-bœuf circulaire muni de verres de différentes couleurs.

L. MICHAUX,
MEMBRE DE LA COMMISSION.

Paris, le 15 mai 1889.

TABLE

DES NOMS MENTIONNÉS DANS LA MONOGRAPHIE

Nota. — L'abréviation *arch.* signifie architecte; *p.*, peintre; *p. verr.*, peintre verrier; *sc.*, sculpteur; *dess.*, dessinateur.

Angoulême (duc d'), 3.
Anjou (la rue d'), 3.
Artois (comte d'), 3.
Berri (duc de), 3.
Bosio (François-Joseph), sc., 6.
Charles X, 3.
Cortot (Jean-Pierre), sc., 6.
Delafontaine, sc., 7.
Elisabeth (Madame), 6.
Firmont (l'abbé de), 6.
Fontaine, arch., 3, 7.
Gérard (François-Antoine), sc., 4, 5, 6.

Haussmann (le boulevard), 3.
Louis XVI, 3, 4, 5, 6, 7.
Louis XVIII, 3.
Louis (saint), 3.
Marie-Antoinette, 3, 4, 5, 6.
Mathurins (la rue des), 3.
Michaux (L.), 1-7.
Normand fils, 3.
Pasquier (la rue), 3.
Plantar, sc., 7.
Saint-Denis (église de), 3.
Savornin (l'abbé), 3.

TABLE

ALPHABÉTIQUE-ANALYTIQUE

TABLE
ALPHABÉTIQUE-ANALYTIQUE

On a imprimé en PETITES CAPITALES tous les noms de personnes, en *italique* les titres de compositions, peintes, sculptées ou dessinées, qui renferment des noms de choses ou plusieurs noms propres, et en romain les noms de lieux.
Les noms de Saints sont rangés à la lettre S.

La présente Table renferme le relevé de plusieurs milliers de vélins. La plupart sont à la Bibliothèque du Jardin des Plantes; un très petit nombre se trouve au cabinet des Estampes de la Bibliothèque nationale. Afin d'abréger autant qu'il dépendait de nous le texte de cette Table sans nuire à la clarté des indications, nous avons adopté l'abréviation « vél. » pour vélin; les pièces du cabinet des Estampes se distinguent des autres par les mots « à la Bibliothèque nationale »; enfin les innombrables vélins ou dessins dont le titre ne se trouve suivi d'aucune désignation de dépôt, sont tous, sans exception, à la Bibliothèque du Jardin des Plantes.

A

AAR. — ADANSON.

Aar (Terrain d'alluvion de la vallée de l'), toile, par Rémond, au Jardin des Plantes, 105.

AARON, figure dans : « Ancien et Nouveau Testament », peinture murale, par Mignard, à l'hôpital du Val-de-Grâce, 70.

ABBAS-PACHA, 299.

Abbaye du Val-de-Grâce de Notre-Dame de la Crèche, 63.

ABEILLE DE FONTAINNE. Voy. FONTAINNE (ABEILLE DE).

Abondance. L' —, statue pierre, par Simart, place du Trône, 47, L' —, statue commandée à Petitot, pour le palais de la Bourse, 54, L' — récompensant l'Industrie, peinture murale, par Vinchon, au palais de la Bourse, 57-58.

ABRAHAM, figure dans : « Ancien et Nouveau Testament », peinture murale, par Mignard, à l'hôpital du Val-de-Grâce, 70.

Abroma, vél., par P.-J. Redouté, 264.

Abronia umbellata, vél., par Pontier, 311.

Absinthe, dessin, par Robert, 315.

Acacia, vél., par Robert, 136, —, vél., par Aubriet, 165, —, vél., par Mlle Basseporte, 180, 181, —, vél., par H.-J. Redouté, 240, —, vél., par P.-J. Redouté, 260, —, vél., par Joubert, 303.

Acahé, vél., par N. Huet, 215.

Acanthocoltus, vél., par Mlle Alberti, 187.

Acanthonyx, vél., par Poujade, 239.
Acanthoplax, vél., par Blanchard, 194.
Acanthure, vél., par Jossigny, 224.
Acanthus, vél., par Robert, 123.
Acariens terrestres, vél., par Nicolet, 233.
Acéphale, vél., par N. Huet, 307, —, vél., par H.-J. Redouté, 311.
Accrotherium, vél., par Formant, 202-203.
Acetosa Bontii, dessin, attribué à L. de Chatillon, 315.
Achania pilosa, vél., par P.-J. Redouté, 258.
Achillea, vél., par Robert, 129, 151, —, vél., par Aubriet, 161.
Acipenser, vél., par Oudart, 234.
Aconitum, vél., par Robert, 133, —, vél., par Joubert, 151, —, dessin, attribué à Robert, 315.
Acorus, dessin, attribué à Robert, 315.
Acrocynchus, vél., par Blanchard, 194.
Actœa spicata, vél., par Mlle Basseporte, 177.

ADAM (Mme Edmond). Son profil, peint par Blanc, au Panthéon, 346.

ADAM-SALOMON (Antony-Samuel), sculpteur. Buste marbre de Michel Lévy, appartient à Mme Lévy, 74, Buste marbre de Serres, au Jardin des Plantes, 107-108.

ADANSON (Alexandre), lègue la somme nécessaire à l'érection de deux statues de Michel Adanson, son oncle, 115.

ADANSON (Michel), botaniste. Son buste plâtre,

24

ADOLESCENTS. — ALPACA.

par Boulliet, au Jardin des Plantes, 104. — Sa statue marbre, par Etex, au même jardin, 115.
Adolescents (Deux), figures pierre, par Carrier-Belleuse, au palais du Tribunal de commerce, 84.
Adonis, vél., par Robert, 132, —, vél., par Mlle Basseporte, 177.
Adyctia, vél., par Riocreux, 267, —, vél., par le même, 312.
Aechmea, vél., par Constans, 198, —, vél., par Mlle Riché, 266.
Aegiphila, vél., par P.-J. Redouté, 251.
Acnothera, vél., par Mlle Basseporte, 180.
Aeschinomene picta, vél., par Joubert, 154.
Aesculus, vél., par Aubriet, 162, —, vél., par P.-J. Redouté, 257.
Affiches d'Angers, journal, 342, 343.
Afrique. L'—, peinture murale, par Meynier, au palais de la Bourse, 55, L'—, bas-relief pierre, par De Bay, au même palais, 57. — Voy. France.
Agama, vél., par N. Huet, 219.
Agami, vél., par N. Huet, 217.
Agapanthus, vél., par Aubriet, 157.
Agaricus, vél., par Aubriet, 155.
Agave, vél., par Robert, 121, —, vél., par Joubert, 147, —, vél., par Mlle Basseporte, 171, —, vél., par Bessa, 194, —, vél., par Cuisin, 198, —, vél., par Mlle Riché, 265.
Agen. Musée : Buste marbre de Lacépède, par David d'Angers, 99.
Ageneiosus donzella, vél., par Mlle Alberti, 187.
Agénes, vél., par N. Huet, 306, 307.
Ageratum, vél., par Robert, 130.
Agneau pascal (l'), médaillon bronze, par Plantar et Delafontaine, d'après Fontaine, dans l'ex-Chapelle expiatoire, 359.
Agouti, vél., par Maréchal, 234, —, vél., par Wailly, 275.
Agriculture. L'—, statue pierre, par Seurre, au palais de la Bourse, 54, L'—, peinture murale, par Vinchon, au même palais, 58, L'—, toile, par Jobbé-Duval, au palais du Tribunal de commerce, 88, —, statue, par Lucas, au Panthéon, 333.
Agrostemma, vél., par Joubert, 152.
Agrostis minima, vél., par Robert, 120.
AGUADO DE LAS MARISMAS, 14.
Aï, vél., par N. Huet, 205, —, vél., par Maréchal, 226.
Aigle. — et serpent, bas-relief pierre, par Hayon, d'après le dessin d'André, au Jardin des Plantes, 112, —, vél., par N. Huet, 214, —, vél., par Wailly, 278.
Aigrette, vél., par Robert, 144.
Aitonia, vél., par P.-J. Redouté, 257.

Aix. Statue de Michel Adanson, 115.
AIZELIN (Eugène), sculpteur. Le Japon, statue marbre, au Jardin des Plantes, 113.
Alausella virosa, vél., par Formant, 202.
ALBERTI (Mlle Juliette), peintre. Quatre-vingt-trois vélins, 186-190, Vingt-trois vélins, 303-304. Son nom cité, 116-117.
Albicula gazæ, vél., par Robert, 144.
Albuca, vél., par Mlle Basseporte, 171, —, vél., par P.-J. Redouté, 245.
Alca, vél., par Robert, 145.
Alcea, vél., par Mlle Basseporte, 178.
Alchimilla, vél., par Robert, 136, —, dessin, attribué à Robert, 315.
Alcides, vél., par N. Huet, 217.
Alcina perfoliata, vél., par H.-J. Redouté, 240.
Alcyoncellum, vél., par Jacquemart, 223, —, vél., par le même, 309.
Alcyonium, vél., par Aubriet, 170, —, vél., par Mlle Basseporte, 183, —, vél., par Riocreux, 267, —, vél., par Jacquemart, 309, —, vél., par Riocreux, 312.
Aleph, vél., par Robert, 139.
Alestes, vél., par H.-J. Redouté, 243.
Aletris, vél., par Aubriet, 156, —, vél., par Mlle Basseporte, 170.
ALEXANDRE Ier. La tabatière qu'il a donnée à Serres est au Jardin des Plantes, 107.
ALEXANDRE. Entrée d'— à Babylone, tapisserie d'après Le Brun, figurée dans : « Présentation par Colbert à la signature de Louis XIV, de l'ordonnance du commerce en 1673 », toile, par Robert-Fleury, au palais du Tribunal de commerce, 88.
Alexandrie, 240.
Algazel, vél., par N. Huet, 213.
Alicante (Environs d'), dessin par Regnault, au Jardin des Plantes, 106.
Alionia, vél., par Van Spaendonck, 185.
Allamanda, vél., par P.-J. Redouté, 253.
Allégories, médaillons pierre, par Michel Anguier, à l'hôpital du Val-de-Grâce, 72.
Alligator, vél., par Aubriet, 169, —, vél., par Mlle Alberti, 186, —, vél., par N. Huet, 219.
Allium, vél., par Robert, 121, —, vél., par Aubriet, 157, —, vél., par A. de Fontainne, 200, —, vél., par P.-J. Redouté, 246.
Alma, 35.
Aloe, vél., par Robert, 121, —, vél., par Joubert, 147, —, vél., par Aubriet, 156, —, vél., par Mlle Basseporte, 170, 171, —, vél., par A. de Fontainne, 199, —, dessin, attribué à Robert, 315.
Alouattes, vél., par Wailly, 271.
Alozes, vél., par H.-J. Redouté, 243.
Alpaca, vél., par Werner, 290, 299.

ALPHÉES. — ANGE.

Alphées, vél., par Poujade, 239.
Alstroemeria, vél., par Mlle Basseporte, 171, —, vél., par P.-J. Redouté, 246.
Althæa, vél., par Robert, 134, —, dessin, attribué à Robert, 315.
Alveus crabronis, vél., par Aubriet, 168.
Alyssum, vél., par Aubriet, 162, —, vél., par le même, 167, —, dessin, attribué à Robert, 315.
Amaranthus, vél., par Robert, 122, —, vél., par Aubriet, 158, —, vél., par Rabel, à la Bibliothèque nationale, 322.
Amaryllis, vél., par Robert, 120, —, vél., par le même, 121, —, vél., par Joubert, 147, —, vél., par Aubriet, 157, —, vél., par Mlle Basseporte, 171, —, vél., par A. de Fontainne, 200, —, vél., par P.-J. Redouté, 246, —, vél., par Willy, 303.
Ambrosia maritima, vél., par Robert, 138, —, dessin, attribué à Robert, 315.
Ambrosinia, vél., par P.-J. Redouté, 244.
Amérique. L'—, peinture murale, par Meynier, au palais de la Bourse, 55, L'—, bas-relief pierre, par De Bay, au même palais, 57. Voy. France.
Amiens, 341.
Ammania, vél., par Mlle Basseporte, 180.
Ammocoste, vél., par Aubriet, 170, —, vél., par N. Huet, 220.
Amorpha, vél., par Aubriet, 166, —, vél., par P.-J. Redouté, 262.
Amour. L'— captif, groupe marbre, par Sanzel, au Jardin des Plantes, 115, L'— de la Patrie, statue, par Boquet, au Panthéon, 333.
Amphisbene, vél., par Rabel, à la Bibliothèque nationale, 322.
Amphitecna, vél., par Cuisin, 198.
AMY (Jean-Barnabé), sculpteur. Reçoit la commande du buste en marbre de Cuvier pour le Jardin des Plantes, 113.
Amygdalus, vél., par Mlle Baudry de Balzac, 191.
Anagallis, vél., par Robert, 122, —, vél., par le même, 138, —, vél., par P.-J. Redouté, 250, —, dessin, attribué à Robert, 315.
Anampses, vél., par Bessa, 193.
Anas, vél., par N. Huet, 217, —, vél., par Wailly, 281.
Anatomie philosophique, vél., par Werner, 281.
Anavinga, vél., par P.-J. Redouté, 263.
Ancolies, vél., par Rabel, à la Bibliothèque nationale, 321.
Anchusa, vél., par Robert, 125-126, —, vél., par Joubert, 149, —, vél., par Aubriet, 159.
ANDECY (D') possède le marbre original du buste d'Isidore Geoffroy Saint-Hilaire, par Barre, 99.
ANDRÉ (Louis-Joseph), architecte. Lion passant, Un aigle et un serpent, bas-reliefs pierre, d'après ses dessins, au Jardin des Plantes, 112, Fait connaître les noms des sept personnages dont les bustes doivent décorer l'un des bâtiments du Jardin des Plantes, 113.
ANDREWS, 118.
Androlapis, vél., par Riocreux, 266.
Andromeda. vél., par Mlle Basseporte, 175.
Androsace, vél., par Mlle Basseporte, 172.
Andryata, vél., par Robert, 127, —, vél., par Joubert, 150, —, vél., par Aubriet, 160, —, vél., par A. de Fontainne, 201.
Andryana, vél., par Robert, 127.
Ane, vél., par Werner, 298.
Anemone, vél., par Robert, 132, —, vél., par Joubert, 151, —, vél., par A. de Fontainne, 201, —, vél., par P.-J. Redouté, 256, —, vél., par Rabel, à la Bibliothèque nationale, 319-320, —, vél., attribué à Joubert, à la même Bibliothèque, 323.
Anemosa, vél., attribué à Joubert, à la Bibliothèque nationale, 323.
Anencéphales, vél., par N. Huet, 307.
Anesse (métis d'), vél., par Werner, 288.
Ange. — s couchés, statues pierre, par François Anguier, à l'hôpital du Val-de-Grâce, 66, —s adultes, groupes pierre, par le même, sur l'une des façades du même hôpital, —s enfants, statues pierre, par le même, au dôme du même hôpital, 66, — adulte, bas-relief pierre, par Michel Anguier, au même hôpital, 67, —s portant des candélabres, —s volant, —s adultes, —s portant des phylactères et des trompettes, bas-reliefs pierre, par le même, au même hôpital, 68, 69, Quatre figures d'—s adultes encenseurs, ronde bosse bois, par le même, au même hôpital, 71, Huit figures d'—s enfants, tenant des phylactères, ronde bosse bois, par un Inconnu, au même hôpital, 71, —, bas-relief pierre, par Michel Anguier, au même hôpital, 72, Deux figurines d'—s, bronze doré, par Cambos, au même hôpital, 72, Gloire d'—s emportant au ciel la châsse de sainte Geneviève, peinture, par Gros, au Panthéon, 333, Deux —s adorateurs, bas-relief pierre, par Gérard, dans le fronton de l'ex-Chapelle expiatoire, 356-357, Deux —s prosternés devant les emblèmes de la Sainte Trinité, Deux —s agenouillés devant les tables de la Loi, Deux —s en adoration devant le Saint Sacrement, Deux —s prosternés devant

ANGÉLIQUE. — ARAGO.

l'Agneau pascal, bas-reliefs pierre, par le même, dans la même chapelle, 357-358.
Angélique, dessin, attribué à L. de Chatillon, 315, —, dessin, attribué à Robert, 315.
Angers. Bibliothèque : Papiers de François Grille, 343.
— Musée : Buste plâtre du baron Desgenettes par David d'Angers, 74, Modèle plâtre de la statue de Cuvier, par le même, 106, Modèle plâtre du buste de Cuvier, par le même, 107, Modèle plâtre du buste de Jacquemont, par Taluet, 113.
ANGIVILLER (comte D'), 103.
ANGOULÊME (duc D'), assiste à la pose de la première pierre de la Chapelle expiatoire, 315.
ANGOULÊME (duchesse D'), figure dans la coupole du Panthéon, peinte par Gros, 343. Son nom cité, 333.
Angræcum, vél., par Riocreux, 266.
ANGUIER (François), sculpteur. Est l'auteur de deux statues qui décoraient primitivement l'une des façades de l'hôpital du Val-de-Grâce, 66, Anges adultes, groupes pierre à l'une des façades du même hôpital, Anges enfants, statues pierre, par le même, au dôme du même hôpital, 66, La Nativité, groupe marbre, au même hôpital, à lui précédemment attribué, 71.
ANGUIER (Michel), sculpteur. La Nativité, groupe marbre, église de Saint-Roch : provient de l'hôpital du Val-de-Grâce, 64, La Tempérance, la Force, la Religion, la Dévotion, la Foi, la Charité, la Prudence, la Justice, la Bonté, la Bénignité, l'Humilité, la Virginité, Ange adulte, Sainte Anne, Saint Joachim, Anges portant des candélabres, Anges volant, Anges adultes, Saint Joseph, la Sainte Vierge, Sainte Élisabeth, Saint Zacharie, Saint Marc, Saint Jean, Saint Luc, Saint Matthieu, les Armoiries de la Reine et les Armoiries d'Espagne, Anges portant des phylactères et des trompettes, bas-reliefs pierre, 66-69, Quatre figures d'anges adultes encenseurs, ronde bosse bois, La Nativité, groupe marbre, par Lequieu, Desprey et Denis, d'après lui, 71, La Mise au tombeau, bas-relief bronze, d'après lui, 71, La Miséricorde, l'Obéissance, Allégories, Ange, la Simplicité, l'Innocence, 72, La Pauvreté, la Patience, bas-reliefs pierre, au même hôpital, 73, A dessiné et modelé les ornements du baldaquin du même hôpital, 71, A modelé un bas-relief représentant la « Mise au tombeau », 71-72.
Anigozanthos, vél., par P.-J. Redouté, 248.
Animaux. — chimériques, peinture, par Vauchelet, à la mairie du VIIe arrondissement, 13, Matériaux des calculs des —, vél., par Maréchal, 228.
ANJOU (Charles, comte D'), figure dans « Saint Louis portant la couronne d'épines », peinture murale, par Cabanel, au Panthéon, 345.
ANNE D'AUTRICHE, fait construire l'hôpital du Val-de-Grâce, 63, Figure dans : « Ancien et Nouveau Testament », peinture murale, par Mignard, à l'hôpital du Val-de-Grâce, 70, Pavillon qu'elle habitait à l'hôpital du Val-de-Grâce, Son portrait par Mme Roussel, au même hôpital, 73.
Annélides, vél., par Oudinot, 238.
Anolis, vél., par Mlle Alberti, 186.
Anonyma, dessin, attribué à Robert, 315.
Anthemis, vél., par Robert, 130, —, vél., par Aubriet, 161, —, vél., par P.-J. Redouté, 255.
Anthericum, vél., par Robert, 123, —, vél., par Aubriet, 157, —, vél., par P.-J Redouté, 245.
Anthyllis, vél., par Robert, 136, —, vél., par Joubert, 148, —, vél., par Van Spaendonck, 185, —, dessin, attribué à Robert, 315.
Antholyza æthiopica, vél., par Robert, 121.
Antigone de Montigny mâle, vél., par Oudart, 233, —, vél., par Werner, 285.
Antilope, vél., par Maréchal, 231, —, vél., par Terrier, 269, —s, vél., par Wailly, 276, 277, —, vél., par Werner, 287, 288, —, vél., par le même, 291, —, vél., par le même, 292, —, vél., par le même, 300, —, vél., par Terrier, 312.
Antipathes, vél., par Mlle Aubriet, 304.
Antirrhinum asarina, vél., par Joubert, 149.
Aphareus, vél., par Jossigny, 224.
Apocynum, vél., par Robert, 126, —, vél., par Joubert, 150, —, dessin, par L. de Chatillon, 315.
Approvisionnement. L' — en bétail, statue pierre, par Clère, L' — en eaux, statue pierre, par Croisy, à la mairie du XIXe arrondissement, 27.
Aquilegia, vél., par Robert, 132, —, dessin, attribué à Robert, 315, —, vél., par Robert, à la Bibliothèque nationale, 323.
Ara. —s, vél., par Robert, 142, —, vél., par N. Huet, 216.
Arabe. — de Biskara, — de El Aghouat, bustes bronze, par Cordier, au Jardin des Plantes, 108.
Arabis, vél., par A. de Fontainne, 201.
Aracari, vél., par N. Huet, 216, —, vél., par Gombaud, 204.
ARAGO (Alfred). Son profil, peint par Boulan-

TABLE ANALYTIQUE. 367

ARAIGNÉES. — ASTER.

ger, à la mairie du XIIIe arrondissement, 21.
Araignées. —s, vél., par Oudinot, 238, —, vél., par Rabel, à la Bibliothèque nationale, 320.
Aralia racemosa, vél., par Robert, 131.
Arbre (tronc d'), vél., par Maréchal, 226.
Arbutus, vél., par Robert, 126, —, vél., par Aubriet, 160, —, vél., par Van Spaendonck, 184, —, vél., par P.-J. Redouté, 254.
Arc (Jeanne d'). Sa statue équestre bronze, par Frémiet, place de Rivoli, 44-45, — devant Orléans, peinture murale commandée à Baudry, puis à Lenepveu, pour le Panthéon, 335, Figure dans : « Christ montrant à l'Ange de la France les destinées de son peuple », mosaïque, par Poggesi, au Panthéon, 348.
Architecture (l'), statue, par Ramey, au Panthéon, 333.
Archives de l'art français (Nouvelles), 319, 336.
Actium lappa tomentosa, vél., par Robert, 128.
Arctotis aspera, vél., par Aubriet, 161.
Ardea, vél., par Robert, 144.
Ardisia, vél., par Bessa, 192, —, vél., par P.-J. Redouté, 263.
Argemone, vél., par Robert, 133.
Argenville (Dézallier d'). Son ouvrage : « Voyage pittoresque des environs de Paris », cité, 114.
Argout (d'), ministre du Commerce et des Travaux publics. Donne le programme de trois bas-reliefs destinés au Panthéon, 337.
Aristea cyanea, vél., par P.-J. Redouté, 246.
Aristolochia, vél., par Joubert, 148, —, vél., par Aubriet, 157, —, vél., par Mlle Basseporte, 172, —, vél., par Bessa, 191, —, vél., par P.-J. Redouté, 249.
Aristotelia maqui, vél., par Van Spaendonck, 185.
Arles, 341.
Armoiries. — de la ville de Paris, 8-13, 15, 17, 18, 24, 29, 40, 47, 81, 84, 85, 86, 348, — de la ville de Strasbourg, 38, — de la ville de Lille, 38, — de la ville de Rouen, 38, — de la ville de Nantes, 38, — de la ville de Bordeaux, 38, 86, — de France, 66, — d'Espagne, 66, Les — de la Reine et les — d'Espagne, supportées par deux Génies ailés et surmontées de la couronne royale, bas-relief pierre, par Michel Auguier, à l'hôpital du Val-de-Grâce, 69, — impériales, 81, 82, — de la ville de Marseille, 85, — de la ville de Lyon, 86, — de la maison d'Orléans, vél., par un Inconnu, 119.

Arocette, vél., par Robert, 145.
Arquata seu numenius, vél., par Robert, 144.
Arreste bœuf, dessin, attribué à Robert, 315.
Art. L'— lyrique, figure dans : « Charité », toile, par Barrias, à la mairie du IIIe arrondissement, 7, L'— industriel, statue pierre, par Michel-Pascal, au palais du Tribunal de commerce, 84, L'— mécanique, statue pierre, par Chapu, au même palais, 85. Les —s, toile, par Jobbé-Duval, au même palais, 85, 88, Attributs des —s, médaillon sculpté dans l'un des tympans des arcades du même palais, 87, Le génie des —s, par Auger, au Panthéon, 333. Voy. *Commerce.* Voy. *Sciences.*
Artedia, vél., par Aubriet, 162.
Artemisia, vél., par Robert, 129.
Artiste (l'), journal, 106, 107, 336.
Artois (comte d'), pose la première pierre de la Chapelle expiatoire, 355.
Artois (Robert, comte d'), figure dans : « Saint Louis portant la couronne d'épines », peinture murale, par Cabanel, au Panthéon, 345.
Arum, vél., par Robert, 119, 120, —, vél., par Aubriet, 155, —, vél., par Mlle Basseporte, 170, —, vél., par Bessa, 191, —, vél., par P.-J. Redouté, 244, —, vél., par Mlle Riché, 265,—, vél., par la même, 266.
Arundo, vél., par Robert, 120, —, vél., par Rabel, à la Bibliothèque nationale, 322.
Ascagne, vél., par Wailly, 271. Voy. *Blanc-Nez.*
Asclepias, vél., par Robert, 126, —, vél., par Mlle Basseporte, 175.
Asclepius, vél., par Joubert, 150, —, vél., P.-J. Redouté, 253.
Asie. L'—, peinture murale, par Abel de Pujol, au palais de la Bourse, 56, L'—, bas-relief pierre, par Caillouette, au même palais, 57. Voy. *France.*
Aspalasome, vél., par Guérin, 306.
Asparagus, vél., par A. de Fontainne, 199.
Asphodelus, vél., par Robert, 121, —, vél., par Aubriet, 157, —, vél., par P.-J. Redouté, 245.
Aspic, vél., par Oudart, 235.
Asplenium, vél., par Robert, 119.
Assurances générales (Cie d'). Possédait l'hôtel servant de mairie du IXe arrondissement, 14.
Astenodytes demo, vél., par Robert, 145.
Aster, vél., par Robert, 130, —, vél., par Joubert, 150, —, vél., par Mlle Basseporte, 182, —, vél., par Van Spaendonck, 184, —, vél., par P.-J. Redouté, 255, —, vél., par le

ASTÉRIES. — BALÉNOPTÈRE.

même, 264, —, dessins, attribués à Robert, 315, 316, —, dessin, par L. de Chatillon, 315, 316.
Astéries, vél., par Bideault, 193.
Astérophyllites, vél., par Gontier, 204.
Astragale, dessin, attribué à Robert, 316.
Astragalus, vél., par Robert, 137, —, vél., par Joubert, 153, —, vél., par Aubriet, 166, —, vél., par Mlle Basseporte, 181.
Astrantia, vél., par Robert, 131.
Astrapœa, vél., par Bessa, 192.
Astronomie, statue, par Delaistre, au Panthéon, 333.
Atax, vél., par Nicolet, 233.
Atèle, vél., par Werner, 289, —, vél., par le même, 297.
Ateles ater, vél., par Werner, 285.
Athanasia, vél., par Joubert, 150.
Athérine, vél., par Jossigny, 224.
Atropa, vél., par Robert, 125.
Attacus juna, vél., par Blanchard, 194.
Attila marchant sur Paris, peinture murale, commandée à Delaunay, pour le Panthéon, 335, 349. Voy. SAINTE GENEVIÈVE.
AUBÉ (Ambroise-Guillaume). Son portrait, par Delaroche, au palais du Tribunal de commerce, Son buste bronze, par Thomas, au même palais : le marbre est au musée de Versailles, 89.
Aubifoin, dessin, attribué à Robert, 316.
AUBIN, sculpteur. Exécute les sculptures d'ornements de plusieurs pavillons de la place de la Concorde, 38.
AUBRIET (Claude), peintre, trois cent cinquante-cinq vélins, 155-170, Deux vélins, 304, Un vélin, 323. Son nom cité, 97, 117, 319.

AUBRY-LECOMTE, 312.
Aubusson, 8.
AUGER, sculpteur. La Science politique, statue, au Panthéon, 333, —, Le Génie des arts, même édifice, 333.
Auricula, vél., par Rabel, à la Bibliothèque nationale, 321.
Aurochs (Os de la tête des), vél., par N. Huet, 206.
Aurore (l'), groupe marbre, par Jouffroy, Avenue de l'Observatoire, 43.
Austerlitz, bas-relief bronze décorant le piédestal de la statue du baron Larrey, par David d'Angers, à l'hôpital du Val-de-Grâce, 65.
Autour, vél., par Robert, 139.
Autruche, vél., par Robert, 143, —, vél., par Guérin, 204, —, vél., par N. Huet, 208, —s, vél., par Maréchal, 231-232, —s, vél., par Wailly, 280. Voy. *Nandou*.
AUVERGNE (Guillaume D'), évêque de Paris, figure dans : « Saint Louis portant la couronne d'épines », peinture murale, par Cabanel, au Panthéon, 345.
Auxerre, 345, 348.
Avis persica, vél., par Robert, 142.
Avocette (l'), vél., par Wailly, 281.
Axis, vél., par N. Huet, 213, —, vél., par Maréchal, 231.
Aye-aye, vél., par Maréchal, 231, —, vél., par Werner, 290, —, vél., par le même, 297.
Azalea, vél., par Mlle Basseporte, 175, —, vél., par P.-J. Redouté, 253.
Azarina Mathioli, dessin, par L. de Chatillon, 316.

B

Babiroussa (jeune), vél., par Franke, 203.
Babouin, vél., par N. Huet, 208, —, vél., par Wailly, 271, —, vél., par Werner, 285.
BACCART (Antoine), sculpteur. La Physique, statue, au Panthéon, 333, Le Génie des sciences, même édifice, 333.
BACHAUMONT. Son ouvrage : « Mémoires secrets », cité, 103.
Bachyurus rubicundus, vél., par Werner, 289.
Bagrus, vél., par Mlle Alberti, 188.
BAILLY (Antoine-Nicolas), architecte. La mairie du IVe arrondissement est construite d'après ses dessins, 8, Dirige les travaux de construction du palais du Tribunal de commerce, 79, Son nom est inscrit sur une table en marbre du même palais, 82, Figure dans : « Installation du nouveau Tribunal de commerce en 1865 », toile, par Robert-Fleury, au palais du Tribunal de commerce, 88.
Balanites, vél., par H.-J. Redouté, 240.
Baldaquin, attribué à Le Duc et à Michel Anguier, à l'hôpital du Val-de-Grâce, 70-71.
Baleine. Fœtus de —, vél., par Delahaye, 305, Organes de la —, vél., par Formant, 306, Têtes de —, vél., par N. Huet, 308, Squelettes de —, vél., par le même, 308.
Balénidés, vél., par Formant, 306.
Balénoptère, vél., par Bocourt, 194, —, vél., par Werner, 288, —, vél., par le même, 302, —, vél., par Bocourt, 305.

BALISTES. — BÉRANGER.

Balistes, vél., par Mlle Alberti, 187, —, vél., par Jossigny, 225.
BALLU (Théodore), architecte. Son profil peint par Boulanger, à la mairie du XIIIe arrondissement, 21.
Balmamita, vél., par Robert, 128.
BALTARD (Victor), architecte. Est l'auteur d'un projet de décoration de la place du Trône, 46, Figure dans : « Installation du nouveau Tribunal de commerce en 1865 », toile, par Robert-Fleury, au palais du Tribunal de commerce, 88.
Balzamina, dessin, par L. de Chatillon, 316.
Bambosa, vél., par P.-J. Redouté, 244.
Banisteria, vél., par P.-J. Redouté, 257.
Banksia, vél., par P.-J. Redouté, 249.
Barbudo, vél., par Mlle Alberti, 188.
Barbeau du Nil, vél., par H.-J. Redouté, 243.
Barbican (Petit), vél., par Wailly, 279.
Barbier de la Méditerranée, vél., par Bessa, 192.
Barbue, vél., par Thiolot, 269.
Barbus, vél., par Wailly, 279.
BARRA. Les honneurs du Panthéon lui sont décernés, 323.
BARRABAND (Pierre-Paul), peintre. Sept vélins, 190-191.
BARRAL, sculpteur. Exécute les sculptures d'ornement de la mairie du XVIe arrondissement, 25.
BARRE (Jean-Auguste), sculpteur. Buste plâtre de Bégin, à l'hôpital du Val-de-Grâce, 74, Bustes marbre et plâtre d'Isidore Geoffroy Saint-Hilaire, au Jardin des Plantes : l'original appartient à M. d'Andecy, 99, 104.
BARRIAS (Félix), peintre. La Charité, toile, à la mairie du IIIe arrondissement, 7.
BARROT (Ferdinand), vice-président de la commission départementale. Figure dans : « Installation du nouveau Tribunal de commerce en 1865 », toile, par Robert-Fleury, au palais du Tribunal de commerce, 88.
Bars, vél., par H.-J. Redouté, 242.
Bartania, vél., par Mlle Riché, 265.
BARTHOLDI (Frédéric-Auguste), sculpteur. Un Lion, cuivre, place Denfert-Rochereau : l'original est à Belfort, 39.
Basella rubra, vél., par Aubriet, 157-158.
Basiliscus, vél., par Mlle Alberti, 186.
Bassaricyon, vél., par V.-J. Huet, 223, —, vél., par le même, 308.
BASSEPORTE (Mlle Gabrielle-Françoise-Madeleine), peintre. Succède à Aubriet, au Jardin du Roi, 117, Deux cent quatre-vingt-dix-huit vélins, 170-183, Vingt-trois vélins, 324. Son nom cité, 319.
Batteur (le), vél., par Werner, 295.

BAUDENS (Jean-Baptiste-Louis), chirurgien. Son buste marbre, par Poitevin, à l'hôpital du Val-de-Grâce, 74, Son Discours prononcé en 1843 à l'hôpital militaire du Val-de-Grâce, cité, 65.
Baudroie marbrée, vél., par Aubriet, 169.
Baudroye (cartilages de), vél., par Borromée, 196.
BAUDRY (Paul-Jacques-Aimé), peintre. Reçoit la commande de « Jeanne d'Arc devant Orléans », peinture murale pour le Panthéon, 335, 336.
BAUDRY DE BALZAC (Mlle Thérèse), peintre, trois vélins, 191.
Bauhinia, vél., par P.-J. Redouté, 261.
Bayad, vél., par H.-J. Redouté, 242.
BAYARD DE LA VINGTRIE (Paul-Armand), sculpteur. Le Charmeur, statue bronze, dans le parc Monceau, 41.
Bayonne (la ville de), peinture murale, par Meynier, au palais de la Bourse, 53.
Bédéogalle, vél., par Susini, 268, —, vél., par Riocreux, 312.
Beauvais, 341.
BEAUVALLET (Pierre-Nicolas), sculpteur. La Morale, statue, au Panthéon, 333.
Bec-croisé, vél., par Robert, 141.
Bec-de-lièvre, vél., par N. Huet, 210.
Bécasses, vél., par Robert, 144.
Bécassines, vél., par Robert, 144.
BECQUET (Just), sculpteur. Achève le groupe en marbre de « Saint Martin » commencé par Cabet, au Panthéon, 338.
Befaria paniculata, vél., par P.-J. Redouté, 253.
BEGIN (Louis-Jacques), professeur d'anatomie. Son buste plâtre, par Barre, à l'hôpital du Val-de-Grâce, 74.
Begonia, vél., par Bessa, 192, —, vél., par P.-J. Redouté, 263.
BÉHIC, ministre des travaux publics, figure dans : « Installation du nouveau Tribunal de commerce en 1865 », toile, par Robert-Fleury, au palais du Tribunal de commerce, 88.
Belemnite (noyau d'une), vél., par N. Huet, 220.
Belfort. Un Lion, ronde bosse, par Bartholdi, 39.
Béliers, vél., par N. Huet, 213, Métis de —, vél., par Werner, 292, Métis de —, vél., par le même, 300.
Bellia picta, vél., par Nicolet, 233.
Bellis, vél., par P.-J. Redouté, 255, —, dessin, par L. de Châtillon, 316.
Bengali brun, vél., par Gombaud, 204.
Bénignité. Voy. Bonté.
BÉRANGER (P.-J. DE), chansonnier. Son nom est

BÉRARD. — BLANCHE.

inscrit dans la voûte de l'une des salles de la mairie du XVIe arrondissement, 25.

BÉRARD (Évremond DE), peintre. Soufrière de la Guadeloupe, Peter Botte (île Maurice), Puy-de-Dôme, volcans éteints, Pic de Sancy et vallée du Mont-Dore, toiles, au Jardin des Plantes, 105, 106.

Berberis, vél., par A. de Fontainne, 201.

Bérésina (le passage de la), bas-relief bronze décorant le piédestal de la statue du baron Larrey, par David d'Angers, à l'hôpital du Val-de-Grâce, 65.

Bergeronnettes, vél., par Gombaud, 203.

BERNARD, évêque d'Auxerre, figure dans : « Saint Louis portant la couronne d'épines », peinture murale, par Cabanel, au Panthéon, 345.

BERRI (duc DE), assiste à la pose de la première pierre de la Chapelle expiatoire, 355.

BERT (Paul). Son profil, peint par Blanc, au Panthéon, 346.

Berthier (Charles), président du Tribunal de commerce, Son nom est inscrit sur une table en marbre du palais du Tribunal de commerce, 82, Figure dans : « Installation du nouveau Tribunal de commerce en 1865 », toile, par Robert-Fleury, au même palais, 88.

BERTHIER, général, figure dans : « Promulgation du Code de commerce, par Napoléon Ier », toile, par Robert-Fleury, au palais du Tribunal de commerce, 88.

BERTHOLLET (Claude-Louis, comte), chimiste. Son buste marbre, par Gayrard, au Jardin des Plantes : l'original est à l'Institut, 102, Figure dans le fronton du Panthéon, bas-relief pierre, par David d'Angers, 336. Son nom cité, 212, 218, 219, 220, 309.

BERTRAND DE BEUVRON (l'abbé DE). Sa notice sur l'ancien monastère du Val-de-Grâce, citée, 65.

Béryx, vél., par Werner, 294.

Besleria, vél., par P.-J. Redouté, 251.

BESSA (Pancrace), peintre. Quarante-six vélins, 191-193.

Beta, vél., par Robert, 122, —, dessin, attribué à Robert, 316.

Betonica, vél., par Robert, 124, —, vél., par Joubert, 148.

BEUGNOT (comte), 333.

BEUVRON. Voy. BERTRAND.

BÉZARD (Jean-Louis), peintre. Collabore avec Chenavard à la décoration picturale du Panthéon, 334.

Bezoard de l'éléphant, vél., par Mlle Basseporte, 182.

BIARD (Auguste-François), peintre. Paysage dans les mers du Nord, Pêche aux morses, Chasse à l'ours, Chasse aux rennes, toiles, au Jardin des Plantes, 104, 105.

BICHAT, figure dans le fronton du Panthéon, bas-relief pierre, par David d'Angers, 336.

Biche, vél., par Maréchal, 231, — cochon, vél., par Werner, 287, — s, vél., par le même, 288, —, vél., par le même, 291, — de Manille, vél., par le même, 292, — s, vél., par le même, 301.

BIDEAULT (Louis), peintre. Trois vélins, 193.

Bienfaisance. La —, statue, pierre, par Travaux, à la mairie du Ier arrondissement, 3, La —, toile, par Cormon, à la mairie du IVe arrondissement, 9, La —, bas-relief pierre, par Meunier, à la mairie du XIIe arrondissement, 19, La —, tapisserie, au Panthéon, 348.

BIÉTRY, président du conseil des prud'hommes. Son nom est inscrit sur une table en marbre du palais du Tribunal de commerce, 82.

Bignonia, vél., par Robert, 126, —, vél., par Mlle Basseporte, 174, —, vél., par Cuisin, 198, —, vél., par P.-J. Redouté, 253.

Bihoreau mâle, vél., par Robert, 144.

Bilbergia, vél., par Mlle Riché, 265.

Billardiera, vél., par P.-J. Redouté, 252.

Bingali piqueté, vél., par Robert, 140.

Biscutella levigata, vél., par Joubert, 151.

Bison, vél., par Wailly, 277.

BLAINVILLE (Henry-Marie Ducrotay DE), professeur d'anatomie. Son buste plâtre, par Merlieux, au Jardin des Plantes, 101, 110.

BLAINVILLE (A. D.), 301.

BLAISE (Barthélemy), sculpteur. La Navigation, Le Commerce, statues, au Panthéon, 333.

Blakœa, vél., par Bessa, 192.

BLANC (Charles), directeur des Beaux-Arts. Sur sa proposition, la décoration du Panthéon, par Chenavard, est approuvée, 334.

BLANC (Paul-Joseph), peintre. Bataille de Tolbiac, Baptême de Clovis, peintures murales, au Panthéon, 335, 345-346.

BLANC, père du peintre. Son profil, peint par Blanc, au Panthéon, 346.

BLANC (Mme), femme du peintre. Son profil, peint par Blanc, au Panthéon, 346.

Blanc-nez ou ascagne (le), vél., par Maréchal, 229.

BLANCHARD (Émile-Théophile), peintre. Seize vélins, 193-194.

BLANCHE (Alfred), secrétaire général de la Préfecture de la Seine, figure dans : « In-

BLANCHE DE CASTILLE. — BOUC.

stallation du nouveau Tribunal de commerce en 1865 », toile, par Robert-Fleury, au palais du Tribunal de commerce, 88.
Blanche de Castille présidant à l'éducation de son fils (la reine), peinture murale, par Cabanel, au Panthéon, 344-345.
BLANCHON, peintre. Chargé de la décoration picturale de la mairie du XIX° arrondissement, 28.
Blettaria, vél., par Robert, 125, —, vél., par Aubriet, 159.
Blitum capitalum, vél., par Robert, 122.
Blois, 116.
BLONDEL (Merry-Joseph), peintre. La Justice protégeant le Commerce, La Prudence, l'Étude, l'Industrie métallurgique, La Mécanique, Figure allégorique de la Seine, La Verrerie, peintures murales, au palais de la Bourse, 57, 58, 59.
Blongios ou butor, vél., par Robert, 144.
Boa. — constrictor, vél., par Chazal, 197, —, vél., par Vaillant, 270.
Boccomia, vél., Mlle Basseporte, 177.
BOCOURT (Marie-Firmin). Vingt-six vélins, 194-196, Un vélin, 234, Treize vélins, 304-305. Son nom cité, 116.
BOCOURT (M.), 309.
Boeckia, vél., par P.-J. Redouté, 260.
Boerhaavia scandens, vél., par Mlle Basseporte, 172.
Boeuf monstre, vél., par N. Huet, 307.
BOGINO fils (Émile-Louis), sculpteur. Reçoit la commande du buste en marbre de Monet de Lamarck, pour le Jardin des Plantes, 113.
BOGINO (Frédéric-Louis-Désiré), sculpteur. La Liberté, statue plâtre, square de Montrouge, 43.
BOICHOT (Guillaume), sculpteur. Les Droits de l'Homme, bas-relief, La Force, statue, au Panthéon, 332.
BOILEAU (Étienne), prévôt de Paris. Son nom est inscrit dans la voûte de l'une des salles de la mairie du XVI° arrondissement, 25, Figure dans : « Saint Louis rendant la justice », peinture murale, par Cabanel, au Panthéon, 344, Figure dans : « Saint Louis portant la couronne d'épines », peinture murale, par le même, au Panthéon, 345.
BOIZOT (Louis-Simon), sculpteur. Buste plâtre de Daubenton, au Jardin des Plantes, 101, Saint Paul prêchant devant l'aréopage d'Athènes, bas-relief, au Panthéon, 332. Son nom cité, 332.
Boletus fungaster, vél., par Mlle Riché, 265.
BONAPARTE (le général), figure dans le fronton du Panthéon, bas-relief pierre, par David d'Angers, 336.

BONELLI, 193.
BONNARD, orfèvre. Répare la châsse de sainte Geneviève, 331.
BONNAT (Léon-Joseph-Florentin), peintre. Martyre de saint Denis, peinture murale, au Panthéon, 335, 339. Son nom cité, 348.
Bonne foi (la), statue, par Foucou, au Panthéon, 333.
BONNEFOY (l'abbé), doyen de Sainte-Geneviève. Sa notice : « Une visite à l'église patronale Sainte-Geneviève », citée, 336, Son profil peint par Maillot, au Panthéon, 346. Son nom cité, 335, 340.
BONNET, architecte. Est l'auteur des plans et dessins de la mairie du XIII° arrondissement, 20, Son profil peint par Boulanger, à la mairie du XIII° arrondissement, 21.
Bonnet chinois, vel., par Wailly, 271.
Bonplandia, vél., par P.-J. Redouté, 253.
Bonté. La —, la Bénignité, bas-relief pierre, par Michel Anguier, à l'hôpital du Val-de-Grâce, 67.
Bontia, vél., par Mlle Basseporte, 174.
BOQUET (Simon-Louis), sculpteur. L'Amour de la Patrie, statue, au Panthéon, 333.
Borbonia, vél., par Bessa, 192, —, vél., par P.-J. Redouté, 261.
Bordeaux (la Ville de), statue pierre, par Caillouette, place de la Concorde, 38, —, peinture murale, par Abel de Pujol, au palais de la Bourse, 55, —, toile, par Jobbé-Duval, au palais du Tribunal de commerce, 86.
Bordeaux, 100, 197.
BORDEAUX (duc DE), figure dans la coupole du Panthéon, peinte par Gros, 343.
Borrago, vél., par Robert, 126, —, vél., par Aubriet, 159-160.
BORROMÉE, peintre. Six vélins, 196.
BORY DE SAINT-VINCENT, naturaliste. Obtient la mise en liberté de l'abbé Latreille, 100.
BOSIO (François-Joseph), sculpteur. Reçoit la commande de la statue de Louis XVIII pour la place du Palais-Bourbon, 44, Louis XVI, groupe marbre, dans l'ex-Chapelle expiatoire, 358-359. Son nom cité, 334.
Bos brachyceros, vél., par Werner, 291 ; vél., par le même, 299.
BOSSE (Abraham), dessinateur, 315.
Bossiœa, vél., par P.-J. Redouté, 261
Botrys, dessin, attribué à Robert, 316.
BOTTA, 239.
Bouc. —s, vél., par N. Huet, 213, —, vél., par Wailly, 277, — et chèvre d'Angora, vél., par Werner, 293, —, vél., par le même, 299, Os et cartilage du —, vél., par le même, 314.

BOUCHARDON. — BUFFON.

BOUCHARDON (Edme), sculpteur. Statue de Louis XV, place de la Concorde, citée, 37.
BOUGAINVILLE (DE), 218.
BOULANGER (Gustave - Rodolphe), peintre. Matrimonium, Paternitas, Patria, Uxor esto, Vir esto, Studium, Labor, toiles, à la mairie du XIIIe arrondissement, 21-22, Son profil peint par lui-même, dans le même édifice, 21.
BOULLIET (Jacques-Antoine), sculpteur. Buste plâtre d'Adanson, au Jardin des Plantes, 104.
BOULLONGNE (Mlle), peintre, 138.
BOUNIEU (Mlle Émilie), femme Raveau, peintre. Quatre vélins, 196.
Bouquetin, vél., par Chazal, 196.
BOURCIER, 300.
BOURDAIS, architecte. La mairie du XIXe arrondissement est construite d'après ses dessins, 27.
BOURDET, peintre. Un vélin, 196.
BOURGEOIS (Charles-Arthur, baron), sculpteur. Le Charmeur de serpents, Un chasseur de crocodiles, statues bronze, au Jardin des Plantes, 114.
BOURGOGNE (Hugues, duc DE), figure dans : « Saint Louis portant la couronne d'épines », peinture murale, par Cabanel, au Panthéon, 345.
Bouroche de Candie, dessin, attribué à Robert, 316.
BOUVET (Claude), sculpteur, 332.
Bouvreuil d'Europe, vél., par Robert, 141.
BOVE. Voy. CAZE.
BOVET, sculpteur. Reçoit la commande d'un bas-relief représentant « Sainte Geneviève distribuant du pain aux pauvres dans un temps de famine » et d'une statue destinés au Panthéon, 332.
BRA (Eustache - Marie - Joseph), sculpteur. Broussais, statue bronze, dans la cour d'honneur de l'hôpital du Val-de-Grâce, 65-66, Buste plâtre de Broussais, au même hôpital, 74.
Brachystemum, vél., par Joubert, 149.
Brachywius rubicundus, vél., par Werner, 297.
Brassia, vél., par Bessa, 191.
Brassica, vél., par Robert, 133, —, vél., par Aubriet, 162.
BRÉMION (Maximilien), architecte. Dirige les travaux de l'église Sainte-Geneviève, 331.
BRÉMOND (Jean-François), peintre. Collabore avec Chenavard à la décoration picturale du Panthéon, 334.
Brest (la Ville de), statue pierre, par Corlot, place de la Concorde, 38.

Brève, vél., par Gombaud, 203, —, vél., par N. Huet, 215.
BUDON, 118.
BRICE (Germain), historien. Son ouvrage « Description de la Ville de Paris », cité, 66, 71, 95, 98.
BRIDIEU (Mlle Eulalie DE), peintre. Deux vélins, 196.
BRION (Isidore-Hippolyte), sculpteur. Statue marbre de l'abbé Haüy, au Jardin des Plantes, 106.
Brionia, dessin, par L. de Chatillon, 316.
Brioude, 341.
BRIQUET, président du conseil des prud'hommes de Paris. Son nom est inscrit sur une table en marbre du palais du Tribunal de commerce, 82.
Brive, 100.
Brixus, vél., par Robert, 137.
Bromelia, vél., par Joubert, 147, —, vél., par Aubriet, 157, —, vél., par Riocreux, 266.
BRONGNIART, architecte. Est l'auteur du plan du palais de la Bourse, 53.
BRONGNIART (Alexandre), professeur de minéralogie. Son médaillon pierre, par Guillaume, au Jardin des Plantes, 112.
BROUCH (Jean-Jules), architecte. Construit le piédestal de la statue de la République, 40.
BROUSSAIS (François-Joseph-Victor), médecin. Sa statue bronze, par Bra, cour d'honneur de l'hôpital du Val-de-Grâce, 65-66, Son buste plâtre, par le même, dans le même hôpital, 74.
Browallia, vél., par Mlle Basseporte, 173.
Bruants, vél., par Robert, 140.
Brucea, vél., par Pontier, 311.
Brunette de Portugal, dessin, attribué à Robert, 316.
Brunsfeldia, vél., par P.-J. Redouté, 252.
Bryonia, vél., par Joubert, 154, —, vél., par Mlle Basseporte, 182.
Bubale, vél., par Maréchal, 231, —, vél., par Werner, 291, —, vél., par le même, 300.
Bubalus antiquus, vél., par Lackerbauer, 226.
Bubo, vél., par Werner, 284.
Buccin (cartilages de), vél., par Borromée, 196.
Buchnera, vél., par A. de Fontainne, 200.
Bucida buceras, vél., par P.-J. Redouté, 249.
Budleia, vél., par P.-J. Redouté, 251.
Buffles, vél., par N. Huet, 213.
BUFFON (Jean-Louis LECLERC, comte DE), naturaliste. Donne de l'extension au Jardin des Plantes, 97, Le Jardin des Plantes renferme : son buste plâtre, par Houdon, 100-

101, Un fauteuil lui ayant appartenu, 102, Sa statue marbre, par Pajou, 97, 103, Son buste plâtre et marbre, par le même, 111, 115, Son médaillon pierre, par Guillaume, 111, 112. Son portrait, dessiné par Pujos, a été gravé par Vangelisty pour l'Académie de Toulouse, 103, Son buste marbre est commandé à Lequien pour le Jardin des Plantes, 113, Son nom est inscrit sur le piédestal de la statue de la « Géologie », 324.

BUFFON (Nadaud DE), donne au Muséum d'histoire naturelle le cervelet de Buffon, 103.

Buginvillea, vél., par Mlle Riché, 266.

Buglosse, dessins, attribués à Robert, 316.

Buglossum, vél., par Robert, 126.

Bulbocodium, vél., par Aubriet, 155.

BULLION (DE), surintendant des finances, 96.

Bunium, vél., par Aubriet, 162.

Buphthalmum, vél., par Robert, 130, —, vél., par Joubert, 151, —, vél., par Aubriet, 161, —, vél., par Mlle Basseporte, 176.

Buplevrum, vél., par Robert, 131.

Burchellia, vél., par P.-J. Redouté, 256.

Bursaria, vél., par P.-J. Redouté, 258.

Buse commune, vél., par Robert, 139.

Butor, vél., par Robert, 144, —, vél., par Wailly, 280.

BUYSTER (Philippe DE), sculpteur. Deux statues d'Anges de l'une des façades de l'hôpital du Val-de-Grâce lui étaient précédemment attribuées, 66, Fut employé à une partie de la sculpture de l'église du Val-de-Grâce, 73.

Buzard d'Europe, vél., par Robert, 139.

C

CABANEL (Alexandre), peintre. Son profil, peint par Boulanger, à la mairie du XIIIe arrondissement, 21, Saint Louis rendant la justice, La reine Blanche de Castille présidant à l'éducation de son fils, Saint Louis prisonnier en Palestine, Saint Louis nu-pieds portant la couronne d'épines, peintures murales, au Panthéon, 335, 344, 345. Son nom cité, 348.

CABANIS. Son nom est inscrit dans la voûte de l'une des salles de la mairie du XVIe arrondissement, 25.

CABET (Jean-Baptiste-Paul), sculpteur. Le Commerce maritime, statue pierre, au palais du Tribunal de commerce, 84-85. Saint Martin, groupe marbre, au Panthéon, 335, 338.

Cabiai, vél., par Werner, 288, —, vél., par le même, 297.

CABUCHET (Emilien), sculpteur. Reçoit la commande du buste en marbre de l'abbé Latreille, pour le Jardin des Plantes, 113.

Cacalia, vél., par Aubriet, 161, —, vél., par Mlle Basseporte, 176, —, vél., par Van Spaendonck, 184, —, vél., par H.-J. Redouté, 240, —, vél., par le même, 255, —, dessin, attribué à L. de Chatillon, 316.

Caccaloba, vél., par P.-J. Redouté, 249.

Cachalot, vél., par Reveillaud, 265.

Cachrys cretica, vél., par Aubriet, 162.

Cactus, vél., par Joubert, 153, —, vél., par Aubriet, 164, —, vél., par Mlle Basseporte, 179, —, vél., par P.-J. Redouté, 259.

Cadix, 343.

Cofre, buste bronze, par Rochet, au Jardin des Plantes, 110.

CAILLAUD, 241.

Caille, vél., par Gombaud, 306.

CAILLÉ (Joseph-Michel), sculpteur. Caïn, statue marbre, promenade du Ranelagh, 44.

CAILLOUETTE (Louis-Denis), sculpteur. La Ville de Nantes, La Ville de Bordeaux, statues pierre, place de la Concorde, 38, L'Europe, La Justice, L'Asie, bas-reliefs pierre, au palais de la Bourse, 57.

Caïman, vél., par N. Huet, 219.

CAÏN, statue marbre, par Caillé, promenade du Ranelagh, 44.

Cakile, vél., par Aubriet, 162.

Caladium, vél., par Mlle Riché, 265.

Calceolaria, vél., par Mlle Basseporte, 173.

Calcul (le), peinture murale, par Degeorge, au palais de la Bourse, 59.

Calea, vél., par Aubriet, 161, —, vél., par P.-J. Redouté, 255.

Calendula, vél., par Aubriet, 161, —, vél., par Van Spaendonck, 184, —, dessin, attribué à L. de Chatillon, 316.

Calice en or, à l'hôpital du Val-de-Grâce, 73.

Calidris, vél., par Robert, 144, 145.

Calla, vél., par Robert, 120, —, vél., par Aubriet, 155.

CALLIAT (Pierre-Victor), architecte. La construction de la mairie du IIIe arrondissement est entreprise sous sa direction, 5, Dirige les travaux de construction de la mairie du Ve arrondissement, 10.

Callicarpa, vél., par Aubriet, 158.

Callicoma, vél., par Mlle Riché, 265.

Callionyme lyre, vél., par Robert, 147.

Callistachys, vél., par P.-J. Redouté, 261.

Callithria moloch, vél., par Werner, 286.

CALLITRICHE. — CARTELLIER.

Callitriche, vél., par Maréchal, 229, —, vél., par Werner, 290, —, vél., par le même, 297.
Callitricheke, vél., par Wailly, 272.
Callopisma abacura, vél., par Chazal, 197.
Calmar (cartilages de), vél., par Borromée, 196.
Calothamnus, vél., par P.-J. Redouté, 260.
Caltha palustris, vél., par Robert, 133, —, vél., par Rabel, à la Bibliothèque nationale, 322.
Calycanthus, vél., par Mlle Basseporte, 180.
Calyxhymenia, vél., par P.-J. Redouté, 250.
CAMBACÉRÈS. Napoléon Ier lui fait don du parc de Monceau, 40.
CAMBOS (Jules), sculpteur. Deux figurines d'Anges, bronze doré, à l'hôpital du Val-de-Grâce, 72.
Caméléon, vél., par Joubert, 154, — s, vél., par Mlle Alberti, 186, — s, vél., par N. Huet, 218, —, vél., par Prévost, 239, —, vél., par H.-J. Redouté, 241.
Camellia, vél., par P.-J. Redouté, 257.
Campagnol. — des neiges, vél., par Werner, 288, — rayé, vél., par le même, 291, —, vél., par le même, 297.
Campanula, vél., par Robert, 126-127, —, vél., par Joubert, 150, —, vél., par Aubriet, 160, —, vél., par Mlle Basseporte, 175, —, vél., par A. de Fontaine, 200-201, —, vél., par P.-J. Redouté, 254.
Cana, vél., par Rabel, à la Bibliothèque nationale, 322.
Canard. — s, vél., par Robert, 146, —, vél., par Mlle Basseporte, 183, —, vél., par Bessa, 192, — s, vél., par Wailly, 281, — pingouin, vél., par Werner, 285, Tibias du —, vél., par le même, 314. Voy. *Casoard*. Voy. *Serpentaire*.
Canari, vél., par Gombaud, 204.
Canarina, vél., par Aubriet, 160.
Cancellaria, vél., par N. Huet, 220.
Cancer. — s, vél., par N. Huet, 221, — armatus, vél., par Vaillant, 269, — Chauvinii, vél., par Willy, 303.
Cancericus fossiles, vél., par Vaillant, 269.
Candélabres, bronze, par Plantar et Delafontaine, d'après Fontaine, pour l'ex-Chapelle expiatoire, 359.
CANDOLLE (DE), 118.
Canes, vél., par Robert, 146.
Canfre, dessin, par L. de Chatillon, 316.
Canna. — indica, vél., par Robert, 121, — indica, vél., par Joubert, 148, — flaccida, vél., par P.-J. Redouté, 248, — ou antilope, vél., par Werner, 300.
Cannacorus, vél., par Aubriet, 157, —, vél., par Mlle Basseporte, 172.

Cantua, vél., par P.-J. Redouté, 253.
CAP. Son ouvrage : « Histoire du Muséum », cité, 98.
Capella seu vanellus, vél., par Robert, 144.
Capparis, vél., par Robert, 134, —, vél., par Joubert, 151, —, vél., par H.-J. Redouté, 240, —, vél., par le même, 256, 257.
Capricorne (le), vél., par Rabel, à la Bibliothèque nationale, 320.
Capucin de l'Orénoque, vél., par Wailly, 272.
Caracal, vél., par Werner, 292, —, vél., par le même, 298.
Caracara, vél., par N. Huet, 214, —, vél., par Wailly, 278.
Caracola, dessin, par L. de Chatillon, 316.
Cardamine, vél., par Robert, 134, —, vél., par Joubert, 151.
Cardiospermum, vél., par Robert, 134.
Carduus, vél., par Robert, 127, —, vél., par Joubert, 150, —, vél., par Aubriet, 167.
Carex præcox, vél., par Robert, 120.
Cariama, vél., par N. Huet, 217.
Cariatides. Deux —, statues pierre, par Klagmann, à la mairie du Ier arrondissement, 4, Deux — à tête d'enfant, statues pierre, par Maniglier, à la mairie du XIe arrondissement, 16, —, pierre, par Carrier-Belleuse, au palais du Tribunal de commerce, 83, —, statues pierre, par Debut, dans le même palais, 85.
Carica papaya, vél., par Aubriet, 167.
Cariophyllata, vél., par Rabel, à la Bibliothèque nationale, 322.
Carlina, vél., par Robert, 127, —, dessin, attribué à Robert, 316.
CARMONTEL, dessinateur. Trace le parc de Monceau, 40.
CARNEVALI (Jules-César), peintre. Achève les pendentifs de la coupole du Panthéon commencés par Gérard, 343.
CARNOT (Lazare), figure dans le fronton du Panthéon, bas-relief pierre par David d'Angers, 336. Son nom cité, 334.
Carouge, vél., par Gombaud, 204, —, vél., par N. Huet, 215.
Carpe. Organes de —, vél., par Werner, 281, —, vél., par le même, 295.
CARPEAUX (Jean-Baptiste), sculpteur. Reçoit la commande de la statue de saint Bernard pour le Panthéon, 335.
CARRIER-BELLEUSE (Albert-Ernest), sculpteur. Deux Vieillards, Deux Adolescents, figures pierre, au palais du Tribunal de commerce, 80-81, Cariatides, pierre, au même palais, 83.
CARTELLIER (Pierre), sculpteur. La Force, La

CARTHAMUS. — CHAMPAIGNE.

Prudence, statues, au Panthéon, 333. Son nom cité, 334.
Carthamus, vél., par Robert, 127-128, —, vél., par Joubert, 150, —, vél., par Aubriet, 161.
Caryophyllus, dessin, par L. de Chatillon, 316.
Casoar. —, Grue couronnée et Faisan, —, Cigogne et Canard, toiles, par Desportes, au Jardin des Plantes, 98-99, —, vél., par N. Huet, 208, —, vél., par Maréchal, 232, —, vél., par Wailly, 280, —, vél., par Werner, 284.
Casse-noix, vél., par Robert, 141.
Cassidulus, vél., par Dickmann, 199.
Cassia, vél., par Robert, 136, —, vél., par Joubert, 153, —, vél., par Aubriet, 166, —, vél., par H.-J. Redouté, 240.
Cassican, vél., par Gombaud, 203.
Cassine, vél., par M¹¹ᵉ Basseporte, 181, —, vél., par P.-J. Redouté, 262.
Cassique, vél., par Gombaud, 204.
Castor, vél., par Wailly, 275.
Catellia, vél., par Riocreux, 267, —, vél., par le même, 312.
CAVANILLES (Ant.-Jos.), botaniste, 118.
CAVELIER (Pierre-Jules), sculpteur. Saint Remi, statue marbre, au Panthéon, 335, 337.
CAYLUS (comte DE). Sa « Notice sur Michel Anguier et Thomas Regnaudin », citée, 71, Son « Mémoire sur Jacques Sarazin », cité, 114.
CAZE DE LA BOVE, intendant du Dauphiné, 202.
Ceanothus, vél., par Aubriet, 167, —, vél., par M¹¹ᵉ Basseporte, 182.
Ceantropriste, vél., par Werner, 294.
Cedrela, vél., par Cuisin, 198.
Celastrus, vél., par Aubriet, 166.
Celosia, vél., par Robert, 122, —, vél., par M¹¹ᵉ Basseporte, 172.
Celsia, vél., par P.-J. Redouté, 251.
Centaurea, vél., par Robert, 128, —, vél., par Joubert, 150.
Centaurium, dessin, par L. de Chatillon, 316, —, dessin, attribué à Robert, 316.
Céphaloptère, vél., par N. Huet, 214.
Cephalopterus, vél., par N. Huet, 220.
Cephalote, vél., par N. Huet, 209.
Cephælis, vél., par P.-J. Redouté, 256.
Ceradopteris, vél., par M¹¹ᵉ Riché, 265.
Cerastium, vél., par M¹¹ᵉ Basseporte, 179.
Ceratophrys, vél., par M¹¹ᵉ Alberti, 187.
Ceratozamia, vél., par Riocreux, 266.
Cerbera ahouai, vél., par M¹¹ᵉ Basseporte, 175.
Cercocèbe, vél., par Werner, 293, —, vél., par le même, 296.

Cercopithecus, vél., par Wailly, 271, —, vél., par Werner, 285.
Cercopithèque, vél., par Werner, 285.
Cérès et Triptolème, bas-relief pierre, par Lebœuf-Nanteuil, au Panthéon, 337.
Cerfs. —s du Bengale, toile, par Oudry, au Jardin des Plantes, 102, —s, vél., par N. Huet, 213, —, vél., par le même, 222, —s, vél., par Wailly, 276, — cochon, vél., par Werner, 287, —, vél., par le même, 288, —s, vél., par le même, 289, —, vél., par le même, 290, — du Népaul, vél., par le même, 292, — de Manille, vél., par le même, 292, —s, par le même, 300, 301, Métis de —s, vél., par le même, 301.
Cerinthe, vél., par Robert, 125, —, vél., par M¹¹ᵉ Basseporte, 174.
Ceriornis, vél., par V.-J. Huet, 222.
Cerisier. Le — à grappes, Le — double, vél., par un Inconnu, 119.
Cervus, vél., par Werner, 289, —, vél., par le même, 292, —, vél., par le même, 301.
CÉSAR (Jules). Son buste, par un Inconnu, au Tribunal de commerce, 88.
Cestrum, vél., par Aubriet, 159, —, vél., par M¹¹ᵉ Basseporte, 174, —, vél., par P.-J. Redouté, 252.
Cétacé (os fossile de), vél., par Bourdet, 196.
Cetoniæ, vél., par Blanchard, 193.
CHABOUILLET. Sa notice : « Recherches sur les origines du Cabinet des médailles », citée, 116, 119, 319.
Chacal, vél., par Wailly, 273.
Chacma, vél., par N. Huet, 208, —, vél., par Wailly, 271.
CHAIX-D'EST-ANGE, vice-président de la Commission départementale, figure dans : « Installation du nouveau Tribunal de commerce en 1865 », toile, par Robert-Fleury, au palais du Tribunal de commerce, 88.
Chalcées, vél., par H.-J. Redouté, 243.
Chalceus sardina, vél., par M¹¹ᵉ Alberti, 188.
Châlons-sur-Marne, 117.
Chamadorea, vél., par M¹¹ᵉ Riché, 265.
CHAMBARD (Louis-Léopold), sculpteur. Reçoit la commande du buste en marbre d'Adrien de Jussieu pour le Jardin des Plantes, 113.
Chameau, vél., par Maréchal, 231.
Chamærododendron, vél., par Joubert, à la Bibliothèque nationale, 323.
CHAMPAGNE (Thibaut DE), figure dans « Saint Louis portant la couronne d'épines », peinture murale, par Cabanel, au Panthéon, 345.
CHAMPAIGNE (Jean-Baptiste DE), peintre. Aide Philippe de Champaigne dans sa peinture murale « le Christ présentant la sainte

CHAMPAIGNE. — CHENAVARD.

Hostie à l'adoration des Anges », à l'hôpital du Val-de-Grâce, 73.
CHAMPAIGNE (Philippe DE), peintre. Peint la voûte de l'église du Val-de-Grâce, 64, Le Christ présentant la sainte Hostie à l'adoration des Anges qui l'entourent, peinture murale, à l'hôpital du Val-de-Grâce, 73.
Champignon morille, vél., par H.-J. Redouté, 239.
CHAPTAL, figure dans : « Promulgation du Code de commerce par Napoléon Ier », toile, par Robert-Fleury, au palais du Tribunal de commerce, 88.
Chaptalia, vél., par P.-J. Redouté, 255.
CHAPU (Henri-Michel-Antoine), sculpteur. Le Semeur, statue bronze, dans le parc Monceau, 41, L'Art mécanique, statue pierre, au palais du Tribunal de commerce, 85, Reçoit la commande du groupe représentant « Saint Germain remettant une médaille à sainte Geneviève enfant », pour le Panthéon, 335, 336, 349.
CHARAVAY (Eugène), expert en autographes, 334.
CHARDIN (Sébastien), sculpteur. La Poésie, l'Éloquence, statues, au Panthéon, 333.
Chardon, dessin, attribué à Robert, 316.
Chardonneret d'Europe, vél., par Robert, 140.
Charité (la), statue plâtre, par Lequien, à la mairie du IIe arrondissement, 5, —, toile, par Barrias, à la mairie du IIIe arrondissement, 7, —, Figure dans : « Scènes de la vie de sainte Geneviève », peintures murales par Puvis de Chavannes, au Panthéon, 341. Voy. Foi.
CHARLEMAGNE, figure dans la coupole du Panthéon, peinte par Gros, 333, 343, Couronnement de —, L'empereur — entouré de paladins, de lettrés et de jurisconsultes, peintures murales commandées à Lehmann, pour le Panthéon, 335, Scènes de la vie de —, peintures murales, par Levy, au Panthéon, 347-348.
CHARLES, fils de Charlemagne, figure dans : « Scènes de la vie de Charlemagne », peintures murales, par Levy, au Panthéon, 347.
CHARLES VIII, 346.
CHARLES IX, signe un édit créant un tribunal consulaire dans la ville de Paris, 79.
CHARLES X, 56.
Charmeur. Le —, statue bronze, par Bayard de la Vingtrie, dans le parc Monceau, 41, Le — de serpents, statue bronze, par le baron Bourgeois, au Jardin des Plantes, 114.
CHARTRES (duc DE). Voy. PHILIPPE-ÉGALITÉ.
Chartres, 323, 345.

Chasse. — à l'ours, — aux rennes, toiles, par Biard, au Jardin des Plantes, 105.
Chasseur de crocodiles (un), statue bronze, par le baron Bourgeois, au Jardin des Plantes, 114-115.
CHAT, architecte. La mairie du IIIe arrondissement est achevée sous sa direction, 5.
Chat. Famille de —s, groupe bronze, par Frémiet, au Jardin des Plantes : le marbre est au musée de Grenoble, 99, — huant, vél., par Robert, 139, — botté, vél., par N. Huet, 211, —s, vél., par Wailly, 274, — à collier, vél., par Werner, 286, Intestins du —, vél., par Delahaye, 305, — monstrueux, vél., par Meunier, 309, — monstrueux, vél., par H.-J. Redouté, 311.
Chatagni, vél., par N. Huet, 212.
CHATILLON (Louis-Claude DE), dessinateur et graveur, 315-319.
CHAUDET (Antoine-Denis), sculpteur. Bustes plâtre et marbre du comte Fourcroy, au Jardin des Plantes : un plâtre existe au musée de Versailles, 100, 116, Le Dévouement patriotique, bas-relief pierre, au Panthéon, 332, 337, La Philosophie instruisant un jeune homme, groupe, au Panthéon, 332.
Chauve-souris, vél., par Wailly, 273.
CHAUVIN (Charles), peintre. La République, toile, à la mairie du XVIe arrondissement, 25, A exécuté la décoration de l'une des salles du palais du Tribunal de commerce, 87.
CHAZAL (Antoine), peintre. Vingt-cinq vélins, 196-198.
CHÉDEVILLE (Léon), sculpteur. Un vase décoratif, bronze, à la mairie du XIIIe arrondissement, 21.
Cheilinus, vél., par Werner, 295.
Cheiranthus, vél., par Robert, 133, —, vél., par Mlle Basseporte, 178, —, vél., par A. de Fontainne, 201.
Cheirogaleus, vél., par N. Huet, 209, —, vél., par Wailly, 272.
Chelidonium, vél., par Robert, 133, —, dessin, attribué à Robert, 316.
Chelodina, vél., par Mlle Alberti, 186.
Chélodyne, vél., par Wailly, 281.
Chelone, vél., par Mlle Basseporte, 174, —, vél., par N. Huet, 206, —, vél., par P.-J. Redouté, 253.
Chelonia. — virgata, vél., par H.-J. Redouté, 241, — Midas, vél., par Wailly, 281.
CHENAVARD (Paul-Marc-Joseph), peintre. Compose une décoration picturale du Panthéon, 334, Reçoit la commande d'une peinture murale pour le même édifice, 335.

CHÉNIER. — CIRSIUM.

Chénier (A.). Son nom est inscrit dans la voûte de l'une des salles de la mairie du XVIᵉ arrondissement, 25.
Chenille. —s, vél., par Aubriet, 168, 169, —s, vél., par Rabel, à la Bibliothèque nationale, 320, 323.
Chennevières (Philippe, marquis de). Est l'auteur de la monographie du Panthéon, 329-349, Son étude : « Les décorations du Panthéon », citée, 336, Son profil, peint par Puvis de Chavannes, au Panthéon, 341, Son profil, peint par Laurens, même édifice, 342.
Cheropotamus, vél., par V.-J. Huet, 309.
Cheval. — arabe, bas-relief bronze, par Rouillard, au Jardin des Plantes, 108, Ostéologie du —, vél., par N. Huet, 204, Dents de —, vél., par le même, 206, — arabe, vél., par le même, 213, — frisé, vél., Wailly, 276, Monstruosité crânienne du —, vél., par Millot, 310.
Chevalier, préfet du Var, 243.
Chevalier (Jacques-Marie-Hyacinthe), sculpteur. La Naissance, La Conscription, Le Mariage, La Mort, statues pierre, à la mairie du XIVᵉ arrondissement, 22, La Justice, statue pierre, au palais du Tribunal de commerce, 80.
Chevaliers, vél., par Robert, 144, 145.
Chevaux de Marly, groupes marbre, par Coustou, place de la Concorde : proviennent du château de Marly, 38.
Chevêche nocturne, vél., par Robert, 139.
Chèvre. —s, vél., par N. Huet, 213, —s, vél., par Wailly, 277, —, vél., par Werner, 299. Voy. Bouc. Voy. Enfants.
Chevreul (Eugène), directeur du Jardin des Plantes, 97.
Chevrotain. —s, vél., par V.-J. Huet, 223, —s, vél., par Werner, 287, —, vél., par le même, 296, —, vél., par V.-J. Huet, 309.
Chetodon, vél., par Sonnerat, 268, —, vél., par Werner, 294.
Chicara, vél., par Werner, 287.
Chien. — et Perdrix, toile, par Oudry, au Jardin des Plantes, 102, Structure micrographique de l'os du —, vél., par Borromée, 196, Micrographie du —, vél., par Dickmann, 199, — loup, vél., par N. Huet, 211, Os du —, vél., par Nicolet, 233, —s, vél., par Wailly, 273, — crabier, vél., par Werner, 286, —, vél., par le même, 289, —, vél., par le même, 298, — cyclope, vél., par H.-J. Redouté, 311.
Chienne. — levrette, vél., par N. Huet, 211, — levrette, vél., par Maréchal, 230, —s, vél., par Wailly, 273.

Childebert (fontaine de), citée, 42.
Chimères (cartilages de), vél., par Borromée, 196.
Chimpanzé, vél., par Bocourt, 194, 195, —, vél., par Chazal, 196, —, vél., par Werner, 285, —, vél., par Bocourt, 304.
Chincou, vél., par N. Huet, 213.
Chirac (Pierre), médecin et surintendant du Jardin des Plantes, 96.
Chironectes, vél., par Sonnerat, 268.
Chironia, vél., par Joubert, 149.
Chirotecnus, vél., par Werner, 295.
Chletra arborea, vél., par P.-J. Redouté, 254.
Chloranthus, vél., par P.-J. Redouté, 263.
Chœtodon ephippium, vél., par Werner, 285.
Chœtospongia, vél., par Riocreux, 267, —, vél., par le même, 311.
Choquard rouge, vél., par Robert, 140.
Chorizema, vél., par P.-J. Redouté, 261.
Chorymenus, vél., par Jossigny, 224.
Choucaris, vél., par Wailly, 278.
Choucas ou petite chouette, vél., par Robert, 141.
Chouette, vél., par Robert, 139.
Chromis, vél., par Mᵐᵉ Alberti, 187, —, vél., par Jossigny, 224.
Chrysanthemum, vél., par Robert, 128, —, vél., par le même, 129, —, vél., par Joubert, 150, —, dessin, par L. de Chatillon, 316, —, dessin, attribué à Robert, 316.
Chrysocoma, vél., par Aubriet, 161, —, vél., par Mˡˡᵉ Basseporte, 176.
Chrysophyllum, vél., par P.-J. Redouté, 253.
Chrysosplenium, vél., par Robert, 135.
Chypcaster, vél., par Dickmann, 199.
Cichorium intybus, vél., par Robert, 127.
Cicindala, vél., par Werner, 294.
Cicindela, vél., par Blanchard, 194.
Cicognes, vél., par Wailly, 280.
Cicuta, vél., par Mˡˡᵉ Basseporte, 177.
Cidaris, vél., par Dickmann, 199, —, vél., par Nicolet, 233.
Cidarites, vél., par Dickmann, 199.
Cigogne. —s, vél., par Robert, 144, Tronc de la —, vél., par Thiolot, 313. Voy. Casoar.
Cimes calcaires de la Wetterhorn et glacier de Rosenlaui (canton de Berne), toile, par Rémond, au Jardin des Plantes, 105.
Cineraria, vél., par Robert, 130, —, vél., par Van Spaendonck, 184, —, vél., par P.-J. Redouté, 255.
Cinosterme, vél., par Vaillant, 270.
Cinosternon, vél., par Vaillant, 269.
Cirsium, vél., par Mˡˡᵉ Basseporte, 176.

CISSUS. — COLOMBINE.

Cissus, vél., par Mlle Basseporte, 178.
Cistude, vél., par Mlle Alberti, 190, —, vél., par N. Huet, 218.
Cistus, vél., par Robert, 135, —, vél., par Joubert, 152, —, vél., par Aubriet, 163, —, vél., par Van Spaendonck, 185, —, vél., par P.-J. Redouté, 258.
Citrus, vél., par A. de Fontainne, 201.
CIULI (Clément), mosaïste. Tête de femme, mosaïque, au Jardin des Plantes, 106.
Civette, vél., par Maréchal, 230.
Clavija, vél., par P.-J. Redouté, 253.
Claytonia, vél., par Aubriet, 164, —, vél., par P.-J. Redouté, 259.
Clematis, vél., par Robert, 131, —, vél., par Joubert, à la Bibliothèque nationale, 323.
Clématite, dessins, attribués à Robert, 316.
CLÉMENCEAU. Son profil, peint par Blanc, au Panthéon, 346.
CLÉMENT (A.-L.), peintre. Sept vélins, 198.
CLÉMENT V, pape. Supprime l'Ordre des Templiers, 45.
Clenaster spectabilis, vél., par Clément, 198.
Cleome, vél., par Robert, 134, —, vél., par Mlle Basseporte, 178.
Cleonia, vél., par Robert, 124.
Cleptique, vél., par Bessa, 193, —, vél., par Werner, 295.
CLÈRE (Georges), sculpteur. L'approvisionnement en bétail, statue pierre, à la mairie du XIXe arrondissement, 27.
Clermont, 341.
Clerodendrum, vél., par Bessa, 192, —, vél., par P.-J. Redouté, 251.
Clichy. La Défense de la barrière de —, groupe bronze, par Doublemard, Le Combat de la barrière de —, bas-relief pierre, par le même, d'après Horace Vernet, place de Clichy, 36.
Cliffortia, vél., par Aubriet, 165.
Clinopodium, vél., par Mlle Basseporte, 173.
Clitoria, vél., par Joubert, 153, —, vél., par Aubriet, 166, —, vél., par P.-J. Redouté, 262.
CLOTILDE (la reine), figure dans la Coupole du Panthéon peinte par Gros, 333, Figure dans : « Scènes de la vie de Clovis », peintures murales, par Blanc, au Panthéon, 345. Son nom cité, 331.
CLOVIS, figure dans la Coupole du Panthéon peinte par Gros, 333, 342, Baptême de —, peinture murale, commandée à P.-J. Blanc, pour le Panthéon, 335, Baptême de —, groupe marbre, par Maindron, au Panthéon, 335, 337, Scènes de la vie de —, peintures murales, par Blanc, au Panthéon, 345-346. Son nom cité, 331.

Clupea, vél., par Jossigny, 225.
Clypeola, vél., par Robert, 134.
Cneorum tricoccum, vél., par Robert, 137, —, vél., par Joubert, 154.
Cninus, dessin, attribué à L. de Chatillon, 316.
Coaita, vél., par Wailly, 271.
Coati, vél., par N. Huet, 211, —, vél., par Wailly, 273.
Cobitis barbatula, vél., par H.-J. Redouté, 243.
Cobæa, vél., par P.-J. Redouté, 253.
Coccoloba, vél., par Mlle Basseporte, 172.
COCHIN (l'abbé). Son buste plâtre, par un Inconnu, à la mairie du Ve arrondissement, 11.
COCHIN, maire du Ve arrondissement. Son buste plâtre, par Etex, à la mairie du Ve arrondissement, 11.
Cochon. —, vél., par Mlle Basseporte, 182, — des Indes, vél., par Wailly, 276, — des Indes, vél., par Werner, 281, — à cinq pattes, vél., par le même, 283, Ostéologie de —, vél., par le même, 314.
Code. Promulgation du — de commerce par Napoléon Ier, toile, par Robert-Fleury, au palais du Tribunal de commerce, 88.
Cælopeltis, vél., par V.-J. Huet, 222.
Cæsalpinia, vél., par P.-J. Redouté, 261.
Coffea, vél., par Aubriet, 162.
COLBERT (Jean-Baptiste). Son buste bronze, par Richard, au palais du Tribunal de commerce, 86, Présentation par — à la signature de Louis XIV de l'ordonnance du commerce en 1673, toile, par Robert-Fleury, au même palais, 87-88, — s'attribue la surintendance du Jardin des Plantes qu'il rattache à la surintendance des Bâtiments, 96, Son portrait sur vélin, par Nicolas Robert, au Jardin des Plantes, 138.
Colchicum, vél., par Robert, 120, —, vél., par Rabel, à la Bibliothèque nationale, 321.
Coléoptères, vél., par N. Huet, 217, —, vél., par Nicolet, 233, —, vél., par Oudinot, 235-236.
Colia, vél., par Riocreux, 267, —, vél., par le même, 311.
Colibris, vél., par N. Huet, 216.
COLLIGNON (Ennemond), peintre. A décoré le plafond de l'une des salles du palais du Tribunal de commerce, 89.
Collinsonia, vél., par Mlle Basseporte, 182.
Colocasia odora, vél., par Mlle Riché, 265.
Colomba, vél., par Robert, 143.
Colombi-galli à camail, vél., par Wailly, 280.
Colombine de Chartres, vél., par un Inconnu, 119.

COLUBER. — CORSAC.

Coluber, vél., par Chazal, 197, —, vél., par H.-J. Redouté, 241, —, vél., par Vaillant, 270.
Columnea, vél., par P.-J. Redouté, 251.
Colutea, vél., par Robert, 137, —, vél., par Joubert, 153, —, vél., par A. de Fontainne, 202.
Colymbus, vél., par Robert, 145.
Comairas (Philippe), peintre. Collabore avec Chenavard à la décoration picturale du Panthéon, 334.
Combattant à pieds jaunes, vél., par Robert, 144.
Combretum, vél., par Mlle Riché, 265.
Commelina, vél., par Mlle Basseporte, 170, —, vél., par P.-J. Redouté, 244.
Commerce. Le —, statue pierre, par Pascal, à la mairie du IIIe arrondissement, 6, Le —, statue pierre, par Dumont, au palais de la Bourse, 53-54, L'union du —, des Sciences et des Arts faisant naître la prospérité de l'État, peinture murale, par Meynier, au même palais, 55, Le — terrestre, statue pierre, par Maindron, Le — maritime, statue pierre, par Cabet, au palais du Tribunal de commerce, 84, 85, Attributs du —, médaillon sculpté dans l'un des tympans des arcades du même palais, 87, Le —, toile, par Jobbé-Duval, au même palais, 88, Attributs du —, sculptés dans le même palais, 88, Le —, statue, par Blaise, au Panthéon, 333.
Comptonia, vél., par Mlle Basseporte, 182.
Conchium, vél., par P.-J. Redouté, 249.
Condor, vél., par N. Huet, 214, —, vél., par Wailly, 277.
Conscription (la), statue pierre, par Chevalier, à la mairie du XIVe arrondissement, 22.
Constans (Louis-Aristide-Léon), peintre. Deux vélins, 198.
Constantinople, 343.
Convolvulus, vél., par Robert, 126, —, vél., par Aubriet, 160, —, vél., par Mlle Basseporte, 174, —, vél., par Van Spaendonck, 184, —, vél., par P.-J. Redouté, 252, —, dessin, attribué à Robert, 316.
Conyza, vél., par Joubert, 150, —, vél., par Mlle Basseporte, 176, —, dessin, attribué à L. de Chatillon, 316.
Coq. — d'Inde, vél., par Robert, 142, — de bruyère, vel., par Robert, 143, —s, vél., par N. Huet, 216, 217, —, vél., par Wailly, 278. Voy. *Serpentaire*.
Coquard ou métis de faisan, vél., par Robert, 143.
Coquelin aîné, acteur de la Comédie française. Son profil, peint par Blanc, au Panthéon, 346.

Coquillages. —, vél., par Mlle Basseporte, 183, —, vél., par A. de Fontainne, 202, —, vél., par N. Huet, 220, —, vél., par Jacquemart, 223, —, vél., par Oudinot, 238, —, vél., par Prêtre, 239, —, vél., par Werner, 293.
Coquilles, vél., par Oudinot, 236-238, —, vél., par Prévost, 239.
Corallum, vél., par Mlle Basseporte, 183.
Corbeaux, vél., par N. Huet, 215.
Cornière, ministre de l'Intérieur, 334.
Cordia, vél., par Mlle Basseporte, 174, —, vél., par P.-J. Redouté, 252.
Cordier (Charles-Henri-Joseph), sculpteur. Femme hydriote, buste marbre, Kabyle de Badjara, buste bronze, Mauresque d'Alger, buste marbre, Coulouglis, buste bronze, Maltais, pêcheur de corail, buste bronze, Arabe de Biskara, buste bronze, Arabe de El-Aghouat, buste bronze, Homme, type mongol, buste bronze, Femme, type mongol, buste bronze, Mulâtresse, prêtresse à la fête des fèves, buste marbre, Mauresque noire, buste bronze, Saïd Abdallah, de la tribu de Mayac, royaume du Darfour, buste bronze, Nègre du Soudan, buste bronze, Négresse, buste bronze, au Jardin des Plantes, 108, 109, 110.
Cordier (Louis-Henri), sculpteur. Nubien, Nubienne, bustes plâtre, au Jardin des Plantes, 109.
Cordon bleu, vél., par Robert, 139.
Coreopsis, vél., par Robert, 130, —, vél., par Aubriet, 161, —, vél., par Mlle Basseporte, 176, —, vél., par P.-J. Redouté, 256.
Coriandre, dessin, attribué à Robert, 316.
Coris, vél., par Joubert, 148, —, dessin, par L. de Chatillon, 316.
Cormon (Fernand), peintre. La Naissance, le Mariage, la Guerre, la Mort, la Bienfaisance, l'Éducation, toiles, à la mairie du IVe arrondissement, 9.
Cormoran, vél., par Robert, 145
Corneilles, vél., par Robert, 141.
Cornus, vél., par Mlle Basseporte, 177, —, vél., par A. de Fontainne, 201.
Cornut (Albéric), évêque de Chartres, figure dans : « Saint Louis portant la couronne d'épines », peinture murale, par Cabanel, au Panthéon, 345.
Corona, vél., par Rabel, à la Bibliothèque nationale, 319.
Coronella, vél., par Mlle Alberti, 186, —, vél., par la même, 190.
Correa, vél., par P.-J. Redouté, 258.
Corsac. — ou renard de l'Inde, vél., par Werner, 290, —, vél., par le même, 298.

25.

380 INVENTAIRE DES RICHESSES D'ART DE LA FRANCE.

CORTOT. — CUCUBALUS.

Cortot (Jean-Pierre), sculpteur. La Ville de Rouen, la Ville de Brest, statues pierre, place de la Concorde, 38. La statue de la Justice lui est commandée pour le palais de la Bourse, 54, modèle d'une statue de l' « Immortalité » pour le Panthéon, 334, Marie-Antoinette soutenue par la Religion, groupe marbre, dans l'ex-chapelle expiatoire, 358.

Corthusa, vél., par A. de Fontainne, 200.
Cortuse, dessin, attribué à Robert, 318.
Corvina nova, vél., par Mlle Alberti, 187.
Coryphène, vél., par Jossigny, 224.
Cosmos bipinnata, vél., par P.-J. Redouté, 256.
Cotinga, vél., par Robert, 139, —, vél., par N. Huet, 215.
Cottaz (L.), 190, 191.
Cotyledon, vél., par Joubert, 152, —, vél., par Aubriet, 164, —, vél., par Mlle Basseporte, 179, —, vél., par P.-J. Redouté, 259.
Couagga, vél., par Maréchal, 231.
Coucou, vél., par Robert, 142, —, vél., par Willy, 303.
Couguar, vél., par Wailly, 274.
Couleuvre, vél., par Barraband, 190, —s, vél., par N. Huet, 219, —, vél., par V.-J. Huet, 222, —s vél., par H.-J. Redouté, 241.
Coulouglis, buste bronze, par Cordier, au Jardin des Plantes, 108.
Coupole du Panthéon, peinture murale, par Gros, 342-343.
Courage civique (le), tapisserie, au Panthéon, 348.
Courlis d'Europe, vél., par Robert, 144.
Courtenay (Baudouin de) figure dans : « Saint Louis portant la couronne d'épines », peinture murale, par Cabanel, au Panthéon, 345.
Coustou (Guillaume), sculpteur. Chevaux de Marly, groupes marbre, place de la Concorde : proviennent du château de Marly, 38, Exécute un fronton pour le Panthéon, 331, 332.
Coyzevox (Antoine), sculpteur. Mercure, la Renommée, groupes marbre, place de la Concorde, 38-39.
Crabe, vél., par Dickmann, 199, —s, vél., par N. Huet, 221, —, vél., par Oudinot, 238.
Crabier, vél., par Maréchal, 226.
Cra jœtus, vél., par Robert, 136, —, vél., par Aubriet, 165, —, vél., par P.-J. Redouté, 260.
Crambe, vél., par Robert, 134, —, vél., par Van Spaendonck, 185.

Crânes humains, vél., par N. Huet, 307.
Crapaud, vél., par N. Huet, 220, —, vél., par H.-J. Redouté, 242.
Crassula, vél., par Aubriet, 164, —, vél., par Mlle Basseporte, 179, —, vél., par A. de Fontainne, 201.
Crauk (Gustave-Adolphe-Désiré), sculpteur. La Loi, statue pierre, à la mairie du Ier arrondissement, 3-4, la Victoire, statue bronze, dans le square des Arts et métiers, 35, le Crépuscule, groupe marbre, avenue de l'Observatoire, 43.
Crénilabre paon, vél., par Bessa, 193.
Crepis rubra, vél., par Robert, 127.
Crépuscule (le), groupe marbre, par Crauk, avenue de l'Observatoire, 43.
Crioceras, vél., par Formant, 203.
Criquet, vél., par Rabel, à la Bibliothèque nationale, 320.
Crista pavonis, vél., par Joubert, à la Bibliothèque nationale, 323.
Cristallins de l'œil chez les mammifères, vél., par Susini, 268.
Crocodile, vél., par Mlle Alberti, 186, —, vél., par Chazal, 197, —s, vél., par N. Huet, 208, —, vél., par V.-J. Huet, 222, —, vél., par Maréchal, 228, —s, vél., par H.-J. Redouté, 241, —, vél., par Vaillant, 270, Muscles de —, vél., par Werner, 282.
Crocodilus, vél., par Mlle Alberti, 190, —, vél., par Werner, 294.
Crocus, vél., par Robert, 120, —, vél., par Rabel, à la Bibliothèque nationale, 321.
Croisy (Aristide), sculpteur. L'approvisionnement en eaux, statue pierre, à la mairie du XIXe arrondissement, 27.
Cros (Henri), sculpteur. Reçoit la commande du buste en marbre d'Isidore Geoffroy Saint-Hilaire, 113.
Crotalaria, vél., par Aubriet, 166, —, vél., par P.-J. Redouté, 261.
Crotale, vél., par H.-J. Redouté, 241.
Crotalus, vél., par Chazal, 197.
Crorea, vél., par P.-J. Redouté, 258.
Crucifix, bronze, par Thomas, au Panthéon, 339.
Cruet, fondeur. Un chasseur de crocodiles, statue bronze, d'après le baron Bourgeois, au Jardin des Plantes, 115.
Crustacés, vél., par Chazal, 197, —, vél., par Dinkel, 199, —, vél., par Oudinot, 238, —, vél., par Poujade, 239.
Cryptopus, vél., par Mlle Alberti, 190.
Ctisi species indica, vél., par Joubert, à la Bibliothèque nationale, 323.
Cucifera, vél., par H.-J. Redouté, 239.
Cucubalus, vél., par Aubriet, 163, —, vél.,

CUCUMIS. — DAVID.

par le même, 167, —, vél., par P.-J. Redouté, 258.
Cucumis, vél., par Robert, 137, —, vél., par Aubriet, 167.
Cucurbita citrullus, vél., par Robert, 138.
CULON (Charles), peintre. Douze vélins, 198.
Cul-jaune, vél., par Gombaud, 204.
Cuphea, vél., par Mlle Basseporte, 180.
Cupressus, vél., par Robert, 138, —, vél., par A. de Fontaine, 202.
Curcuma, vél., par Mlle Basseporte, 172, —, vél., par P.-J. Redouté, 248.
Curimate bocachica, vél., par Mlle Alberti, 188.
CUVIER (Georges-Chrétien-Léopold-Dagobert), professeur d'anatomie. Le Jardin des Plantes renferme : Son buste plâtre, par Pradier, 100, Son buste plâtre, par Lavy, 101, Sa statue marbre, par David d'Angers : le modèle plâtre est au musée d'Angers, 106, Son buste marbre, par le même : le modèle plâtre est au musée d'Angers, 107, Son médaillon pierre, par Guillaume, 112, Sa statue plâtre, par Merlieux, 115. Son buste en marbre est commandé à Amy pour le Jardin des Plantes, 113, Son nom est inscrit sur le piédestal de la statue de la « Géologie », 324. Figure dans le fronton du Panthéon, bas-relief pierre, par David d'Angers, 336. Son nom cité, 97, 118.
Cyclamen, vél., par Robert, 122, —, vél., par Rabel, à la Bibliothèque nationale, 322.

Cyclure de Harlan, vél., par Bocourt, 195.
Cydonellia, vél., par Oudart, 234, —, vél., par Riocreux, 267.
Cydonia, vél., par P.-J. Redouté, 260.
Cygne, vél., par Robert, 146, —, vél., par Wailly, 281.
Cymosaire, vél., par N. Huet, 221.
Cynanchum, vél., par Mlle Basseporte, 174, —, vél., par H.-J. Redouté, 240.
Cynodellia, vél., par Oudart, 310, —, vél., par Riocreux, 312.
Cynoglossum, vél., par Robert, 126, —, vél., par Aubriet, 160, —, vél., par Mlle Basseporte, 174, —, vél., par P.-J. Redouté, 252.
Cynophale, vél., par N. Huet, 208.
Cynopithèque, vél., par Werner, 285.
Cyperoïdes spicatum, vél., par Robert, 120.
Cyperus papyrus, vél., par P.-J. Redouté, 244.
Cyprins dorés, vél., par H.-J. Redouté, 243.
Cyprinus, vél., par Mlle Alberti, 187, —, vél., par H.-J. Redouté, 243.
Cypripedium, vél., par Bessa, 191, —, vél., par A. de Fontaine, 200, —, vél., par P.-J. Redouté, 249.
Cyrthanthus, vél., par Mlle Basseporte, 171, —, vél., par P.-J. Redouté, 246.
Cytharexylum, vél., par Mlle Basseporte, 183, —, vél., par P.-J. Redouté, 251.
Cytisus, vél., par un Inconnu, 119, —, vél., par Robert, 136.

D

DAGUENEAU. Son nom est inscrit dans la voûte de l'une des salles de la mairie du XVIe arrondissement, 25.
Dahlia, vél., par P.-J. Redouté, 255.
Daim, —s, vél., par N. Huet, 213, —, vél., par Wailly, 276, Métis de —, vél., par Werner, 291, Métis de —, vél., par le même, 302.
Dalea, vél., par Mlle Basseporte, 181, —, vél., par P.-J. Redouté, 261.
Daman, vél., par N. Huet, 206, —, vél., par Wailly, 270, —, vél., par Werner, 287.
DAMÉ (Ernest), sculpteur. Fugit amor, groupe bronze, promenade de Ranelagh, 44.
Danse (la), figure dans « Charité », toile, par Barrias, à la mairie du IIIe arrondissement, 7.
Dantaria, vél., par Robert, 134.
Daphne, vél., par Robert, 121-122, —, vél., par Joubert, 148, —, vél., par A. de Fontaine, 200, —, vél., par P.-J. Redouté, 249.

DARGELAS, naturaliste. Obtient la mise en liberté de l'abbé Latreille, 100.
Dasylirion, vél., par Riocreux, 266.
Datura, vél., par Robert, 125, —, vél., par Aubriet, 159, —, vél., par P.-J. Redouté, 251.
DAUBENTON (Louis-Jean-Marie), garde et démonstrateur du Cabinet d'histoire naturelle. Son buste plâtre, par Boizot, au Jardin des Plantes : un autre buste en marbre, par Lecomte, a figuré au Salon de 1783, 101.
Dauphin, vél., par Robert, 138, —s, vél., par N. Huet, 206, —, vél., par Maréchal, 231, —, vél., par Werner, 288, —, vél., par le même, 302, —, vél., par Bocourt, 305.
DAVID (le roi), figure dans : « Ancien et Nouveau Testament », peinture murale, par Mignard, à l'hôpital du Val-de-Grâce, 70.
DAVID (Jacques-Louis), peintre. Son tableau « Napoléon Ier passant le Saint-Bernard » reproduit dans : « Promulgation du Code de commerce par Napoléon Ier », toile, par

DAVID. — DESGENETTES.

Robert-Fleury, au palais du Tribunal de commerce, 88. Figure dans le fronton du Panthéon, bas-relief pierre, par David d'Angers, 336.

David d'Angers (Pierre-Jean), sculpteur. Le baron Larrey, statue bronze et les bas-reliefs qui décorent le piédestal, dans la cour d'honneur de l'hôpital du Val-de-Grâce, 65, Buste plâtre du baron Desgenettes, à l'hôpital du Val-de-Grâce : le marbre est au musée d'Alençon, 73-74, Bustes plâtre et terre cuite d'Antoine-Laurent de Jussieu, au Jardin des Plantes : un plâtre est au musée de Versailles, 98, 102, Bustes plâtre de Lacépède, au même jardin : le marbre existe au musée d'Agen, 99, 104, Statue marbre de Cuvier, au même jardin : le modèle plâtre est au musée d'Angers, 106, Buste marbre de Cuvier, au même jardin : le modèle plâtre est au musée d'Angers, 107, « Aux grands hommes la Patrie reconnaissante », bas-relief pierre, au fronton du Panthéon, 334, 336-337, Son nom cité, 343.

Daviesa, vél., par P.-J. Redouté, 261.

Davioud, architecte. La mairie du XIX° arrondissement a été construite d'après ses dessins, 27, Le socle et la colonne de la statue de la Victoire, du square des Arts et métiers, ont été exécutés d'après ses dessins, 35.

De Bay (Jean-Baptiste-Joseph), sculpteur. L'Amérique, l'Afrique, bas-reliefs pierre, au palais de la Bourse, 57.

Debut (Didier), sculpteur. Cariatides, statues pierre, au palais du Tribunal de commerce, 85.

Decée, sculpteur. A exécuté les sculptures d'ornement de la mairie du XVI° arrondissement, 25.

Decgeorge (Charles-Jean-Marie), sculpteur. La République, buste marbre, à la mairie du II° arrondissement, 5.

Decgeorge (Christophe-Thomas), peintre. L'Economie, L'Ordre, Le Calcul, La Fidélité, peintures murales, au palais de la Bourse, 59.

Dejolx (Claude), sculpteur. Reçoit la commande d'une figure de l'Église grecque, pour le Panthéon, 332, Reçoit la commande de la statue de la Renommée, pour le même édifice, 333, 334.

Delaborde (H.). Son étude sur la « Coupole du Panthéon », citée, 333.

Delafontaine, fondeur. Sainte Geneviève, statuette bronze, d'après Leharivel-Durocher, au Panthéon, 349. Voy. Plantar.

Delahaye, peintre. Quatre vélins, 199, Dix vélins, 305-306.

Delaistre (François-Nicolas), sculpteur. L'Astronomie, statue, au Panthéon, 333.

Delaplanche (Eugène), sculpteur. L'Éducation maternelle, groupe marbre, square Sainte-Clotilde, 45.

Delaroche (Paul), peintre. Portrait d'Aubé, au palais du Tribunal de commerce, 89.

Delaunay (Jules-Élie), peintre. « Attila marchant sur Paris », « Sainte Geneviève calmant les Parisiens », peintures murales, au Panthéon, 335, 336, 340, 349, Son profil peint par Puvis de Chavannes, au Panthéon, 341.

Delessert (C.). Son nom est inscrit dans la voûte de l'une des salles de la mairie du XVI° arrondissement, 25.

Deleuze. Son ouvrage : « Histoire et description du Muséum d'histoire naturelle », cité, 98.

Delicourt, président du Conseil des prud'hommes. Son nom est inscrit sur une table en marbre du palais du Tribunal de commerce, 82.

Delphinium, vél., par Robert, 132, —, vél., par Aubriet, 162.

Delphinus, vél., par Bocourt, 194, —, vél., par N. Huet, 206, —, vél., par Werner, 287.

Demoiselle, vél., par Robert, 144.

Demère, président du Tribunal de commerce. Son nom est inscrit sur une table en marbre du palais du Tribunal de commerce, 82, Figure dans : « Installation du nouveau Tribunal de commerce en 1865 », toile, par Robert-Fleury, au palais du Tribunal de commerce, 88.

Denis (Clément), sculpteur. La Nativité, groupe marbre, d'après Michel Anguier, à l'hôpital du Val-de-Grâce, 71.

Dens caninus, vél., par Rabel, à la Bibliothèque nationale, 321.

Dentalium, vél., par Formant, 203.

Dentaria, dessin, attribué à Robert, 316.

Denuelle (Alexandre-Dominique), peintre. A exécuté les peintures décoratives de l'une des salles du palais du Tribunal de commerce, 89.

Desbœufs (Antoine), sculpteur. La Victoire, La Paix, statues pierre, place du Trône, 47.

Descartes (René), philosophe. Les honneurs du Panthéon lui sont décernés, 323.

Desfontaines, 118, 232.

Desgenettes (Nicolas-René Dufriche, baron), médecin. Son buste plâtre, par David d'Angers, à l'hôpital du Val-de-Grâce : le marbre est au musée d'Alençon. Son portrait, par Horace Vernet, à l'hôpital du Val-de-Grâce, 73-74.

DÉSINTÉRESSEMENT. — DUGONG.

Désintéressement (le), statue, par Lorta, au Panthéon, 333.
Desmanthus, vél., par Robert, 136, —, vél., par Aubriet, 165.
DESPORTES (Alexandre - François), peintre. Casoar, Grue couronnée et Faisan, Casoar, Cigogne et Canard, toiles, au Jardin des Plantes, 98-99.
DESPREY (Louis), sculpteur. La Nativité, groupe marbre, d'après Michel Auguier, à l'hôpital du Val-de-Grâce, 71.
DEVAULX (François-Théodore), sculpteur. Sainte Scholastique, Saint Benoît, statues pierre, à l'hôpital du Val-de-Grâce, 66.
DEVÉRIA (Mlle Laure-Élisabeth-Louise-Marie), peintre. Deux vélins, 199.
DEVINCK (François-Jules), ancien président du Tribunal de commerce. Son portrait par Robert-Fleury, au palais du Tribunal de commerce, 89, Figure dans : « Installation du nouveau Tribunal de commerce en 1865 », toile, par Robert-Fleury, au même palais, 88.
Dévotion (la). Voy. *Religion*.
Dévouement patriotique (le), bas-relief pierre, par Chaudet, au Panthéon, 332, 337, —, statue, par Masson, au Panthéon, 333.
DEVREZ, architecte. La mairie du XVe arrondissement a été construite d'après ses dessins, 23.
DÉZALLIER. Voy. ARGENVILLE (D').
DIANE, 43.
Dianella memorosa, vél., par Mlle Basseporte, 170.
Dianthus, vél., par A. de Fontainne, 201.
Diasia iridifolia, vél., par P.-J. Redouté, 248.
Dictamnus, vél., par Robert, 135.
Didelphe, vél., par Bocourt, 195, —, vél., par Maréchal, 227, —, vél., par le même, 230, —, vél., par Bocourt, 305.
Didelphis Ararœ, vél., par Werner, 289, —, vél., par le même, 302.
DIECKMANN, peintre. Neuf vélins, 199, Un vélin, 233.
Dieppe, 138.
DIEU LE PÈRE, figure dans : « Ancien et Nouveau Testament », peinture murale, par Migoard, à l'hôpital du Val-de-Grâce, 70.
Digitale, dessin, attribué à Robert, 316.
Digitalis, vél., par Robert, 124, —, vél., par Joubert, 149.
DIGUET (le capitaine), 301.
Dillenia volubilis, vél., par P.-J. Redouté, 258.
Dilwymia, vél., par P.-J. Redouté, 261.
DINKEL (Joseph), peintre. Un vélin, 199.
Dindon, vél., par Robert, 142.

Diodons, vél., par Jossigny, 225.
Diosma, vél., par P.-J. Redouté, 258.
Dirca, vél., par Mlle Basseporte, 172.
Dipsacus, vél., par Joubert, 151.
Docteurs. Les quatre grands — de l'Église, bas-reliefs pierre, par un Inconnu, à l'hôpital du Val-de-Grâce, 73.
Dolichos, vél., par Robert, 137, —, vél., par Aubriet, 166.
Dombeya, vél., par P.-J. Redouté, 258.
Doras crocodile, vél., par Mlle Alberti, 188.
Doronicum, vél., par Robert, 129, —, vél., par Joubert, 150, —, vél., par P.-J. Redouté, 255.
Dorstenia, vél., par P.-J. Redouté, 263.
DOUBLEMARD (Amédée-Donatien), sculpteur. La Défense de la barrière de Clichy, groupe bronze, Le Combat de la barrière de Clichy, La Patrie en deuil, Le Patriotisme, bas-reliefs pierre, place de Clichy, 36.
Douroucouli, vél., par Wailly, 272.
Dracocephalum, vél., par Robert, 124, —, vél., par Joubert, 149, —, vél., par Aubriet, 158-159, —, vél., par A. de Fontainne, 200.
Dracœna, vél., par Mlle Basseporte, 170.
Dracontium, vél., par Mlle Basseporte, 170.
Dracunculus, dessin, attribué à Robert, 316.
Draguignan, 243.
Dremotherium, vél., par Werner, 296.
Drill, vél., par N. Huet, 209, —, vél., par Wailly, 271.
Drimia, vél., par P.-J. Redouté, 245.
Droits de l'homme (les), bas-relief, par Boichot, au Panthéon, 332.
Dromadaire, vél., par Nicolas Huet, 213, Organes du —, vél., par Maréchal, 227, Organes du —, vél., par le même, 228, —, vél., par le même, 231.
DROUIN, juge, figure dans : « Installation du nouveau Tribunal de commerce en 1865 », toile, par Robert-Fleury, au palais du Tribunal de commerce, 88.
DUBAN (F.). Son nom est inscrit dans la voûte de l'une des salles de la mairie du XVIe arrondissement, 25.
DUBOIS (Paul), sculpteur. Reçoit la commande de la statue de la Vierge, pour le Panthéon, 335.
DUCIS, poète, 344.
DUCROTAY. Voy. BLAINVILLE.
Du FAY, intendant du Jardin des Plantes, 96, 97.
Du FRESNOY, peintre. Plusieurs peintures murales du Val-de-Grâce lui sont attribuées, 73.
Dugong. Organes du —, vél., par Werner, 283, —, vél., par le même, 287, —, vél., par le même, 302.

DUHAMEL. — ÉLISABETH.

Duhamel. Voy. Monceau (du).

Dulaure (Jacques-Antoine), historien. Son ouvrage : « Nouvelle Description des environs de Paris », cité, 114.

Dumas, sénateur et président de la commission départementale. Son nom est inscrit sur une table en marbre du palais du Tribunal de commerce, 82. Figure dans : « Installation du Tribunal de commerce en 1865 », toile, par Robert-Fleury, au palais du Tribunal de commerce, 88.

Dumas (Alexandre). Son portrait figure dans : « Matrimonium », toile, par Boulanger, à la mairie du XIIIe arrondissement, 21.

Duméril (André-Marie-Constant), professeur d'erpétologie et d'ichthyologie. Son buste plâtre, par Legendre-Héral, au Jardin des Plantes, 100. Son nom cité, 118.

Dumon (S.), ministre des finances, 99.

Dumont (Augustin-Alexandre), sculpteur. La Liberté, statue, place de la Concorde, 37, Saint Louis, statue bronze, place du Trône, 47, Le Commerce, statue pierre, au palais de la Bourse, 53-54.

Dumont d'Urville (Jules-Sébastien-César), navigateur et botaniste. Son buste plâtre, par Oliva, au Jardin des Plantes : le marbre est au Musée de marine, 111.

Dumoutier. Bustes provenant de sa collection, 110, 111.

Dupasquier (Antoine-Léonard), sculpteur. La Législation, statue, au Panthéon, 333, Le génie de la Philosophie, dans le même édifice, 333.

Dupaty (Louis-Marie-Charles-Henri Mercier), sculpteur. Vénus animant l'univers, statue marbre, au Jardin des Plantes, 102-103. Son nom cité, 334.

Dupré (Nicolas-François), sculpteur. Reçoit la commande d'un bas-relief représentant « Sainte Geneviève recevant une médaille de saint Germain », 332, Reçoit la commande d'une statue pour le Panthéon, 332.

Durand (Ludovic-Eugène), sculpteur. La Géologie, statue plâtre, au Jardin des Plantes, 324.

Durand, peintre. Un vélin, 199.

Durangel. (V.). Son profil, peint par Puvis de Chavannes, au Panthéon, 341.

Duvalia, vél., par P.-J. Redouté, 261.

Dyanthus, vél., par Robert, 135, —, vél., par Aubriet, 163.

Duranta, vél., par Mlle Basseporte, 173.

Duret (Francisque-Joseph), sculpteur. La Justice, statue pierre, au palais de la Bourse, 53.

Dussumier, 295, 300.

E

Ebenus, vél., par Robert, 136.

Ecchenaultia, vél., par Bessa, 192.

Eccremocarpus, vél., par Bessa, 192.

Echasse (l'), vél., par Wailly, 281.

Echeneis, vél., par Jossigny, 225, —, vél., par Sonnerat, 268.

Echenois bivittatus, vél., par Mlle Alberti, 187.

Echidna histrix, vél., par N. Huet, 205, —, vél., par Oudinot, 235.

Echidné, vél., par Chazal, 197, —, vél., par Terrier, 269, —, vél., par Werner, 282, —, vél., par Terrier, 312.

Echinocactus, vél., par Mlle Riché, 265.

Echinodermes, vél., par Dickmann, 199.

Echinophora, vél., par Robert, 131, —, vél., par Oudart, 234, —, vél., par le même, 310.

Echinops, vél., par Robert, 128, —, vél., par Aubriet, 161.

Echium, vel., par Aubriet, 159, —, vél., par P.-J. Redouté, 252.

Économie (l'), peinture murale, par Degeorge, au palais de la Bourse, 59.

Écrevisses, vél., par Vaillant, 270.

Écureuil, vél., par Wailly, 275. —, vél., par Werner, 287, —, vél., par le même, 289, —, vél., par le même, 297.

Éducation. L' —, toile, par Cormon, à la mairie du IVe arrondissement, 9, L' — maternelle, groupe marbre, par Delaplanche, square Sainte-Clotilde, 45.

Edwards (Alphonse Milne), 300.

Egagre, vél., par N. Huet, 213.

Égalité (l'), statue, par Lucas, au Panthéon, 333.

Ehretia, vél., par Mlle Basseporte, 174, —, vél., par P.-J. Redouté, 252.

Eickhornia, vél., par Mlle Riché, 266.

Eirocheir sinensis, vél., par Blanchard, 194.

Élan, vél., par Wailly, 276.

Elaphe, vél., par Oudart, 233.

Éléphant. —, vél., par N. Huet, 205, —s, vél., par N. Huet, 207-208, Organes de l' —, vél., par Maréchal, 227-228, —s, vél., par Maréchal, 231, —, vél., par Wailly, 276, Fœtus d' —, vél., par Delahaye, 305.

El chryso, dessin, par L. de Chatillon, 316.

Eli heysum, vél., par P.-J. Redouté, 255.

Élisabeth (Madame), sœur de Louis XVI, figure dans la coupole du Panthéon, peinte

ELK. — EUGÉNIE.

par Gros, 343, Son portrait dans le groupe : « Marie-Antoinette soutenue par la Religion », marbre, par Cortot, dans l'ex-Chapelle expiatoire, 358.
Elk du cerf d'Amérique, vél., par Wailly, 276.
Elleborus albus, vél., par Robert, 120.
Elæodendron argan, vél., par Joubert, 154.
Éloquence (l'), statue, par Chardin, au Panthéon, 333.
Elshoect (Jean-Jacques-Marie-Carle-Vital), sculpteur. Buste plâtre du baron Larrey, à l'hôpital du Val-de-Grâce : une réplique de ce buste appartient à M. Hippolyte, baron Larrey, 74.
Embotrium, vél., par P.-J. Redouté, 249.
Empire de la Loi (l'), bas-relief, par Fortin, au Panthéon, 332.
Emyde, vél., par Chazal, 196, —, vél., par Maréchal, 232, —, vél., par H.-J. Redouté, 241, —, vél., par Vaillant, 269.
Emys, vél., par Mlle Alberti, 187, —, vél., par la même, 190, —, vél., par N. Huet, 206, —, vél., par le même, 218.
Emysaure serpentine, vél., par N. Huet, 218.
Emysaurus, vél., par Mlle Alberti, 186.
Encoubert, vél., par N. Huet, 212.
Endymion, 43.
Enfant. —s, groupes marbre, par Mme Claude Vignon, square Montholon, 42, —s et chèvre, groupe marbre, par Sarazin et Théodon, au Jardin des Plantes : Une copie de ce groupe a été exécutée par Vinache, 113-114, — monstrueux, vél., par Millot, 310.
Engoulevent d'Europe, vél., par Robert, 140.
Entelle, vél., par Wailly, 271.
Epacris, vél., par P.-J. Redouté, 254.
Epeiche, vél., par Robert, 142.
Epervier, vél., par Robert, 139, —, vél., par N. Huet, 214, —, vél., par Wailly, 278.
Epialte denté, vél., par Oudinot, 238.
Epicrate, vél., par Chazal, 197.
Epilobium, vél., par Robert, 135.
Epimedium, dessin, attribué à Robert, 316.
Epinoches, vél., par Clément, 198.
Epouges, vél., par Mlle Alberti, 303.
Epyornis, vél., par Werner, 296.
Eranthemum, vél., par P.-J. Redouté, 250.
Erasme, figure dans : « Miracles de sainte Geneviève », par Maillot, au Panthéon, 346.
Eremophilus, vél., par Mlle Alberti, 188.
Erecurus, vél., par Cuisin, 198.
Erica, vél., par Robert, 126, —, vél., par P.-J. Redouté, 253, 254.

Erigeron, vél., par Robert, 129, —, vél., par Mlle Basseporte, 176.
Erinus alpinus, vél., par Joubert, 148.
Eriode hémidactyle, vél., par Werner, 285.
Eriospermum, vél., par Mlle Basseporte, 171.
Erodium, vél., par Joubert, 152, —, vél., par Aubriet, 163.
Erucaria, vél., par H.-J. Redouté, 240.
Eryngium, vél., par Robert, 131, —, vél., par Mlle Basseporte, 177.
Erysimum, vél., par Robert, 133.
Erythrina, vél., par Mlle Basseporte, 181, —, vél., par P.-J. Redouté, 262.
Erythronium, vél., par Mlle Basseporte, 170.
Eryx, vél., par Barraband, 190.
Esoce orphie, vél., par H.-J. Redouté, 243.
Esox belone, vél., par Sonnerat, 268.
Espérance (l'), figure dans : « Scènes de la vie de sainte Geneviève », peintures murales, par Puvis de Chavannes, au Panthéon, 341.
État (L'). Prête à la Ville de Paris les statues du Semeur et du Faucheur, pour la décoration du parc Monceau, 41, Acquisition de l' —, 107, 108, 109, 110, 114, 115.
Étex (Antoine), sculpteur. Buste plâtre de Cochin, à la mairie du Ve arrondissement, 11, Philippe-Auguste, statue bronze, place du Trône, 47, Michel Adanson, statue marbre, au Jardin des Plantes, 115.
Éthéries, vél., par N. Huet, 220.
Étienne, évêque de Paris, figure dans : « Miracles de sainte Geneviève », par Maillot, au Panthéon, 346, 347.
Étienne (André), tambour d'Arcole, figure dans le fronton du Panthéon, bas-relief pierre, par David d'Angers, 336.
Étoiles de mer, vél., par Mlle Basseporte, 183, —, vél., par Rideault, 193.
Étude. Allégorie de l' —, statues pierre, par Maniglier, à la mairie du XIe arrondissement, 16, L' —, toile, par Boulanger, à la mairie du XIIIe arrondissement, 21-22, L' —, peinture murale, par Blondel, au palais de la Bourse, 58.
Eucalyptus obliqua, vél., par P.-J. Redouté, 259.
Etde (Louis-Adolphe), sculpteur. La Fermeté, statue pierre, Génies, groupe pierre, au palais du Tribunal de commerce, 80, 81.
Eugène (le prince). Sa statue, citée, 41.
Eugénie (l'Impératrice). Son nom est inscrit sur une table en marbre du palais du Tribunal de commerce, 82, Ses initiales se voient sur l'escalier monumental du même palais, 84, Figure dans : Installation du nouveau Tribunal de commerce en 1865, toile, par Robert-Fleury, au même palais, 88.

EUPATOIRE. — FOI.

Eupatoire, dessin, attribué à Robert, 317.
Eupatorium, vél., par Robert, 129, —, vél., par Mlle Basseporte, 176, —, vél., par P.-J. Redouté, 255.
Euphorbia, vél., par Robert, 137, —, vél., par Joubert, 154, —, vél., par Aubriet, 167, —, vél., par Mlle Basseporte, 182,—, vél., par P.-J. Redouté, 262, —, par Mlle Riché, 265.
Euphrasia, vél., par Mlle Basseporte, 172.
Europe (l'), peinture murale, par Abel de Pujol, au palais de la Bourse, 56, —, bas-relief pierre, par Caillouette, au même palais, 57. Voy. France.
Eurynolambus, vél., par Vaillant, 270.
Eve. Sa statue bronze, par Guitton, au Jardin des Plantes : le modèle plâtre est au Musée de Falaise, 115.
Evonymus, vél., par Robert, 137, —, vél., par A. de Fontainne, 202.
Exocaetus volans, vél., par Sonnerat, 268.

F

Fabre (Ferd.). Son profil, peint par Laurens, au Panthéon, 342.
Fagon (Guy-Crescence), surintendant du Jardin des Plantes. Son médaillon pierre, par Guillaume, au Jardin des Plantes, 111. Son nom cité, 96.
Faisan, vél., par Robert, 142, 143, —, vél., par Aubriet, 168, —, vél., par Wailly, 279, 280. Voy. Casoar.
Falaise. Musée : Ève, statue plâtre, par Guitton, 115.
Falguière (Jean-Alexandre-Joseph), sculpteur. Saint Vincent de Paul, statue marbre, au Panthéon, 335, 338.
Famille. La —, toile, par Levy, à la mairie du VIIe arrondissement, 13, La —, toile, par Lematte, à la mairie du XIIIe arrondissement, 20.
Faucheur (le), statue bronze, par Gumery, dans le parc Monceau, 41.
Faucon, vél., par Robert, 138-139, —, vél., par Werner, 284.
Faujas. Donne au Muséum d'histoire naturelle le cervelet de Buffon, 103.
Fauteuil ayant appartenu à Buffon, au Jardin des Plantes, 102.
Fauvette, vél., par Gambaud, 203.
Feinte, vél., par H.-J. Redouté, 243.
Félon (Joseph), sculpteur. Nymphe tourmentant un dauphin, groupe bronze, au Jardin des Plantes, 115.
Femme. — hydriote, buste marbre, par Cordier, au Jardin des Plantes, 108, —, type mongol, buste bronze, par le même, dans le même jardin, 109, —, nègre, vél., par N. Huet, 208, —, nègre, vél., par Wailly, 270.
Fénelon, figure dans le fronton du Panthéon, bas-relief pierre, par David d'Angers, 336.
Fennec, vél., par Werner, 291, —, vél., par le même, 298.
Ferchault. Voy. Réaumur.

Fermeté (la), statue pierre, par Eude, au palais du Tribunal de commerce, 80.
Ferraria, vél., par P.-J. Redouté, 247.
Fesch (le cardinal), figure dans : « Promulgation du Code de commerce par Napoléon Ier », toile, par Robert-Fleury, au palais du Tribunal de commerce, 88.
Feuchères (Jean-Jacques), sculpteur. La Loi, statue marbre, place du Palais-Bourbon, 44.
Fève, dessin, attribué à Robert, 317.
Ficoïde infundibulus, vél., par Riocreux, 311.
Ficus, vél., par Bessa, 192, —, vél., par P.-J. Redouté, 263, —, dessin, par L. de Chatillon, 317, —, vél., par Joubert, à la Bibliothèque nationale, 323.
Fidélité (la), peinture murale, par Degeorge, au palais de la Bourse, 59.
Figures allégoriques, peinture par Vauchelet, à la mairie du VIIe arrondissement, 13.
Filago, vél., par Joubert, 150.
Filipendula, dessin, attribué à Robert, 317.
Firmont (l'abbé de). Son portrait dans le groupe de « Louis XVI soutenu par un ange », marbre, par Cortot, dans l'ex-Chapelle expiatoire, 358.
Fistulaires, vél., par Jossigny, 225.
Flamand. — ordinaire, vél., par Robert, 145, — rouge, vél., par Aubriet, 168, — gris, vél., par Ringuet, 266.
Flameng (Léopold), graveur. Mort de sainte Geneviève, d'après Laurens, 342.
Flandrin (Hippolyte), peintre. Portrait de Napoléon III, au musée de Versailles, 89.
Fletschberg. Voy. Roches.
Fleurs. — et fruits du Brésil, toile, par Gonaz, au Jardin des Plantes, 107, — peintes, vél., par Mlle Basseporte, à la Bibliothèque nationale, 324.
Foi. La —, la Charité, bas-relief pierre, par Michel Anguier, à l'hôpital du Val-de-Grâce, 67, La —, figure dans : « Scènes de

FONTAINE. — FUSHIA.

la vie de sainte Geneviève », peintures murales, par Puvis de Chavannes, au Panthéon, 341.
Fontaine (Pierre-François-Léonard), architecte. L'ex-Chapelle expiatoire est érigée d'après ses plans, 355, L'Agneau pascal, médaillon bronze, d'après ses dessins, dans l'ex-Chapelle expiatoire, 359. Candélabres, d'après ses dessins, pour la même chapelle, 359.
Fontaine (Pierre), jurisconsulte. Figure dans : « Saint Louis portant la couronne d'épines », peintures murales, par Cabanel, au Panthéon, 345.
Fontainne (Abeille de), peintre. Soixante-six vélins, 199-202, Un vélin, 306.
Fontanesia, vél., par P.-J. Redouté, 250.
Force (la), statue, par Pigalle, place de la Concorde, citée, 37, —, peinture, par Collignon, dans l'une des salles du palais du Tribunal de commerce, 89, —, statue, par Boichot, au Panthéon, 332, —, statue, par Cartellier, au Panthéon, 333. Voy. *Tempérance*.
Formant (H.), peintre. Quinze vélins, 202-203, Quatre vélins, 306.
Forskalea, vél., par Mlle Basseporte, 182.
Fortin (Augustin-Félix), sculpteur. L'Empire de la Loi, bas-relief, au Panthéon, 332.
Fortune publique (la), statue commandée à Pradier pour le palais de la Bourse, 54.
Fossiles, vél., par Maréchal, 232, —, vél., par Oudinot, 236.
Fou de Bassan (le squelette du), vél., par N. Huet, 206.
Foucou (Jean-Joseph), sculpteur. La Bonne foi, La Fraternité, statues, au Panthéon, 333.
Fougère, vél., par Constans, 198.
Foulque, vél., par Robert, 145, — ou petite poule d'eau, vél., par Aubriet, 168, —, vél., par Wailly, 281.
Fourcroy (Antoine-François, comte), chimiste. Son buste plâtre et marbre, par Chaudet, au Jardin des Plantes : un plâtre est au musée de Versailles, 100, 116.
Fourcroy (comtesse). Donne au Muséum d'histoire naturelle le buste de son mari, par Chaudet, 116.
Fourmillier, vél., par N. Huet, 205, —, vél., par Wailly, 275.
Fourmis, vél., par Oudinot, 235-236.
Fragaria, vél., par Mlle Basseporte, 180, —, vél., par P.-J. Redouté, 260, —, vél., par Mlle Basseporte, à la Bibliothèque nationale, 324.
Fraisier, vél., par Mlle Basseporte, 180.
France. La — accueillant les produits des quatre parties du monde, peinture murale, par Abel de Pujol, au palais de la Bourse, 56, La — appuyée par la Religion, consacrant à Notre-Dame de Gloire des drapeaux pris sur l'ennemi, toile par Perrin, à l'hôpital du Val-de-Grâce, 69.
Francès (....), sculpteur. Buste plâtre de Michel Lévy, d'après Adam-Salomon, à l'hôpital du Val-de-Grâce : le marbre appartient à Mme Michel Lévy, 74.
François Ier, 63.
Francolin, vél., par Robert, 143, —, vél., par Aubriet, 168.
Franke ou Frank (C.), peintre. Un vélin, 203, Cinq vélins, 306.
Franklin (B.). Son nom est inscrit dans la voûte de l'une des salles de la mairie du XVIe arrondissement, 25.
Franque, peintre. La conversion de saint Paul, toile, citée, 74.
Fraternité (la), statue, par Foucou, au Panthéon, 333.
Fratin (Christophe), sculpteur. Lion attaquant un cheval, groupe marbre, square de Montrouge, 43.
Fraxinella, vél., par Rabel, à la Bibliothèque nationale, 322.
Frémiet (Emmanuel), sculpteur. Jeanne d'Arc, statue équestre bronze, place de Rivoli, 44-45, Famille de chats, groupe bronze, au Jardin des Plantes : le marbre est au musée de Grenoble, 99, Homme de l'âge de pierre, statue bronze, au Jardin des Plantes, 112-113, Saint Grégoire de Tours, statue marbre, au Panthéon, 335, 338-339.
Frémy (Edmond), directeur du Jardin des Plantes, 97, 266.
Frere Jacques myripristis, vél., par Bessa, 192.
Freux, vél., par Robert, 141.
Fringilla canaria, vél., par Robert, 140.
Friquet et soulcie, vél., par Robert, 140.
Fritillaria, vél., par Robert, 120, —, vél., par Rabel, à la Bibliothèque nationale, 321.
Frondiculine, vél., par N. Huet, 221.
Fucus parvus, vél., par Mlle Basseporte, 170.
Fugit amor, groupe bronze, par Damé, promenade du Ranelagh, 44.
Fulco peregrinus (viscères de), vél., par Thiolot, 313.
Fulica, vél., par Aubriet, 168.
Fumaria, vél., par Robert, 133.
Fumeterre, dessin, attribué à Robert, 317.
Fungus, vél., par Aubriet, 155.
Funiculaire, vél., par Prêtre, 239.
Fuseau de Californie, vél., par Mlle Alberti, 188.
Fushia, vél., par P.-J. Redouté, 259.

G

GABRIEL. — GÉRARD.

GABRIEL, architecte. La place de la Concorde a été créée d'après ses plans, 37.
GABRIEL (l'Archange), 348.
Gade lote, vél., par H.-J. Redouté, 244.
Gadus tricirrhatus, vél., par Oudart, 234.
Gaillarda, vél., par Van Spaendonck, 185.
GAILLOT, peintre. Saint Martin donne son manteau, toile, citée, 74.
Galaxia, vél., par P.-J. Redouté, 247.
Galega, vél., par M¹¹ᵉ Basseporte, 181, —, vél., par P.-J. Redouté, 262, —, dessin, attribué à Robert, 317.
GALLAND (Pierre-Victor), peintre. Prédication de saint Denis, peinture murale, au Panthéon, 335, 336, 339, 349.
GAMBETTA (Léon). Son profil peint par Blanc, au Panthéon, 346.
GAMBLE (Ad.), peintre. Un vélin, 203.
GANCEL, architecte. Est l'auteur des plans et dessins de la mairie du XIᵉ arrondissement, 16.
Ganna-antilope, vel., par Werner, 288.
GANNERON. Son portrait par H. Scheffer, au palais du Tribunal de commerce, 89.
Ganoramphus, vél., par V.-J. Huet, 222.
Garault, vél, par Robert, 146.
Gardenia, vél., par M¹¹ᵉ Basseporte, 177, —, vél., par P.-J. Redouté, 256.
GARNIER (Charles), architecte. Son profil peint par Boulanger, à la mairie du XIIIᵉ arrondissement, 21.
Gastérostée, vél., par H.-J. Redouté, 242.
Gasterosteus, vél., par Clément, 198.
GAUCHER figure dans « Saint Louis portant la couronne d'épines », peinture murale, par Cabanel, au Panthéon, 345.
Gaura mutabilis, vél., par P.-J. Redouté, 259.
Gaultheria erecta, vél., par P.-J. Redouté, 254.
GAVARNI, dessinateur. Son nom est inscrit dans la voûte de l'une des salles de la mairie du XVIᵉ arrondissement, 25.
Gavia leucophœa, vél., par Robert, 145.
GAY-LUSSAC (Joseph-Louis), chimiste. Son buste plâtre, par Millet, au Jardin des Plantes, 99-100, 104, Son médaillon pierre, par Guillaume, au même jardin, 112.
Gazelle carine, vél., par Werner, 287.
Gazette des Beaux-Arts, citée, 114, 115.
Geai. — glandier, vél, par Robert, 141. — glandier, vél., par Aubriet, 168, —s, vél., par Wailly, 278, —, vél., par Gombaud, 204.

Gecko, vél., par N. Huet, 218.
Geckotiens (pieds et doigts de), vél., par Bocourt, 195.
Gélinottes, vél., par Robert, 143.
Genetta, vél., par Werner, 293, —, vél., par le même, 298.
Genette, vél., par Wailly, 274, —, vél., par Werner, 286.
Génies. Petits —s ailés, peinture, par Vauchelet, à la mairie du VIIᵉ arrondissement, 13, Deux —s ailés, statues pierre, par Montagne, à la mairie du XIIIᵉ arrondissement, 20, Vingt-huit petits —s soutenant des guirlandes de fruits et de fleurs, haut relief pierre, par Petitot, au palais de la Bourse, 54, — s, groupe pierre, par Eude, au palais du Tribunal de commerce, 81, Deux — s tenant un cartouche, toile, par Jobbé-Duval, au même palais, 89.
Genre galéote et mécolépide, vél., par M¹¹ᵉ Alberti, 186.
Gentiana, vél., par Robert, 126, —, vél., par Joubert, 149, —, dessin, par L. de Chatillon, 317.
Géodia, vél., par Jacquemart, 223, —, vél., par Oudart, 234, —, vél., par Jacquemart, 339.
GEOFFROY SAINT-HILAIRE (Étienne), administrateur du Jardin des Plantes. Son buste plâtre, par Legendre-Héral, au Jardin des Plantes, 100, 104, Son médaillon pierre, par Guillaume, au même jardin, 112. Son nom cité, 97.
GEOFFROY SAINT-HILAIRE (Isidore), professeur de zoologie. Son buste en plâtre et en marbre, par Barre, au Jardin des Plantes : l'original appartient à M. d'Andecy, 99, 104, Son buste en marbre est commandé à Cros, pour le même jardin, 113.
Géologie (la), statue plâtre, par Durand, au Jardin des Plantes, 324.
Géométrie (la), statue, par Suzanne, au Panthéon, 333.
Geranium, vél., par Robert, 134, —, vél., par Joubert, 151, 152, —, vél., par le même, 154, —, vél., par Aubriet, 168, —, dessin, par L. de Chatillon, 317, —, dessin, attribué à Robert, 317.
GÉRARD (François-Antoine), sculpteur. Deux Anges adorateurs, bas-relief pierre, dans le fronton de l'ex-Chapelle expiatoire, Translation des cendres de Louis XVI et de Marie-Antoinette, Deux Anges prosternés devant les emblèmes de la Sainte Trinité, Deux Anges agenouillés devant les tables

GÉRARD. — GRANGEA.

de la loi, Deux Anges en adoration devant le Saint Sacrement, Deux Anges prosternés devant l'Agneau pascal, bas-reliefs pierre, dans l'ex-Chapelle expiatoire, 355-358.

GÉRARD (François-Pascal-Simon, baron), peintre. Est l'auteur des quatre pendentifs de la coupole du Panthéon, 334, 343-344.

Gerbilles, vél., par Werner, 291, —, vél., par le même, 293, —, vél., par le même, 297.

Gerboise, vél., par Maréchal, 231, —, vél., par P.-J. Redouté, 264.

Germon, vél., par Werner, 295.

GÉRÔME (Jean-Léon), peintre. Son profil peint par Boulanger, à la mairie du XIIIe arrondissement, 21, Reçoit la commande des « Derniers instants de sainte Geneviève », de l' « Ensevelissement de sainte Geneviève », peintures murales pour le Panthéon, 335.

GERVEX peintre. Est chargé de la décoration picturale à la mairie du XIXe arrondissement, 28.

Geum, vél., par Joubert, 153.

Geyser. Vue du —, en Islande, pendant l'une de ses éruptions, toile, par Giraud, au Jardin des Plantes, 105.

Gibbon, vél., par Werner, 283, —, vél., par le même, 285.

Girafe, vél., par Bocourt, 195, —, vél., par Huet, 204, —, vél., par N. Huet, 205, —, vél., par le même, 213, —, vél., par Werner, 283, —, vél., par Bocourt, 305.

GIRARD (Alphonse), architecte. Dirige les travaux de construction de la mairie du IIe arrondissement, 4.

GIRARD, 219.

GIRAUD (Sébastien-Charles), peintre. Volcan de l'Hécla (Islande), Vue du Geyser, en Islande, pendant l'une de ses éruptions, toiles, au Jardin des Plantes, 105, Figure dans : « Vue du Geyser », toile, par lui-même, au Jardin des Plantes, 105.

Girelle, vél., par Bessa, 193, —, vél., par Jossigny, 225, —, vél., par Werner, 295.

GIRODET (Anne-Louis), peintre, 334.

Giroflée, dessin, attribué à Robert, 317, —, vél., par Rabel, à la Bibliothèque nationale, 323.

Giviniad, vél., par Mlle Alberti, 187.

Gladiolus, vél., par Robert, 121, —, vél., par Mlle Basseporte, 171, —, vél., par Van Spaendonck, 184, —, vél., par A. de Fontainne, 200, —, vél., par P.-J. Redouté, 248, —, vél., par Rabel, à la Bibliothèque nationale, 322.

Gleditsia, vél., par Aubriet, 165.

Globba nutans, vél., par P.-J. Redouté, 248.

Gloire (la), peinture murale, par Gérard, au Panthéon, 334, 343-344.

Gloria victis, groupe bronze, par Mercié, square Montholon, 42.

Glosophages, vél., par N. Huet, 219.

Glouton (ostéologie du), vél., par N. Huet, 204.

Gloxinia, vél., par P.-J. Redouté, 253.

Glycine apios, vél., par Robert, 137.

Glycyrrhiza, vél., par Robert, 137.

Gnafalium, vél., par Joubert, 150, —, vél., par P.-J. Redouté, 255, —, dessin, attribué à Robert, 317.

Gobe-mouches, vél., par Aubriet, 168, —, vél., par Gombaud, 204.

GODEBŒUF (Antoine-Isidore-Eugène), architecte. La mairie du XVIe arrondissement a été construite sous sa direction, 24.

GODEFROID (Mlle Marie-Éléonore), peintre. Achève les pendentifs de la coupole du Panthéon commencés par Gérard, 343.

Goéland. — s, vél., par Robert, 145, —, vél., par Wailly, 281.

Goliathus cacicus, vél., par Mlle de Bridieu, 195.

GOMBAUD, peintre. Vingt-six vélins, 203-204, Un vélin, 306. Son nom cité, 117.

Gomphrena globosa, vél., par Joubert, 148.

GONAZ (Francisque), peintre. Fleurs et fruits du Brésil, toile, au Jardin des Plantes, 107.

Gongyle, vél., par N. Huet, 219, —, vél., par Oudart, 234.

Gonopertes subtilis, vél., par Clément, 198.

GONTIER (Jean), peintre. Un vélin, 204.

Goodenia ovata, vél., par P.-J. Redouté, 254.

Goodia, vél., par P.-J. Redouté, 261.

Gordonia, vél., par Van Spaendonck, 185.

Gorgones, vél., par Delahaye, 305, 306, —, vél., par Oudart, 310, 311.

Gorgonia, vél., par Mlle Alberti, 189, 190, —, vél., par Delahaye, 199, —, vél., par Oudart, 234, —, vél., par Riocreux, 268, —, vél., par Mlle Aubriet, 304, —, vél., par Delahaye, 305, —, vél., par Riocreux, 312.

Gorilles, vél., par Bocourt, 194-195, —, vél., par Formant, 202, —, vél., par Lackerbauer, 226, —, vél., par Bocourt, 304.

Gorteria, vél., par Van Spaendonck, 184.

Gossypium, vél., par Robert, 134.

GOUJON (Jean), sculpteur. Son buste marbre par Iselin, à la mairie du Ier arrondissement, 4.

Goura, vél., par Wailly, 280.

Gralline, vél., par N. Huet, 215.

Gramen, vél., par Robert, 120.

Grand-duc, vél., par Robert, 139.

Grangea, vél., par Mlle Basseporte, 176.

GRANTIA. — HALIGRANTIA.

Grantia, vél., par Riocreux, 312.
Grapsus personatus, vél., par N. Huet, 220.
Grèbe cornu d'Europe, vél., par Robert, 145.
Grenoble. Musée : Famille de chats, groupe marbre, par Frémiet, 99.
Grenouille, vél., par N. Huet, 220, —, vél., par H.-J. Redouté, 241.
Grewia, vél., par Aubriet, 163.
GRILLE (François). A décrit les pendentifs de la coupole du Panthéon, 343.
Grimme, vél., par Werner, 293, —, vél., par le même, 300.
Grimpereaux, vél., par Robert, 139, 140, 141.
Grise-gorge, vél., par Werner, 284.
Grive. —, vél., par Robert, 140, —s, vél., par N. Huet, 215.
Grivet, vél., par Werner, 285.
GROS (Antoine-Jean, baron), peintre. Est l'auteur de la décoration de la coupole du Panthéon, 333-334, 342-343.
Grue. —s, Pintades, Spatule, toile, par un Inconnu, au Jardin des Plantes, 99, —, vél., par Robert, 144, —, vél., par Aubriet, 168, —, vél., par N. Huet, 217, —s, vél., par Terrier, 269, —s, vél., par Wailly, 280.
Guanaco ou lanca sauvage, vél., par Werner, 290, —, vél., par le même, 299.
Guapucha, vél., par Mlle Alberti, 188.
Guazuma, vél., par Mlle Basseporte, 178.
Guenon, vél., par Werner, 285, —, vél., par Werner, 291, —, vél., par le même, 296.
Guépard, vél., par Wailly, 274.
Guêpes (nid de), vél., par Vaillant, 269.
Guêpier commun, vél., par Robert, 141.
GUÉRIN (E.), peintre. Un vélin, 204, Un vélin, 305.
GUÉRIN (Pierre-Narcisse, baron), peintre, 334.
Guerre (la), toile, par Cormon, à la mairie du IVe arrondissement, 9, —, bas-relief pierre, par Ramus, à la mairie du VIIe arrondissement, 12.
Guerrier mourant dans les bras de la Patrie, groupe par Masson, au Panthéon, 332.
GUIBERT (Mgr), archevêque de Paris. Son profil peint par Maillot, au Panthéon, 346.
Guibes, vél., par Werner, 287.

GUILHERMY (Ferdinand de), historien. Son ouvrage « Description archéologique des monuments de Paris », cité, 65.
GUILLAUME (Claude-Jean-Baptiste-Eugène), sculpteur. L'Histoire naturelle, statue pierre, Guy de Labrosse, Fagon, Buffon, Cuvier, Étienne Geoffroy Saint-Hilaire, de Monet de Lamarck, Brongniart, de Jussieu, l'abbé Haüy, Gay-Lussac, médaillons pierre, au Jardin des Plantes, 111-112, Reçoit la commande de la statue de sainte Geneviève, pour le Panthéon, 335, 336, Son profil peint par Boulanger, à la mairie du XIIIe arrondissement, 21.
GUILLAUME (Edmond-Jean-Baptiste), architecte. Est l'auteur du monument de la Défense de la barrière de Clichy, 36.
GUILLEMIN (Nicolas), sculpteur. Le dernier des Mohicans, groupe plâtre, Jeune négresse, statue plâtre, au Jardin des Plantes, 109, 110.
Guillemot commun, vél., par Robert, 145.
GUILLET DE SAINT-GEORGES, historiographe. Son ouvrage : « Mémoires inédits sur les membres de l'Académie de peinture », cité, 66, 71, 73, 114.
GUITTON (Gaston), sculpteur. Ève, statue bronze, au Jardin des Plantes : le modèle plâtre est au Musée de Falaise, 115.
GUMERY (Charles-Alphonse), sculpteur. Le Faucheur, statue bronze, dans le parc Monceau, 41, La Nuit, groupe marbre, avenue de l'Observatoire, 43.
Gusmannia tricolor, vél., par Bessa, 191.
GUYOT DE VILLENEUVE, ancien juge-consul. Son portrait par un Inconnu, au palais du Tribunal de commerce, 89.
Gymnètre épée, vél., par Werner, 295.
Gymnocladus, vél., par Aubriet, 165.
Gymnodactyle, vél., par Oudart, 234.
Gymnodinium, vél., par Bideault, 193.
Gymnopode, vél., par Chazal, 197, —, vél., par Vaillant, 270.
Gymnotus, vél., par Mlle Alberti, 188.
Gypaète vultur, vél., par Robert, 138, —, vél., par Wailly, 277.
Gypohierax angolensis, vél., par Werner, 284.
Gypsofila repens, vél., par Joubert, 152.

H

HALÈS (Alexandre DE), figure dans : « Saint Louis portant la couronne d'épines », peinture murale, par Cabanel, au Panthéon, 345.
Halicondria, vél., par Mlle Alberti, 189, —, vél., par la même, 303, 304.
Haligrantia, vél., par Riocreux, 267, —, vél., par le même, 312.

HALISCYPHIA. — HÉVITA.

Haliscyphia, vél., par Riocreux, 267, —, vél., par le même, 311.
Hamadryas, vél., par N. Huet, 209.
Hamdani, vél., par Werner, 289, —, vél., par le même, 298.
Hamster, vél., par N. Huet, 212.
HARDUIN, biographe, 117.
Hardwickia, vél., par Mlle Alberti, 304.
Harles, vél., par Robert, 146, 147.
HAROUN AL RASCHID, 347.
Harpaye d'Europe, vél., par Aubriet, 168.
Haulostôme, vél., par Werner, 295.
HAUSSMANN (baron), préfet de la Seine. Présente à l'empereur Napoléon III les plans du palais du Tribunal de commerce, 79, Son nom est inscrit sur une table en marbre du même palais, 82, Figure dans : « Installation du nouveau Tribunal de commerce en 1865 », toile, par Robert-Fleury, au même palais, 88.
HAÜY (l'abbé René-Just), professeur de minéralogie. Sa statue marbre, par Brion, au Jardin des Plantes, 106, Son médaillon pierre, par Guillaume, au même jardin, 112.
Havre, 298, 302.
HAVON, sculpteur. Lion passant, Un aigle et un serpent, bas-reliefs pierre, d'après les dessins d'André, au Jardin des Plantes, 112.
Hebenstreitia dentata, vél., par P.-J. Redouté, 251.
HÉBERT (Antoine-Auguste-Ernest), peintre. Reçoit la commande d'une peinture murale pour le Panthéon, 335, Le Christ montrant à l'ange de la France les destinées de son peuple, mosaïque, d'après lui, au Panthéon, 348, Son profil peint par Boulanger, à la mairie du XIIIe arrondissement, 21.
HÉBERT (Émile), sculpteur. Buste plâtre de Vaillant, au Jardin des Plantes, 98.
Hécla. Volcan de l' — (Islande), toile, par Giraud, au Jardin des Plantes, 105.
Hedychium, vél., par P.-J. Redouté, 248.
Hedysarum, vél., par Joubert, 154, —, vél., par Aubriet, 166, —, vél., par Mlle Basseporte, 181, —, vél., par Van Spaendonck, 185, —, vél., par P.-J. Redouté, 262.
Hélamys, vél., par Wailly, 275.
Helenium, vél., par Robert, 129, —, vél., par P.-J. Redouté, 255, —, dessin, par L. de Chatillon, 317, —, dessin, attribué à Robert, 317.
Helianthemum, vél., par Joubert, 152.
Helianthus, vél., par Robert, 131, —, vél., par Mlle Basseporte, 176, —, vél., par P.-J. Redouté, 256.
Heliconia, vél., par P.-J. Redouté, 248.
Helicteres, vél., par P.-J. Redouté, 258.

Héliotrope, dessin, attribué à Robert, 317.
Heliotropium, vél., par Aubriet, 159, —, vél., par H.-J. Redouté, 240.
Helix, vél., par N. Huet, 220, — Gothofredi, vél., par Prévost, 239.
Hellébore, dessins, attribués à Robert, 317.
Helléborine, dessin, attribué à Robert, 317.
Helleborus, vél., par Robert, 132, —, vél., par Aubriet, 162, —, vél., par Mlle Basseporte, 177, —, vél., par Rabel, à la Bibliothèque nationale, 319.
Helminthes cestoïdes, vél., par Riocreux, 311.
Helminthia echioïdes, vél., par Robert, 127.
Hemanthus coccineus, vél., par Robert, 121.
Hemerocallis, vél., par Robert, 121, —, vél., par P.-J. Redouté, 246, —, vél., par Rabel, à la Bibliothèque nationale, 322.
Hémione. Métis d'—, vél., par V.-J. Huet, 223, —, vél., par Werner, 287, Métis d'—, vél., par le même, 289, Métis d'—, vél., par le même, 291, Métis d'—, vél., par le même, 299, Métis d'—, vél., par V.-J. Huet, 308.
Hemyscillium, vél., par Mlle Alberti, 187.
HÉNARD (Antoine-Julien), architecte. Est l'auteur du projet de la mairie du XIIe arrondissement, 18.
HENRI IV, confie la conduite d'un « jardin pour des simples » à Jean Robin, 95.
HENRIETTE DE FRANCE. Sa mort, 96.
Hepatica, vél., par Rabel, à la Bibliothèque nationale, 319.
Herbe. — cachée ou clandestine, dessin, attribué à Robert, 318, L'— aux teigneux, dessin, attribué au même, 318.
HERCULE, 332.
Hereda capitata, vél., par P.-J. Redouté, 256.
Heritiera tinctorum, vél., par P.-J. Redouté, 245.
Hermannia, vél., par Aubriet, 163, —, vél., par Mlle Basseporte, 178, — vél., par P.-J. Redouté, 258.
Hernandia, vél., par P.-J. Redouté, 249.
HÉROARD, médecin, 95.
Héron, vél., par Robert, 144, —, vél., par Mlle Basseporte, 183. Voy. *Serpentaire*.
Herpethoychtys, vél., par Mlle Alberti, 187.
Hesperis. — tristis odora, vél., par Robert, 133, — pinnatifida, vél., par Aubriet, 162, — montana sive viola, dessins, attribués à Robert, 317.
Hétérobranche bidorsalis, vél., par Maréchal, 309.
Heteropsammica, vél., par Oudart, 311, —, vél., par le même, 234.
Hévita (vallée de l'), 105.

HIBBERTIA. — HYOSCIANUS.

Hibbertia, vél., par P.-J. Redouté, 258.
Hibiscus, vél., par Aubriet, 163, —, vél., par Mlle Basseporte, 183, —, vél., par Van Spaendonck, 185, —, vél., par P.-J. Redouté, 257, —, vél., par le même, 264.
Hibou, vél., par Robert, 139, —, vél., par Wailly, 278.
Hieracium, vél., par Robert, 127, —, vél., par Joubert, 150, —, vél., par Mlle Basseporte, 176, —, dessin, attribué à Robert, 317.
Holle (Ernest-Eugène), sculpteur. Saint Jean de Matha, statue marbre, au Panthéon, 335, 338.
Hippopotame, vél., par Bocourt, 195, Squelette d'—, vél., par N. Huet, 204, Vertèbres cervicales de l'—, vél., par N. Huet, 206, —s, vél., par Werner, 292, —, vél., par le même, 299, —, vél., par Bocourt, 305.
Hirondelle, vél., par Robert, 140, —, vél., par N. Huet, 215.
Histoire. — naturelle, haut relief, par un Inconnu, — naturelle, statue pierre, par Guillaume, au Jardin des Plantes, 111, L'—, statue, par Stouf, au Panthéon, 333.
Hittorff (Jacques-Ignace), architecte. La mairie du Ier arrondissement est construite d'après ses dessins, 3, La place de la Concorde a été remaniée sous sa direction, 37.
Hocco, vél., par Aubriet, 168, —, vél., par Prévost, 239, —, vél., par Wailly, 279.
Hormanthus, vél., par Joubert, 147, —, vél., par P.-J. Redouté, 246.
Hoffmenseggia, vél., par P.-J. Redouté, 261.
Holocanthe, vél., par Bessa, 193, —, vél., par Jossigny, 224.
Holocentre, vél., par Sonnerat, 268, —, vél., par Werner, 294.
Holotropis, vél., par Oudart, 235.
Homalium, vél., par P.-J. Redouté, 260.
Homère, 336.
Homme. —, type mongol, buste bronze, par Cordier, au Jardin des Plantes, 109, — de l'âge de pierre, statue bronze, par Frémiet, au même jardin, 112-113, Organes de l'—, vél., par Werner, 282.
Horminum, vél., par Joubert, 149, —, dessin, attribué à Robert, 317.
Hortensia, vél., par P.-J. Redouté, 259.
Houbara (le), vél., par Maréchal, 232.
Houdon (Jean-Antoine), sculpteur. Voltaire, statue bronze, au square Monge, 41-42, Buffon, buste plâtre, au Jardin des Plantes, 100-101, Saint Pierre recevant les clefs du ciel, bas-relief, au Panthéon, 332.
Houlletia, vél., par Mlle Riché, 266.

Houstonia, vél., par P.-J. Redouté, 256.
Houting, vél., par Mlle Alberti, 187.
Hovea celsi, vél., par P.-J. Redouté, 261.
Huet (Nicolas), peintre. Trois cent cinquante et un vélins, 204-222, Cinquante et un vélins, 306-309.
Huet (V.-J.), peintre. Vingt-cinq vélins, 222-223, Douze vélins, 308-309.
Hugo (Victor). Ses restes sont déposés au Panthéon, 336.
Huillard, architecte. La salle des mariages du IIe arrondissement a été reconstruite sur ses dessins, 5.
Huîtrier. — ordinaire ou pie de mer, vél., par Robert, 144, — s, vél., par Wailly, 280.
Humbert (Jacques-Ferdinand), peintre. Reçoit la commande d'une peinture murale pour le Panthéon, 335, 336, 349.
Humboldt (de). Son nom est inscrit sur le piédestal de la statue de la Géologie, 324. Son nom cité, 118.
Humilité. L'—, la Virginité, bas-relief pierre, par Michel Anguier, à l'hôpital du Val-de-Grâce, 67.
Hura, vél., par Mlle Basseporte, 182.
Hurleurs arabattes, vél., par Wailly, 271.
Hurtaut, historien. Son ouvrage « Dictionnaire historique de la ville de Paris », cité, 70.
Hyacinthus, vél., par Joubert, 147, —, vél., par A. de Fontainne, 200, —, vél., par Rabel, à la Bibliothèque nationale, 319, 322.
Hyalonema, vél., par Oudart, 310, —, vél., par le même, 234.
Hyde de Neuville, 333.
Hydrastis, vél., par Mlle Basseporte, 177.
Hydrocotyle, vél., par P.-J. Redouté, 256.
Hydrocyns, vél., par H.-J. Redouté, 244.
Hydrophile, vél., par N. Huet, 217.
Hyène, vél., par N. Huet, 204, —, vél., par Maréchal, 230, —, vél., par Wailly, 274.
Hylambate, vél., par Bocourt, 195.
Hylas, statue bronze, par Morice, dans le parc Monceau, 41.
Hylobates funerus, vél., par Werner, 290, —, vél., par le même, 296.
Hymenacantha, vél., par Riocreux, 266, 311.
Hymenaria, vél., par Mlle Alberti, 189, —, vél., par Riocreux, 267, —, vél., par Mlle Alberti, 303, —, vél., par Riocreux, 311.
Hymenogorgia, vél., par Mlle Alberti, 189, 304.
Hyoscianus, vél., par Joubert, 149, —, vél., par Mlle Basseporte, 174, —, vél., par Fontainne, 306.

HYPERENCÉPHALES. — JANICEPS.

Hyperencéphales, vél., par N. Huet, 307.
Hypericum, vél., par Robert, 124, —, vél., par Joubert, 151, —, vél., par Mlle Basseporte, 178.
Hypostomus, vél., par Oudar, 235.
Hypocis, vél., par P.-J. Redouté, 246.
Hyssopus, vél., par Robert, 123.

I

Iberis cinerea, vél., par P.-J. Redouté, 256.
Ibis, vél., par Terrier, 269, —, vél., par Werner, 294. Voy. *Perroquet*.
Ichneumon, vél., par Wailly, 274, —, vél., par Rabel, à la Bibliothèque nationale, 320.
Iguane, vél., par Chazal, 197.
Ilex, vél., par Robert, 137, —, vél., par Mlle Basseporte, 181.
Illicium, vél., par Mlle Basseporte, 178.
Immortalité (l'), statue, par Cortot, au Panthéon : le modèle en bronze est au musée du Louvre, 334.
Immortelle, dessin, attribué à Robert, 317.
Impatiens balsamina, vél., par Robert, 134, —, vél., par Joubert, 152, —, vél., par Aubriet, 163, —, vél., par A. de Fontainne, 201.
Indien, buste marbre, par Vincenti, au Jardin des Plantes, 109.
Indigofera, vél., par P.-J. Redouté, 262.
Industrie. L'—, statue pierre, par Pascal, à la mairie du IIIe arrondissement, 6, Attributs de l'—, médaillon sculpté dans l'un des tympans du palais du Tribunal de commerce, 87, L'—, toile, par Jobbé-Duval, au même palais, 86, L'— métallurgique, peinture murale, par Blondel, au palais de la Bourse, 58, L'—, statue pierre, par Pradier, au même palais, 54. Voy. *Abondance*.
Inga, vél., par P.-J. Redouté, 260.
INGRES (Jean-Auguste-Dominique), peintre, 336.
Inkermann, 35.
Innocence (l'). Voy. *Simplicité*.

Insectes. —, vél., par Blanchard, 193. Système nerveux des —, vél., par le même, 193, —, vél., par N. Huet, 217, — vél., par Nicolet, 233, — vél., par Vaillant, 269.
Instruction publique (l'), bas-relief, par Le Sueur, au Panthéon, 332, —, bas-relief pierre, par Lebœuf-Nanteuil, au Panthéon, 337.
Interlaken, 105.
Inula, vél., par Robert, 129, —, vél., par Aubriet, 161.
Iphition, vél., par Jacquemart, 223, 309.
Ipomœa, vél., par Robert, 126, —, vél., par P.-J. Redouté, 252.
Iris, vél., par Robert, 121, —, vél., par Joubert, — 147-148, vél., par P.-J. Redouté, 247, —, dessin, attribué à Robert, 317, —, dessin, par L. de Chatillon, 317, —, vél., par Rabel, à la Bibliothèque nationale, 320, 322.
Isatis tinctoria, vél., par Robert, 134.
ISELIN (Henri-Frédéric), sculpteur. Buste marbre de Jean Goujon, à la mairie du Ier arrondissement, 4.
Iucca, vél., par Rabel, à la Bibliothèque nationale, 322.
Iva, vél., par Joubert, 154, —, vél., par Mlle Basseporte, 182.
Ixia, vél., par Mlle Basseporte, 171, —, vél., par Van Spaendouck, 183, —, vél., par A. de Fontainne, 200,— vél., par P.-J. Redouté, 247.
Ixiolirion, vél., par Cusin, 198.
Ixora coccinea, vél., par P.-J. Redouté, 256.

J

Jacamaci ou pic du Brésil, vél., par Robert, 141.
Jacamar, vél., par Wailly, 279.
Jacamaralcyon, vél., par Robert, 141, —, vél., par N. Huet, 216.
Jacée, dessins, attribués à Robert, 317.
JACQUEMART (Albert), peintre. Huit vélins, 223-224. Six vélins, 309.
JACQUEMONT (Victor), naturaliste. Son buste marbre, par Taluet, au Jardin des Plantes :
le modèle plâtre est au musée d'Angers, 113.
JACQUES, prieur de Constantinople, figure dans : « Saint Louis portant la couronne d'épines », peinture murale, par Cabanel, au Panthéon, 345.
JACQUIN, 118.
Jaguar, vél., par Wailly, 274, —, vél., par Werner, 286.
Janiceps porcinus, vél., par N. Huet, 307.

JANIN. — JUSTICE.

Janin (Jules). Son nom est inscrit dans la voûte de l'une des salles de la mairie du XVI⁰ arrondissement, 25.
Jal (Auguste). Son ouvrage : « Dictionnaire critique », cité, 117.
Japon (le), statue marbre, par Aizelin, au Jardin des Plantes, 113.
Jasminum, vél., par Robert, 123, —, vél., par A. de Fontaine, 200, —, vél., par P.-J. Redouté, 250, 251.
Jatropha, vél., par Mlle Basseporte, 182.
Jésus-Christ. — Figure dans : « Ancien et Nouveau Testament », peinture murale, par Mignard, à l'hôpital du Val-de-Grâce, 70, Nativité de —, groupe marbre, par Lequien, Desprey et Denis, d'après Michel Anguier, à l'hôpital du Val-de-Grâce : l'original est dans l'église de Saint-Roch, 71, — présentant la sainte Hostie à l'adoration des Anges qui l'entourent, peinture murale, par Ph. de Champaigne, au même hôpital, 73, La Résurrection de —, toile, par Le Thière, citée, 74, — montrant à l'Ange de la France les destinées de son peuple, mosaïque par Poggesi, d'après Hébert, au Panthéon, 348. Voy. *Mise au tombeau.*
Joubé-Duval (Félix), peintre. La Ville de Paris, Les Arts, La Ville de Marseille, La Moisson, La Ville de Lyon, L'Industrie, La Ville de Bordeaux, La Vendange, toiles, au palais du Tribunal de commerce, 85-86, Les Arts, La Science, L'Agriculture, Le Commerce, Deux Génies tenant un cartouche, toiles, au même palais, 88-89.
Jonas, figure dans : « Ancien et Nouveau Testament », peinture murale, par Mignard, à l'hôpital du Val-de-Grâce, 70.
Jones cuirassées, vél., par Clément, 198.
Josephinia, vél., par P.-J. Redouté, 253.
Jossigny, peintre. Cinquante vélins, 224-226.
Josué, figure dans : « Ancien et Nouveau Testament », peinture murale, par Mignard, à l'hôpital du Val-de-Grâce, 70.
Joubert (Jean), peintre. Cent quatre-vingt-quatorze vélins, 147-155, Trois vélins, 303, Treize vélins, 323. Son nom cité, 97, 117, 319.
Joueur de billes (le), statue marbre, par Lenoir, dans le parc Monceau, 41.
Jouffroy (François), sculpteur. L'Aurore, groupe marbre, avenue de l'Observatoire, 43, Saint Bernard, statue marbre, au Panthéon, 335, 338.
Jouin (Henry), archiviste de la Commission de l'Inventaire des richesses d'art. Est l'auteur de la monographie du Jardin des Plantes, 95-116, Ses ouvrages cités : « La Sculpture en Europe », 113, « David d'Angers, sa vie, son œuvre, ses écrits et ses contemporains », 336, 337, Est l'auteur de la Table analytique du présent tome II des Monuments civils de Paris, 361 et suivantes.
Jour (le), groupe marbre, par Perraud, avenue de l'Observatoire, 43.
Jourdain de Saxe, figure dans : « Blanche de Castille présidant à l'éducation de son fils », peinture murale, par Cabanel, au Panthéon, 344.
Juges-consuls. Institution des — par le chancelier de L'Hospital, toile, par Robert-Fleury, au palais du Tribunal de commerce, 87.
Julien (Pierre), sculpteur. Sainte Geneviève guérissant les yeux de sa mère, bas-relief, au Panthéon, 332, Est chargé de statues pour le Panthéon, 332.
Jument. Métis de —, vél., par Bocourt, 195, — frisée, vél., par Wailly, 276, Métis d'une —, vél., par Bocourt, 305.
Junceella calyculata, vél., par Mlle Alberti, 189, 304.
Juncus pilosus, vél., par Robert, 120.
Jungfrau (la), 105.
Juniperus, vél., par Robert, 138.
Jurisprudence (la nouvelle), bas-relief par Roland, au Panthéon, 332.
Jussieu (Adrien de). Son buste en marbre est commandé à Chambard, pour le Jardin des Plantes, 113.
Jussieu (Antoine-Laurent de), botaniste. Son buste en plâtre et en terre cuite, par David d'Angers, au Jardin des Plantes : un plâtre est au musée de Versailles, 98, 102, Sa statue marbre, par Legendre-Héral, au Jardin des Plantes, 107, Son médaillon pierre, par Eugène Guillaume, au même jardin, 112.
Jussieu (Bernard de), Son buste terre cuite, par Levieux, au Jardin des Plantes : un plâtre existe au musée de Versailles, 99. Son nom cité, 117.
Justice. La —, statue pierre, par Millet, à la mairie du Ier arrondissement, 3, Allégorie de la —, statues pierre, par Maniglier, à la mairie du XIe arrondissement, 16, La —, bas-relief pierre, par Meunier, à la mairie du XIIe arrondissement, 19, La —, statue, par Pigalle, place de la Concorde, citée, 37, La —, statue pierre, par Simart, place du Trône, 47, La —, statue pierre, par Duret, au palais de la Bourse, 53, La —, statue commandée à Cortot, pour le palais de la Bourse, 54, La —, bas-relief pierre, par Caillouette, au palais de la Bourse, 57, La

JUSTITIA. — LAMARTINE.

—, protégeant le Commerce, peinture murale, par Blondel, au même palais, 57, La —, statue pierre, par Chevalier, au palais du Tribunal de commerce, 80, Tête de la —, médaillon sculpté dans l'un des tympans du palais du Tribunal de commerce, 87, La —, peinture par Collignon, dans l'une des salles du même palais, 89, Attributs de la —, sculptés dans le même palais, 88, La —, peinture murale, par Gérard, au Panthéon, 334, 343-344. Voy. *Paris (Ville de)*. Voy. *Prudence*.
Justitia, vél., par Joubert, 148, —, vél., par Aubriet, 158, —, vél., par P.-J. Redouté, 250.

K

Kabankoe, vél., par Mlle Basseporte, 179.
Kabyle de Badjara, buste bronze, par Cordier, au Jardin des Plantes, 108.
Kachoué oxyrinque, vél., par H.-J. Redouté, 243.
Kakatoès, vél., par Robert, 142, —, vél., par Prévost, 239, —, vél., par Wailly, 279.
Kalbankoe, vél., par A. de Fontainne, 201.
Kalmia glauca, vél., par Mlle Basseporte, 175.
Kanchils. Voy. *Chevrotins*.
Kangourou, vél., par N. Huet, 211, —, vél., par Maréchal, 231, —, vél., par Werner, 291, 302.
Kennedia, vél., par P.-J. Redouté, 262.
Kew, 118.
Kharmouth, vél., par H.-J. Redouté, 243.
Kinkajou, vél., par N. Huet, 211.
KLAGMANN (Jean-Baptiste-Jules), sculpteur. Deux cariatides, statues pierre, à la mairie du Ier arrondissement, 4.
Knautia, vél., par Aubriet, 162.
Knowsley, 302.
Koala, vél., par N. Huet, 211.
Kob, vél., par Werner, 289, 300.
Kœmpferia, vél., par Mlle Basseporte, 172, —, vél., par P.-J. Redouté, 248.

L

Labre, vél., par Jossigny, 224, 225, —, vél., par H.-J. Redouté, 242.
LABROSSE (Guy DE), médecin. Fonde le Jardin des Plantes, 95, 96, 97, Ses ouvrages cités : « Dessein du Jardin royal des Plantes, Avis pour le Jardin royal des Plantes, Description du Jardin royal des Plantes, Ouverture du Jardin royal des Plantes », 98, Son buste marbre, par Matte, au Jardin des Plantes, 103-104, Son médaillon pierre, par Guillaume, au même jardin, 111.
Labrus, vél., par Aubriet, 169, —, vél., par Bessa, 193, —, vél., par H.-J. Redouté, 242.
LACÉPÈDE (Bernard-Germain-Étienne de La Ville, comte DE), naturaliste. Son buste plâtre, par David d'Angers, au Jardin des Plantes : le marbre est au musée d'Agen, 99, 104, Son nom cité, 118.
Lachenalia, vél., par Aubriet, 157, —, vél., par P.-J. Redouté, 245.
Lachnolême aigrette, vél., par Werner, 295.
LACKERBAUER (P.), peintre. Quatre vélins, 226.
Lactuca, vél., par Aubriet, 160, —, vél., par Mlle Basseporte, 175.
LA FAYETTE (Marie-Jean-Paul-Roch-Yves-Gilbert MOTIER, marquis DE), figure dans le fronton du Panthéon, bas-relief pierre, par David d'Angers, 336.
LA FONTAINE (Jean DE), fabuliste. Son nom est inscrit dans la voûte de l'une des salles de la mairie du XVIe arrondissement, 25.
Laghouat, 300.
Lagopède ou perdrix, vél., par Robert, 143.
LAGRANGE (Jean), sculpteur. La Naissance, Le Mariage, Le Vote, La Mort, bas-reliefs pierre, à la mairie du IIIe arrondissement, 6-7.
Lagunea, vél., par P.-J. Redouté, 258.
LAKANAL. Le Jardin des Plantes réorganisé d'après son rapport, 97.
LALANNE, architecte. C'est sous sa direction que fut achevé le palais de la Bourse, 53.
LALUYE (Louis), peintre. Deux vélins, 226.
Lamantin, vél., par Wailly, 277.
LAMARCK (Jean-Baptiste-Pierre-Antoine de Monet DE), professeur de zoologie. Son médaillon pierre, par Guillaume, au Jardin des Plantes, 112, Son buste en marbre est commandé à Boguo fils pour le Jardin des Plantes, 113. Son nom cité, 118.
Lamarkia, vél., par Riocreux, 267, 312.
LAMARTINE (Alphonse DE). Son nom est inscrit

26.

LAMAS. — LEHARIVEL.

dans la voûte de l'une des salles de la mairie du XVIe arrondissement, 25.
Lamas, vél., par Wailly, 276.
Lambertia, vél., par P.-J. Redouté, 249.
LAMEIRE (Ch.), peintre. Exécute deux cartons de tapisseries pour le Panthéon, 347.
Lamium, vél., par Robert, 124, —, vél., par Aubriet, 158.
LARMORNAIX. Voy. SALLANDROUZE.
LAMOTHE (Louis), peintre. Glorification de saint Vincent de Paul, toile, à l'hôpital du Val-de-Grâce, 72.
Lamproie, vél., par Aubriet, 169, —, vél., par X. Huet, 207, —, vél., par H.-J. Redouté, 244.
Langouste, vél., par Dickmann, 199.
Langrayen ocyptère, vél., par N. Huet, 214.
Langres, 116.
Lantana, vél., par Mlle Basseporte, 173.
Lapin. Tibias du —, vél., par Werner, 314, Ostéologie du fœtus du —, vél., par le même, 314.
LAPLACE (Pierre-Simon, comte, puis marquis DE), géomètre et physicien, figure dans le fronton du Panthéon, bas-relief pierre, par David d'Angers, 336.
LARREY (Dominique-Jean, baron), chirurgien. Sa statue bronze et les bas-reliefs qui décorent le piédestal, par David d'Angers, dans la cour d'honneur de l'hôpital du Val-de-Grâce, 65, Son buste plâtre, par Elshoect, au même hôpital : une réplique de ce buste appartient au fils du modèle, 74.
LARREY (Hippolyte, baron), chirurgien. Possède un buste plâtre de son père, par Elshoect, 74.
Larves de coléoptères, vél., par Blanchard, 193, —, vél., par Vaillant, 269.
LA SALLE (le vénérable DE). Sa statue commandée à Montagny, pour le Panthéon, 335, 336, 349.
Lasiopetalum, vél., par P.-J. Redouté, 262.
Lastagueux, vél., par Robert, 145.
Lathræa clandestina, vél., par Robert, 123.
Lathyrus, vél., par Aubriet, 166.
LATREILLE (l'abbé Pierre-André), naturaliste. Son buste plâtre, par Merlieux, au Jardin des Plantes : le bronze est au cimetière du Père-Lachaise, un plâtre est à l'Institut, 100, 324, Son buste en marbre est commandé à Cabuchet pour le Jardin des Plantes, 113. Son nom cité, 221.
LAUGIER (André), chimiste. Son buste plâtre, par Mansion, au Jardin des Plantes, 101.
LAURENS (Jean-Paul), peintre. Mort de sainte Geneviève, peinture murale, au Panthéon, gravée, 335, 341-342, Son profil peint par lui-même, au Panthéon, 342.

Laurus, vél., par Robert, 120, —, vél., par le même 122, —, vél., par Aubriet, 157, —, vél , par Mlle Basseporte, 172.
LA VALLIÈRE (duc DE). A possédé un album de vélins, 319.
Larandières, vél., par Robert, 140.
Larandula, vél., par Robert, 123.
Lavatera, vél., par Robert, 134, —, vél., par P.-J. Redouté, 264.
LAVY (A.), sculpteur. Buste plâtre de Cuvier, au Jardin des Plantes, 101.
LAW (B.-L.), sculpteur. Bustes plâtre de Wouraddy et de Trucaninny, au Jardin des Plantes, 110, 111.
LEBAS (Jean-Baptiste-Apollinaire), architecte. C'est sous sa direction que fut transporté l'obélisque de Louqsor, 37.
Lebis du Nil, vél., par H.-J. Redouté, 243.
LEBŒUF-NANTEUIL (Charles-François), sculpteur. La Magistrature, Les Sciences et les Arts, Cérès et Triptolème, bas-reliefs pierre, au Panthéon, 337.
LE BRUN (Charles), peintre. La Tapisserie « Entrée d'Alexandre à Babylone », d'après lui, est figurée dans : « Présentation par Colbert à la signature de Louis XIII, de l'ordonnance du commerce en 1673 », toile, par Robert-Fleury, au palais du Tribunal de commerce, 88.
LECOMTE (Félix), sculpteur. Buste marbre de Daubenton, au Salon de 1783, 101.
LECOMTE (Aubry), 298.
LE COUTEUX DE LA NORRAY (Jean-Louis), 64, 65.
LECOY DE LA MARCHE. Son ouvrage, « L'Académie de France à Rome », cité, 114.
LEDRU-ROLLIN (Alexandre-Auguste), 334.
LE DUC (Gabriel), architecte. Dirige la construction de l'hôpital du Val-de-Grâce, 64, Le Baldaquin de l'hôpital du Val-de-Grâce a été exécuté d'après son dessin, 71.
Ledum palustre, vél., par Mlle Basseporte, 175.
Leea crispa, vél., par Mlle Basseporte, 175.
LEGENDRE-HÉRAL (Jean-François), sculpteur Bustes plâtre de Duméril et d'Étienne Geoffroy Saint-Hilaire, au Jardin des Plantes, 100, 104, Statue marbre d'Antoine-Laurent de Jussieu, au même jardin, 107.
Législation (la), statue, par Dupasquier, au Panthéon, 333.
LEGRAIN, sculpteur. A exécuté les sculptures d'ornement de la mairie du XVIe arrondissement, 25.
LEGUIP (Frédéric), dessinateur. L'ouvrage de l'abbé Ouin-Lacroix est orné de ses dessins, 336.
LEHARIVEL-DUROCHER (Victor-Edmond), sculp-

teur. Sainte Geneviève, statuette bronze, au Panthéon, 349.
LEHMANN (Charles-Ernest-Rodolphe-Henri-Salem), peintre. Reçoit la commande du « Couronnement de Charlemagne », de « Charlemagne entouré de paladins », peintures murales pour le Panthéon, 335.
LEMATTE (Jacques-François-Ferdinand), peintre. La Famille, toile, à la mairie du XIIIe arrondissement, 20.
LE MERCIER (Jacques), architecte. Dirige la construction de l'hôpital du Val-de-Grâce, 63, 64.
LEMOT (François-Frédéric, baron), sculpteur, 334.
LEMOYNE (Jean-Baptiste), sculpteur. Buste terre cuite, de Réaumur, au Jardin des Plantes : un plâtre est au musée de Versailles, 104.
Lampris guttatus, vél., par Werner, 295.
LE MUET (Pierre), architecte. Dirige la construction de l'hôpital du Val-de-Grâce, 63.
Lemur tardigradus, vél., par Werner, 283.
LENEPVEU (Jules-Eugène), peintre. Reçoit la commande de l'« Histoire de Jeanne d'Arc », peintures murales, pour le Panthéon, 336, 349.
LENOIR (Alexandre), fait transporter au musée des Petits-Augustins divers objets d'art provenant du Val-de-Grâce, 64, Fait transporter un bas-relief de Michel Anguier au musée des Petits-Augustins, 71.
LENOIR (Charles), sculpteur. Le Joueur de billes, statue marbre, dans le parc Monceau, 41.
LÉON III, pape, figure dans « Scènes de la vie de Charlemagne », peintures murales, par Levy, au Panthéon, 347.
Léontice, vél., par Robert, 135, —, vél., par Aubriet, 163.
Léontopétalon, dessin attribué à Robert, 317.
Leonurus, vél., par Mlle Basseporte, 173, — , dessin, par L. de Chatillon, 317.
Léopards, vél., par Wailly, 274.
LEPELLETIER DE SAINT-FARGEAU. Les honneurs du Panthéon lui sont décernés, 333.
Lépidoptères, vél., par Blanchard, 193.
Lepisdoternon, vél., par Chazal, 197.
Leporinus prasinus, vél., par Mlle Alberti, 188.
Leptura trivittata, vél., par N. Huet, 217.
Lépydophyme, vél., par Bocourt, 195.
LEQUESNE (Eugène-Louis), sculpteur. Restaure la statue de la Ville de Lille, place de la Concorde, 38.
LEQUEUX (Paul-Eugène), architecte. La mairie du XVIIIe arrondissement est construite d'après ses dessins, 26, Est l'auteur du projet de construction de la mairie du XVIIIe arrondissement, 26.
LEQUIEN (Alexandre-Victor), sculpteur. Un Vigneron, statue pierre, à la mairie du XIIe arrondissement, 18, Reçoit la commande du buste en marbre, de Buffon, pour le Jardin des Plantes, 113.
LEQUIEN (Justin-Marie), sculpteur. La Charité, statue plâtre, à la mairie du IIe arrondissement, 5, La Nativité, groupe marbre, d'après Michel Anguier, à l'hôpital du Val-de-Grâce, 71.
LEROUX (Jean-Marie), graveur. Le fronton du Panthéon, d'après David d'Angers, 337.
LE SOURD DE BEAUREGARD (Louis-Guillaume), peintre. Un vélin, 226.
Lessertia, vél., par Mlle Basseporte, 181.
LESUEUR (C.-Alexandre), peintre. Un vélin, 226.
LE SUEUR (Jacques-Philippe), sculpteur. L'Instruction publique, bas-relief, au Panthéon, 332, 337.
LETHIÈRE (Guillaume-Guillon), peintre. La Résurrection de Jésus-Christ, toile, citée, 74.
Leucadendrum, vél., par P.-J. Redouté, 249.
Leuco narcissus, vél., par Rabel, à la Bibliothèque nationale, 321.
Leucoium, vél., par P.-J. Redouté, 246, — , dessin, attribué à Robert, 317.
LEUDEVILLE (DE), 299.
LEVIEUX ou LE VIEUX (Lucien), sculpteur. Buste terre cuite, de Bernard de Jussieu, au Jardin des Plantes : un exemplaire en plâtre existe au musée de Versailles, 99.
LÉVY (Émile), peintre. La Demande en mariage, La Famille, La Célébration du mariage, toiles, à la mairie du VIIe arrondissement, 13.
LÉVY (Henri-Léopold), peintre. Scènes de la vie de Charlemagne, peintures murales, au Panthéon, 335, 347-348.
LÉVY (Michel), chirurgien. Son buste plâtre, par Francès, d'après Adam-Salomon, à l'hôpital du Val-de-Grâce : le marbre appartient à Mme Michel Lévy, 74.
LÉVY (Mme Michel). Possède le buste en marbre de son mari, par Adam-Salomon, 74.
LEWIN, 211.
Lézard, vel., par N. Huet, 219, —, vél., par H.-J. Redouté, 241, —, vél., par Werner, 294. Voy. *Stellion*. Voy. *Scinque*.
L'HERMINIER, 221.
L'HÉRITIER, 118.
L'HOSPITAL (Michel DE). Soumet à la signature de Charles IX un édit créant un tribunal consulaire, 79, Son buste bronze,

LIBELLUTA. — LOUIS XV.

par Richard, au palais du Tribunal de commerce, 86.
Libelluta, vél., par Rabel, à la Bibliothèque nationale, 320.
Liberté (la), statue, par Dumont, place de la Concorde, citée, 37, —, statue plâtre, par Bogino, square de Montrouge, 43, —, statue, par Lorta, au Panthéon, 333.
Lièvre, vél., par N. Huet, 212, —, vél., par Wailly, 275.
Lilas, vél., par Rabel, à la Bibliothèque nationale, 321.
Lilio, dessin, attribué à Robert, 317.
Liliomartagum, vél., par Rabel, à la Bibliothèque nationale, 322.
Lilium, vél., par Robert, 124, —, vél., par Joubert, 147, —, vél., par A. de Fontainne, 199, —, vél., par P.-J. Redouté, 245, —, dessin, attribué à Robert, 317, —, vél., par Rabel, à la Bibliothèque nationale, 322.
Lille (la ville de), statue pierre, par Pradier, place de la Concorde, 38, —, peinture murale, par Abel de Pujol, au palais de la Bourse, 56.
Limodorum, vél., par Mlle Basseporte, 172, —, vél., par Bessa, 191, —, vél., par P.-J. Redouté, 249.
Limoges, 341.
Limonium, dessin, attribué à Robert, 317.
Linaria, vél., par Robert, 124, —, vél., par Joubert, 149, —, vél., par Aubriet, 159, —, vél., par A. de Fontainne, 200, —, vél., par P.-J. Redouté, 251, —, dessins, attribués à Robert, 317.
LINNÉ (Charles), botaniste, 118.
Linnæa borealis, vél., par Mlle Basseporte, 177.
Linot, vél., par Gombaud, 203.
Linum, vél., par Robert, 135, —, vél., par Joubert, 152, —, vél., par Aubriet, 164, —, vél., par L. de Chatillon, 259, —, dessin, par L. de Chatillon, 317.
Lion. Un —, cuivre repoussé, par Bartholdi, place Denfert-Rochereau : L'original est à Belfort, 39, — attaquant un cheval, groupe bronze, par Fratin, square de Montrouge, 43, Deux —s, bronze, par Rouillard, au palais du Tribunal de commerce, 82, 88, — passant, bas-relief pierre, par Hayon, d'après le dessin d'André, au Jardin des Plantes, 112, Larynx et estomac du —, vél., par Maréchal, 227, — s, vél., par Maréchal, 230.
Lionne, vél., par Maréchal, 230.
Liparia, vél., par P.-J. Redouté, 261.
Liriodendron, vél., par Joubert, 152, —, vél., par Mlle Basseporte, 179.
Lis nain, dessin, attribué à Robert, 317.

Liseron, dessin, attribué à Robert, 316.
Lisimachia, vél., par Mlle Basseporte, 172.
Lithopès brevipes, vél., par Mlle de Bridieu, 196.
Lithospermum, vél., par Robert, 125, —, vél., par H.-J. Redouté, 240.
Litophile, coquilles et madrépore, vél., par A. de Fontainne, 202.
Lobelia, vél., par Robert, 127, —, vél., par Mlle Basseporte, 175, —, vél., par P.-J. Redouté, 254.
LOCKROY (Édouard-Étienne-Antoine SIMON, dit). Son profil peint par Blanc, au Panthéon, 346.
Locusta maxima, vél., par Aubriet, 168.
Logania, vél., par Mlle Riché, 263.
Loi (la), statue pierre, par Crauk, à la mairie du Ier arrondissement, 3-4, —, toile, par Sirouy, à la mairie du IIIe arrondissement, 7, —, statue marbre, par Feuchères, place du Palais-Bourbon, 44, —, statue pierre, par Robert, au palais du Tribunal de commerce, 80, —, peinture par Collignon, dans l'une des salles du palais du Tribunal de commerce, 89, —, statue, par Roland, au Panthéon, 332.
Lomatia, vél., par Bessa, 191.
Londres, 298.
LONJUMEAU (André DE), figure dans : « Saint Louis portant la couronne d'épines », peinture murale, par Cabanel, au Panthéon, 345.
Lopezia, vél., par H.-J. Redouté, 240.
Lophius marmoratus, vél., par Aubriet, 169.
Lophophorus, vél., par V.-J. Huet, 222.
Lophyomys, vél., par V.-J. Huet, 223, 308.
Loriots, vél., par Robert, 140.
Lorris, vél., par Meunier, 232, 309.
LORTA (Jean-Pierre), sculpteur. La Liberté, le Désintéressement, statues, au Panthéon, 333.
Lotus, vél., par Aubriet, 166, —, vél., par Mlle Basseporte, 181, —, dessins, attribués à Robert, 317.
LOUIS LE GROS, 346.
Louis XIII. Institue le Jardin des Plantes par lettres patentes, 95. Son nom cité, 63, 116.
Louis XIV. Pose la première pierre de l'hôpital du Val-de-Grâce, 63, Son portrait, attribué à Nicolas Robert, au Jardin des Plantes, 138. Son nom cité, 46, 96, 114, 138. Voy. COLBERT.
Louis XV. Sa statue, par Bouchardon, place de la Concorde, citée, 37, Donne à la ville de Paris le terrain occupé par la place de la Concorde, 37, Anoblit Buffon, 103, Admet Mlle Basseporte comme professeur de dessin de ses enfants, 117, Pose la pre-

LOUIS XVI. — MALAXIS.

mière pierre de l'église de Sainte-Geneviève, 331. Son nom cité, 96, 138.

Louis XVI. L'échafaud sur lequel il monta fut dressé place de la Concorde, 37, — est enfermé au Temple, 46, — ordonne l'achèvement des colonnes de la place du Trône, 46, — choisit Bernardin de Saint-Pierre pour la direction du Jardin des Plantes, 97, Translation des cendres de — et de Marie-Antoinette, bas-relief pierre, par Gérard, dans l'ex-Chapelle expiatoire, 357, —, groupe marbre, par Bosio, dans l'ex-Chapelle expiatoire, 358-359, — figure dans la coupole du Panthéon peinte par Gros, 343. Son nom cité, 138, 355.

Louis XVII. Figure dans la coupole du Panthéon, peinte par Gros, 343.

Louis XVIII. Restitue à la famille d'Orléans le parc de Monceau, 41, Sa statue, destinée à la place du Palais-Bourbon, est commandée à Bosio, 44, Figure dans la coupole du Panthéon peinte par Gros, 342, 343, Fait construire l'ex-Chapelle expiatoire, 355. Son nom cité, 333.

Louis le Désiré. Voy. Louis XVIII.

Louis-Philippe. C'est sous son règne que furent terminées les colonnes de la place du Trône, 46.

Louqsor (l'obélisque de), place de la Concorde, 37.

Lourmel (Mme de), figure dans : « Installation du nouveau Tribunal de commerce en 1865 », toile, par Robert-Fleury, au palais du Tribunal de commerce, 88.

Loutre, vél., par Wailly, 273.

Louvois. S'attribue la surintendance du Jardin des Plantes, 96.

Loxia, vél., par Robert, 140-141.

Lucas (François), sculpteur. Buste terre cuite d'Antoine Petit, au Jardin des Plantes, 101.

Lucas (J.-R.-N.), sculpteur. L'Egalité, l'Agriculture, statues, au Panthéon, 333.

Ludwigia, vél., par Mlle Basseporte, 180.

Lunaria, vél., par Joubert, 151.

Lupin, dessin, par L. de Chatillon, 317.

Lupinus, vél., par Robert, 136, —, vél., par Joubert, 153, —, vél., par Aubriet, 166, —, vél., par A. de Fontaine, 202.

Lychnis, vél., par Robert, 135, —, vél., par Aubriet, 163, —, vél., par Mlle Basseporte, 179, —, dessins, attribués à Robert, 317, 318.

Lycium, vél., par Aubriet, 159.

Lyon (la ville de), statue pierre, par Petitot, place de la Concorde, 37-38, —, peinture murale, par Meynier, au palais de la Bourse, 55, —, toile, par Jobbé-Duval, au palais du Tribunal de commerce, 86.

Lyon. Musée : Renferme les cartons de Chenavard destinés au Panthéon, 335.

Lys, dessin, par L. de Chatillon, 318.

Lythrum, vél., par Robert, 136.

M

Macaque, vél., par N. Huet, 208, —, vél., par Werner, 285, 291, 296.

Machetes pugnax, vél., par Robert, 144.

Macquer (Pierre-Joseph), chimiste. Son buste terre cuite, par un Inconnu, au Jardin des Plantes, 101.

Macrodon, vél., par Mlle Alberti, 188.

Macroptéronote ou kharmouth araby, vél., par H.-J. Redouté, 243.

Macroscélide, vél., par Werner, 286.

Macrotherium, vél., par Millot, 309.

Macrozamia, vél., par Coustans, 198.

Madracis, vél., par Oudart, 234.

Madrépore, vél., par Mlle Bounieu, 196.

Madrid, 343.

Magistrature (la), bas-relief pierre, par Lebœuf-Nanteuil, au Panthéon, 337.

Magnolia, vél., par Mlle Basseporte, 182, —, vél., par Van Spaendonck, 185, —, vél., par P.-J. Redouté, 258.

Magot, vél., par Maréchal, 229.

Maillot (Théodore-Pierre-Nicolas), peintre. Les Miracles de sainte Geneviève, peinture à la cire, au Panthéon, 335, 336, 346-347.

Maïmon. —s, vél., par Wailly, 271, Organe d'un —, vél., par Werner, 283.

Mainate, vél., par Bessa, 192.

Maindron (Etienne-Hippolyte), sculpteur. Bustes marbre, de Simonin-Lallemand, de Sœur Rosalie et de Rollin, à la mairie du Ve arrondissement, 11, Le Commerce terrestre, statue pierre, au palais du Tribunal de commerce, 84, Sainte Geneviève arrêtant Attila, Baptême de Clovis, groupes marbre, au Panthéon, 335, 337.

Majorana, vél., par Aubriet, 158.

Maki, vél., par N. Huet, 209, —, vél., par Maréchal, 229, —, vél., par Wailly, 272, —, vél., par Werner, 286.

Malachra, vél., par Mlle Basseporte, 178.

Malaptérure, vél., par H.-J. Redouté, 243, —, vél., par Werner, 295.

Malaxis, vél., par P.-J. Redouté, 249.

400 INVENTAIRE DES RICHESSES D'ART DE LA FRANCE.

MALBROUK. — MARTE.

Malbrouk, vél., par N. Huet, 208, —, vél., par Wailly, 271.

MALESHERBES (Chrétien-Guillaume de LAMOIGNON DE), figure dans le fronton du Panthéon, bas-relief pierre, par David d'Angers, 336.

MALINGRE (Claude), historien. Son ouvrage « Les Antiquités de la ville de Paris », cité, 65.

Malkoha, vél., par N. Huet, 216.

Mallupa, vél., par Mlle Alberti, 188.

Malpighia urens, vél., par Aubriet, 163, —, vél., par Mlle Basseporte, 178, —, vél., par P.-J. Redouté, 257.

Maltais, pêcheur de corail, buste bronze, par Cordier, au Jardin des Plantes, 108.

Malva, vél., par Joubert, 152, —, vél., par Aubriet, 167, —, vél., par A. de Fontaine, 201, —, vél., par P.-J. Redouté, 257, —, vél., par C. Aubriet, 304.

Mandrill, vél., par Maréchal, 229.

Mangabey, vél., par N. Huet, 208.

Mangifera, vél., par P.-J. Redouté, 262.

Mangouste, vél., par Maréchal, 230, —s, vél., par Wailly, 274.

MANIGLIER (Henri-Charles), sculpteur. La Justice, Le Mariage, L'Étude, Deux cariatides à tête d'enfant, statues pierre, à la mairie du XIe arrondissement, 16.

Manis, vél., par N. Huet, 205.

MANSART (François), architecte. Est l'auteur des plans de l'hôpital du Val-de-Grâce, 63, 64, 65.

MANSION, sculpteur. Buste plâtre, de Laugier, au Jardin des Plantes, 101.

Mante, vél., par Rabel, à la Bibliothèque nationale, 320.

Mantisia, vél., par Bessa, 191.

Manucode, vél., par Robert, 141.

MANUEL, figure dans le fronton du Panthéon, bas-relief pierre, par David d'Angers, 336.

Maraceux, vél., par Robert, 145.

Maraco, vél., par Rabel, à la Bibliothèque nationale, 322.

Maranta, vél., par P.-J. Redouté, 248.

MARAT (Jean-Paul). Les honneurs du Panthéon lui sont décernés, 333.

MARBOURG (Henri DE), chapelain de saint Louis. Figure dans « Saint Louis prisonnier en Palestine », peinture murale, par Cabanel, au Panthéon, 343.

MARCHAND (L.), fondeur. Le Charmeur de serpents, statue bronze, d'après le baron Bourgeois, au Jardin des Plantes, 114.

MARÉCHAL (Nicolas), peintre. Cent vingt-neuf vélins, 226-232, Un vélin, 309. Son nom cité, 117.

MARET, ministre. Figure dans : « Promulga- tion du Code de commerce par Napoléon Ier », toile, par Robert-Fleury, au palais du Tribunal de commerce, 88.

MARGUERITE DE PROVENCE, femme de saint Louis. Figure dans la coupole du Panthéon, peinte par Gros, 343.

Mariage. Le —, bas-relief pierre, par Lagrange, à la mairie du IIIe arrondissement, 6-7, Le —, toile, par Cormon, à la mairie du IVe arrondissement, 9, La Demande en —, la Célébration du —, toiles, par Lévy, à la mairie du VIIe arrondissement, 13, Allégorie du —, statues pierre, par Maniglier, à la mairie du XIe arrondissement, 16, Le —, toile, par Boulanger, à la mairie du XIIIe arrondissement, 21, Le —, statue pierre, par Chevalier, à la mairie du XIVe arrondissement, 22.

MARIE-ANTOINETTE. —, figure dans la coupole du Panthéon, peinte par Gros, 343, — soutenue par la Religion, groupe marbre, par Cortot, dans l'ex-Chapelle expiatoire, 358. Son nom cité, 355. Voy. LOUIS XVI.

MARIE-LOUISE (l'Impératrice), figure dans la coupole du Panthéon, peinte par Gros, 333.

MARIE-MADELEINE. Voy. SAINTE MARIE.

MARIE-THÉRÈSE D'AUTRICHE, 46.

MARIE-THÉRÈSE-CHARLOTTE, fille de Louis XVI. Figure dans la coupole du Panthéon, peinte par Gros, 343.

MARIGNY (marquis DE), présente à Louis XV le plan du portail de l'église de Sainte-Geneviève, 331.

Marikina, vél., par Wailly, 272.

Marine (la), bas-relief pierre, par Ramus, à la mairie du VIIe arrondissement, 12-13.

MARISMAS. Voy. AGUADO.

Marly (château de). Chevaux de —, groupes marbre, par Coustou, actuellement placés de la Concorde, 38.

— (Jardins de) : Enfants et chèvre, groupe marbre, par Sarazin et Théodon, statues de Sémélé, de Milon et deux Termes antiques, 114.

MARNEUF, sculpteur ornemaniste. Exécute les sculptures d'ornement des colonnes de la place du Trône, 47.

Marseille (la ville de), statue pierre, par Petitot, place de la Concorde, 37, —, peinture murale, par Meynier, au palais de la Bourse, 56, —, toile, par Jobbé-Duval, au palais du Tribunal de commerce, 85.

Marseille, 341.

Marsouins, vél., par Maréchal, 228, 231.

Martagon, vél., par Robert, 121.

Martagum, vél., par Rabel, à la Bibliothèque nationale, 322.

Marte, vél., par Wailly, 273.

MARTIN. — MESOPRION.

Martin-pêcheur, vél., par Robert, 141.
Martynia, vél., par P.-J. Redouté, 253, 256.
Massox (A.), graveur. Scènes de la vie de sainte Geneviève, d'après Puvis de Chavannes, 341.
Masson (François), sculpteur. Un Guerrier, mourant dans les bras de la Patrie, groupe, Le Dévouement patriotique, statue, au Panthéon, 332, 333.
Massonia, vél., par P.-J. Redouté, 245.
Mathi, vél., par Werner, 290, 297.
Mathias, 308.
Matricaria, vél., par Robert, 129, —, dessins, attribués à Robert, 318.
Matte (Nicolas-Auguste), sculpteur. Buste marbre, de Guy de Labrosse, au Jardin des Plantes, 103-104.
Matthiola, vél., par P.-J. Redouté, 256.
Mauresque d'Alger, buste marbre, par Cordier, — noire, buste bronze, par le même, au Jardin des Plantes, 108, 110.
Mauris et dreune, vél., par Robert, 140.
Mauve, dessin, attribué à Robert, 318.
Mazerolle (Alexis-Joseph), peintre. Une tapisserie exécutée d'après ses dessins, par Sallandrouze de Lamornaix, fut placée à la mairie du IVe arrondissement, 8.
Mécanique (la), peinture murale, par Blondel, au palais de la Bourse, 58.
Medicago, vél., par Joubert, 153.
Megacephala, vél., par Meunier, 232.
Mégaderme. —s, vél., par X. Huet, 210, —, vél., par Wailly, 273.
Megalops, vél., par Jossigny, 225.
Mégathérinon, vél., par Millot, 309, 310.
Méhémet-Ali, vice-roi d'Égypte. Donne à la France l'obélisque de Louqsor, 37.
Meissonier (Jean-Louis-Ernest), peintre. Reçoit la commande de « Sainte Geneviève pendant le siége de Paris par les Francs », de « Sainte Geneviève distribuant des provisions au peuple », peintures murales, pour le Panthéon, 335, 349.
Melaleuca, vél., par P.-J. Redouté, 259.
Melampyrum arvense, vél., par Robert, 123.
Melanthium, vél., par Redouté, 245.
Mélas, vél., par Wailly, 274.
Melastoma, vél., par P.-J. Redouté, 260.
Méléagre ou poule d'Afrique, vél., par Aubriet, 168.
Meleagris gallopavo, vél., par Robert, 142.
Melia azedarach, vél., par Aubriet, 134, —, vél., par Aubriet, 163.
Melianthus, vél., par Joubert, 152, —, vél., par Van Spaendonck, 185.
Melilotus, dessin, attribué à Robert, 318.
Melissa, vél., par Robert, 124.

Mellita, vél., par Dickmann, 199.
Mellytis, vél., par Robert, 124.
Melo rotundus, vél., par Aubriet, 167.
Melochia, vél., par Mlle Basseporte, 182.
Melothria, vél., par Mlle Basseporte, 182.
Menispermum, vél., par Joubert, 152.
Menobranchus, vél., par X. Huet, 207, 208.
Mensonge (le), figure dans : « Vérité dévoilant la Fraude », peinture murale, par Vinchon, au palais de la Bourse, 58.
Mentha, vél., par Robert, 123-124.
Menziezia, vél., par Mlle Basseporte, 175.
Mercié (Marius-Jean-Antoine), sculpteur. « Gloria Victis », groupe bronze, square Montholon, 42, Reçoit la commande de la statue de saint Éloi pour le Panthéon, 335, 336, 349.
Mercure, groupe marbre, par Coyzevox, place de la Concorde, 38, — figure dans : « Union du Commerce, des Sciences et des Arts », peinture murale, par Meynier, au palais de la Bourse, 55, —, figure dans : « Justice protégeant le Commerce », peinture murale, par Blondel, même palais, 57, —, figure dans : « Commerce », toile, par Jobbé-Duval, au palais du Tribunal de commerce, 88. — Voy. *Paris (Ville de)*. — Voy. *Thémis*.
Mercurialis, vél., par Mlle Basseporte, 182.
Merendera, vél., par P.-J. Redouté, 245.
Mergus marinus, vél., par Robert, 143.
Merisier double (le), vél., par un Inconnu, 119.
Merlan ordinaire, vél., par Oudart, 235.
Merles, vél., par Robert, 139, —, vél., par X. Huet, 215.
Merlieux (Louis-Parfait), sculpteur. Buste plâtre, de l'abbé Latreille, au Jardin des Plantes : Le bronze est au cimetière du Père-Lachaise, un plâtre est à l'Institut, 100, 324, Bustes plâtre, de Ducrotay de Blainville, même Jardin, 101, 110, Buste plâtre, de Cuvier, même Jardin, 115.
Mersia, vél., par Mlle Riché, 265.
Merson (Luc-Olivier), peintre. Saint Michel, vainqueur du Démon, tapisserie, d'après lui, au Panthéon, 349.
Mésange. —s, vél., par Robert, 140, — grise, vél., par Gombaud, 203.
Mesembryanthemum, vél., par Joubert, 153, —, vél., par Aubriet, 164, 165, —, vél., par Mlle Basseporte, 180, —, vél., par Van Spaendonck, 185, — vél., par A. de Fontainne, 201-202, —, vél., par P.-J. Redouté, 259.
Mesoprion, vél., par Besse, 192, —, vél.,

MESPILUS. — MONCEY.

par Jossigny, 224, —, vél., par Werner, 294.
Mespilus, vél., par P.-J. Redouté, 260.
Methonica, vél., par P.-J. Redouté, 245.
Metz, 341.
Meuble à parfums, au Jardin des Plantes, 102.
Meunier (Jean-Baptiste), peintre. Deux vélins, 232, Cinq vélins, 309.
Meunier (Louis), sculpteur. La Justice, La Bienfaisance, bas-reliefs pierre, à la mairie du XIIe arrondissement, 19.
Meynier (Charles), peintre. La Ville de Paris recevant de la Seine et du Canal de l'Ourcq l'abondance et la prospérité, La Ville de Strasbourg, La Ville de Lyon, L'Amérique, L'Union du commerce, des Sciences et des Arts faisant naître la prospérité de l'État, L'Afrique, La Ville de Bayonne, La Ville de Marseille, peintures murales, au palais de la Bourse, 54, 55, 56. Son nom cité, 334.
Michaux (L.), membre de la Commission. Est auteur des monographies des mairies de Paris, 1-29, des places, squares, avenues de Paris, 35-47, du palais de la Bourse, 53-59, du Tribunal de commerce, 77-89, de l'ex-Chapelle expiatoire, 353-359.
Michel-Pascal (François), sculpteur. L'Art industriel, statue pierre, au palais du Tribunal de commerce, 84.
Microcèbe, vél., par Wailly, 272, —, vél., par Werner, 290, 297.
Mignard (Pierre), peintre. Peint la coupole de l'église du Val-de-Grâce, 64, L'Ancien et le Nouveau Testament, peinture murale, même hôpital, 70. Son nom cité, 73.
Milans, vél., par Robert, 139.
Milbert (Jacques), peintre. Quatre vélins, 232.
Millefeuille, dessin, attribué à Robert, 318.
Milleria, vél., par Aubriet, 161.
Millet (Aimé), sculpteur. La Justice, statue pierre, à la mairie du Ier arrondissement, 3, Bustes plâtre, de Gay-Lussac, au Jardin des Plantes, 99-100, 104.
Millet (Jean-François), peintre. Reçoit la commande d'une peinture murale pour le Panthéon, 335.
Millot (Ad.), peintre. Dix vélins, 309-310.
Millouin, vél., par Robert, 146.
Milne-Edwards. Voy. Edwards.
Milon, statue, par un Inconnu, à Marly, 114.
Mimosa, vél., par Joubert, 153, —, vél., par P.-J. Redouté, 261.
Mimulus, vél., par Aubriet, 159, —, vél., par Mlle Basseporte, 173, —, vél., par P.-J. Redouté, 251.
Minéralogie (la), statue plâtre, par Montagny, au Jardin des Plantes, 324.
Mines de cuivre, vél., par A. de Fontaine, 202.
Mirabeau. Les honneurs du Panthéon lui sont décernés, 333, Figure dans le fronton du Panthéon, bas-relief pierre, par David d'Angers, 334.
Mirabilis peruviana, vél., par Rabel, à la Bibliothèque nationale, 322.
Mise au tombeau (la), bas-relief bronze, par un Inconnu, à l'hôpital du Val-de-Grâce; ce bas-relief remplace celui qui avait été fondu d'après le modèle de Michel Anguier, 71-72.
Miséricorde. La —, l'Obéissance, bas-relief, pierre, par Michel Anguier, à l'hôpital du Val-de-Grâce, 72.
Mitres et tiares, coquillages divers, vél., par A. de Fontaine, 202.
Mococo, vél., par Maréchal, 229.
Mogorium sambac, vél., par Joubert, 148.
Mohicans (le dernier des), groupe plâtre, par Guillemin, au Jardin des Plantes, 109.
Moineaur, vélin., par Robert, 140.
Moïse, figure dans : « Ancien et Nouveau Testament », peinture murale, par Mignard, à l'hôpital du Val-de-Grâce, 70.
Moisson (la), toile, par Jobbé-Duval, au palais du Tribunal de commerce, 85.
Moitte (Jean-Guillaume), sculpteur. Fronton du Panthéon, 332, 334.
Molière (Jean-Baptiste Poquelin, dit). Son nom est inscrit dans la voûte de l'une des salles de la mairie du XVIe arrondissement, 25.
Molinia, vél., par Mlle Alberti, 189, —, vél., par la même, 304.
Mollusques, vél., par Borromée, 196, —, vél., par Jacquemart, 223, —, vél., par Werner, 293.
Molosse, vél., par Wailly, 273.
Molucella, vél., par Robert, 124.
Moluques (Faux dictame des), dessin, attribué à Robert, 318.
Moly Dioscoridis, dessin, attribué à Robert, 318.
Momordica, vél., par Robert, 137, —, vél., par Aubriet, 167.
Momot Dombey, vél., par Wailly, 278.
Monarda, vél., par Robert, 123.
Monceau (Henri-Louis Duhamel du), botaniste. Son buste, terre cuite, par un Inconnu, au Jardin des Plantes, 104.
Moncey (le maréchal), figure dans : « La Défense de la barrière de Clichy », groupe

TABLE ANALYTIQUE. 403

MONE. — NANTERRE.

bronze, par Doublemard, place de Clichy, 36.
Mone, vél., par Wailly, 271.
MONET. Voy. LAMARCK.
MONGE, figure dans le fronton du Panthéon, bas-relief pierre, par David d'Angers, 336.
Monnaie (la), peinture murale, par Vinchon, au palais de la Bourse, 59.
Monstre humain, vél., par N. Huet, 307, —, vél., par Meunier, 309, —, vél., par Werner, 313, 314.
MONTAGNE (Marius), sculpteur. Deux Génies ailés, statues pierre, à la mairie du XIII° arrondissement, 20.
MONTAGNY (Étienne), sculpteur. La Minéralogie, statue plâtre, au Jardin des Plantes, 324, Reçoit la commande de la statue du Vénérable de La Salle, pour le Panthéon, 335, 336, 349.
MONTALIVET (comte DE), 333.
Mont-Dore (vallée du). Voy. *Sancy*.
Montjac, vél., par Werner, 287.
Mont-Valérien, 341.
Moos-Deer, vél., par Milbert, 232.
Morale (la), statue, par Beauvallet, au Panthéon, 333.
Morea, vél., par Van Spaendonck, 183, — vél., par Mlle Basseporte, 171, —, vél., par P.-J. Redouté, 247.
MOREAU (Gustave), peintre. Reçoit la commande d'une peinture murale pour le Panthéon 335.
MOREAU (Mathurin), sculpteur. Le Sommeil, groupe marbre, square des Ménages, 40.
MOREAU, de Tours, peintre. Est chargé de la décoration picturale de la mairie du II° arrondissement, 5.
MORICE (Léopold), sculpteur. Hylas, statue bronze, dans le parc Monceau, 41.
Morillons, vél., par Robert, 146.
Morinda, vél., par Mlle Basseporte, 177.
Mormyrus, vél., par H.-J. Redouté, 243.
Mort (la), bas-relief pierre, par Lagrange, à la mairie du III° arrondissement, 7, —, toile, par Cormon, à la mairie du IV° arrondissement, 9, —, statue pierre, par Chevalier, à la mairie du XIV° arrondissement, 22, —, peinture murale faisant partie des quatre pendentifs exécutés par Gérard, au Panthéon, 334, 343-344.
MOSKOWA (prince de LA), aide de camp de Napoléon III. Figure dans : « Installation du nouveau Tribunal de commerce en 1865 », toile, par Robert-Fleury, au palais du Tribunal de commerce, 88.
Moucherolle, vél., par Werner, 284.
Mouette, vél., par Robert, 145. Voy. *Goëlands*.
Mouflonne à manchettes, vél., par Werner, 293.
Mouflons, vél., par Wailly, 277, —, vél., par Werner, 288, 292, 300.
Moules, vél., par Mlle Basseporte, 183, —, vél., par Formant, 306.
Moustac, vél., par Wailly, 271.
Mouton. — s, vél., par Wailly, 277, Organes du —, vél., par Werner, 284, — monstrueux, vél., par H.-J. Redouté, 311, Foie de —, vél., par Thiolot, 313, Monstruosité de —, vél., par Werner, 314.
Muge doré, vél., par H.-J. Redouté, 242.
Mugis ceruleo maculatus, vél., par Jossigny, 224.
Mulâtresse, prêtresse à la fête des fèves, buste marbre, par Cordier, au Jardin des Plantes, 109.
Murène, vél., par Jossigny, 225, —, vél., par Sonnerat, 268.
Muræna anguilla, vél., par Werner, 285.
Murex, vél., par N. Huet, 220.
Mus, vél., par Wailly, 275.
Musa. — paradisiaca, vél., par Mlle Basseporte, 172, — coccinea, vél., par P.-J. Redouté, 248, — Muth, vél., par Aubriet, à la Bibliothèque nationale, 323.
Musaraigne, vél., par N. Huet, 211, —, vél., par Werner, 286.
Musc fossile, vél., par Werner, 296.
Musique (la), statue, par Ramey, au Panthéon, 333.
Musophage, vél., par Wailly, 279.
Mygales, vél., par N. Huet, 211, 221.
Myrtus, vél., par Robert, 135.

N

Naissance (la), bas-relief pierre, par Lagrange, à la mairie du III° arrondissement, 6, —, toile, par Cormon, à la mairie du IV° arrondissement, 9, —, statue pierre, par Chevalier, à la mairie du XIV° arrondissement, 22.
NAISSANT, architecte. La mairie du XIV° arrondissement a été construite d'après ses dessins, 22.
Naja haje ou serpent à coiffe d'Egypte, vél., par Bocourt, 195.
Nandou ou autruche, vél., par Werner, 294.
Nanguer, vél., par Werner, 287.
Nanterre, 340.

NANTES. — NYMPHÆA.

Nantes (la Ville de), statue pierre, par Caillouette, place de la Concorde, 38, —, peinture murale, par Abel de Pujol, au palais de la Bourse, 56.
NANTEUIL (Charles-François LE BOEUF-), sculpteur. Reçoit la commande de trois bas-reliefs pour le Panthéon, 334.
NANTEUIL (Robert), graveur, 138.
Naples, 193.
NAPOLÉON Ier. — fait don à Cambacérès du parc de Monceau, 40, — ordonne la démolition des tours du Temple, 46, — donne à l'église de Saint-Roch un groupe en marbre de Michel Anguier, représentant la « Nativité », 64, 71, — commande un tableau pour la chapelle des Tuileries, 69, — passant le Saint-Bernard, tableau par David, reproduit dans : « Promulgation du Code de commerce par Napoléon Ier », toile, par Robert-Fleury, au palais du Tribunal de commerce, 88, — rend le Panthéon au culte, 333, — figure dans la coupole du Panthéon peinte par Gros, 333, — figure dans l'un des pendentifs de la coupole du Panthéon, peints par Gérard, 344. Voy. Code.
NAPOLÉON III, empereur. Approuve les plans du palais du Tribunal de commerce, 79, Son nom est inscrit sur une table en marbre du palais du Tribunal de commerce, 82, Ses initiales se voient sur l'escalier monumental, au même palais, 84, Figure dans : « Installation du nouveau Tribunal de commerce, en 1865 », toile, par Robert-Fleury, au même palais, 88, Son portrait peint par Hippolyte Flandrin, au musée de Versailles, 89. Son nom cité, 46.
NAPOLÉON (le prince Jérôme), figure dans : « Vue du Geyser », toile, par Giraud, au Jardin des Plantes, 105.
Narbonne, 341.
Narcisse, dessin, par L. de Chatillon, 318, —, dessin, attribué à Robert, 318, —, vél., par Rabel, à la Bibliothèque nationale, 322.
Narcissus, vél., par Robert, 121, —, vél., par Mlle Basseporte, 171, —, vél., par Rabel, à la Bibliothèque nationale, 321, —, vél., par Joubert, à la Bibliothèque nationale, 323.
Narthecium, vél., par Joubert, 147.
Narvalina, vél., par Mlle Riché, 265.
Nativité (la), groupe marbre, par Michel Anguier, église de Saint-Roch : provient de l'hôpital du Val-de-Grâce, 64.
Nautilus, vél., par Laluye, 226.
Navigation (la), statue, par Blaise, au Panthéon, 333.

Nébuleux, vél., par Wailly, 278.
Nefasch quetane, ou astre de la nuit, vél., par H.-J. Redouté, 243.
Nègre du Soudan, buste bronze, par Cordier, au Jardin des Plantes, 110.
Négresse. Jeune —, statue plâtre, par Guillemin, au Jardin des Plantes, 110, —, buste bronze, par Charles Cordier, au même jardin, 110.
Nematophis, vél., par Mlle Alberti, 188.
Neottia, vél., par Bessa, 191, —, vél., par P.-J. Redouté, 249.
Nepeta, vél., par Aubriet, 158.
Nerion, vél., par Rabel, à la Bibliothèque nationale, 322.
Nerium, vél., par Joubert, 149, —, vél., par P.-J. Redouté, 253.
NERVILLE (DE), peintre. Un vélin, 233.
Neurada, vél., par Aubriet, 165.
NEUVILLE. Voy. HYDE.
NICOLET, peintre. Un vélin, 199.
NICOLET (H[er]), peintre. Onze vélins, 233, Deux vélins, 310.
NICOLLE, orfèvre. Restaure la châsse de sainte Geneviève, 331.
Nicotiana crispa, vél., par P.-J. Redouté, 251.
NIEUWERKERKE (comte DE), figure dans : « Installation du nouveau Tribunal de commerce en 1865 », toile, par Robert-Fleury, au palais du Tribunal de commerce, 88.
Nil-gau, vél., par Werner, 287, 292, 300.
NOEL (Paul-Antony), sculpteur. Le Rétiaire, statue bronze, square du Temple, 46.
Noix de palmier, dessin, attribué à Robert, 318.
Notelæa rigida, vél., par P.-J. Redouté, 250.
Notencéphales, vél., par N. Huet, 307.
NORMAND fils, 335.
Noyon, 303.
Nubien, buste plâtre, par Cordier, au Jardin des Plantes, 109.
Nubienne, buste plâtre, par Cordier, au Jardin des Plantes, 109.
Nuit (la), groupe marbre, par Gumery, avenue de l'Observatoire, 43.
Numida mitrata, vél., par Robert, 142.
Nyctères, vél., par N. Huet, 209, 210.
Nycticèbe, vél., par Werner, 286.
Nyctinôme, vél., par N. Huet, 209, —, vél., par Wailly, 273.
Nyctipithecus, vél., par Werner, 286.
Nymphe tourmentant un dauphin, groupe bronze, par Felon, au Jardin des Plantes, 115.
Nymphæa, vél., par P.-J. Redouté, 249.

O

OBÉISSANCE. — OTIS.

Obéissance (l'). Voy. *Miséricorde*.
Oblade, vél., par H.-J. Redouté, 242.
Ocelot, vél., par Werner, 286.
Oculine, vél., par N. Huet, 221, —, vél., par Oudart, 234, 311.
Ocymum, vél., par Mlle Basseporte, 173.
OEdicnèmes, vél., par Wailly, 280.
OEdicneum, vél., par Robert, 143.
OEillets, vél., par Robert, 135.
OEnothera, vél., par Van Spaendonck, 185, —, vél., par P.-J. Redouté, 259.
OEufs. Variétés d'—, vél., par Formant, 202, Composition des —, vél., par Riocreux, 266.
Oies, vél., par Robert, 146, —, vél., par Aubriet, 168, —, vél., par Maréchal, 232, —, vél., par Wailly, 281.
Oiseaux. — fossiles, vél., par Mlle Baudry de Balzac, 191, — mouches, vél., par N. Huet, 216.
Oldenlandia, vél., par Mlle Basseporte, 177.
Olea, vél., par Mlle Basseporte, 173.
Oléron, 302.
Olicula speciosa, vél., par Oudart, 310.
OLIVA (Alexandre-Joseph), sculpteur. Buste plâtre, de Dumont d'Urville, au Jardin des Plantes : le marbre est placé au musée de Marine, 111.
Oliveria, vél., par P.-J. Redouté, 256.
Olives, vél., par Mlle Basseporte, 183
Ombre. — chevalier, vél., par V.-J. Huet, 223, — commun, vél., par H.-J. Redouté, 243.
Ombrine, vél., par H.-J. Redouté, 242.
Omphalea, vél., par Bessa, 192.
Onagre ou âne sauvage, vél., par Werner, 291.
Onobrychis, dessin, par L. de Chatillon, 318.
Ononis, vél., par Robert, 136, —, vél., par Joubert, 153.
Onopordium illyricum, vél., par Robert, 138.
Ophrys, vél., par Aubriet, 157.
Ophryssoïdes, vél., par Mlle Alberti, 186.
Orang-outang, vél., par Maréchal, 229, —, vél., par Wailly, 270, —, vél., par Franck, 306.
Orang bicolore, vél., par Werner, 290, 296.
Orchis, vél., par Robert, 121, —, vél., par Aubriet, 157.
Ordre (l'), peinture murale, par Degeorge, au palais de la Bourse, 59.
Oreillard, vél., par N. Huet, 210, —, vél., par Wailly, 273.
Oreaster, vél., par Oudart, 234.

Orfraie, vél., par Robert, 139, —, vél., par N. Huet, 214, —, vél., par Wailly, 278.
Oribates, vél., par Nicolet, 233.
Origan héracléotique, dessin, attribué à Robert, 318.
Origanum, vél., par Joubert, 149, —, vél., par Aubriet, 158.
Oriolus, vél., par N. Huet, 215.
ORLÉANS (Gaston, duc d'). D'après ses ordres on commence à Blois la collection des vélins, 116, Son portrait, vél., par un Inconnu, 119, Sa collection de vélins, 138. Son nom cité, 319.
ORLÉANS (Philippe de France, duc d'). Assiste à la pose de la première pierre de l'hôpital du Val-de-Grâce, 63, Pose la première pierre du pavillon d'Anne d'Autriche à l'hôpital du Val-de-Grâce, 73, Figure dans : « Présentation par Colbert à la signature de Louis XIV, de l'ordonnance du commerce en 1673 », toile, par Robert-Fleury, au palais du Tribunal de commerce, 87. Son nom cité, 96.
ORLÉANS (la famille d'). Louis XVIII lui restitue le parc Monceau, 41.
Ornithogalum, vél., par Mlle Basseporte, 171, —, vél., par P.-J. Redouté, 245, 246, —, vél., par Rabel, à la Bibliothèque nationale, 321, —, vél., par Joubert, à la Bibliothèque nationale, 323.
Ornithopus persupillus, vél., par Joubert, 154.
Ornithorhynque, vél., par Werner, 282, 283.
Ornithorincus, vél., par N. Huet, 205.
Ornitolite, vél., par N. Huet, 222.
Orobus, vél., par Aubriet, 166.
Orties, dessins, attribués à Robert, 317, 319.
Ortygometra, vél., par Robert, 145.
Oryctérope, vél., par N. Huet, 205, —, vél., par Terrier, 269.
Os. —, vél., par N. Huet, 221, Formation des —, vél., par Nicolet, 310, Formation des —, vél., par Vulpian, 313, Formation des —, vél., par Werner, 314, 315.
Osselets sous-vertébraux, vél., par N. Huet, 208.
Ostensoir, en or, à l'hôpital du Val-de-Grâce, 64.
Ostéologie, vél., par L. de Wailly, 313.
Osteospermum, vél., par Aubriet, 161.
Ostracions, vél., par Jossigny, 225.
Otaries, vél., par Bocourt, 194, 305.
Othonna, vél., par Aubriet, 161.
Otis, vél., par Robert, 143.

OTUS. — PARIS.

Otus stygius, vél., par Werner, 284.
OUDART (Paul-Louis), peintre. Trente-sept vélins, 233-235, Douze vélins, 310-311. Son nom cité, 116.
OUDINÉ (Eugène-André), sculpteur. La ville de Paris, bas-relief pierre, à la mairie du XIIe arrondissement, 18.
OUDINOT (P.), peintre. Cent cinq vélins, 235-238.
OUDRY (Jean-Baptiste), peintre. Cerfs du Bengale, Un Serpentaire, un Héron, un Coq, deux Canards, Chien et Perdrix, Un Vautour et un Flamant, toiles, au Jardin des Plantes, 102.
OUIN-LACROIX (l'abbé). Son ouvrage : « Histoire de l'église de Sainte-Geneviève », cité, 332, 336.
Ouistiti, vél., par Wailly, 272, —, vél., par Werner, 286, —, vél., par le même, 290, —, vél., par le même, 297.
Ours, vél., par N. Huet, 204, 205, 211, —, vél., par Maréchal, 226, 229, —, vél., par Wailly, 273, —, vél., par Werner, 290, 292, 298.
Oursin, vél., par Werner, 287.
Outardes, vél., par Robert, 143.
Ouvrier ébéniste (un), statue pierre, par Plé, à la mairie du XIIe arrondissement, 18.
Ovis Burrhel, vél., par Terrier, 269, —, vél., par le même, 313.
Oxalis, vél., par Mlle Basseporte, 178, —, vél., par P.-J. Redouté, 257.
Oxylobrium, vél., par P.-J. Redouté, 261.
Oxytropis, vél., par Joubert, 153, —, vél., par H.-J. Redouté, 240.

P

Pachira, vél., par Bessa, 192.
Pachycerque, vél., par Bocourt, 194.
Pachymatisma, vél., par Oudart, 310.
Pachysandra, vél., par P.-J. Redouté, 263.
Pachyura, vél., par Werner, 293, 297.
Pachyuromys, vél., par Terrier, 269, 313.
Pacu prasinum, vél., par Mlle Alberti, 188.
PAGE (le capitaine), 298, 300.
Pagellus mormyrus, vél., par H.-J. Redouté, 242.
Paix (la), statue, par Pigalle, place de la Concorde, citée, 37, —, statue pierre, par Desbœufs, place du Trône, 47.
PAJOU (Augustin), sculpteur. Statue marbre, de Buffon, au Jardin des Plantes, 97, 103, Bustes marbre et plâtre, de Buffon, au même jardin, 111, 115, 116.
Palava, vél., par Van Spaendonck, 185.
Paleoterium magnum, vél., par Delahaye, 305.
Paleteaux printaniers de Chartres, vél., par un Inconnu, 119.
Palette blanche, vél., par Aubriet, 168.
Palmier, vél., par Bessa, 191.
Palæotherium, vél., par N. Huet, 221.
Palumbus columba, vél., par Robert, 143.
Panax, vél., par Mlle Basseporte, 177.
Pancratium, vél., par Joubert, 147, —, vél., par Van Spaendonck, 183, —, vél., par P.-J. Redouté, 246.
Pangolins, vél., par N. Huet, 205, 212, —, vél., par Wailly, 276.
Panolia, vél., par V.-J. Huet, 223, 309.
Panopees, vél., par Prévost, 239, —, vél., par Vaillant, 270.
Panthère, vél., par Maréchal, 227, 230, —, vél., par Wailly, 274, —, vél., par Werner, 286.
Paon, vél., par Durand, 199.
Papaver, vél., par Robert, 133, —, vél., par Joubert, 151, —, vél., par Aubriet, 162, —, dessins, attribués à Robert, 318.
PAPETY (Dominique-Louis-Ferréol), peintre. La République, toile, à la mairie du XVIIe arrondissement, 26, Collabore avec Chenavard à la décoration picturale du Panthéon, 334.
Papillons, vél., par Aubriet, 168, 169, —, vél., par Clément, 198, —, vél., par A. de Fontainne, 202, —, vél., par N. Huet, 217, 218, —, vél., par Oudinot, 236, —, vél., par Rabel, à la Bibliothèque nationale, 320.
Paradis émeraude (petit), vél., par Wailly, 278.
Paradoscase, vél., par Werner, 298.
Paradoscun, vél., par Werner, 289.
Paradoxurus, vél., par Werner, 286.
Parathilphusa, vél., par Blanchard, 194.
Paratropia, vél., par Mlle Ribčé, 265.
Paresseux à collier, vél., par Wailly, 275.
Parietaria, vél., par Mlle Basseporte, 182.
PARIS (le comte DE), 312.
Paris. La Ville de —. Ses armoiries sur la façade de la mairie du IVe arrondissement, 8, 9, 10, 11, 12, 13, 15, 17, 18, 24, 29, La Ville de —, statue plâtre, par Soldi, à la mairie du Ve arrondissement, 10, La Ville de —, bas-relief pierre, par Oudiné, à la mairie du XIIe arrondissement, 18, La

TABLE ANALYTIQUE. 407

PARIS. — PASSERAGE.

Ville de — recevant de la Seine et du Canal de l'Ourcq l'abondance et la prospérité, peinture murale, par Meynier, au palais de la Bourse, 54-55, La Ville de — présentant les clefs de la Bourse à la Justice et à Mercure, peinture murale, par Abel de Pujol, au même palais, 55, La Figure allégorique de la Ville de —, peinture murale, par Vinchon, au même palais, 58, La Ville de —, toile, par Jobbé-Duval, au palais du Tribunal de commerce, 85, Armes de la Ville de —, au même palais, 87.

Paris. Avenue de l'Observatoire, 43.
— Bibliothèque nationale, 53, 116.
— Bibliothèque des Archives nationales, 64.
— Bibliothèque de l'Institut : Buste marbre du comte Berthollet, par Gayrard, 102.
— Bibliothèque du Jardin des Plantes, 116.
— Bibliothèque Sainte-Geneviève, 331.
— Cabinet des médailles, 63.
— Cimetière du Père-Lachaise : Buste bronze, de l'abbé Latreille, par Merlieux, 100, 324.
— Cloître Saint-Merri, 79.
— Couvent des Filles de Saint-Thomas d'Aquin, 53.
— École de droit, 10.
— École militaire (chapelle de l') : La France, appuyée par la Religion, consacrant à Notre-Dame de Gloire des drapeaux pris sur l'ennemi, toile, par Perrin, 69.
— Église de Notre-Dame des Victoires, 4.
— Église des Petits-Pères, 53.
— Église de Saint-Barthélemy, 79.
— Église de Saint-Germain l'Auxerrois : Fait pendant à la mairie du Ier arrondissement, 3.
— Église de Saint-Pierre des Arcis, 79.
— Église de Saint-Roch : La Nativité, groupe marbre, par Michel Anguier, 64.
— Fontaine de Childebert, citée, 42.
— Hôpital du Val-de-Grâce, 63-74.
— Hôtel Aguado de las marismas : C'est dans cet hôtel que fut installée la mairie du IXe arrondissement, 14.
— Hôtel de Brissac, devenu la mairie du VIIe arrondissement, 12.
— Hôtel Charrost : occupait l'emplacement de la mairie du VIe arrondissement, 11.
— Hôtel de Contades : C'est dans cet hôtel que fut installée la mairie du VIIIe arrondissement, 14.
— Hôtel de Forbin-Janson, devenu la mairie du VIIe arrondissement, 12.
— Hôtel des monnaies, 63.
— Hôtel de Nevers, 53.
— Hôtel du Petit-Bourbon, 63.
— Hôtel de Soissons, 53.

Paris. Hôtel de ville : Une tapisserie d'Aubusson devait y être placée, 8.
— Mairies : Monographie, 3-29.
— Manufacture des Gobelins, 347, 348, 349.
— Musée Carnavalet : Esquisse peinte par Gros de la coupole du Panthéon, 333.
— Musée du Louvre : Buste marbre, de Buffon, par Pajou, 116, Statue de l'Immortalité, modèle bronze, par Cortot, 334.
— Musée de Marine : Buste marbre, de Dumont-d'Urville, par Oliva, 111.
— Musée des Petits-Augustins : La Mise au tombeau, bas-relief bronze, par Michel Anguier, 71-72.
— Palais de la Bourse : Monographie, 53-59.
— Palais de l'Institut : Buste plâtre de l'abbé Latreille, par Merlieux, 100.
— Palais-Royal, 53.
— Parc Monceau : Monographie, 40-41.
— Place de Clichy : Monographie, 35-36.
— Place de la Concorde : Monographie, 37-39.
— Place Denfert-Rochereau : Monographie, 39.
— Place de l'Institut : Monographie, 39-40.
— Place du Palais-Bourbon : Monographie, 44.
— Place de Rivoli : Monographie, 44.
— Place du Trône : Monographie, 46-47.
— Promenade du Ranelagh : Monographie, 44.
— Square des Arts et Métiers : Monographie, 35.
— Square des Ménages : Monographie, 40.
— Square Monge : Monographie, 41-42.
— Square Moutholon : Monographie, 42.
— Square de Montrouge : Monographie, 42-43.
— Square Sainte-Clotilde : Monographie, 45.
— Square du Temple : Monographie, 45-46.
— Théâtre des Variétés, 79.
— Tuileries (chapelle des) : La France, appuyée par la Religion, consacrant à Notre-Dame de Gloire des drapeaux pris sur l'ennemi, toile, par Perrin, 69.

Paronichia, vél., par Van Spaendonck, 184.
Parthenium, vél., par Robert, 130, —, vél., par Mlle Basseporte, 176.
Pascal (Ernest), sculpteur. Le Commerce, l'Industrie, statues pierre, à la mairie du IIIe arrondissement, 6.
Passer marchionessarum, vél., par Borromée, 196.
Passerage, dessin, attribué à Robert, 317.

PASSERINA. — PETER.

Passerina, vél., par Van Spaendonck, 184.
Passiflora, incarnata, vél., par Robert, 136, —, vél., par Joubert, 154, —, vél., par Aubriet, 167, —, vél., par Mlle Basseporte, 182, —, vél., par Mlle Baudry de Balzac, 191, —, vél., par P.-J. Redouté, 262, 263, vél., par Mlle Riché, 265.
Passy. Personnages illustres qui y ont habité, 25.
PASTEUR (Louis), membre de l'Académie française. Son profil peint par Blanc, au Panthéon, 346.
Paternité (la), toile, par Boulanger, à la mairie du XIIIe arrondissement, 21.
Patience (la). Voy. *Pauvreté*.
Patrie. La —, toile, par Boulanger, à la mairie du XIIIe arrondissement, 21, La — en deuil, bas-relief pierre, par Doublemard, fait partie du monument de la Défense de la barrière de Clichy, 36, La —, peinture par Gérard, au Panthéon, 33, 343-344, Aux grands hommes la — reconnaissante, bas-relief pierre, par David d'Angers, au fronton du Panthéon, 336-337.
Patriotisme (le), bas-relief pierre, par Doublemard, fait partie du monument de la Défense de la barrière de Clichy, place de Clichy, 36.
Paullinia, vél., par Mlle Basseporte, 178.
Pauvreté. La —, la Patience, bas-relief pierre, par Michel Anguier, à l'hôpital du Val-de-Grâce, 73.
Pavonaire, vél., par Prêtre, 239.
Pavonia, vél., par Van Spaendonck, 185, —, vél., par P.-J. Redouté, 257.
Pawlownia, vél., par Mlle Riché, 265.
Paysage. —s, peintures murales, par un Inconnu, à l'hôpital du Val-de-Grâce, 73, — dans les mers du Nord, toile, par Biard, au Jardin des Plantes, 104.
Peau (anatomie générale de la), vél., par Werner, 281, 282.
Pécari, vél., par N. Huet, 212, —, vél., par Werner, 287.
Pêche aux morses, toile, par Biard, au Jardin des Plantes, 104.
Pectis humifosa, vél., par P.-J. Redouté, 255.
Pedicularis palustris, vél., par Robert, 123.
Peinture (la), statue par Petitot, au Panthéon, 333.
PÉLAGE, hérésiarque, 340.
Pelargonium, vél., par Robert, 134, —, vél., par Joubert, 151, 152, —, vél., par Joubert, 154, —, vél., par Aubriet, 163, 168, —, vél., par Mlle Basseporte, 178, —, vél., par Van Spaendonck, 185, —, vél., par A. de Fontaine, 201, —, vél., par P.-J. Redouté, 257.

Pelecanus, vél., par Robert, 145.
Pélinde bérus, vél., par Oudart, 235.
Pélican (le), vél., par Wailly, 281.
Peliosanthes teta, vél., par P.-J. Redouté, 245.
Pelobates, vél., par Chazal, 197.
Peltaria, vél., par Mlle Basseporte, 178.
Pempheride, vél., par Werner, 294.
Pénélope (le), vél., par Prévost, 239, —, vél., par Werner, 293.
Pennatule grise, vél., par Prêtre, 239.
Pentagonaster, vél., par Clément, 198.
Pentaper, vél., par Mlle Basseporte, 178.
Penthorum, vél., par Mlle Basseporte, 179.
Peonia, vél., par Rabel, à la Bibliothèque nationale, 322.
PÉPIN LE BREF, figure dans : « Scènes de la vie de Charlemagne », peintures murales, par Lévy, au Panthéon, 347.
Péramède, vél., par N. Huet, 211.
Perca, vél., par Bessa, 192, —, vél., par H.-J. Redouté, 242.
Percis cylindrica, vél., par H. J. Redouté, 242.
Percnoptère, vél., par Wailly, 277.
Perdrix, vél., par Robert, 143. Voy. *Chien*.
Periophthalmus, vél., par Sonnerat, 268.
Perlon à petites pectorales, vél., par H.-J. Redouté, 242.
Pero licticus, vél., par V.-J. Huet, 223, 308.
Peronia stricta, vél., par P.-J. Redouté, 248.
PERRAUD (Jean-Joseph), sculpteur. Le Jour, groupe marbre, avenue de l'Observatoire, 43, Saint Denis, statue marbre, au Panthéon, 335, 338.
PERRAULT (Claude), architecte. L'arc de la place du Trône a été construit d'après son dessin, 46. Son nom cité, 169.
PERRIN, sculpteur. A exécuté les sculptures d'ornement de la mairie du XVIe arrondissement, 25.
PERRIN (Jean-Charles-Nicaise), peintre. La France, appuyée par la Religion, consacrant à Notre-Dame de Gloire des drapeaux pris sur l'ennemi, toile, à l'hôpital du Val-de-Grâce, 69.
Perroquet. — Ibis, Vautour, Toucan, toile, par un Inconnu, au Jardin des Plantes, 102, — s, vél., par Robert, 142, —, vél., par Bessa, 192, — s, vél., par N. Huet, 216, — s, vél., par Wailly, 279.
PERROT (Paul), commissaire-priseur, 334.
Perruches, vél., par Robert, 142, —, vél., par Wailly, 279.
Persicaria maculosa, dessin, attribué à Robert, 318.
Peter Botte (île Maurice), toile, par Bérard, au Jardin des Plantes, 105.

PETIT. — PIGANIOL.

Petit (Antoine), Régent de la faculté de Médecine. Son buste terre cuite, par Lucas, au Jardin des Plantes, 101.
Petitot (Louis-Messidor-Lebon), sculpteur. La Ville de Marseille, La Ville de Lyon, statues pierre, place de la Concorde, 37-38, Vingt-huit petits Génies soutenant des guirlandes de fruits et de fleurs, haut relief, au palais de la Bourse, 54, La statue de l'Abondance lui est commandée pour le même palais, 54.
Petitot (Pierre), sculpteur. La Peinture, La Sculpture, statues, au Panthéon, 333.
Petrea, vél., par Mlle Riché, 265.
Petromyzon, vél., par Aubriet, 170, —, vél., par Mlle Alberti, 187, —, vél., par N. Huet, 220.
Peucedanum, vél., par Mlle Basseporte, 177.
Peyre (Antoine-François), architecte. Dirige les travaux de l'église de Sainte-Geneviève, 331; Ses ouvrages cités : « Restauration du Panthéon français », et « Observations sur la restauration des piliers du dôme de Sainte-Geneviève », 331.
Phaëton à brins rouges, vél., par Aubriet, 168.
Phalagins, vél., par N. Huet, 212.
Phalanger, vél., par Maréchal, 230-231, —, vél., par Wailly, 275, —, vél., par Werner, 288, 289, 302.
Phalangium, vél., par Joubert, 147, —, vél., par Aubriet, 157, —, vél., par Mlle Basseporte, 171, —, vél., par Rabel, à la Bibliothèque nationale, 321.
Phalènes, vél., par Aubriet, 169.
Phalloïdes, vél., par Prêtre, 239.
Phallus roseus, vél., par H.-J. Redouté, 239.
Phascolome wombat, vél., par Wailly, 275, —, vél, par Werner, 288, 302.
Phascolomys, vél., par Bocourt, 195-196.
Phaseolus, vél., par Robert, 137, —, vél., par Joubert, 153, —, vél., par Aubriet, 166, —, vél., par Van Spaendonck, 185.
Phasianelles, vél., par N. Huet, 220, vél., par Robert, 142, 143.
Phelypea, vél., par Aubriet, 158, —, vél., par H.-J. Redouté, 240.
Phibalure, vél., par N. Huet, 215.
Philadelphus coronarius, vél., par Robert, 136.
Philédon, vél., par Werner, 284.
Philippe-Auguste, statue bronze, par Etex, place du Trône, 47.
Philippe le Bel. Ordonne l'arrestation des Templiers, 45.
Philippe-Égalité (le duc de Chartres, dit). Fait construire une maison de plaisance à Monceau, 40.
Philippe de France. Voy. Orléans.

Phillitis, vél., par Robert, 119.
Philodendron, vél., par Mlle Devéria, 199, —, vél., par Mlle Riché, 265, 266.
Philosophie. La — instruisant un jeune homme, groupe, par Chaudet, au Panthéon, 332, Le génie de la —, statue, par Dupasquier, au Panthéon, 333.
Philycæa, vél., par P.-J. Redouté, 262.
Phlomis, vél., par Robert, 124, —, vél., par Joubert, 148, —, vél., par Mlle Basseporte, 173.
Phlox, vél., par P.-J. Redouté, 252.
Phoca, vél., par N. Huet, 205.
Phœbé, 43.
Phœnicopterus, vél., par Robert, 145, —, vél., par Aubriet, 168.
Phoque. —, vél., par N. Huet, 211, —s, vél., par Werner, 288, 302.
Phormium, vél., par P.-J. Redouté, 245.
Phryne, vél., par Oudinot, 238.
Phrynosôme orbiculaire ou *lézard du Brésil*, vél., par Werner, 294.
Phychotria, vél., par P.-J. Redouté, 256.
Phyllanthus, vél., par Mlle Basseporte, 182, —, vél., par P.-J. Redouté, 262.
Phyllocactus, vél., par Mlle Riché, 265.
Phillostômes, vél., par N. Huet, 205, 210.
Phyllyrea latifolia, vél., par Robert, 123.
Phymato lépide, vél., par Bocourt, 195.
Physalis, vél., par Robert, 125, —, vél., par Van Spaendonck, 184, —, vél., par P.-J. Redouté, 251.
Physique (la), statue, par Baccari, au Panthéon, 333.
Phyteuma, vél., par Robert, 127, —, vél., par Aubriet, 160, —, vél., par Joubert, 150, —, vél., par P.-J. Redouté, 254.
Phytolacca, vél., par Robert, 122, —, vél., par Mlle Basseporte, 172.
Pic noir morant, vél., par Robert, 141.
Picramnia, vél., par Mlle Basseporte, 181.
Picucules, vél., par N. Huet, 215.
Pie IX, 338.
Pie. — s-grièches, vél., par Robert, 139, — commune, vél., par le même 141, —s d'Inde, vél., par le même, 141, —s-grièches, vél., par Gombaud, 203, — à bec rouge, vél., par le même, 204, —s-grièches, vél., par N. Huet, 214, —s, vél., par le même, 215, — -grièche, vél., par Werner, 284.
Piettes, vél., par Robert, 147.
Pigalle (Jean-Baptiste), sculpteur. La Paix, La Prudence, La Force, La Justice, statues, place de la Concorde, citées, 37.
Piganiol de la Force, historien. Son ouvrage : Description historique de la Ville de Paris, cité, 95, 96, 98, 114.

PIGEON. — POLYPTHÈRE.

Pigeon. —s, vél., par Robert, 138, Squelettes et dents du —, vél., par Werner, 314, Squelettes de jeunes —s, vél., par le même, 314.

PILOX (Germain), sculpteur. Les Quatre Vertus, groupe, au Panthéon, 332.

Pimelea, vél., par Bessa, 191.

Pimélode barbu, vél., par Jossigny, 225.

Pimelodus, vél., par Mlle Alberti, 188.

Pimelepterus, vél., par Jossigny, 224.

Pimprenelle, dessin, par L. de Chatillon, 318.

Pinche ouistiti, vél., par Werner, 290, 297.

Pingouin, vél., par Robert, 145.

Pinsons, vél., par Robert, 140.

Pintade, vél., par Robert, 142. Voy. *Grues*.

Pinus, vél., par Robert, 138, —, vél., par Aubriet, 167.

Piochets de l'Inde, vél., par Robert, 141.

Pipa americana, vél., par Bocourt, 195.

Piper medium, vél., par P.-J. Redouté, 263.

Pisonia, vél., par P.-J. Redouté, 250, —, vél., par Mlle Riché, 265.

Pistacia, vél., par Robert, 137.

Pitcairnia, vél., par P.-J. Redouté, 245, —, vél., par Riocreux, 266, —, vél., par Mlle Riché, 266.

Pithon Sebœ, vél., par Mlle Alberti, 190.

Pitta, vél., par V.-J. Huet, 222.

PITTON. Voy. TOURNEFORT.

Pittonia, vél., par Mlle Basseporte, 174.

Pittosporum, vél., par P.-J. Redouté, 262.

Pivert mâle, vél., par Robert, 142.

Placenta de l'anencéphale de patare, vél., par Meunier, 309.

Plantago, vél., par Robert, 122.

PLANTAR et DELAFONTAINE, fondeurs. L'Agneau pascal, médaillon bronze, Candélabres, bronze, d'après Fontaine, dans l'ex-Chapelle expiatoire, 359.

Platanus, vél., par Mlle Basseporte, 182.

Platycarcinus, vél., par Vaillant, 269.

Platycéphales, vél., par Jossigny, 224.

Platydactyle, vél., par N. Huet, 218, —, vél., par Oudart, 233.

Platylobium, vél., par P.-J. Redouté, 261.

PLÉ (Henri-Honoré), sculpteur. Un ouvrier ébéniste, statue pierre, à la mairie du XIIe arrondissement, 18.

Plecostomus, vél., par de Nerville, 233.

Plectranthus, vél., par Mlle Basseporte, 173.

Plectropoma, vél., par Werner, 294.

Plectropome, vél., par Bessa, 192.

Plecа, vél., par P.-J. Redouté, 245.

Plestiodonte, vél., par Chazal, 197, —, vél., par N. Huet, 219.

Pleurodèle, vél., par Oudart, 235.

Pleuronecte, vél., par Jossigny, 225.

Plexaura, vél., par Mlle Alberti, 190, —, vél., par Delabaye, 199, —, vél., par Mlle Aubriet, 304, —, vél., par Delabaye, 305.

Plexaurella, vél., par Mlle Alberti, 189, —, vél., par Mlle Aubriet, 304.

Plongeon, vél., par Robert, 145.

Plumbago, vél., par Robert, 122, —, vél., par Aubriet, 158.

Pluvier, vél., par Robert, 143, —, vél., par Wailly, 280.

Poa annua, vél., par Robert, 120.

Podalyria, vél., par P.-J. Redouté, 261.

Podarge, vél., par N. Huet, 215.

Podencéphales, vél., par N. Huet, 307.

Podocnémide, vél., par Vaillant, 270.

Podophyllum, vél., par Robert, 133.

Pœcilocephalus pictus, vél., par Mlle Alberti, 187.

Pœcilophis, vél., par Mlle Alberti, 188.

Pœnia, vél., par Robert, 133, —, vél., par Mlle Basseporte, 177, —, vél., par P.-J. Redouté, 256, 259.

Poésie (la), statue, par Chardin, au Panthéon, 333.

POGGESI (Angelo), mosaïste. Le Christ montrant à l'Ange de la France les destinées de son peuple, mosaïque, d'après Hébert, au Panthéon, 348.

Pogostemon, vél., par P.-J. Redouté, 251.

POIRIER, médecin, 96.

Pois. — de la Chine, vél., par Rabel, à la Bibliothèque nationale, 323, — chiche, dessin, attribué à Robert, 316.

Poisson. —, vél., par Bessa, 193, —s, vél., par Borromée, 196, —s, vél., par Oudart, 235, —s, vél., par Millot, 310.

POITEVIN (Philippe), sculpteur. Buste marbre de Baudens, à l'hôpital du Val-de-Grâce, 74.

POITOU (Alphonse, comte DE), figure dans : « Saint Louis portant la couronne d'épines », peinture murale, par Cabanel, au Panthéon, 345.

Polatouche, vél., par N. Huet, 212.

Polemonium, vél., par Robert, 126, —, vél., par Mlle Basseporte, 174, —, vél., par A. de Fontaine, 200.

POLLET (Victor). Son profil peint par Puvis de Chavannes, au Panthéon, 341.

Polorou, vél., par Werner, 288.

Polygala, vél., par P.-J. Redouté, 250.

Polygana, vél., par Mlle Basseporte, 172.

Polygomatum, vél., par Aubriet, 155, —, dessin, attribué à Robert, 318.

Polymnia, vél., par Aubriet, 161.

Polyops deturpatus, vél., par Meunier, 309.

Polype, vél., par Mlle Bounieu, 196.

Polypodium, vél., par P.-J. Redouté, 244.

Polypthère bichir, vél., par H.-J. Redouté, 240, 244.

PONSARD. — PUJOS.

Ponsard (François). Son nom est inscrit dans la voûte de la salle des fêtes de la mairie du XVIᵉ arrondissement, 25.
Pontederia cordata, vél., par P.-J. Redouté, 248.
Pontier, peintre. Deux vélins, 311.
Porc. Système dentaire du jeune —, vél., par Werner, 314, Ostéologie du —, vél., par le même, 314.
Porcelaines, vél., par Mˡˡᵉ Basseporte, 183.
Porite, vél., par Mˡˡᵉ Alberti, 189.
Portea, vél., par Cuisin, 198.
Portulacaria, vél., par Mˡˡᵉ Basseporte, 179.
Porus, vél., par N. Huet, 218.
Posche-cuiller, vél., par Robert, 144.
Potentilla, vél., par Joubert, 153.
Poterium, vél., par P.-J. Redouté, 260.
Pothos, vél., par Mˡˡᵉ Basseporte, 170, —, vél., par P.-J. Redouté, 244.
Potorou, vél., par Werner, 302.
Pouchet (le docteur). Son étude sur le Jardin des Plantes dans l'ouvrage « Paris-Guide », citée, 98.
Poujade, peintre. Cinq vélins, 239.
Poule. — d'Inde, vél., par Robert, 142, — d'eau, vél., par le même, 145, —s, vél., par le même, 142.
Poulets, vél., par N. Huet, 307.
Poulpe géant, vél., par Werner, 293.
Pourretia, vél., par Riocreux, 266.
Poussielgue, orfèvre. A moulé le bas-relief la « Mise au tombeau » de la cathédrale de Séez pour l'hôpital du Val-de-Grâce, 71, A exécuté deux figurines d'Anges, bronze doré, d'après Cambos, au même hôpital, 72.
Pradier (James), sculpteur. La Ville de Strasbourg, la Ville de Lille, statues pierre, place de la Concorde, 38, L'Industrie, statue pierre, au palais de la Bourse, 54, La statue de la Fortune publique lui est commandée pour le même palais, 54, Buste plâtre de Cuvier, au Jardin des Plantes, 100.
Prasium, vél., par Van Spaendonck, 184, —, vél., par A. de Fontaine, 200.
Premnasia, vél., par Formaut, 203.
Prenanthes, vél., par P.-J. Redouté, 255.
Prêtre (Jean-Gabriel), peintre. Six vélins, 239. Son nom cité, 116.
Prévost (E.-A.), peintre. Huit vélins, 239.
Priamus, vél., par A. de Fontaine, 202.
Primula, vél., par Robert, 122, —, vél., par Joubert, 148, —, vél., par Aubriet, 158, —, vél., par A. de Fontaine, 200, —, vél., par P.-J. Redouté, 250.
Prinoplax, vél., par Blanchard, 194.
Prinox, vél., par Mˡˡᵉ Basseporte, 181.
Pristopoma, vél., par Jossigny, 224.

Procès-verbaux de l'Académie royale de peinture, 114.
Procnias, vél., par N. Huet, 214-215.
Protea, vél., par Bessa, 191, —, vél., par P.-J. Redouté, 249.
Protée, vél., par Chazal, 197.
Protèle, vél., par Wailly, 270, 274.
Proteossaurus, vél., par Chazal, 197.
Proust (Antonin). Son profil, peint par Blanc, au Panthéon, 346.
Prudence. La —, statue, par Pigalle, place de la Concorde, citée, 37, La —, statue commandée à Roman, pour le palais de la Bourse, 54, La —, peinture murale, par Blondel, au palais de la Bourse, 58, La —, la Justice, bas-relief pierre, par Michel Anguier, à l'hôpital du Val-de-Grâce, 67, La —, statue pierre, par Salmson, au palais du Tribunal de commerce, 80, La —, statue par Cartellier, au Panthéon, 333.
Prud'hon (Pierre), peintre, 334.
Prunella, vél., par Robert, 124.
Prunes, vél., par A. de Fontaine, 202.
Prunus, vél., par Robert, 136, —, vél., par un Inconnu, 119, —, vél., par Mˡˡᵉ Basseporte, 180, —, vél., par Mˡˡᵉ Bounieu, 196.
Psammophide, vél., par N. Huet, 219.
Pseudope de Pallas, vél., par Oudart, 234.
Psidium, vél., par Aubriet, 165, —, vél., par P.-J. Redouté, 260.
Psittacus Alexandri, vél., par Wailly, 279.
Psoralea, vél., par Robert, 136, —, vél., par Aubriet, 166, —, vél., par Mˡˡᵉ Basseporte, 181.
Psychotria, vél., par Mˡˡᵉ Riché, 265.
Ptarmica, dessin, attribué à L. de Chatillon, 318.
Ptelea, vél., par Mˡˡᵉ Basseporte, 181.
Pteranthus echinatus, vél., par P.-J. Redouté, 250.
Ptérodactyle du néocomien, vél., par Millot, 309.
Ptéroïs voltigeant, vél., par H.-J. Redouté, 242.
Pteromis, vél., par N. Huet, 212.
Pterospermum, vél., par P.-J. Redouté, 258.
Puech, dit Dupont, 218.
Pujol (Abel de), peintre. La Ville de Bordeaux, La Ville de Paris présentant les clefs de la Bourse à la Justice et à Mercure, La Ville de Lille, La Ville de Nantes, l'Asie, La France accueillant les produits des quatre parties du monde, L'Europe, La Ville de Rouen, peintures murales, au palais de la Bourse, 55, 56.
Pujos, peintre. Portrait de Buffon, gravé par Vangelisti, d'après son dessin, à l'Académie de Toulouse, 103.

PULMONARIA. — RELIGION.

Pulmonaria, vél., par Joubert, 149, —, vél., par Aubriet, 159.
Pultenœa, vél., par P.-J. Redouté, 261.
Puvis de Chavannes (Pierre), peintre. Éducation de sainte Geneviève, Vie pastorale de sainte Geneviève, peintures murales, gravées, au Panthéon, 335, 336, 340-341, Son profil, peint par lui-même, au Panthéon, 341. Son nom cité, 348.
Puy-de-Dôme, volcans éteints, toile, par Bérard, au Jardin des Plantes, 105-106.
Pyramides (les), bas-relief bronze décorant le piédestal de la statue du baron Larrey, par David d'Angers, à l'hôpital du Val-de-Grâce, 65.
Pyrargue, vél., par N. Huet, 214, —, vél., par Werner, 284.
Pyrus, vél., par Aubriet, 165, —, vél., par Van Spaendonck, 185.
Pythons, vél., par Chazal, 197, 198.

Q

Quassia, vél., par Bessa, 192.
Quatremère de Quincy (Antoine). Commande des œuvres décoratives pour le Panthéon, 332, Son rapport fait au Directoire du département de Paris sur les travaux du Panthéon, cité, 336. Son nom cité, 333, 337.
Quercus ilex, vél., par Robert, 138.
Quereil. L'Escarpement de lave basaltique du haut duquel tombe la cascade de —, toile, par Rémond, au Jardin des Plantes, 106.
Quisqualis, vél., par P.-J. Redouté, 259.

R

Rabel (Daniel), peintre. Un volume de vélins peints par lui est à la Bibliothèque nationale, 319.
Rafnia, vél., par P.-J. Redouté, 261.
Raie, vél., par Jossigny, 226, —s, vél., par H.-J. Redouté, 244.
Raiponce, dessins, attribués à Robert, 318.
Raja, vél., par N. Huet, 220.
Rajania, vél., par Mlle Basseporte, 170.
Ramey (Claude), sculpteur. La Musique, L'Architecture, statues, au Panthéon, 333, Le Génie de la Vertu, même édifice, 333.
Ramond, 118.
Ramphastos, vél., par Traviès, 269.
Ramus (Joseph-Marius), sculpteur. La Guerre, La Marine, bas-reliefs pierre, à la mairie du VIIe arrondissement, 12-13.
Rana mugiens, vél., par Chazal, 197.
Randia, vél., par Mlle Basseporte, 177.
Ranunculo affinis indica, vél., par Joubert, à la Bibliothèque nationale, 323.
Ranunculus, vél., par Robert, 132, —, vél., par Joubert, 151, —, vél., par Aubriet, 162, —, vél., par Mlle Basseporte, 177, —, vél., par Rabel, à la Bibliothèque nationale, 320.
Raphael ou Gabriel (l'archange), figure dans : « Scènes de la vie de Clovis », peintures murales, par Blanc, au Panthéon, 345.
Raphanus, vél., par Aubriet, 162, —, vél., par H.-J. Redouté, 240.
Raschal, vél., par H.-J. Redouté, 243.
Rasles, vél., par Robert, 145.
Ratons, vél., par N. Huet, 211.
Rattel, vél., par Werner, 286.
Rauwolfia, vél., par Mlle Basseporte, 175, —, vél., par P.-J. Redouté, 253.
Raynouard (François-Juste-Marie), poète tragique. Son nom est inscrit dans la voûte de l'une des salles de la mairie du XVIe arrondissement, 25.
Réaumur (René-Antoine Ferchault de), physicien. Son buste terre cuite, par Lemoyne, au Jardin des Plantes, 104.
Reaumuria, vél., par P.-J. Redouté, 259.
Réaux, 218.
Redi (François), botaniste, 118.
Redouté (Henri-Joseph), peintre. Cent dix vélins, 239-244, Cinq vélins, 311.
Redouté (Pierre-Joseph), peintre. Cinq cent dix-neuf vélins, 244-264. Son nom cité, 117.
Redutea, vél., par P.-J. Redouté, 258.
Reglers (J.), peintre, Un vélin, 265.
Regnaudin (Thomas), sculpteur. Deux statues d'Anges de l'une des façades de l'hôpital du Val-de-Grâce lui étaient précédemment attribuées, 66. Son nom cité, 71.
Regnault (Alexandre-Georges-Henri), peintre. Environs d'Alicante, dessin, au Jardin des Plantes, 106.
Religion. La —, la Dévotion, bas-relief pierre, par Michel Anguier, à l'hôpital du Val-de-Grâce, 67. Voy. *France.*

RÉMOND. — ROCHES.

RÉMOND (Charles), peintre. Roches calcaires du Fletschberg et cascades du Staubbach, Terrain d'alluvion de la vallée de l'Aar, Cimes calcaires de la Wetterborn et Glacier de Rosenlaui, Volcan de l'île Stromboli, entre Naples et la Sicile, Éruption du Vésuve, L'Escarpement de lave basaltique du haut duquel tombe la cascade de Quereil, toiles, au Jardin des Plantes, 105, 106.
RENARD, directeur des contributions directes, 301.
Renard, vél., par N. Huet, 211, —s, vél., par Wailly, 273, 274. Voy. *Corsac*.
RENDU (Sœur Rosalie, née). Son buste marbre, à la mairie du Ve arrondissement, 11.
Rénille violette, vél., par Prêtre, 239.
Renne, vél., par Milbert, 232.
Renommée. Deux —s, bas-reliefs pierre, par un Inconnu, à la mairie du VIIe arrondissement, 12, La —, groupe marbre, par Coyzevox, place de la Concorde, 39, —, statue bronze, par Dejoux, au Panthéon, 333, 334.
Renoncule, dessin, attribué à Robert, 318.
Reptiles, vél., par Formant, 203, —, vél., par N. Huet, 222, —, vél., par Maréchal, 232.
République (la), buste marbre, par Degeorge, à la mairie du IIe arrondissement, 5, —, toile, par Chauvin, à la mairie du XVIe arrondissement, 25, —, toile, par Papety, à la mairie du XVIIe arrondissement, 26, —, statue marbre, par Soitoux, place de l'Institut, 39-40.
Requin, vél., par N. Huet, 220, —, vél., par Sonnerat, 268.
Reseda, vél., par Aubriet, 162, —, dessin, attribué à Robert, 318.
Rétiaire (le), statue bronze, par Noël, square du Temple, 46.
REVEILLAUD, peintre. Un vélin, 265.
Revue des Deux Mondes, citée, 333.
REYNAUD, 294.
Rhamnus, vél., par Aubriet, 167.
RHAMSÈS II, 37.
RHAMSÈS III, 37.
Rhapis acaulis, vél., par Mlle Basseporte, 170.
Rhesus, vél., par N. Huet, 208, —, vél., par Maréchal, 229, —, vél., par Wailly, 271.
Rheum, vél., par Mlle Basseporte, 172, —, vél., par P.-J. Redouté, 249.
Rhexia, vél., par Mlle Basseporte, 180, —, vél., par P.-J. Redouté, 260.
Rhinencéphale, vél., par N. Huet, 308, —, vél., par H.-J. Redouté, 311.
Rhinocéros, vél., par Formant, 202, 203, —, vél., par N. Huet, 205, —, vél., par le même, 205, 206, —, vél., par le même, 206, —, vél., par le même, 212, —, vél., par Maréchal, 226-229, —, vél., par P.-J. Redouté, 263, 264, —, vél., par Wailly, 276, —, vél., par Werner, 290, 299, —, vél., par Millot, 310.
Rhincote Isabelle, vél., par Werner, 284.
Rhinolophes, vél., par N. Huet, 210.
Rhinophote, vél., par N. Huet, 209.
Rhinopome, vél., par N. Huet, 210.
Rhododendron, vél., par Mlle Basseporte, 175, —, vél., par P.-J. Redouté, 253.
Ribes, vél., par P.-J. Redouté, 259.
RICHARD (Louis-Marie-Joseph), sculpteur. Bustes bronze de Michel de L'Hospital et de Jean-Baptiste Colbert, au palais du Tribunal de commerce, 86.
RICHÉ (Mlle Adèle), peintre. Trente-sept vélins, 265-266.
RICHELIEU (le cardinal DE), 96.
Ricinus, vél., par Robert, 137, —, vél., par Joubert, 154.
RICORD, 295.
Ricotia, vél., par Mlle Basseporte, 178.
RIGNY (contre-amiral DE), 295.
Rimophole, vél., par Barraband, 190.
RINGUET (P.), peintre. Un vélin, 266.
Rio de Janeiro, 107.
RIOCREUX (Alfred), peintre. Trente-cinq vélins, 266-268, Vingt-six vélins, 311, 312.
RIVE (l'abbé), 319.
ROBERT (Elias-Louis-Valentin), sculpteur. La Loi, statue pierre, au palais du Tribunal de commerce, 80.
ROBERT (Nicolas), peintre. Cinq cent soixante-huit vélins, 119-147, Deux vélins, 322, Deux vélins, 323. Son nom cité, 97, 116-119, 315, 319.
ROBERT-FLEURY (Joseph-Nicolas), peintre. Institution des Juges-consuls par le chancelier de L'Hospital, Présentation par Colbert à la signature de Louis XIV, de l'ordonnance du commerce en 1673, Promulgation du Code de commerce par Napoléon Ier, Installation du nouveau Tribunal de commerce en 1865, toiles, au palais du Tribunal de commerce, 87, 88, Portrait de Devinck, au même palais, 89.
ROBIN (Jean), botaniste. Fonde le Jardin des Plantes, 95.
Robinia, vél., par Robert, 137, —, vél., par Mlle Basseporte, 181.
Rochea falcata, vél., par P.-J. Redouté, 259.
Roches. — calcaires du Fletschberg et cascades du Staubbach, toile, par Rémond, au Jardin des Plantes, 105, — de grès, vél., par Lalaye, 226.

ROCHET. — SAÏ.

Rochet (Louis), sculpteur. Cafre, buste bronze, au Jardin des Plantes, 110.

Rohault de Fleury (Ch.). Son ouvrage : Muséum d'histoire naturelle, cité, 98.

Rohria, vél., par P.-J. Redouté, 256.

Roitelet. — et fauvette, vél., par Robert, 140, —, vél., par Gombaud, 203.

Roland, paladin, figure dans : « Scènes de la vie de Charlemagne », peintures murales, par Lévy, au Panthéon, 347.

Roland (Philippe-Laurent), sculpteur. La nouvelle Jurisprudence, bas-relief, La Loi, statue, au Panthéon, 332.

Rollier. —, vél., par Robert, 141, —s, vél., par Wailly, 278.

Rollin (Charles), historien. Son buste marbre, par Maindron, à la mairie du V⁰ arrondissement, 11.

Romagnesi (Louis-Alexandre), sculpteur. Exécute les sculptures d'ornement de plusieurs pavillons de la place de la Concorde, 38.

Roman (Jean-Baptiste-Louis), sculpteur. La statue de la Prudence lui est commandée pour le palais de la Bourse, 54.

Roncevaux, 347.

Rondelet (Jean-Baptiste), architecte. Dirige les travaux de l'église de Sainte-Geneviève, 331, Son « Mémoire historique sur le dôme du Panthéon français », cité, 332, 336.

Rondeletia, vél., par P.-J. Redouté, 256.

Roquette, dessin, attribué à Robert, 317.

Rorquals, vél., par Formant, 306, —, vél., par N. Huet, 308, —, vél., par Werner, 315.

Rosa. — punicea, vél., par Robert, 134, — gallica, vél., par le même, 138, — semperflorens, vél., par le même, 138, — diversifolia, vél., par M¹¹ᵉ Basseporte, 180, — benghalensis, vél., par P.-J. Redouté, 264, —batavica, vél., par Rabel, à la Bibliothèque nationale, 321.

Rosalie (Sœur). Voy. Rendu.

Rosenlaui (glacier de). Voy. *Cimes*.

Roses, vél., par A. de Fontainne, 202.

Rossignol, vél., par Robert, 142, —, vél., par Gombaud, 203.

Rossini (Gioacchino), compositeur. Son nom est inscrit dans la voûte de l'une des salles de la mairie du XVIᵉ arrondissement, 25.

Rouen (la Ville de), statue pierre, par Cortot, place de la Concorde, 38, —, peinture murale, par Abel de Pujol, au palais de la Bourse, 56.

Rouge-gorge, vél., par Robert, 139, —, vél., par Gombaud, 203.

Rouget, vél., par H.-J. Redouté, 242.

Rouillard (Pierre-Louis), sculpteur. Deux lions, bronze, au palais du Tribunal de commerce, 82, 88, Tigre, bronze et plâtre, Cheval arabe, bas-reliefs bronze, au Jardin des Plantes, 108.

Rousseau, maire du IIᵉ arrondissement. Son buste bronze, par un Inconnu, à la mairie du IIᵉ arrondissement, 5.

Rousseau (Jean-Jacques). Les honneurs du Panthéon lui sont décernés, 333, Figure dans le fronton du Panthéon, bas-relief pierre, par David d'Angers, 336, Son cénotaphe, au Panthéon, 349.

Rousseau (Louis), ancien garde de galeries au Muséum d'histoire naturelle. Figure dans : « Vue du Geyser », toile, par Giraud, au Jardin des Plantes, 105.

Roussel (Mᵐᵉ), peintre. Portrait d'Anne d'Autriche, à l'hôpital du Val-de-Grâce : l'original est au musée de Versailles, 73.

Roussettes, vél., par N. Huet, 209.

Roux (Polydore), 295.

Rovetto, vél., par Mˡˡᵉ Alberti, 187.

Royena. — hirsuta, vél., par Aubriet, 160, — lucida, vél., par Mˡˡᵉ Basseporte, 175.

Rubia, vél., par Mˡˡᵉ Basseporte, 177.

Rubus, vél., par Robert, 136, —, vél., par Aubriet, 165, —, vél., par P.-J. Redouté, 260.

Rudbeckia, vél., par Robert, 130, —, vél., par Mˡˡᵉ Basseporte, 176, —, vél., par Van Spaendonck, 184.

Ruellia, vél., par Mˡˡᵉ Basseporte, 172, —, vél., par P.-J. Redouté, 250.

Ruffey (le président de), 103.

Rufin, vél., par Werner, 300.

Rufinus, vél., par Werner, 291.

Rumex tingitanus, vél., par Aubriet, 157.

Ruprich-Robert (V.), architecte. Son étude sur l'Eglise et le Monastère du Val-de-Grâce, citée, 65, Est auteur de la monographie de l'hôpital du Val-de-Grâce, 63-74.

Ruscus, vél., par Robert, 120.

Russie (l'Impératrice de), Fait exécuter le buste de Buffon, par Houdon, 101.

Ruta, vél., par Robert, 135, —, vél., par Aubriet, 163.

S

Sabal., vél., par P.-J. Redouté, 244.

Sagouin, vél., par Reglers, 265.

Saï, vél., par N. Huet, 209, —, vél., par Wailly, 272.

SAÏD. — SAINT LOUIS.

SAÏD ABDALLAH, de la tribu de Mayac, royaume du Darfour. Son buste bronze, par Cordier, au Jardin des Plantes, 110.

Saïmiri, vél., par Wailly, 272.

SAINT AMBROISE, figure dans : « Ancien et Nouveau Testament », peinture murale, par Mignard, à l'hôpital du Val-de-Grâce, 70, Figure dans : « Quatre grands Docteurs de l'Église », bas-reliefs pierre, par un Inconnu, au même hôpital, 73.

SAINT-AUBIN, dessinateur du Cabinet du Roi, 138.

SAINT AUGUSTIN, figure dans : « Ancien et Nouveau Testament », peinture murale, par Mignard, à l'hôpital du Val-de-Grâce, 70, Figure dans : « Quatre grands Docteurs de l'Église », bas-reliefs pierre, par un Inconnu, au même hôpital, 73.

SAINT AUSTREMOINE, peinture murale, par Puvis de Chavannes, au Panthéon, 341.

SAINT BENOÎT, statue pierre, par Devaulx, à l'hôpital du Val-de-Grâce, 66, Figure dans : « Ancien et Nouveau Testament », peinture murale, par Pierre Mignard, au même hôpital, 70.

SAINT BERNARD, statue marbre, par Jouffroy, au Panthéon, 335, 338.

SAINT CLÉMENT, peinture murale, par Puvis de Chavannes, au Panthéon, 341.

SAINT CRÉPIN, peinture murale, par Puvis de Chavannes, au Panthéon, 341.

SAINT CRESPINIEN, peinture murale, par Puvis de Chavannes, au Panthéon, 341.

SAINT DENIS. —, statue marbre, par Perraud, au Panthéon, 335, 338, La Prédication de —, peinture murale, par Galland, Martyre de —, peinture murale, par Bonnat, dans le même édifice, 305, 336, 339, 349.

Saint-Domingue (île de), 107.

SAINT ELEUTHÈRE, figure dans : « Prédication de saint Denis », peinture murale, par Galland, Figure dans : « Martyre de saint Denis », peinture murale, par Bonnat, au Panthéon, 339.

SAINT ÉLOI, orfèvre. Auteur de la châsse de sainte Geneviève, 331, Sa statue commandée à Mercié, pour le Panthéon, 335, 336, 349.

Saint-Esprit (le), figure dans : « Ancien et Nouveau Testament », peinture murale, par Mignard, à l'hôpital du Val-de-Grâce, 70.

SAINT-FARGEAU. Voy. LEPELLETIER.

SAINT FIRMIN, peinture murale, par Puvis de Chavannes, au Panthéon, 341.

SAINT-FOND (DE). Donne au Muséum d'histoire naturelle le cervelet de Buffon, 103.

SAINT GERMAIN remettant une médaille à sainte Geneviève enfant, groupe commandé à Chapu, pour le Panthéon, 335, 336, 349, —, Figure dans : « Scènes de la vie de sainte Geneviève », peintures murales, par Puvis de Chavannes, dans le même édifice, 340, 341. Voy. SAINTE GENEVIÈVE.

Saint Gratien, 241.

SAINT GRÉGOIRE, Figure dans : « Ancien et Nouveau Testament », peinture murale, par Mignard, à l'hôpital du Val-de-Grâce, 70, Figure dans : « Quatre grands Docteurs de l'Église », bas-reliefs pierre, par un Inconnu, au même hôpital, 73, —, Statue marbre, par Frémiet, au Panthéon, 335, 338, 339.

Saint-Hubert (Ardennes), 343.

SAINT JEAN-BAPTISTE, bas-relief pierre, par Michel Anguier, à l'hôpital du Val-de-Grâce, 69, Figure dans : « Ancien et Nouveau Testament », peinture murale, par Mignard, au même hôpital, 70.

SAINT JEAN L'ÉVANGÉLISTE, figure dans « Mise au tombeau », bas-relief bronze, par un Inconnu, à l'hôpital du Val-de-Grâce, 71.

SAINT JEAN DE MATHA, statue marbre, par Hiolle, au Panthéon, 335, 338.

SAINT JÉRÔME, figure dans : « Ancien et Nouveau Testament », peinture murale, par Mignard, à l'hôpital du Val-de-Grâce, 70, Figure dans : « Quatre Docteurs de l'Église », bas-reliefs pierre, par un Inconnu, au même hôpital, 73.

SAINT JULIEN, peinture murale, par Puvis de Chavannes, au Panthéon, 341.

SAINT JOACHIM, bas-relief pierre, par Michel Anguier, à l'hôpital du Val-de-Grâce, 68, Symboles se rattachant à la vie de —, médaillon pierre, par Michel Anguier, au même hôpital, 72.

SAINT JOSEPH, bas-relief pierre, par Michel Anguier, à l'hôpital du Val-de-Grâce, 68, Figure dans : « Nativité », groupe marbre, par Lequien, Desprès et Denis, d'après Michel Anguier, au même hôpital, 71.

SAINT LAZARE, peinture murale, par Puvis de Chavannes, au Panthéon, 341.

SAINT LOUIS. —, statue bronze, par Dumont, place du Trône, 47, —, Une chapelle lui est dédiée dans l'hôpital du Val-de-Grâce, 66, —, Figure dans : « Ancien et Nouveau Testament », peinture murale, par Mignard, au même hôpital, 70, —, Figure dans la coupole du Panthéon, peinte par Gros, 333, 343, — fondant les institutions qui font sa gloire, — captif des Sarrazins, peintures murales, par Cabanel, au Panthéon, 335, 344-345, L'ex-Chapelle expiatoire lui était

SAINT LOUP. — SAINTE GENEVIÈVE.

dédiée, 355. Voy. BLANCHE DE CASTILLE.
SAINT LOUP, figure dans : « Scènes de la vie de sainte Geneviève », peintures murales, par Puvis de Chavannes, au Panthéon, 340.
SAINT LUC, bas-relief pierre, par Michel Anguier, à l'hôpital du Val-de-Grâce, 69.
SAINT LUCAIN, peinture murale, par Puvis de Chavannes, au Panthéon, 341.
SAINT LUCIEN, peinture murale, par Puvis de Chavannes, au Panthéon, 341.
Saint-Malo, 65.
SAINT MARC, bas-relief pierre, par Michel Anguier, à l'hôpital du Val-de-Grâce, 69.
SAINT MARTIAL, peinture murale, par Puvis de Chavannes, au Panthéon, 341.
SAINT MARTIN. — Donne son manteau, toile, par Gaillot, citée, 74, —, groupe marbre, par Cabet, au Panthéon, 335, 338.
SAINT MATTHIEU, bas-relief pierre, par Michel Anguier, à l'hôpital du Val-de-Grâce, 69.
SAINT MAUR. Voy. VIEL.
SAINT MICHEL, figure dans : « Scènes de la vie de Clovis », peintures murales, par Blanc, au Panthéon, 345, Figure dans : « Scènes de la vie de Charlemagne », peintures murales, par Lévy, au Panthéon, 347, — vainqueur du Démon, tapisserie, d'après Merson, au Panthéon, 349.
SAINT PATERNE, peinture murale, par Puvis de Chavannes, au Panthéon, 341.
SAINT PAUL. La Conversion de —, toile, par Franque, citée, 74, Église érigée sous son vocable, 331, — prêchant devant l'aréopage d'Athènes, bas-relief par Boizot, au Panthéon, 332, —, peinture murale, par Puvis de Chavannes, au Panthéon, 341.
SAINT PAUL (Hugues, comte DE), figure dans : « Saint Louis portant la couronne d'épines », peinture murale, par Cabanel, au Panthéon, 345.
SAINT PIERRE. —, église érigée sous son vocable, 331, — recevant les clefs du ciel, bas-relief par Houdon, au Panthéon, 332, Figure dans : « Scènes de la vie de Charlemagne », peintures murales, par Lévy, dans le même édifice, 347.
SAINT-PIERRE (Bernardin DE), intendant du Jardin des Plantes, 97, Son ouvrage : « Mémoire sur la nécessité de joindre une ménagerie au Jardin national des Plantes », cité, 98.
SAINT RÉMI. Sa statue marbre, par Cavelier, au Panthéon, 335, 337, Figure dans : « Scènes de la vie de Clovis », peintures murales, par Blanc, dans le même édifice, 345. Voy. CLOVIS.
SAINT RUSTIQUE, figure dans : « Prédication de saint Denis », peinture murale, par Galland, Figure dans : « Martyre de saint Denis », peinture murale, par Bonnat, au Panthéon, 339.
SAINT SATURNIN, peinture murale, par Puvis de Chavannes, au Panthéon, 341.
SAINT TROPHIME, peinture murale, par Puvis de Chavannes, au Panthéon, 341.
SAINT-VINCENT. Voy. BORY DE SAINT-VINCENT.
SAINT VINCENT DE PAUL. Glorification de —, toile, par Lamothe, à l'hôpital du Val-de-Grâce, 72, —, statue marbre, par Falguière, au Panthéon, 335, 338.
Saint-Ylié, 35.
SAINT ZACHARIE, bas-relief pierre, par Michel Anguier, à l'hôpital du Val-de-Grâce, 68-69.
SAINTE ANNE. Une chapelle lui est dédiée dans l'hôpital du Val-de-Grâce, 66, —, Bas-relief pierre, par Michel Anguier, au même hôpital, 68, —, Figure dans : « Ancien et Nouveau Testament », peinture murale, par Mignard, au même hôpital, 70, —, Figure dans : « Ange », bas-relief pierre, par Michel Anguier, au même hôpital, 72, Symboles se rattachant à la vie, de —, médaillon pierre, par Michel Anguier, au même hôpital, 72.
SAINTE CLOTILDE, figure dans la coupole du Panthéon, peinte par Gros, 342, Figure dans : « Mort de sainte Geneviève », peinture murale, par Laurens, au Panthéon, 342.
SAINTE COLOMBE, peinture murale, par Puvis de Chavannes, au Panthéon, 341.
SAINTE ÉLISABETH, bas-relief pierre, par Michel Anguier, à l'hôpital du Val-de-Grâce, 68, 69.
SAINTE GENEVIÈVE. Sujets représentant sainte Geneviève, au Panthéon : — distribuant du pain aux pauvres, bas-relief par Bovet, 332, — guérissant les yeux de sa mère, bas-reliefs par Julien, — recevant une médaille de saint Germain, bas-relief, par Dupré, 332, Scènes de la vie de —, peintures murales, par Puvis de Chavannes, gravées, 335, 340-341, — calmant les Parisiens affolés par la nouvelle de l'apparition d'Attila, peinture murale, par Delaunay, 335, 336, 339, 340, 349, Scènes de la vie de —, peintures murales commandées à Meissonier et Jérôme, 335, 336, 349, —, statue commandée à Guillaume, 335, 336, — arrêtant Attila, groupe marbre, par Maindron, 335, 337, Mort de —, peinture murale, par Laurens, gravée, 341-342, —, Figure dans la coupole du Panthéon, peinte par Gros, 342, Les Miracles de

SAINTE MARIE-MADELEINE. — SCINQUE.

—, peinture à la cire, par Maillot, 346-347, Figure dans : « Christ montrant à l'Ange de la France les destinées de son peuple », mosaïque, par Poggesi, 348, —, statuette bronze, par Leharivel-Durocher, 349. Voy. SAINT GERMAIN.

SAINTE MARIE-MADELEINE, figure dans : « Ancien et Nouveau Testament », peinture murale, par Mignard, à l'hôpital du Val-de-Grâce, 70, —, peinture murale, par Puvis de Chavannes, au Panthéon, 341.

SAINTE MARTHE, peinture murale, par Puvis de Chavannes, au Panthéon, 341.

SAINTE SCHOLASTIQUE, statue pierre, par Devaulx, à l'hôpital du Val-de-Grâce, 66.

SAINTE SOLANGE, peinture murale, par Puvis de Chavannes, au Panthéon, 341.

Sajou, vél., par N. Huet. 209, —, vél., par Maréchal, 229, —, vél., par Wailly, 272.

Saki, vél., par Werner, 286, 291, 297.

Salamandre, vél., par N. Huet, 220, —, vél., par H.-J. Redouté, 241.

Salbouri, vél., par Werner, 286.

Salicornia, vél., par H.-J. Redouté, 240.

SALLANDROUZE DE LAMORNAIX, tapissier. Est l'auteur d'une tapisserie exécutée d'après les cartons de Mazerolle et placée à la mairie du IVe arrondissement, 8.

SALLERON (Claude-Augustin-Léon), architecte. Est l'auteur du projet de construction de la mairie du XXe arrondissement, 28.

Salminus, vél., par Mlle Alberti, 188.

Salmo nefasch, vél., par H.-J. Redouté, 243.

Salmone truite, vél., par H.-J. Redouté, 243.

SALMSON (Jules-Jean), sculpteur. La Prudence, statue pierre, au palais du Tribunal de commerce, 80.

Salsona, vél., par H.-J. Redouté, 240.

Salvator Merianæ, vél., par Werner, 294.

Salviá, vél., par Robert, 123, —, vél., par Joubert, 148, —, vél., par Aubriet, 158, —, vél., par Mlle Basseporte, 173, —, vél., par Van Spaendonck, 186, —, vél., par P.-J. Redouté, 251.

Sambucus, vél., par Robert, 131.

Samyda, vél., par Mlle Basseporte, 182, —, vél., par P.-J. Redouté, 263.

Sancy, Pic de — et vallée du Mont-Dore, toile, par Bérard, au Jardin des Plantes, 106.

Sangliers, vél., par Werner, 292, 299.

Sangsue, vél., par Diekmann, 199.

Sanicle, dessins, attribués à Robert, 318.

Santolina, vél., par Robert, 129.

SANZEL (Félix), sculpteur. L'Amour captif, groupe marbre, au Jardin des Plantes, 115.

Saponaria, vél., par Robert, 135, —, vél., par Aubriet, 163.

SARAZIN (Jacques), sculpteur. Enfants et chèvre, groupe marbre, au Jardin des Plantes, 113-114.

Sarcelles, vél., par Robert., 146.

Sarcoptes, vél., par Nicolet, 233.

Sarde rouleuse, vél., par Werner, 294.

Sarigues, vél., par Wailly, 275.

Sarriette, dessin, attribué à L. de Chatillon, 318.

Satureia, vél., par Joubert, 148, —, vél., par Mlle Basseporte, 173, —, dessin, attribué à Robert, 318.

Satyrium, vél., par Mlle Basseporte, 172.

SAULCY (Mme DE), figure dans : « Installation du nouveau Tribunal de commerce en 1865 », toile, par Robert-Fleury, au palais du Tribunal de commerce, 88.

SAUVAGE (C.-G.), peintre. Un vélin, 268.

SAVIGNY, 118, 193.

SAVORNIN (l'abbé). Sa « Notice historique sur la Chapelle expiatoire de Louis XVI et de la reine Marie-Antoinette », citée, 355.

Saxifraga, vél., par Robert, 135, —, vél., par Joubert, 152, —, vél., par Aubriet, 164, —, vél., par Mlle Basseporte, 179, —, dessin, attribué à Robert, 318.

Scabieuse, dessins, attribués à Robert, 318.

Scabiosa, vél., par Robert, 131, —, vél., par Joubert, 151, —, vél., par Aubriet, 161.

Scarabées, vél., par Blanchard, 193.

Scare, vél., par Sonnerat, 268.

Scarus cretensis, vél., par Werner, 295.

Scaururus cernuus, vél., par Aubriet, 155.

Schals, vél., par H.-J. Redouté, 242, 243.

Schedeick, 105.

SCHEFFER (Henri), peintre. Portrait de Ganneron, au palais du Tribunal de commerce, 89.

Scheilans, vél., par H.-J. Redouté, 242.

Schilbé, vél., par H.-J. Redouté, 242.

Schizanthus, vél., par P.-J. Redouté, 251.

Schmidelia, vél., par P.-J. Redouté, 257.

Schotia, vél., par P.-J. Redouté, 261.

SCHREIBER (DE), 220.

Science. La —, toile, par Jobbé-Duval, au palais du Tribunal de commerce, 88, La — politique, statue par Auger, au Panthéon, 333, Le génie des —s, par Baccari, dans le même édifice, 333, Les —s et les Arts, bas-relief pierre, par Lebœuf-Nanteuil, dans le même édifice, 337. Voy. Commerce.

Scilla, vél., par Aubriet, 157.

Scincus, vél., par Chazal, 197, —, vél., par N. Huet, 219.

Scinque ou petit lézard, vél., par Joubert, 155.

SCIŒNA. — SIMPLICITÉ.

Sciœna, vél., par H.-J. Redouté, 242.
Sciurus, vél., par V.-J. Huet, 223, 308.
Scolymus, vél., par Robert, 127.
Scombre, —s, vél., par Jossigny, 224, —, vél., par H.-J. Redouté, 242.
Scopolax, vél., par Robert, 144.
Scops, vél., par Oudart, 233.
Scorpœna scrofa, vél., par Aubriet, 169.
Scorzonera, vél., par Joubert, 150, —, vél., par P.-J. Redouté, 255.
Scotex, vél., par Vaillant, 313.
Scrophularia, vél., par Robert, 124, —, vél., par Joubert, 149, —, vél., par A. de Fontainne, 200, —, dessin, attribué à Robert, 318.
Sculpture (la), statue, par Petitot, au Panthéon, 333.
Scutellaria alpina, vél., par Joubert, 149.
Scymnus micropterus, vél., par Werner, 295.
Scyphia, vél., par Mlle Alberti, 189, 303, —, vél., par Riocreux, 267, 311.
Scyris d'Alexandrie, vél., par H.-J. Redouté, 242.
Scythrops, vél., par N. Huet, 216, —, vél., par Wailly, 279.
Sébastopol, 35.
Sèche (cartilages de), vél., par Borromée, 196.
Sedum, vél., par Robert, 135, —, vél., par Joubert, 152, —, vél., par Aubriet, 164, —, vél., par Mlle Basseporte, 179.
Sedulus (l'archidiacre), figure dans : « Sainte Geneviève calmant les Parisiens », peinture murale, par Delaunay, au Panthéon, 340.
Séez (cathédrale de) : La Mise au tombeau, bas-relief, par un Inconnu, 71.
Séguier (le chancelier), 96.
Seine (*Figure allégorique de la*), peinture murale, par Blondel, au palais de la Bourse, 59.
Sémélé, statue, par un Inconnu, à Marly, 114.
Semeur (le), statue bronze, par Chapu, dans le parc Monceau, 41.
Semnopithecus, vél., par V.-J. Huet, 223, 308, —, vél., par Werner, 285.
Semnopithèque, vél., par Werner, 289, 296.
Sené d'Italie, dessin, attribué à Robert, 318.
Senecio, vél., par Robert, 130, —, vél., par Joubert, 150-151, —, vél., par Aubriet, 161, —, vél., par Van Spaendonck, 184, —, vél., par A. de Fontainne, 201, —, vél., par P.-J. Redouté, 255.
Seneçon, dessin, attribué à Louis de Chatillon, 318.
Sens (Yonne), 341.

Seps chalcide, vél., par N. Huet, 219.
Serins, vél., par N. Huet, 308.
Serpent, — à sonnettes, vél., par Chazal, 197, — à sonnettes, vél., par H.-J. Redouté, 241. — Voy. *Aigle*.
Serpentaire. Un —, un Héron, un Coq, deux Canards, toile, par Jean-Baptiste Oudry, au Jardin des Plantes, 102, —, vél., par Nicolas Robert, 120, 316, —, dessin, par Louis de Chatillon, 316.
Serranus, vél., par Bessa, 192, —, vél., par Sonnerat, 268.
Serratula, vél., par Mlle Basseporte, 176, —, vél., par A. de Fontainne, 201, —, vél., par P.-J. Redouté, 255, —, dessin, attribué à Robert, 318.
Serres (Antoine-Étienne-Renaud-Augustin), médecin. La tabatière que lui a donnée Alexandre Ier est au Jardin des Plantes, 107, Son buste marbre, par Adam-Salomon, au Jardin des Plantes, 107-108.
Serval, vél., par Maréchal, 230.
Sesamum, vél., par Robert, 126, —, dessin, attribué à Robert, 318.
Sesuvium, vél., par Mlle Basseporte, 179.
Seurre (Charles-Marie-Emile), sculpteur. L'Agriculture, statue pierre, au palais de la Bourse, 54.
Sibthorpia, vél., par Mlle Basseporte, 172.
Siècle (le journal Le), cité, 41.
Sida. — abutilon, vél., par Robert, 134, — napœa, vél., par Joubert, 154, — hastata, vél., par Aubriet, 163, — reflexa, vél., par Mlle Basseporte, 178, — nudiflora, vél., par Van Spaendonck, 185, — periptera, vél., par P.-J. Redouté, 257.
Sideritis, vél., par Aubriet, 158, —, vél., par Mlle Basseporte, 173, —, vél., par A. de Fontainne, 200.
Sideroxylon, vél., par Mlle Basseporte, 175.
Sighebert, roi des Ripuaires, figure dans : « Scènes de la vie de Clovis », peintures murales, par Blanc, au Panthéon, 345.
Silena, vél., par A. de Fontainne, 201.
Silene. — amœna, vél., par Robert, 135, — buplevroïdes, vél., par Aubriet, 163.
Silphium, vél., par Mlle Basseporte, 176.
Silvia, vél., par Van Spaendonck, 184.
Simart (Pierre-Charles), sculpteur. L'Abondance, La Justice, statues pierre, place du Trône, 47.
Simon, figure dans : « Mise au tombeau », bas-relief bronze, par un Inconnu, à l'hôpital du Val-de-Grâce, 71.
Simonin-Lallemand. Son buste marbre, par Maindron, à la mairie du Ve arrondissement, 11.
Simplicité. La —, l'Innocence ; bas-relief

SINGES. — STEPHANOTIS.

pierre, par Michel Anguier, à l'hôpital du Val-de-Grâce, 72.
Singes, vél., par Franck, 306.
Sirène, vél., par Chazal, 197, —, vél., par N. Huet, 207.
Sirouy (Achille), peintre. La Loi, toile, à la mairie du IIIe arrondissement, 7.
Sisymbrium, vél., par Joubert, 151.
Sisyrinchium, vél., par Mlle Basseporte, 171. —, vél., par Van Spaendonck, 183, —, vél., par P.-J. Redouté, 246.
Smilacina. — stellata, vél., par Robert, 120, — racemosa, vél., par Joubert, 147, — ciliata, vél., par Aubriet, 155.
Smyrnium, vél., par Robert, 131.
Soissons, 341.
Soitoux (Jean-François), sculpteur. La République, statue marbre, place de l'Institut, 39-40.
Solanum, vél., par Robert, 125, —, vél., par Joubert, 149, —, vél., par Aubriet, 159, —, vél., par Mlle Basseporte, 174,—, vél., par Van Spaendonck, 184, —, vél., par A. de Fontainne, 200, —, vél., par P.-J. Redouté, 251, 252, —, vél., par C. Aubriet, 304, —, dessins, attribués à Robert, 318.
Soldi (Emile-Arthur), sculpteur. La ville de Paris, statue plâtre, à la mairie du Ve arrondissement, 10.
Soleil des Indes, dessin, attribué à Robert, 317.
Solidago, vél., par Robert, 130, —, vél., par Joubert, 150.
Sommeil (le), groupe marbre, par Moreau, square des Ménages, 40.
Somo-Sierra, bas-relief bronze décorant le piédestal de la statue du baron Larrey, par David d'Angers, à l'hôpital du Val-de-Grâce, 65.
Sonchus, vél., par Aubriet, 160.
Sonnerat (P.), peintre. Dix-sept vélins, 268.
Sophora, vél., par Mlle Basseporte, 181, —, vél., par P.-J. Redouté, 261.
Sorbon (l'abbé Robert de), figure dans : « Saint Louis rendant la justice », peinture murale, par Cabanel, au Panthéon, 344.
Sorex, vél., par N. Huet, 211.
Soubuse, vél., par Robert, 139.
Souci, dessin, attribué à Robert, 318, —, vél., par Rabel, à la Bibliothèque nationale, 320.
Soufflot (Jacques-Germain), architecte de l'église de Sainte-Geneviève, 331, 332, 333.
Soufrière de la Guadeloupe, toile, par Bérard, au Jardin des Plantes, 105.
Souimaga, vél., par N. Huet, 216.
Souimanga, vél., par Gombaud, 204.
Soulié (Eud.). Son « Catalogue du Musée de Versailles », cité, 89, 99, 100, 102, 104.
Spaendoncea, vél., par P.-J. Redouté, 260.
Spare brunâtre, vél., par Jossigny, 224.
Sporganium erectum, vél., par Robert, 120.
Sparmannia, vél., par P.-J. Redouté, 258.
Spartium, vél., par Joubert, 153, —, vél., par Aubriet, 166.
Spathodea, vél., par Mlle Devéria, 199, —, vél., par Prévost, 239.
Spatule. Voy. *Grues*.
Species, vél., par Robert, 144.
Sphénencéphale, vél., par N. Huet, 308.
Sphénisque du Cap, vél., par Robert, 145.
Sphinx, vél., par Rabel, à la Bibliothèque nationale, 323.
Sphœranthus, vél., par Mlle Basseporte, 176.
Sphyræna, vél., par Sonnerat, 268.
Spicules, vél., par Delahaye, 199.
Spigelia, vél., par Mlle Basseporte, 174.
Spilanthus, vél., par Mlle Basseporte, 177.
Spilotes, vél., par Mlle Alberti, 190.
Spiræa. — ulmaria, vél., par Robert, 136, — opulifolia, vél., par Joubert, 153.
Spiroptera, vél., par Thiolot, 313.
Spongia, vél., par Mlle Alberti, 189, —, vél., par Jacquemart, 224, 309, —, vél., par Riocreux, 267, 311.
Spures, vél., par H.-J. Redouté, 242.
Squale. Cartilage de —s, vél., par Borromée, 196, —, vél., par Sonnerat, 268, —, vél., par Millot, 310.
Squelettes, vél., par N. Huet, 221.
Squilla, vél., par N. Huet, 221.
Stachys, vél., par Robert, 124, —, vél., par Aubriet, 158, —, vél., par Van Spaendonck, 184, —, dessin, attribué à Robert, 318.
Staginus, vél., par V.-J. Huet, 222.
Stanhopea, vél., par Mlle Riché, 265.
Stapelia, vél., par Joubert, 149, —, vél., par Aubriet, 160, —, vél., par P.-J. Redouté, 253.
Staphysagria, dessin, attribué à Robert, 318.
Statice, vél., par Robert, 122, —, vél., par Van Spaendonck, 184, —, vél., par P.-J. Redouté, 250.
Staubbach. Voy. *Roches*.
Staurotype musqué, vél., par Mlle Alberti, 190.
Stéatorne, vél., par Prêtre, 239.
Stein (Henri), auteur de la monographie du Jardin des Plantes, 116-324.
Stellion. — ou grand lézard, vél., par Joubert, 154-155, — spinipède, vél., par Sauvage, 268, — commun, vél., par Oudart, 234.
Sténaderme, vél., par N. Huet, 210.
Stephanotis, vél., par Mlle Riché, 266.

STERCULIA. — TETRODONS.

Sterculia, vél., par Mlle Basseporte, 178.
Stereoceros, vél., par Formant, 202.
STEUER (Bernard-Adrien), sculpteur. Reçoit la commande du buste en marbre de Valenciennes, pour le Jardin des Plantes, 113.
Stevia pedata, vél., par P.-J. Redouté, 255.
Stipa, vél., par Van Spaendonck, 183.
STOUF (Jean-Baptiste), sculpteur. L'Histoire, statue, au Panthéon, 333.
Strasbourg (la Ville de), statue pierre, par Pradier, place de la Concorde, 38, —, peinture murale, par Meynier, au palais de la Bourse, 55.
Strelitzia, vél., par P.-J. Redouté, 248.
Strigops habroptile, vél., par Werner, 284.
Stromatée fiatole, vél., par Werner, 295.
Stromboli (île). Voy. *Volcan*.
Strombus gigas, vél., par Mlle Bounieu, 196.
Strongylus trachealis, vél., par Thiolot, 313.

Struthiocamelus mas, vél., par Robert, 143.
Stylaster sanguineus, vél., par H. Nicolet, 233, 310.
Styrax, vél., par Robert, 126, —, vél., par le même, à la Bibliothèque nationale, 323,
Sureau, dessin, attribué à Robert, 318.
Suricale, vél., par Werner, 290.
Suricate, vél., par Wailly, 274, —, vél., par Werner, 298.
SUSINI (J.), peintre. Deux vélins, 268, Un vélin, 312.
SUZANNE (François-Marie), sculpteur. La Géométrie, statue, au Panthéon, 333.
Symphoricarpos parviflora, vél., par Claude Aubriet, 162.
Synbranchus, vél., par Mlle Alberti, 188.
Syouth, 239.
Syringa vulgaris alba, vél., par Robert, 123.
Swertia perennis, vél., par Joubert, 149.

T

Tabernæmontana, vél., par P.-J. Redouté, 253.
Tabinum trichotomum, vél., par Joubert, 303.
Tables, en mosaïque, au Jardin des Plantes, 106, 107.
Tacca integrifolia, vél., par Bessa, 191.
Tachyphones, vél., par Oudart, 233.
Tachyphonus, vél., par Oudart, 233.
Tagetes, vél., par Robert, 129, —, vél., par P.-J. Redouté, 255.
Talinum, vél., par Aubriet, 164, —, vél., par Mlle Basseporte, 179.
TALUET (Ferdinand), sculpteur. Buste marbre de Jacquemont, au Jardin des Plantes : le modèle plâtre est au musée d'Angers, 113.
Tamarin, vél., par N. Huet, 209, —, dessin, par L. de Chatillon, 318.
Tamarix, vél., par Robert, 135.
Tanacetum, vél., par Robert, 128, —, vél., par Aubriet, 161, —, dessin, attribué à Robert, 318, —, vél., par Joubert, à la Bibliothèque nationale, 323.
Tanche, vél., par Werner, 295.
Tangara, vél., par Robert, 139, 141.
Taphozous mauritianus, vél., par N. Huet, 210.
Tapir. Squelette de —, vél., par N. Huet, 206, — jeune, vél., par le même, 213.
Tarbes, 305.
Tarchonanthus, vél., par Joubert, 150.
Tarin d'Europe, vél., par Gombaud, 204.
Tarsier, vél., par Maréchal, 229.

Tatou. —, vél., par N. Huet, 205, —s, vél., par Wailly, 275, —s, vél., par Werner, 288, 302.
Tchernaïa, 35.
Temnodon sauteur, vél., par Jossigny, 224.
Tempérance. La —, la Force, bas-relief pierre, par Michel Anguier, à l'hôpital du Val-de-Grâce, 67.
Tératologie, vél., par Werner, 313.
Termes antiques (deux), à Marly, 114.
Terminalia, vél., par P.-J. Redouté, 249.
Ternstroemia, vél., par P.-J. Redouté, 257.
TERRIER (Jules), peintre. Huit vélins, 269, Quatre vélins, 312-313.
Tersine, vél., par N. Huet, 214.
Testament (l'Ancien et le Nouveau), peinture murale, par Mignard, à l'hôpital du Val-de-Grâce, 70.
Testudo, vél., par N. Huet, 218, —, vél., par H.-J. Redouté, 240, 241, —, vél., par Wailly, 281.
Tête de femme, mosaïque, par Ciuli, au Jardin des Plantes, 106.
Tethya. — pilosa, vél., par Oudart, 234, — Lyncurium, vél., par le même, 310.
Tethye, vél., par N. Huet, 221.
Tetragonia, vél., par Aubriet, 165, —, vél., par Van Spaendonck, 185.
Tetrao, vél., par Robert, 143.
Tetraodon, vél., par Mlle Alberti, 187, —, vél., par Sonnerat, 268.
Tetrodons, vél., par Jossigny, 225, —, vél., par H.-J. Redouté, 244.

TEUCRIUM. — TRICHILIA.

Teucrium, vél., par Robert, 123, —, vél., par Aubriet, 158, —, vél., par Mlle Basseporte, 173.
Thalamites, vél., par Vaillant, 270.
Thalassine, vél., par Oudinot, 238.
Thapsia, vél., par Aubriet, 162.
Thea bohea, vél., par Mlle Basseporte, 178.
Thelphusa, vél., par Blanchard, 194.
Thémis et Mercure, bas-relief, par Laitié, au palais de la Bourse, 56-57.
THÉODON (Jean-Baptiste), sculpteur. Piédestal du groupe en marbre : « Enfants et chèvre », au Jardin des Plantes, 113-114.
THÉODORIC, fils de Clovis. Figure dans : « Scènes de la vie de Clovis », peintures murales, par Blanc, au Panthéon, 345.
Theophrasta, vél., par P.-J. Redouté, 253
THIÉNAULT, fondeur. Ève, statue bronze, d'après Guitton, au Jardin des Plantes, 115.
THIÉRY, historien. Son ouvrage : « Guide des amateurs et des étrangers voyageurs à Paris », cité, 97, 98, 332.
THIOLOT, peintre. Un vélin, 269, Cinq vélins, 313.
Thlaspi, vél., par Robert, 134, —, vél., par Aubriet, 162, —, vél., par Mlle Basseporte, 178, —, dessin, attribué à Robert, 318.
Thlipsencéphales, vél., par N. Huet, 307.
THOMAS (Émile), sculpteur. Aubé, buste bronze, au palais du Tribunal de commerce : le marbre est au musée de Versailles, 89.
THOMAS (Gabriel-Jules), sculpteur. Termine le groupe de la « Nuit », laissé inachevé, par Gumery, avenue de l'Observatoire, 43, Exécute un Crucifix, bronze, au Panthéon, 339.
Thon, vél., par Werner, 294, 295.
THOUIN (André), botaniste. Son buste plâtre, par un Inconnu, au Jardin des Plantes, 101.
THUNBERG (Charles-Pierre), botaniste, 118.
Thunbergia, vél., par P.-J. Redouté, 250.
THUNOT, président du conseil des prud'hommes. Son nom est inscrit sur une table en marbre au palais du Tribunal de commerce, 82.
Thuya articulata, vel., par H.-J. Redouté, 240.
Thyrsoidea, vél., par Mlle Alberti, 188.
Tigre, bas-reliefs bronze et plâtre, par Rouillard, au Jardin des Plantes, 108, —, vél., par N. Huet, 204, —, vél., par Wailly, 274, —, vél., par Werner, 293, 298.
Tillandsia, vél., par Mlle Riché, 265, —, vél., par Riocreux, 266.

Tinamou, vél., par Werner, 284.
Tisserin, vél., par N. Huet, 215.
Tissus (les), peinture murale, par Vinchon, au palais de la Bourse, 59.
Tithonia, vél., par Mlle Basseporte, 177.
Tivoli, 185.
Tockaie, vél., par Joubert, 154.
Toenia filicolis, vél., par Delahaye, 305.
Toffieldia palustris, vél., par P.-J. Redouté, 245.
Tolbiac (bataille de), peinture murale commandée à Paul-Joseph Blanc, pour le Panthéon, 335.
Toque mâle, vél., par N. Huet, 208.
Torcol d'Europe, vél., par Robert, 142.
Torpédinien, vél., par Mlle Alberti, 188.
Torpedo vulgaris, vél., par Aubriet, 169.
Torpille, vél., par Aubriet, 169, —, vél., par H.-J. Redouté, 244.
Tortue, vél., par Aubriet, 169, —, vél., par Mlle Alberti, 186, —, vél., par N. Huet, 206, —s, vél., par H.-J. Redouté, 241, —s, vél., par P.-J. Redouté, 263, 264, —s, vél., par Wailly, 270.
Totanus vel calidris, vél., par Robert, 144.
Touan, vél., par Maréchal, 230, —, vél., par Wailly, 275.
Toucan, vél., par N. Huet, 216, — Voy. Perroquet.
Toulouse, 341.
— Académie : Portrait de Buffon, gravé par Vangelisty, d'après le dessin de Pujos, 103.
Touracou, vél., par N. Huet, 216.
TOURNEFORT (Joseph Pitton), botaniste. Son buste plâtre, par un Inconnu, au Jardin des Plantes, 101. Son nom cité, 117, 169.
Tournefortia, vél., par P.-J. Redouté, 252.
Tournepierres, vél., par Robert, 144.
Tourterelle, vél., par Robert, 143.
Trachelium, vél., par Robert, 127, —, dessin, attribué à Robert, 318.
Trachine vide, vél., par Aubriet, 169.
Trachinotes, vél., par Jossigny, 224.
Tradescantia rosea, vél., par Redouté, 244.
Travail, toile, par Boulanger, à la mairie du XIIIe arrondissement, 22, —, peinture murale, par Vinchon, au palais de la Bourse, 58.
TRAVAUX (Pierre), sculpteur. La Bienfaisance, statue pierre, à la mairie du 1er arrondissement, 3.
TRAVIÈS (Édouard), peintre. Un vélin, 269.
Tribunal de commerce (Installation du nouveau) en 1865, toile, par Robert-Fleury, au palais du Tribunal de commerce, 88.
Tribulus, vél., par Mlle Basseporte, 179.
Trichilia, vél., par P.-J. Redouté, 257.

TRICOSANTHES. — VANGELISTI.

Tricosanthes, vél., par Robert, 138.
Tridaène, vél., par Mlle Alberti, 304.
Trifolium, vél., par Robert, 136-137.
Trigonule, vél., par N. Huet, 220.
Trillium rhomboïdeum, vél., par Joubert, 147, —, vél., par P.-J. Redouté, 244.
Trilobite, vél., par Chazal, 197.
Tringa interpres, vél., par Robert, 144.
Tripsacum dactyloïdes, vél., par Joubert, 147.
Triptolème. Voy. *Cérès*.
Trionyx, vél., par N. Huet, 206, —, vél., par Lesueur, 226.
Triticum planum, vél., par P.-J. Redouté, 244.
Trito cristatus, vél., par Gamble, 203.
Tritomegas, vél., par Mlle Alberti, 186.
Triton, vél., par Bocourt, 195, —, vél., par Oudart, 235, —s, vél., par Redouté, 241, 242.
Trocadéro (Espagne), 343.
Troglodytes, vél., par Bocourt, 194, 304, —, vél., par Formant, 202.
Trollius, vél., par Robert, 132, —, vél., par Joubert, 151, —, vél., par A. de Fontainne, 201.
TROMPE-LA-MORT, cuirassier. Figure dans le fronton du Panthéon, bas-relief pierre, par David d'Angers, 336.

Tropidonote, vél., par Oudart, 235.
Tropidonotus, vél., par Mlle Alberti, 186, —, vél., par V.-J. Huet, 222.
Tropidorynchus, vél., par Oudart, 233.
Tropœlum, vél., par Robert, 134, —, vél., par Joubert, 152, —, vél., par Mlle Basseporte, 178.
TRUCANINNY, femme de Wouraddy. Son buste plâtre, par Law, au Jardin des Plantes, 110-111.
Truite, vél., par H.-J. Redouté, 243.
Tulipa, vél., par Robert, 120, —, vél., par Cuisin, 198.
Tulipe, vél., par un Inconnu, 119, —, vél., par Mlle Laure Devéria, 199, —, vél., par Daniel Rabel, à la Bibliothèque nationale, 320, 321, 323.
Tulipia clusiana, vél., par P.-J. Redouté, 245.
Tulipifera arbor, dessin, par L. de Chatillon, 318.
Tulipoe, vél., par Robert, 120.
Tupistra, vél., par Bessa, 191.
Turin, 193.
Tussilago, vél., par Robert, 129, —, vél., par P.-J. Redouté, 255, —, dessin, attribué à Robert, 318.
Tyran huppé, vél., par Wailly, 278.

U

Ubium, vél., par P.-J. Redouté, 244.
Uca lævis, vél., par Blanchard, 194.
UCHARD (Toussaint-François-Joseph), architecte. A été chargé d'approprier les bâtiments de la mairie du VIIe arrondissement, 12.
Unau, vél., par Maréchal, 226, —, vél., par Werner, 291, 302.
Uniona, vél., par H.-J. Redouté, 240.
Urena lobata, vél., par Aubriet, 163.

Uromastix, vél., par Bocourt, 194, —, vél., par Oudart, 234.
Urtica, vél., par Van Spaendonck, 185.
Urubre vultur, vél., par Robert, 138.
Usteria scandens, vél., par P.-J. Redouté, 251.
Ucedalia, vél., par Aubriet, 161.
Uvularia perfoliata, vél., par Robert, 120.
Uxor esto, toile, par Boulanger, à la mairie du XIIIe arrondissement, 21.

V

Vaccinium, vél., par Aubriet, 160.
VAILLANT, peintre. Vingt-deux vélins, 269-270, Trois vélins, 313.
VAILLANT (Sébastien), botaniste. Son buste plâtre, par Hébert, au Jardin des Plantes, 98. Son nom cité, 117.
Val-Profond, 63.
VALENCIENNES (Achille). Son buste en marbre est commandé à Steuer pour le Jardin des Plantes, 113. Son nom cité, 266, 295.

Valeriana, vél., par Robert, 131, —, vél., par Joubert, 151, —, vél., par Aubriet, 162, —, vél., par Mlle Basseporte, 177, —, vél., par Mlle Riché, 265, —, vél., par Joubert, 303, —, dessin, attribué à Robert, 318.
VALLOT, médecin et surintendant du Jardin des Plantes, 96.
Vanga, vél., par N. Huet, 214.
VANGELISTI (Vincenzo), graveur. Portrait de

VANGUERIA. — VIERGE.

Buffon, d'après Pujos, à l'Académie de Toulouse, 103.
Vangueria, vél., par P.-J. Redouté, 256.
Vannes, 341.
VAN SPAENDONCK (Gérard), peintre. Nommé professeur de peinture de fleurs au Muséum d'histoire naturelle, 117, Cinquante-six vélins, 183-186.
Van Spandocea tamarandifolia, vél., par Le Sourd de Beauregard, 226.
Varan. —s, vél., par N. Huet, 218, 219, — de Gould, vél., par V.-J. Huet, 223.
Varant du désert, vél., par Chazal, 197.
l'ari macaco, vél., par Wailly, 272.
Varronia, vél., par Mlle Basseporte, 174.
Vase. Un — décoratif, bronze, par Chédeville, à la mairie du XIIIe arrondissement, 21, Trois — décoratifs bronze, par Villeminot, square des Ménages, 40.
VAUCHELET (Théophile-Auguste), peintre. A décoré les pilastres de l'une des salles de la mairie du VIIe arrondissement, 13.
Vaulubilis, vél., par Rabel, à la Bibliothèque nationale, 323.
VAUTIER, médecin. Est chargé de la direction du Jardin des Plantes, 96.
Vautour. Un — et un Flamant, toile, par Oudry, au Jardin des Plantes, 102, —s, vél., par Wailly, 277, —, vél., par Werner, 284. Voy. *Perroquet*.
Veau. — monstrueux, vél., par Mlle Basseporte, 182, — monstrueux, vél., par N. Huet, 308, Détails sur la tête d'un — monstrueux, vél., par H.-J. Redouté, 311, Foie de —, vél., par Thiolot, 313, — desmioguathe, vél., par Werner, 315.
Veltheimia, vél., par Aubriet, 156, —, vél., par Mlle Basseporte, 170, —, vél., par Van Spaendonck, 183, —, vél., par P.-J. Redouté, 245.
Vendange (la), toile, par Jobbé-Duval, au palais du Tribunal de commerce, 86.
VENTENAT (l'abbé Etienne-Pierre), botaniste, 118.
Vénus de Milo, statue, 88.
Vénus animant l'univers, statue marbre, par Dupaty, au Jardin des Plantes, 102-103.
Veratrum, vél., par Robert, 120, —, vél., par Aubriet, 155.
Verbascum, vél., par Robert, 124, 125, —, vél., par Joubert, 149.
Verbena, vél., par Mlle Basseporte, 173, —, vél., par Van Spaendonck, 184.
Verdier d'Europe, vél., par Robert, 140.
Verge dorée du Canada, dessin, attribué à Robert, 319.
Vérité. La — dévoilant la Fraude, peinture murale, par Vinchon, au palais de la Bourse, 58, La —, peinture, par Collignon, dans l'une des salles du palais du Tribunal de commerce, 89.
Véritille, vél., par Prêtre, 239.
VERNET (Antoine-Charles-Horace, dit Carle), peintre, 334.
VERNET (Émile-Jean-Horace), peintre. Portrait du baron Desgenettes, à l'hôpital du Val-de-Grâce, 74, Le Combat de la barrière de Clichy, peinture, citée, 36.
Veronica, vél., par Robert, 122-123, —, vél., par Aubriet, 158, —, vél., par A. de Fontaine, 200.
Verpertilio, vél., par N. Huet, 210.
Verrerie (la), peinture murale, par Blondel, au palais de la Bourse, 59.
Vers intestinaux, vél., par Vaillant, 313.
Versailles. Musée : Portrait d'Anne d'Autriche, par un Inconnu, 73, Promulgation du Code de commerce, par Napoléon Ier, Installation du nouveau Tribunal de commerce en 1865, toiles, par Robert-Fleury : proviennent du palais du Tribunal de commerce, 88, Portrait de Napoléon III, par H. Flandrin, 89, Buste marbre de Aubé, par E. Thomas, 89, Buste plâtre de Bernard de Jussieu, par Levieux, 99, Buste plâtre de Cuvier, par Pradier, 100, Buste plâtre du comte Fourcroy, par Chaudet, 100, 116, Buste plâtre d'Antoine-Laurent de Jussieu, par David d'Angers, 102, Buste plâtre de Réaumur, par Lemoyne, 104, Enfants et chèvre, groupe marbre, par Sarazin et Théodon, 114.
Vertu. Les quatre —s, groupe, par Germain Pilon, au Panthéon, 332, Le génie de la —, par Ramey, dans le même édifice, 333.
Verveine, dessin, attribué à Robert, 318.
Vésuve (Eruption du), toile, par Rémond, au Jardin des Plantes, 106.
VIALA. Les honneurs du Panthéon lui sont décernés, 323.
Viburnum, vél., par Robert, 131.
Vicia, vél., par Aubriet, 166.
Victoire (la), statue bronze, par Crauk, dans le square des Arts et Métiers, 35, —, Statue pierre, par Desbœufs, place du Trône, 47.
Vieillards (deux), figures pierre, par Carrier-Belleuse, au palais du Tribunal de commerce, 80-81.
VIEL DE SAINT-MAUR (Charles-François), architecte. Dirige les travaux de l'église de Sainte-Geneviève, 331.
VIERGE, bas-relief pierre, par Michel Anguier, à l'hôpital du Val-de-Grâce, 68, —, Figure dans : « France appuyée par la Religion »,

VIEUSSEUXIA. — WOURADDY.

toile, par Perrin, au même hôpital, 69, —, Figure dans : « Ancien et Nouveau Testament », peinture murale, par Mignard, au même hôpital, 70, —, statue commandée à P. Dubois, pour le Panthéon, 335. Voy. *Nativité.*
Vieusseuxia glaucopis, vél., par P.-J. Redouté, 247.
Vigilance (la), peinture murale, par Vinchon, au palais de la Bourse, 59.
Vigneron (un), statue pierre, par Lequien, à la mairie du XIIe arrondissement, 18.
Vignon (Mme Claude), sculpteur. Enfants, groupes marbre, square Montholon, 42.
Vignon (Pierre), président du Tribunal de commerce. Figure dans : « Promulgation du Code de commerce par Napoléon Ier », toile, par Robert-Fleury, au palais du Tribunal de commerce, 88, Son portrait, par un Inconnu, au même palais, 89.
Ville-d'Avray, 241.
Villeminot (Louis), sculpteur. Trois vases décoratifs, bronze, square des Ménages, 40.
Villette (Geoffroy de), figure dans : « Saint Louis portant la couronne d'épines », peinture murale, par Cabanel, au Panthéon, 345.
Villot (F.), 102.
Vinache (Jean-Baptiste), sculpteur. Enfants et chèvre, groupe marbre, d'après Sarazin, 114.
Vincent de Beauvais, figure dans : « Blanche de Castille présidant à l'éducation de son fils », peinture murale, par Cabanel, au Panthéon, 344.
Vincenti (F.), sculpteur. Indien, buste marbre, au Jardin des Plantes, 109.
Vinchon (Auguste-Jean-Baptiste), peintre. L'Abondance récompensant l'Industrie, La Vérité dévoilant la Fraude, La Figure de la Ville de Paris, l'Agriculture, Le Travail, La Vigilance, La Monnaie, Les Tissus, peintures murales, au palais de la Bourse, 57, 58, 59.

Viola (Raoul), peintre, son portrait peint, par Boulanger, à la mairie du XIIIe arrondissement, 21.
Viola, vél., par Robert, 135, —, dessin, attribué à L. de Chatillon, 319.
Vipera, vél., par V.-J. Huet, 222.
Vipère, vél., par Joubert, 155, —, vél., par Barraband, 190-191, —, vél., par Chazal, 197, —, vél., par N. Huet, 219, —, vél., par V.-J. Huet, 222, —, vél., par Oudart, 235.
Vir esto, toile, par Boulanger, à la mairie du XIIIe arrondissement, 21.
Virginia, vél., par P.-J. Redouté, 261.
Virginité. Voy. *Humilité.*
Virgulaire grêle, vél., par Prêtre, 239.
Viscères, vél., par Werner, 281.
Vitex, vél., par Robert, 123.
Vitis, vél., par Aubriet, 160, —, vél., par Mlle Basseporte, 178, —, vél., par A. de Fontaine, 201, —, vél., par le même, 202.
Viverra-Portmanni, vél., par Werner, 293, 298.
Volcan de l'île Stromboli, entre Naples et la Sicile, toile, par Rémond, au Jardin des Plantes, 103.
Volkameria, vél., par Mlle Basseporte, 173, —, vél., par P.-J. Redouté, 251.
Voltaire (François-Marie Arouet de). Sa statue bronze, d'après Houdon, Square Monge, 41-42, Les honneurs du Panthéon lui sont décernés, 333, Figure dans le fronton du Panthéon, bas-relief pierre, par David d'Angers, 336, Sa statue marbre, par un Inconnu, au Panthéon, 349, Son cénotaphe, dans le même édifice, 349.
Volula, vél., par Delahaye, 199.
Volutes, vél., par N. Huet, 220.
Vote (le), bas-relief pierre, par Lagrange, à la mairie du IIIe arrondissement, 7.
Vulpian (A.), peintre. Cinq vélins, 313. Son nom cité, 203.
Vultur gryphus, vél., par N. Huet, 214.

W

Wachendorfia, vél., par P.-J. Redouté, 248.
Wailly (Léon de), peintre. Deux cent huit vélins, 270-281, Un vélin, 313.
Walteria arborescens, vél., par Aubriet, 163.
Wambat, vél., par Wailly, 270.
Werner (Jean-Charles), peintre. Un vélin, 233, Trois cent quarante-six vélins, 281-303, Vingt-deux vélins, 313-315.
Wetterhorn. Voy. *Cimes.*

Wigandia urens, vél., par Mlle Riché, 265.
Willy (F.), peintre. Un vélin, 303.
Winslory ou Winslow (Jacques), anatomiste. Son buste plâtre, par un Inconnu, au Jardin des Plantes, 104.
Witsenia, vél., par P.-J. Redouté, 248.
Wouraddy, chef de l'île de Bruni. Son buste plâtre, par Law, au Jardin des Plantes, 110.

X Y Z

XANTHIUM. — ZYGOPHYLLUM.

Xanthium spinosum, vél., par Joubert, 154.
Xanthoxyllum, vél., par Mlle Basseporte, 181.
Ximenesia, vél., par P.-J. Redouté, 264.
Yack, vél., par Werner, 293, 299.
Yapock, vél., par Maréchal, 230.
Yapou, vél., par Gombaud, 204.
Yucca, vél., par Robert, 121, —, vél., par Aubriet, 135.
Zamenis, vél., par V.-J. Huet, 222.
Zèbre. —, vél., par Wailly, 276, Métis de —, vél., par le même, 276.

Zébu. — s, vél., par Bocourt, 195, 305, — s, vél., par Maréchal, 231, —, vél., par Wailly, 277.
Zec forgeron, vél., par H.-J. Redouté, 242.
Zieria, vél., par P.-J. Redouté, 258.
Zinnia, vél., par P.-J. Redouté, 256.
Zizyphus sativa, vél., par Robert, 137.
Zygophyllum, vél., par Robert, 135, —, vél., par Aubriet, 163, —, vél., par Mlle Basseporte, 179.

Paris, le 30 novembre 1889.

Henry JOUIN,
ARCHIVISTE DE LA COMMISSION.

TABLE DES MATIÈRES

MAIRIES DE PARIS, par M. L. Michaux (31 mai 1880) :

Mairie du Ier arrondissement.			3
—	IIe	—	4
—	IIIe	—	5
—	IVe	—	8
—	Ve	—	10
—	VIe	—	11
—	VIIe	—	12
—	VIIIe	—	14
—	IXe	—	14
—	Xe	—	15
—	XIe	—	16
—	XIIe	—	18
—	XIIIe	—	19
—	XIVe	—	22
—	XVe	—	23
—	XVIe	—	24
—	XVIIe	—	26
—	XVIIIe	—	26
—	XIXe	—	27
—	XXe	—	28

PLACES, SQUARES ET AVENUES DE PARIS, par M. L. Michaux (10 juillet 1880) :

 I. Square des Arts et Métiers. 35
 II. Place de Clichy. 35
 III. Place de la Concorde. 37
 IV. Place Denfert-Rochereau. 39
 V. Place de l'Institut. 39
 VI. Square des Ménages. 40
 VII. Parc Monceau. 40
 VIII. Square Monge. 41
 IX. Square Montholon. 42
 X. Square de Montrouge. 42
 XI. Avenue de l'Observatoire. 43
 XII. Place du Palais-Bourbon. 44
 XIII. Le Ranelagh. 44
 XIV. Place de Rivoli. 44
 XV. Square de Sainte-Clotilde. 45
 XVI. Square du Temple. 45
 XVII. Place du Trône. 46

PALAIS DE LA BOURSE, par M. L. Michaux (15 juillet 1880). 51
 Histoire. 53
 Description. 53

HOPITAL MILITAIRE DU VAL-DE-GRACE, par M. V. Ruprich-Robert (1er octobre 1883). 61
 Histoire. 63
 Description. 65

PALAIS DU TRIBUNAL DE COMMERCE, par M. L. Michaux (1er mai 1884). 77
 Histoire. 79
 Description. 79

JARDIN DES PLANTES ET MUSÉUM D'HISTOIRE NATURELLE, par MM. H. JOUIN et H. STEIN (17 octobre 1886-31 octobre 1887).	93
Histoire.	95
Description des œuvres peintes et sculptées.	98
— des vélins	116
LE PANTHÉON, par M. le marquis Philippe DE CHENNEVIÈRES (15 avril 1889). . . .	329
Histoire.	331
Description.	336
EX-CHAPELLE EXPIATOIRE, par M. L. MICHAUX (15 mai 1889).	353
Histoire.	355
Description	355
TABLE ALPHABÉTIQUE ANALYTIQUE, par M. Henry JOUIN, archiviste de la Commission de l'Inventaire.	361

PARIS. — TYPOGRAPHIE DE E. PLON, NOURRIT ET Cie, RUE GARANCIÈRE, 8.

VOLUMES PARUS

Paris. — Monuments civils.

Tome 1er. — L'Institut, MM. Guiffrey et de Lajolais — Les Archives nationales, M. Guiffrey — L'Opéra, M. Nuitter — Les Fontaines publiques, M. Michaux — Le Théâtre-Français, M. Chabrol — L'Arc de l'Étoile, l'Arc du Carrousel, la Colonne Vendôme, la Colonne de Juillet, M. Jouin — La Bibliothèque Mazarine, MM. Berrier et Jouin — La Gaîté, le Vaudeville, le Théâtre-Lyrique, le Châtelet, M. Michaux — La Tour Saint-Jacques, le Campanile de Saint-Germain-l'Auxerrois, M. Michaux. — Table analytique, M. Chéron.

Paris. — Monuments religieux.

Tome 1er. — Saint-Germain-l'Auxerrois, Saint-Philippe du Roule, Saint-Louis d'Antin, Saint-Laurent, Saint-Honoré, Sainte-Clotilde, Saint-Nicolas du Chardonnet, Notre-Dame de Grâce, Saint-Jean-Baptiste de Grenelle, Saint-Pierre du Gros-Caillou, Saint-Lambert de Vaugirard, Saint-Étienne du Mont, Temples de Penthemont et de l'Oratoire, M. Clément de Ris. — Saint-Ambroise, Saint-Bernard, Saint-Augustin, Saint-Sulpice, Saint-François-Xavier, la Trinité, M. Michaux — Saint-Jacques du Haut-Pas, Saint-Séverin, M. Godde — Notre-Dame de Bonne-Nouvelle, M. Guiffrey — Saint-Germain des Prés, Saint-Thomas d'Aquin, M. P. de Saint-Victor — La Madeleine, M. Gruyer — Saint-Merri, M. L. de Ronchaud — Sainte-Marguerite, M. P. Mantz — Notre-Dame, M. Queyrox. Table analytique, M. Chéron.

Tome II. — Notre-Dame des Blancs-Manteaux, MM. de Lajolais et Guiffrey — Saint-Eugène, M. Guiffrey — Saint-Joseph, Notre-Dame des Champs, Saint-Pierre de Montrouge, Notre-Dame de Clignancourt, Saint-Leu, l'Assomption, Temple israélite de la rue de la Victoire, Temple israélite de la rue des Tournelles, Saint-Roch, Saint-Vincent de Paul, Notre-Dame des Victoires, Sainte-Élisabeth, Notre-Dame d'Auteuil, Saint-Jean-Saint-François, Saint-Jacques-Saint-Christophe de la Villette, Saint-Ferdinand des Ternes, Sainte-Marie des Batignolles, Saint-Jean-Baptiste de Belleville, Notre-Dame de Lorette, M. Michaux — Saint-Marcel de la Salpêtrière, Saint-Médard, Notre-Dame de la Gare, Chapelle et Hospice de la Salpêtrière, Saint-Marcel de la Maison-Blanche, M. Darcel — Table analytique, M. Jouin.

Province. — Monuments civils.

Tome 1er. Bibliothèque de Versailles, MM. Guiffrey et Delerot — Musée de Châlon-sur-Saône, MM. Destailleur et Paté — Hôpital de Châlon-sur-Saône, M. Paté — Hospice de Bellesme, M. de Chennevières — Musée d'Orléans, M. Marcille — Musée de Montpellier, MM. Lafenestre et Michel — Table analytique, M. Chéron. — Tome II. — Musée de Nantes. M. O. Merson — Préfecture de Versailles, M. Clément de Ris — Château de Gien, Donjon du Château et Hôtel de ville de Beaugency, Hôtel de ville de Bellegarde, Hôtel de ville de Lorris, M. Edmond Michel — Bibliothèque de Besançon, M. Castan — Hospice de la Charité, à Lyon, M. Charvet — Musée de Dieppe, M. Millet — Table analytique, M. Jouin.
Tome III. — Musées d'Angers : Musée de peinture et de Sculpture, Musée David, Cabinet Turpin de Crissé, Musée Saint-Jean, M. Jouin — Table analytique, M. Jouin.

Province. — Monuments religieux.

Tome 1er. — Notre-Dame de Granville, M. Guiffrey — Saint-Marcel près Châlons, M. Paté — Églises du département des Hautes-Alpes, 45 monographies, M. Roman — Saint-Samson de Clermont, M. Boufflet — Saint-Louis de Versailles, Notre-Dame de Versailles, M. Clément de Ris — Saint-Jacques de Compiègne, M. de Marsy — Notre-Dame de Mantes, MM. Durand et Grave — Églises du département du Loiret, 116 monographies, M. Michel — Table analytique, M. Jouin.

Archives du Musée des Monuments français.

Tome 1er. — Papiers de M. Albert Lenoir et documents tirés des Archives de l'Administration des Beaux-Arts. Tome II. — Documents déposés aux Archives nationales et provenant du Musée des Monuments français.

CONDITIONS DE SOUSCRIPTION ET DE VENTE

Première Édition, sur papier ordinaire : Prix du fascicule, 3 fr.; prix du volume, 9 fr.
Deuxième Édition, sur papier vélin : Prix du fascicule, 5 fr.; prix du volume, 15 fr.
Troisième Édition, numérotée, sur papier de Hollande : Prix du fascicule, 10 fr.; prix du volume . . . . 30 fr.

Chaque volume sera publié en *trois* fascicules. — Il paraîtra environ *deux* volumes par an.

PARIS. TYPOGRAPHIE DE E. PLON, NOURRIT ET Cie, RUE GARANCIÈRE, 8.

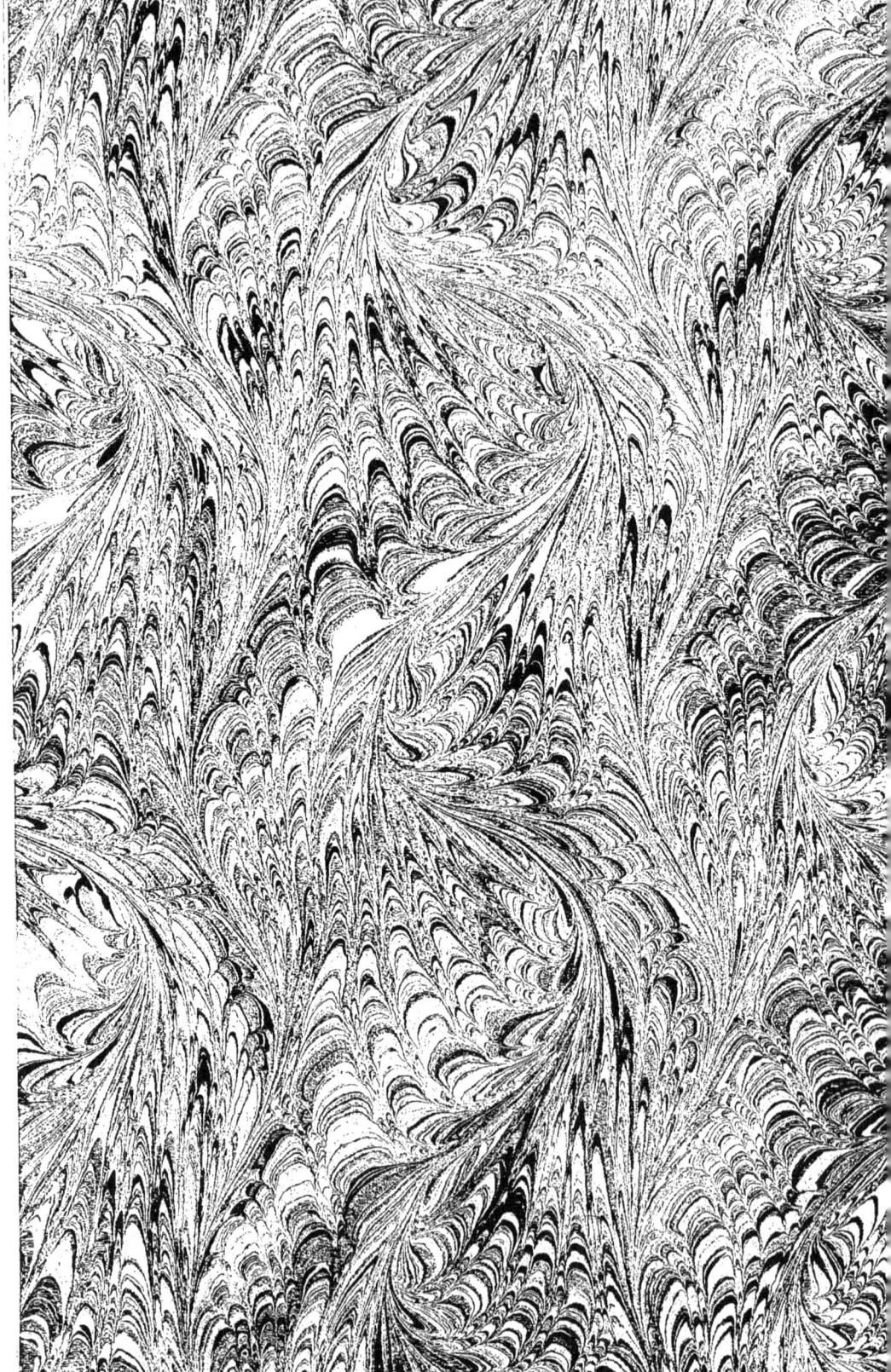

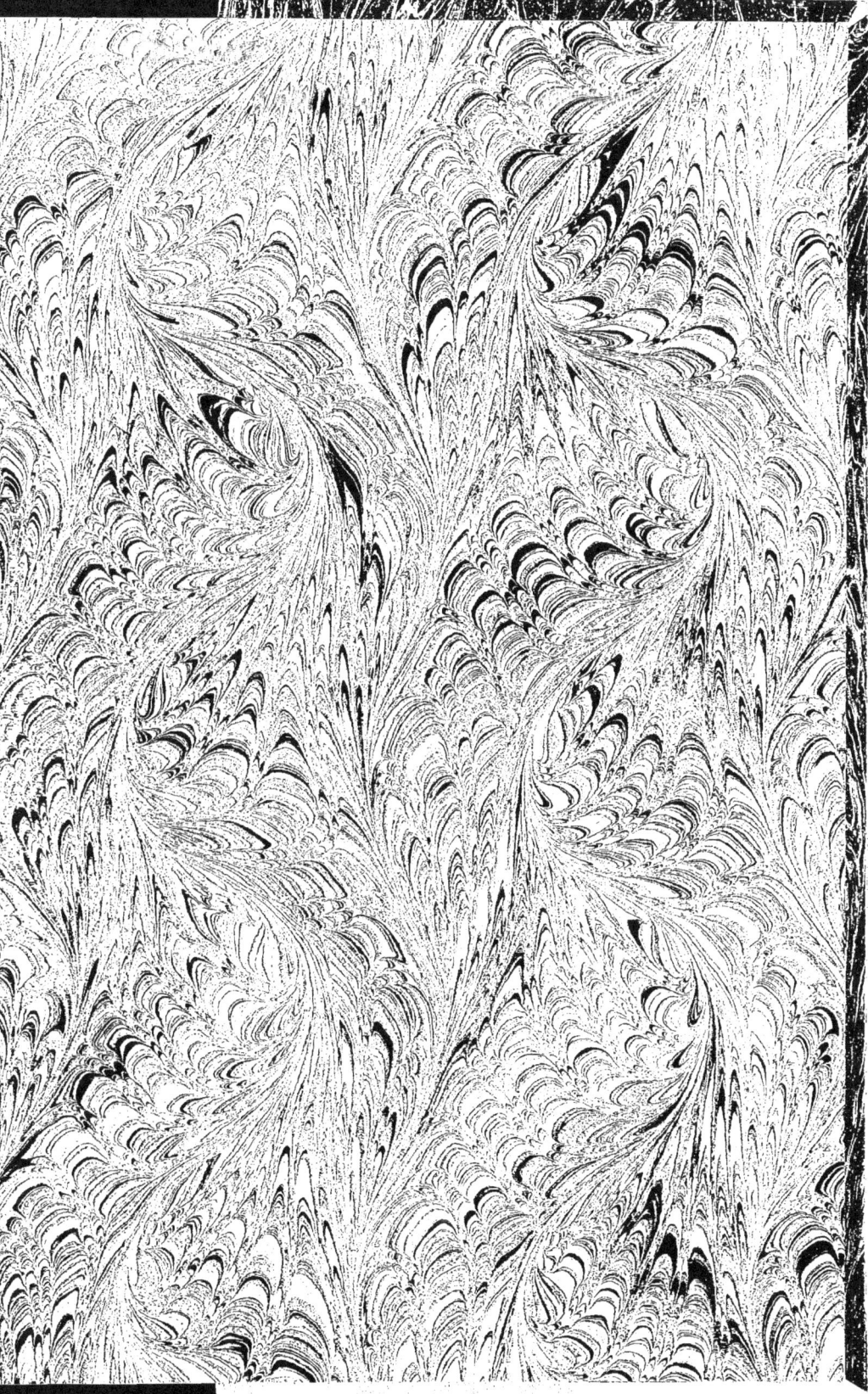

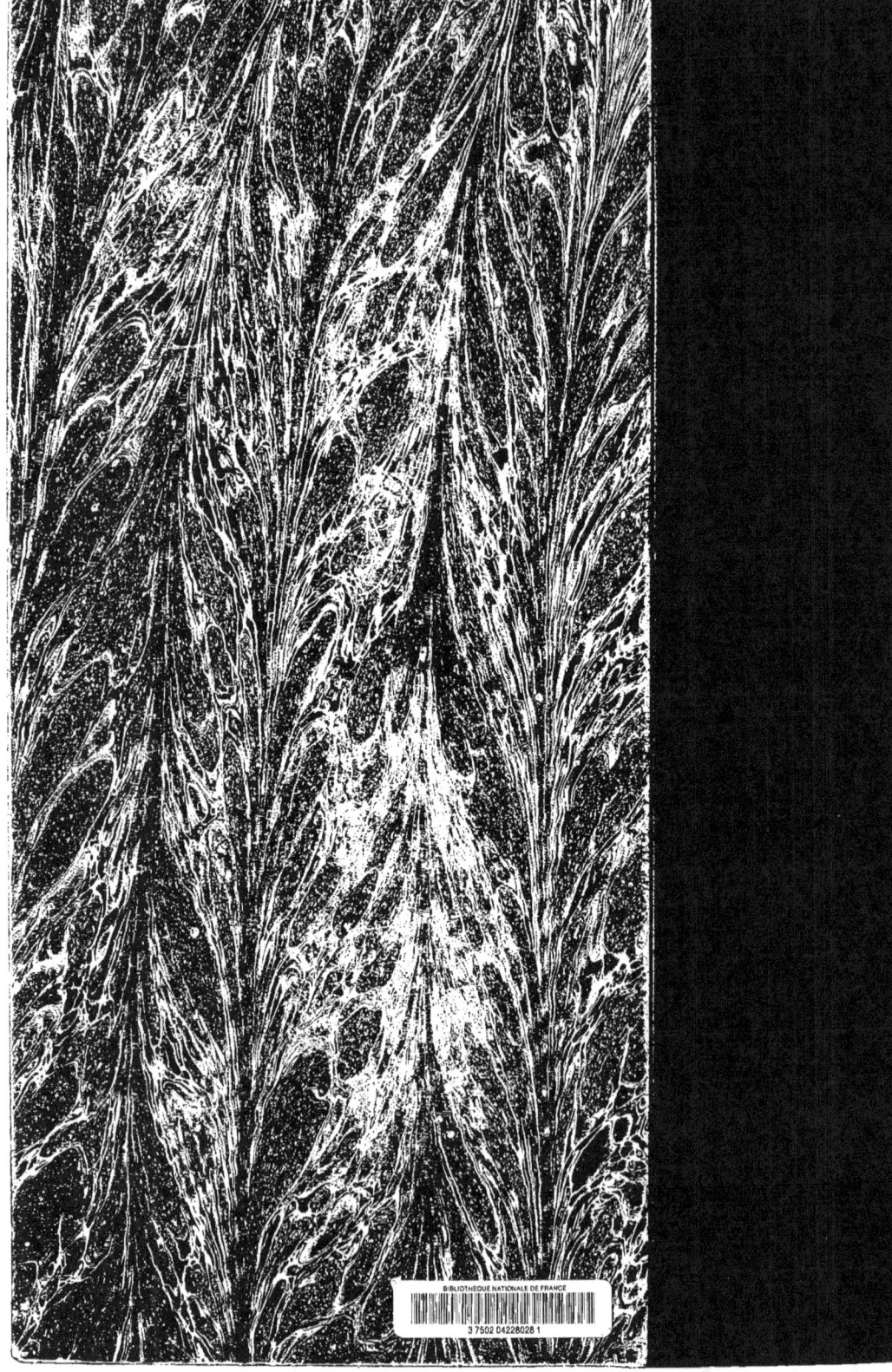

www.ingramcontent.com/pod-product-compliance
Lightning Source LLC
Chambersburg PA
CBHW070540230426
43665CB00014B/1758